中国农业发展银行服务脱贫攻坚系列丛书

金融扶贫先锋

中国农业发展银行◎著

中国金融出版社

责任编辑：黄海清　童祎薇
责任校对：李俊英
责任印制：张也男

图书在版编目（CIP）数据

金融扶贫先锋／中国农业发展银行著．—北京：中国金融出版社，2022.11

（中国农业发展银行服务脱贫攻坚系列丛书）

ISBN 978-7-5220-1591-0

Ⅰ．①金…　Ⅱ．①中…　Ⅲ．①中国农业发展银行—扶贫—先进工作者—先进事迹　Ⅳ．①K825.34

中国版本图书馆CIP数据核字（2022）第056264号

金融扶贫先锋
JINRONG FUPIN XIANFENG

出版
发行　中国金融出版社

社址　北京市丰台区益泽路2号
市场开发部　（010）66024766，63805472，63439533（传真）
网 上 书 店　www.cfph.cn
（010）66024766，63372837（传真）
读者服务部　（010）66070833，62568380
邮编　100071
经销　新华书店
印刷　天津市银博印刷集团有限公司
尺寸　185毫米×260毫米
印张　47
字数　895千
版次　2022年11月第1版
印次　2022年11月第1次印刷
定价　195.00元
ISBN 978-7-5220-1591-0
如出现印装错误本社负责调换　联系电话（010）63263947

丛书编委会

指导委员会： 钱文挥　解学智　湛东升

王昭翮　孙兰生　徐一丁　赵　鹏

张文才　朱远洋　周良伟　李小汇

编写委员会：

主　任： 钱文挥　湛东升

副主任： 徐一丁　张文才

成　员： 邵建红　杜彦坤　陆建新　欧阳平

陈小强　李国虎　陆　兵　李　玉

李卫娥　周建强　杨德平　武建华

赵建生　李振仲　吴　飚　刘优辉

肖　瓴

本书编写组：

组　长： 李振仲　李　静

成　员： 王春笑　宋文竞　宋修伟　刘亚伟

邓玉琼　张丽丽　汤　强

序言

PREFACE

消除贫困、改善民生、逐步实现共同富裕，是社会主义的本质要求，是中国共产党对人民的庄严承诺。党的十八大以来，以习近平同志为核心的党中央把脱贫攻坚摆在治国理政的突出位置，作为实现第一个百年奋斗目标的重点任务，纳入“五位一体”总体布局和“四个全面”战略布局，采取一系列具有原创性、独特性的重大举措，组织实施了人类历史上规模空前、力度最大、惠及人口最多的脱贫攻坚战。经过全党全国各族人民共同努力，我国脱贫攻坚战取得全面胜利，完成了消除绝对贫困的艰巨任务，创造了又一个彪炳史册的人间奇迹。

金融扶贫，特别是政策性金融扶贫是国家层面的重要制度安排。中国农业发展银行作为我国唯一的农业政策性银行，自1994年成立以来，始终将服务国家战略和“三农”事业发展作为重要政治任务和职责使命，聚焦重点区域领域，特别是对贫困地区加大支持力度，资产规模突破8万亿元，贷款余额7.37万亿元，是我国农村金融体系中的骨干和主力。党中央打响脱贫攻坚战以来，农发行在全国金融系统率先发力，确立以服务脱贫攻坚统揽业务发展全局，坚定金融扶贫先锋主力模范目标不动摇，构建全行全力全程扶贫工作格局，大力支持易地扶贫搬迁、深度贫困地区、产业扶贫、“三保障”专项扶贫、定点扶贫、东西部扶贫协作和“万企帮万村”行动等，全力以赴支持打赢脱贫攻坚战。

脱贫攻坚期，农发行累计投放精准扶贫贷款2.32万亿元，占全国精准扶贫贷款投放额的四分之一；2020年末扶贫贷款余额1.5万亿元，投放额和余额始终稳居全国金融系统首位；连续5年荣获全国脱贫攻坚奖，5个集体和3名个人在全国脱贫攻坚总结表彰大会上荣获表彰，在历年中央单位定点扶贫成效评价中均获得“好”的等次，树立了“扶贫银行”的品牌形象，为脱贫攻坚战全面胜利贡献了农业政策性金融的智慧和力量。

习近平总书记指出：“脱贫攻坚不仅要做得好，而且要讲得好。”2021年，农发行党委决定组织编纂“中国农业发展银行服务脱贫攻坚系列丛书”，系统总结政策性金融扶贫的成功经验，传承农发行服务脱贫攻坚精神，为支持巩固拓展脱贫攻坚成果、全面推进乡村振兴提供启示和借鉴。系列丛书共6册，依次为《农业政策性银行扶贫论纲》《中国农业发展银行金融扶贫“四梁八柱”》《中国农业发展银行金融扶贫模式》《中国农业发展银行定点扶贫之路》《金融扶贫先锋》《我所经历的脱贫攻坚故事》，从理论思想、体制机制、产品模式、典型案例、先进事迹等维度，全景式展现农发行服务脱贫攻坚的历史进程和实践经验。

本书为系列丛书第五册，重点介绍在服务脱贫攻坚的伟大实践中，农发行获得省部级及以上脱贫攻坚表彰的先进集体和先进个人的事迹。编写组共收集先进事迹材料178篇，精心编纂成书，集中将农发行干部员工服务脱贫攻坚的拼搏和坚守新颖鲜活地呈现出来，彰显农发行“支农为国、立行为民”的崇高使命和“家国情怀、专业素养”的价值追求，大力弘扬“务实进取奉献、先锋主力模范”的服务脱贫攻坚精神，为全力服务乡村振兴凝心聚力、鼓舞干劲。

在一年多的编写过程中，编写组得到了来自农发行系统内外各位领导的悉心指导和各级行、各部门的大力支持。在此，谨向长期以来关心、支持和直接参与农发行服务脱贫攻坚工作的各级领导表示衷心感谢，向奋战在脱贫攻坚一线、为政策性金融扶贫事业作出贡献的广大同仁致以崇高的敬意！

由于编者水平有限，书中难免有疏漏、不当之处，敬请读者批评指正。

“中国农业发展银行服务脱贫攻坚系列丛书”编写委员会

2022年6月

目录

CONTENTS

国家级脱贫攻坚获奖集体和个人

省部级脱贫攻坚获奖集体和个人

河北省

山西省

黑龙江省

安徽省

江西省

河南省

湖北省

海南省

重庆市

四川省

贵州省

云南省

西藏自治区

陕西省

甘肃省

青海省

宁夏回族自治区

新疆维吾尔自治区

北京市

天津市

山东省

国家级脱贫攻坚获奖集体和个人

金融扶贫让格桑花更加鲜艳

——记“2016年全国脱贫攻坚奖贡献奖”获得者胡世财

打阿嘎的人们有节奏地歌唱，朝圣人手中木板敲击的声响，空气中弥漫着酥油的香甜……初到拉萨，扑面而来的是各种独特的声音和味道。这里的天空深蓝似海，阳光清澈热烈，白色的煨桑炉里燃起缕缕青烟，五彩的经幡迎风招展，一切都令人心驰神往。面对这幅美景，胡世财感慨地说：“在这片辽阔的雪域高原上，一面是博大精深的文化，一面却是落后的经济。西藏是我国唯一的省级集中连片贫困地区，全区74个县（区）全部为国家扶贫开发重点县。”

胡世财慰问贫困群众

胡世财，现任农发行浙江省分行党委书记、行长，曾任农发行湖南省分行、西藏自治区分行、湖北省分行行领导。在西藏工作期间，他坚决执行金融扶贫决策部署，因地制宜地创新信用贷款模式，2016年为地方让利2.47亿元，支持各类扶贫项目97个，覆盖西藏74个县区，累计发放扶贫贷款427亿元，惠及全区59万贫困人口，为西藏打赢脱贫攻坚战提供了有力的金融支撑。

数据显示，西藏有14.87万户58.87万建档立卡贫困人口，占全区总人口的18.17%，其中，50%以上的贫困人口居住在地方病高发区、高寒牧区、深山峡谷区、自然灾害频发区，返贫率高、脱贫难度大。

因地制宜　精准扶持易地搬迁

中国农业发展银行西藏自治区分行（以下简称西藏自治区分行）成立于2012年，员工只有38人，是中国农业发展银行（以下简称农发行）在全国成立最晚、机构人员最少的一家省级分行，但贷款增速却位居全系统第一。特别是他们通过支持易地扶贫搬迁、基础设施建设扶贫、特色产业发展扶贫等，为西藏自治区的脱贫攻坚作出重要贡献。正如胡世财所言，“脱贫攻坚是一项具有长期性和反复性的浩大工程，而金融是西藏经济实现‘弯道超车’最重要的力量。”

如何促进易地扶贫搬迁工程尽快实施，如何发挥易地搬迁脱贫的最大效益，是胡世财在贷款发放后关注最多的问题。在他的带领下，农发行没有对贷款一放了之，而是将其作为服务脱贫攻坚的第一步。

胡世财深入搬迁点调研，并与政府相关部门积极沟通，先后制定完善了规范资金使用、加快工程进度等措施，并对部分搬迁点规划设计不合理、产业配套建设规划不到位等问题提出建议，为“搬得出、稳得住、能致富”打下坚实基础。同时，他深入拉萨市、日喀则市、林芝市的9个县共13个搬迁点，一边了解工程情况，一边与大家研究产业支撑。

众所周知，扶贫工作牵涉多个部门，需要通力协作。为此，胡世财深有感触，他说，打赢脱贫攻坚战，离不开自治区党委、各级政府的大力支持。例如，在林芝市、阿里地区，他们不仅贯彻落实自治区党委、政府坚决打赢脱贫攻坚战的决策部署，还紧密结合本地实际、自然条件、资源禀赋等特点，积极探索脱贫路径、攻坚路线，全力推进脱贫攻坚工作。另外，一些地区还启动了边境“小康新村”建设，统一规划基础设施、公共服务和产业，引导边民向边境一线集中；依托独特的自然、文化资源，引导贫困群众向旅游景区聚集，帮助贫困群众发展农家乐、参与旅游景区服务等，让当地农民实现增收。

特别是阿里地区，西藏自治区分行配合阿里地区行政公署建立了“国家投资、地县配套、银行贷款、援藏支持、社会捐助、干部捐款”的易地扶贫搬迁资金保障机制，将地直各部门沿街门面房收归财政统一管理，统筹用于易地扶贫搬迁点配套产业建设，有效增加资金投入和产出。

胡世财说：“针对地域广、搬迁点多、施工期短等问题，西藏自治区党委、政府研究决定，贷款资金必须在2016年4月集中到位。西藏自治区分行全体员工加班加点，举全行之力在10个工作日内审批发放易地扶贫搬迁贷款150.13亿元，占西藏全区易地搬迁贷款总额的99%。”

拉萨市曲水县达嘎乡三有村，是西藏自治区易地扶贫搬迁集中安置点。过去，这里的村民只能靠编制篮子等一些手工活挣点钱。现在，他们可以在附近的奶牛场工作，每个村民月收入可达1500元，年底还有分红。与过去相比，村民们居住环境大大改善，生活质量得到明显提高。

“过去，我们村一些家庭居住在悬崖边，如果遇到夜里下雨，村民就会急忙起来避雨、躲避泥石流，甚至要到别人家借宿。现在，这样的日子已经成为历史，所有居住在危房里的农民全部搬迁到新的安置点，我们不仅有了工作、有了收入，还能在家门口就业。”73岁的三有村村民王大爷说。

西藏自治区分行自始至终参与三有村安置点谋划布局，胡世财表示，在这个搬迁点，共安置3个乡镇的贫困户184户712人。贫困户以户为单位，按人口数入住相应户型的房屋，突破了原有自然形成的农牧民住居格局和村社的管理模式，形成了集中居住、邻居不同村、行政分属的“杂居型”新农村社区。其突出特点是，“输血”与“造血”有机结合，实现了传统的农村亲情乡情文化与信息化管理服务方式兼容。

在西藏自治区分行的大力帮助下，来自三有村等3个乡镇的184户贫困户不用花一分钱就挪出了穷窝，搬到了村容整洁的现代居住小区，他们已经成为西藏第一批易地扶贫搬迁的受益人。贫困户不仅实现了住房安全，而且住得满意、住得幸福，这一切都印证在搬迁户发自内心的笑颜中。三有村安置点成为西藏自治区乃至全国易地扶贫搬迁的“样板工程”，也是西藏自治区分行支持易地扶贫搬迁工程的一个缩影。

务实开拓　创新金融扶贫模式

在西藏，居住在“一方水土养不起一方人”的贫穷地区的贫困人口达26.3万人，占全区建档立卡贫困人口的44.68%。

精准扶贫，搬迁是手段，脱贫是目的，产业是保障。针对西藏企业小而散、抗风险能力弱等实际，西藏自治区分行积极创新批发转贷扶贫模式，即在政银合作的基础上，由市级政府指定投融资公司集中向该行贷款，再将贷款转贷给政府认可的产业扶贫项目，确保资金专款专用，从根本上解决贫困人口的就业和增收问题。

同时，胡世财要求全行员工一定要抱着为全面建成小康社会的家国情怀，抱着对藏区贫困群众的深情厚谊，抱定愚公移山之志，全面谋划和推进各项金融扶贫工作。2016年初，按照中央对贫困地区实施特惠优惠政策的要求，在胡世财的努力协调下，成功促成西藏自治区人民政府与农发行总行签订抵押补充贷款（PSL）资金战略合作协议，在符合银行同业公约的基础上，面向农村公路、棚户区改造、重大水利和水利设施建设等项目，率先对贫困地区各类贷款实行利率下浮。

截至2016年9月底，西藏自治区分行累计发放各类扶贫贷款427亿元，净增412亿元，余额达467亿元，贷款平均利率较基准利率低20%以上，平均年让利2.47亿元。扶贫贷款的增量和增速均居全区金融机构第一，实现了对全区74个国家重点贫困县（区）全覆盖。

“目前，我行累计储备旅游、加工、农牧等产业扶贫项目400多个、近30亿元，实际审批产业扶贫贷款10亿元，发放到位资金3亿元。另外，我们还积极支持西藏特色旅游业、商业、农牧业、粮油业、种养业、加工业等项目118个，直接解决贫困人口就业创业8934人，覆盖受益人口5.87万人。”胡世财说。

西藏自治区分行计划贷款50万元扶持波密县小型商店项目建设，为康玉乡拉瓦西村、玉普乡宗坝村等14个村25户建档立卡贫困户修建小型商店。项目实施以后，可使121人受益，户均增收4100元。胡世财说：“目前，这些项目已基本建设完成，许多商户已经开张运营，其他商户正在筹备开业。”

除此之外，西藏自治区分行还贷款1750万元支持察隅县嘎巴新区易地扶贫搬迁商住楼项目，他们将在察隅县城修建一座5000平方米的扶贫商住楼。其中，建设商铺22间，一层用作商铺，剩余用于出租。据了解，这个项目建成后，将使该县1431户贫困家庭6160人受益，年户均分红可达1000元以上。

聚力交通　建起群众致富路

湖泊静谧悠远，草原连绵起伏，布达拉宫神秘庄严，珠穆朗玛峰更以“世界第一峰”享誉全球……西藏具有独一无二的自然风光和丰富的人文景观，旅游资源丰富。但是，交通建设的落后已成为严重制约西藏经济社会发展的瓶颈。为此，西藏自治区政府提出，到2020年，西藏与全国实现同步小康，必须加快广大农牧区公路建设速度，打破农牧区经济社会发展“瓶颈”。

胡世财清楚地认识到，“西藏的发展关键在交通，重点在农村，难点是集中连片特困地区公路交通”。他要求西藏自治区分行主动提升站位，积极配合，聚焦交通等基础设施建设。同时，积极加强与自治区交通厅的沟通联系，根据《西藏自治区公路水路交通运输“十三五”发展规划》，努力争取抵押补充贷款信贷支持，开通农村公路项目办贷绿色通道，以解决制约西藏经济社会发展和“造血式”脱贫最大的短板。“此外，我行已受理拉萨市环线公路、拉萨市S5线、嘎玛至（青藏界）柴维公路等5个地市6个项目的融资申请，累计申请贷款金额达131亿元。这批项目的陆续落地，将进一步助推全区脱贫小康路建设进程，搭起农户致富桥梁，带动广大农村交通面貌的改变。”胡世财信心满满地说。

截至2021年6月底，西藏自治区分行已累计投放农村交通建设贷款458.85亿元，支持全区新改建农村公路2359条共21376千米，贷款覆盖全区7个地市、74个县（区）、692个乡镇、5261个行政村，惠及农牧民234.5万人。强大的资金支持构筑了一条条促进西藏农村经济腾飞的“动脉”，让崎岖山路变坦途，成为带动广大农牧民增收的致富路、小康路。

胡世财说：“由于经济、金融相对落后，西藏经济发展一直面临融资难、融资贵的问题。对此，我行发挥政策性职能作用，率先对各类扶贫贷款下浮贷款利率20%以上，其中，对易地扶贫搬迁贷款在西藏金融机构的基准利率基础上下浮62.76%，150亿元贷款执行利率仅为1.08%，有效带动全区金融机构扶贫贷款利率稳步下行，仅此一项，我行实现年直接让利4.33亿元，带动其他金融机构年让利1亿元以上，实实在在地发挥了政策性银行在脱贫攻坚中的引领作用。”

在雪域高原脱贫攻坚战的一线，胡世财和他带领的西藏自治区分行，以“缺氧不缺精神”的扶贫意志和决心，以“促进各民族大团结、大发展”的家国情怀，以“心中有党勇担当、心中有民扶真贫”的忠诚和赤胆，谱写着一曲曲胜利的凯歌！

个人感言：共产党人一定要坚持“三个一”，一句话“为人民服务”，一首歌“中华人民共和国国歌”，一个梦“中国梦”。

金融扶贫探路人

——记“2017年全国脱贫攻坚奖创新奖”获得者徐一丁

“2015年，我刚好50岁。在知天命之年，我遇到了自己新的使命，这个使命就是脱贫攻坚。”徐一丁动情地说，他认为自己是历史的幸运儿、时代的幸运儿，从一开始，就有幸以一个金融扶贫探路人的角色参与脱贫攻坚的全过程。以服务脱贫为使命，以参与攻坚为际遇，言语间透出他对脱贫攻坚这份事业的珍视投入和情怀担当。

在农发行全力服务脱贫攻坚的伟大实践中，徐一丁作为农发行扶贫部门的主要负责人，认真贯彻落实习近平总书记关于扶贫工作重要论述和党中央战略部署，在总行

■徐一丁（前排右二）在云南省马关县牛马槲村开展脱贫攻坚调研

徐一丁，农发行党委委员、副行长。自2015年以来，他全力全程参与农发行服务脱贫攻坚的伟大实践，是农发行作为金融扶贫先锋主力模范的典型代表。2017年，他作为金融系统唯一代表获得“全国脱贫攻坚奖创新奖”。

党委正确领导下，秉承家国情怀，强化政治担当，大力创新推进政策性金融扶贫工作，为农发行发挥金融扶贫先锋主力模范作用作出了重要贡献。2017年，他作为金融系统唯一代表获得“全国脱贫攻坚奖创新奖”。

在历史的关键节点，他融入洪流、担当使命

2015年，习近平总书记发出了坚决打赢脱贫攻坚战的总号令。号令既出，农发行积极融入服务脱贫攻坚这项历史性伟大工程。2015年6月8日，农发行扶贫开发事业部筹备组成立，徐一丁担任筹备组组长，立即着手研究推动易地扶贫搬迁工作。筹备组成立当天，他就带队赴陕西调研，并部署甘肃、贵州、云南等10多个省份密集调研，一个多月后方案起草完成，提出的建议成为国家出台易地扶贫搬迁方案的重要参考。8月7日，农发行率先印发易地扶贫搬迁贷款管理办法；8月14日，率先投放第一笔易地扶贫搬迁贷款，打响了金融支持脱贫攻坚的“当头炮”。

2015年11月27日，中央扶贫开发工作会议召开，随后出台《中共中央　国务院关于打赢脱贫攻坚战的决定》，作为指导新时期脱贫攻坚的纲领性文件，其中最具含金量的就是金融扶贫系列重大举措。作为金融系统的代表，他参与了这一重要文件的讨论起草工作。中央工作会议结束的第二天，农发行党委即召开会议，作出了举全行之力支持打赢脱贫攻坚战的重大决定。他立即着手筹备全行首次脱贫攻坚工作会议，牵头起草会议主报告，研究制定政策性金融扶贫五年规划。会前，总行党委将会议材料呈送时任国务院副总理汪洋同志审阅，汪洋同志在会议召开前一天作出重要批示：“认识深刻，措施得力，带了好头。抓好落实，必有大为。”2016年5月20日，农发行首次脱贫攻坚工作会议召开。一些事关全局的重大判断、战略安排在这次会议上确定下来。

精诚所至，金石为开。徐一丁身体力行、率先垂范，带领团队攻坚克难、创新推进，深入研究构建扶贫组织体系、政策体系、产品体系、精准管理体系、考核体系，推动与国务院扶贫办、省级人民政府创建政策性金融扶贫实验示范区，探索银行与政府、信贷资金与财政资金、行业与社会协同扶贫的新机制、新模式，服务脱贫攻坚成为促进全行治理体系和治理能力现代化的重大实践。

打响脱贫攻坚战以来，全国金融精准扶贫贷款投放9.2万亿元，其中，农发行投放了2.32万亿元，2020年末扶贫贷款余额达1.5万亿元，扶贫贷款投放额和余额始终位居全国金融系统首位；连续五年获得全国脱贫攻坚奖，8家单位和个人获全国脱贫攻坚先进集体和先进个人，居金融机构首位，农发行在中国脱贫攻坚史上创造了金融扶贫的奇迹！徐一丁深情地说道：“这是全体农发行人的无上荣光，我作为农发行

金融扶贫的一名参与者、推动者，能为农民而谋、为使命而战、为成功而喜，此人生之大幸！”

在攻坚的特殊时期，他一马当先、开创新局

习近平总书记指出，脱贫攻坚，资金投入是保障，强调“推动各类金融机构实施特惠金融政策”“加大对脱贫攻坚的金融支持力度，特别是要重视发挥好政策性金融和开发性金融在脱贫攻坚中的作用”。

“我理解习总书记之所以这么看重政策性金融扶贫，就是因为政策性金融的职能属性可以并且必须在解决贫困中发挥重要作用、作出特殊贡献，所以服务脱贫攻坚绝不是一般性的银行业务，而是农发行的政治责任、政治任务。对我们农发行人来说，必须强化责任担当，真扶贫、扶真贫。”这是徐一丁对政策性金融服务脱贫攻坚的深刻理解。

对精神的准确把握，来自深入的学习领会。每次习近平总书记对脱贫攻坚作出重要指示，发表重要讲话，他都逐字逐句学习，仔细领悟新指示新精神，找准下一步工作的重点，及时快速研究新政策、新举措及落地路径。

在决胜脱贫攻坚的各处“关隘”，他都坚持在学中干、在干中学，披荆斩棘、一马当先。在他的组织推动和亲自策划下，易地扶贫搬迁、光伏扶贫、旅游扶贫、教育扶贫、网络扶贫、扶贫批发、扶贫过桥、健康扶贫、产业扶贫等专项扶贫信贷产品不断创新并落地推广，精准对接了解决“两不愁三保障”重点领域和薄弱环节的资金需求。

2017年6月23日，习近平总书记在山西太原主持召开深度贫困地区脱贫攻坚座谈会并发表重要讲话，强调了深度贫困地区脱贫攻坚这一战略聚焦。徐一丁积极研究推动农发行在金融系统率先出台《关于重点支持深度贫困地区打赢脱贫攻坚战的意见》，明确提出“三个高于”的目标。9月20日，农发行在山西吕梁召开全行支持深度贫困地区脱贫攻坚现场会，并与吕梁市政府联合探索推出产业扶贫的“吕梁模式”，后续出台十项配套政策，形成一套有针对性的方案体系，破解了带贫效果明显的中小企业融资难题。2018年金融宏观环境发生重大变化，在规范地方政府债务管理的背景下，一些地方出现了“去金融化”倾向，他主动应对，一方面积极参加论坛宣讲政策性金融扶贫理念和政策，另一方面以超常举措为深度贫困地区补短板提供政策性金融保障，推动了农发行在信贷政策、资源配置、定向帮扶三个方面形成深度贫困地区28条差异化支持政策，历经三次拓展，形成“28+10+10+11”的59条特惠政策支持体系。这一系列政策的实施，创造了深度贫困地区扶贫贷款增速达到全行扶贫贷款增速2.4倍

的巨大效应。

实干的业绩与思想的升华相向而行。作为一名金融理论和扶贫政策研究者，徐一丁始终对政策性金融扶贫实践推动理论创新保持极大的关注。“政策性金融不以营利为目标，内在机制上具有益贫性，是国家实施特定战略或弥补市场失灵的制度设计和策略选择。”“金融扶贫是以市场化运作方式实施的开发式扶贫，有助于贫困地区构建长效脱贫机制。”“金融扶贫的过程，实质是在扶贫资金的使用上多了一双‘金融监管的眼睛’”等，这些见解正是他在身经百战的脱贫攻坚实践中淬炼得出的。

风雨过后，彩霞满天。2017年徐一丁作为金融系统唯一代表获得“全国脱贫攻坚奖”，时任国务院副总理汪洋同志亲自为他颁奖，还拍着他的肩膀说：“农发行干得不错。你是农发行的代表，继续努力！”

在人生的奋斗历程，他“一农到底”、情怀满格

“2019年7月，我赴四川阿坝调研脱贫攻坚，在路边准备买一点水果。同行的四川省分行同志告诉卖水果的老乡，我们是中央派来帮助扶贫的。老乡一听，非常激动，连声感谢党中央，苹果不要钱了，抓起水果使劲往我们的怀里塞，我们谢绝后，还一直追着我们不让走，从车窗塞进来……”这是徐一丁常和同事们分享的一个故事。

“真像革命战争时期老乡们给解放军送食物的情景。虽然是不一样的战争，但同样是为人民的幸福而战、为民族的复兴而战，党和人民的心紧紧连在一起！”徐一丁动情地说。

对扶贫工作，他有着特殊的感情。出生在贫苦农家，对贫困有着切肤之痛。父亲是一位民办教师，从小教育他：中国农民最苦，长大一定要为农民做事。在父亲的影响下，徐一丁的高等教育、职业生涯“一农到底”。“我们党就是为天下劳苦大众求解放而成立的，脱贫攻坚最能体现党的初心和使命，最能体现以人民为中心的思想，最能体现党的宗旨。习近平总书记把脱贫攻坚战提到这么高的程度，我认为总书记是在完成我们老一辈革命家的遗愿，让老百姓吃饱穿暖过上好日子。”

事非经过不知难，成如容易却艰辛。徐一丁始终记得时任国务院扶贫办主任刘永富对他说过的话：干扶贫工作不仅要流汗，甚至流血，有时还要流泪，要不怕苦、不怕累，受得了委屈。脱贫攻坚时间紧迫、任务艰巨，扶贫部门的同志必须冲锋在前，顶着压力上，受到不理解时必须坚定、坚强。“躬身入局，挺膺负责，乃有成事之可冀。”

正是带着这种情怀和信念，他在服务脱贫攻坚中始终坚持做到“感情更深一点、动作更快一点、力度更大一点、服务更优一点”。对于在贫困地区特别是深度贫困地区

开展金融业务，面对干部群众不懂金融、不会也不愿贷款等重重困难，不少同志存在畏难情绪，他反复强调，我们要真心为贫困地区解决融资难问题，就要有足够的耐心和耐力，先融智、融商、融情，再融资，我们的金融扶贫就是要将“保姆式”的服务进行到底，要真心关怀，要深入细致引导，要手把手帮扶。只有通过金融方式和市场培育，才能逐步增强贫困地区和贫困群众的金融意识、市场意识和内生动力，进而获得比“等靠要”更大更可持续的效益。

“扶贫工作一遇到困难，首先想到的就是农发行。”这是很多贫困县领导干部的共同心声。很多贫困地区脱贫摘帽后，党政领导担心农发行撤摊子。徐一丁告诉他们，农发行始终坚持摘帽不摘政策，摘帽不摘帮扶，解决绝对贫困后，还将一如既往地支持巩固拓展脱贫成果，全面推进乡村振兴。

“被他人需要是一种幸福。当农发行人全身心投入脱贫攻坚事业当中，为使命和信仰而奋斗，这种崇高价值追求带来的喜悦和满足是任何现实利益无可比拟的。”对所从事的事业，他忘我投入、倍感珍惜。

个人感言：一个人最大的幸运就是在人生中途遇到自己的使命，我感觉我就是这个人。在服务脱贫攻坚中实现了个人的使命，我是最幸福的人！

北京来的第一书记

——记“2018年全国脱贫攻坚奖创新奖”获得者杨端明

任职贵州省锦屏县龙池村第一书记期间，他将一个集体经济只有300元的贫困村建设成为集体经济300多万元的富裕村；他以真诚打动世界品牌，让亚狮龙羽毛球集团公司落地贵州省锦屏县，带动一系列产业发展，为当地脱贫攻坚打下良好基础；他为当地人民群众做了一系列好事、实事，成为家喻户晓、人人称赞的“最美第一书记”。他叫杨端明。

杨端明，中共党员，农发行机关党委副总经理级干部。2015年9月，由中共中央组织部下派到贵州省锦屏县龙池村任村党支部第一书记。2018年荣获“全国脱贫攻坚奖创新奖”。

水果卖到北京去

2015年9月，杨端明来到龙池村。龙池村是传统的水果产业大村，水果历来都是支柱产业。杨端明在实地踏勘农田、果园的时候，发现大片大片的椪柑没有摘下来，也没有人看管，当时已经是农历腊月了，再不采摘就会全部烂掉。一问才知道，年轻人都进城打工了，在家的都是老人和小孩，他们上不了树，即使把水果采摘下来，也卖不出好价钱。如果请劳力，80元到100元一天，还要倒贴工钱，还不如让它烂在树上。

杨端明看在眼里，急在心里，一个大胆的想法在他脑海中浮现：把水果卖到北京去！说干就干，他立即带上一筐水果去了北京。一下飞机，就马不停蹄地跑到新发地，又走访了几家大型农贸市场了解行情，杨端明发现，搞水果批发并不赚钱，要让老百姓的钱包鼓起来，只能靠零售。那卖给谁呢？杨端明立刻想到了自己的工作单位——中国农业发展银行，经过联系，单位的强力支持让杨端明喜出望外。

带着兴奋劲儿回到村里，杨端明立即就把这个好消息告诉村民们，但没想到大家的反应并不积极，并且还对他这个初来乍到的挂职干部心存疑虑。了解到村民们的顾虑后，杨端明拍着胸脯跟大家保证："我是一名共产党员，我用党性向大家保证，如果赚不了钱，我把自己的工资拿出来给大家。"掷地有声的话语打动了村民们。

经过一番忙碌，一箱箱水果装满了13米长、4.2米高的大车，这33吨水果不仅是村民们一年辛苦劳作的成果，也是杨端明带领大家脱贫致富奔小康的第一次尝试。出发那天，全村的男女老少都到村口送别。

一开始，行程还比较顺利。可是刚到河南，就遇上一场笼罩整个华北地区的严重雾霾。天空黑压压、灰蒙蒙，能见度很低，高速公路上所有大车排成一串，蜗牛一般缓慢行进，有时候一停就是几个小时。到了河北，情况就更糟了，高速公路封闭，水果车被困在了路上。经验不足、准备不充分的问题随即暴露了出来，队员们没有带足水和干粮，才过去两天，就"弹尽粮绝"了，大家只能在寒风中熬着。终于，水果车慢慢挪到了邯郸服务区，队员们得以休整、补充给养。可另一个问题又摆在队员们面前——极寒天气，零下十几度的低温随时可能把整车水果冻坏。队员们立即行动起来，赶紧进城买了十几床棉被，紧紧把这些果子包住，慢慢熬到了北京，两天一夜的车程，他们整整走了三天三夜。

然而，更意想不到的麻烦还在后头——北京下大雪了。鹅毛般的大雪倾泻下来，雪粒直接敲打在车的顶篷上、挡风玻璃上，也敲打在杨端明的心上。路面一片雪白，水果车不敢开快，加上之前封路的遭遇，让大伙的心都提到了嗓子眼儿。

意想不到的事一个接一个，水果车好不容易到了杜家坎收费站，又被警察给拦了下来，理由是：车子太大，不能进城。警察同志的话让背负全村人致富梦想的杨端明五味杂陈，但他不能退缩，立刻上前向警察同志说明情况："警察同志，我是中共中央组织部选派到贵州贫困地区的一名国家干部，任贵州锦屏县龙池村第一书记，是搞脱贫攻坚的。今天我们把水果拉到北京来卖，就是想给老百姓增加一点收入，给孩子们添加点学习用具，给老人们添一点治病钱，很快就过春节了，村民们还盼望着我们卖点钱回去给他们过年，请警察同志一定要帮帮我们这些贫困地区的父老乡亲。"

警察同志的语气渐渐地温和了下来，眼神中充满了对大家的钦佩，最终同意放行水果车，并且特意嘱咐道：前面一些桥有3.8米限高，你们4.5米高的车子过不去，得选择好线路才能到市中心。这确实又是一个大问题。杨端明立即跟司机和队员们说："你们原地等我。"说完，就急匆匆地冲进了大雪中。

原来，杨端明是要回家拿工具。打开家门的那一刻，夫人差点没有认出来。三天三夜的饥寒交迫，哪还顾得上洗脸梳头刮胡子呢，满脸的疲惫，让杨端明看上去比实际年龄长了十几岁。顾不上交谈，杨端明让夫人找来尺子，又找来一根竹竿，破成两半，接起来有4.5米，拿上尺子和竹竿，叫上夫人和儿子，按照行车路线行进，丈量每一个限高的桥梁，最后选择了一条能够通过的行车路线。指挥水果车司机按路线行驶，顺利把水果送到了指定地点，这时已经是凌晨五点了。

按照提前商定的计划，农发行的领导和同事一上班就前来认购水果，亲朋好友和小区的邻居也来了，看着一箱一箱的水果被大家抢购，杨端明紧绷的神经终于舒缓了下来。33吨的椪柑没多久就被抢购一空，杨端明开始一分一厘地仔细计算收成，除去给老百姓的本钱和路上花销，此次行程净赚50500元。钱虽然不多，但却是杨端明让龙池村获得的第一桶金。更可喜的是，售卖水果的良好品质，获得了北京13家客户的长期订货承诺，为今后的水果和其他农特产品销售打下了基础。回到龙池村后，杨端明立即联系车辆，又送了两车抵京，虽然赚得少一点，但也还是赚了5万多元。那一年，村里所有椪柑销售一空，龙池村集体账户上首次突破了5位数。2016年，龙池村的集体经济收入达到50多万元，2017年为100万元，2018年飞升到200多万元。几年下来，单是靠着售卖水果，就给龙池村带来800多万元的流水，龙池村集体经济达到300多万元。

真诚打动世界品牌

在南京卖水果的时候，机缘巧合，杨端明认识了亚狮龙羽毛球品牌的创始人周贺桐。亚狮龙是世界品牌，1928年创立于英国，是国际羽坛资深的羽毛球品牌，经过四十多年的发展，已经成为全球最大的羽毛球供应商。

在周贺桐先生的邀请下，杨端明参观了他们的羽毛球厂。他脑海中顿时又冒出一个想法：能不能把一部分羽毛球拿去锦屏县生产呢？如果可以，除了生产羽毛球，鹅毛、鹅肉还可以带动一系列产业发展。于是，他立刻向周贺桐先生发出到锦屏县考察的邀请。

为了表达诚意，杨端明先后11次到南京拜访周贺桐先生。正所谓“精诚所至，金石为开”，杨端明的诚意打动了周贺桐，终于同意到贵州省锦屏县考察。

为了保证周贺桐先生一行顺利完成考察，在交通路线上，杨端明着实花了一番心思：如果飞机从南京市直飞贵阳市，贵阳市到锦屏县五个多小时的路程，考察团可能会考虑交通不便因素而不愿合作。经过反复计算，杨端明发现从南京市直飞桂林市，再开车至锦屏县是最优方案，可以节省不少时间。后来，考察工作顺利完成，周贺桐先生又多次来到锦屏县，杨端明每次都远赴机场迎接，就这样，他用自己的真诚赢得了周贺桐先生的信任，终于同意到锦屏县建一个羽毛球厂。

2017年6月，通过锦屏县人民政府招商引资，贵州亚狮龙体育文化产业发展有限公司以产业扶贫的方式落户锦屏县经济开发区回乡创业园，同年8月在锦屏县注册成立，并于当月投产。截至2018年12月底，总投资超过1000万元，安装设备150多台，公司员工超过100人（其中含贫困户30多名），实现羽毛球生产量超过8万打/月，月产值超500万元，年销售额超6000万元，年利税达300万元。同时，羽毛球厂的落地带动了一系列产业的发展，为满足羽毛球生产对鹅毛的需求，锦屏县发动老百姓养鹅，2018年就养了20万只，到2019年养殖规模已扩大到80多万只，老百姓得到了实实在在的实惠。

好事一件一件做

2016年4月的一天，杨端明晚饭后来到寨子里，看到龙池老寨大门外面一个长满草的坪子里，几个妇女在跟着录音机里的音乐跳广场舞。杨端明觉得农村文化生活太贫乏了，除了看电视、看手机、跳跳广场舞，村民们没有别的文化娱乐活动，近年来年轻人又都进城打工，农村就显得更加空寂。看着这块长满杂草又拥挤的坪子，杨端明心里像被什么东西撞了一下。是的，应该给这里的群众修一个文化广场了。

说干就干！杨端明立即动身，四处申请资金，寻求帮助，终于筹集到50多万元建设款。工程动工时，村民们也都自发投工投劳，很快，一座漂亮的文化广场就轰轰烈烈地建了起来。近1000平方米的广场，100多平方米的舞台，舞台上的戏楼雕龙画凤，广场外面有文化长廊，楼廊相通，蔚为壮观。广场建成那天，老百姓欢天喜地，全村歌舞相庆，深夜才归。

虽然龙池村的人居环境改善了，村民们也脱贫致富奔小康了，但还有一件事是最让杨端明放心不下的——龙池小学。他刚驻村没几天就到学校来调研，一会儿到学生食堂，一会儿到留守儿童之家，一会儿到学生宿舍。当他看到住校生们用冷水洗脸洗澡的时候，心疼不已。2015年10月28日，他邀请北京太阳雨公司来学校实地考察，向对方说明孩子们的热水难题，打动了公司领导，随即为学校捐赠价值21.6万元的成套太阳能热水器，一举解决了300多名师生一年四季使用热水的难题。值得一提的是，这也是锦屏县唯一用上热水的乡村小学。

2018年，杨端明任职到期。为了能够再为扶贫事业作出一些贡献，经向中共中央组织部申请，改任罗丹村第一书记。罗丹村人少，田土也少，加上交通不便，成为建档立卡的贫困村。刚到罗丹村，杨端明就立刻注意到各种脏乱差问题。古旧的木楼破败不堪，有的歪歪斜斜，随时都可能在风雨中倒塌，有严重的安全隐患。道路两旁的猪牛圈和厕所横七竖八，人走过去，蝇蚊群飞，臭气熏天。路面窄而不平，泥泞路上污水横流。寨子下方有两方水井，常年滔滔汩汩，两边有好几棵千年古柏和古枫，风景独好，但由于没有修缮和打理，显得无序，空有清水漫流其间。

到罗丹村后，除了迅速走村串寨，调研一番，摸清底数外，杨端明明确了首先要办的几件实事：一是整治村容村貌；二是修一条产业路和寨子道路硬化；三是将这两口水井打造起来，再在旁边建起文化广场，不仅作为老百姓休闲娱乐、文艺表演的地方，也可以作为一处不可多得的景点。

经过一番治理，现在的罗丹村呈现一派欧洲乡村景象，小小的村落，依山而建，青瓦白墙，高低错落，各有风格。后山古树葱茏，浓荫蔽日；村子两边，竹木掩映；村子前面，良田千顷，风吹禾苗，绿浪无边。新建的文化广场外设有一个高大巍峨的戏台，广场中央是被青石板围起来的水塘，水塘上面还建有凉亭，成为村民们悠闲娱乐的好去处。

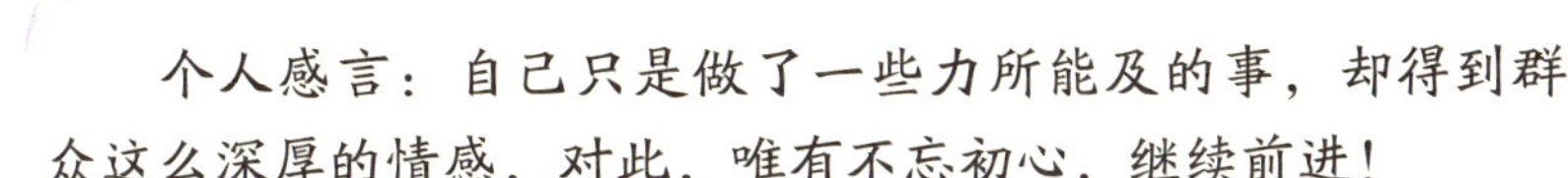
个人感言：自己只是做了一些力所能及的事，却得到群众这么深厚的情感，对此，唯有不忘初心，继续前进！

政策创新引活水　金融扶贫显担当

——记“2019年全国脱贫攻坚奖创新奖”获奖集体农发行总行原扶贫综合业务部扶贫政策与实验示范处

扶贫政策与实验示范处（以下简称政策处）是农发行扶贫政策产品创新职能处，2015年7月设立以来，紧紧围绕农发行政策性金融扶贫目标，坚持“四个围绕、四个创新”，研究出台政策性金融扶贫发展规划、运行机制、支持政策、产品模式等一系列创新举措，引导金融资金活水注入脱贫攻坚，助力打赢脱贫攻坚战，为彰显农发行金融扶贫先锋主力模范作用作出了突出贡献。

■ 总行扶贫政策与实验示范处工作人员深入田间地头考察调研

农发行原扶贫综合业务部扶贫政策与实验示范处是农发行扶贫政策产品创新职能处，牵头制定全行政策性金融扶贫发展规划，出台一系列精准扶贫信贷政策、制度办法和金融产品，引导政策性金融资金活水注入脱贫攻坚，为彰显农发行金融扶贫先锋主力模范作用作出了突出贡献。

围绕破解融资难融资贵问题　创新产业扶贫“吕梁模式”

产业扶贫是稳定脱贫防止返贫的根本之策。贫困地区市场机制不健全、经营主体普遍小散弱、担保资源有限，急需创新产业扶贫的有效支持模式。政策处在山西省吕梁市开展试点，探索将政府组织协调优势、银行专业优势、贫困地区资源优势有机结合并发挥最大效用，创建产业扶贫的“吕梁模式”。该模式由地方政府主导建立产业扶贫贷款风险补偿共管基金，撬动农发行5~10倍信贷资金投入，农发行按照基准利率、信用方式发放贷款。同时构建政银企三方参与的准入筛选、利益联结、联合监督机制，解决产业扶贫信息不对称问题；建立风险分担、基金补偿、熔断管理机制，保障项目本身和银行财务可持续。仅一年多时间，山西省吕梁市就到位风险补偿基金1.54亿元，入库小微企业3批137户；农发行支持企业67户、投放产业扶贫贷款5.36亿元，直接吸纳3654名建档立卡贫困人口就业，与7909户2.7万余名建档立卡贫困人口签订了帮扶协议，带动每户年均增收5000元以上。

“吕梁模式”从试点走向制度化、规范化的过程中，政策处不遗余力地创新政策举措，研究制定了降低准入门槛、下放审批权限、实行总额控制、明确资金用途、执行优惠利率、采用信用方式、提高风险容忍度、建立绿色通道、推行尽职免责等十个方面的配套支持政策，鼓励分支机构大胆尝试，有效解决不敢贷、不愿贷、不会贷问题。为强化推广应用，政策处设计了“吕梁模式”操作流程和推广模板，组织在山西省吕梁市召开全系统现场会，在更大范围内复制推广“吕梁模式”。短短时间“吕梁模式”就在贵州、广西、新疆等7个脱贫攻坚重点省份的13个贫困市县落地，农发行支持中小企业113家，审批产业扶贫贷款24.36亿元，投放15.64亿元，带动贫困人口3.5万人增收。

同时，政策处还创新推出了东西部扶贫协作、“万企帮万村”精准扶贫、扶贫批发贷款、农业产业化联合体贷款等支持产业扶贫的多种模式，推动形成了农发行支持产业扶贫的组合拳。截至2018年末，农发行累计发放产业扶贫贷款6279亿元，余额为4129.8亿元。

围绕攻克深度贫困堡垒　创新制定28条差异化支持政策

深度贫困地区自然条件恶劣、经济社会发展滞后，迫切需要加大支持投入。“三区三州”作为脱贫攻坚最难啃的硬骨头，必须采取强有力的超常举措。政策处深入“三区三州”开展调查研究，率先在金融系统研究推出支持深度贫困地区脱贫攻坚的意见，提出深度贫困地区贷款增速要实现“三个高于”的目标。中央和国家有关部委支持深度贫困地区的一系列支持政策出台后，政策处认真学习贯彻，积极协调行内有关部门，牵头制定出台农发行支持“三区三州”脱贫攻坚28条差异化支持政策，从信贷政策、资源保障、定向帮扶等方面，加大对深度贫困地区脱贫攻坚的全方位支持力度，得到中央巡视组、国家相关部委和地方党政的充分肯定。

针对“三区三州”优质客户资源少、担保资源不足的问题，政策处认真研究放宽客户信用等级、项目资本金比例要求，创新提出使用在建工程和未来固定资产抵押等，新疆维吾尔自治区喀什地区、和田地区、阿克苏地区、克孜勒苏柯尔克孜自治州（以下简称新疆南疆四地州）由此新准入客户近20家。针对贫困地区产业发展水平低、效益不高的问题，深入分析财务可持续和收益考核影响，明确提出扶贫贷款利率可在人民银行基准利率的基础上下浮10%，对分支行执行优惠利率减少的经营收益在考核时予以回调，调动支持深度贫困地区的积极性。仅扶贫贷款利率优惠政策一项，2018年就为四川省凉山州节省支出4900万元。为解决高海拔地区留不住人的问题，研究提出实施双向交流、在薪酬福利和绩效考核方面予以倾斜等政策。此外，还制定了定向招聘、免费培训、结对帮扶、以购代捐等政策。截至2018年末，农发行“三区三州”扶贫贷款余额为1163.63亿元，比年初增长11.68%，是同期全行扶贫贷款增幅的1.81倍；各级行全年共招聘贫困大学生80人，占全行校园招聘的3%；免费培训“三区三州”大学生村官180名，培训干部群众23587名；组织全系统开展扶贫公益捐款活动，共募集资金537.38万元；组织员工结对帮扶贫困户1531户5975人；组织全系统购买“三区三州”农副产品100.45万元。

与此同时，政策处建立了对深度贫困地区的监测分析机制，不断总结服务深度贫困地区的经验做法。进一步完善政策文件，将“三区三州”28条差异化支持政策扩大至169个中西部深度贫困县，让更多深度贫困地区充分享受政策红利。

围绕解决“两不愁三保障” 创新扶贫信贷产品和方法

政策处认真贯彻落实中央脱贫攻坚战略部署，围绕“两不愁三保障”目标、“五个一批”脱贫路径、精准扶贫精准脱贫基本方略不断探索创新，推动形成政策性金融扶贫全方位、立体式工作体系。

坚持规划先行。在全国金融系统率先推出金融扶贫五年规划，及时制订农发行支持打赢脱贫攻坚战三年行动方案，明确了金融扶贫任务书、时间表和路线图。

加大产品创新。积极参与国家易地扶贫搬迁政策研究和规划制定，深入脱贫攻坚重点省份实地调研，在金融系统率先出台易地扶贫搬迁贷款办法，打响了金融支持易地扶贫搬迁的当头炮，农发行累计投放易地扶贫搬迁贷款3139亿元，惠及搬迁人口768万人，其中建档立卡贫困人口占比为68%。积极对接国家专项扶贫行动，专门研发推出教育扶贫、健康扶贫、光伏扶贫、旅游扶贫、网络扶贫、贫困村提升工程、扶贫批发等系列扶贫贷款产品，农发行累计投放专项扶贫贷款1209亿元，有效对接贫困地区基础设施、公共服务、产业发展的巨大资金需求。为解决贫困地区资金到位滞后影响脱贫攻坚进程的问题，研究出台扶贫过桥贷款办法，专门用于支持有稳定还款来源的扶贫项目，农发行累计投放扶贫过桥贷款926.7亿元，有效促进了557个扶贫项目尽早启动。

发挥示范引领。研究创建政策性金融扶贫实验示范区，推动农发行分别与国务院扶贫办创建贵州毕节等4个实验示范区，与8个省级人民政府创建省级实验示范区，在金融与财政协同扶贫、扶贫信贷产品模式创新等方面积极发挥示范引领作用。将定点扶贫作为政策性金融扶贫的试验区和示范田，研究推出信贷支持、产业对接、社会帮扶、消费扶贫、扶贫培训等系列政策举措，推动构建融资、融智、融商、融情“四融一体”工作体系，创新实行向定点扶贫县派驻“三人小组”帮扶机制。农发行在定点扶贫县贵州省锦屏县承办了由中国人民银行组织的中央金融单位定点扶贫工作推进会；与中央国家机关工委、中国人民银行、国家外汇管理局等部委合作，一县一策专门出台金融支持方案，形成了定点扶贫合作的“巨鹿模式”，合力推动定点扶贫县脱贫摘帽。

贯彻精准方略。始终把精准方略作为生命线，研究提出扶贫任务清单、项目清单和整改清单“三清单”管理，推动构建扶贫贷款台账系统、统计系统、单独核算系统、贷后管理系统、考核评价系统五大基础工程，把精准方略贯穿于政策性金融扶贫始终，确保贫困地区和贫困人口真受益、长受益。

围绕抓党建促扶贫　创新打造精品党小组

政策处党小组将政治建设作为首要任务，深入学习贯彻习近平总书记关于扶贫工作的重要论述，认真研究推动中央脱贫攻坚大政方针在农业政策性金融实践中落地生根。始终坚持抓党建促扶贫，积极推进精品党小组创建工程，形成党建与扶贫深度融合、一体发展，打造了一支讲政治、讲奉献，懂金融、懂扶贫，爱农村、爱农民的战斗支队，在脱贫攻坚战场上涌现了中央金融团工委“2016年度全国金融系统青年五四奖章”获得者，中国农业发展银行“十大杰出青年”、首届脱贫攻坚奖先进个人、总行机关优秀共产党员等先进人物。

在服务脱贫攻坚过程中，政策处坚持发扬好经验、好做法、好作风，切实发挥政策引领、政策协同、政策服务作用，有力推动扶贫业务高质量发展。截至2020年末，“吕梁模式”已在山西、新疆、重庆等14个省份落地，共建立基金29只，到位金额21.68亿元，累计投放扶贫贷款111.89亿元，支持中小微企业358家，带动服务建档立卡贫困人口2.2万余人；农发行累计向深度贫困地区投放扶贫贷款4963.22亿元，余额为2980.68亿元，较2015年末净增长422.17%，为各项贷款平均增速的5.4倍；农发行累计投放“三保障”类贷款为1355.84亿元，余额为965.03亿元，支持贫困地区新改建医疗卫生机构635个、学校3941所，助力1.14万个贫困村实施整村提升工程。

老吾老以及人之老
以感恩父母之心帮扶困难群众

——记“全国脱贫攻坚先进个人”姜列友

2021年2月25日，习近平总书记庄严宣告，我国脱贫攻坚战取得了全面胜利。回想起那段“激情燃烧的岁月”，姜列友依然心潮澎湃，感慨万千：“我何其幸运，赶上了这个时代，成为其中的一员。”作为“全国脱贫攻坚先进个人”的获奖者，姜列友表示，荣誉就如过眼云烟，但为贫困地区和贫困群众做的实事会永远在，意义也会长久在，就够了。

■ 姜列友（后排左二）在指导扶贫业务工作

姜列友，曾任农发行党委组织部（人力资源部）系统干部处副处长、综合处处长、系统干部处处长、副总经理级干部；2014年11月至2016年10月挂任甘肃省张掖市市委常委、副市长；2016年11月任农发行扶贫综合业务部副总经理；2020年11月任农发行河北省分行党委副书记、副行长。

“感触最深的是扶贫先扶智”

2014年11月，姜列友被组织选派到甘肃省张掖市挂职市委常委、副市长，分管金融、旅游等工作，并参加县乡扶贫包村，开始踏上扶贫之路。“这段经历可以说让我对‘扶贫扶什么、该怎么扶’有了初步的认识。”

姜列友初到张掖市，对当地金融意识、金融手段的匮乏感到惊讶，书记、县长，包括经济部门干部对金融了解甚少，对银行的作用只停留在企业没钱时需要贷款，政银互动合作更是少之又少。

作为从金融总部下到基层的干部，姜列友下决心改变现状，不把挂职当“镀金”，而要当“炼金”。为精准了解全市经济发展情况，他走遍全市五县一区，深入考察当地特色优势产业和金融需求。5个月后，拿出了一份高质量的调研报告，就如何发挥金融作用支持地方经济发展提出了思路和建议，得到市委、市政府主要领导的认可和支持。一回到北京，他逢人必谈张掖市的发展，感召多位有情怀的专家教授赴张掖市做免费培训，在当地干部中间引起很大反响。

小微企业是贫困人口就业和增收的重要渠道，但当地小微企业融资难融资贵的问题始终未能破解。经过一番市场调研，他首先推动与建设银行合作“助保贷”，由市财政拿出3000万元做风险保证基金，建设银行按1:10放大投放小微企业贷款。同时，又与建设银行、工商银行、兰州银行等合作设立“双创贷”“助创贷”；到挂职结束，建设银行“助保贷”风险保证基金达到5000万元，支持小微企业151家，贷款投放5.1亿元，无一笔不良贷款。张掖市、县区财政共拿出1.9亿元做小微企业贷款风险保证基金，形成财政金融有效协同的工作格局。张掖市支农支小贷款保持20%以上的快速增长，产业扶贫的路子也越走越宽，张掖市政银合作掀开了新篇章。

“治贫先治愚，扶贫先扶智。观念新才能路子新。”姜列友感触颇深。

“挂职两年感觉扶贫没干够”

脱贫攻坚战打响后，农发行总行党委认真贯彻落实中央决策部署，确立以扶贫统揽业务发展全局、争当金融扶贫先锋主力模范的战略目标。如何发挥好农业政策性金融作用，加大对张掖市经济社会发展的支持，助力贫困地区脱贫攻坚，是摆在姜列友面前的一件大事。

为此，他找到农发行张掖市分行的负责人，一聊才知道张掖市分行贷款余额已从当初30多亿元下滑到23亿元。一方面是市县经济发展急需金融支持，另一方面是银行资金难以切入，找不到结合点。在他的建议与推动下，市政府统筹本地优势资源，迅速组建了张掖市农业投资公司、交通投资公司、水务投资公司、农业担保公司，进一步充实了市山水文旅公司。这些投资平台公司和担保公司的组建，既整合盘活了地方资源，壮大了地方国有企业，又为引进金融资源提供了融资平台。与此同时，他积极担当地方政府与农发行的桥梁纽带，推动双方加强项目对接和沟通合作，农发行甘肃省分行与张掖市政府签订了战略合作协议。推动省分行项目组到张掖调研和对接项目，仅用28天就与市县政府确定支持项目金额达104亿元，姜列友牵头协调项目落地35亿元。

2015年11月，张掖市政府两次召开易地扶贫搬迁工作推动会，姜列友在市长的支持下，率先推动了临泽县易地扶贫搬迁工作首个落地。

在临泽县易地扶贫搬迁安置区的贫困户中，有一户让姜列友印象最为深刻。男子50多岁，还有一位80多岁的老娘，一直找不到对象，但搬进搬迁房后，不仅娶了媳妇，还到附近的七彩丹霞景区打工，一个月能挣2000元钱。时任农发行董事长解学智2016年8月到张掖市调研时考察了这个安置区，当村干部介绍说贫困户“搬进了新房子，娶进了新娘子”时，解董事长露出了欣慰的笑容。“扶贫真真实实地改变了贫困户的生活面貌，看到这样的变化，内心非常有成就感。”姜列友说。

挂职两年期满后，姜列友回到总行，但总感觉扶贫工作没干够，于是他找到行领导，主动申请去扶贫综合业务部。

“扶贫原动力来自父母”

刚到总行扶贫综合业务部上班一个星期，姜列友的父亲就被查出了胃癌，而且还是恶性程度最高的。父亲在医院做手术后，他陪了四天，第四天晚上，主刀医生查房后说他父亲术后情况良好，由于单位扶贫工作繁忙，他征求父母意见，父母都说“公家的事不要耽误，你去上班吧。”他第五天回到工作岗位，不料当天下午父亲就发生胃漏，造成腹腔感染，最终还是走了，给他留下了永久的创痛。

姜列友出生在江西省九江市都昌县栗峦姜村，父母都是农民，他从小就对贫困有一种刻骨铭心的感受。每年三四月份到上半年早稻收割前，家里就开始没有粮，父亲每天开着拖拉机到县城拉零活，随身带着米袋，挣点钱买米，实在没米了，全家就吃麦麸、稀粥填肚子。在他儿时的记忆里，父亲每天从县城拉货回来总是眼窝深陷、颧骨突出、脸色黝黑，浑身疲惫不堪。穷人的孩子早当家，11岁起，姜列友就跟着父母干农活，暑假负责给全家人做饭、洗衣服。他说，自己11岁和12岁两个暑假曾挑着家里种的30多斤的瓜，赤脚走六里路到县城边上的砖瓦窑厂去卖，为家里换来一点零花钱。

“老吾老以及人之老，在我看来，干扶贫，就是在帮助和我父母一样的人改变贫困，父母就是我扶贫的原动力。”姜列友认真地讲述着。父母身上的那种纯朴、善良、勤劳、顽强，已经深深植入他的思想灵魂里，滋养着他的心灵。

父亲的离世，让姜列友深受打击，每当夜深人静，一想起父亲，心情如同掉进万丈深渊。为了调整心态，他买来《少有人走的路》等心理学著作，深夜静读，默默疗伤。某一天他顿悟，父亲的离去已经无法挽回，帮助像父母那样贫困的人，就是对自己的另一种救赎。在痛苦沉默三四个月后，他终于重新调整状态，全身心地投入扶贫工作。

“连续被评好这才行”

2017年，姜列友开始分管定点扶贫处，贵州省锦屏县、吉林省大安市、云南省马关县、广西壮族自治区隆林县四个定点县的脱贫攻坚成为他的工作重点。

他推动打造融资、融智、融商、融情“四融一体”定点扶贫工作体系，推动相关省分行为定点扶贫县量身定做金融服务方案，采取差异化特惠政策，加大信贷支持。几年来，农发行累计向定点扶贫县投放贷款85.24亿元。通过联系苏州干部学院，合作举办定点扶贫县扶贫干部培训班，累计组织培训定点扶贫县“三支队伍”9000多人，培训贫困地区大学生村官800人。协同相关前台等部门搭建融商平台，连续三年组织召开定点县脱贫攻坚招商引资现场推进会、消费扶贫现场推进会，借助农发行组织机构优势促进东西部地区政府、企业对接，推动定点扶贫县产业扶贫、就业扶贫和消费扶贫。农发行累计向定点扶贫县捐赠资金8974万元，帮助贫困村道路改建、特殊学校及残疾人生活设施改善、贫困户大病救治及解决贫困学生学费难题。经过四年多努力，四个定点扶贫县最终都如期顺利脱贫摘帽。

“一年评好不叫真的好，连续评好这才行。”从2018年起连续四年，姜列友都代表农发行走上中央金融单位定点扶贫考评述职台，农发行定点扶贫工作连续四年在中央单位定点扶贫考核中被评为“好”的最高等次。

除了定点扶贫，2017年姜列友还分管“三保障”专项扶贫。刚分管之初，“三保障”专项扶贫贷款余额只有19.59亿元，距离当年新增200亿元的任务目标还相去甚远。姜列友带领分管处，逐个省分行梳理项目、分析情况、列出清单，分省进行现场督导。到2017年12月底，专项贷款增长到226.13亿元。接下来三年，姜列友带领专项处的同事们一鼓作气加油干，2018年底专项扶贫贷款余额达到520.7亿元，2019年底余额达到708.9亿元，到2020年底专项扶贫贷款累计投放1232.9亿元，余额突破千亿元。

“农发行人以扶贫为荣”

2019年8月，组织委任姜列友临时负责扶贫综合业务部。他迅速调整站位，与同志们精诚团结、矢志同心，顺利完成了扶贫贷款投放、定点扶贫、中央脱贫攻坚巡视整改等各方面任务。2020年脱贫攻坚进入收官之年，时间紧、任务重、要求高，而突如其来的新冠肺炎疫情给扶贫工作带来前所未有的挑战。春节收假后，上班人数不到三分之一，多数在家远程办公。关键时刻，农发行总行党委坚决贯彻落实习近平总书记重要讲话、重要指示批示精神和党中央、国务院决策部署，采取超常规举措，以上率下、分片包干、挂牌督战，形成了全行全力全程扶贫的高效攻坚格局，为圆满完成脱贫攻坚任务提供了坚强保障。全行上下都带着感情扶贫，以扶贫为荣。

姜列友和扶贫综合部的同事们更是铆足了劲，时刻保持战斗状态，迅速接应和完成一个又一个急迫的工作任务，天天加班加点到深夜。扶贫综合业务部在二楼，二楼的灯光总是亮到最后。姜列友感慨，他身边的同事们都太敬业了，有的同事父亲做心脏搭桥手术，请假一个小时看望父亲后又回到岗位；有的准妈妈临产前三天还主动加班到晚上八九点；有的同事因经常出差耽误了腰椎病治疗导致腿部肌肉萎缩……“榜样的力量是无穷的，”姜列友说，“对我影响最大的是身边的行领导，尤其是曾任扶贫综合部总经理的徐一丁同志，他对贫困地区贫困群众的真情、对扶贫工作的激情，深深感染和影响着包括我在内的扶贫综合部和扶贫战线的同志们。”而姜列友自己也付出了异常艰辛。“那段时间压力太大了，晚上回家经常是夜里十一二点，常常感觉胸闷气短。”2021年初体检，才发现自己患有冠状动脉硬化。

正是凭借着这份“功成不必在我，功成必定有我”的责任和担当，依靠全系统每一名扶贫干部的倾注付出，2020年农发行提前半年超额完成全年扶贫贷款投放任务，提前七个月超额完成中央单位定点扶贫考核指标，创造了农发行服务脱贫攻坚的奇迹。

雄关漫道真如铁，而今迈步从头越。尽管绝对贫困已经得到历史性解决，但相对贫困还将长期存在。姜列友说，他仍将以感恩父母的心帮扶贫困群众，让他们的日子过得越来越好是自己一如既往的责任！

个人感言：扶贫是一场攻坚战，也是一场修行。扶贫强化了初心使命，磨砺了精神意志。感恩时代，感恩党组织，感恩扶贫路上的同志们！

为脱贫攻坚倾注源头活水

——记“全国脱贫攻坚先进个人”熊化平

春到皖西，万物复苏。翠绿的大别山上，红彤彤的映山红分外耀眼，来这里瞻仰红色遗迹，观览映山红的游客络绎不绝，火红的旅游给曾经孤寂的山区带来了人气。

2021年2月25日上午，全国脱贫攻坚总结表彰大会在北京人民大会堂隆重举行，时任农发行安徽省六安市分行党委书记、行长熊化平光荣上榜“全国脱贫攻坚先进个人”。脱贫攻坚，让安徽六安地区，尤其是大别山区旧貌换新颜，一片生机勃发。这里无论是民生基础设施项目的实施，还是发家致富产业链的建立，都与金融扶贫“搭”上了线。

■ 熊化平（前左一）同安徽省六安市分行扶贫队一行考察光明村灵芝种植基地

熊化平，中共党员，现任农发行粮棉油部副总经理。他牢记政策性银行使命，扎根革命老区，开拓创新，担当作为，带领全行以行动践行使命，以成效擦亮初心，与老区人民一起迈向高质量发展新征程。

六安市是著名的革命老区，是中国革命的重要策源地、人民军队的重要发源地。这里也曾是安徽省脱贫攻坚任务最重的地区之一，下辖四个贫困县（区），经济发展滞后、脱贫攻坚难度大。正是在这样的背景下，熊化平积极响应中央号召，牢记政策性银行的使命，扎根革命老区，扛起金融扶贫责任，深入基层一线，用行动为革命老区脱贫攻坚事业贡献个人力量，助推老区如期实现高质量“脱贫摘帽”。

躬身笃行　破题重大扶贫项目

2016年7月，熊化平正式到农发行六安市分行任职。履职伊始，正值大别山革命老区脱贫攻坚决战阶段。六安市底子薄、任务重，但他没有退却，他坚信农发行一定可以答好脱贫攻坚考卷。为了把一个个扶贫项目落到实处，他主动上门营销，做到“磨破嘴，跑断腿”，第一时间出现在第一现场，以务实肯干的工作作风拨快老区脱贫发展的时针。他带领各支行行长逐县区、逐部门上门做工作、讲政策，不到一年时间先后与辖内县区政府达成500多亿元的银政扶贫项目合作意向，对接政府高度关注、脱贫急需破解、符合农发行信贷政策的重大扶贫项目，全力支持棚改、水利、路网、教育、医疗、旅游等多个扶贫领域。项目营销实行全市一盘棋，推行集中受理、集中评估，组建项目初评中心，建立扶贫项目库，每周调度项目进展，实行“投一备二”“评一备三”的滚动式发展，大大提高项目评估、审批通过率，抓牢业务发展机遇。“十三五”期间，累计审批扶贫项目70个共426亿元，累计投放扶贫项目贷款283亿元，充分履行了农发行服务脱贫攻坚的使命担当。

在六安市任职的五年间，熊化平用双脚丈量着大别山区贫困乡村的发展变迁，推动着农业农村基础设施提档升级，努力找寻着农发行业务发展与打赢脱贫攻坚战的契合点。他重风控、强管理、抓发展，六安市分行在全省农发行系统综合绩效考核中由排名垫底跃升至全省前列，2017—2020年经营绩效水平位居全省第一方阵（2017年度第四名、2018年度第三名、2019年度第三名、2020年度第四名），对公贷款余额、贷款净投放额均居六安市银行业金融机构第一位。

在熊化平的带领下，六安市分行支持扶贫领域履职成效显著，重点聚焦的“三保障一安全”业务，2020年扶贫贷款投放量在六安市金融机构、安徽省农发行系统均居第一位。同时，辖内贫困县分支机构同步发力，扶贫贷款投放在当地居第一位，助力金寨县、霍邱县如期实现高质量“脱贫摘帽”，产生了良好的社会效益。六安市分行支持脱贫攻坚的努力得到了地方党委政府的高度赞誉，先后荣获六安市五一劳动奖状、六安市“脱贫攻坚定点扶贫先进单位”、总行“脱贫攻坚贡献先进集体”等荣誉。所辖金寨县支行先后荣获“全国金融五一劳动奖状”“第六届全国文明单位”等荣誉。熊化平先后获得“全国脱贫攻坚先进个人”、六安市优秀企业家、六安市五一劳动奖状、省分行五一劳动奖章等多个荣誉称号和奖项。

聚焦精准　消除典型脱贫痛点

熊化平情系贫困群众，经常深入扶贫一线调研，聚焦教育医疗等民生扶贫领域，切实发挥政策性金融补短板作用。农发行易地扶贫搬迁贷款业务开办后，除直接申报审批的金寨县易地扶贫搬迁贷款16亿元外，还成功营销了中央贴息易地扶贫搬迁专项贷款30%的份额，有力支持了金寨县易地扶贫搬迁项目建设，项目涵盖了习近平总书记视察的大湾村在内的210个村、300多个安置点，惠及全县贫困人口2.8万人，真正解决了“一方水土养不起一方人”的现实问题。在他的推动下，六安市分行先后获批教育类扶贫贷款9亿元，投放5亿元支持新建、扩建11所学校，重点支持金寨现代产业园区仙花实验学校项目、金安区2019年基础及职业教育项目、舒城二中迁址新建项目，促进了城乡教育均衡、教育设施改善；审批医疗类扶贫贷款12亿元，投放3亿元，支持新建、扩建医院3家，重点支持金寨县人民医院（新区）项目、舒城县中医药提升工程项目，提升了区域医疗服务水平。教育、医疗扶贫贷款的大力投放，真正消除了贫困地区脱贫的痛点。

熊化平坚持用创新思维服务脱贫攻坚，坚持用创新模式增强扶贫动能，坚持举全行之力跑好脱贫攻坚“最后一公里”。贫困地区面临急需资金，但财力薄弱难以获得资金的窘境。他积极探索，围绕土地做文章，率先在全省探索出“土地+”信贷支持模式，盘活土地资源，找到了现金流。2018年至2020年，累计审批及投放土地类扶贫贷款分别为44亿元、34亿元，重点支持扶贫项目金寨县乡村振兴一期项目9.9亿元、金寨县城乡基础设施和公共服务设施提升项目9.5亿元、霍邱县贫困村提升工程（一期）项目7亿元、六安市金安区乡村振兴（一期）项目7亿元。他敢为人先，做业务发展的探路者，拿下系统内多笔扶贫业务的“首笔”，2016年发放了全国农发行首笔集中式光伏扶贫贷款6.3亿元，支持金寨县铁冲乡100兆瓦光伏发电项目建设，惠及建档立卡贫困户4000余户；同年发放全省首笔旅游扶贫项目贷款5亿元，支持舒城环万佛湖旅游扶贫公路建设，成为全国“景区带村”旅游扶贫示范项目之一。他以产业兴旺作为衔接脱贫攻坚与乡村振兴的重要抓手，2019年成功推动霍山石斛产业化综合提升项目，总金额为3.4亿元，成为“两山理论”的生动实践者。

熊化平来到六安市后，根据各县区资源禀赋重新布局，大力支持革命老区重点领域和薄弱环节，累计向金寨县投放扶贫贷款58亿元，支持该县25.6亿元现代产业园区返乡创业示范园和城乡基础设施提升等一批惠民工程。把信贷资源向沿淮行贫困区蓄洪区倾斜，累计向霍邱县投放扶贫贷款71亿元，有力改善了霍邱县基础设施薄弱环节，提高了贫困地区基本公共服务能力。他带领六安市分行认真落实定点扶贫工作要求，多次到定点帮扶村开展走访调研，谋划脱贫举措，帮助解决难题，积极开展消费扶贫，并组织辖内员工通过“直播带货”方式宣传扶贫产品，确保帮扶工作取得实效。六安市分行荣获六安市脱贫攻坚定点扶贫先进单位等荣誉称号。

凝心聚力　培植“三农”先锋队伍

熊化平作为六安市分行的带头人，深入学习贯彻习近平新时代中国特色社会主义思想，增强“四个意识”，坚定“四个自信”，做到“两个维护”，将学习成果转化为农发行干部员工改革创新的内生动力，主动将业务工作重心聚焦到脱贫攻坚、乡村振兴等领域。

面对突如其来的新冠肺炎疫情，熊化平带领全行职工迎难而上，发挥动能，主动营销对接，开通绿色办贷通道，支持政府、企业疫情防控和复工复产，有效克服了疫情对决胜脱贫攻坚的影响，推动加快地方经济恢复的步伐。他以习近平总书记关于扶贫工作重要论述为根本遵循，密切关注国家农业供给侧结构性改革动向，不断优化客户结构，对基本面好、经营基本正常、暂时遇到困难但带贫效果较好的企业持续给予信贷支持，全力帮扶企业渡过经营难关，确保扶贫贷款产生实效，产业扶贫政策得以落实。

熊化平提炼出“五抓五比”党建工作法，推进学习教育与工作实践相结合，全面提升干部领导能力和员工综合素质，解决本领恐慌问题，给想干事、能干事、干成事的同志搭建好平台，引导干部实现自我价值，依法合规满足群众对美好生活的期盼，提升员工的幸福感、获得感。在他的带领下，六安市分行团结向上、干劲十足，既承受住了压力，也抓住了机遇，实现了跨越式发展，磨砺出艰难困苦中敢打敢拼的可贵品质，真正呈现出风正、气顺、心齐、劲足、绩优的良好局面。

个人感言：踏上百年征程，新的号角已吹响，荣誉只能代表过去。在新的岗位上，我将扎实做好巩固脱贫攻坚成果同乡村振兴有效衔接，助推脱贫攻坚成果更加巩固，成效更可持续，努力在政策性金融服务乡村振兴中贡献新的更大力量。

汩汩活水贷动老区脱贫

——记“全国脱贫攻坚先进个人”康慨

2021年3月1日，从人民大会堂载誉归来，放下全国脱贫攻坚先进个人的奖章和证书，湖北省黄冈市分行党委书记、行长康慨又下乡了。

3月5日上午，受蕲春县委、县政府委托，县政府办公室主任胡学文一行四人专程来到农发行黄冈市分行，向康慨送上写有“脱贫攻坚显情怀、支持城建有作为”的锦旗和感谢信。

康慨（左四）在湖北辰美药业公司调研

康慨，中共党员，现任农发行黄冈市分行党委书记、行长。他从担任湖北省分行首任扶贫处处长以来，一直奋战在脱贫攻坚一线。他勇于创新，敢于担当，取得一个又一个金融扶贫领域的第一。

过去五年，康慨从农发行湖北省分行首任扶贫处处长转战大别山扶贫主战场，经他推动实施并落实的扶贫贷款超过500亿元，惠及全省百万以上的建档立卡贫困人口，被业内誉为“扶贫行长”。

创下扶贫贷多个第一

阳春三月，英山县神峰山庄人来车往，一拨又一拨游客汇聚于此，这里已成为一方旅游胜地。在山庄带动下，英山县及周边7万农民增收脱贫。

“我们主要是突出产业扶贫，通过三产融合、村企联姻、群众加盟等新业态，打造生态循环农业立体开发模式，带动群众脱贫。”湖北先秾坛生态农业有限公司总经理、神峰山庄“庄主”闻彬军介绍，为扩大生产与销售，公司长期需要资金周转，但贷款却是个难题。

“扶贫贷款产品有专门针对教育、旅游、光伏等产业的，但神峰山庄是一种新业态，此前并没有针对这种新业态的贷款品种。”康慨说，神峰山庄带动群众脱贫效果好，如果能帮助解决融资难题，就可以带动更多群众致富奔小康。

最终，在康慨和团队沟通协调下，2019年4月，神峰山庄成功获得贷款190万元，这是湖北省首笔新兴产业扶贫贷款。

“这笔贷款为我们的扶贫贷款提供了新路径，为我们扶贫工作开辟了新思路，意义重大。”康慨说。

红安县城关镇竹林社区是当地最大的易地搬迁安置小区。不远处，一排排香菇大棚颇为壮观。靠着种香菇，安置点一大批贫困户脱贫摘帽。

“合作社提供菌棒、技术管理并负责保底回收，农户分散种植。”红安县瑞沣种植养殖专业合作社董事长姚峰说。除了香菇，瑞沣合作社还有中药材、红苕等基地，长期需要大量资金周转。

“瑞沣合作社规模虽大，但大多是流转的土地，符合规定的抵押物几乎没有。”康慨说。作为金融机构，每一笔贷款的投放都要对风险进行充分考量，而扶贫项目大多收益低、抗风险能力弱，很多甚至没有抵押物。

在康慨看来，金融扶贫不能光有一腔热情，首先要解决防风险难题。如何实现不出风险又把钱用好？康慨和团队主动为瑞沣合作社引荐对接省农业担保公司提供信用担保，2019年6月瑞沣合作社成功贷款100万元。据悉，这是湖北省首笔农民合作社扶贫贷款。

五年来，康慨带领团队创下多个第一：全国首笔扶贫过桥模式贷款、全国首笔教育扶贫PPP模式项目贷款、全省首笔易地扶贫搬迁贷款、全省首笔健康扶贫贷款、全省首笔网络扶贫贷款等，在金融扶贫领域发挥了示范引领作用。

带头支持新兴产业

招聘员工、安装设备、谋划上市……春节刚过，武穴电子信息园投产企业开足马力抢订单、抢市场。这是黄冈市首个“芯屏”产业专业园区，落户企业近九成是国家级或深圳市级高新技术企业，可用专利100余项。

三年前，这里还是一片郊野乡村。武穴市从深圳市招引一批“芯屏”企业，计划政府出资建园区厂房，需要大量建设资金。没有电子信息产业基础，“无中生有”打造一个新兴产业，一些金融机构望而却步。

“黄冈是革命老区，工业基础薄弱，要改变落后面貌，发展产业是根本。”康慨带着团队与武穴市委市政府、招商团队以及企业负责人座谈后，给出判断：“这是武穴产业转型的重要机遇，金融机构应该全力支持。”

农发行黄冈市分行贷款5亿元支持武穴建设电子信息园。2019年10月28日建成开园，该园区首批入驻的35家企业全部投产。康慨表示，农发行还将继续支持武穴建设产业园二期。

白墙黛瓦，茶梅漫山，如今的罗田县骆驼坳镇燕窝湾村处处鸟语花香。曾经的燕窝湾村因为穷、乱、差，被戴上了“厌人垸”的帽子。2013年，燕儿谷公司入驻燕窝湾村，探索出“村企联建”新模式，带动周边六个村共同发展，这条全长12公里的山谷成了一片承载梦想的“燕儿谷”。

2019年，燕儿谷想启动有机油茶标准化种植示范基地建设项目，急需大量资金。但油茶种植周期长、收益慢，让很多金融机构望而却步。而且，燕儿谷规模虽大，但大多是流转土地，关系错综复杂，符合规定的抵押物几乎没有。

“但我还是想试一试，毕竟这里的示范带动效应这么好，也有实力。”康慨带着团队东奔西走，又多次跟燕儿谷公司沟通协调，哪里卡住了就从哪里破解。

“金融扶贫既要对风险进行充分考量，严控风险，也要有热情、有情怀，把钱用好。”凭着这样的理念，就连燕儿谷公司自己都感到“无路可走”打算放弃贷款的时候，康慨依然在努力找寻合适的路径。

功夫不负有心人。经过一年多探索，2020年4月，燕儿谷公司成功获批3000万元新兴产业扶贫中长期项目贷款。

“走出贫困，产业发展是不二之选。只有产业发展好了，才能真正实现脱贫成果更稳固，成效更可持续。”康慨说。

“助力乡村振兴，我们也要当先锋。”康慨介绍，2018年7月，康慨到黄冈市工作以来，带领团队争取数十亿元中长期贷款支持罗田、黄梅等县一批乡村振兴重点项目建设。

因地制宜挖穷根

担任黄冈市分行党委书记、行长后，康慨一次次问自己，脱贫攻坚的任务是什么？金融扶贫的目标是什么？立足黄冈实际要干什么，怎样干？

康慨坚信，扶贫项目都是找出来、挖出来，不是等出来、靠出来的，只有实地调研才有发言权。

一个月内，他走遍十个县市，白天拜访各县市领导、企业相关负责人，晚上办公桌前构想全市脱贫攻坚整体帮扶思路，那段时间他窗台的灯常常整宿通明……

康慨多次与市扶贫办沟通衔接，促成分行与市扶贫办签订黄冈市脱贫攻坚战略合作协议。

“英山县的气候和土壤特别适合中草药生长，我们要挖掘一批具备一定产业发展基础的中药生产企业，帮助扩大生产经营，提供更多就业机会，带动药农增收致富。”

说干就干，在康慨的发动和带领下，团队火速调研摸底，开展多次专题会商研讨，最终确定优先支持湖北辰美中药有限公司。

康慨带领团队拜访英山县委、县政府相关领导，对接企业近20次。2019年3月，辰美中药有限公司中药生产基地建设项目7000万元贷款投放落地。

贷款投放后，生产规模不断扩大，辰美公司流转土地2300亩，直接带动龙潭畈村建档立卡贫困户153户461人精准脱贫，辐射带动英山县11个乡镇一万多农户，实现年均增收3000万元以上。

有一种幸福叫“家门口就业”，如今，村民们的这种幸福感越来越强。

为群众办实事好事

2021年1月15日，康慨又到驻点村英山县金铺镇杨家河村，听汇报，看产业，跟村民聊家常。

“村子能有如今的面貌，离不开农发行倾情帮扶。我们打心眼里感谢康慨行长和黄冈分行。”一见面，村支书张耀林就笑脸盈盈地同康慨说。

“看到他们洋溢的笑脸，我内心欣喜之余，深切感受到我们的扶贫工作干到了实处。”康慨说。

杨家河村是英山县7个深度贫困村之一。2019年6月，黄冈市分行开始定点帮扶杨家河村，康慨选派一名科级干部专职驻村，协助村“两委”帮助群众谋实事、解难题。

其间，康慨深入贫困村走访调研十余次，察实情、想对策、抓督办，从支部主题党日活动、扶贫结对、爱心慰问、产业帮扶、产品扶贫等方面入手，搭建村企联建合作平台，帮助解决资金缺口和项目引进难题。在康慨的努力下，杨家河村发生了巨大变化。实施提升村级亮化工程，投资20万元安装路灯24盏；支持村合作社蔬菜大棚产业发展，建设绿色无公害蔬菜基地15亩；利用金融扶贫有利条件帮助村部牵线搭桥，寻找产业发展合作伙伴，借助能人回乡创业带动贫困户增收；与英山县金铺中学开展“心连心、手拉手”捐资助学活动，累计捐赠物资8万元，29名干部职工与29名困难学子“结对子”；组织市县两级行捐赠抗疫资金10万余元，帮助扶贫村采购防疫物资；先后三次组织分行职工帮助带货销货，组织员工捐款7000多元，成功解决了农产品滞销问题。如今的杨家河村早已顺利脱贫，并成为2020年黄冈市级文明村。

个人感言：党中央发动脱贫攻坚战，我们能够参与其中，是人生之大幸，沉甸甸的荣誉是激发我们奋勇向前的不竭动力。

先锋

——记“全国脱贫攻坚先进集体”农发行扶贫金融事业部

2021年2月，习近平总书记在全国脱贫攻坚总结表彰大会上庄严宣告：“我国脱贫攻坚战取得了全面胜利。”在这场由全党全国各族人民共同参与的脱贫攻坚战中，农发行是一抹独特的亮色。这一天，农发行扶贫金融事业部荣获全国脱贫攻坚先进集体表彰，这份沉甸甸的荣誉成为党和国家、历史和人民对这家“扶贫银行”最充分的肯定。

■2021年2月26日，农发行召开全国脱贫攻坚先进个人和先进集体代表座谈会，总行行领导、扶贫金融事业部执行委员会成员单位负责人与获奖代表合影

农发行扶贫金融事业部是农发行根据中央扶贫开发工作会议要求成立的专设扶贫机构，是完善政策性金融扶贫体制机制、加大金融扶贫工作力度的重要举措。自成立以来，扶贫金融事业部累计投放扶贫贷款2.32万亿元，余额为1.5万亿元，荣获全国脱贫攻坚先进集体表彰，内设机构或个人连续五年获得全国脱贫攻坚奖，充分发挥了金融扶贫先锋主力模范作用。

讲政治、当先锋、担使命

在政策性金融机构设立扶贫金融事业部，是新时期脱贫攻坚的重要制度安排。回溯到2015年，习近平总书记在贵州省主持召开部分省份党委主要负责同志脱贫攻坚座谈会后，农发行党委立即作出了全力服务脱贫攻坚的战略决策。对于这样一家专司“三农”的政策性银行来说，全力服务脱贫攻坚，既是必须坚决完成的重大政治任务，也是初心所在、使命所系，既是重要的发展机遇，也是一次前所未有的挑战。

短短一个月时间内，农发行先后召开三次党委会议，专题研究服务脱贫攻坚，其中一项关键举措就是要建立一套协同高效的扶贫组织体系，从而最有效地贯彻党中央决策部署、最充分地发挥政策性金融优势、最广泛地动员各级行各条线合力。为此，农发行党委决定组建扶贫开发事业部，成为全国银行业率先成立支持扶贫开发专门机构的金融单位。

2015年11月27日，习近平总书记主持召开中央扶贫开发工作会议，号令全党全社会全面打响脱贫攻坚战，中国扶贫开发进入脱贫攻坚的新阶段。根据这次会议精神出台的《中共中央　国务院关于打赢脱贫攻坚战的决定》明确指出：“国家开发银行、中国农业发展银行分别设立‘扶贫金融事业部’。”按照中央部署，农发行扶贫开发事业部正式改为扶贫金融事业部，由党委副书记、行长担任总裁，全面推动政策性金融扶贫各项工作。同时，在22家中西部省级分行设立事业部分部，在832个国家级贫困县的分支机构设立事业部，没有分支机构的地方派驻扶贫工作组，实现了对贫困地区金融服务全覆盖。

从成立之日起，扶贫金融事业部就不断提升政治站位、勇担职责使命，特别是始终把“当先锋”摆在“先锋主力模范”的首位，每当习近平总书记有重要指示批示、党中央有战略决策部署、农发行党委有具体工作要求时，扶贫金融事业部都第一时间研究落实。五年来，农发行累计召开扶贫金融事业部执行委员会会议30次，每次都将学习习近平总书记最新指示批示和党中央方针政策作为“首议题”，认真领悟习近平总书记关于扶贫工作重要论述的思想精髓，举全行之力狠抓落实，始终确保政策性金融扶贫沿着正确方向前进。

2015年6月，习近平总书记提出，要实施包括“通过移民搬迁安置一批”的扶贫攻坚行动计划。农发行党委迅速响应、主动作为，将支持易地扶贫搬迁作为政策性金融扶贫的“头号工程”。当时还处于筹备组阶段的事业部闻令而动，发动全系统机构广泛开展调研，研究设计了农业政策性金融支持易地扶贫搬迁运作模式和支持方案，在全国金融系统率先印发易地扶贫搬迁贷款管理办法，率先投放第一笔易地扶贫搬迁贷款，打响了金融支持脱贫攻坚的“当头炮”。五年来，农发行累计投放易地扶贫搬迁贷款3123.36亿元，惠及建档立卡贫困人口492万人，投放易地扶贫搬迁后续扶持贷款639.03亿元，全力支持贫困群众“搬得出、稳得住、有就业、能致富”。

2016年5月20日，农发行召开脱贫攻坚工作会议，首次提出了坚持以服务脱贫攻坚统揽业务发展全局、坚定金融扶贫先锋主力模范目标、构建全行全力全程扶贫工作格局等一系列战略安排，并在全国金融系统率先出台的《政策性金融扶贫五年规划》中进一步予以明确。五年来，扶贫金融事业部始终沿着农发行党委最初确立的方向，一张蓝图抓到底，不折不扣抓落实，攻坚克难、不负嘱托，在全行全力全程扶贫中发挥了骨干和引领作用。

讲创新、出硬招、克难关

解决中华民族千百年来的绝对贫困问题，绝不是敲锣打鼓、轻轻松松就能完成的。党中央强调：“必须在现有基础上不断创新扶贫开发思路和办法，坚决打赢这场攻坚战。”对于政策性金融机构来说，以市场化的运作机制、项目化的支持方式，聚合闲散资金、激发内生动力，实现偏重“输血”向注重“造血”转变，本身就是一种贯彻开发式扶贫思想的重要创新。扶贫金融事业部始终遵循这一思路，深入学习领会习近平总书记关于扶贫开发指示精神，落实精准扶贫精准脱贫基本方略，找准政策性金融的切入点和着力点，创新引领、敢为人先，探索出一条具有中国特色的政策性金融扶贫道路。

从2015年到2017年，在短短两年时间里，扶贫金融事业部先后创新研发了易地扶贫搬迁、光伏扶贫、扶贫过桥、旅游扶贫、网络扶贫、教育扶贫、扶贫批发等十余种专项产品，探索出产业扶贫风险补偿基金“吕梁模式”等行之有效的贷款模式，并将原有贷款产品全部应用于扶贫领域，精准对接“五个一批”战略部署，实现了对“两不愁三保障”重点领域和薄弱环节的全覆盖支持。

在全力推进扶贫信贷产品体系创新的同时，扶贫金融事业部还积极创新体制机制和配套政策，探索形成了组织体系、责任体系、政策体系、产品体系、精准管理体系等“九大体系”，建立了政策性金融扶贫“四梁八柱”。同时，将服务脱贫攻坚同推进“四大工程”“八项改革”紧密结合起来，注重创新的协同性、系统性、贯通性，实现政策性金融扶贫创新与全行体制机制改革的深度融合。

前进的道路不可能一帆风顺，脱贫攻坚越到后面越是难啃的硬骨头。2017年6月，习近平总书记在主持召开深度贫困地区脱贫攻坚座谈会时强调：“扶贫开发工作进入啃硬骨头、攻坚拔寨的冲刺期。”助力攻克深度贫困堡垒成为政策性金融扶贫的重中之重，但与此同时，外部政策环境也发生了变化，传统支持模式难以为继，唯有出新点子、想硬实招，才能育新机、开新局，在合规的前提下加大对深度贫困地区的支持力度。

攻坚的隘口就是创新的突破口。扶贫金融事业部再一次扛起重任，在全国金融系统率先出台支持深度贫困地区意见，连续三年组织召开支持深度贫困地区脱贫攻坚现场推进会议，聚焦融资难融资贵等问题，出台超常规举措强力攻坚。2017年，一战吕梁，将产业扶贫作为支持深度贫困地区脱贫的着力点，大力推广“吕梁模式”，创新推出适当放宽准入、降低财务指标、利率优惠等10条配套政策。2018年，二战凉山，按照“有干货、能办成事、守住合规底线”原则，从信贷政策、资源保障、定向帮扶三个方面推出了支持“三区三州”的28条差异化支持政策。2019年，三战贵阳，再出台“新十条”特惠举措，并将差异化政策推广至169个中西部深度贫困县，更好地满足深度贫困地区融资需求。

经过不断探索创新，扶贫金融事业部先后分四批出台了支持深度贫困地区和未摘帽贫困县的59条差异化支持政策，在“两不愁三保障”、易地搬迁后续扶持等重点领域，给予了利率、期限等一揽子特惠政策。实践证明，这些政策在支持深度贫困地区脱贫攻坚中发挥了“加速器”和“孵化器”的重要作用。五年来，农发行累计向“三区三州”等深度贫困地区投放扶贫贷款4963.22亿元，贷款增速是全行扶贫贷款的5.4倍，有力助推攻克深度贫困堡垒。

讲协同、广动员、聚合力

习近平总书记反复强调：“脱贫攻坚要更加广泛、更加有效地动员和凝聚各方面力量。”农发行长期根植“三农”、贴近“三农”、深耕“三农”，各级分支机构、各业务条线都有服务脱贫攻坚的经验基础和特色领域，全行全力全程扶贫、上下前后协同配合，成为这家“三农”银行始终坚定不移的选择。扶贫金融事业部在成立之初就是名副其实的“集团军”，由各前台业务部门和信贷管理部门“五路人马”组成，各部门间总体遵循原有的运作模式和职能分工，同时通过设计权责清晰、科学规范的“1+N+M”组织架构，建立激励相容、运行高效的执行委员会和总裁办公会工作规则，有效地实现了上中下纵深贯通和内外部协调联动。

按照党中央统一部署，农发行定点帮扶吉林省大安市、广西壮族自治区隆林县、贵州省锦屏县、云南省马关县四个贫困县，各县贫困发生率均远高于全国平均水平。农发行党委始终将定点扶贫作为重大政治任务，坚决种好定点扶贫“责任田”和“试验田”。在党委领导下，扶贫金融事业部充分发挥集中力量办大事的优势，建立融资、融智、融商、融情“四融一体”帮扶工作格局，实行成员部门与定点扶贫县对口帮扶、省级分行事业部分部直接帮扶、东部分行协作帮扶等制度，各负其责、各尽其能，气出一孔、共同发力。

各定点扶贫县的资源禀赋和致贫原因差别巨大，扶贫金融事业部用好用足各条线特色信贷产品和差异化支持政策，因地制宜加大信贷投入，累计投放各项贷款109.06亿元，贷款平均利率下浮10%，让利1.06亿元。扶贫金融事业部及分部共同派驻挂职“三人小组”，为地方量身定制融智服务，帮助培训基层干部和致富带头人。聚焦产业扶贫这个稳定脱贫的根本之策，连续三年组织召开定点扶贫县招商引资对接会，引进落地产业项目33个，实际投资13.34亿元。广泛开展爱心公益捐赠，充分动员优质客户、金融同业、社会力量参与，打出“组合拳”，全方位支持定点扶贫县如期脱贫摘帽。

2020年，脱贫攻坚迎来决战决胜之年，攻克剩余贫困堡垒、巩固“两不愁三保障”成果的任务原本就相当繁重，同时还要答好突如其来新冠肺炎疫情“加试题”，但总攻冲锋号业已吹响，面对这场没有任何退路和弹性的硬仗，唯有万众一心加油干、越是艰险越向前。农发行建立了分级督战、上下联动的挂牌督战工作机制，扶贫金融事业部各单位对口联系52个未摘帽县所在的7家省级分行，协助总行行领导分片包干督战，召开“四级联动”挂牌督战视频会议17次，持续精准督战指导，帮助解决实际问题。为克服疫情影响，扶贫金融事业部广泛组织开展消费扶贫专项行动，帮助销售贫困地区农产品5.74亿元，直接购买5758万元，有力支持解决贫困地区农产品滞销卖难问题，交出了决战决胜的满意答卷。

脱贫攻坚战的伟大胜利，永远定格了属于这个时代的最强音。五年来，农发行累计投放精准扶贫贷款2.32万亿元，余额为1.5万亿元，投放额和余额均居金融同业首位，连续五年获得全国脱贫攻坚奖，五个集体和三名个人在全国脱贫攻坚总结表彰大会上荣获表彰。在这个彪炳史册的人间奇迹中，有农业政策性金融的智慧和力量；在这段波澜壮阔的伟大征程中，有扶贫金融事业部的奉献和奋斗；在这篇气吞山河的英雄赞歌中，有五万农发行人的情怀和担当。

崭新的百年征程，永恒的初心使命。农发行党委提出，要在金融支持巩固拓展脱贫攻坚成果、全面推进乡村振兴中继续发挥先锋主力模范作用。扶贫金融事业部所积淀的制度、经验、精神将在新的历史篇章中继续传承发扬，激励农发行人战胜前进道路上的一切艰难险阻，坚定不移地走在服务乡村振兴的广阔大道上！

大考担使命　实干践初心

——记“全国脱贫攻坚先进集体”农发行贵州省分行

从乌蒙高原到梵净山下，从赤水河畔到三山腹地；从攻坚脱贫到振兴乡村，从挂牌督战贫困县到战疫战贫两场硬仗……五年间，农发行贵州省分行累计投放各项支农贷款2867亿元、扶贫贷款2009亿元，为助力贵州省66个贫困县、493万建档立卡贫困户脱贫致富奔小康注入了源源不断的农业政策性金融活水。

党建统领铸铁军　奋楫笃行力同心

2015年，《中共中央　国务院关于打赢脱贫攻坚战的决定》把脱贫攻坚提升到治国

农发行贵州省分行支持的贵州关岭牛产业发展项目

农发行贵州省分行下辖9个二级分行、61个县级支行，在未设机构的县域，由邻近县支行派驻客户服务组，负责辖内业务，构建了覆盖全省的农业政策性金融服务网络。截至2020年末，农发行贵州省分行共有在职员工1549人，资产总额为2480亿元。

理政新高度，推进实施精准扶贫、精准脱贫方略，坚决打赢脱贫攻坚战，为2020年全面建成小康社会奠定坚实基础。一场与绝对贫困的对决，在贵州大地上轰轰烈烈展开。

开局就是决战。在激情澎湃的脱贫攻坚战场中，农发行贵州省分行始终把坚持党建统领作为应对一切困难和挑战的“定海神针”，紧紧围绕省委、省政府“大扶贫”战略行动决策部署，聚焦贵州省66个贫困县、493万建档立卡人口精准扶贫，着力强组织建队伍，助力贵州省谱写减贫奇迹的辉煌篇章。

贵州省作为全国贫困人口最多省份，是全国脱贫攻坚的主战场，急需大量资金支持。农发行总行党委对服务贵州省脱贫攻坚工作高度重视，先后与国务院扶贫办将毕节市确定为全国首批四个“政策性金融扶贫实验示范区”之一、与贵州省政府明确贵州为全国首个省级政策性金融扶贫实验示范区。农发行贵州省分行党委强化责任担当，积极主动作为，推动政策性金融实验示范区系列优惠政策在贵州省落实落地、开花结果，省级示范区1500亿元、毕节示范区300亿元信贷投放提前并超额完成，实验示范区工作方案总体目标全面实现。

功以才成，业由才广。农发行贵州省分行全面加强组织队伍建设，成立农发行扶贫事业部贵州分部，在省市县三级行业务部门增设扶贫业务职能，增设锦屏、雷山、丹寨三个县级支行，对14个无机构县业务指定邻近机构代理，并派出扶贫工作小组现场提供融资融智服务，以上下联动、服务全覆盖的扶贫组织体系，携手贵州同心斗贫战贫，展开激情燃烧的奋斗。

突出考核“指挥棒”作用，分年度出台《支持脱贫攻坚工作考核办法》，围绕贵州脱贫攻坚“十三五”规划目标和年度脱贫攻坚重点领域，加大考核力度。坚持尽锐出战，把最优秀的人才、最优惠的政策、最优势的资源聚合到服务脱贫攻坚战中，护卫贵州大山披荆斩棘斗贫、结胜利之果。

党建熔铸前行的路基，农发行贵州省分行一路踔疾步稳、勇毅笃行，朝着坚决夺取脱贫攻坚战全面胜利迈进：农发行贵州省分行领导班子分片包干联系贫困县脱贫攻坚工作机制建起来，带头示范的标杆立起来，扶贫项目专业团队服务强起来，党员干部争做先锋冲起来……“十三五”期间，投放扶贫贷款2009亿元，推动一大批扶贫效益好的项目落地生根，催动贵州大地涌起万千波涛，繁花遍地旖旎。

脱贫战场写初心　一路攻坚一路歌

“十三五”启动的车轮，奏响脱贫攻坚的最强音，燃起贵州万千人民共同浇灌美丽乡村梦想和奋发图强改变落后面貌、奋力拼搏奔小康的新期待、新希望。

五年时光荏苒，贵州何种模样？

2020年11月23日，贵州省政府向世界宣告：随着最后九个深度贫困县脱贫出列，贵州省彻底撕掉千百年来绝对贫困的标签，贵州人民为之欢欣鼓舞。

脱贫攻坚，重塑了贵州群众的面貌，也重塑了贵州大地的模样。不曾改变的是，人民对美好生活的热切渴望，贵州昂扬前进的步伐，也饱含着农发行贵州省分行孜孜以求的探索和实践。

面对高山横亘，河流阻断，农发行贵州省分行紧扣全省“大扶贫、大数据、大生态”三大战略行动，围绕打赢基础设施、易地扶贫搬迁、产业扶贫、住房教育医疗“三保障”等“四场硬仗”，不断注入农业政策性金融力量，激荡大山奋斗热血，点亮黔行征途。

五年来，围绕服务打赢易地扶贫搬迁这场硬仗，该行投放贷款228亿元、重点建设基金34亿元，支持贵州大地掀起易地扶贫搬迁安置点建设热潮，53万建档立卡贫困户意气风发“挪穷窝”。接续以66亿元打造紫云红番薯、威宁蔬菜基地等一批后续扶持产业扶贫项目及关岭、榕江等贫困县一批后续扶持教育项目41个，万千人的“安居梦”与“致富梦”得以交织绽放。

五年来，围绕服务打赢基础设施硬仗，该行投放了1066亿元基础设施扶贫贷款，大力支持农村路网、水利建设、改善农村人居环境、贫困村提升、农村饮水安全等一批“补短板”工程建设，助力贵州省干成了一些“多年想干而未干成”的事。其中，农发行贷款支持建设的湄潭县中部片区改善农村人居环境建设项目入选全国改善人居环境观摩点，平塘县农村饮水项目成为全省示范工程，六枝改善农村人居环境项目成为全省第五届小城镇发展大会观摩点……望得见山、看得见水、记得住乡愁的美丽贵州加速实现。

五年来，围绕服务打赢产业扶贫硬仗，农发行贵州省分行发布《关于全力服务我省深入推进农村产业革命坚决夺取脱贫攻坚战全面胜利的意见》，以差异化特色产业金融服务方案、224亿元产业扶贫贷款助力全省蔬菜、茶叶、牛羊、刺梨、竹荪等12大特色产业发展，一批批农村集体经济得以壮大，12.87万贫困群众端牢饭碗，贵州脱贫底气更足。农发行贵州省分行支持建设的江口县国家储备林项目，列入全省国家储备林项目样板基地，其创新的“三个三”机制被贵州省深改办作为典型经验向中央深改办推荐；织金县乌蒙利民生态茶场项目帮助贫困群众稳定增收脱贫，成为全国“万企帮万村”精准扶贫行动现场交流会典型项目；安龙县8000亩蔬菜基地项目以“公司+合作社+基地+农户”模式，为贵州省支持土地流转发展产业项目先行先试，现已纳入国家现代农业产业园创建。

五年来，围绕服务打好“三保障”硬仗，投放专项扶贫83亿元。特别是创新信贷支持模式，向紫云自治县发放健康扶贫中长期贷款1.68亿元用于健康扶贫医疗卫生建设项目，全面改善县域公共卫生基础设施面貌，惠及4万余人，让看得起病的贴心保障成为普照大山的暖阳。该项目有效解决了健康扶贫项目融资难问题，入选《中国银行业保险业助力脱贫攻坚实践成果》创新实践篇。

战疫战贫双攻坚　决战决胜齐发力

2020年伊始，新冠肺炎疫情突如其来。面对挑战，岂有大海惧风浪？疫情就是命令，防控就是责任。国家一声令下，八方驰援，众志成城，一场气壮山河的疫情防控阻击战迅速打响。

击楫风浪，砥柱中流。农发行贵州省分行把服务打赢疫情防控阻击战作为首要任务，加强顶层设计，主动协调各方，出台一系列超常规举措，在"十三五"收官之年答好脱贫攻坚必答题、做好疫情防控加试题。

在生与死的考验中，农发行贵州省分行广大党员干部把"战疫战贫、大战大考"作为践行初心使命之答卷，积极投身到贵州省疫情防控阻击战第一线，将全行41.27万元爱心捐款及酒精、消毒液、口罩等物资送到疫情防控前线，让"守望相助、同舟共济"的抗疫精神熠熠生辉。

服务疫情防控信贷业务应急通道"九条措施"、服务疫情防控应急流动资金贷款管理"十二条规定"等举措火速出台，"应急通道"当即开闸，34亿元防疫应急流动资金贷款迅速流向全省防疫紧急物资采购第一线。同时将占贵州省总额约40%共10.4亿元，以2.79%极低利率使用人民银行专项再贷款资金的贷款，精准输送至全省45户全国性疫情防控重点企业，银企双方在共克时艰中勇毅前行，大力保障全省各地疫情防控物资需求。

面对2020年初贵州省粮食生产流通受阻，维护老百姓口粮安全迫在眉睫的问题，农发行贵州省分行积极发挥保障国家粮食安全主力银行作用，开通办贷绿色通道迅速投放粮油储备调控收购贷款53.56亿元，为保障贵州省储备粮油紧急增储提供了充足信贷资金，保供稳价惠民生。

促进金融与实体经济共生共荣的举措，不断朝着贵州经济社会奔涌：信贷服务企业复工复产"六大举措"助力实体经济恢复发展，信贷前中后台密切配合，党员攻坚队线上线下组织审议，334亿元贷款通过"绿色通道"精准滴灌贵州省448家中小微企业，把耽误的时间抢回来，把造成的损失补回来。

积极落实减费让利惠企措施，农发行贵州省分行对复工复产贷款首年再优惠，扶贫贷款、生猪全产业链贷款和小微企业贷款首年再优惠，对纳雍、从江等九个挂牌督战贫困县和定点扶贫县贷款首年再优惠，2020年累计让利实体9.12亿元，减费让利政策"落下去"，企业成本"减下来"，落地有声。

新冠肺炎疫情叠加脱贫攻坚两场"硬仗"，高质量发展亟待闯关，农业政策性金融助战贫战疫，当如何齐攻坚？

农发行贵州省分行深入学习贯彻中央决战决胜脱贫攻坚座谈会精神，把习近平总书记关于脱贫攻坚的系列重要指示批示作为“指南针”“定星盘”，认真谋划服务全省“9+3县（区）+2个定点扶贫县”农业政策性金融扶贫各项工作部署，制订金融服务方案、落实挂牌督战机制、打造定点扶贫攻坚队等一系列硬核举措接踵而至。在3月疫情防控形势仍较严峻的特殊时期，省分行“一把手”带队，深入9个未摘帽深度贫困县支行挂牌督战。该行以68.9亿元助力9个未摘帽深度贫困县如期“摘帽”、巩固“3+2”脱贫成果，成就了与贵州共同铭记于心的攻坚记忆。

金融春风化作雨　情融黔山秀水间

利民之事，丝发必兴。农发行贵州省分行高悬谋民生之力、解民生之忧的信念风帆，把“输血”与“造血”作为突破口，大力践行总行融资、融智、融商、融情“四融一体”工作内涵和外延，在黔山秀水间不断展现起而行之的新作为。

定向扶贫，效力倍增。

紧扣定点帮扶县锦屏脱贫出列目标，农发行总行派驻三名优秀骨干，总行及省、州、县四级行联动组建定点帮扶小组，新增设立锦屏县支行，在农村水利、农村公路、危房改造、土地整治、贫困村提升工程、棚户区改造、易地扶贫搬迁等重点项目建设上大显身手，为锦屏县如期脱贫奠定坚实基础。紧扣发展与增收两个核心要点，农发行贵州省分行围绕“融商”大力推进东西部协作帮扶，以政策优惠鼓励亚狮龙、铁枫堂等11家东部企业到锦屏县投资，实现资金、人才、技术、管理等各种资源向产业扶贫聚合，拉动500余人在家门口就业。分别投放信贷资金15.57亿元、7.38亿元，为锦屏、黎平两个定点扶贫县脱贫事业立柱架梁，催生了发展的无限生机与希望。

政策搭桥，产销对接。

消费扶贫是转变贫困到小康的一条重要途径。农发行贵州省分行顺势而为，深入落实总行消费扶贫会议精神，结合贵州省消费扶贫月活动、“黔货出山、风行天下”行动，发挥农发行系统优势，发动全行干部员工、主动对接东部发达地区兄弟行，采取“以购代捐”“以买代帮”方式，掀起阵阵消费扶贫热潮，让贵州省一批批优质农产品走向消费终端市场。2018年以来，农发行贵州省分行以消费扶贫助力黔货出山，共计购销金秋梨、柑橘等特色农产品1100余万元，打通产销供应链，促进农业产业升级，畅通大山致富“经脉”，让50余万（人次）贫困群众得到实惠。

如今的黔山黔水，从“久困于穷”走向站起来、富起来，曾经积贫积弱的苦痛已埋藏进贵州记忆深处。而农业政策性金融的磅礴力量将永续相传，让发展的动能源源不断，让奋斗的光芒熠熠生辉，与贵州人民共创“生态美、百姓富”的美好新未来。

勇担攻坚重任
坚决助力打好打赢脱贫攻坚战

——记“全国脱贫攻坚先进集体”农发行新疆维吾尔自治区分行

如果说，贫困是生冷而坚硬的，金融扶贫应是一双温暖宽厚的手：一笔精准的贷款，就能舒缓一个家庭的寒冬；一次及时的金融服务，就能激活一个企业的暖春。

“在希望的田野上”，“三农”帮扶应是厚植发展的“土壤”。有这样一支队伍，专注为田野“播种”希望：在距离贫困最近的地方，深耕田间地头，培育内生动力，这就是农发行新疆维吾尔自治区分行。

■ 农发行新疆维吾尔自治区分行信贷支持莎车县万寿菊产业发展

农发行新疆维吾尔自治区分行始终把服务脱贫攻坚作为最重要的政治任务抓紧抓实，集全行之智、全行之力，全力服务脱贫攻坚。投放额和余额保持全区金融系统首位，2020年农发行扶贫金融事业部新疆分部荣获“全国脱贫攻坚奖组织创新奖”。该行充分发挥金融扶贫先锋主力模范作用，用实干实效体现了农业政策性银行的家国情怀和责任担当。

脱贫攻坚战打响以来，农发行新疆维吾尔自治区分行坚决贯彻落实习近平总书记关于扶贫工作重要论述和指示批示精神，增强“四个意识”，坚定“四个自信”，做到“两个维护”，把服务脱贫攻坚作为最重要的政治任务、全行的核心职能和主责主业抓紧抓实，集全行之智、举全行之力，全力服务脱贫攻坚。累计发放扶贫贷款1942.01亿元，辐射新疆14个地（州、市）、72个县（市、区），带动贫困人口198.15万人次，投放额和余额保持全区金融系统首位，发挥了金融扶贫“排头兵”的作用。瞄准新疆南疆四地州深度贫困地区“最难啃的硬骨头”，累计发放扶贫贷款1160亿元，用金融扶贫资金撬动产业发展，拓宽贫困人口增收渠道，助力新疆贫困县摘帽和贫困人口有序脱贫，用“攻坚不畏难、奉献不言苦”的精神诠释了农业政策性银行的家国情怀，履行了农业政策性银行金融扶贫的职责使命，为脱贫攻坚圆满收官贡献了农发行力量。作为金融扶贫的先锋主力模范银行，2018—2020年，农发行喀什地区分行、扶贫金融事业部新疆分部和农发行和田地区分行连续三年荣获自治区脱贫攻坚奖组织创新奖；2018—2019年，农发行新疆维吾尔自治区分行连续两年脱贫攻坚成效被自治区考核评价为“好”的最高等次；2020年，农发行扶贫金融事业部新疆分部荣获“全国脱贫攻坚奖组织创新奖”。

党建融合强引领，压实责任齐攻坚

2016年以来，农发行新疆维吾尔自治区分行坚持党建统领，坚持精准方略，以服务脱贫攻坚统揽业务发展全局，坚决助力脱贫攻坚。一是明确工作目标。制定全行金融扶贫五年规划，建立政策性金融扶贫实验示范区，把“精准”作为政策性金融扶贫工作的生命线，确立在自治区打赢脱贫攻坚战中成为金融扶贫的先锋、主力和模范的总目标，构建全行全力全程的扶贫工作格局。二是健全组织体系。组建了区地县三级扶贫金融机构，区分行领导、二级分行班子成员分片包干32个国家级贫困县，牵头帮扶；成立了全行维稳扶贫工作领导小组、扶贫金融事业部新疆分部和执委会，明确工作制度，落实工作责任，为扶贫工作顺利运行提供了有力的组织保障。三是压实攻坚责任。农发行新疆维吾尔自治区分行党委签订服务脱贫攻坚责任书，层层压实责任，制定全行支持脱贫攻坚考核办法，加大与绩效挂钩力度，突出考核导向，深入推进扶贫领域腐败和作风问题专项治理工作，开展脱贫攻坚专项行动和专项巡察，全面促进脱贫攻坚责任落实、政策落实和任务落实。四是维稳扶贫融合。农发行新疆维吾尔自治区分行始终把“访惠聚”驻村工作作为服务脱贫攻坚的窗口，共下派44个“访惠聚”工作组、163名干部常年驻村、1800多名干部长期结对认亲，打造一支“永不走的工作队”。累计投入帮扶资金597万元，实施项目103个，扶持企业（卫星工厂）28个，实现12000余人脱贫。

聚力攻坚补短板，牢记嘱托惠民生

坚持以贫困户脱贫和贫困县摘帽为目标，聚焦脱贫攻坚短板弱项，强力推进落实金融扶贫政策，积极发挥政策性金融作用，通过支持产业扶贫、“三保障”、基础设施和公共服务设施建设等，进一步改变了贫困地区整体面貌，贫困地区经济活力和发展后劲明显增强。

2016年以来，累计投放扶贫贷款1592.09亿元，支持产业扶贫。立足新疆粮棉、林果业、种养殖业、农产品加工业等特色优势产业，积极支持一二三产业融合、扶贫车间等新兴业态，累计带动贫困人口19.23万人，实现贫困人口年增收总额达2.93亿元，人均年增收近1523元。累计投放扶贫贷款156.76亿元，支持“三保障”及饮水安全。新改建医疗机构32个，新改建学校508所，改善2.23万户贫困户住房，改善住房面积164.99万平方米，解决0.61万贫困人口安全饮水问题。累计投放扶贫贷款121.31亿元，支持农村路网、电网等基础设施扶贫建设。新建农村公路13585公里，改建农村道路1485公里，切实解决和改善了贫困人口交通出行难题。累计投放扶贫贷款36.20亿元，支持易地扶贫搬迁。安置搬迁人口9.62万人，新建、购置安置房面积140.46万平方米。同时，在决战脱贫攻坚收官之年，全力支持易地扶贫搬迁后续项目，投放贷款6.66亿元，实现“搬得出、稳得住、能致富”。

坚持创新再加力，破解难题促发展

近年来，农发行新疆维吾尔自治区分行坚持把创新工作作为推动脱贫攻坚的第一动力，不断探索将金融扶贫与贫困群众需求有机结合，破解贫困地区承贷主体难找、抵押担保不足、利益联结不畅等难题，切实提升金融扶贫质效。

推进支持棉花全产业链创新。世界棉花看中国，中国棉花看新疆。新疆棉花产量占全国总产量的85%。棉花产业稳了，棉农的收入也就稳了。针对新疆棉花资源优势和特点，农发行新疆维吾尔自治区分行围绕土地流转、种植、收购加工、物流、销售等环节，从“田间地头”到纺织终端，全力支持棉花产业链发展，累计投放棉花产业贷款达2181.60亿元，其中投放棉花收购贷款1966.27亿元，累计支持棉花企业收购棉花1486.62万吨，收购市场份额始终稳定在60%以上，累计发放棉花收购扶贫贷款1081.47亿元，带动种棉农户户年均增收4000元。

推进南疆林果托市收购模式创新。协调出台南疆特色林果产品托市收购工作方案，托市收购南疆林果，稳定市场收购价格、增强市场销售预期、托起果农信心。2019年以来，发放贷款32.98亿元，支持南疆核桃、杏子等托市收购，切实做到“钱等果”，破解“卖果难”问题。

推进产业供应链金融服务创新。推动政府采购订单、供应链订单，支持南疆各地食品加工生产、蔬菜配送、养殖业等“一体化”产业链发展，形成南疆农副产品“采购订单→种植养殖→收购加工→仓储销售→订单采购”的活性生态链，提升农副产品的市场占有率和竞争力。2019年以来，审批流动资金扶贫贷款6.49亿元，累计销售农副产品2.24吨、畜禽572.05万头只，带动贫困户实现年均收入15000元。

推进信贷扶贫精准对接工作创新。发挥驻村工作队桥梁纽带作用，采取“龙头企业+驻村工作队+合作社+农户”的模式，帮助农户与合作社、公司协商沟通，支持企业利益联结到户，让贫困户参与生产经营受益，打通信贷资金精准到户的“最后一公里”，实现产销有效对接。2019年以来，累计发放贷款5.51亿元，服务带动贫困人口7.24万余人。

推进政府增信风险覆盖机制创新。探索在南疆四地州推行政策性金融资金与财政资金合规合法合力支农路径，推动“政府增信”为企业融资“撑腰”，形成“银政担”“银政保”等模式，实现政府增信风险覆盖机制在南疆四地州全面落地，形成政府、银行、企业三方风险共担补偿机制，解决融资难、融资贵、融资慢的瓶颈，实现三方互利共赢。累计建立风险补偿基金2.12亿元，累计发放扶贫贷款20.11亿元，有力支持了新疆南疆四地州的畜牧养殖、特色林果以及劳动密集型等44家企业，产业稳定发展的强劲动力逐步形成。

推进基础设施扶贫融资模式创新。围绕贫困地区重点民生领域，在补短板强弱项上下功夫，通过自营、PPP等模式，累计发放基础设施扶贫贷款356.03亿元，解决好群众的“烦心事”“操心事”。突出支持解决“两不愁三保障”问题，其中2019年发放健康扶贫贷款1.07亿元，用于阿克苏地区新和县人民医院建设，新增床位500张；发放教育扶贫过桥贷款0.70亿元，支持喀什地区巴楚县7所学校建设，实现贫困地区3000名学生顺利入学。

强化服务敢担当，打好两大攻坚战

2020年面对新疆三次突发新冠肺炎疫情，沉着应对，积极统筹、成效明显，实现疫情防控、复工复产、脱贫攻坚、维护稳定等重要任务与各级党委、政府同频共振。一是扎实推进疫情防控应急贷款业务。迅速成立疫情防控应急贷款办理专业团队，主动加强与疫情防控重点保障企业的对接，用足用好人民银行再贷款政策，全力支持防疫医药物资生产供应，着力保障“米袋子”“菜篮子”等重要农产品市场供给。累计投放疫情防控应急贷款60.36亿元，居新疆银行业首位，其中发放疫情防控应急类扶贫贷款22.21亿元。二是大力支持复工复产和春耕生产。及早部署并采取有力措施加大对企业复工复产、春耕备耕的金融支持力度，累计发放贷款498.86亿元，支持复工复产企业504户；累计发放春耕备耕贷款55.97亿元，重点投向化肥储备、节水灌溉、地膜、土地流转及规模化经营等。三是积极开展消费扶贫。最大限度地减轻疫情带来的农副产品滞销问题，聚焦新疆南疆四地州、十个未摘帽贫困县、驻村点扶贫产品，累计实现购买和帮助销售贫困地区农副产品共计496.63万元。四是严格实施挂牌督战。针对2020年十个未摘帽贫困县建立脱贫攻坚挂牌督战机制，坚持一天一报告、一周一通报、半月一调度、一月一研判，组织工作专班，深入实地推动重点任务落实。累计投放扶贫贷款69.59亿元，同比增长203.84%。

习近平总书记指出，脱贫摘帽不是终点，而是新生活、新奋斗的起点。农发行新疆维吾尔自治区分行将始终坚持以习近平新时代中国特色社会主义思想为指导，积极发扬胡杨精神、兵团精神，站稳人民立场，树牢家国情怀，以“咬定青山不放松”的韧劲、“不破楼兰终不还”的拼劲，为新疆脱贫攻坚与乡村振兴的有效衔接作出新的更大贡献！

金融“活水”润吕梁

——记“全国脱贫攻坚先进集体”农发行吕梁市分行

吕梁，坐落于黄土高原沟壑、黄河之滨的城市，是全国14个集中连片特困地区之一，是山西省脱贫攻坚的主战场，也是全国农发行系统产业扶贫试点地区。

脱贫攻坚战打响以来，农发行吕梁市分行作为当地金融扶贫主力军，围绕精准扶贫、精准脱贫，以金融“活水”撬动产业发展、村集体增收、贫困户脱贫致富，创新打造出了“政府增信、联盟保障、专家把关、保险托底，全链条支持，全过程管理，银行增贷、企业增效、农民增收”的产业扶贫“吕梁模式”。

农发行吕梁市分行工作人员在临县逢润养殖专业合作社调研

农发行吕梁市分行组建于1996年12月，内设10个部室，下辖6个县级支行，共有正式员工158人。截至2020年末，全行各项贷款余额93.85亿元，存款余额38.55亿元，全年实现账面利润1.65亿元。

2017年以来，农发行吕梁市分行在“吕梁模式”框架下，累计支持小微企业110户，投放产业扶贫贷款16亿元，惠及贫困人口43630人次，带动人均年增收5000元以上，累计投放各类扶贫贷款100余亿元，惠及贫困人口43万人之多，在支持吕梁市深度贫困地区夺取脱贫攻坚全面胜利的进程中，发挥了先锋主力模范作用，被山西省总工会授予“工人先锋号”荣誉称号，先后被总行、省分行授予“脱贫攻坚奖”，市委、市政府授予“弘扬吕梁精神，聚力改革创新”先进集体荣誉称号，产业扶贫“吕梁模式”被誉为吕梁的第四张扶贫名片。

2021年2月25日，在全国脱贫攻坚表彰大会上，中共中央、国务院对全国脱贫攻坚1981名先进个人和1501个先进集体进行表彰，农发行吕梁市分行获得“全国脱贫攻坚先进集体”，成为山西省金融系统唯一获此殊荣的单位。

加强“政银企”合作　打造金融扶贫新模式

吕梁是贫困地区，也是特色农业大市，享有“红枣之都”“核桃之乡”“杂粮之府”的美誉，全市累计培育各类农副产品加工企业1000余户、各类农民专业合作社11226个、家庭农场651个。发展产业是实现脱贫的根本之策，而资金是产业发展的“血液”，没有资金保障，产业发展只能是零敲碎打。正当吕梁众多中小微涉农企业受困于“融资难融资贵”时，农发行站了出来，为贫困地区农业产业发展插上了金融的翅膀。

2017年以来，农发行与吕梁市对接合作，积极探索“政府增信、银行增贷、企业带动、贫困户增收”的风险补偿产业扶贫贷款，创新打造出“吕梁模式”，有效破解了民营企业融资难题。

在政策设计上，2017年发布了《吕梁市农业产业扶贫贷款风险补偿基金实施方案》，从基金筹集、支持对象和条件等12个方面作出具体规定，作为“吕梁模式”运行的指引和依据。该方案运行以来，针对部分条款、个别内容已不能完全适应推进要求的情况，市政府先后两次对补偿基金实施方案进行修改完善，修改后的方案对9个方面进行了有针对性的调整，包括准入标准放宽、支持对象增加、企业信用等级放宽、贷款额度控制标准提高、贷款期限适当延长、利率更加优惠等。随后，农发行吕梁市分行根据实际情况，对修订后的补偿基金实施方案增加了补充条款，使其更加趋于完善，更加有助于支持企业发展和脱贫目标的实现。

如何确定贷款标准？如何为建档立卡贫困人口提供就业岗位、签订帮扶协议？是否有效解决了当地红枣、小米、核桃、小杂粮等特色农产品卖难问题？是否具有产业带动效应？……农发行吕梁市分行将这一系列标准作为贷款介入前提条件，实施优惠的贷款政策。该行确立贷款额度挂钩政策，将企业吸纳建档立卡贫困人口就业数量多少作为核算标准。《落实吕梁模式贷款扶贫成效优惠政策实施方案》的发布，确立了“三优先”原则，优先选择临县、兴县、石楼三个深度贫困县的企业，优先支持带动建档立卡贫困人口就业的贷款主体，优先扶持当地特色农业产业。同时，采取差异利率即按照企业扶贫成效不同享受不同利率优惠，鼓励企业通过“公司+贫困户”“公司+基地+贫困户”等方式，带动贫困户长期稳定增收。

山西牧标牛业股份有限公司是一家集肉牛良种繁殖、饲草种植、屠宰分割、肉品加工等于一体的综合型现代企业，缺资金一直是制约企业发展壮大的瓶颈。下辖文水县支行在了解到实情后，将1000万元金融扶贫贷款送上门。

“以前贷款最头疼的就是担保问题！现在好了，由政府做担保给我们企业贷款，真正是‘想企业之所想、急企业之所急’。”该公司董事长梁冠英说。

企业壮大了，带动农户的能力也就增强了。截至2020年底，农发行吕梁市分行累计支持小微企业110户、投放产业扶贫贷款16亿元，覆盖吕梁全部13个县市区，支持范围涵盖了红枣、小米、油脂、核桃、野生沙棘、奶牛和生猪养殖等当地特色农业产业。累计就业帮扶6000余人次，带动人均年增收5000元以上，通过辐射带动帮扶贫困人口10余万人，带动企业增收22.5亿元、实现利润6亿元以上。

坚持“三个必须” 聚焦产业脱贫精准性

田野染新绿，春耕正当时。在石楼县，47岁的张海林满怀憧憬，正忙着布局当年的种养规划。

张海林曾是褚家峪村的建档立卡贫困户，一直靠种玉米、小杂粮维持生活。生活的转变始于2017年。借助“金融+产业项目”，当了半辈子农民的张海林，没掏一分钱就当上了新大象公司的股东，每年可分红2500元，一举摘掉“贫困帽”。如今，他种地、打零工再加上股份分红，一年收入超过5万元。

产业扶贫“吕梁模式”像凿子一样，一点点凿开了脱贫之路，而农发行吕梁市分行在实施金融扶贫过程中，始终坚持“三个必须”原则，即支持对象必须吸纳或帮扶贫困人口、支持产业必须有当地特色且具有带贫效果、贷款认定必须符合上级行和外部监管机构扶贫贷款认定标准。

石楼县褚家峪村党支部书记兼村委会主任张秋林说，以往不少贫困户想发展产业，就卡在了缺钱上。金融与产业的有机融合，架起了农户与企业、合作社等经营主体的合作桥梁，让农民既分享了产业链收益，又增加了经营性收入。

注入金融力量，产业拔节成长。如何让更多贫困户参与其中？在实践中，农发行吕梁市分行坚持问题导向，创造出“金融+产业项目”“金融+订单农业”“金融+劳动就业”“金融+集体经济”等多种扶贫新模式，提升贫困户持续增收的能力，实现稳定脱贫。

多年来，农发行吕梁市分行积极探索金融带动产业扶贫措施，配合政府扶贫项目和政策，成为精准扶贫的重要力量，扶贫信贷投放也由过去的大水漫灌变为精准滴灌，“吕梁模式”直接吸纳3748名建档立卡贫困人口就业，与7605户27401名建档立卡贫困人口签订了帮扶协议，通过交易、委托代养等方式，使所帮扶的贫困人口人均年收入达到25000元以上，每人年均增收5000元以上。

为提升金融扶贫精准度，农发行吕梁市分行还健全运行机制，夯实模式实践路径。一是建立项目准入筛选机制，由专人负责、持续跟踪、动态调整，确保单户企业贷款额不超过政府出资额的20%。二是建立风险共担机制。对贷款实际发生的风险，银行、产业联盟、担保机构等参与机构分别按照一定比例分担。三是建立风险定价机制。在一个联盟或地区内，根据企业信用、风险程度确定贷款利率上浮水平。四是建立联合监督机制。建立工作月报告制度，做好贷款情况分析、汇总、通报等工作，切实做到贷款资金专款专用，确保贷款用户信息真实性及资金用途合理性。五是建立队伍建设机制。加强信贷队伍培训，增强适应市场、熟悉行业、了解客户的新能力，在上下交流、研讨调研、项目评审实践中加强队伍培养，补齐本领恐慌，能力不足，不会做、不敢做的短板。六是加强企业家队伍建设，实施“企业家培训工程”。通过专业的管理教育培训，培养职业化的企业领军人才；聘请优秀企业家作为风险补偿基金参谋顾问，参与政策制定、入库审核等工作。

针对贷款调查，农发行吕梁市分行克服专业人员少、懂扶贫业务骨干不多、需调查企业多等困难，通过抽调和公开选拔，组建贷款调查中心，实行以老带新，推进调查工作快速合规开展。针对贷款审批，积极争取特别授权，农发行总行专门印发《关于推动产业扶贫“吕梁模式”的信贷指导意见》《关于同意调整产业扶贫“吕梁模式”有关政策的批复》等文件，单独配套信贷政策，并对农发行吕梁市分行下放1000万元授信审批权限，加快办贷进度；针对集中续贷，通过班子调整、行领导包片、政府出面协调等方式，最终一个一个风险得到化解、企业一户一户续贷成功；针对贷款管理，出台“一县一策、一企一策”方案，因地制宜，因企施策，有针对性地加强全面风险管理，坚决守住不发生系统性金融风险底线。

发挥综合效能　开创乡村振兴新局面

2021年2月25日，全国脱贫攻坚总结表彰大会在北京人民大会堂隆重举行，习近平总书记向全世界庄严宣告：我国脱贫攻坚战取得了全面胜利！千年梦想，圆梦今朝。

在这天，农发行吕梁市分行荣获“全国脱贫攻坚先进集体”。这份荣誉的取得，是农发行上下齐心协力的结果，是吕梁市委、市政府大力支持的结果，是农发行吕梁市分行158名敢为人先、担当作为的干部员工共同努力的结果，是在产业扶贫“吕梁模式”帮扶下为吕梁脱贫攻坚作出贡献的企业自力更生、奋发图强、主动担当社会责任的结果。

2017年以来，农发行吕梁市分行以脱贫攻坚为己任，大力推进贫困村提升、黄河流域生态保护、农村路网、易地扶贫搬迁、棚户区改造、基础设施建设扶贫等项目贷款，充分发挥各类金融产品扶贫的综合效应，累计获批中长期项目贷款145亿元，投放100多亿元，惠及贫困人口43万余人。农发行吕梁市分行认真落实上级行政策，积极开展营销办贷，累计投放黄河流域生态保护贷款15.8亿元，支持改造河道252公里，治理水土流失1810亩，惠及20余万人；聚焦临县、兴县、石楼三个深度贫困县，充分利用优惠政策，大力推进项目办贷，累计投放贫困村提升贷款10.1亿元，支持1251个贫困村整村提升，惠及贫困人口34万余人；围绕全市搬迁任务，精准施策，累计投放易地扶贫搬迁贷款16.4亿元，占全市投放量的近3/4，支持项目22个，惠及全市9个县37733名建档立卡贫困人口；全面对接地方党政，重点支持贫困地区棚户区改造，先后投放到位资金46.7亿元，支持新建安置房7902套，货币化安置8477户，共惠及10020户贫困居民；加强督促指导，抽调优势兵力，集中开展办贷，投放贷款34.2亿元，支持新建农村公路930公里，惠及40多万人。

脱贫攻坚勇担当，乡村振兴再起航。“十四五”期间，农发行吕梁市分行将继续以一往无前的奋斗姿态，以开局即决战、起步就冲锋的昂扬斗志，充分发扬吕梁精神、太行精神、脱贫攻坚精神，在巩固拓展脱贫攻坚成果同乡村振兴有效衔接的新征程中作出新的更大贡献！

尽锐出战　决胜贫困

——记“全国脱贫攻坚先进集体”农发行隆林各族自治县支行

隆林各族自治县（以下简称隆林县）地处滇、黔、桂三省交界地带，有16个乡镇共179个村，是典型的“老、少、边、山、穷、库”县份，是广西28个国家级贫困县之一。2012年，国家部署开展新一轮定点扶贫工作，明确农发行定点帮扶四个国家级贫困县（市），广西壮族自治区隆林县位列其中。

■ 农发行隆林各族自治县支行支持的三冲茶产业规模化种植基地

农发行隆林各族自治县支行于1997年3月挂牌成立。2020年末在职职工15人。截至2020年末，全行各项贷款余额22.33亿元，各项存款余额3.97亿元。该行2021年2月荣获中共中央、国务院授予的“全国脱贫攻坚先进集体”。

农发行隆林各族自治县支行（以下简称农发行隆林县支行）积极响应国家战略，深刻认识脱贫攻坚的重大意义，自觉站在全面建成小康社会、实现第一个百年奋斗目标的高度，积极践行总行“四级行联动”的脱贫攻坚顶层设计，首创“四融一体”扶贫模式，统筹人力、物力、财力，深度服务隆林脱贫攻坚。

政策性金融尽锐出战取得了全面胜利。截至2020年11月20日，隆林县97个贫困村、19807户86076名贫困人口顺利脱贫，彻底摘除贫穷的帽子。

党建引领　凝心聚力齐攻坚

“定点”帮扶既是工作任务，更是政治责任。为凝聚队伍共识，坚定队伍信心，农发行隆林县支行以党建为统领，凝心聚力，构建决战决胜脱贫攻坚大格局。

“脱贫攻坚推进到哪里，党的建设就跟进到哪里。”为啃下脱贫攻坚“硬骨头”，农发行隆林县支行加强组织领导，坚持书记带头，挂图作战，建立高效快捷的工作机制。支行党支部书记向自治区分行党委签订“脱贫攻坚责任书”、立下军令状，保证坚决完成扶贫贷款投放、落实定点帮扶举措等目标任务。

同时，与农发行总行设在隆林县的“农发行+企业+隆林扶贫开发攻坚战指挥部”联合党支部进行党建共建，多次召开支委会、党员大会，坚持用习近平新时代中国特色社会主义思想武装头脑，共理扶贫思路，共谋攻坚良策，确保总、省、市、县四级行指挥体系形成一盘棋，脱贫攻坚一张蓝图绘到底。

农发行隆林县支行以提升支部组织力为重点，以“党建链”为轴心，把资源、人力、物力凝聚在助力脱贫的“业务链”“服务链”“经营链”上。组建了以党员为核心的业务攻坚团队，设立了基础设施党小组、产业带富党小组、红色引擎党小组，党小组紧盯时间节点，根据需要下派党建组织员到各项目驻地、企业、村屯，推进项目融资和项目实施的衔接，提高工作效率，最快实现指令和问题反馈的下达上传，将组织优势转化为推动隆林县脱贫攻坚的强大动力。

“绝不落下一个贫困地区、一个贫困群众”是该行支部党员许下的庄严承诺。为此，该行建立了“党员+建档立卡贫困户”一对一帮扶机制，在定点帮扶村与21个贫困户结对子、认亲戚，利用周末时间执行扶贫加强日活动，为贫困户宣讲帮扶政策、提供免费技术培训，激发贫困群众的内生动力，打通金融扶贫的神经末梢。

融资融智　补基础设施短板

因病、因学、因残、因灾……作为一个典型的国家级贫困县，隆林县几乎囊括了所有的致贫因素，辖内97个贫困村中，有58个深度贫困村，贫困发生率23.57%，部分村的贫困发生率甚至高达61.88%。

面对隆林县艰巨的脱贫攻坚任务及缺人才、缺技术、缺资金等问题，如何发挥出政策性金融的强大动力，为隆林县出思路、出政策、出资源，避免金融扶贫政策实际落地时看不懂、不会用，并帮助该县找到符合当地的发展道路，实现真正脱贫。

从2013年开始，农发行隆林县支行积极协助总行、自治区分行、市分行驻隆林县的扶贫队伍，共同谋划全县脱贫攻坚、协助推进扶贫项目、改善全县投融资环境。

针对县城土地匮乏、担保缺失难题，农发行隆林县支行为政府出谋划策，牵头成立农村产权交易服务中心，开展农村产权抵押融资试点，实现了土地经营权流转。隆林县支行还引导政府建立风险补偿基金，推动“4321”风险分担机制落实，持续优化隆林县的信用体系。

多年来，在“四级行联动”的机制下，农发行隆林县支行充分发挥基层一线的桥梁和纽带作用，帮助隆林县谋划发展战略、转变思想观念、协调资金项目，确保了各项金融扶持政策落得实、用得活。

在农发行隆林县支行协调推动下，仅在信贷支持方面，农发行就对隆林县审批各类贷款项目24笔，审批额度为52.16亿元，累计投放贷款28.53亿元，贷款余额为22.59亿元。这些贷款用于支持隆林县通屯道路、扶贫产业园、义务教育均衡发展、医疗设施等项目建设，有效改善了隆林县基础设施薄弱的局面。

投入6.42亿元支持易地扶贫搬迁和村屯道路硬化，让3382户搬入敞亮新房，畅通1464.86千米农村公路，解决29351名贫困群众“住行”问题，投放5.48亿元支持隆林县民族高中及六所义务学校建设，提升改善教学条件，助力政府推进义务教育均衡发展、二三级路覆盖比例提高，解决当地基础短板。

培植产业　壮大贫困县经济

产业扶贫是贫困县脱贫的关键。没有产业发展就没有收入保障，扶贫就会成为“无本之木”。为此，农发行隆林县支行将产业扶持作为隆林县脱贫攻坚重点来抓，倾全行之力，筹划招商引资，助力上级行引导优质客户资源纷纷进入隆林县，着力解决当地自我发展能力不足的问题。

2016年7月，自治区分行针对隆林县当地特色产业发展需要，从农业产业化龙头贷款客户中优选23户，到隆林县召开产业扶贫现场动员会，并成功引进了富凤集团发展林下养殖，红谷集团发展黑猪养殖，通过“龙头企业+合作社+建档立卡贫困户”的模式，辐射带动8000多名建档立卡人口实现增收脱贫。

2018年9月27日，农发行助推隆林县产业扶贫招商引资对接会举行，吸引了92家区内外企业参与，共达成招商引资签约项目12个，总投资金额约50亿元，涉及金融、工业、农业、旅游等七个领域。对达成意向的项目，农发行提供29亿元意向性融资，支持符合条件的企业在当地投资建厂，推动扶贫产业发展。

2020年，农发行持续加大对隆林县招商引资力度。成功促成隆林县人民政府与大北农集团开展生态农业产业链项目合作，计划投资8.75亿元支持隆林县50万头生猪生态产业链建设。与广西国控林业投资股份有限公司签订战略合作协议，并投放2.9亿元贷款支持隆林县国储林项目建设。与田东长江天成公司隆林县那烘村山茶油基地签订产业合作协议，计划投入资金2500万元收购隆林山茶油籽1000吨。

针对融商工作，农发行隆林县支行不仅抓好已签约项目的落地实施，而且积极与上级行对接，按照“万企帮万村”方式，进一步帮助引进扶贫产业。同时，在继续办好招商引资会活动基础上，积极组织隆林县招商小分队，到各省开展招商引资工作。

连续三年举办招商引资对接会，农发行先后引进广西长江天成集团、广西桂和集团、北京大北农科技集团、吉利百矿集团、广西国控林集团、隆林县福琨农村投资有限公司六家企业在隆林投资兴业，已实现五个项目落地，投资总额达到14.4亿元，极大地改善了隆林县的营商环境。

扶志融情　准发力促内生力

扶贫除了解决当地资金的短板、产业造血，更需改变当地干部群众的思想观念。

为培育出一批有思想、懂金融的干部人才队伍，充分发挥隆林县广大党员干部的战斗堡垒、先锋模范带头作用，农发行隆林县支行配合农发行总行，在苏州干部学院举办一年四次的培训班中，每批次派出30位隆林县干部参与培训。同时，还协调县委、县政府主要领导赴总行其他四个定点帮扶县学习考察，交流经验。

此外，为改变贫困群众的“等靠要”思想、提升脱贫的内生动力，农发行隆林县支行还针对贫困群众的所思所盼、所需所求，加强培训。不定期与县扶贫办联合举办科技能手和致富带头人技术交流活动，相互交流经验，组织隆林县第一书记、乡村干部及致富带头人到邻近省份参观考察。所有培训都根据贫困群众的实际需求量身定制、量体裁衣，让贫困群众有一技之长傍身，脱贫有望，更让致富带头人走出去开阔眼界，在观摩实践中长见识、增本领，带领贫困群众脱贫。

从2017年到2020年，隆林县已有10批次237名干部参加了苏州干部培训班，1批次253名群众参加了技术培训，230名第一书记和致富能人赴百色考察了种养殖技术。

融真情真意，做实服务脱贫攻坚工作。在帮扶隆林县的过程中，农发行隆林县支行联系上级行为隆林县无偿修建人畜饮水工程、实行大病救助、资助贫困学生，牵线搭桥，引入社会各界7268万元帮扶资金，用于产业发展和生产生活条件改善。

为帮助隆林县拓宽农产品销售渠道，农发行隆林县支行开展“以购代捐”活动，有效培养贫困户发展生产的积极性，推动扶贫方式从“输血”向“造血”转变，以消费扶贫的方式帮助贫困地区群众脱贫增收致富。致力打造“隆林品牌”，助力自治区分行成功开发“农发易购”App，鼓励员工线上采购隆林农副产品，并在南宁、隆林两地设立隆林土特优农产品体验店，积极举办推广活动，促进隆林优质特色农产品线下流通，助力隆林土特产品牌形成，实现长期有效发展。

省部级脱贫攻坚获奖集体和个人

河北省

聚力战贫困 助“冀”奔小康

——记“河北省脱贫攻坚先进集体”农发行扶贫金融事业部河北分部

河北是革命的土地，英雄的土地，“新中国从这里走来”的土地，更是决战决胜脱贫攻坚号角吹响的地方。河北省城乡二元结构特征明显，全辖共有62个贫困县，贫困人口多、贫困地域广，脱贫攻坚工作的难度大、任务重。躬耕在这片燕赵大地上的农发行扶贫金融事业部河北分部始终把支持脱贫攻坚作为首要政治任务，坚持目标导向、问题

■ 农发行河北省分行定点帮扶的涞源县石道沟村新貌

农发行扶贫金融事业部河北分部自2017年10月成立以来，连续三年扶贫贷款投放额和余额在河北省金融机构居首位，连续三年超额完成省委、省政府和总行目标任务，连续两年实现62个贫困县扶贫贷款投放全覆盖。“十三五”期间，该部累计发放扶贫贷款778亿元，累计带动服务贫困人口171万人次。支持的项目先后荣获“全球最佳减贫案例”“中国脱贫攻坚与精准扶贫十佳案例”“金融服务中小微企业案例”等荣誉称号。

导向、结果导向，不折不扣地推进责任落实、政策落实、工作落实，聚焦重点区域、重点领域、重点产业，发扬“5+2”“白+黑”的拼搏精神，交出了脱贫攻坚河北答卷。

将担当融入使命，铸就奋力前行的动力之源

政治方向决定使命担当，农发行扶贫金融事业部河北分部自成立起，就从政治高度充分认识脱贫攻坚的特殊重要性和现实紧迫性，将服务脱贫攻坚作为增强“四个意识”，坚定“四个自信”，做到“两个维护”的试金石。以政治学习提升政治站位，不断增强脱贫攻坚的责任感和使命感。以党委部署落实主体责任，累计研究部署脱贫攻坚工作54次，累计制定扶贫政策文件217份。先后组织召开10余次全行性脱贫攻坚会议，与市县分支行签署脱贫攻坚责任书，累计开展12轮督导工作。打造“1+N+M”的架构，累计召开事业部扶贫执委会31次，充分发挥扶贫执委会牵头把总职责，综合、协调、督办、考核职能，推动各项工作、各种资源、各方力量向脱贫攻坚聚合，实现各部门之间既有效分工又通力合作的良好运作局面。以纪委问效落实监督责任，始终将扶贫领域腐败和作风建设等问题作为巡察的重点内容，累计对辖内11个市级分行和91个县级支行开展了10轮巡察。树立鲜明的用人导向，累计提拔省市县扶贫干部196人，职务职级晋升97人，平级重用15人。

练好脱贫攻坚的“基本功”，首先要弄通学透各项政策。在农发行扶贫金融事业部河北分部的推动下，农发行河北省分行采取党委带头学、理论中心组深入学、扶贫执委会跟进学、“燕赵讲堂”扩大学、党支部自主学等多种形式，持续加大学习的深度和覆盖面。对于新政策、新制度第一时间学习，第一时间贯彻，第一时间落实，通过制作脱贫攻坚“掌中宝”“口袋书”，实时掌握最新的扶贫政策。在此基础上，农发行扶贫金融事业部河北分部积极创新扶贫支持模式，成效显著，硕果累累。其中，威县金鸡扶贫项目荣获全球最佳减贫案例；保定市阜平县硒鸽产业40万对肉鸽基地建设项目荣获“2019年度中国脱贫攻坚与精准扶贫十佳案例”；新发地“小微企业租金贷”扶贫模式被评为“2020年金融服务中小微企业案例”；“河北围场健康扶贫PPP项目”等两个模式入选总行创新模式案例汇编。同时，充分利用实验示范区政策倾斜优势，优化创新流程，发挥差异化信贷政策优势，累计向保定市金融扶贫实验示范区发放扶贫贷款46.8亿元，连续两年完成省委、省政府目标任务。

将帮扶融入初心，提升精准助贫的扶贫温度

脱贫攻坚是历史性任务，必须要付出历史性努力。“5+2”“白+黑”可以说是河

北分部的工作常态。“扶贫必须有情怀，没有情怀干不成这个事。”对于晚上加班这件事，扶贫业务处的人最有感受。他们怀着满腔赤诚，将这份深切的扶贫情怀倾注在加快全行扶贫业务发展、助力打赢脱贫攻坚战之中。累计发放教育扶贫、健康扶贫、贫困村提升、空心村治理等“三保障”贷款48.56亿元，全力支持解决“三保障”突出问题。累计发放易地扶贫搬迁贷款56.13亿元，支持搬迁人口14.55万人，其中建档立卡人口6.36万人，支持建设集中安置区64个，住房面积340万平方米。重点支持易地扶贫搬迁后续扶持工作，助力打造“易地扶贫搬迁+”亮点工程，审批21.1亿元，发放6.43亿元，确保搬迁群众“搬得出、稳得住、能致富”。累计发放产业化龙头企业扶贫贷款44.4亿元，贫困地区农户粮食购销储扶贫贷款116.8亿元；累计发放林业资源保护与开发产业扶贫贷款57.8亿元，支持农村流通体系建设扶贫贷款6.76亿元。累计支持“万企帮万村”精准扶贫企业68户，信贷资金70.4亿元。累计发放贫困地区新能源扶贫项目贷款51.7亿元，累计支持装机容量1629兆瓦，直接带动24035名贫困人口稳定增收致富。

同时，推动农发行河北省分行选派72支驻村工作队、61名贫困村第一书记、208名队员开展定点帮扶。积极开展“五包一”“三包一”包联工作。自帮扶涞源县以来，农发行河北省分行党委先后31次到涞源县实地督导调研，指导驻村帮扶工作。陆续开展防疫物资捐赠、医疗下乡、捐书助学等帮扶活动。加大对涞源县的信贷支持力度，累计审批项目8个共29.26亿元，投放14.6亿元，投放额居县域金融机构之首。营销储备项目3个共8亿元。做好“三包一”驻村工作，先后选派9名同志开展驻村帮扶工作，对两个村247户贫困户进行结对帮扶。累计捐赠帮扶资金250余万元，捐赠各类书籍300余本、保温壶250余个。协助修建养猪场5座、养鸡场4座。石道沟村手工加工项目、村级光伏电站、养猪项目已覆盖全部贫困户，石道沟村被涞源县政府评为帮扶样板村。

将精细融入管理，擦亮有为有位的金字招牌

为充分调动全行服务脱贫攻坚积极性，河北分部坚持在激励、考核方面下足功夫。坚持深度贫困地区项目调查优先、审查优先、办理优先。连续三年下达市级分行脱贫攻坚考核方案，发挥绩效考核“指挥棒”作用。2019年，在全行开展脱贫攻坚擂台赛，每个季度对62个贫困县进行排名，激励先进、鞭策落后，让先进的发言、后进的表态。当然，擂台赛落后的县支行，也不会轻易蒙混过关，执委会会进行批评、约谈，约谈了还不行，递交省分行纪委办，由纪委办下去督查。通过“抓两头、带中间”促发展，营造浓厚的争先晋位氛围。

注重将精细融入管理之中。开展“精准管理、精细化操作”活动，对检查发现的问题立行立改。实施扶贫贷款质效的全流程管控，发挥“三直、三员、五个一”贷后

管理机制作用，强化扶贫贷后质效管理。实施清零工程，在辖区内开展扶贫调研全覆盖，行领导走访贫困县158次，遍布全省62个贫困县。开展消费扶贫活动，积极发动全行员工、企业客户、朋友圈等，购买贫困地区农产品。自主研发“农发冀购”消费扶贫电商平台，累计帮助和购买扶贫产品512万元。

“十三五”期间，在河北分部的不懈努力下，全行累计发放各类扶贫贷款778.4亿元，累计净增358.1亿元，带动服务贫困人口171万人次。累计向10个深度贫困县投放扶贫贷款218.7亿元，累计净增92.7亿元。连续三年扶贫贷款投放额和余额在河北省金融机构位居首位，连续两年实现全省62个贫困县扶贫贷款投放全覆盖。在省委、省政府2019年度脱贫攻坚成效考核中荣获两“好”成绩。全辖区有3个单位和3名同志荣获河北省委、省政府脱贫攻坚表彰，4名同志和1个单位连续三届荣获总行“脱贫攻坚奖”，先后19次分别被评为全省“优秀驻村工作队”“优秀驻村第一书记”“优秀驻村工作队员”。

下足“创新”真功夫 助力脱贫攻坚战

——记“2019年河北省脱贫攻坚先进集体”农发行河北省分行创新扶贫处

“感谢河北农发行，我们再不用为租金发愁，有了更多的资金和精力投入企业经营，给我们带来了实实在在的实惠。”河北新发地农副产品物流园商户郝端端激动地说。2019年6月25日，农发行河北省分行向新发地农副产品物流园优质商户量身打造小微企业“租金贷”这一支持模式，在支持民营小微企业发展方面迈出了坚实一步，取得了积极成效。

近年来，农发行河北省分行创新扶贫处强化探索创新、注重扶贫成效，在支持全省脱贫攻坚、带动贫困户稳定脱贫中体现履职担当，扶贫工作得到省委、省政府肯

农发行河北省分行支持的承德光伏建设项目

农发行河北省分行创新扶贫处近年来累计审批创新扶贫贷款338.96亿元，实现了创新条线存量贷款品种扶贫贷款全覆盖，落地全省乃至全国农发行系统内多个“首笔”项目，服务和带动贫困人口91123人次。

定，在助力河北打赢脱贫攻坚决胜战中，交出了一份漂亮的答卷。

锤炼过硬队伍　聚力脱贫攻坚

2020年10月14日，在银行业保险业助力脱贫攻坚论坛上，农发行党委委员、副行长徐一丁曾说过，“创新成为新时代金融扶贫的必由之路、唯一出路。”农发行河北省分行创新扶贫处的每一个人，对这句话都深有同感。

创新扶贫处近年来始终坚守政策性银行履职担当，不忘初心、牢记使命，高站位谋篇布局。通过密集走访省直相关厅局、各市级政府，汇报支农成效，宣讲信贷政策，取得信任与支持，促进与多个地市及优质扶贫企业签订战略合作协议、涉农资金整合协议，搭建了500亿元融资专项资金支持“稳就业促复产”“千企帮千村”两大合作平台，全力推进扶贫工作开展，并组织召开业务发展座谈会、工作推进督导会、条线工作视频会等专题会议，研究扶贫工作思路、明确支持重点、分解任务目标，压实责任。

在农发行河北省分行创新扶贫处，处内人员都有一个信条，那就是“时间靠挤、成绩靠拼、作为靠担当”。创新扶贫处全体成员踏遍全省62个贫困县督导创新扶贫业务，对接地方党政、企业，协助谋划项目，为条线工作开展作出表率。成立三个攻坚小组，对扶贫贷款“零”投放、“零”审批行进行挂牌督战，实施省市县三级行项目联合会审，条块结合，层层压实责任，有力推进项目落地。与沽源县等四个深度贫困县支行党支部开展党建共建，派出一名同志挂职副行长，建立真包真管真扶机制。

同样，扶真贫、真扶贫，离不开一支高素质的金融创新扶贫队伍。为进一步保障全省扶贫业务开展，创新扶贫处在全省建立了一支99人的创新条线队伍，实行“建档”考核管理，通过建立“跟班学习”“信贷辅导员”“身边教师”制度，举办创新扶贫业务培训班6期，培训460人次，编发了创新模式及典型案例系列教材，培养了一支政治和业务双过硬的创新扶贫队伍。

创新项目模式　解决薄弱短板

值得关注的是，农发行河北省分行创新扶贫处聚焦“扶持谁、扶什么、怎么扶”，深挖项目营销模式，把模式合规创新作为全力打通金融支持贫困地区和脱贫攻坚薄弱环节“最后一公里”的主抓手，有效破解扶贫支持模式难题。落地了全国及全省农发行系统内多个“首笔”项目，探索创新的多种业务模式在全国及全省农发行系统进行宣传推广。

值得一提的是创新扶贫过桥模式，农发行河北省分行创新扶贫处将旅游扶贫贷款和扶贫过桥贷款产品结合，率先发放全省农发行首笔全域旅游扶贫过桥贷款——平山全域旅游扶贫过桥贷款项目，实现“扶贫过桥贷款业务”在河北破冰，如期实现平山县贫困人口脱贫、贫困村退出、贫困县摘帽的目标任务。

在此经验基础上，又探索出将扶贫过桥模式运用于林业、土地流转、旅游、农村流通体系建设等贷款品种。2018年以来，累放扶贫过桥项目17个、贷款23.8亿元，审批了0.6亿元威梨综合发展中心冷链物流项目，为全国农发行第一笔农村流通体系建设扶贫过桥贷款。

此外，围绕“扶贫核心在成效”，创新出“威县金鸡扶贫模式”“‘空心村’治理模式”“租金贷模式”“跨地区认定模式”四种模式。从担保方式上也进行了一系列突破，探索出上市公司、母公司担保、跨地区担保、组合担保等方式，破解了担保难题。

聚焦重点领域　突出精准发力

“脱贫攻坚怎么打，产业扶贫是关键”，为此，农发行河北省分行创新扶贫处充分发挥作为金融机构在扶贫中的资源优势和特色，以信贷资金助产业、以产业扶贫助就业、以就业创业助增收，坚持融资融智相结合，创新扶贫方式手段，突出支持林业、农地、物流建设等重点领域产业扶贫，有力支持光伏扶贫和旅游扶贫等薄弱环节，积极支持“万企帮万村”扶贫行动，实现了创新条线存量贷款品种扶贫贷款全覆盖，引导农业产业向扶贫领域倾斜，有效改善了农民生产生活条件。

狠抓光伏扶贫、旅游扶贫专项扶贫业务，对接政府相关部门，拓宽担保范围、引入优质企业、探索支持路径，实现了光伏扶贫贷款业务零的突破，有力地促进了全省旅游业务发展。

在特色产业选择上，突出支持生猪、林业、农地、物流建设等重点领域产业扶贫，通过就业、帮扶、交易等途径，从项目营销谋划开始引导企业实施产业扶贫，深入挖掘项目精准扶贫成效。

近年来，该处累计审批非专项扶贫贷款项目103个、贷款236.12亿元。支持造林面积21.57万公顷；林木养护改培1266.67公顷；生态修复1.69万公顷。营销了中国供销集团、亿利集团、大北农集团等优质扶贫企业，支持了10.3亿元沽源县空心村治理+土地规模化经营精准扶贫项目、10.1亿元阜平县高标准土地整理项目等。在“万企帮万村”精准扶贫行动中，结合河北省实际，与省工商联、省扶贫办、省光彩会共同搭建起长效的部门合作机制，全省各市级分行均已实现合作机制搭建全覆盖。此外，积极引导支持的民营企业纳入省工商联“万企帮万村”精准扶贫行动台账管理系统，展示扶贫成效，推动扶贫工作向纵深发展。

丹心倾注脱贫路　砥砺奋进助攻坚

——记“2018年河北省脱贫攻坚奖贡献奖”获得者吴永杰

巾帼也有凌云志。学习上，她始终保持强烈的求知欲和“本领恐慌”意识，工作后考取中国人民大学经济学硕士学位，取得多个专业资格证书，并编写十余本工具书，为全省农发行扶贫工作校准了“指南针”。工作中，学以致用，善思考肯钻研，创新信贷支持新模式，落地多个河北省扶贫专项产品，为河北省打赢脱贫攻坚战贡献了自己的力量。作风上，她以高度的责任心和使命感，树牢党性根基，提高政治站位，勇于奉献，无怨无悔。她就是农发行河北省分行扶贫业务处的吴永杰，自2016年专职

吴永杰，中共党员，2016年以来，在农发行河北省分行扶贫业务处工作，现任产业客户处客户经理。入行以来，她凭着忠诚事业的精神和精益求精的职业操守，在每个岗位上做出了“巾帼不让须眉”的不凡成绩。曾被农发行总行授予“青年岗位能手”“十大杰出青年”荣誉称号，被河北省金融系统授予“青年服务明星”荣誉称号，荣获“2018年河北省脱贫攻坚奖贡献奖”。

从事扶贫工作以来，她用勤奋严谨、求实创新，在扶贫道路上留下了一串串坚实的脚印，作出了“巾帼不让须眉”的不凡成绩。

肯动脑，善钻研，做好金融扶贫“指南针”

入行以来，吴永杰先后取得银行风险管理、会计从业、保险代理、政府与社会资本合作（PPP）项目咨询师等多个专业资格证书。在学习和提高的同时，她始终坚持学以致用，主笔编写了《农发行全口径扶贫贷款品种现行政策介绍》《涉农资金整合与扶贫过桥贷款政策汇编》《三位一体项目营销手册》等十余本工具书，将外部政策和农发行制度有机结合，指导河北省农发行系统条线业务发展，有效提升办贷质量和效率。在全省授课5次，讲解扶贫信贷产品理论知识，培训500多人次，逐步培养扶贫业务骨干人才。

她说：“只有不断更新专业知识，提升自己的专业素养，才能更好地适应不断变化的新形势、新需要。”

创模式，破瓶颈，勇做率先垂范的“领头雁”

如何将农发行政策与河北省脱贫攻坚需求相融合，突出项目扶贫的综合扶贫效应，是扶贫工作落地的关键。为此，吴永杰深入一线，分析县域形势，结合当地资源禀赋和脱贫攻坚实际，创新信贷支持模式，着力破解项目瓶颈。

平山县是革命老区，属于国家级贫困县，脱贫攻坚急需资金支持。但在服务当地脱贫攻坚过程中，采用哪种项目运作模式是一个需要攻克的难题。为尽快解决问题，她带领业务骨干多次深入山区，了解当地实际，设计融资路径，从项目可研入手，以当地红色旅游扶贫项目为切入点，把旅游扶贫贷款和扶贫过桥贷款相融合，探索出扶贫新模式。凭着一股闯劲与拼劲，她推动战略合作协议签订后首个项目高效落地，20余天就顺利发放首笔贷款，实现了“扶贫过桥贷款业务”在河北破冰，找到了扶贫过桥贷款在土地流转、林业、贫困村提升工程等领域推开的有效途径。

国家级贫困县、深度贫困县涞源县隶属保定市，是农发行河北省分行“五包一”定点帮扶县，也是脱贫攻坚过程中一块难啃的“硬骨头”。省分行委派吴永杰同志挂职涞源县支行副行长，为当地发展融智融力。

大力推动产业扶贫，带动贫困人口收入涨起来、稳得住是涞源县脱贫攻坚的关键。在得知涞源县要引进产业化龙头企业后，吴永杰在涞源县签订招商协议的第二天就组织业务骨干对国家政策、项目条件、扶贫成效、框架协议等进行分析研究，制订了可行的项目融资方案，探索“政府+龙头企业+基地+金融+合作社”模式支持产业扶贫项目。同时，谋划2.07亿元全省首笔黑木耳产业种植项目，近500名贫困人口从中受益。

多年来，凭借着对事业的忠诚、持续的工作激情和深厚的业务功底，无论工作多么棘手繁重，吴永杰从未退缩过。面对围场项目推进受阻、平泉教育扶贫PPP项目亟待推进、监察干部培训等多项任务，她毅然拿起行李，顶着凛冽的寒风赶往项目现场。在围场、平泉调查指导期间，她一天一个县，每天加班至深夜。调查结束后，乘晚上11点的航班到达正定机场，马不停蹄整理项目资料，在机场休息了几个小时就直接登上前往杭州培训的飞机。终于，功夫不负有心人，围场健康扶贫PPP项目审批通过。该项目为全国首笔健康扶贫PPP项目，同时打响了农发行河北省分行百日攻坚战的“第一枪”，为更好地支持贫困地区教育发展破题开路。

除此之外，吴永杰还设计扶贫贷款综合现金流还款新方案，实现了PPP模式在教育、健康、贫困村提升工程等扶贫领域全面破冰。在她的努力推动下，扶贫业务条线产品全面开花，有效推动了全省系统扶贫工作开展。

挑重担，倾真情，争做扶贫“新楷模”

扶贫工作无小事。吴永杰一直用真心、真情，扶真贫、真扶贫，为当地扶贫业务发展尽心竭力。作为农发行扶贫处客户经理，吴永杰以高度的责任心和使命感，以及饱满的激情投入到扶贫工作中，“5+2”“白+黑”已成为吴永杰的工作常态。她为准备讲话材料，经常加班加点工作到深夜，甚至连续四天睡在办公室里。为了保证项目营销进度，21天连续出差，奔走在三市八个贫困县之间。为完成脱贫攻坚会议汇报材料，她白天忙项目，夜里在行里伏案写材料，一坐就是几个小时，累了眯一会儿，困了洗把脸回来接着干，高效完成了材料撰写。一次次会议、一次次考验，吴永杰接过手来立刻就干，从未有过一丝犹豫，出色地完成了一个个任务。在吴永杰负责农发行河北省分行扶贫金融事业部执委会的日常工作期间，制定了“工作制度”和“成员部门的工作职责”，进一步理顺了执委会工作，提高了工作效率。起草金融扶贫各类通知、会议纪要、分析、汇报等60余篇，向省银监局、金融办、人民银行等外部门报送各类调研汇报材料30余篇。

作为涞源县支行挂职副行长，吴永杰结合全县脱贫攻坚规划，起草“涞源县脱贫攻坚金融服务方案”，积极协调推动行内各项扶贫工作。中央巡视组对农发行扶贫领域工作进行巡视期间，已连续出差的吴永杰，又赶往涞源县支行，连续工作15个小时，理思路、查档案，找难点、定措施，为迎接检查做好准备。同时，制定“中国农业发展银行涞源县支行扶贫工作对照文件汇总目录”，立足全省厘清扶贫工作发展脉络，梳理了七大类、几十卷档案资料，并从梳理档案中找到工作差距和改进措施，为打赢脱贫攻坚战夯实了基础。此项工作方法，在保定辖内所有贫困县支行推行，有效提升了扶贫工作效能。

作为一名拥有14年党龄的青年党员，吴永杰始终坚持严于律己、廉洁自律，拼搏进取、甘于奉献，以昂扬的精神状态、“巾帼不让须眉”的职业操守，将初心和使命融入每一项工作，倾心用力真扶贫，充分彰显了农发行人的责任与担当。

个人感言：用忠诚坚守初心，以实干担当使命。在农发行服务“三农”的事业中，我会始终严格自律，爱岗敬业，不负韶华。

勇当脱贫攻坚路上的“排头兵”

——记“2019年河北省脱贫攻坚奖贡献奖”获得者宋波

平泉市隶属承德市，是全国832个国家级贫困县之一。2014年底，平泉市共有84个贫困村，占行政村总数的28%，共有96238名贫困人口，贫困发生率为23.06%。

带着农发行承德市分行党委的重托，宋波踏上了这片热土，在脱贫攻坚的路上留下他一步一步走出来的坚实脚印。自上任以来，他和班子成员一起带领平泉市支行业务发展一年一个新台阶，贷款余额不断增加，利润连年增长，在市分行业务经营考核中始终名列前茅，不仅为支持当地政府打赢脱贫攻坚战、带动贫困群众脱贫提供了有力保障，同时也使农发行平泉市支行经营业绩实现飞跃发展。截至2019年6月末，该行各项贷款余额20.57亿元，其中精准扶贫贷款余额9.88亿元，占全行贷款总额的45.6%；各项存款余额5.83亿元。

宋波，中共党员，曾任农发行河北省平泉市支行行长，现任农发行廊坊市分行副行长。他带领干部职工勠力同心，创新实干，以政府关切、民生关注、风险可控的中长期贷款项目为支持重点，精心谋划，奋力攻坚，扶贫效果显著。2018年被总行评为优秀党务工作者，荣获“2019年河北省脱贫攻坚奖贡献奖”。

挪穷窝，兴教育

易地扶贫搬迁是平泉市“十三五”脱贫攻坚工作的重中之重。宋波坚持“为政府分忧，替贫困群众解难”理念，积极与政府有关部门沟通协调，主动服务，及时建立项目资料库，积极参与《平泉县2016年易地扶贫搬迁项目实施方案》的调查、修改及编写工作，并三次赴石家庄与省财政局、省发改委、省投资平台公司进行协调，在省分行相关部门跑办手续，争取到第一笔易地扶贫搬迁资金2000万元，确保了2017年度易地扶贫搬迁项目4.7亿元资金的顺利承接，保障了平泉市易地扶贫搬迁项目的资金需求。为了使易地扶贫搬迁项目资金合规支付和及时到位，他经常与发改局、扶贫办、易地搬迁办沟通对接，深入贫困户、居民安置点进行调研，组织人员加班加点审核资金支付资料，得到政府相关部门的充分肯定。平泉市易地扶贫搬迁项目可支持易地搬迁10520人，其中建档立卡贫困人口2397人。

扶贫必扶智，让贫困地区的孩子们接受良好教育，是扶贫开发的重要任务，也是阻断贫困代际传递的重要途径。平泉市第一中学迁址新建PPP项目属于“平泉‘十三五’脱贫攻坚规划”的重点项目，平泉市委、市政府高度重视，努力寻找社会资本方，农发行平泉市支行也一直在跟踪此项目。2018年9月，宋波在跟进储备项目时，得知社会资本方与政府方成立平泉铭宇教育基础设施建设管理有限公司负责平泉市第一中学迁址新建PPP项目的消息后，他立即行动，一方面积极与政府领导和公司负责人沟通，了解相关情况，并将情况向上级领导汇报，争取支持；另一方面立即召开行务会，研究讨论项目营销方案，制定了“行长为项目推进第一责任人、信贷业务部主管为跟踪实施第一责任人、客户经理为具体经办第一责任人”的责任人制度，倒排工期、挂图作战，共同开展项目调查评估和协调推进工作。在项目推进过程中，他积极与上级行业务部门沟通，邀请省、市分行领导到现场调查论证，召开座谈会研究问题解决方案，提供信贷政策咨询服务，贷款从营销到发放仅用时23天。该笔贷款为河北省分行首笔PPP模式教育扶贫贷款。该项目不仅是平泉市政府惠及千家万户的民生工程，也是农发行助力县域教育振兴的有力见证。

保医疗，兴水利

行百里者半九十，越到紧要关头，越要坚定必胜的信念，越要有一鼓作气攻城拔寨的决心。平泉市医院是全市唯一的三甲医院，但其现有条件已不能满足全市人民就医需求，整体搬迁迫在眉睫。作为“平泉市‘十三五’脱贫攻坚规划”重点民生工程，平泉市医院整体迁建项目在对接之初，由于项目公司社会资本方为民营企业，面临准入难题，宋波与班子成员在深入分析信贷风险的基础上，多次与省市分行沟通汇报，寻求政策指导，提出“优化社会资本联合体股权结构”方案，经过多方协调，政府最终同意以股权转让方式引入国有公司组成联合体，进而解决了准入难题，促使项目落地实施。项目建成后，将极大改善县域医疗条件，解决群众看病难、住院难的问题，助力实现“大病不出县”的目标，促进平泉社会和谐健康发展。

在推进平泉市医院整体迁建项目的同时，农发行平泉市支行并行推进水务局PPP项目。该项目市、县两级行前期曾多次营销，均未达成合作意向，但是宋波锲而不舍，抓住市分行前期有力铺垫及水务集团高层调整的有利时机，邀请省分行领导到该集团，以座谈培训的方式讲解水利项目融资要点，详细阐述农发行在资金规模、利率水平和办贷流程方面的政策优势。通过融智融情融力的优质服务，改变了该集团与他行的合作意向，最终选择与农发行进行合作。项目的顺利实施，有效解决了贫困县域部分贫困人口的“吃水难”问题，同时也为与水务集团的深度合作打下了良好基础。

旺产业，助脱贫

扶贫开发是全党全社会的共同责任，要动员和凝聚全社会力量广泛参与。在为地方脱贫攻坚提供融资服务的同时，宋波还依托扶贫贷款客户平泉小寺沟国家粮油储备有限公司实施“金融+产业”扶贫策略，为收储企业和支行结对帮扶建档立卡贫困户牵线搭桥，签订《扶贫帮困协议书》，在保证粮食质量的前提下，企业降低扣水扣杂标准收购粮食，不仅解决了贫困户卖粮难问题，还在价格上给予其高于市场平均水平的优惠价格，从而增加了贫困户的卖粮收益，该模式惠及建档立卡贫困人口15户24人。

“敢担当才能善作为，助脱贫就是履使命。”这是宋波一直以来始终坚守的信条。为了更好地做好驻村帮扶工作，宋波精心选派得力驻村工作干部，定期进村调研、商讨脱贫之策，组织职工捐款捐物折合人民币2.28万元，并在春耕秋收、重要节假日前组织职工慰问结对帮扶贫困户；以党建带团建，建立了青年员工志愿服务队，开展常态化“为贫困留守儿童送温暖”帮扶活动，树立了农发行良好的社会形象。

个人感言：脱贫攻坚，党心所向，民心所依。只有放下架子、扑下身子，担着使命、带着真情，才能攻坚克难、砥砺前行。

助力脱贫攻坚　书写无悔人生

——记“2020年河北省脱贫攻坚奖贡献奖”获得者甄明阳

在脱贫攻坚工作最需要的时候，他挺身而出，主动请战；在脱贫攻坚最需要的地方，他亲临一线，攻坚克难。他就是“2020年河北省脱贫攻坚奖贡献奖”获得者甄明阳。作为一名有着14年党龄的青年党员，他始终以高度的责任感和强烈的事业心，用勤奋严谨、求实创新的工作态度，在他所热爱和忠诚的金融扶贫事业中实现着人生理想，在农发行广阔的舞台上奉献着无悔的青春。

甄明阳，中共党员，2014年以来，先后在农发行河北省分行客户二处、创新处工作，现任农发行井陉县支行党支部书记、行长。该同志以高度的责任感和强烈的事业心，以勤奋严谨、求实创新的工作态度，全身心投入金融扶贫事业，多次获得优秀行员、先进工作者、优秀共产党员等荣誉称号。

勤学业务知识，不断求索进取

善谋发展之计，学以致用有为。甄明阳保始终持着强烈的求知欲和积极的学习态度，不贪趣事，不负韶华，工余时间，勤奋修习，力求有所收获。通过不懈努力，他获取了银行风险管理、会计、保险代理等多项资格证书，为业务实操工作做足了相应的技能准备。从事创新扶贫工作以来，他坚持学以致用，参与编撰《中国农业发展银行河北省分行创新条线贷款营销案例》《中国农业发展银行产业化龙头企业流动资金以及中长期贷款调查模板》等实用性教材，整理和创新了扶贫工作的制度办法及具体操作举措，并在全省系统推广。为此，省分行评聘他为省级培训讲师，自2019年以来，在全省多次讲解扶贫信贷产品理论知识，先后授课5次，培训扶贫领域500多人次，培训效果明显。在实际工作中，他多次到贫困村营销扶贫项目，了解企业生产经营状况，重点走访经营业主，详细了解业主的经营理念、销售渠道及技术等方面的信息，听取业主在发展过程中所遇到的困难和问题，以及解决困难问题的各种方法举措，不断总结经验教训，努力思索工作的新思路新方法，为做好项目扶贫打下坚实基础。

作为创新处的业务骨干和行家里手，他主要负责全省创新条线扶贫有关工作的部署落实，以及全省创新条线扶贫项目管理。对于各项工作，他都力求实效，力争优先。围绕抓好“万企帮万村”扶贫行动工作，起草《政策性金融支持河北省“千企帮千村”精准扶贫行动合作协议》，召开“千企帮千村”精准扶贫行动现场推进会，并现场与省工商联、省扶贫办、省光彩会签订协议，及时落实总行对“万企帮万村”精准扶贫行动的相关部署要求。积极探索创新扶贫业务发展模式，促进“土地+脱贫攻坚”经营模式在全省范围内推广应用。他重视扶贫基础工作，多次深入张家口地区，梳理扶贫档案，逐项查漏补缺，帮助理清思路，寻找工作差距，制定完善措施，落实责任人和整改时间，客观真实反映县支行的扶贫工作，为2020年全省高质量完成脱贫攻坚任务做了大量卓有成效的工作。

广开发展思路，力求工作实效

脱贫工作，重点在农村，难点也在农村。扶贫需要政策，脱贫需要项目，政策与项目融合，效益和效果并重，这是政策性金融扶贫的根本要求。做好脱贫工作，需要有强烈的责任心和使命感，需要对上报的扶贫项目认真看、仔细阅、反复查、深入问，需要对上报的项目适时准确提出可行性的意见和建议。对于河北省分行脱贫攻坚项目调查工作，甄明阳从来不敢有一丝懈怠，他紧盯项目抓落实，坚持深入一线，足迹遍布全省一半以上的贫困县，分析县域脱贫攻坚形势，结合当地资源禀赋和脱贫攻坚实际，助推37个项目审批落地，审批金额共计56.51亿元，实际发放贷款39.09亿元。其中，审批流动资金贷款11笔，审批金额共计6.25亿元，实际发放贷款6.09亿元；审批项目贷款26笔，审批金额共计50.26亿元，发放贷款33亿元。

为推动扶贫专项贷款业务有序有效发展，甄明阳从全省各地实际情况出发，因地制宜考察项目，广开思路创新谋动，积极推动各地项目早日落地，助推贫困地区和贫困人口早日脱贫。在营销光伏扶贫贷款业务中，他积极与总行沟通，借鉴兄弟行经验，参与每个项目运作，成功营销光伏电站项目6个，审批金额13.98亿元，已发放贷款6.91亿元，带动4666名建档立卡贫困人口就业和脱贫。

旅游扶贫是一种具有“造血”性质的产业扶贫开发方式，既要实现旅游项目的经济效益，又要切实发挥政府引导作用，突出扶贫带动效应，实现政策与市场的有机结合。为此，根据总行《旅游扶贫贷款管理办法》，甄明阳多次实地指导相关行对接项目，成功营销旅游扶贫项目8个，审批贷款34.10亿元，发放贷款18.12亿元，审查项目1个，金额7.8亿元，直接带动建档立卡贫困人口500人次就业和脱贫，在实现旅游扶贫贷款稳步增长的同时，为下一步推进旅游扶贫业务长效发展做好了充分准备。

为解决小微企业融资难融资贵问题，甄明阳通过实地调研、银企对接等大量前期准备工作，起草《关于服务民营小微企业提升工程实施方案》，在深入调研的基础上将供应链金融确定为模式突破口。在防控风险的前提下，结合实际、大胆创新，依托优质企业深入研究小微企业“租金贷”模式，在依法合规的前提下尽量简化市场选取、企业准入、提供资料、系统操作、贷后管理等流程，使模式具有更强的可操作性、可复制性和可推广性。“租金贷”模式最终获得总行批复，37户小微企业与涞源县东团堡乡北辛庄村民委员会签订了《农产品采购协议》，根据协议2020年成交总价合计为34.49亿元，人均收入达5654元，为贫困户带来巨大收益。

“空心村”治理能够真正实现拆迁村民“搬得出、稳得住、有活干、能致富”的脱贫目标，对服务脱贫攻坚和乡村振兴发挥重要的作用。为落实好省委、省政府关于全省农村人居环境整治和“空心村”治理工作相关要求以及省分行的安排部署，甄明阳认真学习文件精神，深入调研，充分论证，在张家口市沽源县试点经验的基础上，创新“沽源模式”，实现了“点”的突破；参与并助力张家口市政府《支持“空心村”治理合作框架协议》的制定和签发工作，参加政银企项目对接交流会，共同搭建起合作平台，实现了“面”的推广；结合张家口市各地实际，制订差异化金融服务方案、开通办贷绿色通道、建立协调机制，实现了“专”的服务。甄明阳共参与调查、审批张家口市万全区、康保县、尚义县、张北县、沽源县、赤城县“空心村”治理项目金额32.5亿元，发放贷款5.24亿元，涉及“空心村”186个18295户，复垦面积1447.29公顷。

“以理想信念激发活力、奉献青春，以初心使命担当重任、助力脱贫。”甄明阳是这样说的，也是这样做的。今后，他将继续以此为人生信条，在推进乡村振兴的道路上奉献青春力量，书写无悔人生。

个人感言：践行初心担使命，甘于奉献尽职责，为农发行高质量发展贡献力量，无怨无悔。

山西省

让“右玉精神”在金融扶贫中熠熠生辉

——记“全国‘万企帮万村’精准扶贫行动组织工作先进集体”农发行驻右玉县扶贫工作组

右玉县曾是国家级贫困县，受自然地貌和环境制约影响，产业结构较为单一，贫困人口占比较大，农牧养殖业成为支撑全县经济发展的主导产业。党的十八大以来，为坚实履行农发行服务脱贫攻坚的使命担当，驻右玉县扶贫工作组认真贯彻落实习近平总书记对“右玉精神”六次重要批示，全力服务右玉县经济建设和脱贫攻坚，重点聚焦“万企帮万村”和产业扶贫两大领域，切实发挥农发行政策优势，助力右玉全县实现脱贫摘帽，辖内多个省级产业化龙头企业在农发行资金支持下，实现了规模增长和快速发展，有效带动了一大批贫困群众“家门口”就业和脱贫增收。

■ 农发行驻右玉县扶贫工作组支持的右玉图远实业有限责任公司小香葱采摘场景

农发行驻右玉县扶贫工作组自成立以来，以服务脱贫攻坚为己任，坚持“一张蓝图绘到底”，用真金白银带动右玉绿色生态产业成为贫困户脱贫增收的致富产业，助力国家级贫困县右玉县如期脱贫摘帽。2020年，该组被评为全国“万企帮万村”精准扶贫行动组织工作先进集体。

助力“小香葱”走向“大餐桌”

初夏的右玉山清水秀，绿树成荫，历经21任县委书记带领干部群众70年来的接续奋斗，曾经的“不毛之地”实现了“塞上绿洲”的华丽转身，得益于生态修复造就的得天独厚的自然环境，以小香葱种植加工为代表的右玉绿色生态产业不断焕发出勃勃生机，“右玉精神”滋养下的绿水青山真正变成了当地百姓的金山银山。

来到右玉县香葱种植基地，一片翠绿映入眼帘，香葱进入了采摘期，农户们正忙着收割、扎捆、装车。“今年合作社一共种植了233.3公顷香葱，并和企业签订了基地种植协议，年底预计能收入4000多万元，老百姓以前种杂粮，靠天吃饭，自寻销路，现在改种小香葱，每个农户年底平均可以拿到20万元收益，家里的日子就和这香葱的味道一样美滋滋的”，正在往企业生产车间运送小香葱的种植户万素英向农发行朔州分行客户经理诉说着内心的喜悦，她家种植了2公顷小香葱，从5月采摘期开始一直持续到10月，其间可采收五茬，将全部供应给企业加工出口。如今，小香葱成为右玉绿色生态产业的金字招牌，更是当地群众发家致富的“脱贫宝”，不仅畅销全国，更热销海外。

本土成长起来的右玉图远实业有限责任公司是全省最大的小香葱加工出口企业，也是推动小香葱从田间走出国门，形成大产业和大品牌的重要纽带。2020年，企业签订了来自欧洲的1000万元的新订单，为了帮助企业克服新冠肺炎疫情带来的不利影响，保障顺利生产和产品按时供应，农发行驻右玉县扶贫工作组向该企业发放产业扶贫流动资金贷款1500万元，用于小香葱收购和冻干葱加工，推动本地扶贫产业发展壮大，助力绿色生态产业不断扩大国际品牌影响力。

走进企业生产车间，一股葱香扑面而来，整齐的流水生产线上，工人师傅们正在将地里的香葱清洗、消毒、切割、速结，经过先进的真空冷冻干燥技术加工，地里的香葱可以保持原有的色泽、味道和营养，并且便于长期贮存和远距离运输，多个种类的香葱产品大量出口至美国、俄罗斯、澳大利亚及欧洲各国，成为国际餐桌上的优质调味品，深受国际市场青睐。

近年来，为推动香葱产业化、规模化经营，图远公司着力打造“企业+农户+基地+品牌”模式，大力发展以小香葱种植为主的绿色无公害蔬菜原料基地，有效实施产业扶贫，企业每年约从农户手中收购原材料香葱近7000吨，加工产品全部用于出口，带动2000多农户增收，户均增收7000元。同时，企业生产期间还可为贫困户提供200个就业岗位，人均月收入约3000元，帮助贫困群众“足不出户”即可就业增收，实现脱贫致富。

小香葱，大产业。农发行见证了企业的成长和发展，2021年是农发行朔州市分行与右玉图远实业有限责任公司建立信贷关系的第14个年头，该行即将续贷投放1500万元贷款，至此已累计向企业融资约3亿多元，持续为企业巩固产业扶贫和实施乡村振兴“输氧造血”。银行为企业提供的不仅是信贷资金，还有贴心的服务，为了保障企业生产资金不受影响，每年贷款到期前一段时间，该行工作人员就提前准备续贷资料，落实相关手续，确保企业还款续贷无缝衔接，不因资金周转影响加工销售。2018年以来，驻右玉县扶贫工作组还积极协调省扶贫公司，向图远公司累计发放1000万元扶贫周转金贷款，帮助企业享受更多资金优惠政策和便捷。企业负责人表示，“公司的一路发展壮大离不开农发行的大力支持和贴心服务，正是因为有了稳定的资金保障，我们才能不断扩大产能，加大销量，从而带动更多贫困人口实现产业增收和脱贫致富”。

助力“生态羊”变成“脱贫宝”

右玉县位于北纬39度、400毫米等降水量线附近，是雁门关农牧交错区的草食畜牧业黄金带，林木覆盖率为54%，同时拥有丰富的农作物秸秆、各类杂粮饲草等饲料，发展养羊业有着得天独厚的绿色优势。“右玉羊肉”也因肉质鲜嫩、肥而不腻，于2010年通过国家农产品地理标志地域保护登记，成为山西首个荣获国家标志农产品的畜牧品。

在右玉县，山西祥和岭上农牧开发有限公司就是这样一户致力于将右玉“生态羊”做大做强、做精做细的本土民营企业。多年来，企业积极构建“公司+基地+农户”体系，形成了集种草、育肥、加工、餐饮于一体的“全羊”产业链，推动“右玉羊”实现了品牌化发展，并有效带动一方群众脱贫致富。随着市场需求和订单合同的增加，企业发展需要不断扩大规模，为了帮助解决资金问题，农发行驻右玉县扶贫工作组两年累计投放贷款1000万元，支持羔羊采购、日常养殖及生产经营。

据悉，该公司每年除了自产10000只小羊羔之外，还向附近村民采购10000只左右，年出栏可达约20000只，有效带动周边10余个村庄1000余名养殖户脱贫增收，同时，公司能够为周边乡村提供80余人就业岗位，月均收入不低于2500元。

建立信贷关系以来，驻右玉县扶贫工作组在加大信贷支持的同时，积极协调省扶贫公司给予250万元扶贫周转资金，不断加大产业扶贫支持力度，切实做好脱贫后续帮扶与乡村振兴的融合衔接，助力“右玉羊”成为百姓增收致富的“脱贫宝”。

担当实干真扶贫　探索创新扶真贫

——记“2016年山西省脱贫攻坚奖创新奖”获得者赵亮

山西省是全国扶贫开发重点省份，全省119个县有58个是贫困县，其中国家级贫困县36个，省级贫困县22个；28226个行政村中有7993个是贫困村，占行政村总数的近三成。确保到2020年农村贫困人口全部实现脱贫，是我们党的庄严承诺和重要使命，也是山西省全面建成小康社会最艰巨最繁重的任务。农发行作为农业政策性银行，全力服务脱贫攻坚既是首要政治任务和重大历史使命，也是义不容辞的社会责任。2016年以来，农发行山西省分行累计发放精准扶贫资金150亿元，扶贫贷款占比由2016年初的9.9%上升至35.6%，充分发挥了金融扶贫的先锋模范作用。

赵亮，曾任农发行山西省分行扶贫业务处处长。他始终坚守责任和使命，在工作中率先垂范，坚持实干，勇于创新，2016年以来，先后营销办理几十笔扶贫贷款，助力投放贫困地区贷款150亿元。先后被农发行总行、农发行山西省分行等单位授予“优秀共产党员”“先进工作者”等荣誉称号，2017年荣获山西省脱贫攻坚创新奖、五一劳动奖章。

这些成绩的取得，离不开省分行扶贫业务处处长赵亮的努力与付出。多年来，他立足本职，敢于担当，勇于创新，面对金融服务脱贫攻坚工作，内心始终坚守着一份责任和使命，2016年以来，先后营销办理几十笔扶贫贷款，助力投放贫困地区贷款150亿元。凭借工作上的出色业绩和政治上的高度自觉，先后被农发行总行、农发行山西省分行等单位授予“优秀共产党员”“先进工作者”等荣誉称号，2017年荣获山西省脱贫攻坚创新奖、五一劳动奖章。

挑战中勇挑重担

2016年4月，农发行山西省分行扶贫业务处成立，旨在集全行之力、聚全行之智全力服务全省脱贫攻坚工作。经省分行党委研究决定，扶贫业务处由赵亮同志主持全面工作。上任伊始，他面对的是一个全新的部门、全新的领域，没有经验可循的农业政策性金融扶贫模式，有的只是组织的信任和金融扶贫的重任。面对挑战，他没有退缩，一头扎进工作，俯身开展调研，访政府、进企业、走乡村，掌握了大量一手资料；请示总行、联系兄弟省分行、开展研讨，金融扶贫思路逐渐清晰起来。他建议省分行党委明确有扶贫职能的相关处室职责、完善省市县三级行扶贫金融组织体系，构建全行大扶贫工作格局；主持编制了金融扶贫五年规划，提出目标要求，突出支持重点，明确保障措施，计划五年内向全省融资1200亿元；率先在全省金融系统与省扶贫办签署《政策性金融扶贫合作协议》，为扶贫开发工作提供目标指引；围绕精准扶贫配置各类资源，实行扶贫贷款清单管理，开辟扶贫贷款绿色办贷通道，出台市级分行脱贫攻坚考核办法，发挥激励导向作用，上下联动合力服务脱贫攻坚，确保将有限的信贷资源优先配置到扶贫项目上；明确扶贫贷款认定标准，把带动贫困人口实现稳定脱贫作为衡量扶贫成效的唯一标准，确保金融扶贫经得起实践和历史的检验。随后，他迅速开展项目营销，短短一个月，就实现首笔大同市灵丘县1.6亿元易地扶贫搬迁贷款审批投放，这是全省金融系统支持易地扶贫搬迁项目的第一笔扶贫贷款。

实干中勇创佳绩

服务脱贫攻坚千头万绪，只有突出重点，真抓实干，才能创造佳绩。他坚持把支持易地扶贫搬迁作为脱贫攻坚的“头号工程”，定思路，强措施，勇担当，抓落实，频繁同扶贫办等相关部门沟通对接，召开座谈会、对接会，共同梳理项目，研究政策，商谈合作；组织与山西省住建厅、扶贫办、供销社等部门联合发文，全面推进金融扶贫工作；克服处室人员少、工作量大等实际困难，带头加班加点，牺牲休息日，不分白天黑夜，率先垂范。在他的努力下，农发行山西省分行在全省金融系统率先审批通过100亿元易地扶贫搬迁地方政府补助资金专项贷款；率先审批通过11.25亿元易地扶贫搬迁专项建设基金，分别占全省易地扶贫搬迁项目资金总需求的67%和50%；率先与省扶贫公司签订了2016年度易地扶贫搬迁9亿元贷款合同。截至2017年6月末，累计发放易地扶贫搬迁贷款10.65亿元，占全省金融业投放量的98%，支持搬迁项目43个，惠及建档立卡贫困人口5万余人，专项建设基金全部投放，有效服务了全省脱贫攻坚事业，也凸显了农发行易地扶贫搬迁主办行地位。

在做好支持易地扶贫搬迁的同时，他加强沟通协调，积极协助其他有扶贫职能的处室做好扶贫工作，出台优惠信贷政策，对贫困县基础设施建设中长期贷款给予准入、期限、利率“三倾斜”，实施服务、办贷、规模“三优先”，累计发放基础设施类扶贫贷款97.3亿元，改善贫困地区生产生活条件；精准对接支持山西振东集团等贫困地区农业产业化企业经营与特色产业发展，积极参与全省“千企帮千村”精准扶贫行动，累计发放产业类扶贫贷款31.4亿元，扶持帮助贫困地区农民发展生产增收脱贫。

创新中助推脱贫

创新是推进一切工作开展的原动力，服务脱贫攻坚同样如此。山西省扶贫领域资金需求旺盛，但由于项目融资主体分散、缺乏统一协调、难以达到融资条件，政策性资金很难介入。面对这一难题，他潜心研究政策，创新性地建议打造省级平台“统贷统还”信贷模式，最终由农发行山西省分行党委促请省政府研究出台了易地扶贫搬迁、棚户区改造等六大领域省级“统贷统还”意见，贷款总需求突破千亿元，已审批通过贷款206亿元，受益人口达140余万人。

脱贫攻坚战打响后，总行提出以服务脱贫攻坚统揽全局，鼓励各省创建省级政策性金融扶贫实验示范区，赵亮敏锐地意识到，这对农发行山西省分行是难得的机遇，于是积极向总行争取，将山西列为第一批试点省份，第一时间向省政府报送共创政策性金融扶贫实验示范区请示，及时与省扶贫办沟通，共同起草《省级政策性金融扶贫实验示范区建设方案》《省级政策性金融扶贫实验示范区合作协议》，并向省直16个厅局广泛征求意见，共同修改完善，成功促成农发行总行与山西省政府于2017年3月17日正式签署共创省级政策性金融扶贫实验示范区合作协议，成为全国农发行系统第四家签署实验示范区合作协议的省级分行，为发挥先行先试、政策倾斜、整体授信等优势，全方位、多品种、整区域助力全省脱贫攻坚奠定了良好基础。

山西省是全国扶贫重点省份，吕梁市是山西扶贫的重点地区，吕梁市整体脱贫事关全省脱贫大计。他积极争取农发行总行将吕梁市作为全国唯一产业扶贫试点，研究建立产业扶贫贷款风险补偿基金，将基金放大5~10倍给予信贷支持，最大限度地发挥政策性金融真扶贫、扶真贫的作用。同时，他还主持研究制订扶贫批发贷款工作方案和依托财政涉农资金整合加大金融扶贫力度实施意见，聚焦全省36个国家级贫困县、7993个贫困村以及232万贫困人口，从贷款方式、额度测算、探索建立风险缓释机制等方面研究制订工作方案，选择国家级贫困县试点突破，力求发挥政策性金融扶贫的引领带动作用。

数载辛勤硕果累累，全新征程扬帆起航。未来的日子里，赵亮将继续怀揣对政策性金融的热爱，饱含对脱贫群众的深情，坚持担当、实干、创新，以更加奋发有为的精神状态，为助力脱贫攻坚同乡村振兴有效衔接作出更大贡献。

个人感言：山西省脱贫攻坚创新奖的获得，是在农发行山西省分行党委指导下，扶贫业务条线同志们共同努力的结果。下一步，我将继续奋斗在乡村振兴的一线，争取再创佳绩！

奋力书写政策性金融扶贫事业的青春篇章

——记“山西省脱贫攻坚先进个人”韩凯

参加工作以来，他秉承支农报国的初心，践行忠诚担当的誓言，迅速成长为全行金融扶贫工作的骨干力量。他在平凡的岗位上挥洒汗水，为脱贫攻坚事业默默奉献，奋力书写政策性金融扶贫事业的青春篇章。他以其出色的工作能力、优异的工作成绩，得到了领导和同事们的一致认可，2021年荣获“山西省脱贫攻坚先进个人”称号。他就是农发行山西省分行扶贫业务处客户副经理韩凯。

韩凯在定点扶贫村考察调研

韩凯，2018年初至2021年4月就职于农发行山西省分行扶贫业务处。他政治素质过硬，学习能力强，吃苦耐劳，三年间起草扶贫相关文件、文稿、材料200余篇，组织参与扶贫相关会议、活动、检查30余次，赴50多个贫困县调研，直接参与30多个扶贫贷款项目办贷，为农发行山西省分行扶贫工作作出了突出贡献。

蹄疾步稳，勇做金融扶贫排头兵

刚刚走出校园，农发行山西省分行扶贫业务处成为韩凯职业生涯的第一站。作为扶贫战线上的一名新兵，面对千头万绪的工作，他迅速进入工作状态，理清思路，学习提高，埋头苦干。《习近平新时代中国特色社会主义思想学习纲要》《习近平扶贫论述摘编》是他的案头读物，他笃信笃行，坚持用党的科学理论武装头脑，指导工作实践，将思想政治引领力转化为推动工作的执行力，积极对标先进，向党组织靠拢，工作第二年经党组织认可光荣入党。为了更好地促进工作，他积极学习掌握各类政策文件、制度办法、信贷案例，虚心向领导同事求教，努力提升业务素质，坚持在学中干、在干中学，努力成为工作业务上的行家里手，并多次为新员工和条线人员授课讲解政策，编写农发行扶贫贷款政策介绍、扶贫贷款案例汇编等工作手册，供全省系统学习参阅。

从事扶贫工作以来，“5+2”“白+黑”已成为韩凯的工作常态，灯火通明的办公室里，扶贫项目的田间地头，都留下了他忙碌的身影，一笔笔紧张办理的贷款，一篇篇倾注心血的材料，都是他辛勤工作的印迹。宝剑锋从磨砺出，梅花香自苦寒来。在处室领导同事的培养和关怀下，通过自身努力，不到半年时间，他迅速承担起了处室的主要工作，成为独当一面的“排头兵”。

勤勉尽职，做好扶贫工作综合员

三年来，韩凯承担了所在处室的许多工作任务，扶贫相关工作都蕴含了他的辛勤付出。作为处里的笔杆子，他负责起草了《中国农业发展银行山西省分行政策性金融扶贫五年规划》《中国农业发展银行山西省分行支持打赢脱贫攻坚战三年行动方案》《关于坚决助力打赢全省脱贫攻坚战的实施意见》等多份扶贫工作重要文件，起草业务发展、巡察督导、任务考核、督办函、提示函、会议纪要、工作通报等通知函件100余份，撰写调研报告、工作总结、经验亮点、业务分析等文字材料70余份，协助领导起草工作汇报、会议讲话、交流发言20余篇。20余次承担全省系统服务脱贫攻坚工作会议、扶贫信贷业务推进会、督导会、分析会以及扶贫日活动、消费扶贫行动等各类会议活动的组织工作，每月统计分析扶贫相关数据报表向内外部机构报送，10余次参与扶贫领域作风问题检查、脱贫攻坚巡视整改督导、扶贫业务调研指导、易地扶贫搬迁现场核查等各类督导检查。三年来，他跑遍了山西11个地市的50余个贫困县，与地方政府谈合作，向贷款企业讲政策，为贫困群众办实事，陪同领导实地参观考察项目，去定点贫困村访贫问苦，赴分支机构解读扶贫信贷政策，解决具体问题，直接参与扶贫贷款调查10余次，以实际行动诠释农发行人“脚上有泥，脸上有光”的真正含义。

在韩凯及山西农发行人的共同努力下，山西农发行交出了一份服务“三晋”大地脱贫攻坚的骄人答卷。2016年以来，农发行山西省分行累计投放各类扶贫贷款422亿元，2020年底扶贫贷款余额208.4亿元，稳居全省金融系统前列，为山西脱贫攻坚作出了突出贡献，荣获全国脱贫攻坚先进集体、省级脱贫攻坚奖、金融扶贫贡献奖等各类荣誉奖项。这些工作成绩的取得，离不开像韩凯一样的亲历者、参与者和推动者的共同努力。在平凡的岗位上做一颗永不生锈的螺丝钉，是韩凯矢志不渝的追求。脱贫攻坚取得辉煌胜利，我国迈入乡村振兴的新征程，在新的工作岗位上，他将继续秉承“无须扬鞭自奋蹄”的担当、“咬定青山不放松”的韧劲、“不破楼兰终不还”的信念，在平凡岗位上继续为政策性金融支农事业发光发热，建功新时代，再谱新篇章。

个人感言：在乡村振兴的新时期，我将继续在平凡岗位上做一颗永不生锈的螺丝钉，为政策性金融支农事业发光发热，以实际行动诠释农发行人“支农为国、立行为民”的使命担当。

内蒙古自治区

源头活水润万企　涓涓细流总关情

——记“全国‘万企帮万村’精准扶贫行动组织工作先进集体”农发行赤峰市分行

民生事业萦心间，一枝一叶总关情。近年来，农发行赤峰市分行深入贯彻落实党中央、国务院关于脱贫攻坚的一系列部署，坚持“支农为国、立行为民”使命担当，在服务国家粮食安全、乡村振兴等方面持续发挥政策性银行优势，加大金融支持力度，创新信贷模式，深入推动“万企帮万村”精准扶贫行动工作出实招见实效，为内蒙古打赢脱贫攻坚战作出了重要贡献。

农发行赤峰市分行信贷支持的元宝山国际种苗特色小镇建设项目

农发行赤峰市分行成立于1996年，下辖12个旗（县、区）支行，内设11个科室，现有正式员工224人。该行始终坚持农业政策性银行职能定位，持续加大对地方社会经济发展的金融支持力度，全力助推打赢“三大攻坚战”，截至2020年末，各项贷款余额170亿元，存款余额20亿元。曾荣获全国“万企帮万村”精准扶贫行动组织工作先进集体、赤峰市脱贫攻坚先进集体等多项荣誉。

协作聚力　下好信贷服务"先手棋"

2016年1月，全国工商联、国务院扶贫办、中国光彩会联合印发了《关于推进"万企帮万村"精准扶贫行动的实施意见》。为更好地服务"万企帮万村"企业，农发行赤峰市分行与市工商联加强沟通，强化合作，认真部署金融服务工作，在充分摸底和确保精准的前提下，将符合条件的企业纳入"万企帮万村"行动项目库，为其提供政策性金融信贷支持，推动提升带贫成效。

据统计，2016年以来农发行赤峰市分行累计支持"万企帮万村"精准扶贫企业21户，累计投入信贷资金44.51亿元。业务支持范围辐射全市所有旗县区，结对帮扶202个行政村，带动企业投资8148万元，带动、安置及帮扶建档立卡贫困人口11796人。其中，引导企业投入产业帮扶资金2223万元，带动建档立卡贫困人口8997人；就业帮扶资金80万元，安置建档立卡贫困人口48人；公益帮扶资金28万元，惠及建档立卡贫困人口367人；技能帮扶资金42万元，培训指导建档立卡贫困人口2384人。

又到羊绒收购季，农发行赤峰市分行的工作人员正在该行支持的产业化龙头企业东荣集团进行贷前调查工作。作为已有十多年合作经历的黄金客户，东荣集团董事长程旭东感慨地说："我们企业的发展离不开农发行的大力支持，信贷资金到位及时，我们有借有还，利率优惠节省的资金成本我们用于提价收购合作社养殖户羊绒，帮扶困难家庭，大家一举多赢，这既得益于现在的政策环境越来越好，也得益于农发行服务好、效率高。"

农发行赤峰市分行金融服务"万企帮万村"工作的强力推进得到了地方党政的充分认可，并被新华社、中央广播电视总台等国家级主流媒体广泛宣传。多年来，该行在"最美农发行人""农发行脱贫攻坚先进个人""四大工程劳动竞赛"等评选活动中屡获佳绩，先后有两个单位、三名个人受到系统内通报表彰。同时，荣获全国"万企帮万村"精准扶贫行动组织工作先进集体、全市脱贫攻坚先进集体等多项系统外荣誉，有力地展示了农发行人的良好风貌。

靶向精准　唱好金融实践"重头戏"

根据政策导向和地区实际，农发行赤峰市分行突出重点，精准开展信贷服务，引领带动企业推动产业扶贫、就业扶贫、公益扶贫在基层走深走实，在实现产业兴旺的同时，进一步夯实乡村振兴基础。

产业扶贫有真招。该行通过支持企业在贫困地区投资建厂、安置就业、土地流转、收购产品等多种方式带动贫困人口脱贫致富，带动产业发展。在国家级贫困县林西县，打造“农发行+龙头企业+贫困农户”三位一体模式，向内蒙古佰惠生新农业科技股份有限公司累计发放贷款10亿元。2019年，佰惠生公司与贫困户签订种植合同，垫资提供种子、化肥等生产资料，全程免费技术指导，秋季按保底价回收，确保贫困户获得稳定收益，带动242户建档立卡户人均增收2865元；引导鼓励贫困户流转土地，推动集约化经营，带动1290户建档立卡户流转土地到新型经营主体，户均增收650元；通过财政资金入股模式，为7450名建档立卡贫困人口发放年人均1000元的产业分红。

除深度贫困地区外，在一般贫困的元宝山区，2020年，该区五家镇房身村二组丧失劳动能力的贫困户王冬敏一家五口在土地流转款基础上，也额外增收了1500元。这其中人均300元的收益就源于农发行赤峰市分行3.5亿元贷款支持元宝山区平元公共基础设施建设有限公司的国际种苗特色小镇建设项目。同王冬敏一样，房身村有17户42名贫困群众从中受益。由此，“万企帮万村”带动贫困群众增收的效果可见一斑。

就业扶贫见实效。就业是民生之本，农发行赤峰市分行积极鼓励企业面向帮扶对象招收员工，加大岗前、岗中培训力度，提供劳动和社会保障，实现“一人就业、全家脱贫”。喀喇沁旗贫困户牛永利，为了孩子上学进城务工，在农发行赤峰市分行黄金客户东荣集团职工食堂工作近两年。“工作稳定，收入相比以前也提高了，我们把企业当家，企业拿我们当家人，大伙干得挺舒心。”对于当下生活，牛永利十分满意。

自2016年起，东荣集团安排部分岗位，专门招聘特困人员进入企业，培训职业技能，已安排贫困人口42人就业，年增加工资收入3.6万元/人，所有贫困职工均已实现脱贫。

公益扶贫见真章。引导鼓励企业采取直接捐赠、设立扶贫公益基金、开展扶贫公益信托或通过中国光彩基金会等公益组织开展扶贫。在国家级贫困县宁城县，该行向内蒙古辽中京农业科技有限责任公司累计发放贷款1.73亿元，鼓励企业勇担社会责任。辽中京公司积极与呼和村、章京营子村、杨树湾子村等贫困村帮扶结对，累计公益捐款3.88万元，惠及建档立卡贫困人口245人。

此外，在农发行联合自治区妇联发起成立的“女童成长基金”活动中，农发行赤峰市分行积极开展对接工作，使深度贫困地区巴林左旗贫困儿童获捐30万元。同时，通过投入或引进帮扶资金、直接购买或帮助销售贫困地区农产品等多种方式投入定点扶贫资金14.89万元，实现帮贫、带贫、减贫。

流程再造　校准创新服务“定盘星”

除强化支持服务外，农发行赤峰市分行在“万企帮万村”行动中积极参与沟通合作，注重形成银政扶贫合力，主动进行脱贫攻坚政策、农发行业务、产品政策等宣传，持续提高农业政策性银行服务的深度与广度。不仅筛选重点扶贫企业进行信贷支持，推动服务民营实体经济的措施落实落地；还利用实地调研剖析典型案例，在矛盾问题解决过程中不断优化服务流程，为民营企业更好地参与脱贫攻坚提供有力金融支撑。

在创新服务模式上，积极开展“服务民营小微企业攻坚月行动”，推动两级机构主动对接营销工商联、扶贫办推荐的优质项目，利用现有旅游扶贫、产业扶贫等各类信贷产品，采取风险保证基金、PPP项目等融资模式，打好产品“组合拳”，形成业务合力，为参与“万企帮万村”行动的扶贫企业量身定制金融服务方案，主动提供融资融智服务。

在推动实践落实上，通过实施差异化信贷政策，使信贷资金真正做到“让利于农、让利于企”。2019年，积极争取将农发行在国家“三区三州”的28条和新10条差异化优惠信贷政策应用到赤峰市深度贫困县，在信贷产品、担保方式、贷款期限、贷款利率、信贷规模等方面争取优惠政策，提高企业参与“万企帮万村”扶贫行动的积极性和主动性。

同时，农发行赤峰市分行把项目带动脱贫情况作为项目评审的重要内容，把扶贫成效的评估分析纳入办贷流程，对扶贫成效显著的项目，优先受理、优先评审，有效引导全行信贷资源集中投向贫困地区、贫困人口。在严控风险上，立足可持续发展，对纳入“万企帮万村”的贷款客户严格把关，引导经营效益好、扶贫成效深、营业风险小的贷款企业参与“万企帮万村”精准扶贫行动，确保风险可防可控。采取建立风险保证基金等方式，适度加大风险补偿。发挥农发行机构覆盖全、信贷专业优等优势，加强信贷资金管控，及时掌握企业扶贫成效，提高支持脱贫攻坚的精准性和可持续性，确保扶真贫、真扶贫、真脱贫，经得起外部检查和历史考验。

潮平两岸阔，风正一帆悬。农发行赤峰市分行将继续发挥好自身职能作用，用足用好民生政策，组合运用信贷、基金产品，创新探索服务模式，在金融支持上持续发力，在助推发展上用心用力，为地区经济建设再谋民生福祉。

汇聚金融力量　战贫发展在路上

——记“内蒙古自治区脱贫攻坚先进个人”王猛

二十年农发行从业经历，不仅磨炼出一名共产党员日益弥坚的党性修养，还有身为农发行人心系“三农”、服务民生、奉献社会的创新思维和高效的政策执行力。

学理论强实践，通晓业务深耕市场。经营上，王猛冲锋一线，荣誉前，他甘居人后。2020年初，在决战决胜脱贫攻坚收官之年，他从一个贫困地区较为集中的乌兰察布市转任另一个同样贫困较为集中的赤峰市，接棒农发行赤峰市分行党委书记、行长。砥砺奋进再出发，他以强烈的使命担当率先垂范，带动全行尽锐出战，以实际行动和成绩在脱贫攻坚战场上践行着农发行人“支农为国、立行为民”的使命情怀。

王猛，现任农发行总行战略规划部副总经理。历任内蒙古自治区分行办公室副主任、满洲里市支行行长、乌兰察布市分行行长、赤峰市分行行长、内蒙古自治区分行行长助理等职务。任职以来，王猛同志以强烈的使命感和责任心，率先垂范，勇于担当，在脱贫攻坚战场上践行着农发行人“支农为国、立行为民”的使命情怀。2021年荣获“内蒙古自治区脱贫攻坚先进个人”称号。

以业证心　家国情怀惠民生

2020年初，一场突如其来的新冠肺炎疫情给经济社会发展带来前所未有的冲击。刚刚到任不到1个月的王猛，一边详细了解全行经营状况，谋划下一阶段发展方向，一边组织全行落实上级行和地方政府要求，做好疫情防控。冷静沉着的指挥背后，王猛集中行内所有力量，在统筹推进脱贫攻坚的同时，全力做好“六稳”“六保”工作。在他有条不紊的推动下，最大限度地降低了疫情对工作造成的影响，迅速启动了应急和绿色办贷通道，累计发放疫情防控应急贷款0.7亿元、复工复产贷款15.3亿元，确保抗疫保供和复工复产取得“双胜利”。

在新的经济形势下，如何全力发挥政策性金融“当先导、补短板、逆周期”作用，是王猛一直不断思考和探索的问题。为此，他提出信贷投放要紧跟全市经济复苏、农牧业重点项目建设、脱贫攻坚重点任务需要的工作要求。在他的带领下，农发行赤峰市分行主要业务经营指标超额完成阶段任务，累计投放各类贷款33.59亿元，其中精准扶贫贷款23.64亿元，2020年末贷款余额169.68亿元。其中，投放贷款4.11亿元支持跨年度粮食收购，投放贷款15.08亿元支持生态环境保护、旅游扶贫、健康扶贫项目建设，投放贷款1.6亿元支持电子商务进农村等新兴业态发展，投放贷款7.6亿元支持羊绒、生猪、牛羊肉等产业恢复产能，投放贷款1.57亿元支持化肥生产、食品加工等领域普惠小微企业复工复产。每一项业绩的取得，都离不开背后所付出的诸多努力。时任赤峰市委书记孟宪东在农发行赤峰市分行的工作汇报上批示：“在上级行的支持下，农发行赤峰市分行主动强化融资服务，为地方做好‘六稳’‘六保’工作提供了富有成效的帮助。希望继续发挥政策性银行的优势，为赤峰的经济社会建设多作贡献，实现银行业务健康发展。”王猛直言，这是肯定更是鞭策，唯有第一时间响应指令，把工作做得更好更实，才能有效发挥农业政策性银行在支持经济发展和脱贫攻坚上的应有作用。

以行证道　金融赋能助攻坚

农村金融在贫困地区市场中的缺位，始终是制约贫困地区和群众摆脱贫困的“短板”问题。结合多年的工作经验，王猛认为，农发行通过发挥政策性金融扶贫作用，可以成为有力抓手，在促进农民增收、产业增效和城乡融合协调发展上发挥重要作用。

思想是行动的先导。在赤峰市分行，王猛第一时间接任脱贫攻坚领导小组组长，把扶贫成效纳入绩效考核，从压实责任、加大投入、统筹协作、考核问责、舆论宣传等方面拿出切实有效、实在管用的措施。同时，他与各旗县区支行签订“业务经营目标责任书”，与各党支部书记签署“服务脱贫攻坚军令状”，以此明确辖内各旗县区支行精准扶贫贷款投放、定点帮扶、产业扶贫、深度贫困县贷款投放等任务。

在支持地方脱贫攻坚工作中，王猛坚持地域、业务、人员全覆盖，资源、制度、重心全倾斜的原则，把最优质的资源、最强的力量向服务脱贫攻坚聚合，及时调整、补齐深度贫困县支行班子。在他的积极协调和奔走下，政府与银行在脱贫攻坚领域达成广泛共识，并开展了一系列富有成效的合作。农发行先后与市政府、旗县区政府、发改委、扶贫办、交通局等单位联合召开扶贫项目推进会议，积极寻找业务合作的切入点，有重点地支持赤峰地区产业扶贫、健康扶贫、电子商务扶贫、生态环境扶贫、旅游扶贫、产城融合等政府主导项目。截至2020年末，农发行赤峰市分行累计支持“万企帮万村”贷款金额44.51亿元，支持范围覆盖全区12个旗县，结对帮扶202个行政村，带动企业投资8148万元，带动、安置及帮扶建档立卡贫困人口近1.2万人，进一步发挥了农发行金融扶贫的先锋主力模范作用。

赤峰市是内蒙古自治区贫困人口最多的地区，决战决胜全面小康，时间紧、任务重，扶贫信贷项目投放必须高效精准。因此，王猛积极学习政策文件，主动拓宽思路、创新方法，一有时间便深入经营一线调查研究，认真归纳总结，创立了“1+1+1+N”的工作模式，成立重点项目推进小组，一个项目一套人马，一个责任部门全程跟踪推进，一张业务进度调度表倒排工期、一抓到底，多部门联席会议协同解决障碍，特别是他与业务部门同事一同制定的“扶贫信贷项目推进情况调度表”，根据贷前条件落实情况、资本金到位进度和项目实施进展对扶贫项目实行分类管理，实现了挂图作战、精准发力、对症下药、全程聚焦，成为提升办贷效率的一项开创性举措，为全行扶贫项目精准推进、分类储备提供了一种思路、方法和途径。

以绩证效　决战脱贫在今朝

乌兰察布市是国家“燕山—太行山”连片贫困区。2016年以来，王猛带领农发行乌兰察布市分行员工累计支持易地扶贫搬迁项目10个，总金额为31.35亿元，支持搬迁人口11.96万人；投放全区银行业首笔1.3亿元教育扶贫贷款，支持四子王旗实验中学新建项目；投放贫困村提升工程扶贫过桥贷款2亿元，支持农村危房改造6247户，惠及1.91万人；投放农业短期扶贫贷款0.28亿元；投放2.5亿元旅游扶贫中长期贷款，全力支持岱海湖北流域卧佛山生态综合治理PPP项目建设，有力支持了乌兰察布市重点扶贫项目建设。

到赤峰工作后，王猛了解到全市还有8个国家级贫困旗县、1个国家级深度贫困旗县、2个自治区级贫困旗县区尚未退出贫困序列，9786名建档立卡贫困人口尚未摆脱贫困，他结合实际，提出明确重点、因地制宜、科学施策工作要求，加大对特色产业发展、教育、健康、新兴产业等重点领域的对接支持力度，带领全行积极开展有效对接。2020年累计投放扶贫贷款23.64亿元，完成全年任务的111.05%，提前超额完成产业扶贫贷款投放、定点扶贫和消费扶贫任务，阶段性完成深度贫困县扶贫贷款投放任务，易地扶贫搬迁后续产业和“三保障”贷款投放有序推进，年末扶贫贷款余额51.75亿元，较年初净增4.03亿元，余额和占比始终居全市银行业金融机构首位，辖内支行实现扶贫贷款投放全覆盖。农发行赤峰市分行被全国工商联授予“全国‘万企帮万村’精准扶贫行动组织工作先进集体”，被赤峰市委、市政府授予“全市脱贫攻坚先进集体”。

二十载寒来暑往，辛勤耕耘满庭芳。在农发行的不同岗位上，王猛交出了一份又一份让党放心、让群众满意的“答卷”，唯独对自己的挚爱亲人有着道不出的自责与内疚。到农发行赤峰市分行工作后，面对嘱托与期望，王猛带领全行上下在业务发展中立下愚公志，立志以苦干加实干在决胜之年实现农发行价值。梳理业务、研究策略、制订方案、跟踪落实，他凡事全程参与，亲力亲为。在以行为家的日子里，吃饭不应时、加班到夜深已是家常便饭，即使如此，他依然深感时间紧迫，使命在肩。

行动实现梦想，奋斗成就人生。对人如此，对事如此，事业更是如此。王猛说：“金融是血脉，是动力，也是杠杆，不论是决胜的脱贫攻坚战，还是开启的乡村振兴序章，都是发展的机遇和挑战。身为农发行人，使命在肩，初心不改，本色不变，追求依然，方向依然，脚步依然。”

个人感言：新时代，新征程，抖落脱贫攻坚的征尘，披上乡村振兴的战袍，以功成不必在我、功成必定有我的担当，在全面建设社会主义现代化国家进程中谱写农业政策性金融的新篇章。

吉林省

扶贫统领勇于担当 做活金融扶贫文章

——记“2019年吉林省脱贫攻坚奖组织创新奖”获奖集体农发行吉林省分行扶贫业务处

作为扶贫综合管理部门，农发行吉林省分行扶贫业务处认真贯彻总行和省分行党委扶贫统揽全局战略部署，牵头全行扶贫项目对接、推动和管理工作，秉承家国情怀，积极主动作为，突出创新发展与精准扶贫相结合，充分发挥政策性金融的先锋主力模范作用。自2015年脱贫攻坚战打响以来，农发行吉林省分行累计发放扶贫贷

农发行吉林省分行扶贫业务处自成立以来，以争当金融扶贫先锋主力模范为目标，统筹协调构建起全行扶贫工作的组织体系、责任体系、产品体系、政策体系和运营管理体系，形成全行、全力、全程扶贫工作格局。2019年该处荣获“吉林省脱贫攻坚奖组织创新奖”，2021年荣获“吉林省脱贫攻坚先进集体”称号。

款649.6亿元，惠及吉林省9个市（州）、49个县（市）、1489个村、33万人次贫困人口，投放额和余额连年位居吉林省各金融机构首位，充分发挥了金融扶贫先锋、主力模范作用。

创新易地扶贫搬迁融资模式

通榆县乌兰花镇陆家村地处吉林省西北部的盐碱地带，农业生产环境较为恶劣，农民生活条件较差，作为曾经的深度贫困村，建档立卡贫困户达92户198人，人均年收入不足3000元。

2016年，吉林省将陆家村纳入易地扶贫搬迁试点，给予政策和部分资金支持，但当地政府财力有限，拿不出足够的配套资金，借助贷款融资却又苦于缺少有效担保。农发行吉林省分行了解情况后，通过实地调研发现，陆家村土地资源丰富，可将易地扶贫搬迁试点与国家城乡建设用地增减挂钩政策结合起来，突破融资难题。

为此，扶贫业务处为陆家村量身打造了“易地扶贫搬迁+城乡建设用地增减挂钩节余指标交易”的创新融资模式，当年审批并投放易地扶贫搬迁项目贷款0.66亿元，集中安置农户391户917人，其中建档立卡贫困户85户188人。

据了解，该模式采用“宅基地复垦+耕地指标交易”方式，整理复垦农田103公顷，新增土地指标通过增减挂钩交易到长春新区，使缺钱的贫困村与缺地的国家级新区实现优势互补，实现净收益0.58亿元，既支持了陆家村整体搬迁，增加了可耕地，推动实现一次性整体脱贫，又通过新增土地指标交易，为当地政府带来财政收入。

2018年，扶贫业务处又复制推广该模式，对8个贫困村的7个增减挂钩项目给予3亿元贷款支持，推动实现搬迁安置村民3069户，复垦耕地866.67公顷。

因地制宜为基础设施扶贫“输血”

作为曾经的国家级深度贫困县，延边朝鲜族自治州汪清县基础设施薄弱，脱贫难度大，当地政府将贫困村基础设施改造提升作为实现稳定脱贫的重要抓手，但由于财政资金有限，有数亿元的资金缺口亟待融资支持。

扶贫业务处了解情况后，结合当地大量村民外出务工导致农村建设用地低效利用的实际，将补充耕地指标和城乡建设用地增减挂钩指标“两类指标”与贷款项目相结合，共审批汪清县贫困村提升工程过桥信用贷款2.56亿元，推动当地政府对贫困村居民进行拆迁安置，并对土地整理复垦，共惠及农村居民240户，其中建档立卡贫困户37户。

目前，拆迁农户被就近安置到城镇新建小区，整理复垦出的46公顷土地用于饲料种植和养牛一体化经营。该一体化经营项目在改善农民居住环境的同时，通过盘活利用农村存量建设用地促进了农民增收；同时地方政府运用跨省调剂土地指标获得财政收入，实现了多重效益。

2015年以来，农发行吉林省分行致力于支持贫困地区基础设施扶贫，累计投放贫困村提升改造项目13个，金额29亿元，涵盖116个贫困村的饮水安全、乡村道路、垃圾处理、农田水利、危房改造、环境整治等领域，助力改善贫困地区、贫困人口的生产生活条件。

搭建绿色通道助力产业扶贫发展

光伏扶贫可以使扶贫对象获得长期收益，是产业扶贫的有效手段之一。2018年，农发行吉林省分行发挥政策性金融的先导作用，审批龙井新开能源有限公司20年期限的光伏扶贫贷款1.15亿元，支持该公司装机容量20兆瓦的光伏扶贫项目建设，助推贫困人口稳定脱贫。

该项目位于延边朝鲜族自治州龙井市，计划总投资1.45亿元，近80%的资金来源依靠农发行的中长期贷款。在这笔贷款的支持下，项目于2018年并网发电，提前完成投产目标，年均发电量3225万兆瓦，惠及龙井市21个行政村，实现收入400多万元；在为国家电网补充电力的同时，每年可提供扶贫资金240万元，为800名建档立卡贫困人口连续20年每人每年增收3000元。

龙井市扶贫办相关负责人表示，作为曾经的国家级贫困县，因病、因残是致贫的主要原因，该光伏扶贫项目不仅是造福贫困地区的民生工程，还为缺少劳动能力的贫困人口稳定脱贫提供了强有力支撑，是产业扶贫的有效举措。

一串数据证明了扶贫业务处这些年在服务脱贫攻坚中使出的“洪荒之力”。2015年以来，农发行吉林省分行累计支持延边、白城地区三个光伏扶贫项目建设规模60兆瓦，发放贷款3.1亿元，带动2135户建档贫困户增收。

融资融智融情助力定点扶贫

多年来，扶贫业务处紧紧围绕定点扶贫县大安的如期脱贫目标，统筹全行合力，推荐处内业务骨干与总行下派挂职干部组成大安“三人小组”，四级行协调联动全力推进扶贫工作。坚持融智服务思路，建立帮扶大安全国“16+1”帮扶模式和全省“27+1”模式、举办产业扶贫招商引资对接会等助力大安扶贫工作的全面展开，推行

“优秀党小组+攻坚战”工作法，扎实推进对口帮扶机制。持续加大信贷支持力度，2015年以来，累计向大安投放信贷资金62亿元，农发行大安市支行贷款余额占当地金融机构总额的三分之一，投入和引进帮扶资金2555万元，帮助引入企业投资3.2亿元，落地招商企业6个，在当地增加就业岗位1000余人，培训人员2464人次，全省员工购买、帮助销售当地农产品5821万元。落地全省首笔扶贫批发贷款，支持家庭农场、合作社20多个，带动贫困人口300余人。利用补充耕地政策量身定制盐碱地治理融资方案，整理耕地550公顷。坚持“四融一体”帮扶机制作用突出，连续三年超额完成中央单位定点扶贫责任书指标任务，农发行大安市支行连续四年被当地政府评为扶贫先进单位，成为农发行服务脱贫攻坚的示范和窗口。

金融创新挑重担　连片扶贫奔小康

——记“2020年吉林省脱贫攻坚奖组织创新奖”获奖集体农发行白城市分行

脱贫攻坚战打响以来，农发行白城市分行立足实际，举全行之力、集全员之智，探索创新信贷模式，有效解决了贫困地区担保资源不足等融资难题，打通了金融扶贫的堵塞点，累计投放各类扶贫贷款190亿元，为白城市脱贫攻坚作出了突出贡献，助力白城五个县（市）、区全部脱贫摘帽，获得2020年“吉林省脱贫攻坚奖组织创新奖”。

农发行白城市分行下辖5个县级支行，内设10个职能部（室），现有正式员工145人。该行立足实际，举全行之力、集全员之智，探索创新信贷模式，全力服务脱贫攻坚，累计发放各类扶贫贷款190亿元。荣获白城市脱贫攻坚集体三等功，2017—2019年连续三年全省系统综合绩效考评和脱贫攻坚考评均排名第一。

修良渠、引活水，润泽鹤乡大地

贫困地区担保资源不足、项目收益低、企业规模小等问题，一直是制约银行业扶贫信贷投入的瓶颈。2016年以来，农发行白城市分行立足当地实际，着力创新攻坚，先后探索推出“扶贫批发+债权质押”“贫困村提升改造+城乡用地增减挂钩交易”“支农转贷”“调销贷款支持临储竞拍”“贷储两类主体分离合作”市场化粮食收购五种创新模式，其中，三类模式为全国系统首创，两类模式为全省系统首创。实现了金融、土地、农业、扶贫等政策的“联姻”，以模式创新修筑融资良渠，引入金融活水润泽集中连片贫困地区。

2018年，农发行确定吉林省分行为支农转贷款试点行，当年7月，农发行白城市分行在全省率先将“支农转贷”信贷模式成功落地，并通过继续探索，推出了“支农转贷+农民直补”模式，拓展放大资金使用新途径，累计对三家农村商业银行审批发放贷款8.8亿元，投向贫困地区涉农领域，支持小微企业和新型经营主体260余户，带动农户7000余户，为脱贫攻坚注入了新的金融血液。

通过创新模式引领，农发行白城市分行不断扩大信贷投放规模，2016年以来，累计投放扶贫贷款700余笔共190亿元，连续多年实现对白城市五个县（市）、区扶贫贷款投放全覆盖。通过信贷支持，辐射带动贫困村319个、占白城市全部贫困村的83%，带动建档立卡贫困人口12.4万人、占白城市脱贫人口的88%。2020年5月，白城市委、市政府向农发行总行发送了感谢信，对农发行多年来服务脱贫攻坚的支持与付出表达感激和敬意。

当先导、补短板，助推城乡旧貌换新颜

2016年，通榆县乌兰花镇陆家村被确定为全省“易地扶贫搬迁试点村”，拟整体搬迁。项目立项了，但资金问题却亟待解决，就在政府一筹莫展的时候，农发行白城市分行主动与政府及相关部门协调对接，制订融资方案，以增减挂钩指标交易收入为还贷来源，在省内首次采取“贫困村提升改造+城乡用地增减挂钩交易”的“陆家”融资模式，成功获批投放贷款6600万元，集中安置209户村民，整理复垦农田103公顷，通过增减挂钩交易实现净收益0.58亿元。

陆家村整体搬迁后，华丽转身、实现蝶变，“陆家”模式成为吉林省金融扶贫的“标杆”，2018年4月9日，吉林省省长景俊海到通榆县调研时，对“陆家”模式给予充分肯定，批示“扶贫办借鉴、复制、推广”。农发行白城市分行后续又获批投放贷款3亿元，支持强盛村等8个村庄提升改造。

洮北区贫困村存在吃水难、出门难、住危房等困难，农发行白城市分行量身定制融资服务方案，应用扶贫过桥贷款解决政府资金不足难题。仅用8个工作日，成功投放1.55亿元贷款支持洮北区53个贫困村改造提升，扩建农村公路549公里，改造危房2398栋，受益人口5600余人，成为全省首笔落地应用扶贫过桥贷款的分行，取得了良好的社会效益。

在支持贫困村提升的同时，农发行白城市分行围绕市委、市政府城乡一体化和脱贫攻坚部署，复制推广创新金融模式，大力支持农业农村基础设施建设等短板弱项。2016年以来，获批中长期项目贷款66.7亿元，共投放36.5亿元，支持修建农村路网、引水工程、棚户区改造等基础设施项目，有效促进城乡面貌改善。

扶真贫、扶深贫，金融创新助力摘穷帽

大安市是总行定点帮扶的国家级贫困县，受经济条件尤其是担保资源限制，多年来产业不旺，产业扶贫的途径少、融资少。农发行白城市分行针对这一问题，经过深入对接和充分论证，在系统内率先探索推出了"扶贫批发+债权质押"新模式，有效破解贫困地区抵押物不足难题，累计对大安农村商业银行发放扶贫批发贷款5.8亿元，支持40家涉农扶贫小微企业、13户合作社，辐射带动贫困户1500户。该项目在农发行系统内开创了与商业金融合作扶贫的先例，打通了产业扶贫融资难的堵塞点。

2018年9月，农发行总行在大安市举办首届产业扶贫招商引资对接会，农发行白城市分行精心筹备，搭建帮扶平台，收到良好成效。同时，倾力做好融资、融智、融商、融情"四融"服务，制订定点扶贫专项工作方案，积极协调争取上级行优惠信贷政策，开通金融扶贫"高速路"，累计向大安市投放各类政策性信贷资金42.6亿元，年均增幅高于辖内其他支行，贷款投放额在各家金融机构中排名第一。累计帮助落地6个招商引资项目，引入帮扶资金3亿元，助力大安市高质量完成脱贫任务。

通榆县是吉林省两个深度贫困县之一，农发行白城市分行依托深度贫困县资源禀赋，积极与国家发展改革委、扶贫办等部门对接，充分发掘扶贫项目。在全省系统无信贷支持先例的情况下，制订整体融资方案，积极助推光伏项目与精准扶贫深度结合，组织人员参与项目前期工作、帮助谋划项目选址，有效降低了用地成本，同时积极与扶贫办等部门协调落实精准扶贫措施。获批投放光伏扶贫贷款1.2亿元，支持通榆县20兆瓦光伏扶贫项目，为668名建档立卡贫困人口逐年提供扶贫补助。

在信贷支持脱贫攻坚的同时，该行选派6名党员到包保扶贫村驻村帮扶，与当地贫困群众同吃、同住、同劳动，2017年以来，先后组织捐款捐物30余次，帮助联系扶贫帮扶企业20余户。

付真情、做实事，特事特办担当扶贫主力军

2020年是脱贫攻坚战的收官之年，受新冠肺炎疫情影响，各类企业经营规模和资金需求均有不同程度下降，金融扶贫面临无处发力的困境。农发行白城市分行克服困难，采取急事急办、特事特办新举措，建立疫情防控“应急通道”和复工复产“绿色通道”，助力决战决胜脱贫攻坚。

第一时间对接疫情防控资金需求，简化办贷手续，对因受疫情影响无法提供的资料“容缺”办理，采取非现场信贷调查方式，审批投放白城市首笔疫情应急贷款1000万元，疫情发生以来累计支持疫情防控相关企业23户、投放贷款8.5亿元。

积极围绕土地资源做文章，首次采用政府采购模式，审批投放土地整理贷款5000万元，并结合实际扶贫成效，对该笔融资给予优惠利率，有效改善生态环境、增加耕地面积，实现土地资源可持续开发利用。同时，围绕产业扶贫精准发力，有效保障“米袋子”“菜篮子”。与粮食主管部门和中储粮企业通力协作，促成稻谷最低收购价政策启动，全力支持跨年度粮食收购，投放各类粮食收购贷款12.9亿元，支持收购粮食100余万吨，在确保粮食安全的同时，促进农民手中余粮及时变现，投入春耕备耕生产。该行还积极与相关部门沟通，与辖内13户生猪企业开展融资对接，全力支持生猪产能恢复，简化流程手续，采取“绿色通道”审批投放生猪产业贷款5100万元，支持增加生猪养殖规模5.5万头。

农发行白城市分行统筹调配各类资源协同攻坚，2020年投放产业扶贫贷款8.8亿元，居全市金融机构首位，较上年增长69%，成为疫情期间金融扶贫的“逆行者”和“主力军”。

用心用情用力打好金融扶贫战

——记“2020年吉林省脱贫攻坚奖组织创新奖”获奖集体农发行长岭县支行

长岭县原是吉林省省级贫困县。农发行长岭县支行深刻认识到金融扶贫的重要性和紧迫感，始终将金融扶贫作为最重要的政治任务，放在服务“三农”最突出位置，立足地方资源禀赋，坚持金融扶贫创新，用心用情用力打好金融扶贫战，深耕长岭大地助力脱贫攻坚和乡村振兴。

助力县域经济发展，推进民生项目建设

长岭县土地整治项目意义重大，但如何保障项目资金充足到位，则成了该县的大

农发行长岭县支行成立于1996年，截至2020年末，全行在职职工24人，各项贷款余额为41.55亿元，存款余额为3.01亿元，曾荣获2020年“吉林省脱贫攻坚奖组织创新奖”、总行2020年度“脱贫攻坚贡献奖先进集体”等荣誉称号。

事。农发行长岭县支行秉持融资融智一体理念，创新业务模式，主动融入当地发展大局，积极支持当地脱贫攻坚进程，为该项目审批贷款7700万元，实现投放3845.5万元。该笔贷款成为全省支持土地整治项目的首笔贷款，取得有效成果，使长岭县实现整治面积1386公顷，增加耕地面积1332公顷。不仅如此，项目还有效增加了地方政府财政收入，促进项目区农业发展的规模化和产业化，改善农村生产条件与基础设施，提高农民收入水平，真正使贫困户得到实惠。

棚改项目是重大的民生工程，关系到千家万户。2016年以来，农发行长岭县支行密切关注纳入省住建厅计划的棚改项目，强化融资能力，发挥好参谋助手作用。长岭县棚改项目启动以来，该行积极加强融资对接，根据项目需要审批贷款，充分提供资金保障。近年来，累计支持棚改项目3个，投放贷款4.15亿元，拆迁面积达17.81万平方米，解决该县1804户棚改区域住户的住房问题。

服务支持涉农企业，促进扶贫产业壮大

售粮是农民的头等大事。农发行长岭县支行坚持把农民售粮作为根本任务，每逢春种秋收，便积极组织员工到田间地头进行实地调研，不断探索支持脱贫攻坚和粮食产业链、供应链的创新模式。

农民售粮好不好，收成怎么样，涉粮企业是关键。农发行长岭县支行牵住这个“牛鼻子”，善用市场主体，扎实推进涉粮企业参与扶贫。该行对那些有经营实力、生产稳健和拥有诚信的涉粮企业给予优惠利率贷款支持，并与企业签订帮扶协议，引导它们参与脱贫攻坚工作，加大帮扶贫困户力度。“我们下浮贷款利率，让利于企业，企业再让利于农户。”该行负责人说，“这样就能提高收粮的积极性和扶贫的主动性。”长岭县力达粮贸有限公司是当地一家涉粮民营企业，该行累计发放优惠利率贷款7995万元，为其在半年内节省近30万元利息成本。该企业也踊跃参与扶贫工作，常年为贫困户送去生活物资。

据悉，2016年以来，农发行长岭县支行累计投放涉粮扶贫贷款208035万元，其中政策性粮棉油精准扶贫贷款93449万元、市场化扶贫贷款114586万元，扶贫方式以与贫困户签订粮食预购合同、牲畜托养协议、捐赠米面油物资等为主，总计帮扶折合人民币12.76万元，不仅有效解决农民“卖粮难”问题，还带动了贫困人口增产增收；同时引导5户企业向大安慈善总会捐赠人民币1.8万元，助力贫困县脱贫工作。

新冠肺炎疫情期间，尤其在春节期间，正是农民售粮、企业收粮的关键期，但限于人员无法正常流动，“卖粮难”显得格外突出。对此，农发行长岭县支行着力发挥政策性银行作用，抓实抓细支持疫情防控、复工复产和脱贫攻坚措施，多渠道解决疫情

期间“卖粮难”问题。其中，创新实施“容缺办贷”贷款审批流程，为涉农企业复工复产提供绿色贷款通道，保障企业资金供应。据悉，该行累计发放企业复工复产贷款22288.05万元，支持收购粮食1.8万吨，均为精准产业扶贫贷款，有效推动扶贫产业和企业复工复产。

长岭县生猪产业不断壮大，成为该县重要的扶贫产业和新的经济增长点。农发行长岭县支行近年来更是加大生猪产业支持力度，保护生猪产业链安全，累计为中粮家佳康生猪产业链发展提供7.65亿元贷款（扶贫贷款7.29亿元）支持，促其扩大规模、稳定生产、提升收入，使其形成联合养殖模式，进一步带动更多贫困户脱贫致富，同时，积极推进中粮家佳康生猪健康生态养殖、屠宰加工和加工饲料三个项目，审批扶贫贷款7.76亿元，进一步为中粮家佳康（吉林）有限公司增强发展后劲，提供强有力的融资保障。

定点帮扶包保村，真情温暖贫困户

长岭县东岭乡迷子场村是农发行长岭县支行的包保村。该村原有贫困户25户56人，人均年收入约3300元。2016年以来，农发行长岭县支行先后派驻驻村工作队、驻村第一书记进行一对一入户帮扶，其中党员干部包保贫困户25户。现如今，该村贫困户全部脱贫，人均年收入约14000元。

“贫困户再小的事也是我们的大事。”赵腾飞是迷子场村驻村第一书记，他说到做到。2020年4月驻村以来，他先后多次走访人寿财险和政务大厅，积极为贫困户办理住院费用报销，帮助减少家庭支出共计3万余元；帮助贫困学子申请办理雨露计划，为贫困学子发放助学金，每学期为1500元；帮助贫困户上岗就业培训，培训乡村服务岗13人次，每人每年增收1800元。他的扶贫行动温暖了贫困户的心，赢得该村村民的认可和称赞。

赵腾飞的扶贫经历是农发行长岭县支行定点帮扶迷子场村的生动缩影。对于如何尽快帮助贫困村实现脱贫、改善贫困户生产生活，该行经过实地深入调研，创新采取党建与金融扶贫相结合模式，与迷子场村党支部开展结对共建活动，通过“走下去”与“请上来”相结合、“扶贫”与“扶智”“扶志”相结合的方式，捐赠党建书籍100本。与此同时，该行组织党员干部多次深入迷子场村，开展一系列帮扶活动。每年春节，积极组织捐款，为贫困户送去米、面、油等生活物资；开展“帮扶贫困户、爱心捐衣物”活动，为贫困户发放御寒衣物、文具、图书等；帮助贫困户发展庭院经济，连续四年为贫困户捐赠土豆栽子；帮助贫困户解决户口、学籍等问题；协助贫困户办理慢病手册、残疾证等；广泛开展“以购代捐”行动，助力消费扶贫，用最实在的帮扶，切实帮助贫困户解决切身难题，使其增收脱贫和致富。用该行负责人的话说，“为百姓谋福祉，就是要为贫困户实实在在办事。”

等不是办法　干才有出路

——记“2018年吉林省脱贫攻坚奖创新奖”获得者刘存

党的十八大吹响了新时期脱贫攻坚战的集结号，时任农发行吉林省分行扶贫业务处处长的刘存同志，在省分行党委的带领下，深入践行“四个意识”，科学谋划全省农发行信贷扶贫工作，明确扶贫工作的方向、路径和重点领域，制定新规划、新措施，打响了全省金融系统创新服务脱贫攻坚诸多领域的“第一枪”，擦亮了农发行扶贫银行的品牌形象。

“吉林省贫困地区各有特点，我们扶贫不能大水漫灌，不能按扶贫政策硬套，而是要因地制宜，开拓思路，走出政策性金融精准扶贫之路。”面对政策性金融扶贫领域没

刘存，中共党员，2016年4月任农发行吉林省分行扶贫业务处处长、扶贫金融事业部吉林分部执委会秘书长。曾被吉林省委、省政府授予“吉林省农业产业化发展贡献奖先进个人”“吉林省脱贫攻坚奖创新奖”。近年来，多次被评为全省农发行优秀共产党员、优秀党务工作者、先进工作者。

有固定可循的模式，也没有照搬政策的情况，刘存毅然扛起了脱贫攻坚大旗，带领扶贫业务处从无到有、从有到强，组织搭建了全行扶贫机构，在省市两级行设立扶贫业务部门，在省内8个国家级贫困县设立扶贫金融事业部，在全省金融系统率先构建起省市县三级行扶贫金融组织体系，使金融扶贫优惠政策传导一步扎根，推动政策性金融扶贫力量啃下“硬骨头”、打通“最后一公里”。

“等不是办法，干才有出路。”这是刘存的人生信条。几年来，他始终奋战在政策性金融扶贫攻坚的“第一线”，成为践行金融精准扶贫的“排头兵”，干出了脱贫攻坚的一片新气象、新天地。在他的全面组织和精心推动下，2017—2018年，全省农发行累计投放精准扶贫贷款75.98亿元，在省内各家金融机构中名列前茅；支持产业扶贫带动12112名建档立卡贫困户增收，支持项目扶贫改善284772名贫困人口的生产生活，有力助推全省脱贫攻坚事业，赢得地方党政及广大群众的普遍肯定和高度认可。

打造“陆家模式”，国家级贫困村实现“蝶变”

通榆县乌兰花镇陆家村地处吉林西北部的盐碱地带，农业生产环境较为恶劣，农民生活条件较差，“一根垄沟三代人，爷爷种田种到孙”曾是陆家村村民的真实写照。全村建档立卡贫困户达92户198人，人均年收入不足3000元，是远近闻名的深度贫困村。

对于陆家村来说，如何实现稳定脱贫，是几代人思考的头等大事。国家出台的易地扶贫搬迁政策，让村民们看到了曙光。但当地政府拿不出足够的配套资金，借助商业银行贷款融资又缺少有效担保，只能眼巴巴地看着这么好的政策放在那，无法启用。

面对陆家村的难题，2016年5月，农发行吉林省分行党委将支持陆家村易地扶贫搬迁的攻坚项目交给了刘存。于是，他多次到通榆实地调研，反复深入研究国家土地、金融政策，充分利用陆家村土地资源丰富优势，将易地扶贫搬迁试点与国家出台的城乡建设用地增减挂钩政策结合起来，为陆家村量身打造出“易地扶贫搬迁+城乡建设用地增减挂钩节余指标交易”的“陆家模式”。同时，牵线陆家村与长春新区结成“发展共同体”，蹚出一条项目融资新路子，当年审批并投放易地扶贫搬迁项目贷款0.66亿元，集中安置农户391户917人，推动陆家村迅速实现了“蝶变”。“陆家模式”既支持了村庄整体搬迁，改善提高农村贫困户生活水平，又按政府规划进行了土地复垦，增加耕地面积103公顷，为地方财政带来了指标收益0.58亿元。

时任吉林省省长景俊海对“陆家模式”给予充分肯定，批示要求在全省范围内宣传推广。依托“陆家模式”的成功实践经验，刘存带领全省扶贫队伍加快复制推广，有力支持了省内8个易地扶贫搬迁项目，审批贷款3.66亿元，集中搬迁安置9个建档立卡贫困村，服务建档立卡贫困户714户2140人，复垦土地约972公顷，预期实现收益十余亿元。

践行“脱贫统领”模式，立足主业增强扶贫“动能”

吉林省是典型的农业大省、粮食大省，粮食生产是其第一大产业。刘存深入调研全省贫困特点，紧密围绕农发行服务“三农”主责主业，认真钻研政策性金融扶贫路径，积极向省分行党委建言献策，推动形成脱贫攻坚统揽支农业务发展的工作格局。在任职期间，全行扶贫贷款余额稳居吉林省金融机构首位，最高达到340亿元，切实将农业资源优势转化为增收优势，进一步推动贫困地区特别是建档立卡贫困人口增收脱贫。

大安市是农发总行定点帮扶的四个国家级贫困县之一，更是吉林省脱贫攻坚主战场之一。刘存同志一年内先后十余次深入当地调研，发现当地大型企业粮食信贷业务扶贫成效不理想，而小微企业户数众多、分布零散。他通过深入思考，制定了以支持小微企业发展为依托，深挖贫困村户的优质资源，带动优质资源转化为脱贫资金，同时开拓更多就业空间良性循环的扶贫工作思路。

仅仅依靠农发行支持难以满足企业日常融资和服务需要，为破解小微企业的融资瓶颈，刘存研究整合相关政策，创新提出在全省推出扶贫批发贷款业务构想，即通过将批量资金“批发”给商业银行，再由其以“零售”形式转借给经营主体模式，借助商业银行网点遍布乡镇、人员充足的优势，对贫困人口脱贫助力较大的涉农企业及合作社投放贷款，为其经营发展增添“动能”。该模式从上报贷款方案到贷款发放仅用10个工作日就成功落地，累计发放扶贫批发贷款5.8亿元，支持当地家庭农场、养殖场、专业合作社等农村新型经营主体20多个，实现了吉林省以批发转贷方式支持产业扶贫的“零突破”，也创造了农发行服务脱贫攻坚的“新速度”。

推广“精准滴灌”模式，乡村振兴增添“造血”功能

实施贫困村提升工程是贫困地区推进乡村振兴战略的重要手段和必经阶段，也是打通脱贫攻坚政策落实“最后一公里”的关键所在。刘存聚焦汪清和通榆深度贫困县以及142个深度贫困村，主笔制订了《重点支持深度贫困地区脱贫攻坚实施方案》，进一步发掘政策支持保障贫困村改造提升工程深度，为乡村振兴增添“造血”功能。

汪清县是典型的老少边穷地区，交通不便，基础设施薄弱，贫困程度深，脱贫难

度大。该县多年来着力提升贫困村基础设施水平，可资金从何而来？刘存针对汪清县地方特点，精准采用“两类土地指标”模式，即补充耕地指标和城乡建设用地增减挂钩指标与贷款项目结合，为汪清农村危房改造和贫困村提升专项扶贫工程引入金融“活水”，盘活农村存量建设用地，让贫困村发展从“输血式”向“造血式”转变。分两期审批汪清县贫困村提升工程过桥贷款2.56亿元，直接服务于汪清县基础建设，使“脏乱差”的危房变为环境优美的小区，拆旧区面积约49.86公顷，服务农村居民240户，大大提升了居民生活幸福指数。

地处长白山西南麓的池南区，地域偏远、交通不利，产业基础薄弱。池南区漫江村贫困人口比例更是高达28.6%，是当地重点扶贫的建档立卡贫困村。刘存立足于长白山优质旅游资源，专门研究制订融资方案，从危房改造、道路、供电等多个方面入手，提升改造漫江村百年石屋变为旅游业新兴产品“抗联民宿”，帮助全村208户336名村民搬进宽敞明亮新居，极大地改善了当地农村居住环境。

刘存任职期间，累计获批全省贫困村提升改造项目4个，金额为12.1亿元，支持省内148个贫困村的乡村道路、垃圾处理、污水处理厂建设、水利工程、卫生建设、危房改造、乡村环境整治等，服务建档立卡贫困人口5万多人次。

“脱贫攻坚是第一民生工程，我们政策性金融扶贫不仅仅是投放贷款的量，更应该让贫困村得到改善，让贫困户得到实惠，实现真正脱贫致富。”刘存同志的话语掷地有声，当他集聚全省农发行扶贫队伍之心智，高质量助力吉林“十三五”脱贫攻坚完美收官后，又将长远的眼光投向了“十四五”新发展阶段的漫漫之路。

个人感言：荣誉与付出都为过往序章。新时代下，我将在总行、省分行党委的带领下，以归零的心态、奋斗的姿态投入服务乡村振兴新的征程。

引政策金融活水
倾力倾智浇灌“鹤乡”大地

——记“2019年吉林省脱贫攻坚奖创新奖”获得者张广宇

2019年全国脱贫攻坚奖（创新奖）35名候选人之一、“吉林好人·脱贫攻坚先锋”“吉林省脱贫攻坚奖创新奖”获得者张广宇，时任农发行白城市分行党委书记、行长。白城市素有“鹤乡”之称，是吉林省唯一纳入大兴安岭南麓集中连片特困地区的地级市，作为当地农发行的“领头人”，张广宇同志以实干的作风、担当的勇气，深入贯彻落实总行、省分行扶贫信贷政策，引政策金融活水，倾力倾智浇灌“鹤乡”

张广宇，中共党员，现任农发行吉林省分行党委委员、副行长。作为身处全辖整体纳入大兴安岭南麓集中连片特困区二级分行的“领头人”，时任吉林省白城市分行行长的张广宇以扶贫统领全行工作，全方位发力服务脱贫攻坚，带领白城市分行累计投放扶贫贷款101亿元，服务带动建档立卡贫困人口9.7万人，助力辖内五个县（市）、区全部脱贫摘帽。

这片土地。2016年以来，他带领农发行白城市分行累计发放扶贫贷款101亿元，服务带动建档立卡贫困人口9.7万人，到2019年10月末，农发行白城市分行扶贫贷款余额79亿元，在全市金融机构和全省农发行占比均达40%以上。在农发行的积极助力下，辖内五个县（市）、区全部脱贫摘帽。张光宇的先进事迹先后被《吉林日报》等多家媒体报道，吉林电视台"吉林好人·脱贫攻坚先锋"专场发布会上专门播出了他的感人故事，他还作为唯一代表接受现场访谈。

在总行和省分行的正确领导和大力帮助下，2018年以来，张广宇带领农发行白城市分行创新发展，先后有易地扶贫搬迁、扶贫过桥、扶贫批发、支农转贷、光伏扶贫五个贷款品种在省内实现首笔贷款审批投放；"扶贫批发+债权质押"、"贫困村提升改造+城乡用地增减挂钩交易"、调销贷款支持临储竞拍模式、支农转贷及"支农转贷+农资直补"模式、"贷储两类主体分离合作"市场化粮食收购模式五种创新模式率先在全国、全省落地，其中，支农转贷模式被总行纳入农发行服务乡村振兴战略调研分析报告及典型案例汇编；"贷储两类主体分离合作"市场化粮食收购模式被总行纳入服务乡村振兴战略创新转型发展模式案例汇编。

疏通金融扶贫堵塞点　打造脱贫攻坚标志窗口

在张广宇同志的带领下，白城市分行倾力服务地方脱贫攻坚，先后被政府以及上级行授予多项荣誉：被白城市政府授予2017年度脱贫攻坚集体三等功，2017年度和2018年度全省系统综合绩效考评及脱贫攻坚考评连续两年均排名第一等，辖内大安市支行荣获2016—2017年度全国农发行脱贫攻坚奖。

通榆县是深度贫困县，地广人稀、贫困人口分散，2016年，该县乌兰花镇陆家村被确定为全省"易地扶贫搬迁试点村"，拟整体搬迁。项目立项了，但资金问题却亟待解决，就在政府一筹莫展的时候，张广宇深入村中考察分析，主动与政府及相关部门协调，达成融资共识。他又反复向省分行汇报情况，在省分行大力指导下，组织人员研究制订了融资方案，采取"贫困村提升改造+城乡用地增减挂钩交易"的"陆家"融资模式，成功获批投放首笔贷款6600万元，集中安置209户村民，整理复垦农田103公顷，通过增减挂钩交易实现净收益0.58亿元。后续又获批投放贷款3亿元，支持强盛村等8个村庄提升改造。

大安市是国家级贫困县、总行定点扶贫县，受经济条件尤其是担保资源限制，多年来产业不旺，产业扶贫的途径少、融资少。张广宇聚焦定点扶贫工作任务，带领业务人员反复研究支持方式，充分运用总行对定点扶贫县特殊优惠政策，探索推出了"扶贫批发+债权质押"新模式，有效破解贫困地区抵押物不足难题，累计对大安农村商业银行发放扶贫批发贷款5.8亿元，支持涉农扶贫小微企业40家、合作社13户，辐射带动贫困户1500户。该项目在农发行系统内开创了政策金融与商业金融合作扶贫的先例，有效打通了产业扶贫融资难的堵点。

2018年9月，农发行在大安市举办首届产业扶贫招商引资对接会，张广宇全力配合总行和省分行安排，通过精心筹备，搭建帮扶平台，收到良好成效。同时，他倾力做好融资、融智、融商、融情"四融"服务，三年内，向大安市投放各类政策性信贷资金30亿元。

开通扶贫支农新渠道　政策金融惠"万家"

在日常工作中，张广宇注重与政府部门沟通。在得知洮北区贫困村存在吃水难、出门难、住危房等困难后，他迅速组织调研，制订融资服务方案，应用扶贫过桥贷款解决政府资金不足难题。他带领业务人员日夜拼搏，加速融资进程，在省分行大力支持下，仅用8个工作日，投放1.55亿元贷款支持洮北区53个贫困村改造提升，扩建农村公路549公里、改造危房2398栋，受益人口达5600余人，取得了良好的社会效益。白城市委、市政府领导对农发行专项扶贫过桥融资方式给予了充分肯定。

2018年，农发行总行将吉林省分行确定为支农转贷款试点行，他带领业务人员认真研究信贷政策，于当年7月，在全省率先将"支农转贷"信贷模式成功落地。在此基础上，他继续探索拓展农民直补资金放大使用新途径，以"支农转贷+农资直补"模式为镇赉农商行审批扶贫专项贷款2.4亿元，支持50多户小微企业发展，直接带动1000名农民人均增收2600余元。

浇灌鹤乡大地献真情　做好乡村振兴"大文章"

白城市绝大部分贫困人口都在农村，主要从事农业种植。多年来，张广宇坚持把服务国家粮食安全与精准扶贫结合起来，带领信贷人员全力支持粮食收购。在销售旺季，协调收购库点到贫困户家中上门收购；在市场价格高点，积极与乡、村政府协调，引导及时售粮，帮助贫困农民增产增收。2016年以来，累计发放粮食收购贷款121亿元，支持企业收购农民粮食588万吨，支付全区农民人均粮款近2万元。

张广宇依托深度贫困县资源禀赋，积极与发改委、扶贫办等部门对接，充分发掘扶贫项目。积极助推光伏项目与精准扶贫深度结合，组织人员参与项目前期工作，帮助谋划项目选址，有效降低了用地成本。投放全省首笔光伏扶贫贷款1.2亿元，支持通榆县20兆瓦光伏扶贫项目，为668名建档立卡贫困人口每人每年提供3000元扶贫补助。

在张广宇的策划推动下，农发行白城市分行围绕城乡一体化和脱贫攻坚部署，发挥政策性金融优势，大力支持农业农村基础设施建设。2017年以来，获批中长期项目贷款58.2亿元、投放30.2亿元，支持修建农村路网、引水工程、棚户区改造等基础设施项目，有效促进城乡面貌改善。

他以扶贫统领全行工作，认真落实农发行总行和省分行精准扶贫要求，全方位发力服务脱贫攻坚。在服务地方、不懈耕耘的道路上，张广宇同志义无反顾，凭着激情、责任与担当，以家国情怀、专业素养的职业精神，把对农发行的忠诚和对扶贫事业的一片真情都倾洒在了“鹤乡”这片土地上。未来，他还会坚持奋战在一线，接续做好乡村振兴“大文章”！

个人感言：脱贫摘帽不是终点，我将时刻牢记农发行人“支农为国、立行为民”的使命，饱含对“鹤乡”这片土地的热爱，继续以实干砥砺前行，矢志不渝奋斗在践行初心、服务“三农”的路上。

牵起客户手　凝聚扶贫力

——记“2020年吉林省脱贫攻坚奖创新奖”获得者袁锐

脱贫攻坚战打响以来，袁锐同志带领农发行吉林省分行粮油条线攻坚克难，积极创新，以踏实的作风、果敢的担当，践行着农发行“当先导、补短板、逆周期”的职责使命。他靠着真抓实干、埋头苦干，全力保障粮食市场化改革、去库存等政策落地，积极应对新冠肺炎疫情、历史罕见台风等不利影响，为维护国家粮食安全贡献着农发行力量。

袁锐，曾任农发行吉林省分行粮油业务处处长。在脱贫攻坚中，他凝聚力量谋创新，深挖客户资源，帮扶贫困人口，任职期间省分行累计发放粮油产业扶贫贷款193.1亿元，位居农发行系统和全省金融系统前列。曾荣获“2020年吉林省脱贫攻坚奖创新奖”、农发行吉林省分行脱贫攻坚先进个人等荣誉。

拓展客户强支撑 让“大手拉小手”

2020年是国家储备化肥商业化改革的第一年，袁锐在赴北京对接中化化肥有限公司营销的过程中，了解到该公司作为央企及中国最大的化肥生产销售商之一，具有扶贫的强烈意愿和担当，近年来一直通过雇用贫困人口、捐赠等方式进行扶贫，但由于缺少平台等原因，其在吉林省的扶贫工作尚属空白。

此时的袁锐不忘农发行的脱贫攻坚使命，以银企合作为契机，多次往返于北京、长春两地协调，向中化化肥公司介绍吉林省内的贫困人口现状、可合作的专业扶贫平台及多样化的扶贫方式，积极为企业制订扶贫方案，克服公司跨省扶贫面临的财务、法律等障碍，成功引入中化化肥公司的社会资源助力吉林省脱贫攻坚。

2020年，中化化肥公司与吉林省内黄牛养殖扶贫企业合作扶贫，带动贫困人口60人，实现增收6万元。同时，农发行吉林省分行支持中化化肥公司国家储备化肥贷款7.3亿元，既投放了近年来首笔国家化肥储备贷款，又为扶贫工作凝聚了新的力量。

对农发行来说，客户不仅是赖以存在和发展的基础，更是服务脱贫攻坚的资源性支撑。“要有大量优质客户作为基础，才能充分发挥金融扶贫效果。”这是袁锐常说的一句话。任职以来，他以客户为中心推动粮食企业客户群建设，提升政策性金融服务质效，支持中粮集团、中国供销集团等在吉涉粮央企，在他的不懈努力下，农发行吉林省分行当前市场化客户数量已是2016年粮食市场化改革初期的7倍。

作为农业大省、粮食大省的吉林，多数贫困人口收入主要依靠种植业，粮食生产、销售变现是稳定收入的重要支撑。在拥有客户群作为支撑之后，袁锐把保障粮食收购资金供应、维护农民利益、确保贫困户收益当作自己的使命和职责。作为农发行吉林省分行粮油信贷业务的主要负责人，他牢固树立扶贫统揽全行业务发展的理念，立足实际，把支持粮食收购作为产业扶贫第一要务，积极支持多元主体入市收购，让“大手拉小手”，将农业资源优势转化为农户、贫困户的增收优势。

每年粮食春播秋收时节，袁锐总是深入田间地头，了解企业收购意愿、农民预期收成，及时制订粮食收购预案，指导全省农发行系统有序开展支持秋粮收购工作。他积极协调国家和地方储备企业优化收购布局，实现政策性收储库点在全省国定、省定贫困县全覆盖，为贫困人口售粮开辟优先收购、优先结算的绿色通道，并足额保障政策性粮食收购资金供应，确保粮款当日支付到位。

此外，袁锐积极鼓励贷款客户投身扶贫事业，践行社会责任，对于扶贫成效较为显著的贷款企业，坚持让利于企，为企业争取贷款条件、贷款利率优惠；结合贫困人口实际情况，统筹推动客户签订帮扶协议、交易合同，约定雇用贫困人口，牲畜托养等，力争每笔贷款、每笔借据都能发挥帮扶作用。

实践证明，袁锐的努力促使农发行吉林省分行业务发展与扶贫效果相得益彰。2020年，农发行吉林省分行累计发放粮油类产业扶贫贷款116.7亿元，同比增加54.5亿元，增幅高达87.62%，提前半年完成总行扶贫贷款投放任务。

多措并举谋精准　“四融一体”帮扶定点贫困县

习近平总书记指出：“精准扶贫，就是要对扶贫对象实行精细化管理，对扶贫资源实行精确化配置，对扶贫对象实行精准化扶持，确保扶贫资源真正用在扶贫对象身上、真正用在贫困地区。”大安市是农发行总行定点帮扶的国家级贫困县，袁锐始终把大安定点扶贫工作摆在突出位置，参与制订《大安市定点帮扶实施方案》，通过“融资、融智、融商、融情”，紧紧围绕如期脱贫的目标，以提高帮扶实效为导向，量身定制金融支持方案。

立足支农全局“融资”，2020年新冠肺炎疫情暴发初期，为解决大安农民卖粮问题，巩固扶贫成果，袁锐往返奔波于吉林省粮食局、吉林省中储粮公司，协调并促成稻谷最低收购价政策在大安市启动，粮食收购资金覆盖全市13个乡镇42个村119个屯。

结合实际需要“融智”，作为农发行吉林省分行扶贫工作小组成员，袁锐积极建言献策，参与印制关于水稻、玉米科学种植和生猪养殖技术手册500份，疫情期间通过不见面方式对基层干部、科技人员及贫困户进行培训。

凝聚多方力量“融商”，袁锐牵头筹办大安市产业扶贫招商引资对接会，搭建帮扶平台，激发脱贫的内生动力。在他的积极协调下，全国16个省份的农发行、40余家大中型企业参会，与大安市政府和当地企业签约36对，涉及种植、农产品加工等多个领域，实现7个项目落地，引入帮扶资金5986万元，帮助大安销售农产品9350万元。

牵手客户资源“融情”，2020年是打赢脱贫攻坚战的收官之年，袁锐越发加快扶贫步伐，在总行的指导下，创新“大安+”模式，通过扶贫贷款下调130个基点的优惠政策，动员各省份农发行贷款企业向大安市提供帮扶资金；截至2020年8月末，累计捐赠资金410.8万元，是2019年的1.2倍。

同时，针对贷款企业零散帮扶效率低的情况，袁锐探索创新推出电商扶贫模式，通过电商平台统一收集贫困户信息，并让他们的农产品“触电”，使贷款企业可以定向从平台采购，实现高效率的批量帮扶，共帮助大安销售玉米、水稻等农产品1638万元。

创新模式显担当　深挖资源助脱贫

不同于粮食主产区，贫困地区粮食企业的规模小、融资难，在传统模式下，金融服务的触角难以向那里延伸，这一问题严重影响了粮企对农户、贫困户的粮食收购，这也成为当地脱贫攻坚的一大制约。

但世上无难事，只要肯登攀，在袁锐的心中始终相信事在人为，他开始不断寻找突破限制条件、挖掘扶贫资源的时机。在牵头开展“支持多元主体，收好粮，装好仓”活动中，他基于专业能力充分研判市场最新形势，围绕吉林省粮食资源和临储玉米去库存后的仓容优势，深入调研和分析破解粮食企业经营难点，创新推出“贷储分离”模式。

该模式将民营企业开展粮食经营与国有企业优质闲置仓容有机结合，有效打破了小微企业融资瓶颈，又为国有企业盘活闲置资源、增收创造了新路径，使扩大贫困地区收购规模、助力脱贫攻坚的潜力得到激活。为确保新模式达到预期效果，他不辞辛劳，与相关企业反复调研论证、分析模式可行性，为贷款的民营企业、代为存储的国有企业牵线搭桥促成合作。

2018年，吉林省首个“贷储分离”模式项目率先在国家级深度贫困县通榆县落地，农发行吉林省分行审批投放通榆县天辅农产品购销有限公司贷款3000万元，支持公司在通榆县收购粮食1.18万吨，带动贫困人口78人实现增收。2019年收购旺季期间，为进一步推广“贷储分离”模式，扩大模式惠及范围，他解放思想、担当作为，协调总行在吉林省开办“支持粮食经纪人试点”，突破传统的信贷制度障碍，创新支持粮食经纪人10户，发放贷款2.9亿元，充分发挥粮食经纪人深入村屯收购的优势，确保贫困户售粮不出问题。吉林省分行已在5个县域内（含1个国家级脱困县）开办“支持粮食经纪人试点”，支持收购粮食16.17万吨，带动贫困人口155人实现增收。

个人感言：成绩属于过去，日后我会一如既往，为支持巩固拓展脱贫攻坚成果同乡村振兴有效衔接工作贡献自己的一份力量。

用一腔热血助力脱贫攻坚

——记“2020年吉林省脱贫攻坚奖特别贡献奖”获得者王冠洲

心系大安有大爱，定点帮扶蕴深情。为改善帮扶大安市建档立卡贫困户等特困群体生产生活，作为农发行定点大安市三人扶贫小组成员，王冠洲同志切实提升政治站位，不以事艰而不为、不以任重而畏缩，通过“献血”体现“家国情怀”，通过“输血”诠释“使命担当”，通过“造血”催发贫困群体的“内生动力”。

王冠洲，中共党员，农发行总行粮棉油部高级业务副经理，2019年8月加入农发行驻吉林省大安市定点扶贫“三人小组”，任大安市扶贫开发办公室副主任，曾获“总行机关优秀共产党员”“2020年吉林省脱贫攻坚奖特别贡献奖”等荣誉称号。

摸清底数，筑起脱贫保障“拦水坝”

自任职以来，王冠洲深入大安，融入大安，服务大安，充分发挥农发行与大安市政府扶贫工作协调对接作用，梳理完善工作机制，围绕“县级经济共谋、产业发展共育、民生实事共为、基础设施共建、困难群众共帮、难点问题共排”等多个方面，全力配合大安市委、市政府打好脱贫攻坚战和疫情防控阻击战。主动参与并配合各类迎检及脱贫攻坚普查工作，深入解决“两不愁三保障”存在的重点难点问题，参与制订市、乡、村、户四个层面的精准帮扶方案，做到不漏一户、不落一人、不差一项，为大安市脱贫致富奔小康作出应有的贡献。2020年4月大安市顺利实现脱贫摘帽。

聚力攻坚，增强社会扶贫“向心力”

2019年以来，王冠洲聚焦精准，下足“绣花”功夫，累计引进各类帮扶资金近1800万元，协调防疫物资和农业生产资料40余万元，实现了对大安市所有乡镇村屯帮扶全覆盖。实施扶贫项目22个，带动帮扶各类特困人群1800余户，改善贫困人口医疗保障31979人，培训各类人员近2000人，提供省内外就业岗位903个，助力贫困地区农产品销售6000多万元，在大安市教育扶贫、卫生扶贫、住房安全、村屯环境整治和特困人群救助等方面统筹兼顾，切实为建档立卡贫困人口办好事、办实事，真正发挥帮扶实效。

王冠洲研究创新定向帮扶“大安模式”，推动农发行客户企业与大安市建档立卡贫困户进行帮扶结对。通过两年或两年以上的物资帮扶、现金帮扶、庭院经济补助、订单收购、产销对接、捐资助学等方式，针对不同劳动能力、不同类型的特困人群实施多元化、差异化的精准帮扶。该帮扶模式有助于改善建档立卡贫困户生产生活；有助于补充地方财政资金投入，吸引客户企业投资及创造就业岗位，实现贫困地区可持续发展；有助于客户企业致富思源，富而思进，持续扩大影响力，展示当代企业的良好形象；有助于农发行对客户企业扶贫贷款的精准认定，使企业享受信贷优惠政策。自2020年3月“大安模式”试点以来，大安市已引进广东、浙江、安徽、上海、山东、天津、吉林等地近50家农发行客户企业捐赠资金90余万元，共计帮扶建档立卡贫困户600余户，不但实现了贫困户有效增收，也提升了农发行客户企业持续帮扶大安市的决心。

产业扶贫，带动促进增收“蓄金池”

王冠洲主动与大安市政府对接商讨共建防止返贫长效机制，通过整合农发行捐赠资金和大安市扶贫开发资金，联合确定拟支持的扶贫项目，促进有劳动能力的贫困户、脱贫监测户、边缘户就业，并利用项目收益帮扶大安市特困学生助学及重病重残户的生产生活，持续巩固脱贫成果。通过对大安市各类型经济主体进行梳理，确定对培育成熟的红岗子乡晋元养牛合作社增扩养殖规模项目和太山镇连体大棚产业扶贫项目进行支持，累计投入资金350万元，每年可获得项目收益21万元，按照每户每年1000元计算，可直接带动帮扶建档立卡贫困户210户。

个人感言：打赢脱贫攻坚战没有“局外人”，特别是作为扶贫人更应主动请缨、积极作战，知难而进、迎难而上，对于下一步巩固脱贫成果和乡村振兴，有信心“扶上马”又“送一程”，用实际行动践行农发行金融扶贫“火车头”的职责使命。

怀抱热情　甘于奉献

——记“吉林省脱贫攻坚先进个人”侯振宇

侯振宇自承担脱贫攻坚工作任务以来，深感责任重大，使命光荣，他不负组织信任，克服父母年纪大、孩子年龄小等实际困难，肩挑责任与挑战，迅速转变角色，坚持驻守国家级贫困县大安，高标准、严要求、勤思考、多干事，全身心投入定点扶贫工作。

到艰苦的地方扎根奉献

来到大安市任职后，侯振宇经常深入乡镇对贫困户开展入户走访，访贫问苦。认

侯振宇，农发行吉林省分行资金计划处信贷经理，2019年9月加入大安市定点扶贫三人小组，任大安市农业农村局副局长，曾获评农发行吉林省分行机关优秀共产党员，2021年获得“吉林省脱贫攻坚先进个人”荣誉称号。

真督导检查包保的新平安镇七个贫困村的扶贫工作，聚焦住房、教育、医疗、饮水、发展产业经济等重点领域，积极帮助贫困村争取项目，参与农业种植、畜牧养殖、农产品加工、盐碱地改造等扶贫产业项目的考察，讨论研究产业扶贫项目组织实施，关心驻村干部生活，参与村屯整治工作排查，为困难群众办实事，得到群众的一致好评。新冠肺炎疫情暴发以来，他主动参与所在单位包保社区驻点值守、入户筛查和社区消杀病毒等工作，督导包保乡镇有效落实疫情防控措施。

为推动大安市贫困户庭院经济发展，侯振宇专门申请专项扶贫资金9.46万元，助力大安市394户发展庭院经济的贫困户购买种子化肥等生产资料。2020年7月，舍力镇遭遇罕见雹灾，农户种植的红辣椒苗受灾严重，他经过实地核实后及时开展灾后救助，申请农发行扶贫资金6.5万元，联合包保单位捐赠资金3.3万元，对受灾农户进行救助。2020年舍力镇农户种植的辣椒喜获丰收，仅辣椒种植一项户均增收近2000元。

在大安市脱贫攻坚巩固提升“百日会战”活动中，侯振宇针对7个贫困村存在贫困户房屋破损的情况，对各村逐户实地踏查测算，申请扶贫捐赠资金13.33万元，推动维修老旧房屋281间，满足居民的安全保障住房需要。

真抓实干挥洒青春汗水

侯振宇深入挖掘大安市有特色的农产品，动态更新大安市农产品企业信息，扩大农产品清单的多样性，积极推动消费扶贫。动员农发行各级机构和员工参与消费扶贫，组织大安市大米定向直供直销总行和分支机构单位食堂的推介活动。响应消费扶贫月活动，通过举办吉林省产品展销、全国产品展销和直播带货等形式，依托“农发易购”“832”扶贫电商平台，大力促销大安市农产品。亲手设计产品清单和宣传文案，密切关注市场价格变化，就产品包装和定价与企业进行协商，组织参展商品样品的运输和展台布置，策划直播带货的详细流程。由于活动时间紧、任务重，他常常加班到深夜。2020年9月，参加广西南宁举办的系统内扶贫产品直播带货活动，积极宣传大安市的参展产品，当月销售产品价款479万元。现场参会的锦州港股份有限公司代表对大安市的农产品非常感兴趣，当年11月该公司即向大安市华誉电子商务有限公司购买价值97万元的土鸡、咸鸭蛋、牛肉酱和花生油。2020年大安市消费扶贫额度达4478万元，同比增长176%。

教育扶贫是脱贫攻坚战役中的关键一环。2020年，侯振宇与当地乡镇和学校沟通协调，通过反复筛选、精准核实贫困学生名单，安排扶贫捐赠资金94.3万元，对大安市376名贫困中小学生和新入学的大学生在课本书籍、学习用品和营养膳食等方面给予资助，帮助他们解决求学路上遇到的困难，鼓励他们通过刻苦学习增长知识、掌握本领、改变命运。了解到太山镇幸福小学由于经费问题缺乏音乐、美术、书法等教材，他积极联系农发行吉林省分行，号召员工捐赠资金，为幸福小学采购了价值3000元的音美教材和字帖等学习用品。

侯振宇所在的“三人小组”积极促进结对帮扶，统计大安市未脱贫户、边缘户、监测户、重病重残户、孤儿和孤寡老人情况，整理形成帮扶对象数据库，搭建帮扶平台，推动农发行客户与大安市贫困户进行结对帮扶。为做好结对帮扶工作，他不顾工作繁重与路途遥远，走遍大安市的乡镇村屯，与帮扶对象签订帮扶协议、收集整理核对相关资料，及时安排拨付资金到贫困户手中，经常顾不上吃饭休息，加班到深夜才返回住所。

融商融智助力产业发展

侯振宇认真组织筹备招商引资推进工作，设计大安市招商引资项目推介资料，制作大安市招商引资宣传片，引进发达地区优质企业到大安进行项目投资，并做好投资项目与政府、银行等部门的对接协调工作。

为有效提高农民种植养殖技术，促进农民增产增收，侯振宇精心组织农业技术培训，聘请省农业专家，组织协调农发行吉林省分行和大安市农业农村局联合举办农产品质量安全和种植养殖防疫实用技术培训班。培训采取现场培训和视频培训相结合的方式，他一方面及时提前排除两个乡镇出现的视频终端技术故障，另一方面组织参会人员做好疫情防控工作，保障培训的现场效果和融智作用，共计培训行政干部183人次、技术人员960人次。

脱贫攻坚，产业先行。侯振宇深入走访当地农村合作社，对培育成熟的项目择优支持，助力红岗子乡晋元肉牛养殖和太山镇众诚采摘园大棚建设项目为代表的一批专业合作社扶贫项目，形成较为成熟的“合作社+农户”的产业扶贫发展模式，由大安市政府统筹用于困难人口帮扶，形成了帮扶长效机制。

个人感言：见证和亲历大安市脱贫攻坚取得全面胜利，心情激动之余更多想到的是责任和担当。在今后的工作中，我将继续坚持全心全意为人民服务的宗旨，努力为群众办好事、干实事，为巩固脱贫攻坚成果与乡村振兴贡献力量。

为乡村振兴注入金融“活水”

——记“吉林省脱贫攻坚先进个人”刘永连

脱贫攻坚，离不开真金白银的投入；金融扶贫，为乡村振兴注入源头活水。自任职以来，刘永连就下定决心，要争当农发行金融精准扶贫的“先行者”、做贫困地区和贫困人口迈入小康大门的“引路人”。经过接续奋战，金融“活水”汇入脱贫攻坚的历史长河，助力延边州4个国家级贫困县、1个省级贫困县全部摘帽，304个贫困村全部出列，4.73万贫困人口全部脱贫。如今，持续推进的民生项目早已在延边大地生根发芽，乡村金融的新蓝图正徐徐展开，共产党员刘永连躬耕的金融扶贫试验田结出累累硕果。

刘永连（中）在和龙市贫困村提升工程（二期）项目现场调研

刘永连，现任农发行延边朝鲜族自治州分行客户部高级主管，2019年以来推动延边州分行累计发放扶贫贷款29.91亿元，助力延边州4个国家级贫困县、1个省级贫困县全部摘帽，304个贫困村全部出列，4.73万贫困人口全部脱贫。

在脱贫攻坚工作中，刘永连始终严于律己、吃苦耐劳，从不计较个人得失，始终把党和人民的利益放在第一位，发挥先锋模范带头作用，为脱贫攻坚作出了无私奉献。2019年以来，农发行延边州分行累计发放扶贫贷款29.91亿元，到2020年末，农发行延边州分行扶贫贷款余额为26.23亿元，在全州金融机构中名列前茅。

创造了全省多项“首个”贷款模式

“如何履行好扶贫开发的社会责任，建立‘开源引流’新机制，打造乡村金融新生态？”接触脱贫攻坚工作之初，刘永连一直在认真思考这些问题。“精准，只有精准才能滴灌出致富之花。钱一定要花在刀刃上！”站在贫困村的田间地头，他找到了答案。

经过摸索，刘永连开创了政策支持、信贷投放、产业对接、金融服务的精准金融扶贫新方式。同时全力推行“优秀党小组+攻坚战”工作法，对每个项目都拿出“施工图”，细化路径、步骤、时间、措施、责任，实时跟进。通过党建共建走出了一条独具特色的金融精准扶贫新路子。

时间紧、任务重、人员少……摆在刘永连面前的是一道又一道难关，作为前台业务部门主管，他亲自抓、带头干。虽然受到新冠肺炎疫情影响，仍出色地完成多个中长期贷款项目的受理调查工作。实现了全省首个“新兴产业扶贫”“支持饮水安全”“非贫困县企业扶贫过桥”等贷款模式新突破，同时也为全行产业支农、支持“两不愁三保障”提供了新思路、新方法。

饮水安全，是公共基础设施和公共卫生体系的重要组成部分，是最大的民生问题。图们市的村民至今还记得刘永连到村里调研的身影，整整半个月，他翻山越岭踏查水源地，同市领导、村民探讨可行方案，最终成功获批图们市饮水安全提升工程贷款5750万元，10个贫困村的近7000名村民从此喝上了甘甜的放心水。提高了健康水平，也就减轻了医疗负担，农民的生存环境从此得以改善。

“八山一水半草半分田”是延边州地貌的生动写照，莽莽林海是林区群众赖以生存的家园。就业岗位严重不足，周边村镇发展滞后，这些历史遗留问题让刘永连心里着急。既要保绿水青山，又要保林区发展，“扶贫过桥贷款将为林下经济注入生机活力，这是救林工程，更是救命工程。”他眼前闪现着林区发展的勃勃生机。2020年，农发行延边州分行成功获批13亿元长白山森工集团扶贫过桥贷款项目，并于审批后48小时内发放2.7亿元，该项目是落实《中共吉林省委、吉林省人民政府关于实施乡村振兴战略的意见》的重要体现，实现了生态环境保护水平与全面建成小康社会目标相适应。尤为重要的是，项目还为建设国家木材战略储备基地和构筑我国北方地区生态安全屏障打下基础，推动贫困地区扶贫开发与生态保护相协调、脱贫致富与可持续发展相促进。主要用于改善长白山北麓223万公顷天然林管护、资源培育、提高贫困人口生活质量等费用支出。如今，林区特色产品走出深山，森林观光旅游、生态疗养蓬勃发展，林区40个行政村2800多名群众在家门口脱了贫并且有事干，真正实现了生态富民。

此外，在刘永连主张下实施的“贫困村提升改造+城乡用地增减挂钩交易”、调销贷款支持临储竞拍模式、“支农转贷”及“贷储两类主体分离合作”市场化粮食收购等模式，开启了金融机构“支农、惠农、支小”的新局面。

啃下硬骨头　打出组合拳

其作始也简，其将毕也必巨。打赢脱贫攻坚战是实现全面建成小康社会目标的重大任务，越到最后越艰巨。“剩下的都是难啃的‘硬骨头’，必须拿出硬办法，确保实现脱贫目标。”刘永连是个有韧劲的人。

如何解决政府资金不足的难题？刘永连决定，用扶贫过桥贷款。想思路、谋办法，与上级行多次沟通协调后，明确了贷款的工作内容、程序、范围等要求。他向政府部门介绍信贷政策和优惠利率，打出政策性金融优势“组合拳”，政府资金不足的难题迎刃而解。

无数个日夜，刘永连带领业务人员深入探讨各个细节，从项目受理到贷款发放，融入了农发行人孜孜不倦的热情和心血。最终，农发行延边州分行成功获批“两不愁三保障”类扶贫贷款金额19.32亿元。项目的及时投放，得到了地方党政主要领导的高度认可。2020年7月，和龙市人民政府与农发行延边州分行签署乡村振兴合作协议，和龙市委书记金烈表示：“近年来，农发行通过信贷业务绿色通道，投放扶贫资金给予和龙市鼎力支持，为决战决胜脱贫攻坚作出了积极贡献，体现了农发行与和龙市携手共进的深厚友谊，彰显了国有政策性银行的‘速度’和‘力度’。”

项目的实施，有效改善了延边州6个县（市）126个行政村（其中，50个贫困村）1.6万人的居住条件，推进农林复合经营，引导贫困人口参与特色种养业发展，推动了边疆特色产业发展有效拉动投资和消费需求。为贫困村就业增加岗位，解决区域贫困和“两不愁三保障”问题，改善贫困地区落后面貌，实现乡村振兴持续健康发展提供了有力支持。

汪清县是延边州四个国家级贫困县之一，属于深度贫困县。为全面发挥农发行政策性金融扶贫的先导性、基础性作用，让当地贫困群体享受脱贫攻坚政策红利，刘永连多次深入考察实际情况，了解发展需求，主导参与制订了《汪清县支行支持脱贫攻坚实施方案》《汪清县支行产业扶贫实施方案》。同时积极与当地特色优势企业对接，运用深度贫困地区差异化政策加强对汪清县的金融支持。

情系“三农” 金融撬动致富杠杆

推进贫困地区产业发展是促进贫困人口稳定脱贫、稳定增收的关键之举和根本之策。

在到龙井市的调研中，刘永连发现当地自然资源丰富、小微企业较多，他向当地支行明确了“产业扶贫是打赢脱贫攻坚战关键”的工作思路。通过多次深入摸排调研，他了解到地方产业发展的需求规划、当地企业特点，并确定了支持路径。经过多方沟通，他带领业务人员反复研究，充分运用贫困地区特殊优惠政策以及2020年新冠肺炎疫情期间推出的“两大通道”，成功审批并投放小微企业产业扶贫应急贷款300万元，为企业复工复产注入“强心剂”，在特殊时期展现了救灾应急的农发行速度，得到了地方政府和企业的高度认可。

在刘永连的策划推动下，农发行延边州分行围绕城乡一体化和脱贫攻坚部署，发挥政策性金融优势，大力支持农业农村基础设施建设。2020年以来，获批中长期项目贷款6.2亿元、投放2.8亿元，以支持高新产业园、污水处理、游客转运等基础设施项目为载体，有效促进城乡面貌改善。

“情系农村，情系农民，上为政府分忧，下为百姓解愁，让党放心，让群众满意”，是刘永连的奋斗目标和追求。他以自强不息的奋斗精神和爱岗敬业的工作热情，在帮助广大群众脱贫致富、创造幸福生活的进程中，赢得群众深深的信赖。

“志之所趋，无远弗届，穷山距海，不能限也。志之所向，无坚不入，锐兵精甲，不能御也。”在脱贫攻坚战场上，金融扶贫是一支主力军，面对着千差万别、千家万户，刘永连体现了共产党人的家国情怀，赢得了地方党委、政府和群众的普遍认可。

个人感言：这份荣誉，让我在今后的工作中更加坚定一个共产党员的信念，努力为人民群众办好事、干实事，全心全意为人民服务，为脱贫攻坚贡献自己的一份力量。

黑龙江省

秉承家国情怀　深耕产业扶贫

——记“黑龙江省脱贫攻坚先进集体”农发行黑龙江省分行粮棉油客户处

一滴水可以折射出太阳的光辉，一个部门可以反映一个国家发生的变化。脱贫攻坚战打响以来，农发行黑龙江省分行粮棉油客户处作为政策性金融力量，坚持以服务脱贫攻坚统揽全局，全员、全力、全程聚焦聚力脱贫攻坚战略，切实做好粮油扶贫贷款发放和认定，通过产业扶贫有效发挥金融支持脱贫作用，努力展现政策性银行应有的政治担当。2016年以来，认定和投放粮油产业扶贫贷款1186.2亿元，带动建档立卡等各类贫困人口18.5万余人。截至2021年3月末，粮油扶贫贷款余额337.2亿元。

■ 农发行黑龙江省分行扶贫贷款支持企业粮食收购现场

农发行黑龙江省分行粮棉油客户处坚持以服务脱贫攻坚统揽业务发展全局，聚焦聚力脱贫攻坚战，切实做好粮油扶贫贷款发放和认定，通过产业扶贫有效发挥金融支持脱贫作用。2016年以来，推动认定和投放粮油产业扶贫贷款1186.2亿元，带动建档立卡等各类贫困人口18.5万余人。截至2021年3月末，粮油扶贫贷款余额为337.2亿元。

提升站位 坚定服务脱贫攻坚的政治定力

黑龙江省是向中央签署脱贫攻坚责任书的22个省份之一。作为粮食大省，黑龙江省90%以上贫困人口居住在农村，以务农为主，靠种地为生，主要收入来源于种地卖粮。产业扶贫是根植发展基因，激活发展动力，阻断贫困发生动因的根本性举措，是促进贫困地区发展，增加贫困农户收入的有效途径。粮棉油客户处立足省情实际，牢牢把握支持重点，充分发挥政策性粮油信贷资金减贫脱贫的作用。一是强化政治理论学习。把党建与业务工作深度融合，召开“三会一课”、组织生活会、处务会等，认真学习习近平总书记关于扶贫工作重要论述，紧跟党中央、国务院，以及省委、省政府、总行和省分行党委工作部署，努力做到学懂弄通、学深悟透。扎实做好条线培训，整合队伍力量，集中力量推进脱贫攻坚工作。二是认真做好脱贫攻坚工作部署。严格按照总行《打赢脱贫攻坚战三年行动方案》的总体要求，坚持节奏不减、力度不松，连续五年在全行秋粮收购工作会议中对扶贫工作进行集中部署，一以贯之抓好落实。三是构建扶贫认定工作跟踪督导机制。省、市、县三级机构落实专人负责认定工作的跟踪督导，对各级行粮油精准扶贫贷款认定额度、扶贫成效和工作进度进行全程跟踪，确保上下级行之间人员保障到位、信息沟通到位、政策把握到位。

从严从实 提升执行精准方略的落实能力

脱贫攻坚贵在精准，重在精准，成败之举在于精准。农发行黑龙江省分行粮棉油客户处坚持精准扶贫、精准脱贫，扎实做好扶贫贷款认定管理。一是严格认定标准。严格按照人民银行全国贫困人口名录开展扶贫贷款认定，贫困人口数量必须满足企业规模对应的最低要求，同时尽最大可能增加带动贫困人口数量，提高带贫成效。重点支持贫困地区，特别是深度贫困地区粮油产业发展。2020年，在执行大、中、小、微不同类型企业对应10人、5人、3人、1人的基础上，将1亿元以上人数提高到10人、2亿元以上提高到20人，并区分为扶贫成效一般和扶贫成效突出，精准反映扶贫成果。二是严格认定流程。加强与贷款企业对接，做好产业扶贫贷款认定。指导各行对贫困人口集中的区域进行深度摸底排查，对聘用建档立卡贫困人口务工，或对贫困人口定向帮扶的企业，注重在贷款发放前宣讲政策，提前收集掌握辖区内贫困人口信息和企业帮扶动态资料，对符合贷前签订帮扶协议、雇用合同、收购协议等认定条件的，纳入名单制管理。三是严格认定管理。按照扶贫贷款审批权限，层层审核把关，逐级压实责任，确保投放一笔、精准一笔。针对黑龙江省贫困人口基数大幅减少的情况，2018年4月，组织开展粮棉油扶贫贷款重新逐村逐户调查，逐笔逐借据核实，确保粮油扶贫贷款证据链完整齐全。2019年3月和9月，根据人民银行和农发行总行要求，严格按照人民银行扶贫专项统计制度，两次组织各行对全省粮油类扶贫贷款进行再次核对。9月30日，经人民银行、农发行总行批准同意，顺利完成了调出工作，精准反映扶贫成效。

创新引领　激发支持脱贫攻坚的活力

在巩固中央储备、最低收购价、临时收储等传统粮食购销扶贫模式，牢牢守住农民种粮卖得出底线的前提下，结合实际积极探索创新，不断丰富粮油扶贫模式和抓手。一是创新银团扶贫模式。2019年6月，通过贷前认定的方式，成功发放农发行黑龙江省分行成立以来首笔银团产业扶贫中长期贷款2.07亿元，用于支持纳入全省"百大项目"的粮食深加工项目建设，直接带动建档立卡贫困人口4人。项目建成后将形成立县产业，可通过拓宽粮食消化渠道的方式持续带动和巩固扶贫成效，防止返贫。二是创新保值贷扶贫模式。2019年，依托大连商品交易所玉米期货合约，推动全省首笔"保值贷"模式产业精准扶贫贷款实现零的突破。农发行黑龙江省分行粮棉油客户处负责人带队进驻试点企业开户行——桦南县支行，全力以赴推进业务模式创新尽快落地。在与企业充分有效沟通的基础上，制订《保值贷信贷业务试点方案》。11月18日，全省首笔"保值贷"模式产业精准扶贫贷款3000万元顺利投放，直接带动建档立卡贫困人口6人，实现了期货和现货市场的优势组合。三是创新供应链贷模式。受地域因素影响，黑龙江省地区之间运距长，冬季售粮不便，农民特别是贫困人口的售粮方式主要以经纪人为主，占比95%以上，直接卖粮比重较低，能够检索到贫困人口信息量少。且收粮经纪人流动性强，大多数收粮经纪人和贫困人口配合意愿不强，收集完整证据链难度大。针对上述情况，2019年创新信贷支持模式，不断向产业链上游延伸，依托核心企业支持为其组织粮源的农民合作社和小微企业。通过探索新路径、间接支持贫困人口，帮助贫困人口脱贫，防止返贫。

多方联动　形成支持脱贫攻坚的社会合力

粮棉油客户处积极动员各方力量脱贫攻坚，落实党中央的要求。一是让社会了解政策。指导各级行加强与地方党政、扶贫办、工商联、光彩会等部门的沟通协调，连续两年召开服务民营企业和小微企业座谈会，共邀请30家企业代表参会，全面宣讲农发行政策，确保贯通到底。对有扶贫成效的企业积极纳入"万企帮万村"精准扶贫台账，让政府、管理部门、企业了解政策、掌握政策、用好政策，享受政策性金融扶贫的优惠。二是让企业有意愿。对有扶贫成效的企业，在额度确定上优先保障、在办贷流程上优先推进、在利率优惠上优先考虑。2020年是脱贫攻坚收官之年，对粮油产业扶贫贷款利率执行最多下浮50个基点的优惠政策，1亿元粮食收购贷款节省财务费用50万元。农发行的优惠政策受到企业普遍欢迎和积极回馈，总行定点扶贫捐赠工作启动后，与基层行一道广泛向客户宣传国家脱贫攻坚的战略部署及吉林大安县面临的实际困难，动员广大客户履行社会责任，力所能及地为吉林大安脱贫贡献力量。黑龙江省60户爱心企业共捐助扶贫资金10.95万元，充分体现了一方有难、八方支援的精神，获得了农发行总行和地方党政的充分肯定。三是让贫困人口得实惠。主动协调贷款企业为贫困人口开通绿色送粮通道，优先于其他送粮车辆提前安排检质、检斤和粮款结算等服务。如2018年，向巴彦县巴彦港种植专业合作社投放贷款5000万元，支持收购玉米3.1万吨。其中收购5名建档立卡贫困人口玉米6.1吨，支付粮款10.2万元，人均销售玉米1.2吨，贫困人口人均收入达到20326元，售粮款第一时间划拨到个人账户。

强化金融服务　助力精准扶贫

——记“全国‘万企帮万村’精准扶贫行动组织工作先进集体”农发行黑龙江省分行创新处

农发行黑龙江省分行秉承家国情怀，强化政治担当，认真贯彻落实党中央、国务院脱贫攻坚战略部署，积极履行对社会的庄严承诺，充分发挥农业政策性银行优势，积极引导、扶持优质民营企业共同支持“万企帮万村”精准扶贫行动。自2020年以来，该行创新处统筹支持疫情防控、“六稳六保”、生猪产业和小微企业发展等重要任务，推动全行创新业务再上新台阶，2020年累计发放贷款34.8亿元，同比多放24.45亿元。

农发行黑龙江省分行信贷支持的林甸牧原农牧有限公司扶贫项目建设现场

农发行黑龙江省分行创新处（现为产业客户处）成立以来，始终围绕“藏粮于地”“藏粮于技”战略，聚焦脱贫攻坚，创新服务模式，高质量服务乡村振兴战略。尤其是自2020年以来，统筹支持疫情防控、“六稳六保”、生猪产业和小微企业发展等重要任务，推动全行创新业务再上新台阶，2020年累计发放贷款34.8亿元，同比多放24.45亿元。

明确责任　搭建平台促合作

2017年，农发行黑龙江省分行与省工商联、扶贫办，光彩会共同签署“万企帮万村”精准扶贫行动四方战略合作协议，成为该行动的四方主体之一，并指定创新处牵头推进此项工作。农发行黑龙江省分行创新处先后下发了《关于确定我行支持“万企帮万村”精准扶贫行动企业名单和示范企业名单的通知》《关于做好“万企帮万村”精准扶贫行动的通知》，推进“万企帮万村”工作开展。

为贯彻落实农发行总行党委关于“万企帮万村”行动的具体部署，农发行黑龙江省分行要求各市地分行实行“一把手”责任制，成立“万企帮万村”精准扶贫行动领导小组，做好沟通交流、项目对接、流程协调、政策落地、推动落实等有关工作。主动加强与各级工商联的深度合作，加大对接沟通与信息共享，与工商联、扶贫办、光彩会形成联动机制，共同推进工作深入开展，按照“聚焦精准扶贫，坚持择优扶持”的原则，对农发行已支持和拟支持的参与“万企帮万村”精准扶贫行动的企业实施专项管理和监测，并从中选择一批扶贫成效显著、社会影响良好的企业，作为示范企业优先支持，打造扶贫精品工程。建立企业台账，根据各地市实际情况制订相应的营销方案，对先进民营企业加大营销力度，逐企业建立台账，跟踪监测进展，对省级示范企业实行名单制管理。在《关于表扬100个全国“万企帮万村”精准扶贫行动组织工作先进集体的通报》中，农发行黑龙江省分行创新处荣获全国“万企帮万村”精准扶贫行动工作先进集体。

因地制宜　积极营销促成效

自“万企帮万村”精准扶贫行动开展以来，农发行黑龙江省分行创新处按照省分行党委工作部署，先后多次印发文件部署此项工作，指导辖内各分支机构与当地工商联、扶贫办、光彩会等部门主动对接，加强贷款营销，掌握项目扶贫效益和风险控制措施，择优确定支持的客户和项目，充分利用农发行现有的各类信贷产品，在粮油收储、土地流转、一二三产业融合等方面，打好产品“组合拳”，形成业务合力，为参与“万企帮万村”行动的扶贫企业量身定做金融服务方案，主动提供融资融智服务。摒弃“等客户上门”的陈旧观念，主动了解企业需求，量身定做融资方案，采取“全覆盖”“渗透式”营销服务策略，借助工商联非公经济的大平台，积极挖掘和培育农发行优质战略性客户群。

农发行黑龙江省分行支持的黑龙江华腾生物科技有限公司是全省入选2019年度全国“万企帮万村”精准扶贫行动先进民营企业表彰名单的两户企业之一，同时也是当地“菜篮子”工程保障企业。该公司年产一亿袋食用菌（黑木耳）菌包项目符合当地经济特点和资源禀赋，能够发挥区域优势，具有良好扶贫示范带动作用。农发行桦南县支行及时将华腾公司纳入“万企帮万村”精准扶贫行动项目库。在充分了解其经营模式、财务状况和资金融资需求后，量体裁衣制订融资方案，充分发挥农发行服务“三农”的政策优势、资金优势、利率优势，成功与华腾公司达成融资意向。立即启动“前中后三台协同、省市县三级联动”的办贷模式，实行差异化信贷政策，全力以赴推进项目落地。在新冠肺炎疫情最严重时期，实行弹性工作制，通过微信、电话等线上方式调阅企业账表、银行流水、施工合同及发票核实固定资产核算真实性，电话沟通及实地走访施工方了解建筑成本合理性。上门拜访农委及黑木耳种植大户，了解行业发展现状，分析供求关系变化趋势，做到对企业项目建设、产品及市场情况心中有数。同时坚守底线思维，适时调整融资担保方案，增加风险缓释措施。2020年2月28日，成功审批华腾公司产业扶贫固定资产贷款4500万元，在企业复工复产的关键时期注入一剂“强心针”。有效帮助企业全面复工复产，并扩大了产能。配合地方政府通过政策扶持、市场引导等有效措施，吸纳当地黑木耳种植户参与农业产业发展，形成特色鲜明的种植区域，将“输血式”扶贫转变为“造血式”扶贫，带动农民增收致富。

创新模式　精准定位促落实

农发行黑龙江省分行创新处认真落实习近平总书记“万企帮万村”精准扶贫行动抓好落实、抓出成效的重要指示，紧紧围绕总行、省分行党委脱贫攻坚系列工作部署，创新思维，牵头推进“万企帮万村”扶贫业务开展，为发展前景好、社会责任感强的民营企业提供信贷支持，积极带动支持民营企业参与脱贫攻坚。2019年末，农发行黑龙江省分行在总行22个向中央签署脱贫攻坚责任书的省分行中考核排名第五。2020年，该行支持纳入“万企帮万村”行动项目库企业140户，年末贷款余额达到60亿元。

保主体稳预期，加强普惠小微企业金融服务。农发行黑龙江省分行充分发挥政策性银行职能作用，支农报国、立行为民，充分利用“疫情防控应急通道”“复工复产绿色通道”“稳企稳岗特别授权”，不断提高办贷质效，切实加大对参与“万企帮万村”精准扶贫行动普惠小微企业金融服务力度。2020年，累计支持普惠小微企业61户，投放贷款2.96亿元，贷款最低利率2.55%，存量客户平均利率3.3%，在上年较低利率水平的基础上再降105个基点。

保供应补短板，积极支持生猪全产业链发展。2020年以来，农发行黑龙江省分行紧紧围绕中央关于稳定生猪的一系列决策部署，抢抓机遇，加大对大型生猪养殖企业营销力度，疫情期间按照“一事一议”方式通过办贷应急通道，先后向牧原、金新农、三德牧业等10户“万企帮万村”精准扶贫行动生猪生产企业投放贷款7.2亿元，为黑龙江省生猪稳产保供作出了积极贡献。

农发行黑龙江省分行支持的黑龙江林甸牧原农牧有限公司是纳入工商联“万企帮万村”精准扶贫行动台账登记系统的市级生猪养殖龙头企业，该企业始终把扶贫事业作为企业的社会责任，致力于围绕养殖主业做好扶贫大文章，着力把养猪产业建成惠及千家万户的扶贫产业，促进贫困农民脱贫致富。建成投产以来，采取“政府+银行+企业+合作社+贫困户”五位一体产业扶贫模式，带动贫困户3922户，帮扶83个村，累计带动贫困户增收3289万元；坚持本地化用工原则，先后开展80余场社会招聘，吸纳当地社会人员400多人，有效解决了当地的就业问题；连续三年开展秋季助学活动，共资助贫困大学生210人，资助金额达53.2万元。农发行黑龙江省分行在了解到疫情期间该企业面临建设资金紧张、复工复产困难、工程建设陷入停顿的实际问题后，迅速启动信贷业务应急通道，优先受理、优先审查审批、优先放款，加速调查审批流程，加快贷款运作投放，开通“信贷直通车”，为生猪养殖企业送去资金“及时雨”。

一分耕耘，一分收获，农发行黑龙江省分行创新处将继续秉承家国情怀，积极主动巩固拓展脱贫攻坚成果，引导更多企业参与“万企兴万村”行动，全力推动乡村振兴，带动乡村群众实现共同富裕。

创新发展助扶贫　服务“三农”显担当

——记“黑龙江省脱贫攻坚先进集体”农发行勃利县支行

2021年5月14日，在黑龙江省脱贫攻坚总结表彰大会的现场，作为受表彰的先进集体，农发行勃利县支行负责人代表参加了现场表彰大会，在庄严肃穆的现场重新感受了“上下同心、尽锐出战、精准务实、开拓创新、攻坚克难、不负人民”的脱贫攻坚精神内涵。

■ 农发行勃利县支行信贷支持的元明特色产业扶贫项目

农发行勃利县支行现有员工22人，其中党员9人。该行坚持以服务脱贫攻坚统揽业务全局，全力争当金融扶贫先锋主力，在全县金融机构中实现扶贫贷款余额第一、扶贫贷款累计发放额度第一、产业扶贫贷款发放额度第一。截至2020年末，该行贷款余额为43.95亿元，扶贫贷款余额为8.07亿元，2020年日均存款为4.05亿元。

作为脱贫攻坚工作的参与者和脱贫攻坚精神的践行者，作为黑龙江省农发行系统唯一获得此项殊荣的县级机构，农发行勃利县支行积极响应上级行党委金融扶贫战略部署，切实增强“四个意识”，坚定“四个自信”，做到“两个维护”，坚持以服务脱贫攻坚统揽业务全局，全力争当金融扶贫的先锋主力。在全县金融同业中率先发力，做到“三个率先”，即率先打造扶贫组织体系，成立扶贫事业部，专人负责脱贫攻坚工作；率先加强与地方政府脱贫攻坚合作，成为勃利县扶贫开发工作领导小组成员单位；率先出台特惠政策，对扶贫贷款简化办贷流程、执行利率优惠。实现了“三个第一”，即在全县金融机构中扶贫贷款余额第一、扶贫贷款累计投放额度第一、产业扶贫贷款投放额度第一。2017年以来，累计投放各类扶贫贷款42.83亿元，服务带动贫困人口9150人次，为勃利县打赢脱贫攻坚战提供了有力的金融支撑。

主动作为 勇担服务脱贫攻坚重大使命

2012年，勃利县被列为省级扶贫重点县，有整体贫困村40个，是农发行开展扶贫工作的重点领域、关键地区。该行始终把习近平总书记关于扶贫工作的重要论述作为根本遵循，把扶贫作为主责主业来抓，加大对脱贫攻坚的投入力度，提高金融服务水平，切实发挥了政策性金融当先导、补短板、逆周期的职能作用。一是压实扶贫责任。以高度的政治自觉和坚定的责任担当，把服务脱贫攻坚作为全行首要任务，专项部署安排、协调推动、跟踪问效。领导班子下沉工作重心、强化基层调研、着力推动落实。层层签订《脱贫攻坚责任书》，促进班子成员对扶贫工作带头履职、靠前指挥，全行上下在支持扶贫方面思想上高度统一、步调上高度一致。二是构建扶贫体系。及时成立脱贫攻坚工程领导小组，设立扶贫金融事业部，增加相关部门扶贫职能。全行各项工作都向服务脱贫攻坚聚焦发力。各部门各条线，都积极主动为脱贫攻坚贡献力量。信贷、人力、财务资源的配置，都优先考虑脱贫攻坚需要，全行业务流程、管理流程和决策流程，都根据金融扶贫的需要进行科学设置，形成举全行之力、集全行之智，全力服务、全程服务脱贫攻坚的工作格局。三是强化政策落地。积极建立扶贫贷款“绿色通道”，实行受理调查、评级授信、审查审议、审批核准、资金支付“五优先”。实行扶贫贷款优惠利率首年下降100个基点，优于平均利率近3个百分点，实行了利率、期限、担保抵押等差异化优惠信贷政策。四是深化扶贫合作。先后与县发改委、扶贫办等多个部门协调配合，助力地方项目实施，并选拔优秀项目纳入黑龙江省农发行与七台河市政府战略合作协议项目库。积极与扶贫办、工商联、光彩事业促进会等部门合作，大力开展定点帮扶、“万企兴万村”精准扶贫行动等活动，充分发挥了农发行在县域的履职能力，积极向客户开展融资、融智、融商、融情“四融一体”服务。围绕县委、县政府发展规划，深入了解在脱贫攻坚、产业兴旺等方面的战略布局，积极参与脱贫攻坚项目及产业融资方案设计，根据项目和产业特点，结合市场和行业优势、资源禀赋，因企施策，差异化制订政策性金融服务方案。五是夯实扶贫管理。坚持精准方略，牢牢把握政策性金融扶贫“精准”生命线，进一步夯实扶贫贷款精准全流程管理体系。坚持以扶贫任务清单、项目清单、整改清单“三清单管理”为抓手，夯实扶贫贷款管理，确保每笔扶贫贷款都可统计可追溯可检验。

突出精准　加大重点领域信贷扶贫力度

近年来，农发行勃利县支行加大对产业扶贫的支持力度，通过创新模式，大力支持县域产业扶贫重点项目，促进了勃利县农村产业结构调整与区域经济发展，拓宽了就业渠道，切实帮助贫困人口缩小发展差距、共享小康成果。自2016年至2021年5月末，该行累计支持4户企业，共计发放扶贫贷款42.83亿元，服务带动扶贫人口9150人，其中，政策性粮油收购扶贫贷款金额40.87亿元，服务带动扶贫人口8033人；现代农业扶贫示范项目扶贫贷款金额0.42亿元，服务带动扶贫人口376人；特色农业产业项目扶贫贷款金额0.84亿元，服务带动扶贫人口40人；民营小微企业扶贫贷款金额0.7亿元，服务带动扶贫人口701人。

创新信贷模式，全力支持县域扶贫示范项目。国务院及省政府关于贫困县统筹整合使用财政涉农资金政策出台后，农发行勃利县支行将其视为服务脱贫攻坚和扶持地方农业产业壮大的重要契机，积极向地方党政汇报对接，在全省率先与地方政府签订了《财政涉农资金整合合作协议》，推动勃利县现代农业扶贫示范项目的实施，通过市场化运作、企业化管理，利用涉农整合资金发放扶贫贷款，助力勃利县脱贫攻坚，探索出农业产业扶贫的“勃利模式”，即“政府+银行+新型农村经营主体”的融资模式，重点支持农业特色产业土地流转和规模经营，得到政府及农发行总行、省分行党委的高度认可。2017年经省分行批复贷款2.4亿元，累计发放贷款4248万元，支持项目公司直接或间接从706户农户和新型经营主体手中流转土地2499.33公顷，扶持7户新型农村经营主体实现土地流转和规模经营。服务建档立卡贫困户141户，贫困人口376人。项目流转贫困户土地272.53公顷，贫困户实现土地流转收入586万元。除直接流转土地服务贫困人口以外，各合作社向政府缴存利润分红作为扶贫资金共43万元，帮扶贫困户430户。

明确信贷方向，有效支持扶贫特色产业。为有效破解勃利县农业产业发展资金瓶颈，充分发挥地方各类资金的引导作用，农发行勃利县支行结合县情，参与制订了《勃利县农业产业贷款引导基金实施方案》，按照不超过统筹到位引导基金规模的十倍给予放大，在引导基金框架下，对以项目公司为核心，涉农企业为成员的农业产业贷款引导基金联合体给予信贷支持。2019年经农发行黑龙江省分行审批贷款8800万元，已投放贷款8382万元，支持项目建设智能型日光温室大棚20栋，流转土地419公顷，其中流转贫困户土地25.12公顷，贫困户实现流转土地收入203.45万元，服务建档立卡贫困人口40人。

聚焦信贷焦点，充分发挥政策性银行优势。粮食收购资金供应一直是农发行的重点业务，也是农发行扶贫资金投放的重点。农发行勃利县支行充分运用粮油信贷业务助力脱贫攻坚，自2015年至2021年5月末，累计投放粮油扶贫贷款40.87亿元，累计服务建档立卡贫困户8033人次。同时积极响应勃利县“万企帮万村”及“百企帮百村”扶贫政策号召，大力支持民营小微企业参与脱贫攻坚，2015年以来累计发放扶贫贷款6笔，累计金额为7000万元，支持贷款企业帮扶贫困户701人次，金额为34.2万元。

用心用情　政策性金融服务地方成效显著

在农发行金融扶贫的大力支持下，勃利县脱贫攻坚工作成效凸显，2018年9月，黑龙江省政府批复勃利县符合贫困县退出条件，正式脱贫摘帽。同时，农发行勃利县支行脱贫攻坚工作的开展也得到地方政府及上级行的充分认可，2017—2020年连续四年荣获地方“脱贫攻坚先进集体”，2019年荣获“黑龙江省农发行脱贫攻坚先进集体”，2021年荣获黑龙江省政府授予的“脱贫攻坚先进集体”，该行行长获县政府荣誉嘉奖及省分行“脱贫攻坚先进个人”。各项业务指标屡创新高，实现跨越式发展。

农发行勃利县支行紧紧依靠县委、县政府的领导，在上级行的指导下，以新担当展现支农报国，在全面打赢脱贫攻坚战中践行使命、贡献力量，彰显了农发行“扶贫银行”的品牌形象。

助力脱贫攻坚　至诚服务社会

——记“黑龙江省脱贫攻坚先进集体”农发行鸡西市分行

自脱贫攻坚战打响以来，农发行鸡西市分行认真落实党中央及农发行总行、黑龙江省分行党委关于扶贫工作的各项部署，强化政治担当，充分发挥政策性银行“当先导、补短板、逆周期”职能作用，坚持以服务脱贫攻坚统揽业务全局，聚焦支持当地扶贫企业复工复产、基础设施建设、农村人居环境改善等持续加大脱贫攻坚信贷支持力度，政策性金融扶贫工作取得良好成效。2017年至2021年8月末，累计发放扶贫贷款94亿元，带动贫困人口2651人，人均增收1000元。截至2021年4月末，扶贫贷款余额为

■农发行鸡西市分行组织召开脱贫攻坚专题研讨会

农发行鸡西市分行聚焦支持当地扶贫企业复工复产、基础设施建设、农村人居环境改善，持续加大脱贫攻坚信贷支持力度。2017年以来，累计发放扶贫贷款94亿元，带动贫困人口2651人，人均增收1000元。

43.02亿元，扶贫贷款余额、发放额均居当地金融系统首位。扶贫成效得到政府和社会各界的广泛认可，2021年5月，荣获“黑龙江省脱贫攻坚先进集体”荣誉称号。

强化脱贫攻坚政治担当

把服务脱贫攻坚作为最重大的政治任务，坚持党建统领，为服务脱贫攻坚提供坚强政治保障。深入学习贯彻习近平总书记关于扶贫工作重要论述，农发行总行、黑龙江省分行脱贫攻坚相关文件，深刻领会核心要义、精神实质和丰富内涵，增强全面完成脱贫攻坚任务的政治自觉、思想自觉、行动自觉。积极推进党建和扶贫工作深度融合。筑牢脱贫攻坚组织体系，成立脱贫攻坚工作领导小组，层层压实脱贫攻坚主体责任，“一把手”切实履行第一责任人责任，班子成员履行分管责任，靠前指挥、统筹推进，层层传导压力。把脱贫攻坚成效纳入考核机制，党委班子成员落实包行制，分别带领结对帮扶业务部门负责人督导基层党支部脱贫攻坚工作，汇聚脱贫攻坚工作的强大合力，以最严肃认真的态度、最坚决有力的措施，全力推进脱贫攻坚各项工作。

聚焦重点领域加大产业扶贫支持力度

突出产业扶贫，市、县两级行领导班子深入开展调查研究，主动联系地方政府及相关部门，宣传农发行支持政策，对接当地扶贫领域区域规划，深入挖掘扶贫贷款需求。积极引导农发行支持的各类企业和项目吸纳更多贫困人口就业，探索产业扶贫贷款精准服务到户模式，支持实现贫困户参与生产经营、受益脱贫，打通农发行信贷资金精准到贫困农户的“最后一公里”。一是充分发挥“粮食银行”作用，全力做好粮油扶贫。统筹做好粮油政策性和市场化收购信贷业务，积极支持贫困地区多元主体入市收购，支持、鼓励加工企业发挥扶贫带动作用。2017年至2021年8月末累计发放粮油扶贫贷款89.68亿元，帮扶带动建档立卡贫困人口576人，累计增收134.5万元。通过贷款发放，满足企业经营资金需要，执行优惠利率，降低企业融资成本，提高经营效益，并吸收贫困户就业，增加贫困户收入。贷款企业与建档立卡贫困人口263人签订《粮食收购交易合同》，按高于市场价格收购贫困户粮食，为建档立卡贫困人口195人提供就业机会，与建档立卡贫困人口118人签订《帮扶协议》，人均增收1700元/年。二是通过“万企帮万村”精准扶贫行动加大支持脱攻坚工作力度。筛选符合条件的优质企业，积极引导、动员客户参与“万企帮万村”精准扶贫行动。三是服务民营、小微企业。制订个性化金融服务方案，开辟绿色通道，2017年至2021年8月末累计向17户小微企业发放扶贫贷款8100万元，带动建档立卡贫困人口61人实现增收8万元。四是通过支持

“民生工程”等项目带动扶贫。向黑龙江农垦金谷生物质发电有限公司、虎林市华茂热力有限公司、鸡东县三德牧业有限责任公司发放扶贫贷款15300万元，带动建档立卡贫困人口30人实现增收。五是创新探索农村土地流转和规模化经营等信贷业务，切实加大对土地这一农民脱贫核心资源要素的支持力度，让土地成为服务脱贫攻坚重要的载体。2020年至2021年8月末向密山市中豆食品有限公司、牡丹江垦区兴凯湖机械有限公司等企业投放1.7亿元，其中支持中豆公司流转土地5920公顷，涉及6个乡镇的6个村屯，带动贫困户32人脱贫致富。在信贷准入、授权授信、利率定价、贷款方式等方面给予扶贫企业差异化信贷支持。

积极投身驻村帮扶及消费扶贫

农发行鸡西市分行积极投身驻村帮扶及消费扶贫，向鸡东县下亮子乡复兴村、密山市幸福村、虎林市东诚镇复兴村选派帮扶工作人员长期驻村开展帮扶工作，2017年至2021年8月末，先后派出工作队员42人次。要求所有帮扶干部做到“主动融入、贴近群众、深入调研、严守纪律、务求实效”。通过结对联合党建、解决村委困难、宣传脱贫政策、助力产业升级、爱心捐款捐物、购买农产品等方式，有效促进农户增收致富，2017年至2021年8月末累计捐资捐物8万余元。积极开展“以购代捐”活动，推动扶贫方式从“输血”向“造血”转变，帮助贫困户脱贫增收致富，引导分支行员工购买贫困户农产品4万余元，拓宽贫困地区农副产品销售渠道全力推动脱贫攻坚帮扶工作取得实实在在的成效。

扎实推进扶贫领域腐败和作风问题专项治理

农发行鸡西市分行持续深化扶贫领域腐败和作风问题专项治理，重点整治形式主义、官僚主义等问题，重点关注信贷、财务重点领域以及贷款审批、信贷资金支付等重要工作环节的突出问题。将全面从严治党要求贯穿脱贫攻坚工作全过程、各环节，激发员工决战决胜脱贫攻坚的旺盛斗志和干劲，保持攻坚态势，坚定必胜信念，一鼓作气、顽强作战，落实扶贫领域基层减负，坚决惩治表态多调门高、行动少落实差，不敢担当、敷衍应付等问题，为高质量完成服务脱贫攻坚任务提供坚强作风保障。梳理各项信贷规章制度和办法，落实专人负责督导检查，通过定期与不定期、现场与非现场等方式对全辖扶贫信贷业务进行全面细致检查，全力提升信贷管理质效。农发行鸡西市分行纪委突出政治监督，强化日常监督，对服务脱贫攻坚工作全程跟踪问效，坚持贴身监督、跟进监督，重点防范扶贫贷款认定不精准和信贷资金滞留问题。

坚守“初心”战扶贫
服务“三农”显担当

——记“黑龙江省脱贫攻坚先进集体”农发行鹤岗市分行

鹤岗市位于黑龙江省东北部，下辖萝北、绥滨两个县和六个行政区，是省内粮食主产区。近年来农发行鹤岗市分行全力支持全程服务鹤岗市脱贫攻坚工作。“十三五”期间，累计发放各类扶贫贷款73亿元，2020年末扶贫贷款余额68亿元，占全市金融机构扶贫贷款总额的94.7%，服务贫困人口13038人，实现增收931万元，为打

农发行鹤岗市分行信贷支持的光伏扶贫项目

农发行鹤岗市分行全力支持鹤岗市脱贫攻坚工作。“十三五”期间，累计发放各类扶贫贷款73亿元，2020年末扶贫贷款余额为68亿元，占全市金融机构扶贫贷款总额的94.7%，服务贫困人口13038人，实现增收931万元。

赢脱贫攻坚战提供有力的政策性金融支撑。

全面履行服务脱贫攻坚重大使命

农发行鹤岗市分行始终把扶贫工作作为主战场和主责主业来抓，加大政策性金融对脱贫攻坚的投入力度，提高贫困地区和贫困人口的金融服务水平，切实发挥了政策性金融“当先导、补短板、逆周期”的职能作用。

压实扶贫责任。农发行鹤岗市分行党委以高度的政治自觉和坚定的责任担当，把服务脱贫攻坚作为全行首要任务，专项部署安排、协调推动、跟踪问效。领导班子分片包干市区及两县，三年来，累计深入基层一线开展工作72次，下沉工作重心、强化基层调研、着力推动落实。市县两级行党组织层层签订《脱贫攻坚责任书》，各级行“一把手”对扶贫工作带头履职、靠前指挥，全行上下在支持扶贫的思想上高度统一，步调上高度一致。

构建扶贫体系。辖属的各级行均成立脱贫攻坚工程领导小组，农发行鹤岗市分行成立扶贫金融事业部，增加相关业务部室扶贫职能，在国家级贫困县绥滨县农发行加挂扶贫金融事业部牌子。全行各项工作都向服务脱贫攻坚聚焦发力。各部门各条线都积极主动为脱贫攻坚贡献力量，信贷、人力、财务资源的配置，都优先考虑脱贫攻坚需要，全行业务流程、管理流程和决策流程，都根据金融扶贫的需要进行科学设置，形成了举全行之力、集全行之智，全力服务、全程服务脱贫攻坚的工作格局。

出台扶贫政策。建立扶贫贷款“绿色通道”，实行受理调查、评级授信、审查审议、审批核准、资金支付“五优先”。从服务实体经济大局出发，严格落实扶贫贷款各项减费让利政策，降低企业融资成本，确保将国家惠农惠企政策落实到位。2020年累计向5户扶贫贷款企业减费让利45万元，其中，减免企业资产评估费、财产保险费、不动产登记费等费用6万元；通过利率下浮，向5户企业让利金额39万元。

深化扶贫合作。农发行鹤岗市分行与鹤岗市政府签订了合作协议，全力支持地方脱贫攻坚和经济发展。与市粮食局、交通局、水务局、中储粮鹤岗直属库等都建立了长期稳定的合作关系，共同发挥在各自领域的优势，形成服务脱贫攻坚的合力。积极向客户提供融资、融智服务，围绕市委、市政府重大发展战略，深入了解在脱贫攻坚、产业兴旺等方面的战略布局，积极参与脱贫攻坚及产业融资方案设计，根据项目和产业特点，结合市场和行业优势、资源禀赋，因企施策，差异性制订政策性金融服务方案。

夯实扶贫管理。坚持精准方略，牢牢把握政策性金融扶贫“精准”生命线，进一步夯实扶贫贷款精准全流程管理体系。坚持以扶贫任务清单、项目清单、整改清单

“三清单管理”为抓手，夯实扶贫贷款台账系统、统计系统、单独核算系统、贷后管理体系、考核评价体系五大基础工程，确保每笔扶贫贷款都可统计可追溯可检验。

全面加大重点领域信贷扶贫力度

农发行鹤岗市分行结合鹤岗市贫困地区的实际情况和融资需求，勇于担当谋创新、主动作为助脱贫，将支持脱贫攻坚与乡村振兴相结合，走出了一条具有鹤岗特色的金融扶贫之路。

充分彰显责任担当。“十三五”期间，农发行鹤岗市分行在扶贫领域主动出击、精准施策，通过光伏扶贫贷款、普惠小微企业以及粮食收购贷款等资金投入，累计发放扶贫贷款73亿元。特别是在2020年，克服新冠肺炎疫情等不利因素影响，累计发放扶贫贷款6亿元，较2019年增加4.55亿元，增幅314%，充分发挥了金融扶贫先锋主力模范的作用。

全力支持产业扶贫。坚持把产业扶贫作为稳定脱贫的关键举措，立足鹤岗的资源优势，以保障农产品有效供给和促进农民增收作为主攻方向，持续加大信贷支持力度。“十三五”期间，累计发放各类扶贫贷款73亿元，带动贫困人口13038人，帮助贫困户增收931万元。

统筹支持疫情防控。2020年以来，面对突如其来的新冠肺炎疫情，农发行鹤岗市分行积极推进涉及扶贫的应急、复工复产和稳企稳岗贷款投放，最大限度地统筹实现疫情防控、复工复产、稳企稳岗和脱贫攻坚等各项惠企利民政策的有效统一。累计向绥滨新北国啤酒有限公司等7户企业投放扶贫贷款6亿元，共带动110名贫困人口增收、实现3名贫困人口就业。全力保障全市生活必需品安全供应，积极支持复工复产和稳企稳岗，保障企业3500余名职工稳定就业，同时将新北国和宝泉酱业公司贷款纳入省稳企稳岗基金担保帮助范畴，帮助企业解决融资难问题。

积极履行政策性金融扶贫济困社会责任

农发行鹤岗市分行始终坚持带着感情抓扶贫，用心、用情、用力履行社会责任，深度挖掘各项资源，充分调动各方力量，切实发挥政策性金融扶贫济困带头作用。

做实做细定点驻村扶贫。为全面完成好定点帮扶贫困村精准脱贫工作任务，农发行鹤岗市分行领导每年多次深入帮扶村开展工作调研，掌握翔实情况，明确帮扶任务，并派出3名驻村工作干部，通过发展庭院种植、特色养殖、烤烟种植、建豆腐坊和食用菌合作社等多种村级产业模式，带动户均收入年增长8000元左右。同时，组织有劳动能力贫困户参加劳动技能培训和外出务工，人均年增收15000元，为部分不能外出务工人员安排公益岗位，人均年增收1800元。

积极引导参与扶贫捐赠。三年来，农发行鹤岗市分行向绥滨县北岗村和大同村累计捐赠扶贫资金23万元，通过协调赞助资金方式，累计筹集资金1345万元，主要用于修建田间路、村内路、文化广场、卫生室，改造危房、自来水厂、村部，安装太阳能照明灯和监控设备，整治环境卫生等，全面提升村容村貌。

积极组织开展消费扶贫。农发行鹤岗市分行积极响应中央消费扶贫活动安排，积极倡议全行干部员工及亲友行动起来，根据自身实际需求及所拥有的帮扶资源，通过优先选购贫困户农产品、设立消费扶贫产品销售专柜、参加绥滨县消费扶贫活动等形式，参与消费扶贫，搭建购销桥梁。2020年以来，累计采购扶贫产品20余万元，人均消费超过2000元。同时，还积极帮助宝泉酱业和新北国啤酒入驻“农发易购”平台，进一步扩大企业销售覆盖面，积极帮助企业渡过难关。

自开展脱贫攻坚工作以来，农发行鹤岗市分行自觉提升站位，强化责任担当，秉承家国情怀，有效彰显农业政策性金融扶贫的先锋主力模范作用。市委、市政府主要领导多次对该行扶贫工作作出表扬性批示。农发行鹤岗市分行和绥滨县支行分别被市政府和县政府授予金融扶贫先进单位，派驻绥滨县北岗乡北岗村的孙荣军同志2017—2020年连续四年获得驻村优秀第一书记称号。新华网、人民网、《黑龙江日报》、《鹤岗日报》等多家主流媒体对该行金融扶贫进行报道。

奋楫笃行绘康庄

——记“2020年度黑龙江省脱贫攻坚奖组织创新奖”获奖集体农发行绥化市分行

2020年是全面建成小康社会和“十三五”规划目标实现之年，更是脱贫攻坚收官之年。党中央在统筹推进新冠肺炎疫情防控和经济社会发展工作的关键时期，持续高位推进脱贫攻坚工作，坚持疫情防控和脱贫攻坚同步进行、两手抓两手硬。2020年初

■ 农发行绥化市分行贷款支持的黑龙江兰西牧原农牧有限公司

黑龙江省绥化市下辖10个（市）县（区），贫困县（市）6个（5个国家级、1个省级），深度贫困县2个，脱贫攻坚任务十分艰巨。2020年，农发行绥化市分行累计发放扶贫贷款18.26亿元。截至2020年末，扶贫贷款余额66.10亿元，发放额和余额连续三年均居全辖金融同业首位，累计惠及贫困人口10.13万人次。

以来，农发行绥化市分行深入贯彻习近平总书记就应对疫情影响做好脱贫攻坚一系列重要指示，落实党中央、国务院决策部署，坚持以服务脱贫攻坚统揽业务发展全局，切实发挥了金融扶贫先锋主力模范作用。

疫情不误脱贫攻坚　金融战疫做“排头兵”

农发行绥化市分行在新一届领导班子带领下，全面落实“六保”任务，主动对接省级政府名单疫情防控企业，优先支持疫情防控相关的扶贫项目。该行采用线上评审、网上办公的方式，简化办贷流程，从贷款调查到投放，抢前抓早，特事特办。2020年，通过应急通道采取容缺机制为14户企业发放用于防疫和保障的扶贫贷款4.21亿元。其中，为黑龙江天有为电子有限公司发放0.1亿元贷款，保证了企业生产救护车等防疫用车仪器仪表的资金需求；为“省百大项目”三家牧原公司和大庄园肉业有限公司发放1.85亿元贷款，保障牛羊猪肉供应；为绥化庆绥大庆化肥经销有限公司发放0.4亿元贷款，支持采购化肥备春耕；为黑龙江昊天玉米和肇东中粮生化发放0.8亿元贷款，支持收购玉米保障酒精原材料供应；为其他6户小微和民营企业发放1.06亿元小微企业贷款，保障必要生活物资供应。这些贷款的投放为生产防疫物资、人民日常生活需要起到了关键性作用，并为确保完成决战决胜脱贫攻坚目标提供了坚强保障。

精准滴灌深度贫困县　脱贫攻坚上“当先导”

黑龙江省国家级深度贫困县三个，绥化市占了两个，分别为海伦市和青冈县。农发行绥化市分行统筹谋划、精准施策，领导包干、一督到底，制订《绥化市分行脱贫攻坚挂牌督战落实方案》，“一把手”负总责，按照“一县一策”原则，对深度贫困县制订了具体可行的金融支持方案。2020年向深度贫困县发放3.41亿元扶贫贷款。一是支持农村公路项目，支持青冈县农村公路项目发放贷款0.54亿元，有效改善当地农村交通基础设施状况，消除制约农村发展的交通瓶颈，为广大农民脱贫致富奔小康提供更好的保障。二是加大产业化中长期项目建设。向海伦市黑龙江黑臻生物科技有限公司发放0.32亿元贷款，用于兴建1亿袋食用菌包生产基地，通过“龙头企业+合作社+贫困户”方式，有效带动海伦市向荣镇向荣村和向国村两个深度贫困村370个贫困户走上脱贫致富路。三是支持特色产业。向青冈县黑龙江金达麻业有限公司发放0.3亿元收购大麻和亚麻原料，通过签订劳动合同的方式带动贫困人口就业11人，对建档立卡贫困人口持续增收和防止返贫具有良好的带动作用。四是解决农户卖粮难。向海伦国投、海伦永乐粮库、青冈县粮库和黑龙江龙海食品有限公司发放贷款2.1亿元，收购粮食9万吨，有效解决贫困户卖粮难问题，帮扶贫困户稳收增收。四是破解饮水安全问题。向青冈县银河供水有限责任公司发放0.1亿元流动资金贷款，用于企业日常经营所需，改善贫困人口饮水环境。五是支持小微企业。向海伦原野和海伦国丰发放0.05亿元普惠小微企业贷款，通过帮扶协议带动贫困人口6人增收。

支持扶贫企业复工复产　调节力度上“逆周期”

农发行绥化市分行积极落实省委、省政府关于加快推动企业复工复产的决策部署，通过牵头组建绥化金融服务队，帮助绥化全辖促生产、保经营、稳发展、渡难关，较好地支持了地方经济发展。2020年4月30日，农发行黑龙江省分行与绥化市人民政府签署了专项合作协议，2020—2023年，通过绥化市分行向绥化市拟提供不低于200亿元的意向性融资支持，重点在精准扶贫、国家粮食安全、农业供给侧结构性改革等领域，全力支持绥化“都城地”建设。2020年支持42户企业复工复产，累计发放贷款23.36亿元。一是全年累计审批“省百大项目”12个，占绥化市“省百大项目”41个中的1/4多，占全市金融机构支持的一半还多，审批贷款16.72亿元，实现发放8.39亿元，贷款审批和发放额均位列全市银行机构首位。二是向望奎县盛达工程管理有限公司发放0.25亿元，用于农村公路项目建设。三是审批“省百大项目”黑龙江天有为电子有限公司出口汽车仪器仪表产业园项目固定资产贷款0.75亿元、流动资金贷款0.4亿元，发放0.14亿元。四是向兰西海丰粮食仓储物流有限公司发放0.05亿元、向黑龙江峰雪面粉有限责任公司发放0.05亿元流动资金贷款，用于企业日常经营。五是向绥化庆绥大庆化肥经销有限公司提供0.2亿元流动资金贷款，用于采购化肥。六是进一步加大生猪全产业链支持力度，为望奎、明水、兰西三家牧原公司审批5.5亿元贷款，发放4.4亿元贷款，用于生猪全产业链发展。

续力贫困人口基本医疗　健康扶贫中“补短板”

农发行绥化市分行瞄准全面建成小康社会硬任务，聚焦健康扶贫，靶向施策，在全辖开展“两不愁三保障”专项营销活动，将健康扶贫作为重点项目推进。兰西泽惠医院有限责任公司是国家级贫困县兰西当地医保定点结算医院，更是新冠肺炎疫情期间当地指定“发热门诊”诊疗机构，了解到企业有融资需求，该行立刻抽调全辖信贷精干力量组成专项工作组对接企业，并形成专题报告向省行申请资金支持，经省市县三级联动、市行前中后台协同配合，在不到七天的时间里完成了该笔贷款从对接到审批投放的全部流程。该笔0.15亿元健康扶贫流动资金贷款发放，有效改善了兰西县6169

户1.36万贫困人口看病难、看病贵、因病致贫和因病返贫问题。这是农发行绥化市分行在2019年向明水县康盈医院有限公司投放了全国首笔民营医院健康扶贫贷款0.5亿元基础上续写辉煌、再创佳绩。农发行绥化市分行的健康扶贫典型案例已在全辖推广，以点带面，并扩大到教育扶贫、农村危房改造及饮水安全等贫困村提升工程，指导各县拓展扶贫业务薄弱、重点领域，发挥政策性金融补短板的职能作用。

正向激励中长期项目营销工作　整章建制中“稳军心”

为巩固脱贫攻坚成果，构建遏制返贫长效机制，2020年，农发行绥化市分行制定了中长期贷款项目营销投放奖励办法，依据合规优先、公平公正、正向激励的原则，设立50万元的奖金池，按照项目入库、客户评级、调查评估、用信审批、贷款投放五个阶段，分阶段按比例奖励，鼓励积极干事创业。该办法的出台起到了“稳定军心”的作用，鼓励各县（市）支行关键少数在工作中勇挑重担、主动作为、全力以赴。该办法对中长期扶贫贷款营销有着积极的促进作用，为中长期扶贫贷款项目良性发展提供了动力，保障了脱贫攻坚工作可持续、不松劲，是农发行绥化市分行践行省行“三个管理”的一次重大尝试。

积极宣传扶贫工作成果　脱贫服务中“树形象”

农发行绥化市分行在打赢脱贫攻坚战中充分发挥了金融扶贫的先锋、主力和模范作用。该行多次获得市委、市政府领导的批示表扬，连续两年在全省农发行系统考核中名列前茅。特别是在脱贫攻坚工作中，创出了品牌、提升了站位。2016年，绥化6个贫困县支行和市分行荣获县、市政府扶贫攻坚先进单位荣誉称号，2017年、2018年连续两年，市分行荣获市政府服务地方经济先进单位荣誉称号。2019年，该行的《农发行绥化市分行发放全国系统内首笔民营企业健康扶贫中长期贷款》一文被省分行采纳，并抄送总行、黑龙江省委省政府、省银保监局、省银行业协会，使农发行绥化市分行的扶贫工作成果得到社会各界的广泛好评。2020年以来，该行关于扶贫的新闻报道在新华网、人民网、《黑龙江日报》等国家及省部级主流媒体上被刊发30余次。

安徽省

五载奋进铸辉煌　乘势扬帆再起航

——记“安徽省脱贫攻坚先进集体”农发行安徽省分行扶贫业务处

农发行安徽省分行扶贫工作得到省委、省政府的高度评价和社会各界的普遍赞誉。连续多年在省级分行脱贫攻坚工作考核中位列第一；2018年被农发行总行评选为“先进基层党组织”，获得安徽金融行业综合评选“优秀扶贫单位”荣誉称号；2019年获农发行总行级五一劳动奖状。农发行安徽省分行扶贫业务处（以下简称扶贫处，现为乡村振兴处）切实发挥对全行扶贫工作的牵头统筹、组织协调、业务指导、督办落实等作用，协同省市县三级行和前中后台业务部门，助力全行打赢脱贫攻坚战。

■ 农发行安徽省分行扶贫业务处召开工作研讨会

农发行安徽省分行扶贫业务处（现为乡村振兴处）自2016年5月挂牌成立以来，切实发挥对全辖扶贫工作的牵头统筹作用，全程全力全面开展金融扶贫工作，助力安徽省分行连续多年在省级分行脱贫攻坚工作考核中位列第一，2019年获得总行级五一劳动奖状。

“十三五”期间，安徽省分行累计发放扶贫贷款1845亿元（下文中累计发放贷款均为“十三五”期间），截至2020年末，全行扶贫贷款余额1396亿元，占全省金融机构的50%以上，位列第一。易地扶贫搬迁专项建设基金和长期贷款份额连续5年保持90%以上，按时保质完成年度脱贫攻坚目标任务，实现了“五强化、五提升”。

强化党建统领　提升脱贫攻坚组织力

扶贫处充分发挥基层党支部战斗堡垒作用，深化理论学习、健全工作机制、加强作风建设、提高工作质效，始终奋战在脱贫攻坚最前线。牵头制定农发行安徽省分行《关于坚决助力我省打赢脱贫攻坚收官战的实施意见》和《关于试行党委（支委）决策议事清单管理的通知》。在全系统率先成立省级分行脱贫攻坚执委会办公室，牵头完善全辖扶贫工作运行机制，明确工作规则、组成部门以及职责分工，认真落实省委、省政府和农发行总行、省分行脱贫攻坚工作部署。深入开展中央脱贫攻坚专项巡视整改和扶贫领域腐败及作风问题专项治理工作，将整改措施制度化、长效化，持续巩固巡视和作风治理整改成果。以扶贫领域腐败和作风问题专项治理为抓手，对不作为、慢作为，扶贫贷款投放少、进度慢的分支机构加强检查监督，促进各项扶贫举措落实到位。

强化信贷支持　提升脱贫攻坚战斗力

扶贫处切实发挥脱贫攻坚执委会办公室作用，牵头前中后台业务部门，千方百计加大信贷投放，助力服务贫困地区打赢脱贫攻坚战。省扶贫开发领导小组连续三年专门发函，肯定农发行金融扶贫主力军作用和为完成全省脱贫攻坚目标任务作出的积极贡献。

聚焦国家粮食安全。牢牢守住资金供应主渠道地位，坚定不移做好政策性粮食收储业务，解决广大农民特别是贫困地区贫困人口粮食“卖难”问题，在贫困人口集中、售粮需求较大的区域，挂牌设立精准扶贫示范收购库点，为售粮贫困人口及收购贫困人口粮食的经纪人开辟绿色通道，累计发放粮棉油扶贫贷款715亿元。

聚焦“三保障一安全”。持续加大对教育、健康、农村安全饮水及贫困村提升等领域支持力度，累计发放“三保障一安全”扶贫贷款179亿元。率先投放全系统首笔教育扶贫贷款，提升阜南、利辛、界首等地基本办学条件；创新探索承贷主体与运营主体相分离的健康扶贫“灵璧模式”，破解萧县、砀山、太和等地“看病难、看病贵”；加快贫困村脱贫出列进度，改善金寨、霍邱、石台等地贫困人口生产生活水平；解决贫困人口"吃水难""出行难"问题，支持宿州全辖农村饮水安全、六安全域城乡客运一体化等一大批强基础项目，促进城乡公共服务均等化。

聚焦地方特色产业扶贫。始终把促进贫困地区产业发展、农民增收摆在突出位置，围绕区域特色产业和生态建设，累计发放特色产业扶贫贷款79亿元。落实省委、省政府关于加快恢复生猪生产和支持小微企业复工复产的决策部署，支持临泉6.4亿元天邦股份现代化、牧原集团和新希望集团等一大批生猪养殖项目，集中支持利辛、岳西、灵璧共计5.19亿元金鸡扶贫特色产业项目，实现了支持全省金鸡扶贫项目全覆盖，壮大村集体经济，增强贫困人口自主造血能力。

强化路径探索　提升脱贫攻坚创造力

为积极应对外部形势和政策环境变化，扶贫处应势而变，担当作为，牵头成立脱贫攻坚"红色小分队"，协调前中后台和省市县三级行，多维度开拓创新，探索服务脱贫攻坚新路径，农发行总行开发的多个扶贫信贷产品率先在安徽落地。

创新机制，打造金融扶贫实验示范区。全力推进安徽省政策性金融扶贫实验示范区建设，促成农发行总行与安徽省政府签订《共创省级政策性金融扶贫实验示范区合作协议》，自创建以来扶贫贷款投放和余额持续保持全省金融行业第一名。聚焦重点区域和重点领域，先后制订了支持产业扶贫、深度贫困地区和行蓄洪区专项扶贫金融服务方案，分别发放扶贫贷款794亿元、305亿元和732亿元。不断提升站位，主动承担全省易地扶贫搬迁专项建设基金和长期贷款90%以上份额，支持了全省800多个易地扶贫搬迁安置点建设。

创新模式，丰富扶贫信贷产品种类。先行先试扶贫信贷产品取得突破。在系统内率先采用批发贷款模式，支持岳西县182个村集体增收出列；率先投放首笔教育扶贫贷款，取得职业教育扶贫工作新突破；创新探索承贷主体与运营主体相分离的健康扶贫"灵璧模式"，切实发挥政策性银行在健康扶贫领域的补短板作用，并被总行在全系统推广。探索支持产业化联合体扶贫新路径，创新产业扶贫"岳西模式"，发放贷款3400万元，有效支持地方特色蚕桑产业可持续发展，带动1.7万户蚕农、180名易地扶贫搬迁人口稳定增收。

创新品牌，树立安徽农发行扶贫品牌形象。扶贫处牢记习近平总书记"脱贫攻坚不仅要做得好，而且要讲得好"的重要论述，讲好农发行扶贫故事。组织开展扶贫主题研讨，提炼推广政策性金融扶贫的理论成果、实践经验和创新模式；围绕脱贫攻坚在《安徽日报》头版、《农村金融时报》、《金融时报》、新华网、人民网等多家重要媒体刊发200多篇宣传稿件；连续参加新浪安徽组织开展的金融行业综合评选活动，积极申报年度银行杰出贡献人物、优秀扶贫单位、优秀扶贫事迹等奖项，获得安徽省金融行业综合评选“优秀扶贫单位”称号，有效提升了金融扶贫社会影响力。

强化定点帮扶　提升脱贫攻坚号召力

扶贫处作为农发行安徽省分行落实省直单位定点扶贫工作的具体承办部门，认真落实定点扶贫要求，着力构建融资、融智、融商、融情“四融一体”帮扶工作体系，在省政府组织的省直单位定点扶贫工作成效考核中获得“好”的最高等次评价。

着力支持定点县重点领域，制订了年度金寨县和长岭关村帮扶计划，支持了金寨县25.6亿元现代产业园区返乡创业示范园和城乡基础设施提升等一批民生工程。着力开展消费扶贫，在全行开展“消费扶贫月”活动，引导全辖采购贫困地区特别是定点县特色农副产品，累计购买扶贫产品180余万元，发动社会及客户购买约37万元。着力支持定点村产业发展，累计组织捐款170余万元，建设光伏电站、中药材服务中心和标准化厂房等村集体产业。着力“志智双扶”，出资20万元，为31个国定、省定贫困县订购《党建》杂志，加强基层党支部建设。

强化精准管理　提升脱贫攻坚执行力

扶贫处始终把精准作为政策性金融扶贫的生命线，严格执行扶贫贷款全流程管理要求，确保扶贫贷款放得出、管得住、成效好。

加强带贫成效数据监测，建立按日监测贷款投放及成效信息机制，发现问题、立行立改，从源头守住精准底线。坚持检查全覆盖，按年开展全辖扶贫贷款认定和扶贫成效专项检查，并跟进部署“回头看”专项工作，确保扶贫成效准确有效。加强扶贫贷款贷后检测与风险预警，加固扶贫成效底板。强化信贷人员培训，坚持问题导向，结合各类检查及日常监测过程中发现的常见易错点，举办全省扶贫贷款认定和数据质量管理工作专题视频培训，协同后台部门，形成指导合力，举办全省客户经理系统操作培训，确保全行扶贫贷款做到认定精准、投放精准、贷后成效精准，精准管理考核指标获得全系统省级分行唯一满分。

风起绿柳岸　扶贫济“三农”

——记“2020年全国金融五一劳动奖状（脱贫攻坚先进典型）”农发行金寨县支行

东风抚柳岸，青青夹御河。史河边上的柳树昂首而立，不远处的红军广场上“星星之火可以燎原”的革命烈士纪念碑肃然挺立，古柳见证了党的光辉从星星之火燃遍神州大地，而紧依着古柳的农发行金寨县支行也高举习近平新时代中国特色社会主义思想的旗帜在政策性金融的广阔天地默默耕耘。“大别山精神”的宣传标语入门可见，农发行金寨县支行也在党的建设中不遗余力，以“不忘初心、牢记使命”主题教育为核心，将全面建成小康社会、实现全面脱贫目标视为对人民的郑重承诺，以实际行动投身服务革命老区“三农”事业。

农发行金寨县支行贷款支持的金寨县100兆瓦光伏扶贫电站项目

农发行金寨县支行成立于1997年1月。目前在职员工19人，党员占比为73.68%。2020年末，各项贷款余额为68.8亿元，其中扶贫贷款余额为48.53亿元，占比为70.54%。支行党支部推广“四爱教育”，全力服务革命老区建设，被授予“全国文明单位”“全国工人先锋号”“全国金融五一劳动奖状”等荣誉称号。

纪念碑下党旗红

农发行金寨县支行始终将党的建设放在重要位置，通过持续推进党建对扶贫工作引领，将扶贫工作与党的基层组织建设紧密结合，党员干部在发挥脱贫攻坚先锋模范作用中爆发出强大力量。通过不断摸索总结，创建了“党建+扶贫”的新模式，促进党员带头参与扶贫，履行社会责任，践行使命担当，实现党建与扶贫同频共振“双推进”。支行积极响应地方政府号召，发挥驻村帮扶党员带头作用，进一步确保脱贫攻坚取得实效。先后派出三位具有丰富农村工作经验的党员干部，分别到三个贫困村担任驻村扶贫干部，一驻就是2~3年。他们帮助贫困村补齐基础设施短板，完成道路硬化改造、高标准农田建设、农田水利灌溉等工程；深挖产业扶贫潜能，建成60千瓦集体光伏电站，推动特色农产品种植、黑毛猪等高附加值养殖等产业发展，完成乡村扶贫从“输血”到“造血”的根本改变。农发行金寨县支行还制订包保帮扶工作计划，行领导带头包保帮扶贫困户，先后帮助30多户村民摆脱了贫困。

充分利用好“党工团”阵地，围绕青年志愿服务，不断培育和践行社会主义核心价值观。在每年学雷锋活动和五四青年节活动期间，组织青年员工开展以金融诚信、防诈骗、反洗钱等金融知识进社区、进校园、进企业等形式多样的志愿者服务活动，让员工以不同方式参与社会公益，不断增强员工奉献社会、服务社会的主人翁意识。2017年，该行被总行评为青年文明号；2019年被总行评为文明单位、2018—2019年度脱贫攻坚贡献奖先进集体；2019年被全国金融工会授予五一劳动奖状；2020年被授予“全国文明单位”荣誉称号；2021年被全国总工会授予“全国工人先锋号”荣誉称号。

大别山区产业兴

拔地势涌出，众木还千章。站在古柳巷的尽头，依旧能看到这棵郁郁葱葱的大树，以润物细无声的方式滋养着这一方水土。它的剪影也在农发行的文化墙上，传达着无私的奉献精神和顽强拼搏的生命力。“家国情怀、专业素养”的职业精神，是农发行人农业政策性金融工作实践中所形成的优良品质的概括和总结，是新时代完成党和国家交给农发行各项任务的有力保证。

“没有农发行，就像没了这棵柳树王，就没有金寨‘绿油油’的今天。在他们的帮助下，我要同乡亲们一道，把产业搞起来。”每当提及金寨县助力产业扶贫的举措，村里的贫困户们总是满怀感激。池塘生春草，园柳变鸣禽。2016年以来，农发行金寨县支行积极支持全国人大对口帮扶“5+1”项目——安徽大别山旅游快速扶贫通道建设，促进了金寨县交通和旅游事业的快速发展，沿线近百家农家乐受益，带动400多名贫困人口就业；2016年支持农发行系统全国首笔集中式光伏扶贫项目——金寨县100兆瓦光伏扶贫电站建设，项目收益让4000户贫困户每年增收3000元，有效带动了当地贫困人口顺利脱贫。

同时，农发行金寨县支行聚焦产业扶贫，充分利用土地增减挂钩政策为金寨“斩穷根”，持续增强贫困地区自身“造血”能力。以金寨县被确定为国家土地改革试点县为契机，通过市场化运作，激活土地资源，利用土地增减挂钩结余指标转让收益和补充耕地指标调剂收益，充实项目自身现金流，积极推广公司自营融资模式。先后获批金寨县农村土地整治一期、乡村振兴双基达标一期、城乡基础设施和公共服务设施提升项目，2018—2020年累计获批土地类扶贫贷款22.4亿元，发放19.42亿元，通过实施这些项目，极大地改善了农村地区生产生活环境，解决了乡村振兴“钱从哪里来”的关键问题，为地方打赢脱贫攻坚战和实施乡村振兴战略发挥了积极作用。

抗击疫情勇担当

既滋兰之九畹兮，又树蕙之百亩。任他严寒酷暑，时光变迁，古柳岿然如初，用宽阔而壮实的枝叶庇荫着金寨儿女，它坚韧的树干已然化作一股正气，深植每一名金寨农发行人的心中。心系民生，体恤民情，农发行金寨县支行始终不忘作为政策性银行“当先导、补短板、逆周期”的职能，发扬顽强不屈的带动精神，越到冲刺阶段，越是全力以赴，越是胜利在望，越显专注用心。

面对突如其来的新冠肺炎疫情，农发行金寨县支行不畏险阻，迎难而上，坚决落实党中央脱贫攻坚战略决策部署，统筹做好疫情防控与金融扶贫工作。把金融扶贫工作当作全行工作重中之重，倾斜资源政策、加大信贷投放，对受疫情影响的困难企业给予政策支持，不抽贷、不断贷、不压贷。同时，对缓解疫情形势、增强地方抗疫物资生产能力的企业倾全力予以支持。

安徽合益食品股份有限公司就是受益者之一。公司从山区小作坊做起，借力农发行的贷款支持，生产规模不断扩大，已经成长为在新三板上市的产业化龙头企业。但受疫情影响，公司资金周转面临困难。客户经理进行回访了解到情况后，向公司讲解了应急贷款政策。在党员先锋队的帮助下，解了燃眉之急。“多亏了农发行，在这么艰难的环境中公司的经营才没有受到影响。”公司负责人感激地说。

脱贫攻坚挑重担

远上寒山石径斜，白云生处有人家。为更好地了解致贫原因，扶贫工作人员走访大别山深处。云雾朦胧间，一座座灰瓦白墙的小村落散落山中。脚下，一条条黄泥路，蜿蜒山间，阡陌纵横。在山间道路上，窄处仅有一车之宽，很多地方可以看到因为雨水冲刷导致坍塌的痕迹。走过连接道路的田埂，眼前出现的是一间间简陋破旧的砖瓦房、土坯房。这些房子大都建于中华人民共和国成立之初，已经有六七十年历史，反复翻修后，依旧有村民居住。多年来，他们一直忍受着这样恶劣的居住环境和闭塞的交通，在这里，找不到脱贫致富的希望。

为了彻底扭转地理环境恶劣的边缘山区致贫致困现状，通过前期的调研探索，农发行金寨县支行逐步确立起以改变贫困人口居住环境的“易地扶贫搬迁”项目为核心，在大别山区铸就一条人口迁移的脱贫之路，以帮助积贫积弱的老区人民彻底摆脱“一方水土养不起一方人”与“靠山吃山”之间的矛盾窘境。为保证项目实施进度，农发行各级机构成立了上下联动的联合调查小组奔走在项目推动的每个环节，建立绿色通道，加快项目申报审批进程。经过辛勤努力，“易地扶贫搬迁”“金寨县城乡客运一体化建设”“金寨县人民医院（新区）建设”等一批扶贫项目均顺利实施。

在“易地扶贫搬迁”项目贷款的有力支持下，金寨县23个乡镇的210个村300多个集中安置点，先后帮助2.8万贫困人口完成了老宅的搬迁安置。习近平总书记视察金寨县大湾村时探访过的陈泽申一家就是其中的受益者。如今，他已住进新房，屋内窗明几净，阳台上有新装修的浴室，满眼望去尽是春山如画，水绿山青。公交一体化的顺利通车帮助老区人民实现了多年来“出门走上水泥路，抬脚迈上公交车”的梦想。老区人民迈向了新的生活。

农发行金寨县支行将继续保持“坚贞忠诚、牺牲奉献、一心为民、永远跟党走”的大别山精神，在这片土地扎根、站好，孕育出无限生机，焕发出耀眼光芒。

数载扶贫须臾过　未曾磨染是初心

——记“安徽省脱贫攻坚先进个人”朱剑

自2016年5月起，他不是在田间地头，就是在村民家中，与贫困群众想在一起、干在一起、过在一起，在脱贫一线用辛勤的汗水和沉甸甸的实绩诠释一名优秀共产党员的初心和使命。他就是农发行宿州市分行驻萧县张庄寨镇欧庙村第一书记、扶贫工作队队长朱剑。

朱剑组织当地贫困户筹建的现代化高标准养鸡场

朱剑，现任农发行萧县支行党支部委员，2016年担任萧县张庄寨镇欧庙村第一书记、扶贫工作队队长。先后荣获宿州银行业协会“最美银行人”、萧县扶贫开发领导小组“优秀驻村工作队队员”、“安徽省脱贫攻坚先进个人”等荣誉称号。

排除万难干扶贫

作为有着二十多年党龄的老党员，朱剑从面对党旗庄严宣誓的那一刻起，就把共产党人的初心和使命深深地记在脑海、刻在心底。无论组织安排什么岗位，他都甘做老黄牛、勇当排头兵。在驻村扶贫前，他是农发行萧县支行的粮棉油客户经理，风里来雨里去，辛勤工作在粮棉油收购、库存监管一线，以优异的业绩被选调到宿州市分行机关工作。可朱剑没干几天，市分行党委经过层层选拔，考虑将驻村扶贫的艰巨任务交给他。2016年的一天，农发行宿州市分行党委找到朱剑谈话，宣布了选派他到贫困村驻村扶贫的决定。朱剑听后心潮起伏，本着一颗老党员为人民服务的初心，坚定地接下了这个任务。

回到家后，朱剑立刻向妻子赵玲讲述了组织选派自己担任欧庙村驻村扶贫书记的事情，妻子起初表示反对，她说："你年纪大了，驻村扶贫是一项艰巨繁重的任务，你能扛起来吗？另外，咱妈都80多岁了，还患有糖尿病，你走了，老人咋办？"朱剑动员妻子说"单位派我下乡扶贫，是对我的信任，咱是党员，就要服从组织安排。咱妈年纪大了，离不开人，就让哥哥姐姐多分担些，相信他们也会支持的。"通情达理的妻子想了一会儿，觉得有道理，表示支持。可是，仍有一事让朱剑不免烦闷。前几年，他一直忙于业务工作，无暇考取驾照，油门和刹车都分不清，此去虽是驻村，但经常去各处沟通汇报，为老百姓寻政策、要扶持是少不了的。乡村公共交通不便，"百里县乡一日还"就成了难题。正当朱剑为难时，妻子当即说道："我跟你一起去。我现在内退在家，可以跟你一起到欧庙村干扶贫，顺便给你当司机。"就这样，赵玲就成了朱剑的司机，私家车也成了扶贫车。夫妻二人载着铺盖卷、锅碗盆进了欧庙村，一头扎进欧庙村的脱贫攻坚战中。从此，欧庙村的数千百姓、一草一木就成了他们夫妻最大的牵挂。

对症下药拔穷根

欧庙村位于全国深度贫困县萧县，原有贫困人口1307人，贫困户467户，贫困发生率高达24.67%。百姓出行难、就医难、住房难、饮水难是长期困扰欧庙村脱贫致富的"拦路虎"。"家里有几口人""惠农补贴到位没有""年收入多少""家里有什么困难"，这些是朱剑到岗之初说得最多的话。在欧庙村，村民常能看到他忙碌的身影，走家串户精准识别贫困信息，到镇里县里争取扶贫资金和项目，铺路修桥、挖渠引水，他是挑山工，他是领路人，他全心投入脱贫攻坚，他的勤勉和真情很快赢得了全村人的信任和赞誉。

“要想富，先修路。”为彻底改变欧庙村道路“晴天一身灰，雨天一身泥”的情况，朱剑积极帮助村集体争取资金，寻求各方帮助。最终争取了农村道路畅通工程建设财政资金1310万元，新修水泥路24公里、砂石路5.5公里，加宽水泥路面5.5公里，彻底解决了困扰欧庙村多年的“出行难”问题。

2018年安徽发生洪涝灾害，欧庙村秋季农作物大面积受灾，农田积水不能及时排出，部分农户秋季绝收。朱剑和欧庙村“两委”暗下决心，一定要把水利设施建好。共修建了涵管桥216座、板桥8座，开挖水渠23公里、蓄水坑塘8面，新打机井90眼，农业生产靠天吃饭的情况得到大幅改善。

“要致富，产业助”，朱剑深知这个道理。国家大力提倡光伏扶贫，朱剑带领大家利用村集体的废弃地建起了光伏电站。每天可并网发电1000多瓦，每年光伏发电收入50多万元，带动149户贫困户增收，每户每年增收近3000元。争取扶贫工厂项目，建了高标准养鸡场，养殖规模超5万羽，带动59户贫困户增收，为村集体带来7万元的集体收入。

访贫问苦暖人心

朱蒙是位年仅26岁的女青年，也是欧庙村的贫困户。几年前，她不幸罹患红斑狼疮，多次外出就医，病情一度恶化，须长期服药治疗，加之父母离异，独自一人靠低保维持生计，生活十分艰难。看到这么年轻的生命遭受磨难，朱剑看在眼里、疼在心里，他立即向农发行宿州市分行党委报告，组织职工捐款。全行员工合计捐款7500元，让朱蒙及时入院治疗，病情得到控制。“这些钱救了我的命，如果没有这笔钱，或许我不能撑到现在”，朱蒙激动地说。稳定的生活离不开稳定的收入，为了解决朱蒙的后顾之忧，朱剑还帮助她做起了电商。

70多岁的武永汉是欧庙村的贫困户，膝下无儿无女，生活很窘迫，居住在老旧的土坯房屋，随时有倒塌的危险，令人揪心。一到下雨天，朱剑就坐不住，生怕老人的房子被雨淋塌，他都要第一时间到武永汉家中值守。为解决武永汉的居住问题，朱剑多方协调努力，帮助他争取到危房改造资金，不久武永汉住进了新房。朱剑还帮助武永汉申请了五保，尽一切力量帮助他改善生活。

脱贫摘帽展新颜

走进现在的欧庙村，水泥路面干净宽敞，道路两旁青草绿茵，并且都装上了路灯，家家户户通上了自来水，破危房屋不见了，村部建起了为民服务大厅和卫生室，村民活动广场几个大妈跳着广场舞，笑脸盈盈……的确，欧庙村有了新变化，贫困的帽子摘了，贫困户致富了，村容村貌也发生了改变。同时变化的还有朱剑，他的头发越来越少了，脸上的皱纹增加了。不变的是他带领欧庙村全面战胜贫困、摆脱贫困的初心和决心。一位老乡动情地说，欧庙村的变化离不开“老朱”，欧庙村的村民离不开“老朱”。面对大家的赞誉，他谦虚地说：“很多工作在脱贫攻坚第一线同志，环境比我艰苦，困难比我多，我作为一名党员，唯有坚守初心、知难而上，才能不负组织的重托和信任。”

个人感言：感谢组织给予我的荣誉。我愿意铆足干劲，继续为乡村全面振兴贡献力量。

扎根老区　倾情帮扶

——记“安徽省脱贫攻坚先进个人”戴跃

“八月桂花遍地开，鲜红的旗帜竖呀竖起来……”这首出自革命年代的歌曲在金寨这片红色的土地久久传颂，光辉灿烂的革命历史也映红了大别山区的绿水青山。金寨也曾是华东地区最闭塞的山区之一，是安徽省最典型的一块扶贫工作“硬骨头”。地处皖鄂交界、大别山深处的金寨县斑竹园镇长岭关村，境内“八山半水半分田”，基础薄弱，脱贫攻坚难度大。农发行安徽省分行驻长岭关村扶贫工作队副队长戴跃，扎根老区、倾情帮扶，摸索出一条符合当地实际的发展之路，带领群众吹响摆脱贫困的冲锋号角，实现了脱贫奔小康的愿望。

戴跃（右二）在安徽省金寨县斑竹园镇长岭关村中药材种植基地了解元胡收成情况

戴跃，现任农发行六安市分行执行客户经理。2020年8月至2021年6月任金寨县斑竹园镇长岭关村扶贫工作队副队长期间，他扎根老区、倾情帮扶，结合当地实际，大力发展中药材等特色产业，建立了一批产业基地，将村集体收入提升到27万元，帮助全村204户实现脱贫，带领长岭关村如期打赢脱贫攻坚战。

脚踩泥土　摸清底数

脚下沾有多少泥土，心中就沉淀多少真情。为了尽快掌握长岭关村贫困面貌，驻村伊始，戴跃就坚持每天早出晚归，白天走访农户，晚上整理材料。田间地头、山林小路，他用双脚丈量着这片土地。“村部天天晚上灯亮着，后来才知道是戴队长在里面坐着。我们白天在外面做农活，晚上来找他解决问题哩！”村民熊克运说。每次走访时他都带着走访清单，详细记录着每一次的走访信息，包括家庭基本情况、“两不愁三保障”情况等。同时，他随身携带的还有一本扶贫日记，上面记录了每户的经济信息、一技之长、意见建议和诉求等。对农户提出的问题，能够当场解答的予以当场解答，需要回去同扶贫工作队及村“两委”协商的，做到及时反馈。来回奔走换来的是一沓沓沉重的走访材料，他把走访信息记在了纸上，也把农户的冷暖记在了心头。

贫困户徐少华，传统观念较深，虽有一点木工手艺，但始终抱着几亩农田不放松。经戴跃反复与他算经济账，他终于同意将自家土地流转出去。同时，戴跃还介绍徐少华到镇里的施工队工作，负责长岭关村及周边房屋的修建。“要感谢戴队长啊，土地流转一年2000块钱，自己替别人盖房子也赚了不少钱呢，脱贫一点问题都没有！”徐少华高兴地说。

发展产业　助力增收

产业兴，则乡村兴。戴跃生在农村、长在农村，他深知产业对于群众增收的重要意义，也懂得产业发展中的难处。长岭关村经历了前期生姜种植的失败，村民多少有点气馁，在发展特色产业上也缺少了一份积极性。戴跃一直把培育富民产业当作第一要务，通过多方走访他了解到贫困户在发展产业上的问题：一是缺乏发展资金，部分贫困户怕担风险，不敢接受扶贫贷款发展产业；二是没有过硬的种养殖技术支撑，农业生产主要依靠经验，导致收成不稳定；三是缺乏销售渠道，出现农产品难变现的问题。为此，他引导村民合作社团结带领群众先行先试、锐意创新，充分发挥“公司+基地+大户+贫困户”的模式优势，由村集体流转土地用以产业发展，利用多种主体带动贫困户增收，同时也解决了贫困户生产难、销售难问题。经过调研，他发现长岭关村在发展中药材上潜力巨大，经与村“两委”协商考察，运用村级“三变”资金入股本村种植大户罗先平经营的家庭农场以带动元胡、浙贝母等中药材的种植。农场以每亩500元的价格流转土地200余亩，同时与贫困户签订保价收购合同，并在种植、采摘、加工、销售环节吸纳农户就业，实现户均增收5000元/年以上。

同时，他积极发展产业的举措也得到了单位的大力支持，农发行安徽省分行先后捐赠建设了96千瓦光伏电站，年均为村集体增收7万元；捐赠建设的中药材服务中心，带动了周边3个村59户贫困户，年均实现务工收入42万元；捐赠支持新建养蚕基地、茶叶加工厂，年均为村集体增收8万元，并带动周边贫困户实现就业增收。戴跃另辟蹊径，利用钉钉平台在全省农发行系统开展直播带货，进一步拓宽了长岭关村的农副产品销售渠道。

另外，戴跃定期组织贫困户统一参加技能培训、观看农技教育片，加强贫困户种养殖水平；邀请技术员到现场指导贫困户防病治虫技术，规范养殖、种植过程，增产增收。随着种养技术的提升以及收入的增加，大家的积极性也被调动起来。加之戴跃的宣传和鼓励，全村贫困户累计向金融机构申报政府贴息信用贷款136.8万元，解决了在发展产业中的资金不足问题。政府为支持贫困户发展产业，制定了产业奖补政策，种养业收入达到规定金额便可申请奖补资金。2020年，他帮助109户贫困户申请了政府产业奖补资金30万元，种养价值高达166.3万元。目前，全村形成了以中药材、茶叶、桑蚕、黑毛猪为主的特色产业布局，保证了村民收入的稳步提高。

践行文明　移风易俗

为了激发群众内生动力，让贫困人口真正成为脱贫致富的主体，戴跃在日常工作中把物质扶贫和精神扶贫有机结合起来，注重改善贫困户的精神面貌和树立脱贫致富的信心决心。他以新时代文明实践站和振风超市两个平台为依托，引导农户践行文明、弘扬美德。新时代文明实践站常态化开展志愿者活动，在发扬和传递“奉献、友爱、互助、进步”精神的同时，为文明村庄建设增添浓墨重彩的一笔。如在重阳节走访慰问本村高龄老人，营造温馨祥和的节日氛围，推动传统文化的传承与发展，让居有所养、老有所乐的观念渗透到每一个家庭。实践站开展活动的形式多种多样，除了主题丰富的志愿者活动外，还包括贴近日常生产生活的常规课堂、爱国主义电影展播、送戏下乡、技术专家现场互动等。

同时，戴跃以金寨红色文化为根基，积极宣传本村革命先烈英勇事迹，并结合村民生活习惯和特点，联合村“两委”制定了“长岭关村村规民约”，在全村范围内开展“好婆婆”“好媳妇”“最美家庭”“清洁户”“文明户”等积分奖励评比活动，着力培育文明新风。在入户评比中把文明道德、文明礼仪、文明之风送进每家每户，评比活动中树立的先进典型让群众学有榜样、学有导向。通过宣传根除部分贫困户头脑中的陈旧观念，革除“等、靠、要”思想，发挥脱贫致富的内生动力。除此之外，做好事、讲卫生、子女升学、反对封建迷信、支持村集体工作都能获得积分，村民拿到积分券后，可到振风超市换取米面粮油、日用百货等。

为丰富群众的文艺生活，戴跃和扶贫工作队向单位争取到11.5万元捐赠资金，购买生活和文化物品用于建设长岭关村农民文化乐园。在音响、乐器、服装等演出道具逐渐到位的情况下，长岭关村成立了自己的文艺演出团体——红丹桂民俗文化艺术团。在镇文化站的支持下，他们邀请人员编写了一批宣传国家扶贫政策、激励贫困户脱贫致富的文艺节目，如小品《我要脱贫》、三句半《扶贫政策进农家》等，由艺术团自导自演，重要节日期间在长岭关村文化大舞台和其他村演出。这些富有地方特色的文艺节目深受群众欢迎，反响热烈，收到了很好的宣传效果。

山川可鉴，初心殷殷，伴随着全村最后四户贫困户的脱贫评议会正式通过，标志着长岭关村的脱贫攻坚取得全胜。戴跃松了一口气，可他却始终放心不下长岭关村——这块他与当地干群共同奋斗过的地方。脱贫摘帽不是终点，而是新生活、新奋斗的起点，乡村振兴的大幕已经开启，他抖擞精神，选择继续坚守在这里，苦干实干、接续奋斗，持续巩固拓展脱贫攻坚成果，奋力书写乡村振兴新答卷！

个人感言：感谢组织和党对我的信任，我将继续扎根在长岭关村，深耕“三农”、服务“三农”，与长岭关村居民一起抓住乡村振兴新机遇，打造美丽乡村新面貌。

江西省

守初心　担使命　决战决胜脱贫攻坚

——记“2015—2017年度省派单位定点帮扶贫困村工作先进单位”农发行江西省分行

2015年7月，农发行江西省分行积极响应党中央和省市脱贫攻坚工作号召，成立驻村帮扶工作队，扎根半坪村开展对接帮扶工作。几年来，驻村工作队员们始终践行习近平总书记关于扶贫工作的重要论述，把脱贫攻坚作为各项工作的统领和基础，坚持思想向扶贫看齐、政策向扶贫倾斜、资金向扶贫聚焦、力量向扶贫集中，坚持吃住在村，与村民同去同归，在决战决胜脱贫攻坚的路上留下足迹和汗水，取得实实在在成效。

■ 农发行江西省分行驻村工作队在定点帮扶村调研

选派好驻村工作队是加强农村基层组织建设、做好“三农”工作特别是打赢脱贫攻坚战的重要举措。2015年，农发行江西省分行积极响应党中央和省市脱贫攻坚工作号召，选派驻村工作队三人组，定点帮扶国家级贫困县乐安县金竹畲族乡半坪村，为脱贫攻坚注入农业政策性金融力量。

锁定“民心链” 献上解忧排难“锦囊计”

江西省乐安县金竹畲族乡半坪村因地理位置较差，资源匮乏，是典型的“无产业、无经营主体、无集体经济组织”的贫困“三无村”，被列为“十三五”规划省重点贫困村。全村有8个村小组230户农户，总人口908人。建档立卡贫困户63户231人，占全村人口四分之一，其中一般贫困户21户91人，低保贫困户35户130人，特困供养户7户10人。

年过半百，本应携子抱孙的农发行老员工付华林初到半坪村就暗下决心，“如果让这里的贫困现状一直停滞，那我就不配当这个第一书记。”他以纯粹的党性修养、坚毅朴实的道德品性，恪尽职守，和驻村帮扶队一同全身心地投入驻村工作。

来到村里后，驻村帮扶工作队员上门走访看望困难群众，对致贫原因进行精准把脉。村里有一位八十多岁的阮大娘，膝下有两个儿子，大儿子早已失去了劳动能力，小儿子身体情况又较差，一家人日子过得非常窘迫。在了解到老大娘一家的具体情况后，驻村帮扶工作队积极与县、乡、村三级沟通，帮助阮大娘申请低保户待遇。2015年冬天，阮大娘不幸摔伤住院，需要两万余元医药费，正当一家人为筹集这些医药费发愁时，驻村帮扶工作队又主动和村支书协助其办理新农合，成功报销医药费，解决看病贵问题。还有一位七十多岁的阮大爷，早已丧失劳动能力，家里也十分清贫，全靠唯一的儿子供养，了解到他的情况后，驻村帮扶工作队便时常上门走访。有一次老大爷的儿子有事出门，忘记给他留够粮食，驻村帮扶工作队队员走访发现后，当即购买了数包大米和食用油，并联系到老大爷的儿子，告知他办完事情早点回来。对于贫困户的每件小事，驻村帮扶工作队都当作自己的大事来办，倾心倾力地为贫困户提供帮助，如搬危房、拆猪栏、建猪圈等，与群众建立起良好的感情，办实事的好名声更是在村里口口相传。走在村里任意问一位村民，谁是他们的第一书记？他们都会自豪地告诉你，是付书记。是谁帮他们改善了生活？他们都会感激地告诉你，是驻村帮扶队。而这些故事，也只是扶贫工作队帮助过的那些困难群众的几个缩影而已。

每一名党员都是一面旗帜，每一份责任都是一份担当。作为共产党员，驻村第一书记付华林和驻村帮扶工作队队员们每时每刻都能以饱满的热情和良好的精神状态投入工作，他们以村为家，为脱贫攻坚事业献出了自己的一份力量。当家人不理解他们时，付华林这样说道:“我作为半坪村的第一书记，村子现在各方面的发展都需要我。”半坪村产业发展、基础建设、民生民情等事情都让付华林操碎了心。春节假期还未结束，他便回村与村干部商议下一步的发展方向。经过村“两委”数日讨论，针对存在的困难和问题，村里确定了今后的发展规划，积极向政府各部门争取资金和各项帮扶政策措施。最终，政府决定投入资金1080万元新修公路，投入540万元发展村内产业，投入320万元资金修建农田水利基础设施，着力改善乡村环境，塑造新的村容村貌，为村子今后的发展奠定基础。

连上“交通链” 激活村级发展“神经元”

驻村工作队来到半坪村后，发现当地的交通设施急需改善。原有的瑶前桥经过数十年风雨摧残，已变得破破烂烂、摇摇晃晃，村民走在上面都要小心翼翼，出行及耕作需蹚水而过，沉重的农副产品也只能靠肩扛人拉，给村民出行带来了极大的不便，成为影响村民通行的一大安全隐患。

驻村工作队很快向农发行江西省分行报告了这一情况，省分行和当地村委会共同向乐安县财政局申请重修此桥，经过协调磋商，当地政府拨付了资金对瑶前桥进行修缮。在村里，由于缺乏水利设施，村民们普遍采用传统的引水方法灌溉田地，耗时耗力，面对这种情况，农发行江西省分行先后捐助25万元，为村内修建一座拦水堤坝和长度900米的水渠，解决十余公顷缺水农田的灌溉问题，村民得到了实实在在的便利。

撬动“产业链” 撑起群众脱贫“钱袋子”

随着对驻村工作的深入了解，队员们发现该村产业基础良好，但村民技术水平普遍偏低，想要改变半坪村贫困现状，就必须因地制宜，利用好本地资源优势。队员们走巷串户，深入田间地头，与村民话家常、聊发展，摸清贫困根源，掌握实际情况。半坪村人均占有耕地少，地形主要为河谷地带和沟谷地带，适宜耕种面积较少，无法进行规模化、机械化的田间生产耕作，使得种植业产出效益较低，造成农民收入难、收入低。因此，驻村工作队依托河谷、沟谷地带及山区林地等地域特点，科学规划发展，多次邀请技术人员为全村贫困户进行就业培训，制订脱贫计划，积极筹措资金，大力发展特色优势产业，鼓励扶持贫困户加入种桑养蚕合作社、稻花鱼养殖合作社、猕猴桃种植合作社等。多措并举，有序推进“富民产业扶持发展年”“富民产业培育提升年”“富民产业提质增效年”。

“驻村工作队来的这两年，我的年收入增加了3000余元。”光伏发电合作社的王大叔说道。

近年来，驻村工作队为半坪村争取投入资金累计达510万余元。其中，包括扶贫资金17万元，用于种植和低改毛竹林、油茶林40多公顷；投入资金合计60余万元，成立种桑养蚕专业合作社，吸纳贫困户24户，种植桑树8公顷，新建蚕房1170平方米，使贫困户户均增收1000余元；投入资金176.25万元，协助成立光伏发电合作社，为47户贫困户安装了光伏发电设施，户均年增收3000元；为村小组安装了20块光伏电板，年增收6万元；投入资金53万元，改造村内公路长300米、修建进村公路砌挡土墙等一系列惠民工程。正是他们真心实意、真抓实干，绘就了半坪村脱贫攻坚的壮丽画卷，实现了半坪村贫困人口全部脱贫。

脱贫攻坚是一场必须打赢打好的硬仗，农发行江西省分行以高度的政治担当和责任担当投身其中，彰显了农发行人的魄力，充分发挥了农业政策性银行的示范引领作用。

聚“万企”之力　办“万村”之事

——记“全国‘万企帮万村’精准扶贫行动组织工作先进集体”农发行广信区支行

2015年，从“万企帮万村”号角吹响的那一刻起，农发行广信区支行以“万企帮万村”精准扶贫行动为载体，聚焦抓党建、兴产业、强基础等帮扶措施，紧密依托当地自然、人文、企业等各类资源，积极搭建贫困农村和信贷客户之间的桥梁，走出了一条聚“万企”之力，办“万村”之事的新路子，谱写了一曲政策性金融助力打赢脱贫攻坚战的时代之歌。

党建统领凝聚扶贫合力

近年来，农发行广信区支行在上级行党委的正确领导下，坚持总行“服务乡村振

■ 农发行广信区支行信贷支持的龙头企业油茶场

农发行广信区支行秉承“支农为国、立行为民”理念，在支农扶贫的道路上稳扎稳打，不断创新。自“万企帮万村”行动开展以来，累计发放扶贫贷款59.53亿元。截至2021年4月底，全行贷款余额为70.11亿元。该行先后获得“脱贫攻坚特别贡献奖”“万企帮万村”精准扶贫行动组织工作先进集体称号、“爱心企业”等多个奖项。

兴的银行”战略定位，紧紧围绕农发行江西省分行党委“党建统领、创新发展、底线思维、夯实基础、量质双先”的工作思路，主动提升政治站位，把助力贫困地区脱贫攻坚作为听党话跟党走的具体体现，积极投入助力贫困地区脱贫攻坚战役。

为压实压紧扶贫责任，充分发挥示范党支部的战斗堡垒作用，该行迅速成立了以党支部书记为组长的“万企帮万村”精准扶贫领导小组，制订年度结对帮扶工作任务和年度行业扶贫工作计划，形成了主要领导负总责，分管领导具体抓，部门人员协力推进、共同落实的良好工作格局。全行各部门分工明确、紧密合作，形成脱贫攻坚的强大合力。

农发行广信区支行党支部书记、行长谢伟成是一位异地交流干部，在背负着父亲重病外地就医、家人两地分居的重重压力下，他充分发挥党员先锋模范带头作用，始终战斗在扶贫工作一线。在他的带领下，五年来，农发行广信区支行帮扶队心系贫困群众，累计入村到户186次，助力企业和乡村对接25次，精准帮扶建档立卡贫困户12户，全行发展信贷企业24户，信贷资金覆盖全区21个乡镇，惠及贫困人口4万余人，被区政府授予“脱贫攻坚特别贡献奖”“脱贫攻坚先进集体”等荣誉称号。全行涌现出多名市级以上优秀共产党员，真正让党旗高高飘扬在战斗一线。

因地制宜抓好特色扶贫

上饶市广信区曾为上饶县，是上饶辖内四个国家级贫困县之一，产业结构较为单一，贫困人口占比较大，脱贫任务十分艰巨。2018年初，为进一步落实推进农发行总行脱贫攻坚和乡村振兴战略职责，有效服务和助力乡村经济发展，农发行广信区支行深挖区域特色，深入对接政府各部门、各乡镇。在调研过程中，了解到广信区望仙乡坐落于国家AAAA级景区——上饶市灵山景区北部，有着天然的自然资源禀赋，辖区内“灵山大峡谷”的地势地貌非常适合开发旅游项目。但该乡曾因石材过度开采造成严重的环境污染，乡村经济结构失衡，年轻人外出打工，2017年初，贫困发生率达9.7%。

为留住“绿水青山”，让这块宝地真正发挥生态旅游的光和热，农发行广信区支行与企业、政府有关部门、区国有企业等成立了项目攻坚小组，为项目提供“融资+融智”品牌金融服务。2018年，广信区委、区政府将该项目列入全区扶贫重点工程。在经过充分的调研沟通后，农发行广信区支行提出了将旅游扶贫与美丽乡村建设、农业现代化相结合的思路，通过拟吸纳建档立卡贫困户参与项目建设，提供乡村导游、保洁、服务员等就业岗位的方式，进一步解决当地贫困人口就业创业问题。

在建设内容方面，农发行广信区支行拿出了两套方案。一是引导当地村民充分利用农村田园景观、民俗农耕文化和地形地貌特点，通过传统农家乐、民俗文化展、乡村客栈酒店、特色农业观光等多种模式发展乡村旅游，用足用好生产资源，有效拓宽增收致富渠道，实现农业产业结构优化、农村文明程度提升、农户脱贫致富的目标。二是根据上饶的人文特点，以十多种农业手工作坊为核心，打造以赣东北风味为主的农业商品街市，做到一店一特色。通过开店不设房租，收入每月分成的模式，降低店家经营压力。最终，两套方案均被采纳。随着该笔旅游扶贫项目的成功落地，3.6亿元信贷资金精准注入，这座宝藏山谷终于焕发出别样光彩。

如今的望仙乡，峡谷清幽、碧水欢腾，青崖石阶、乱石飞瀑，古朴纯美中透露着静谧，吸引着八方游客，被人称为“望仙谷”。自2020年10月21日试营业以来，望仙谷景区累计接待游客已超过59万人。高人气给山谷带来的是就业率和村民收入的不断升高。

“现在山变青了，水变绿了，来咱们乡玩的人也多了，卖点土特产、搞搞民宿也能赚钱了。”在望仙乡生活了大半辈子的魏灿福，看着眼前这“焕然一新”的家乡不觉笑开了颜。目前，该项目通过旅游扶贫已成功辐射10个行政村、81个自然村，带动贫困人口增收脱贫超过3000人，真正实现“绿水青山”向“金山银山”的价值转换。

当好“三员”推动产业扶贫

在推动“万企帮万村”精准扶贫行动中，农发行广信区支行提出“党建作保障、政府作引导、公司作龙头、基地作示范、贫困户作股东、种植户作产业”的工作思路，当好“三员”角色，推动党建优势转化为产业扶贫优势，持续发挥政策性银行“当先导、补短板、逆周期”的作用，在支农扶贫的道路上稳扎稳打、持续发力。自“万企帮万村”行动开展以来，累计支持扶贫企业18家，发放贷款59.5亿元，真正在企业和贫困村之间架起桥梁，做到聚“万企”之力，办“万村”之事。

当好精准扶贫联络员。脱贫攻坚的关键是精准帮扶，要做到帮扶对象精准、帮扶内容精准、帮扶方式精准、帮扶成效精准。农发行广信区支行从党员队伍中精心挑选四名责任心强、政治素养高的帮扶干部组成帮扶队伍前往贫困村广信区枫岭头镇坑口村，通过走访贫困户、与坑口村党支部进行党建共建等方式，了解贫困户的生产生活所需，建立工作台账，形成分析报告。将贫困村和贫困户“缺什么”“要什么”与帮扶企业“能帮什么”“需要什么”进行对接，找准精准帮扶切入点，重点做好沟通工作。积极与已建立信贷关系的企业沟通，逐个摸查扶贫意向，鼓励有能力的企业通过捐款捐物、招收务工人员等方式帮助贫困村。在农发行广信区支行的努力下，村里的水利设施建起来了，贫苦保障用房盖起来了。如今，该村10户建档立卡贫困户均已脱贫。

当好生态环境“警卫员”。位于上饶市广信区的槠溪河，属于长江流域鄱阳湖水系五大河流之一信江河的支流。作为一条横跨全区的河流，多年来由于缺乏管理，污染损耗严重。每逢雨季，河水泛滥，周边村民苦不堪言。为治理水患，助力宜居环境建设，农发行广信区支行立即组织人员对接企业、协助勘查现场、查阅资料，共同制订出一套可持续发展的战略性水利、生态市政配套基础设施方案，最终获批水利建设中长期贷款11.8亿元并完成投放6亿元，用于支持上饶县槠溪河河道综合治理。项目顺利实施后，区域内防洪标准得到显著提高，当地村民生活环境脏乱差的状况得到有效改善。生态环境部、财政部等相关部委视察该项目时都对农发行的支持成效给予充分认可。“开窗见景，出门见绿，这可成了咱们家门口的公园，咱们老百姓再也不用为下雨天发愁啦。”说起槠溪河的变化，村民们赞不绝口。

当好扶贫产业“引路员”。2016年以来，农发行广信区支行以产业扶贫为抓手，创新设计贷款模式，按照“产业扶贫项目资金撬动，银行资金注入，国有农投公司承贷，政银联合管控，新型农业经营主体经营，村集体固定收益分红”的贷款运作思路，推动现代农业产业园建设项目。针对“云田”菌菇基地与村级扶贫产业合作社单一的劳动雇用模式，广信区支行提出了“农业合伙人”模式，把简单的雇用模式转变为经营合伙模式，即“合作社投资盖大棚、企业出钱租大棚、农户出力搞种植”的模式，让农户从打工人转变为合伙人，从而拓宽农户收入渠道，切实提高农户种植积极性，有助于合作关系稳固。目前，该基地与皂头镇5个村级集体产业合作社合作，已培养菌菇经纪人35名、中草药技术人员15名、熟练采摘工300余人。菌菇大棚从以前的12栋、10530平方米增加到现在的57栋、50000平方米。

河南省

精准扶贫闯新路　践行初心担使命

——记“河南省脱贫攻坚先进集体”农发行扶贫金融事业部河南分部

自脱贫攻坚战打响以来，农发行扶贫金融事业部河南分部以习近平总书记扶贫工作重要论述作为行动纲领和根本遵循，围绕省委、省政府脱贫攻坚重大部署，着力构建“全行全力全程”扶贫工作格局，推动各方力量、各种资源、各项工作向服务脱贫攻坚聚合。五年来，全行累计发放扶贫贷款1002.46亿元，居全省金融同业第一，带动贫困人口139万人次。连续两年在省脱贫攻坚考核中获得“好”的最高等次，并分别在省定点扶贫、易地扶贫搬迁专项考核中获得“好”的最高等次，全省18个集体和7名

■ 农发行河南省分行支持的河南省最大的易地扶贫搬迁安置点——卢氏县兴贤里社区

农发行扶贫金融事业部河南分部发挥对全行服务脱贫攻坚工作的统筹谋划、牵头协调和推动落实的职能，坚持实干兴邦，实干惠民，聚焦易地扶贫搬迁、基础设施扶贫、产业扶贫等重点领域，源源不断向贫困地区提供金融活水，帮助贫困群众圆了“拔穷根、挪穷窝、兴产业”的幸福梦，助力河南省高质量打赢脱贫攻坚战。

个人被省委、省政府授予脱贫攻坚先进表彰，充分发挥了先锋主力模范作用。2020年12月20日，河南原省委书记王国生同志批示：河南农发行在脱贫攻坚工作中是有功劳的，社会各界是认可的。

聚焦挪穷窝拔穷根　助力易地搬迁扶贫

农发行河南省分行将支持易地扶贫搬迁作为服务脱贫攻坚的“切入点”和“突破口”，树立易地扶贫搬迁主力银行地位。“十三五”期间，累计发放易地扶贫搬迁专项贷款17亿元、专项建设基金6亿元，支持10个地市、40个县（市、区）建设安置点868个、安置房216.75万平方米，搬迁贫困人口10.5万人。

来到河南省深度贫困县之首的卢氏县，见到兴贤里万人社区居民刘娟。她激动地说：“以前山大沟深，晴天蹦着走，雨天滑着走，这种日子一去不复返了！新房子真气派！”在卢氏县，像刘娟这样的搬迁户有数万人，分别被安置在靠近县城、靠近乡镇政府、靠近产业园区的地方，实现了从“山民”到“市民”的华丽转身。2016年以来，农发行河南省分行对卢氏县从初期农发重点建设基金介入0.79亿元，到易地扶贫搬迁贷款拨付9.17亿元，支持卢氏县建成集中安置点55个、住房9310套、面积84.6万平方米，使3.86万名贫困群众搬出深山，入住新房。

2020年金秋，卢氏县兴贤里万人社区热闹非凡，农发行河南省分行与兴贤里街道办事处共同成立了党建共建基地，将支部建在项目上，在完成易地扶贫搬迁任务工程建设的基础上持续发力，批复卢氏县易地扶贫搬迁后续扶持贷款8.2亿元，这是农发行河南省分行金额最大、单笔支持子项目最多的易地扶贫搬迁后续扶持项目贷款，对于巩固拓展脱贫成果同乡村振兴有效衔接、改善农村人居环境具有里程碑式意义。其支持卢氏县兴贤里、文博佳苑、河洛嘉园等千人以上安置社区配套基础设施和公共服务设施建设，涉及教育、供水、污水处理、垃圾处理、路网等18个领域，服务区域内户籍人口9.5万人，搬迁贫困人口1.6万人。

目之所及，兴贤里社区，为民服务中心、扶贫车间等基础设施一应俱全，老人日间照料所里，刘娟的父亲笑得合不拢嘴，篮球场上的孩子们正在挥洒着汗水；公共实训基地已经建成，通过培训每年可向就业单位输送技能型人才5000余人。社区不远处的两个幼儿园在青砖绿瓦的映衬下格外引人注目，每年可解决700余名贫困户子女的上学难问题……

聚焦“三保障”扶贫工程　助力农村基础设施建设

脱贫攻坚战打响以来，农发行河南省分行聚焦解决“三保障”和农村基础设施建设突出问题，发放专项扶贫贷款131.1亿元，建设18所扶智学校，新建校舍147栋，配备674间计算机教室；支持建设46条扶贫路，新增乡村公路里程2.38万公里、覆盖3216个贫困村；建设18座爱心医院，新增医院诊疗能力2.18万人次、新增床位1.02万张，有效改善了贫困地区人居环境和民生领域设施服务水平，打通脱贫攻坚“最后一公里”。

点亮教育扶贫新希望。习近平总书记多次强调：“治贫先治愚，扶贫先扶智，扶智先扶教。”河南省内乡县是位于秦巴片区的国家级贫困县，通过教育信息化建设推进教育扶贫是内乡县打赢脱贫攻坚战的重要举措之一。农发行河南省分行主动宣传教育扶贫信贷政策，三级行联合专班办贷，审批投放2.3亿元教育扶贫贷款。该项目已完成数据中心建设、271间计算机教室的线路部署、291所学校的综合布线及网络改造、5400个监控摄像头的安装部署及网络调配、630台教师用机、340台多媒体一体机以及平台应用软件配套，覆盖全县296所中小学、教学点、局直机关，直接服务于全县8.7万名学生，贫困学生9659人。该项目的实施，不仅提高了内乡县教育公共服务水平和工作效率，而且为内乡县教育机构、广大师生和家长应对疫情奠定了基础。

提升县域医疗能力补短板。河南省汝阳县既是国家级贫困县又是革命老区，该县人民医院始建于20世纪50年代，只能容纳200名病人，发展空间严重不足，且在老城区，交通极为不便，不能适应群众就医需求。农发行河南省分行获悉汝阳县人民医院新院区建设项目是政府重视、百姓期盼、有显著扶贫效果的民生工程后，当即表示开通办贷“绿色通道”，特事特办，以最快的速度实现项目审批发放。在项目申报期间，省、市、县三级行办贷人员鼓足“不破楼兰终不还”的劲头，夜以继日连轴转，促成该项目自营销到审批仅用36天时间，审批贷款3.1亿元，投放贷款1.54亿元，实现全省农发行健康扶贫中长期贷款破题。项目建成后，将进一步提升汝阳县域医疗能力，惠及全县52万人及周边相关县市广大建档立卡贫困人口。

改善人居环境谱新篇。河南省宜阳县位于豫西山区，属国家级贫困县。近年来，该县认真贯彻落实《关于加快推进贫困村提升工程的指导意见》精神，围绕贫困村生活污水垃圾治理、村容村貌提升、农村厕所粪污治理等重点任务，全面实施贫困村提升工程。农发行河南省分行积极营销，主动作为，多次向县委、县政府专题汇报，推介农发行信贷产品，并根据当地政府脱贫任务重，资金投入大的实际情况，因地制宜提出以宜阳县16个乡镇42个贫困村及脱贫任务重的非贫困村提升工程+土地整理项目（一期）为切入点，创新“贫困村提升工程+土地整理项目”信贷支持模式，分期筹措资金，发挥政策性银行在服务脱贫攻坚关键时期不可替代的金融推动和桥梁作用，获得县领导和相关部门高度赞誉。短时期内，迅速审批贷款4亿元，到截稿时已发放3.18亿元，已建成污水处理厂13个、改厕5.6万个、带动16个乡镇贫困人口脱贫，对农村垃圾治理、污水处理、生态恢复和村容村貌提升产生了极大促进作用。

聚焦带贫龙头企业　助力产业扶贫短板

产业扶贫是“十三五”时期农发行河南省分行服务脱贫攻坚的重头戏，围绕粮棉油收储延伸产业链条，通过资金“输血”和“造血”功能，把依托产业化龙头企业大力发展产业扶贫作为主战场，累计投放各类产业扶贫贷款854.36亿元，打造了农发行河南省分行扶贫银行品牌，取得了丰硕成果，实现了当地政府、企业、建档立卡农民“三满意”。

在河南省内乡县，畜牧养殖企业牧原食品股份有限公司是全国工商联确定的精准扶贫先进民营企业、农发行总行“万企帮万村”示范企业，内乡县支行通过搭建银企联建平台，设立“牧原客户服务事业部”，推动牧原这个市值2000多亿元的上市公司探索实施了“公司+基层组织+专业合作社+金融+贫困户”的“3+N”产业扶贫模式，“3”，即资产收益、转移就业和劳务外包；“N”，即金融扶贫、订单扶贫、消费扶贫等多种扶贫方式组合。如在资产收益模式上，每个村组建村级扶贫专业合作社，县级组建扶贫联合社，政府和银行通过整合各类扶贫资金为村级扶贫专业合作社注入运营资金，用于建设扶贫养殖基地，然后租赁给牧原集团，租金收益10%用于村级扶贫专业合作社公积金，剩余部分用于社员分红，协议到期后，牧原集团按原价回购资产，可实现养殖贫困户连续10年户均年收益3200元左右。让贫困群众充分参与到扶贫产业中，通过双手创造价值摆脱贫困，推动“输血式”扶贫向“造血式”扶贫转变。该模式短短两年时间，就成功复制到全国10个省37个县，惠及贫困户12.1万户。

牢记嘱托　全力以赴　助力脱贫攻坚

——记“河南省脱贫攻坚先进集体”农发行河南省分行驻滑县四间房镇北呼村工作队

农发行河南省分行驻滑县北呼村扶贫工作队，铭记党委嘱托，践行初心使命，坚守扶贫前线，履职尽责，精准施策，攻坚克难，担当作为，用实际行动向农发行河南省分行党委和滑县北呼村党员群众交上了一份满意答卷。2020年，北呼村党建、脱贫攻坚、人居环境治理等工作排名位居全镇前列，率先通过全国脱贫攻坚成效普查验收，驻村扶贫工作队得到了党员群众的一致肯定和赞扬，由衷地赞誉农发行是“真正

驻村扶贫工作队到贫困户蔬菜大棚了解蔬菜种植情况

农发行河南省分行驻滑县北呼村扶贫工作队驻村脱贫攻坚期间，累计筹措帮扶资金748.82万元，实施帮扶项目17个，实现全村建档立卡贫困户142户641人在2020年底全部脱贫。驻村扶贫工作队荣获“河南省脱贫攻坚先进集体”称号。

为农民服务的银行，是老百姓的贴心银行”。

精准识别，一户一策，筑牢致贫风险“防线”

驻村扶贫工作队坚持识别程序，精准监测贫困户，建档立卡，定期走访，与贫困户深入对接，了解家庭状况，详细分析致贫、返贫原因，“一户一策”制订帮扶计划，落实就业扶贫、低保兜底等各项扶贫政策。村民王付勇因给14岁儿子治疗白血病，花费医疗费20多万元，耗干了家中所有积蓄，被识别为贫困户。孩子病情一直不稳定，2018年办理休学，每半个月就要到郑州住院化疗，为了照顾患病的孩子，王付勇夫妇无法外出务工，家庭没有经济来源，生活非常困难。驻村扶贫工作队了解到王付勇家庭情况后，经常和王付勇交谈，时刻关注孩子治疗的最新情况，鼓励孩子边养病边学习。工作队还一再嘱咐，钱的事不用担心，国家健康扶贫政策可以解决90%以上的医疗费，农发行结对帮扶解决一部分。为了增加王付勇家庭收入，驻村工作队推荐王付勇夫妇担任村里的文化协管员和村级协管员，在不影响照顾孩子的前提下，获得一定的收入贴补家庭；推荐孩子的姐姐参加糕点师培训，在濮阳市成功就业。通过积极的治疗，孩子的病情逐步稳定，2020年下半年重新回到学校，开启了新的生活。

因地制宜，找准路子，播下产业致富“种子”

摘掉贫困帽子难，保住脱贫成效更难。精准脱贫要在规定时限内实现目标任务，又要为贫困人口不返贫打好基础，引导群众走上脱贫致富奔小康的道路。驻村扶贫工作队经多方调研和实地考察，请教地质、水文、农林等专家，决定把调整农业种植结构、实施产业脱贫作为促进村民增收的切入点和脱贫致富的突破点。北呼村地处黄河故道，土质含沙多，松软固湿，比较适合种花生，但原有花生品种老化，经济效益不高，工作队协调县农业农村局引进高油酸花生豫花37号，推广种植140公顷，因花生品质极好，县滑丰公司将其作为种子收购，收购价每斤高于市场价0.2~0.5元，为村民增收约30万元。积极发展产业和集体经济，鼓励村民探索种植特色农作物，引进帮扶资金，修建7座、2公顷蔬菜大棚，邀请农艺师进行蔬菜、花生种植精确指导，引导更多的村民种植经济作物，增加种植收入。

筹措资金，改善环境，村容村貌“焕然一新”

驻村扶贫工作队到北呼村后，看到村里农业生产生活设施落后，办公场所简陋，道路环境脏乱，下定决心改变村容村貌。通过农发行等多方筹措资金，先后硬化修缮街道路面1.5公里，安装太阳能路灯76盏，种植绿化树600多棵，修建村民文化广场和活动室，建成标准化卫生室，进行电网升级改造，建设覆盖全村的有线电视和宽带网络，开通到县城的公交车，人居环境得到极大改善。道路平整、环境整洁，夜晚路灯通明，文化活动室欢声笑语，文化广场成为村民健身娱乐的好去处……说起村里的变化，村民感叹："驻村工作队进驻以来，村里小伙娶媳妇容易了，出门串亲戚方便了，这样的日子越过越有滋味了。"国家的惠民政策让村民实实在在增强了幸福感、获得感。驻村工作队真心实意为贫困户办实事办好事，真心换真情，得到老百姓的由衷认可。

情系教育，心系学生，爱心助学筑梦前行

教育扶贫是扶贫重点任务之一，习近平总书记曾强调："再苦不能苦孩子，再穷不能穷教育。"2019年5月初，驻村扶贫工作队在走访中了解到，滑县四间房镇第三完全小学（附近三所村办小学合并而成）教学条件简陋，电脑、打印机、投影仪等教学设备紧缺，随即向农发行河南省分行申请向该小学捐赠教学设备。"六一"儿童节前夕，农发行河南省分行行领导带领扶贫业务处、信息科技处等部门负责人到滑县四间房镇第三完全小学看望老师和同学们，并带来一份节日礼物——电脑60台、投影仪2台、打印机14台，缓解了学校的电教设备短缺问题，改善了学校的教学条件，激发了全校学生立志报效祖国的学习热情，受到地方党委、政府和学生家长的一致好评。

抗击疫情，助力脱贫，"护航"村民复工复产

2020年是决胜脱贫攻坚收官之年，扶贫工作任务繁重，突如其来的新冠肺炎疫情无疑给脱贫攻坚增加了不少难度。疫情暴发后，驻村工作队积极响应中央决策部署，坚决落实疫情期间的脱贫攻坚职责，驻村扶贫工作队第一时间返村到岗，带领村"两委"干部、年轻党员封村封路，值班巡逻，排查从疫情严重地区返乡人员，宣传防疫要求，监督回乡人员居家隔离。积极摸排困难群众受疫情影响情况，帮助解决生活上的米、面、油供应问题，医疗上的药品购置问题，生产上的化肥、农药购置问题，切实做到疫情下贫困家庭生产生活不受大的影响。关注国内疫情发展和复工复产复学信息，及时通告村民，协助为外出务工300多人办理通行证和居家隔离证明，对暂时不能外出务工的贫困户，就近介绍到扶贫企业工作，力争不降低贫困家庭的经济收入。积极协调，帮助村民解决农产品销售问题，积极联系滑县华丰种

业等公司，收购北呼村的农产品。积极向农发行机构和员工推介购买北呼村扶贫产业帮扶企业京鸿纸业公司的扶贫消费产品卫生纸，协助销售产品14.74万元，间接带动北呼村贫困人员就业。

日升日落，见证着工作组精准脱贫的决心和勇毅；云卷云舒，记录着扶贫队助力致富的足迹和身姿。几年来，驻村扶贫工作队舍“小家”顾“大家”，用心用情，奋战扶贫一线，为脱贫攻坚作出了积极贡献，赢得了党员群众的赞誉和地方党委、政府的充分肯定，展现了农发行人的风采。

勇当金融扶贫“排头兵”

——记“河南省脱贫攻坚先进集体”农发行三门峡市分行政策性业务部

脱贫攻坚战打响以来，农发行三门峡市分行聚焦贫困地区“两不愁三保障”等突出问题，立足农业政策性银行的政策优势，切实发挥金融扶贫先锋主力模范作用，勇当金融扶贫“排头兵”。政策性业务部作为该行脱贫攻坚的牵头部门，切实履行职能部门作用，凝聚全行合力，紧盯产业扶贫、交通扶贫、易地扶贫搬迁三大任务，综合协调，主动作为，坚持以党建引领凝聚攻坚合力，以精准施策保障政策落实，以精准发力换取丰硕成果，为三门峡市高质量打赢脱贫攻坚战注入源源不断的金融活水，谱写了一曲脱贫攻坚战场上的华丽篇章。

三门峡市分行支持卢氏县香菇产业扶贫集群开发项目

自脱贫攻坚战打响以来，农发行三门峡市分行累计发放各类扶贫贷款67亿元，位列三门峡市各金融机构首位。2020年，被三门峡市委、市政府授予“突出贡献奖”，并获得五一劳动奖状。三门峡市分行政策性业务部积极发挥“牵头协调、业务指导、服务全行”的工作职能，为脱贫攻坚作出了突出贡献，2021年5月荣获“河南省脱贫攻坚先进集体”荣誉称号。

产业造血，一县一业撑起"致富伞"

坚持把产业扶贫作为脱贫致富的关键之举，紧密结合当地产业特点和优势，大力支持符合当地实际的扶贫产业项目发展。2016年以来，农发行三门峡市分行累计发放产业扶贫贷款26笔共12亿元，直接带动2.1万贫困人口增收脱贫。

卢氏县属豫西山区，有着独特的天然优势，特别是香菇产业发展历史悠久、群众基础雄厚，由于实行手工生产，没有形成规模效应，没有品牌，群众收益不高。卢氏县人民政府下发《大力支持食用菌发展的意见》后，市、县两级行把大力支持卢氏县香菇产业作为重点工作来抓，政策性业务部积极开展"融资、融智、融商、融情"为一体的服务模式，省、市、县三级行上下联动，畅通"绿色办贷"通道，仅用16个工作日，获批卢氏县4.2亿元香菇产业扶贫贷款。该贷款项目通过国有企业承贷，龙头企业建设运营、贫困户参与、公司化运营、品牌化销售的方式，拉长了产业链条，项目实施后，可建成香菇菌棒生产基地2处、出菇大棚2145个，320户1027名建档立卡贫困户直接受益，带动全县4199户13719名贫困户实现增收，使贫困户在"拔穷根、挪穷窝"后，实现了"有产业、稳得住、能致富、可发展"的目标。卢氏县横涧乡高沟村村民刘小民，2020年承包8个大棚，生产3万多个菌棒，可产香菇6万多斤，除去成本可增加8万元收入。在贷款投放时，贷款企业土地使用证尚未办妥，市、县两级行主动向省分行请示，积极落实容缺办贷机制，依据"三区三州"优惠政策，解决了不能放款的问题，以优质高效的服务赢得了项目单位的高度赞誉。

为进一步落实习近平总书记在大力支持民营企业座谈会议上的讲话精神，近年来，农发行三门峡市分行累计向三门峡市二仙坡绿色果业公司投放贷款3.2亿元，投资重点建设基金1500万元，帮助该企业有效发挥了农业产业化重点龙头企业脱贫帮扶作用，带动脱贫人口520余人。2020年，受新冠肺炎疫情影响，该公司遇到销路不畅和货品积压问题，还贷产生困难，企业申请贷款延期，根据国家"稳企保供"政策和农发行相关信贷等政策，仅用2天时间办理了贷款展期。在2021年2月25日全国脱贫攻坚总结表彰大会上，该企业被授予"全国脱贫攻坚先进集体"，是三门峡地区唯一的先进集体荣誉获奖者。企业董事长赵跃民感激地说："如果不是农发行支持，我这个企业早倒闭了，哪还有这次表彰！"

交通先行，铺设脱贫致富"小康路"

"要致富，先修路"，卢氏县是国家级重点贫困县，是四个深度贫困县之一，交通不便严重制约了贫困群众脱贫步伐。2016年底，卢氏县不通路的行政村共134个，

“十三五”期间，卢氏县需投入15亿元修建农村公路1981公里，但由于中央和省补助资金短期不能到位，交通建设投入严重不足。在《河南省农村公路交通脱贫实施方案（2016—2019年）》下发后，市、县两级行主动作为，协调市交通部门，对接卢氏县委、县政府和相关部门共同发力，推动卢氏县12亿元交通扶贫过桥贷款项目进入省分行项目库，2016年获批首笔贷款3亿元，成为河南省53个贫困县中第一笔扶贫贷款，是农发行河南省分行审批的第一笔扶贫过桥贷款，该项目办贷经验和模式在全省农发行系统推广，河南省交通扶贫现场会在卢氏县召开，先后有26个县交通部门到卢氏县“取经”。

通过三年的交通建设，卢氏县修建农村公路1981公里，使19个乡镇的213个行政村、1456个20户以上自然村通硬化路，使352个行政村通班车。“万山丛中、四塞之邑”的卢氏县如今四通八达，铺下的是路，竖起的是碑，连接的是心，通达的是富，交通的通畅也带动了县域果、牧、烟、菌、药和旅游等优势产业迅速发展，使贫困群众的脱贫致富之路越走越宽。

持续发力，易地搬迁后续扶持“添动力”

易地扶贫搬迁工程是脱贫攻坚的“头号工程”、民心工程。农发行三门峡市分行精心组织，投放易地搬迁资金12.85亿元，支持建设了全市5个行政区154个安置点，使近1.9万户6.5万名贫困群众搬出深山区，入住宽敞明亮、基础设施完善的易地扶贫搬迁社区。

三门峡市下辖的卢氏县易地扶贫安置点55个，搬迁社区配套设施不完善问题比较突出。2020年3月，农发行总行下发了《关于开展信贷支持易地扶贫搬迁后续扶持专项行动的通知》后，市县行对需搬迁社区的配套基础设施和公共服务设施情况进行详细了解，对接相关职能部门，积极跟进易地扶贫搬迁后续扶持工作。为此，农发行三门峡市分行成立营销专班，采取容缺办理的方式，先后攻克项目组包贷款模式创新、贷款运作设计、项目收入和还款来源一系列难题，大大提高工作效率，仅用24个工作日便完成8.2亿元易地扶贫搬迁配套基础设施和公共服务设施工程贷款项目审批。在2020年“扶贫日”前夕，三门峡市电视台进行了专题报道，彰显了农发行的支持脱贫工作良好成效。2020年底，卢氏县人民政府向卢氏县支行送来慰问信写道：“农发行贷款支持易地扶贫搬迁后续扶持工作，对于巩固卢氏县域脱贫攻坚成果、保障搬迁群众搬得出、稳得住、能致富、生活好，推进卢氏县全面脱贫与乡村振兴战略有效衔接、改善农村人居环境整治、新型城镇化、城乡融合发展、走向全面振兴都具有里程碑式意义。”

习近平总书记在全国脱贫攻坚总结表彰大会上讲话时指出：“脱贫摘帽不是终点，而是新生活、新奋斗的起点。”在接下来的乡村振兴“战场上”，我们将乘势而上、再接再厉、接续奋斗，为乡村振兴战略的有效实施，提供强劲的金融支持。

流淌在大山中的金融活水

——记"河南省脱贫攻坚先进集体"农发行汝阳县支行

近年来，农发行汝阳县支行始终以助力地方经济发展为己任，以打赢脱贫攻坚战统揽支农全局。2018—2020年，农发行汝阳县支行累计获批各项贷款31.58亿元，发放到位15.5亿元，其中扶贫贷款投放到位5.05亿元。2020年底，各项贷款余额16亿元，较2018年底增加13.6亿元，增长855%，扶贫成效得到社会各界广泛认可。先后被河南省人民政府授予"河南省脱贫攻坚先进集体"，被汝阳县委、县政府授予"突出贡献奖先进单位""产业发展先进单位""乡村振兴工作先进单位"。

农发行汝阳县支行支持的汝阳县人民医院新院区建设项目

农发行汝阳县支行成立于1996年11月，该行坚决贯彻总行、省分行党委金融扶贫工作部署，认真履行"支农为国、立行为民"职责使命。2018—2020年，累计获批各项贷款31.58亿元，助力一大批重点民生项目建成投入使用，为汝阳县金融扶贫工作交上了一份满意的"答卷"，被河南省人民政府授予"河南省脱贫攻坚先进集体"。

创新信贷模式 助力健康扶贫

人民健康是社会文明进步的基础，是民族昌盛和国家富强的重要标志。推动公立医院高质量发展，为人民提供全方位、全周期健康服务是当地党委、政府最关注的民生问题之一。

汝阳县人民医院老院区占地面积2.3万平方米，按照每病床占地面积要求，只能容纳200名病人。作为全县等级最高的医院，目前开放床位已达770张，实际住院病人在850~900人，病房及医疗资源严重不足。

面对这一矛盾，汝阳县政府作出决策，投建汝阳县人民医院新院区。恰在项目上报贷款时，国家出台了《关于控制公立医院医疗费用不合理增长的若干意见》，该意见规定县级医院不能举债实施基础设施建设，项目不得不停滞申报。

汝阳县作为国家级贫困县，因发病医治不及时造成因病致贫、返贫的人口占贫困人口的31.8%。为此，农发行汝阳县支行抱着为解决广大贫困户“看病难、看病贵”的坚强决心，决定通过业务模式创新，继续扛起农业政策性金融助力扶贫的政治责任。

通过对政策深入分析，农发行汝阳县支行积极做好纵向汇报、横向沟通工作，最终确立了“建租一体化运营”的健康扶贫模式。将公益性资产转换为经营性资产，即将原属于汝阳县人民医院新院区的土地使用权变更至县属国有公司——汝阳县金康实业有限公司（以下简称金康公司）名下，县医院新院区的建设由金康公司进行。金康公司通过向农发行融资进行项目建设，项目建成后，整体租赁给县医院进行经营。金康公司与县医院签订《租赁合作协议》，根据协议约定，县医院按期将租赁费转入金康公司。金康公司将收取的租赁费用于归还贷款本息，租赁费来源于县医院综合收益。通过将公益性资产转换为经营性资产，利用国有公司进行医院项目建设的方法，有效解决了在金融支持国有医院建设方面遇到的难题，为此类项目贷款营销创建了新模式。

该项目从营销至贷款审批仅用时36天。项目建成后，汝阳县人民医院将新增住院床位500张，总床位达到1000张，年门诊数量将达到49.275万人次，年住院量将达到4.2万人左右，惠及全县52.5万人及周边相关县市广大建档立卡贫困人口，有效缓解患病群众看病难和看病贵、因病致贫和因病返贫问题。

该项目被农发行河南省分行确定为“汝阳健康扶贫模式”在全省推广，全省有50个贫困地区医疗中心项目得到应用。目前，洛宁县人民医院新院区20000万元贷款项目、孟津县人民医院建设贷款项目均采用该模式。

情系民生工程　彰显政治担当

用心用情用力解决好群众“急难愁盼”问题，让群众有更多、更直接、更实在的获得感、幸福感、安全感，就需要切实解决老百姓亟待解决的民生问题。

汝阳县省道324小店至大安改造工程于2017年3月开工建设，由于资金不到位等各种原因，工程被迫停工，原本还勉强可以通行的道路，动工开挖后彻底不能行走，而且这一停就将近两年，给沿线群众出行造成不便。

经过充分调研，农发行汝阳县支行将此项目纳入支持对象，在全行发起了“2019年全省首笔PPP公路贷款项目上报攻坚战”，抽调信贷业务骨干组成攻坚小组，仅用两个月就完成了贷款调查等一系列手续及首笔一亿元的资金支付。项目建成后，净路面宽度达到25米，通过开凿隧道、减少路面弯度，行车时间从原来的40余分钟缩短为10分钟左右，贷款资金的及时注入，使原本已搁置两年之久的“民生路”“致富路”重获生机。

扶贫先扶志，治贫先治愚。汝阳县每年有近4000人的职业教育需求量。农发行汝阳县支行将支持职业教育发展作为扶贫与“扶智”重要举措，审批6.8亿元改善农村人居环境贷款用于支持汝阳县中等专业学校新校区建设，截至2021年5月底，该项目共发放贷款4.5亿元。项目建成后，可有效解决汝阳中专目前老校区存在的学生“装不下”、设施“不配套”、条件“不达标”等问题，对缓解汝阳县就学求职压力、创造教育平台、阻断贫困代际传递发挥了重要作用。

贫困村提升工程项目是汝阳县委、县政府全面贯彻中央“五位一体”总体布局和“四个全面”战略布局的重要举措，是加快“富美汝阳”建设采取的“工业主导，农业调优，旅游带动，城乡统筹，民生改善”的五大路径之一，主要以建设美丽宜居村庄为导向，以农村垃圾、污水治理和村容村貌提升为主攻方向，与污染防治和脱贫攻坚紧密结合，有效增加耕地面积，解决村内私搭乱建，绿化、休闲、娱乐空间过少、文化基础设施配置不足问题。项目总投资为5.33亿元，向农发行申请贫困村提升工程中长期贷款4.2亿元。该笔贷款的发放不仅确保了汝阳县城关镇、十八盘乡等13个乡镇的100个村开展环境整治、形象提升等工程顺利开工，也为汝阳县加快乡村振兴步伐，建设“醉美”宜居乡村提供了强有力的资金支持。

做好定点帮扶　服务乡村振兴

汝阳县城关镇河西村、付店镇松门村的28户居民是农发行汝阳县支行的定点帮扶对象。近两年，农发行汝阳县支行先后投入现金及各种物资累计11万余元，为贫困户建起了“爱心超市”“爱心发屋”等便民基础设施。

在当地党委、政府的大力支持下，农发行汝阳县支行争取专项扶贫资金，帮助河西村建成600千瓦光伏发电项目并顺利并网发电；建成党群服务中心投入使用，并完善了文化室、图书室、档案资料室、便民服务站等设施；修建了百姓大舞台和1400平方米的文化广场；完成了投资41.5万元的党群服务中心大桥项目；建筑面积135平方米的标准化卫生室；修建村组入户道路2.7公里，通村道路2.3公里，村组道路实现水泥路全覆盖；修建河西村至大虎岭防火通道和生产大桥；修建完成建筑面积200平方米的幸福院；协助河西村成立了“四点半学校”，使本村孩子们在下午放学后有了一个共同学习、活动的场所，解决了家长们既要忙农活又要看孩子的后顾之忧，成为缓解家庭压力、推动课外教育、丰富学生课余生活的有力助手。该行还为河西村引进了以加工童装为主的来料加工扶贫车间项目，在2019年初新增添10台机器设备，目前共20台设备投入使用，扶贫车间优先安排贫困户工作，实现在家门口就业务工，在协助发展集体经济的同时，帮助28户贫困群众实现如期脱贫和稳步增收。

脱贫攻坚，硕果累累。金融扶贫，恰似一泓清泉，滋润着贫瘠土地的沟沟坎坎。在金融活水的浇灌下，汝阳县也顺利完成了脱贫摘帽的历史重任。脱贫摘帽不是终点，而是新生活、新奋斗的起点。农发行汝阳县支行将以巩固脱贫成果为抓手，接续推进支持乡村振兴战略，为加快县域重点民生工程建设和农发行业务高质量发展作出新的更大贡献。

不忘初心担使命　脱贫攻坚当先行

——记“河南省脱贫攻坚先进集体”农发行伊川县支行

2019年以来，农发行伊川县支行以坚定的理想信念、强烈的责任担当、扎实的干事作风，全力践行农发行“支农为国、立行为民”的初心使命，认真贯彻落实上级行和地方政府脱贫攻坚决策部署，主动向属地党政领导汇报政策性农金支持脱贫攻坚的政策与思路，精准对接县域涉农产业和项目，积极做好与上级行各主管部门的沟通协调，攻坚克难，全力推动扶贫贷款项目落地实施，2019年1月至2021年6月末，累计审批贷款12.99亿元，发放贷款5.85亿元，其中，累计审批项目贷款11.6亿元，实现发放

农发行伊川县支行支持的四好农村路项目

农发行伊川县支行成立于1996年12月。该行以高度的政治责任感和使命感，全力以赴做好脱贫攻坚工作，自2019年1月至2021年6月末，累计审批贷款12.99亿元，累计发放贷款5.85亿元，支持12个乡镇“四好农村路”、雨水污水管网、沿街房屋立面改造等工程，修筑农村公路122.667公里，整理复垦土地1032.02公顷，涉及贫困村44个，服务贫困人口4.75万人。2021年，该行荣获“河南省脱贫攻坚先进集体”“中国农业发展银行河南省分行脱贫攻坚先进集体”荣誉称号。

4.45亿元；累计审批流动资金贷款0.49亿元，实现发放0.49亿元。支持12个乡镇修筑“四好农村路”122.667公里、整理土地1032.02公顷，涉及贫困村44个，间接服务贫困人口4.75万人，为伊川县顺利实现脱贫攻坚目标提供了强有力的农业政策性金融支持，先后荣获“河南省脱贫攻坚先进集体”和“中国农业发展银行河南省分行脱贫攻坚先进集体”荣誉称号。

当先导补短板　勇挑支农重担

支持脱贫攻坚、促进农业和农村的高质量发展，是农业政策性银行的光荣职责和历史使命。2019年农发行伊川县支行领导班子调整到位后，新班子面临经济下行压力大、县级财政收入少、涉农带贫项目少等问题，该行不等不靠，深研细学总行各项支持脱贫攻坚信贷政策，充分发挥政策性银行“当先导、补短板、逆周期”的职能作用。从项目贷款入手，承接地方政府重大民生项目，纾解县域经济社会发展困难，寻找脱贫攻坚工作的突破口，推动脱贫攻坚工作持续发展。该行贷款0.9亿元支持伊川县耕地提质改造工程，该项目总投资1.18亿元，覆盖9个乡镇65个行政村，其中贫困村25个，共整理土地698.61公顷，复垦新增耕地315.53公顷，新打机井53眼，配套井房53座，新修提灌站1座，新修50立方米蓄水池1座。将不便于机械化耕种作业的两岭丘陵坡地改造成便于机械化耕种的优质农田，加之输水节水等配套措施的建设，形成了田园化生产格局，极大地改善了农业生产条件和农业生态环境，提升了农田水利建设水平以及综合生产力，从而推动了农民增收、农业增效。

解民忧惠民生　基础设施项目喜结硕果

2019年5月，伊川县达到脱贫摘帽标准，正式退出贫困县序列。脱贫“摘帽”并不意味着脱贫攻坚工作画上句号。2019年下半年以来，农发行伊川县支行转变思路，从“扶大贫、夯基础”的高度，紧盯涉及民生和贫困地区的瓶颈项目，主攻农村基础设施薄弱环节，在农村基础设施建设上持续发力，取得了明显成效。伊川地处豫西丘陵地区，贫困乡村多分布在东西两岭，道路狭窄，路况很差，群众出行难，严重制约了农村经济社会事业发展。该行跳出产业扶贫的老路，从解决道路和乡村治理等方面切入，把改善农村人居环境、乡村建设、生态绿化、产业发展、旅游观光等有机结合起来，一体化设计，一体化推进。2020年4月审批贷款4.5亿元，累计发放贷款2.27亿元，支持伊川县农村建设用地复垦工程。该工程实施以来，共整理复垦土地333.41公顷，新增耕地面积303.64公顷，修筑“四好农村路”32条共122.67公里，使年久失修、破损严重的乡村道路得到整修，方便了贫困乡村群众生产生活，发挥了交通造血和扶贫带动功能，是一项真正的“补短板、惠民生”工程。

农发行伊川县支行还支持伊川县乡村振兴有限公司，开展全县13个乡镇有关村镇的街道修复、饮水安全、垃圾中转站提升、雨污水管网建设、沿街房屋立面改造、公共区域绿化和集贸市场实施提升工程，进一步提升了伊川乡村基础设施和人居环境质量，村容村貌焕然一新，为美丽乡村建设打下了坚实基础。

抓生态促环保　打造绿水青山增长极

农发行伊川县支行积极落实农发行支持黄河流域生态保护的战略部署，紧紧围绕黄河支流伊河段生态修复和综合治理继续发力，2021年1月贷款3.9亿元支持伊河伊川段生态修复、白降河河口改线和综合治理。其中，九香堤建设工程建设面积15.96公顷，包括道路、水系、雨污水治理、景观绿化工程及园林小品等工程。提升了伊河沿岸水土保持能力，解决了沿线乡镇排污问题，解决了人民群众最为关心的防洪、饮水和生态保护等问题。

为了支持黄河流域绿化和水土保持工作，农发行伊川县支行紧紧围绕国家有关黄河流域生态保护的部署，积极抓住国家储备林建设的契机，经过多方协调沟通，攻克了立项、资料准备和审批等重重难题，2021年5月伊川县国家储备林基地建设（一期）项目贷款3.2亿元获得审批，该项目规划造林总面积为2813.33公顷，服务10个乡镇2个街道办，项目区覆盖贫困人口共计4.9万人，实施后能够增加森林蓄积量30.09万立方米，将有效推动伊川北部乡镇农村产业结构调整，帮助项目区农村闲置劳动力再就业，达到“山清水秀，农民增收，乡村人居环境改善”的目标，进一步助推脱攻坚成果巩固和县域经济社会可持续发展。

高效率办实事　危难时刻彰显本色

2020年初，新冠肺炎疫情给人们的生命健康安全带来了严峻挑战。伊川是人口大县，防疫形势十分严峻，防疫物资采购资金短缺是急需解决的首要问题。在了解这一实际困难后，该行立即行动，在关键时刻给伊川县争取了紧急救灾贷款资金。其间，农发行洛阳市分行创新审批模式，召开网络贷审会，加快审批进度。在各方面的共同努力下，用不到两天的时间完成资金发放，极大地缓解了伊川县疫情防控资金紧张的压力，为防疫物资及时采购及防疫费用保障提供了支撑，在坚决打赢疫情防控阻击战中贡献了农发行力量，得到伊川县委、县政府和广大人民群众的高度评价。

践行支农初心　彰显责任担当

——记“河南省脱贫攻坚先进集体”农发行叶县支行

农发行叶县支行始终牢记“支农为国、立行为民”的初心和使命，在打赢脱贫攻坚战和接续服务乡村振兴战略中，充分发挥农业政策性银行的优势，全行员工团结一心、奋勇担当，勇当支持实现农业强、农村美、农民富的主力军和急先锋。2021年5月，农发行叶县支行荣获“河南省脱贫攻坚先进集体”荣誉称号。

■ 农发行叶县支行举行贷款项目签约仪式

农发行叶县支行全力服务脱贫攻坚，扎实做好服务乡村振兴工作，截至2020年末，叶县各金融机构全部扶贫贷款共计7.80亿元，其中农发行叶县支行为6.78亿元，占比高达86.92%。2021年5月荣获“河南省脱贫攻坚先进集体”荣誉称号。

秉承初心使命，发挥党员先锋模范作用

进入新时代，面对新形势、新任务、新挑战，农发行叶县支行始终坚持党的领导，以党建为引领，扎实做好服务乡村振兴工作，把加强党的建设作为支持服务“三农”的“根”和“魂”。

2019年初，农发行叶县支行新一届领导班子上任，面对行内支农资金基数低、无中长期贷款、对地方经济支持力度不大等问题，领导班子提出了把党的政治建设摆在首位，确立了“党建统领、守正创新、管理强行、发展第一”的总体工作思路，带领全行上下求创新谋突破。支行领导身先士卒，积极和当地政府沟通，向政府部门宣传农发行的职能定位、使命担当、融资优势、信贷资金支持范围等情况，在当地政府心中树立农发行是“服务乡村振兴的银行”品牌形象，增强了县委、县政府对政策性金融助力县域经济高质量发展赋能加力的信心，为深化政银合作铺平了道路，也为农发行服务地方经济发展与实现高质量发展助力脱贫攻坚奠定了坚实基础。

践行支农初心，全力服务脱贫攻坚

2020年是脱贫攻坚决战决胜的收官之年，面对决战决胜脱贫攻坚的冲锋号角，农发行叶县支行勇当金融扶贫先锋，助力叶县脱贫攻坚战圆满收官。

叶县地处中原腹地，位于黄淮平原与伏牛山余脉结合部，南部山区农副产品种类多，品质好；大小水库星罗棋布，风景秀美，旅游资源丰富，但长年以来因道路交通不便，纵有优质产品出不去，坐拥绿水青山无人来，老百姓坐在金山银山上当贫困户。全县建档立卡贫困户多数在南部山区，叶县能否打赢这场脱贫攻坚战，南部山区是关键，要想富，先修路。为了给贫困山区的老百姓修一条致富路，农发行叶县支行在上级行的支持下，将项目与扶贫政策相融合，主动与当地PPP中心进行对接，看项目、找契机。支行行长带领客户经理用了2个月时间，分别对县内12个存量PPP项目进行考察。为了让投入的资金发挥最大效益，带动更多群众致富，他们坚持一线工作法，深入南部山区走访调研，足迹踏遍了四个乡镇山山水水，走过了千村万户沟沟坎坎，做到心中有数，有的放矢。通过科学的项目评估，择优选取项目，最终选定了总投资11亿元的辛店至常村扶贫道路改建工程PPP项目。该项目全长94.003公里，沿线经过45个行政村。

2020年2月，项目进入二级库时，正值新冠肺炎疫情暴发高峰期，为了高效办贷，迅速解决客户认定及授信等问题，农发行叶县支行领导和一线员工一同逆向出征，啃着方便面，喝着矿泉水，吃住在单位，连续加班十几天，终于完善了各项资料和手

续，迅速向上级行启动申报程序并获批。该行员工发挥持续作战的顽强精神，紧锣密鼓开始准备资料发起合同监督、贷前条件落实等流程。3月24日，该行与叶县中新交投扶贫道路工程建设管理有限公司签订合同，3月31日，发放首笔项目贷款3.5亿元。贫困山区终于有了一条属于自己的致富路。

农发行叶县支行依托这笔贷款项目实施精准扶贫，产生了极高的社会效益。项目服务了众多贫困人口。公路自东向西依次穿越南部山区四个乡镇，经过45个行政村，涉及29个贫困村，49922人直接受益，其中贫困人口数量11844人，建档立卡未脱贫人口5159人。项目优化了区域运输体系。公路直接与省道形成扇面形公路网络，全方位覆盖叶县西南部山区，有效解决了过去县道分布稀疏，导致居民绕道出行等难题，方便了人员往来和物资流通，极大地提高了区域经济效益。项目整合了特色旅游资源，带动了当地经济发展。公路建成后将在路线北侧设置环燕山湖支线，将沿线旅游景点以“银线穿珍珠”的形式串联成一体，同时能有效带动库区周围农家乐发展，促进沿线乡镇的畜牧和水产养殖、林果种植等主导产业的发展，成为当地旅游开发、经济发展的新动力。该项目受到叶县各界一致好评，获得叶县人民政府通报表彰。它是叶县历史上单笔贷款额度最高、期限最长、利率最低的贷款，也是农发行河南省分行单体投放最大、河南省境内最长的精准扶贫旅游道路贷款，贷款模式被河南省分行评为“扶贫创新模式”，并推荐至总行。

彰显责任担当，助力乡村振兴

党的十九大报告提出“实施乡村振兴战略”，“产业兴旺、生态宜居、乡风文明、治理有效、生活富裕”的振兴蓝图，成为社会各界齐心协力的奋斗目标。农发行叶县支行把服务乡村振兴当作新时代赋予农发行的新任务和重要使命。

农发行叶县支行积极参与乡村振兴战略，以产业振兴为抓手，帮助前崔村筹资200万元建设光伏发电项目，筹资50万元建设标准化厂房，带动203户贫困户分红122400元，以产业发展带动贫困户增收为切入点，进行精准扶贫。该行还进行技术帮扶，帮建的综合性文化服务中心设有图书室，里面有大量的农村实用技术图书，方便群众随时借阅；中心还安装有远程教育设备，每月定期组织群众收听收看有关农业种植、养殖的节目，并开展技能培训，拓宽贫困户的增收渠道，增加贫困户收入，为贫困户脱贫致富奔小康奠定坚实基础。该行还注重乡村精神文明建设，筹建娱乐广场，组建两支村文艺表演队，利用乡村大舞台，丰富群众的精神文化生活。

农发行叶县支行把粮食收购和扶贫工作结合起来，每年提前部署夏粮收购工作，及早完成贷款评级授信、扶贫认定、审批投放，确保粮食开秤前做到“钱等粮”。为确保收购期间资金供应不断档，支行开通资金支付绿色通道，信贷和会计部门通力协作，保持7×24小时网银畅通，充分保障了企业粮食收购资金及时有效供给，维护了国家粮食安全。

截至2020年末，叶县各金融机构扶贫贷款共计7.80亿元，其中农发行叶县支行为6.78亿元，占比高达86.92%。叶县人民政府向农发行平顶山市分行及叶县支行发来感谢信，感谢对叶县经济发展作出的突出贡献。

2021年3月，农发行叶县支行获批3亿元城乡一体化项目贷款，4月首笔投放5726万元，用于支持叶县发展投资有限责任公司标准化厂房项目建设，为叶县产业集聚区“筑巢迎凤”提供坚实的资金支持和保障。项目建设规划用地面积为83710.55平方米，总建筑面积143865.44平方米。项目建成投用后，将吸引优质企业入驻，从而优化产业结构、增加就业机会，助力叶县产业集聚区高质量发展。

发挥政策金融作用 践行扶贫担当职能

——记“河南省脱贫攻坚先进集体”农发行禹州市支行

农发行禹州市支行始终秉承“支农为国、立行为民”的家国情怀，将服务脱贫攻坚作为重大政治任务和历史使命，精准聚焦粮棉油产业扶贫、中长期项目扶贫和驻村帮扶等领域，把贫困群众对美好生活的向往作为追求目标，全行全力全程支持脱贫攻坚，累计发放金融精准扶贫贷款4.46亿元，余额为2.2亿元。真金白银的投入，为打赢脱贫攻坚战提供了强大资金保障。

■ 农发行禹州市支行聚力精准扶贫，支持国储林建设，带动当地劳动力人口就业

农发行禹州市支行成立于1997年。该行全力服务脱贫攻坚，精准支持粮棉油产业扶贫、项目扶贫和驻村帮扶等领域，践行“支农为国、立行为民”的使命担当。该行荣获“河南省脱贫攻坚先进集体”称号。

精准切入，以产业“贷动”农业

农发行禹州市支行以产业扶贫、精准扶贫、带动服务贫困人口为扶贫方向，精心研究、积极推动，通过以支持河南实佳面粉有限公司、河南省禹州市神禹纺织有限公司为代表的“百千万”计划企业，重点支持企业发展，以产业发展服务精准扶贫。该行认识到，要在地方脱贫攻坚中作出成绩，就必须在服务地方经济发展方面有所作为，更要摒弃以往“在家等业务上门”的思想，主动出击，创新突破。该行多次向地方党政主要领导专题汇报，宣传农发行最新信贷政策及优势，围绕地方重大项目提出专项服务方案，得到地方党政主要领导的信任和支持。2016年以来，累计发放粮棉油产业精准扶贫贷款3.22亿元。通过主动对接扶贫办，获取建档立卡贫困户信息，支持地方储备粮轮换、夏粮收购等工作，收购贫困户粮食，解决了部分贫困人口“卖粮难”的问题。同时，积极与支持的实佳和神禹两家企业进行沟通联系，通过贷款签订帮扶协议，有效带动贫困人口就业，实现脱贫致富。

河南实佳面粉有限公司成立于2003年，是名不见经传的小微企业，以生产面粉起家，创业初始注册资本只有50万元。由于行业竞争激烈，导致企业初期的融资相对困难，可用资金捉襟见肘，发展受到极大限制。2006年，农发行获批开办粮油加工贷款业务，农发行禹州市支行立即开展实地调查，逐级向上申请报告，为河南实佳面粉有限公司“贷”去了第一笔流动资金2000万元。随后根据企业发展的合理需求，贷款规模逐年增加，农发行禹州市支行累计向其发放扶贫贷款20380万元，贷款余额为3480万元。经过多年的支持，该企业的产品知名度也越来越高，形成了独有的品牌标记，产能达到20万吨，2020年入选河南省人民政府公布的农业产业化省重点龙头企业名单。同时，该公司通过5个贫困人口签订帮扶协议以及5户贫困户（脱贫不脱政策）签订就业协议的方式，每月无偿为5个贫困户提供面粉50斤以及提供就业机会等方式，累计带动贫困人口20人，预计实现每人每年增收2400元。2016年以来每年帮扶贫困户5人，累计帮扶贫困户20人。

河南省禹州市神禹纺织有限公司成立于1998年，由国有企业改制为民营企业，以生产纺织品起家，创业初始注册资本只有56万元。企业初期融资相对困难，可用资金捉襟见肘，发展受到极大的限制。2007年，农发行禹州市支行为神禹公司“贷”去了第一笔流动资金1700万元。此后，根据企业发展的合理性需求，贷款规模逐年增加，该行已向其发放扶贫贷款7460万元，贷款余额3680万元。经过多年的支持，该公司产品知名度也越来越高，发展为如今拥有职工300多人的中型企业。同时，该公司通过向浅井镇范家庄村捐赠帮扶物资、提供帮扶资金以及签订牲畜托养协议等方式，累计带动贫困人口27人，累计帮扶金额141920元。

农发行禹州市支行立足主责主业，积极保障地方粮食安全，支持储备粮轮换工作，确保做到“钱等粮”。支持的禹州〇九一八河南省粮食储备库，扶贫贷款余额为3480万元，通过交易方式（收购贫困户粮食）累计带动贫困人口5人，累计实现增收3637.2万元。

层层递进，助力生态发展

全力服务乡村振兴、促进城乡融合绿色发展不能仅仅停留在口号上，更需要“真金白银”的支持。为此，农发行禹州市支行提升站位，融资融智，开拓创新，狠抓贷款投放，通过提前谋划促进投放。以中长期项目扶贫为抓手，主动向政府汇报国家储备林扶贫项目贷款政策，并多次与发改委、扶贫办、国储林办公室、财政局等相关部门进行沟通，在省、市、县三级行的共同努力下，采取“政府主导、市场运作、财政贴息、收益覆盖”的路径，探索创新国储林“种养结合自营贷”禹州模式，成功获批禹州市具茨山片区国家储备林基地建设项目8.2亿元贷款。该项目主要涵盖区域内苌庄乡、方岗镇、鸿畅镇、花石镇、火龙镇、梁北镇、浅井镇、神垕镇、文殊镇、无梁镇10个乡（镇）、105个行政村。建设总规模2240公顷，建设内容为集约人工林栽培，包括整地、植苗造林、抚育和管护等，以及配套林道建设、水电配套设施建设、科研宣教推广设施、管护设施及设备、护林隔离带等设施建设。

禹州市具茨山片区国家储备林基地建设项目立足自然地理条件和现有林业资源，突出平原林网建设和矿山生态修复治理，构建点面结合的综合立体林业生态体系，规划建设总面积2240公顷。农发行贷款融资支持8.2亿元帮助禹州市解决国储林建设资金不足难题，通过创新融资模式，以“林下种养结合一体运营”的综合收益作为还贷资金来源。该项目建设最大化利用林地资源，通过林药互补、林苗互补、林下养殖模式来创造林下经济收益，不仅确保了项目建设高效，还可为项目区群众提供就业，助力精准扶贫。对企业，体现了政策优惠，实行较他行低1.61个百分点的利率，以借款期限20年算，可节省成本1.4亿元。对政府推进了禹州市创建国家森林城市步伐，为“绿满许昌”工程增添了浓墨重彩的一笔，更为重要的是可为项目区群众20.15万人提供就业机会，实现劳动收入2640万元。以全国人均年收入3400元的农村扶贫标准看，可带动贫困人口7764人实现脱贫。

禹州市国储林融资模式为河南省国家储备林项目建设提供了新经验、创造了新路径，打造了可复制可推广的模式示范，不仅改善了禹州市城乡生态环境，提高了人居环境质量，也为决胜脱贫摘帽，全面建成小康社会夯实了生态基础。农发行禹州市支行已对项目的承贷公司禹州水务发展有限公司发放扶贫贷款12390万元，已流转土地

948.39公顷。通过土地流转的形式（与贫困户签订土地流转协议），累计帮扶贫困人口47人，其中建档立卡贫困户43人。

爱心系农，助力脱贫攻坚

禹州市是许昌辖内扶贫任务最重的县（市）。农发行禹州市支行积极响应政府关于扶贫帮扶人员、党建指导员村村全覆盖的要求，在人员高度紧缺的情况下，累计派驻7名党员干部连续三年多时间参与了禹州市苌庄乡九里山村、古城镇马庄村和大陆陈村的驻村扶贫帮扶工作。其间，驻村工作队积极落实好产业扶贫、危房改造、健康扶贫等十大工程的落实工作。坚持每天下户走访核查，及时了解贫困户最新情况，帮助他们打扫卫生，冬送温暖，夏送清凉，千方百计为贫困户增加收入、脱贫致富想办法。三年来，全行上下累计慰问千余次，送去扶贫捐款2万多元，协调了2大套48台健身器材，完善了村群众文体广场基础设施。新冠肺炎疫情期间，第一时间为贫困户们送上了口罩、消毒液等防护用品和生活物资，获得了村委、贫困户和全体村民的一致好评。在坚决打赢脱贫攻坚这场战役中充分彰显了农业政策性银行“支农为国、立行为民”的家国情怀和使命担当。

金融“活水”润林州

——记“河南省脱贫攻坚先进集体”农发行林州市支行

巍巍太行山，漫漫红旗渠。20世纪60年代，林县（今林州市）人民战胜种种困难，历时十年修建了“人工天河”红旗渠，激励亿万人的红旗渠精神也由此诞生；60多年后的今天，迈入新时代的农发行林州市支行的红旗渠儿女们，在红旗渠精神的坚强引领下，攻坚克难、砥砺奋进，闯出了金融扶贫助力打赢脱贫攻坚战的崭新天地，充分发挥了农业政策性银行在金融扶贫中的先锋主力模范作用，2021年5月该行荣获“河南省脱贫攻坚先进集体”称号。

农发行林州市支行支持的红旗渠现代农业产业园项目

农发行林州市支行成立于1996年。该行充分发挥政策性银行“当先导、补短板、逆周期”职能作用，多措并举全力服务脱贫攻坚，先后对接了乡村振兴、水利建设、城乡一体化、旅游扶贫等项目，累计发放粮棉油购销储类贷款12.86亿元，助农扶贫中长期贷款7.85亿元。2021年5月荣获“河南省脱贫攻坚先进集体”称号。

贷款支持引来“幸福水”

作为历史上严重缺水的地区，林州素来高度重视水利建设工作。作为政策性银行，农发行林州市支行牢记职责担当，坚持聚焦“三保障”和饮水安全，守稳守好林州市的“三农后院”。为解决供水量不足、水源单一、取水设备落后等问题，林州拟建设新的水厂项目。了解到当地饮水安全治理的迫切资金需要后，农发行林州市支行将城市引水及第四水厂建设项目确定为信贷支持重点，主动提出“一揽子”金融服务方案，得到相关部门的认可，在项目投产的关键时点发放7800万元贷款用于支持该项目建设，项目供水可满足林州市区30万人口日常使用。该行还向红旗渠补源工程——马家岩水库发放贷款4000万元，用于化解林州缺水的矛盾问题，保障林州市“生命渠、幸福渠”——红旗渠的供水量，建成后的马家岩水库，每年可向红旗渠补水约4500万立方米。贷款支持为林州市引来“幸福水”，既提高了居民用水质量，又改善了城乡人居环境，为林州市经济建设腾飞奠定了坚实基础。同时，为确保建档立卡贫困人口“搬得出、稳得住、能脱贫”，该行投放497万元易地扶贫搬迁贷款，促进了当地贫困人口脱贫，加速新农村建设。

党建共建助力“产业兴”

为将服务脱贫攻坚与乡村振兴有效衔接，农发行林州市支行以产业扶贫为重点，聚焦政府关注、农民关心的项目，省、市、县三级行协同推进，多措并举，成功获批贷款3亿元用于林州市现代农业产业园项目，吸引红旗渠核桃油、洪河小米等扶贫企业入驻，利用园区配套设施齐全的优势，开展农副产品规模化深加工，有效解决当地农户农产品销路问题，成功打造“项目+贫困户”产业“造血”脱贫攻坚模式，以项目发展吸引年轻人返乡就业、创业，激活了本土企业生命力，注入了新力量，助推现代农业与脱贫产业融合发展。同时，该行延伸金融服务触角，深挖项目资源潜力，支持林州市建筑业转型升级，获批8.18亿元用于支持林州市立成建筑材料产业园，以项目建设为基础，辐射周边贫困人口，带动上庄、南陵阳等地村民就业。

在各项目推进伊始，农发行林州市支行党支部与项目公司上级党总支联合成立项目“临时党支部”，通过银行参与指挥部、项目部、临时党支部的“三部共建”模式，面对面疏通项目对接“中梗阻”，实现了双方目的明确、步调一致；联合开展党建共建活动，邀请项目公司参加主题党日活动，围绕推动项目进展、落实全面乡村振兴政策深学细思悟践；采用联合办公的方式，共同关注项目入库、调查、审查等重要时间节点，亮榜目标任务，明确项目时限，倒挤程序节点，强化督查督办；建立“日汇报、周小结”动态反馈机制，邀请市分行金融服务小组下沉一线、现场指导，专家非现场“会诊”，及时化解办贷壁垒，全力推进项目审批。

旅游扶贫打造“新名片”

林州市是红旗渠精神的发源地，以红旗渠纪念馆和红旗渠青年洞为重要组成部分的河南林州红旗渠风景区，是第一批全国爱国主义教育基地、全国红色旅游经典景区、中央国家机关爱国主义教育基地、国家AAAAA级旅游区。农发行林州市支行深入挖掘地区资源禀赋，选择并培育市场前景良好、具备持续造血功能、能带动贫困户长期稳定增收的旅游扶贫项目，加大对林州地区红色旅游产业的支持力度。红旗渠风景区改扩建项目总投资15000万元，该行共投放7500万元旅游扶贫贷款支持红旗渠风景区提升改造，改扩建后的红旗渠纪念馆年接待能力由之前的50万人次提升到150余万人次，成为集展厅、碑刻、表演、研讨、服务等功能为一体的大型现代化展馆。红旗渠纪念馆区和青年洞景区基础设施建设和环境整治，解决了贫困人口就业和生计问题，实现了农村劳动力向非农产业的转移，也进一步助力林州成功创建全国脱贫攻坚交流基地。

定点帮扶架起“致富桥”

林州市横水镇新庄村是农发行林州市支行对口帮扶的贫困村，村内道路崎岖，文化建设较弱，帮扶的10个特贫户均因病、因灾致贫，丧失劳动能力和生产能力。该行不断完善和创新工作措施，积极选派帮扶干部开展帮扶工作，建立分片包干扶贫责任机制，与帮扶村及建档立卡贫困户签订帮扶责任书，实现基层党建与脱贫攻坚“双推进”。先后派出党员帮扶干部8名，通过走访查找工作中的不足，与村党支部一起研究，根据每个贫困户不同的情况制订针对性帮扶工作计划。帮扶10户特贫户全部实现脱贫，累计向定点扶贫村横水镇新庄村捐赠资金5万余元。

大力推动招商引资。因地制宜，协助该村招商建成了新庄南坡太阳能光伏发电项目，通过福佑农场产业基地帮带、绿健农业产业基地帮带、凤宝住建带贫等措施，形成可持续发展机制和内生活力。深度开展对口帮扶。一体推进“金秋助学”“双节送温暖”等活动，为新庄村的贫困大学生解决燃眉之急，捐赠1万元为贫困村安装文明标牌，改善村容村貌；协助村委为每位贫困户赠送了采暖炉、暖气片等取暖设备，为其购买了健康保险和意外伤害保险。搭建消费扶贫桥梁。以“农发易购”等平台为主要载体，一体推进“扶贫一日捐”“以购代捐”等活动，开展“消费扶贫月”专项行动，在营业大厅开设当地扶贫企业专柜专区，助力当地扶贫产品销售，购买和帮助销售贫困地区的农产品共计3万余元。

“胜非其难也，持之者其难也。”农发行林州市支行将继续发扬“自力更生、艰苦创业、团结协作、无私奉献”的红旗渠精神，以实际行动诠释农业政策性银行的家国情怀和责任担当，切实做好巩固拓展脱贫攻坚成果同乡村振兴有效衔接各项工作，绘就新时代乡村振兴的壮美画卷！

问渠那得清如许，为有源头活水来

——记“河南省脱贫攻坚先进集体”农发行修武县支行

近年来，农发行修武县支行面对不良贷款存量大、业务发展底子薄的历史局面，新一届班子坚定必胜信念不动摇，从零开始起步不气馁，带头爬坡过坎不停息，主动与政府及职能部门沟通对接找项目、宣讲政策促合作。为更好地得到当地政府领导的理解和支持，更广泛地宣传农发行的信贷政策和产品优势，更好地凝聚各方力量，该行一方面组织召开扶贫政策宣讲会，向县、乡、村三级领导以及农业部门

■ 农发行修武县支行支持举办“云台山货丰收节”

农发行修武县支行成立于1996年，该行全心全意服务脱贫攻坚，为当地注入政策性金融活水。2020年，该行聚焦粮食扶贫、饮水安全、乡村旅游等领域，审批、发放扶贫贷款2.09亿元，为帮助贫困人口脱贫增收，打赢脱贫攻坚战贡献了金融力量。2021年5月，该行被中共河南省委、河南省人民政府授予“河南省脱贫攻坚先进集体”荣誉称号。

负责人宣讲农发行扶贫贷款相关政策，加深政银企之间的交流，通过深入讲解扶贫贷款办贷要求以及各项流程，深挖细掘潜在扶贫项目，加速农发行扶贫贷款政策落地，促进农发行“金融扶贫”作用发挥。另一方面在营业大厅醒目位置张贴脱贫攻坚相关内容展板，宣传农发行“金融扶贫”政策和工作任务，展现了农发行全力服务脱贫攻坚的决心。

扛稳粮食主责主业，不打“白条”助力农户增收

保障粮食安全是实现经济发展、社会稳定、国家安全的重要基础。维护国家粮食安全，做好粮棉油信贷管理工作始终是农发行不变的历史使命和最基本的业务。修武县地域小、人口少，经济发展基础相对薄弱，保障农户的卖粮收入成为实现贫困户收入持续稳定的重要举措。农发行修武县支行立足本职，切实扛稳支农职责，安排客户经理提前下乡调研小麦收成情况，积极与粮食收购企业对接，共同协商收购事宜，提前做好粮食收购各项准备工作，确保“钱等粮”，农户“粮出手、钱到手”。2020年，该行共发放粮食扶贫贷款2笔1089万元，切实维护粮食安全，帮助贫困农户增收。其中，发放地方储备粮油扶贫贷款330万元，收购县级储备粮小麦358万斤，带动相关贫困人口人均增收3036元；发放地方调控粮油扶贫贷款759万元，收购调控粮小麦541万斤，带动相关贫困人口人均增收5650元。

发展中长期项目，注入“活水”助力脱贫攻坚

紧扣服务脱贫攻坚这一主题，想政府之所想、做政府之所需、急政府之所急，切实发挥农业政策性银行职能，用足用好信贷产品，找准结合点和着力点，在农村安全饮水和乡村旅游等领域，支持了一批民生项目成功建设，产生了良好的扶贫效应。为加快推进扶贫项目尽快落地，农发行修武县支行成立了专门的扶贫项目信贷服务小组，他们跑政府、走部门、下乡镇、访企业，从项目规划、可研编制、资金支付等方面，全程为扶贫项目提供无缝服务，得到政府领导和有关部门的高度认可，切实发挥出融资、融智作用，促成了一批扶贫效果好、带动作用强的扶贫项目落地。

助力饮水安全强保障。农村饮水安全作为脱贫攻坚“两不愁三保障”政策落实的重要内容，一直是农发行修武县支行关注的重点。根据南水北调受水区“全覆盖”、城乡供水一体化、地下水“三年替代计划”等目标要求，该行积极对接修武县农村饮水集中式供水工程，通过贷款支持将南水北调优质水源“引入”居民家中。2020年，该行实现审批农村饮水安全项目2笔，金额为3.49亿元。其中，修武县农村饮水集中

式供水工程（七贤镇中心水厂）项目贷款金额为2.39亿元。项目建成后将供应项目区周边60个行政村及河南中州铝厂有限公司、恒大养生谷、郑大体院等地区的生活及工业用水，改善居民用水条件。修武县农村饮水集中式供水工程（周庄镇中心水厂）项目贷款1.1亿元，建成后将优先保障32个行政村以及周庄新市镇饮水的水量供给，剩余水量可缓解产业集聚区西片区的工业用水需求。这两个工程的实施，从根本上改善了农村居民饮水问题，工程覆盖的居民将彻底告别饮用水不安全现状，切实提高生活质量和健康水平。

助力乡村旅游促增收。修武县是旅游大县、旅游强县，如何更好地服务旅游，通过旅游带动山区群众增收致富，一直是农发行修武县支行领导班子思考的问题。2020年以来，他们积极与县旅游部门、云台山镇政府和兵盘村驻村工作队对接谋划，围绕云台山镇兵盘村的特色和优势，共同谋划实施了云台山兵盘村民宿及基础设施生态修复提升综合项目。该项目共贷款1.98亿元，预计带动贫困人口20人，其中，通过就业形式带动贫困人口5人，预计每人每年增收为2.5万元；通过土地流转交易形式带动贫困人口5人，预计每人每年增收不低于2500元；通过收购农产品等形式带动贫困人口10人，预计每人每年增收不低于800元。该项目的建设将加快推进修武县乡村旅游产业发展，不断完善修武县全域旅游的基础设施和服务设施，提升配套服务功能，增加云台山山水旅游与乡村休闲旅游的融合度，提高县域旅游产品层次，对进一步提升云台山国家旅游度假区的知名度，推动修武县乃至焦作市旅游产业转型升级具有极为重要的现实意义。项目全部建成投运后将有力带动当地经济发展，平均每年可获得直接收入约5252万元，创造税收超过806万元，年均净利润1385万元。同时，项目建设将直接为当地安排就业岗位200个，产生间接就业机会2000个以上。

开展“消费扶贫”，农户增收鼓起收入“口袋”

2020年是脱贫攻坚战收官之年，因新冠肺炎疫情的肆虐，武汉封城、居家隔离、交通停滞、商场关闭……本就依赖农产品出售的贫困农户们，面对着大丰收却高兴不起来。堆积的农产品运不出去，卖不出手，只能眼睁睁看着它们烂在地里吗？为化解疫情、灾情对农产品销售带来的不利影响，国家部署开展消费扶贫行动。农发行修武县支行积极响应号召，组织全体员工积极参加“以购代捐”“以买代帮”活动，员工在“农发易购”平台购买扶贫产品3406元，同时，工会集体购买吉林大安稻花香米、河南滑县卫生纸等扶贫产品3141元。个人购买与工会购买金额总计6547元，为脱贫攻坚贡献了力量。该行支持的焦作云台山旅游发展有限公司为了解决旅游淡季深山地区村民几乎无收入的问题，结合云台山景区优势，于2020年9月举办“山货丰收节”，组织农户集中向游客售卖自己种植的小米、山楂、柿子、核桃等农产品近10万元，帮助景区周边偏远乡村贫困村民脱贫增收。

“河南省脱贫攻坚先进集体”这份荣誉是对农发行修武县支行金融扶贫工作的鼓励和肯定，更是一份鞭策和激励。脱贫攻坚不是终点，而是新生活、新奋斗的起点。决胜脱贫攻坚已然落幕，全面服务乡村振兴任务已经下达，站在“两个一百年”的历史交汇点，农发行修武县支行全体员工将团结一致，立足新发展阶段，贯彻新发展理念，服务新发展格局，担当作为、砥砺奋进，全力落实上级行党委各项工作部署，精准对接乡村振兴金融需求，在服务乡村振兴工作中展现新作为。

服务脱贫攻坚　助力县域经济腾飞

——记“河南省脱贫攻坚先进集体”农发行濮阳县支行

自脱贫攻坚战打响以来，农发行濮阳县支行党支部认真落实上级行党委和县委、县政府关于脱贫攻坚的各项决策部署，强化政治担当，坚持以脱贫攻坚统揽业务发展全局，重点聚焦水利建设、黄河滩区建设、棚户区改造等脱贫攻坚重点领域，不断探索创新扶贫模式，打出精准扶贫精准脱贫“组合拳”，切实发挥出农业政策性金融“当先导、补短板、逆周期”的职能作用，政策性金融扶贫工作取得显著成效。

■ 农发行濮阳县支行支持的扶贫项目

农发行濮阳县支行成立于1996年。该行始终牢记“支农为国、立行为民”的初心使命，秉持“执行国家意志，服务‘三农’需求、遵循银行规律”三位一体的办行理念，积极将金融“活水”引入扶贫主战场，持续加大政策性金融支农扶贫信贷资金投入，有力地推动了濮阳县脱贫攻坚工作有效开展，为濮阳县经济社会发展贡献力量。截至2021年6月底，该行各项贷款余额为39.88亿元，其中，扶贫贷款余额为21.45亿元。该行荣获河南省委、河南省人民政府“河南省脱贫攻坚先进集体”表彰。

服务黄河滩区，促进脱贫攻坚

黄河滩区居民迁建是河南省脱贫攻坚的重大任务，是国家批复的专项行动方案。濮阳县支行自觉强化责任担当、主动作为，在脱贫攻坚的决胜之年，该行以实际行动大力支持濮阳县黄河滩区居民迁建县城安置区项目，项目获批贷款9亿元，目前已发放完毕，充分体现了政策性银行“执行政府意图、服务‘三农’需求”的社会担当。项目建成后，将加快滩区群众脱贫致富，促进土地规模化经营，促进滩区人口有序转移，发展现代农业，推进新型城镇化建设，助力濮阳县实现乡村振兴。

濮阳县位于黄河下游北岸，时刻感受着黄河的严苛，有着大量的黄河滩区，既是滞蓄洪水的重要区域，又是滩区人民赖以生存的地方，因受汛期洪水淹没威胁等因素影响，滩区基础设施薄弱，发展明显落后，滩区人民生活现状亟待改善。农发行濮阳县支行员工带着改善黄河岸边人生活质量的高度社会责任感，带着改变滩区人迁出滩区建设美好家园的梦想，积极履行社会责任，主动出击，创新突破，不断深入谋划项目，在上级行党委的坚强领导下，组织全行精锐力量，“5+2”“白+黑”加班加点进行项目实地调查、评估，并开展多种形式的线上线下政银企融资对接服务，不断完善贷款材料，深入贯彻落实扶贫贷款项目的各项优惠政策，最终该项目贷款于2020年3月成功落地。

农发行濮阳县支行所支持的黄河滩区迁建项目涉及人口分布在黄河滩区乡镇，主要是濮阳县王称堌镇、习城乡、白罡乡、梨园乡、郎中乡和渠村乡，共计6个乡镇39个村庄35302人，其中建档立卡贫困人口7930人，占比为22.46%，主要致贫原因是疾病困扰、单亲家庭、孤寡老人、意外事故等。原村庄占地723.4公顷，黄河滩区迁建项目建成后，不仅能够彻底解决滩区群众防洪安全问题，而且为进一步完善黄河下游防洪体系创造条件；有利于加快滩区群众脱贫致富，与全省同步实现小康目标。实施居民迁建，拓宽了滩区群众发展空间，从根本上解决贫困问题，促进濮阳县实现与全省同步进入全面小康社会；通过实施滩区居民迁建，开展原村庄拆旧复垦，可实现复垦面积391.6公顷，安置区占地62.3公顷，增加耕地（水浇地）329.31公顷，与原有承包地集中连片实施土地整理成高标准农田建设项目，能够有效改善原有耕地生产条件，提高各类经营主体承接流转的积极性，为大规模土地流转创造条件，有利于吸引先进生产要素发展现代农业；通过依托县城集中建设安置区，能够显著改善滩区群众的居住环境和生活条件，提升公共服务水平，增强人口吸纳能力，实现人口转移与产业发展、城镇建设的良性互动，加快滩区居民新型城镇化步伐。同时，黄河滩区有丰富的湿地生态资源，是黄河中下游重要的生态安全屏障，对保障国家生态安全具有独特的作用。实施居民迁建，建设横跨东西的沿黄生态涵养带，能够促进滩区生态环境保护和湿地恢复，为维护区域生态稳定和平衡，增强可持续发展能力提供基础保障。

拓宽扶贫思路，以金融助力脱贫

农发行濮阳县支行认真落实国家最低收购价贷款政策、国家调控粮贷款政策，助力粮食宏观调控，在稳定市场粮价和保护农民利益发挥出政策性金融功能的同时，结合脱贫攻坚相关要求，不断拓宽扶贫思路，以贷款企业带动贫困户增收为切入点，发放扶贫标识贷款。截至2021年6月底，累计向中央储备粮濮阳直属库有限公司发放含扶贫标识的最低收购价贷款、中央储备粮油贷款合计21.45亿元，不仅有效地解决了直属库的贷款需求，稳定了粮食生产，解决了县域内农民卖粮难问题，同时，实现带动28户贫困户人口（其中建档立卡贫困户23户）增收，为增加农民收入贡献了力量，有力地促进了县域脱贫攻坚。

农发行濮阳县支行在助力地方企业粮油购销的同时，不断拓宽扶贫思路，截至2021年6月底，该行已累计向河南省家家宜米业有限公司发放带动服务贫困人口贷款9820万元，直接带动5人已脱贫人口增收，每人将国家补贴的5000元入股到家家宜企业，每户每年可得到家家宜公司500元分红，为县域内稻农增加创收机会。河南省家家宜米业有限公司为省级产业化龙头企业，主要经营精大米加工与销售，自2005年4月与农发行建立信贷关系，企业已获农发行信贷支持16年有余，累计获批农发行流动资金贷款45笔，累计获批贷款金额达到5.4亿元。为落实党中央“六稳六保”政策，2020年该行将河南省家家宜米业有限公司列入暂时经营困难类客户，用再融资方式帮助企业渡过难关，以实际行动为县域民营企业的发展和地方政府经济社会的稳定作出了贡献。

坚持责任至上，助力全县打赢脱贫攻坚战

农发行濮阳县支行在定点扶贫的濮阳县庆祖镇大桑树四街村安排一名有责任心、工作能力强的驻村干部开展帮扶工作。同时，该行广泛动员党员干部积极主动对接帮扶贫困户，使该村每一位帮扶对象都有一名农发行职工作为帮扶责任人，帮扶责任人每月不定期到帮扶村与帮扶对象促膝交谈，积极宣传党的扶贫政策和措施，详细了解他们在生产劳动、家庭生活、子女上学、疾病救助、就业门路、补助补贴等各个方面存在的困难和需要解决的问题，以及对精准扶贫工作的要求、意见建议等，不仅加强了多方沟通协调，而且更好地向贫困户宣传脱贫攻坚方针政策，

帮助贫困群众知晓政策、理解政策、用好政策，切切实实地让老百姓感受到党的温暖关怀与帮助。在扶贫工作开展过程中，农发行濮阳县支行精准推进帮扶工作，紧紧围绕四项基本职责和十二项任务清单，不断履职尽责，通过危房改造、改善村卫生环境、改善饮水安全、完善村基础设施、思想引导、技术培训指导、帮助就业、捐赠衣物等措施，不断增强贫困户脱贫的能力与信心。2020年底，该行保质保量完成了定点帮扶村的脱贫攻坚工作，大桑树四街村建档立卡贫困户实现顺利脱贫，村民生活越来越有盼头、日子越来越红火。

征途漫漫，惟有奋斗。服务好巩固拓展脱贫攻坚成果同乡村振兴的有效衔接是新时代赋予农发行的重要使命，农发行濮阳县支行将深入贯彻落实上级行党委及县委、县政府关于服务乡村振兴战略的新决策、新部署，抓住乡村振兴重大机遇促进业务发展，推动农发行濮阳县支行不断开创新发展格局。

创新融资模式　打造扶贫典范

——记“河南省脱贫攻坚先进集体”农发行范县支行

自脱贫攻坚战役打响以来，农发行范县支行深入贯彻落实党中央各项决策部署，切实发挥金融扶贫先锋主力模范作用，深耕脱贫攻坚领域，研究制定支持策略，锁定脱贫攻坚目标任务，以服务“三农”为己任，以乡村振兴为抓手，以企业带动贫困农户增收为切入点，积极探索脱贫攻坚和业务可持续发展的新路径，取得脱贫攻坚和业务发展双丰收、双发展，2021年荣获“河南省脱贫攻坚先进集体”称号。

■ 农发行范县支行支持的黄河滩区居民迁建安置项目

农发行范县支行成立于1996年10月。该行全力服务脱贫攻坚，打造范县补充耕地储备和黄河滩区居民迁建安置“土地+”融资新模式，同时，积极开展“万企帮万村”精准扶贫行动，辐射全县24个贫困村，带动贫困人口5.6万余人。该行荣获“河南省脱贫攻坚先进集体”，被河南省银行业协会授予“河南银行业扶贫典型范例”荣誉称号。

创新融资模式　“贷动”农业发展

长期以来，范县受滩区特殊地理环境因素的制约，经济基础薄弱，县政府将移民迁建和土地整治作为惠民工程、脱贫工程，农发行范县支行紧紧围绕县委、县政府决策部署，审时度势，主动作为，先后申报了“范县2019年补充耕地储备及范县黄河滩区居民迁建县城安置区建设项目”及“黄河滩土地复垦区居民迁建项目”，但项目推进并不顺利，材料收集难度大、主体不确定等，稍不留意就功亏一篑。该行党支部充分发挥基层战斗堡垒作用，带领全行员工，百折不挠，攻坚克难，深入学习总分行的贷款营销模式，多方沟通协调会商，多次研讨计划部署，探索出范县补充耕地储备和黄河滩区居民迁建安置“土地+”融资新模式，成功投放中长期贷款6.26亿元，得到河南省发改委的高度肯定，在黄河滩区4市8县复制推广应用。当年，该行荣获“河南省银行业机构扶贫先锋集体”称号，与此同时，“土地+”模式被河南省银行业协会列入河南银行业扶贫典型范例。

范县2019年补充耕地储备及黄河滩区居民迁建县城安置区项目总投资11.83亿元，从项目建设内容上看，分为土地整治和滩区安置区建设两个子项目。该项目涵盖范县黄河滩区扶贫搬迁和补充耕地及占补平衡两项内容。建成后，可形成各类耕地指标总计1193.13公顷，有效提高粮食综合生产能力，改善项目区生态环境，促进生态文明示范区建设，保证黄河防洪安全，促进滩区群众脱贫致富，推进城乡一体化。指标收益共计19.87亿元，大大增加了地方财政收入，有效促进土地规模化经营和发展现代农业，为建设美好范县、造福人民提供强有力的保障，社会效益显著。

扶贫搬迁“我”先行　金融活水润“三农”

黄河滩区居民迁建是党中央、国务院和河南省委、省政府高度重视、人民群众共同期盼的一件大事。实施滩区居民迁建，对促进河南经济社会全面协调发展及黄河安澜具有重要意义：保障群众生命财产安全，实现滩区长治久安，加快滩区群众脱贫致富，与全省同步实现小康目标；有利于拓宽滩区群众发展空间，促进土地规模化经营，发展现代农业；促进滩区人口有序转移，推进新型城镇化建设；保护滩区生态环境，构建生态安全屏障。

随着经济社会的发展，滩区青壮年劳动力大部分转移到城镇及第二、第三产业就业，群众的生产生活方式发生了深刻变化，减弱了对土地的依赖，为居民迁建提供了强大的内生动力。在居民搬迁县城安置区时，村民们看到完善的基础配套设施与整洁的装潢，脸上洋溢着幸福满足的笑容，尤其是家中青壮年较多，或因孩子上学本就在县城居住的村民，搬迁政策解决了住所问题，同时解决了孩子上学问题，村民们对此赞不绝口，切实惠民利民。

在看到新住处明亮的阳台时，村民小李抑制不住内心的喜悦，激动地规划着家具摆放的位置，这要放一座摇椅，那要摆上一个花架，再把阳台打通成落地窗，阳光晒进来那叫一个舒服。小李这么跟家人说着，又对农发行客户经理深情说道："还是党和国家的政策好啊，解决了我们长久的滩区隐患，新房又是装修好的，省去了我们一大笔装修的钱。这笔钱就可以拿来给孩子买书买衣服用了。"讲到这里，小李不好意思地挠挠头，让了让座，又满心欢喜地跟家人商量家具风格去了。看到居民满意的笑容，回想过去滩区群众饱受黄河水患的侵扰，迫切渴望通过搬迁改变贫穷落后的心情，深刻体会到居民搬迁不仅是一项政治任务，更是一项民生工程。

真抓实干　为帮扶村做实事

围绕脱贫攻坚任务，聚焦"两不愁三保障"核心指标，精准施策，有效确保了帮扶村如期退出贫困序列，2018年以来，农发行范县支行严格按照规模分解、初选对象、公示公告、结对帮扶、制订计划、填写手册、数据录入、联网运行、数据更新九个步骤，按照时间节点，完成张斗还村（帮扶村）60户219人档案数据更新工作。2018年以来向张斗还村支援温室大棚建设费用20000元、支援用于安装文化建设器材费用2800元、拨付用于改善张斗还人居环境费用8800元。以实际行动切实履行政策性银行社会责任，持续加大精准扶贫攻坚力度。

优化服务，提质增效。全面上线新核心系统、无纸化模块和网上银行新功能，丰富电子印章、电子凭证及电子回单，优化电子对账、事后监督。通过线上培训、模拟演练，顺利完成了无纸化业务的上线工作，给客户带来了更快捷、更高效、更安全的服务体验。农发行范县支行认真落实上级行关于"企业客户个人收款平台"的工作部署，拓展政策性金融支农资金筹措渠道，成功为濮阳市光明密度板制品有限公司企业客户办理个人收单业务，强化了政策性金融服务能力，补齐了农发行没有企业对个人收款结算渠道短板。同时，利用信贷发展积蓄支农资金发展动能，落实存贷款综合服务营销管理策略，深挖资源，以资金筹集引导资金回流"三农"事业。凭借积攒的良好声誉，积极与地方党政部门沟通协调，通过项目配套资本金提前到位、营销项目自筹资金等，有的放矢，实现存贷款业务同步发展以及综合效益最优化，打造服务信贷资金安全和支农资金筹集"双赢"模式。

农发行范县支行聚焦精准扶贫、稳定脱贫，突出支持易地扶贫搬迁、贫困村提升工程和产业扶贫三个重点，全力服务疫情防控、脱贫攻坚、粮食安全、乡村振兴、黄河流域生态保护和高质量发展。该行扶贫业务风险总体可控，规模质量效益协调发展，有效发挥了金融扶贫的先锋、主力和模范作用。

牢记使命　决胜脱贫

——记“河南省脱贫攻坚先进集体”农发行柘城县支行

自脱贫攻坚战打响以来，农发行柘城县支行认真贯彻落实中央和省、市、县各项工作部署，强化政治担当，秉承家国情怀，把决战决胜脱贫攻坚战作为重要的政治任务和历史使命，坚持以脱贫攻坚统揽业务全局，举全行之力、集全员之智，以不胜不休的毅力和精神、决战决胜的斗志和干劲，不断探索创新扶贫模式，脱贫攻坚取得了显著成效。

提高政治站位，狠抓组织实施

始终把脱贫攻坚抓牢扛实，不断强化组织领导，成立了脱贫攻坚工作领导小组，

柘城县贫困户除了流转土地的收入之外，还能进入扶贫基地务工，实现脱贫

脱贫攻坚战打响后，农发行柘城县支行将产业扶贫与驻村帮扶相结合，多策并举、双管齐下，为柘城县“甩”掉贫困县“帽子”作出杰出贡献。2021年5月荣获“河南省脱贫攻坚先进集体”荣誉称号。

负责全行脱贫攻坚工作总体指导和部署。设立了金融扶贫事业部，具体负责制定扶贫规划、筛选考察扶贫项目、发放与管理扶贫贷款，确保每一个扶贫项目成功实施、扶贫贷款精准有效。在脱贫攻坚工作中，实行“一把手”抓总，主管副职具体抓，扶贫事业部具体办，全体人员定点定户帮扶的措施，认真贯彻落实“万企帮万村”行动的具体部署，根据当地实际情况制订了相应的营销方案，对帮扶企业加大营销力度，主动了解企业需求，量身定做融资方案，同时根据每年变化情况完善、修订《农发行柘城县支行脱贫工作方案》。

坚持政策引导，狠抓产业扶贫

农发行柘城县支行把脱贫“摘帽”作为首要使命，紧扣脱贫目标，主攻脱贫短板，以精准扶贫、产业扶贫为重点，精心研究制订产业扶贫方案，通过对当地龙头企业投放扶贫贷款，带动贫困户脱贫致富。河南省白师傅清真食品有限公司是国家扶贫龙头企业，在企业面临资金困难之际，农发行柘城县支行抽调精干力量主动与企业对接，帮助完善各项扶贫贷款手续，累计向该企业发放扶贫贷款8795万元，解决了企业的后顾之忧。与此同时，采取先培训后就业的模式为该企业安排贫困人员就业，既解决了企业用工问题，又增加了贫困人员的收入。柘城县如意面业有限公司和商丘金平安面业有限公司是柘城县两家大型面业公司，平均每年小麦需求量在5000万公斤左右，农发行柘城县支行组织人员多次与两家面业公司对接，主动上门服务，简化办事流程，拟订切实可行的贷款方案，在最短时间内把贷款资金拨付到位，帮助企业解决资金难题。2017—2020年，该行累计发放粮食购销流资扶贫贷款和调销扶贫贷款45443万元，支持两家面业公司收购、调入小麦18934万公斤，不仅增加了售粮贫困户的收入，还方便了更多贫困户售粮。为做好夏粮收购的资金供应工作，该行每年认真开展夏粮收购调研并向上级行申报资金需求计划，同时配合柘城县粮食局、商丘国家粮食直属库，对柘城县各个国有控股粮食购销企业的有效仓容情况进行核实、验收，为小麦最低收购做好各项准备工作，确保了夏粮颗粒归仓。

柘城县地处华北平原，地势平坦，雨量充沛，有涡河、惠济河、废黄河等多条河流经过，农发行柘城县支行投放供排水一体化PPP项目首笔贷款1.27亿元用于污水处理项目，实现了商丘市黄河流域生态保护首笔发放，填补了PPP项目营销的空白。引江济淮工程是国务院推进的172项节水供水重大水利工程之一，是解决豫东地区水源供给、打赢脱贫攻坚的民生工程，柘城段于2019年7月开工建设，其间引江济淮项目部与柘城县委、县政府多次召开项目对接会，研讨拆迁、附属物清理、确定贷款主体等各项工作，最终确定农发行柘城县支行提供贷款。该行积极对接，完善各项贷款程序，并多次向地方党政主要领导作专题汇报，既解决了项目资金问题，又得到了地方党政主要领导的信任。柘城县是中国辣椒之乡，辣椒种植面积常年稳定在40万亩，辣椒年交易量达70万吨，年交易额突破百亿元，连续四届全国辣椒产业大会在柘城县举行，为了更好地擦亮柘城辣椒名片，柘城县决定在牛城乡打造辣椒小镇，并多次与金融机构座谈研讨贷款事宜，最终确定与农发行柘城县支行合作。

多年来，农发行柘城县支行通过投放产业扶贫贷款、安排贫困人口和已脱贫享受政策人口就业、签订收购帮扶协议或产业分红等形式，为20多家企业发放了扶贫贷款，帮扶贫困人口或已脱贫人口190余人次，人均年收入增加1.9万元，扶贫贷款的投放取得了明显的社会效益，为打赢脱贫攻坚战奠定了坚实的基础。

坚持真情实意，狠抓定点帮扶

柘城县邵园乡李伯侯村共有贫困户68户237人，是农发行柘城县支行定点帮扶村，该行实行全体职工全员上阵，每人分配5~10户贫困户，并派驻2名专职人员驻村扶贫。为了帮助贫困户实现脱贫致富奔小康的愿望，该行多次深入村组开展扶贫政策宣传，让更多的贫困人员了解相关扶贫政策，积极组织人员参加农作物种植技术培训和劳动技能培训，主要针对创业人员和有创业意向的贫困人员进行免费培训。2019年，贫困户李小超通过培训掌握了草莓种植技术，在该行的帮扶下承包10亩土地建起了草莓大棚，平均每年收入4万余元，不仅自己闯出了一条致富门路，还带动周边7名贫困人员增加收入。贫困户王建设家里有三亩半地，主要经济来源依靠种植玉米和小麦，并且每年的收成还不稳定，由于自己和妻子都没有特长，多次外出务工未果，只能在家依靠土地维持生活，眼看儿子即将大学毕业，王建设和妻子经常为孩子工作和生活问题犯愁。2020年5月，驻村工作人员针对王建设的家庭情况，建议王建设发展养殖业，养殖山羊成本低、好管理，最终王建设在柘城县支行的帮扶和支持下建起了羊圈。该行还多次邀请专家为王建设指导养殖技术，如今王建设年出栏山羊200多头，年收入达20余万元，只要村里有人提起王建设养殖山羊致富的事，王建设总是笑着说："多亏了农发行的驻村帮扶人员，我啥时候也不能忘了他们。"

只有详细了解贫困人员的实际情况才能更好地精准施策。农发行柘城县支行广大职工经常深入贫困户家中，了解他们的基本情况和致贫原因，针对贫困户的不同情况量身制定扶贫措施，根据贫困户的需求因户制宜指导他们种植大棚蔬菜、特色经济作物、养牛养羊等，有效地加快了贫困户增收致富的步伐。针对缺少创业资金和一技之长的贫困户，该行帮助他们联系本地或者外地企业，签订用工协议，让60多名贫困人员走上了工作岗位，实现了增收致富。自驻村帮扶以来，该行积极帮助村委会落实改院、改水、改厕、改厨、改电、改俗“六改”政策，改善贫困户居住生活环境，并增加冰箱、电视等必要家具，满足群众生活需求。驻村帮扶人员还积极协助村委会成立了农村孝善理事会，实行“子女交纳+财政补贴+村集体经济收入补助+社会捐助”的扶贫模式，探索出了一条解决农村贫困老人脱贫难的有效途径，既解决了贫困老人脱贫问题，又弘扬了孝善文化。

多年来，农发行柘城县支行积极向群众宣传教育、医疗等扶贫政策，让更多的贫困人员了解义务教育免费、贫困户子女上学予以补助等国家政策，免费为贫困户办理农业保险、平安家园保险、防返贫保险等。驻村帮扶人员认真协助贫困户办理城乡居民医疗保险、大病医疗保险，积极协助落实一站式医疗救助服务及兜底救助，为享受扶贫政策的贫困户配发一个爱心小药箱、每人发放一张健康扶贫卡，为贫困户办理健康保险和意外伤害险，为符合条件的贫困人员协助办理慢性病卡，让广大贫困户了解医疗扶贫政策，解决他们有病不敢看、不愿看的顾虑。村庄发展快不快，村“两委”班子是关键，支行积极与村“两委”班子对接，为基层干部捐赠电脑、空调、笔记本、水杯等办公用品，让基层干部在好的工作环境中作出更好的工作业绩。通过几年的定点帮扶，李伯侯村摘掉了贫困村的“帽子”，除政策兜底贫困户外，其余全部脱贫。

脱贫攻坚没有终点，新时期赋予新使命，在新的征程中，农发行柘城县支行将继续巩固脱贫攻坚成果，深入贯彻落实乡村振兴战略，用农发行人的智慧、勤奋和热情，为地方经济高质量发展作出新的更大贡献！

在决胜脱贫攻坚中体现农发行责任和担当

——记“河南省脱贫攻坚先进集体”农发行沈丘县支行

2021年5月27日，河南省脱贫攻坚总结表彰大会落下帷幕，农发行沈丘县支行荣获全省“脱贫攻坚先进集体”荣誉称号。这既是对该行在决战决胜脱贫攻坚中取得显著成绩的肯定，也是对农发行“支农报国、立行为民”责任担当的褒奖。

■ 农发行沈丘县支行支持的雪荣面粉有限公司工人在厂区工作

农发行沈丘县支行成立于1996年，该行始终把服务脱贫攻坚作为最重要的政治任务、最紧迫的重点工作，持续加大政策性信贷资金投放力度，坚持靶向用力，创新工作方法，开通绿色通道，简化办贷流程，积极推动产业化龙头企业和农村公路等基础设施项目建设，交出了助力决战决胜脱贫攻坚亮眼的“成绩单”。

在支农报国中彰显扶贫成效

农发行沈丘县支行始终把服务脱贫攻坚作为最重要的政治任务、最紧迫的重点工作，按照县委、县政府的安排部署，充分发挥政策性金融优势，不断创新产业扶贫模式，主动融入脱贫攻坚战，着力做好贫困村帮扶，为决战决胜脱贫攻坚贡献了农发行力量。

解决农民卖粮难问题是农发行成立的初衷，做好粮食收购资金供应和管理始终是农发行的立行之本和主责主业。为此，农发行沈丘县支行坚定不移地扛起维护国家粮食安全的政治责任，提前谋划部署，主动对接粮食收储企业、种粮大户和粮食经纪人，走访建档立卡贫困户，牵线搭桥，重点解决建档立卡贫困户的卖粮问题。同时不断提高办贷效率和服务水平，开辟绿色通道，及早审批发放铺底金，确保做到“钱等粮”。对建档立卡贫困户售粮跟踪问效，确保真扶贫、扶真贫。截至2020年底，该行共投放扶贫贷款44.25亿元，带动贫困人口1306人，其中发放粮食收购贷款41.31亿元，支持101个粮食收购库点收购最低价小麦35亿斤，带动505名建档立卡贫困户增收。

沈丘是农业大县、人口大县，也是国家级贫困县。粮食作物种植面积广，建档立卡贫困户多。为扩大扶贫成果，农发行沈丘县支行结合实际支持当地农业产业化龙头企业创新扶贫模式，千方百计带动贫困户增产增收。周口雪荣面粉有限公司是一家国家级农业产业化重点龙头企业，设计日加工面粉能力1000吨，对周边种粮农民的辐射带动能力强。该行在走访时发现，多数贫困户是因病返贫、残疾人和智障人士，家中劳动力短缺，缺乏种粮售粮工具。如果能解决这部分人的困难，扶贫也就扶在了点子上。该行领导在与雪荣面粉老板座谈时了解到，企业也有扩大粮食市场占有率的需求，订单农业也就提上日程。于是该行领导与企业老板一起向县委、县政府主要领导汇报，与农业、粮食、国土等部门沟通，在全县实施了6666.67公顷订单农业。该行向雪荣面粉投放18000万元扶贫贷款，支持企业以订单农业方式，以高于市场价1~2分钱的价格收购订单农户的粮食，同时向订单农户发放种子补贴和农药补贴，带动806户建档立卡贫困户顺利脱贫。该行还支持贫困户在企业入股，企业每年向贫困户支付分红，此举共计带动贫困户200户。2017—2019年，该企业连续三年每年向入股贫困户支付分红款40万元。

沈丘县三闸纺织有限公司是一家主营棉纱生产、毛浴巾织造，从事自营产品产销及其相关进出口贸易的农业产业化龙头企业，年纺纱5万锭、年产毛巾和浴巾8000吨。近年来，装有“沈丘制造”毛巾等纺织品的列车，沿着陆上丝绸之路驶往沙特阿拉伯等中东国家。在对沈丘县三闸纺织有限公司发放11400万元扶贫贷款时，支持其与5名建档立卡贫困户签订带贫协议，不仅解决了5名贫困人口就业与社会保障问题，还帮助其学习各项生产技能，走上脱贫致富之路。支持企业与贫困村村委会签订带贫协议书，由村委会在企业入股，企业每年给予贫困村2万元分红，2019年带动当地贫困户增收约50万元。

在全面建成小康社会中体现责任和担当

按照县委、县政府安排，农发行沈丘县支行定点扶贫村是沈丘县白集镇查大庄村。为做好帮扶工作，该行成立了由行长任组长的贫困村帮扶工作组，由一名副科级干部带队，配备两名工作队员，统筹协调全行脱贫攻坚工作。实行结对帮扶制度，行内每名党员对口帮扶3~5个贫困户，每周深入农户了解需求，帮助协调解决各类问题。坚持节假日慰问，每年春节该行都购买米面油等各类生活物资下乡慰问，向贫困户免费发放价值6万余元的慰问物资，于细微处为贫困户办实事、送温暖。2020年面对突如其来的新冠肺炎疫情，该行迎难而上、逆势而行，多措并举筹措防疫物资，疫情期间共计向贫困村捐赠价值6000元的防疫物资，定向扶贫捐赠8000元。积极履行社会责任，开展扶贫济困一日捐活动，全行21名员工每年捐款达4000元以上，近年来累计用于扶贫的各类款项折合人民币达11万元。开展送金融知识下乡活动，扶贫先扶智，该行组织骨干人员赴定点帮扶村普及金融知识，提升村民金融素养，为乡村振兴添赋新动能。

在多年的扶贫实践中，农发行沈丘县支行发现，农村出行难是导致贫困的重要原因。一到雨天泥泞的道路将农民囿于农村无法出行，喝酒打牌成了农民打发时间的主要方式。冬季下雪上冻出行更是困难，农发行沈丘县支行帮扶人员王志礼至今还清晰地记得，一位老人因上冻路滑摔倒骨折终致不治身亡的情形，老人最怕摔倒，这对他是极大的刺激。听到这个故事的行领导也被深深地震撼到。能不能利用农发行的优势，帮助农民修条路，成了农发行沈丘县支行全行干部员工的共同心声。向上级行汇报后，领导高度重视，省、市、县三级行联合办贷，向沈丘县投资公司发放农村公路基础设施建设贷款2亿元，配套支持修建农村公路项目里程376千米，架设桥梁25座，涉及全县22个乡镇157个行政村，服务县域建档立卡贫困人口占比达10%以上，不仅极大地改善了县域交通条件，便利当地群众的生产生活，而且有效助力县域经济的可持续发展，得到了县委、县政府的高度肯定。

在巩固拓展脱贫成果同乡村振兴的有效衔接中涵养家国情怀

脱贫攻坚的胜利不是终点，巩固拓展脱贫攻坚成果同乡村振兴的有效衔接是今后发展的关键。为此，农发行沈丘县支行围绕乡村振兴谋划了一批中长期贷款项目，把农发行服务乡村振兴银行的品牌形象维护好、打造好。2020年底，该行新一届党支部成立后，针对近三年中长期项目零储备、零审批、零投放被动局面，积极主动工作，多次向党政领导汇报，与投资公司反复对接，在省、市、县三级行的共同努力下，第一季度审批中长期贷款5.2亿元，首笔发放贷款1.7亿元，树立了农发行能干事、会干事、干成事的良好形象。2021年4月29日，沈丘县人民政府向全县发出《关于表彰中国农业发展银行沈丘县支行的决定》，对该行为沈丘县脱贫攻坚和乡村振兴作出的贡献予以通报表彰。该行也将以获得中共河南省委、河南省人民政府“脱贫攻坚先进集体”为动力，在乡村振兴中再作贡献、再立新功，把农发行粮食银行、土地银行、水利银行、绿色银行的品牌形象深深地烙印在沈丘大地上。

彰显责任担当　助力脱贫攻坚

——记“河南省脱贫攻坚先进集体”农发行西平县支行

脱贫攻坚战打响以来，农发行西平县支行认真落实总行和当地党委政府的部署要求，将服务脱贫攻坚作为重大政治任务和历史使命。该行成立脱贫攻坚领导小组，制订精准脱贫计划，绘制扶贫攻坚作战图，实现了对全县扶贫金融服务全覆盖，政策性金融扶贫工作取得显著成效，蹚出了政策性金融扶贫新路径。2014年以来，重点支持当地小洪河治理、路网绿化、智能产业园、棚户区改造等项目，通过改善生态水系、疏通城乡交通脉络，助力推动县域整体脱贫。累计发放扶贫贷款22.06

农发行西平县支行支持洪河引洪排渠综合治理项目

农发行西平县支行紧紧围绕服务国家脱贫攻坚战略，认真履行政策性银行职能，深入开展脱贫攻坚工作。五年来，重点支持当地小洪河治理、路网绿化、智能产业园、棚户区改造等项目，通过改善生态水系、疏通城乡交通脉络，助力推动县域整体脱贫。累计发放扶贫贷款22.06亿元，贷款发放额和余额始终保持全市金融系统前列，充分发挥了金融扶贫“排头兵”的作用。2021年，该行荣获“河南省脱贫攻坚先进集体”称号。

亿元，贷款投放额和余额始终保持全市金融系统前列，充分发挥了金融扶贫“排头兵”的作用。

聚焦水系治理　改善人居环境

为系统解决水资源、水灾害、水生态、水环境等突出问题，农发行西平县支行主动向当地政府汇报农发行扶贫政策，积极合作，先行先试，充分履职。发挥基础设施扶贫辐射贫困面广、带动贫困人口多的优势，相继实施了小洪河、引洪河、南城河等综合治理，规划了仙女河、小洪河、引洪河延伸工程，大力开展生态环境修复和水系综合治理工作。通过水利工程措施，大大提高了河道行洪能力和防洪抢险能力，河道防洪标准由10年一遇提高到20年一遇；通过蓄水闸坝设置、中心景观河及人工湖开挖，直接增加城区生态水面积400万平方米，蓄水量可达1000多万立方米，相当于建设一座中型水库，极大地提升了西平水生态环境；通过河道生态修复、引洪河沿线带状景观绿化、小洪河点状主题公园打造，直接增加300万平方米绿化面积，形成了“人在树下走、车在花中行、楼房水边卧、城市公园中”的生态治理效果。2014年11月，农发行西平县支行投放水利项目建设贷款24500万元，为全县脱贫攻坚注入了政策性金融活水。工程的建成不仅优化了水资源环境与生态环境，取得了良好的经济效益和社会效益。

履行职责使命　全力服务脱贫

农发行西平县支行遵照县委、县政府“精准扶贫”工作部署，认真落实“单位包村、干部包户”的定点帮扶制度，选派2名干部驻村扶贫。驻村工作队积极帮助落实好产业扶贫、危房改造、健康扶贫等十大工程的宣传、申报和监督、实施和验收工作。坚持常下户、常走访，及时了解贫困户最新情况，千方百计为贫困户增加收入、脱贫致富出点子、想办法、谋出路，该行包保的84人全部实现脱贫。特别是在2020年抗击新冠肺炎疫情的战斗中，该行扶贫工作队坚持两手抓、两手硬，始终牢记“共产党员”身份，冲锋在第一线。整个春节，他们放弃了假期，同寺后张村委干部一道并肩作战，严防新冠肺炎疫情扩散，到各家各户进行宣传，做好返乡人员登记和联络工作。在疫情防控一线践行初心使命，他们用实际行动书写着共产党人的庄严承诺。

大事面前不含糊，攻坚克难冲在前。在救灾防疫的关键时期，农发行西平县支行把疫情防控工作作为最重要的政治任务，把应急救灾贷款的发放当成最主要的工作，急事急办，特事特办，一切为了救灾防疫，抢时间、争速度，在上级行的支持帮助下，集中县行力量，开辟绿色通道，加班加点办理救灾应急贷款，仅两天时间就完成贷款投放4500万元，为助力打赢疫情防控攻坚战作出了应有贡献。

用足用好政策　服务产业园区

西平县是嫘祖故里，服饰文明、丝绸文化的起源地。在嫘祖文化的影响下，服装产业成为该县起步较早、发展较快的传统产业，县委、县政府对纺织服装行业给予大力支持，服装产业的发展蒸蒸日上。农发行西平县支行了解到这一情况后，主动对接园区项目，快速调查、高效办贷，大力支持扶贫产业园建设，支持该县巩固拓展脱贫攻坚成果同乡村振兴有效衔接。西平县政府重点打造的产业集聚区智能针织产业园项目，总投资为88212.13万元，农发行西平县支行目前已投放贷款54660万元。项目建成后，对西平县扩消费、促就业、惠民生，提高经济发展质量和效益具有重要意义；对整合该县资源优势，拓宽群众增收渠道具有很强的带动作用。

为助力打造共同富裕“西平样本”，西平县支行于2020年投放农村土地流转和土地规模经营贷款37792万元，用于县域城乡建设用地增减挂钩拆旧复垦项目建设，依托本地资源优势，顺势而为，干在实处，走在前列，不遗余力地服务乡村振兴战略。与此同时，该行积极支持西平县嫘祖植物园和嫘祖海棠园“两园”建设，发挥绿色银行品牌，打造县城优美生态环境。2021年，在省、市、县三级行的共同努力下，“两园”项目共获批生态环境建设与保护贷款77000万元，截至2021年8月末，共发放贷款19700万元。

在进行中长期项目贷款扶贫工作中，农发行西平县支行主动向县政府汇报农发行基础设施扶贫项目贷款政策，主动与发改委、扶贫办等单位沟通，全面了解辖内扶贫项目贷款资金需求情况。同时，为最大限度地支持扶贫项目，该行积极改善金融服务：一是对涉及精准扶贫项目，实行“优先受理、优先评审、优先投放”措施，最大限度地简化办贷流程，力争贷款早投放、项目早实施、效益早发挥；二是落实专人负责，对涉及精准扶贫项目，市、县两级行信贷部门成立金融服务小组，从项目培育到贷款发放、贷款使用及贷后管理，提供全流程跟踪服务；三是提供个性化服务，针对涉农客户多样化的融资需求，制订个性化金融服务方案，做到利率优惠、期限延长。2020年以来，通过农发行省、市、县三级行以及西平县人民政府相关部门和人员的共同努力，该行对接的中长期项目均已成功获批，获批扶贫贷款总额133146万元，带贫方式主要通过帮扶就业和交易两种形式，累计带动建档立卡贫困人口154户，帮助西平县贫困人口实现增收。贷款项目建成后可为数千人提供工作岗位，提升了地方经济效益，带动了经济发展，形成了政银企合作共赢的良好发展态势，助力西平县打赢脱贫攻坚战。

党旗领航发展　初心如磐致远

农发行西平县支行坚持党建统领，聚焦国家粮食安全，充分发挥粮食银行作用，统筹支持政策性粮食收购和市场化收购，服务全县粮食安全，保护农民利益。积极与地方政府、粮食主管部门，粮食收购储备企业衔接沟通，了解当地粮食产量、粮食储备情况和企业资金需求情况，根据企业实际，量身定做融资方案，快速高效为企业提供优质金融服务。2020年以来，累计发放粮食收购储备贷款6146万元，支持收购储备粮食9957.75吨，没有出现打“白条”问题，做到了政府、农民、企业三满意，巩固拓展了脱贫攻坚成果。推进了政策、制度、产品、工作和机制同乡村振兴有效衔接，打造“粮食银行”特色品牌。特别是新冠肺炎疫情期间，该行与粮食企业建立联动机制，启动应急办贷通道，缩短办贷时间，及时满足了企业粮食供应资金需求，确保了县域粮食市场价格稳定，供应充裕。充分发挥了粮食收购资金供应主渠道作用，全面落实了“藏粮于地、藏粮于技”战略目标。该行结合党史学习教育，把业务发展与“我为群众办实事”实践活动深度融合，向全行员工发出动员令，发动党员和青年骨干成立“项目评估青年突击队”“红色金融服务小分队”“党员攻坚突击队”等，围绕投放一批、评估一批、储备一批目标，举全行之力，打造贷款投放突破、项目储备领跑先进行，助力打造共同富裕“西平样本”，实现信贷业务高质量发展。

坚守初心　勇担使命

——记“河南省脱贫攻坚先进集体”农发行平舆县支行

自脱贫攻坚战役打响以来，农发行平舆县支行始终坚持以党建为统领，牢记“立行为国，支农为民”的农业政策性金融使命，以服务“三农”为己任，全力服务脱贫攻坚工作，层层落实精准扶贫举措，从金融扶持到驻村帮扶，为平舆县顺利实现脱贫摘帽作出了应有的贡献。

精准帮扶摘“穷帽”

党中央打响精准脱贫攻坚战，是新时期“为人民谋幸福”初心使命的现实体现。

■ 农发行平舆县支行支持的蓝天芝麻小镇实景图

农发行平舆县支行成立于1997年，始终坚守“支农为国、立行为民”使命，以党建为统领，以服务“三农”为己任，全力服务脱贫攻坚工作，投放农业农村中长期扶贫贷款12.9亿元，为平舆县注入了“脱贫摘帽”的金融活水。2021年该行被评为“河南省脱贫攻坚先进集体”。

农发行平舆县支行秉承家国情怀，强化责任担当，坚持把支持脱贫攻坚工作作为重大政治任务扛在肩上，采取不同的方式、方法，做到步调协调一致，助力打赢脱贫攻坚战。

集中优势兵力，脱贫攻坚战取得重大决定性成就，一条基本经验就是集中力量办大事。农发行平舆县支行领导班子创新方式方法，在帮扶政策、力量、机制上推出加强版、创新版、精准版，形成了全行全力“真扶贫、扶真贫”的新格局。该行一是完善内设扶贫事业部功能，实行“一把手”总抓，主管副职具体抓，扶贫事业部具体办的工作机制，选派工作能力强的优秀干部员工组成驻村工作队，制定了扶贫工作职责、方案。二是适时充实调整帮扶队员，强化工作制度和帮扶责任。三是按照平舆县委、县政府和上级行有关文件要求落实了驻村队员的经费和待遇，配备了办公和生活设施。四是全行参与结对帮扶，定期入户开展帮扶工作，采取因户施策措施，共同制订帮扶计划并落实。在农发行平舆县支行近5年的精准帮扶下，阳城镇马李坡村支部班子结构逐年优化，村民挪掉“穷窝”、移除“穷业”、拔掉“穷根”，年收入逐年增加，集体经济稳步发展，村容村貌发生了彻底变化，2019年顺利实现整村脱贫摘帽。

金融支持注“活水”

要实干，就要干实。实现脱贫攻坚目标，是一项艰苦卓绝的任务，需要更大的决心，更强的信心，更精确的举措和众志成城的全力拼搏。脱贫攻坚工作开展以来，农发行平舆县支行进一步增强“四个意识”，坚定“四个自信”，坚决做到“两个维护”，以其中蕴含的价值观、方法论，指导政策性金融扶贫实践。为此，该行认真落实各级政府和上级行的决策部署，紧紧围绕“两不愁三保障”基本要求和贫困退出标准，扶真贫、真扶贫，强化责任、攻克难点、精准施策、巩固脱贫成效，不断加大信贷投放，强化金融扶贫。

民以食为天，食品安全是基础。解决“卖粮难”问题，擦亮农发行“粮食银行”金字招牌。农发行平舆县支行全力做好粮食收购贷款资金供应与管理工作。坚持在不“打白条”的前提下，严格落实“多收粮、收好粮、防风险”的总体要求，支持粮食收购扶贫贷款1691万元，确保了夏粮收购正常平稳进行。

农发行平舆县支行利用政策性金融优势，积极营销并先后发放农业农村中长期扶贫贷款12.9亿元。其中，支持工业污水处理扶贫贷款3.5亿元，用于建设污水处理各单元构筑物、污水处理设备和设施、污泥脱水间、配电设备用房、风机房、除臭系统、污水处理厂管理办公用房等，建成后不仅能够服务区域内的所有贫困人口，更能减轻淮河防洪压力，保护下游人民生命财产安全；支持永强户外扶贫贷款4.4亿元，以壮大扶贫产业，保障脱贫群众持续增收；支持国储林扶贫贷款5亿元，在平舆县东和店镇、东皇办事处、老王岗乡等19个乡镇办事处、156个行政村，建设6000公顷人工栽培林和中幼抚育林。建成后，可提高平舆县森林覆盖率2.1个百分点，直接改善全县的生态环境，可涵养水源，净化水质，年增加蓄水80万立方米，保障水质安全，促进生态旅游、森林康养等绿色产业的发展，推动产业兴旺，扩大就业机会，增加农民的收入，为扶贫工作拓展新途径。通过发放流动资金扶贫贷款9455万元，带动400余户贫困户脱贫。

为打赢疫情防控阻击战，农发行平舆县支行积极寻访疫情防控资金需求企业。在了解到平舆县豫资城乡投资发展有限公司用于应急设备采购、疫情防控具有资金缺口后，全行上下联动，急事急办，第一时间开启信贷业务管理应急通道，调集精干力量，以最快速度办理相关业务，仅用两天时间就完成了贷款上报、调查、审查、审批等工作，5000万元救灾应急贷款于审批当天全部投放到位，创造了农发行平舆县支行办贷"第一速度"。

不忘初心真"性情"

俗话说，火车跑得快，全靠车头带，农发行平舆县支行主要负责人认真落实县委基层工作日制度，组织单位帮扶人员到帮扶村开展走访、调查、摸底工作，对建档立卡贫困户进行了摸底排查，因户施策制订帮扶计划，研究并协助帮扶措施的落实，做到精准扶贫，精准施策。为贫困户解决实际困难，累计捐助物品价值2.4万余元，购买消费扶贫产品价值4.5万余元，在为贫困户解决实际困难的同时，还为帮扶村委改善办公条件、支持疫情防控、解决夏秋两季防火经费，捐款捐物累计价值18万余元。新冠肺炎疫情期间，第一时间为贫困户送上了口罩、消毒液等防护用品和生活物资，切实解决了贫困村委、贫困户的实际困难。杨利杰真抓实干的一片丹心，如寒风中的一缕暖阳，洒在马李坡人民的心中，温暖了整个村庄，受到父老乡亲的一致好评。

在金融支持县域经济发展中，农发行平舆县支行起到了先锋主力模范作用。在下一步工作中，将始终践行"支农为国、立行为民"的办行理念，把党史学习教育成果转化为持续巩固拓展脱贫攻坚成果，在服务乡村振兴大局中践行初心使命，彰显责任担当，以坚定意志、昂扬斗志履职尽责，为平舆县经济高质量发展作出更大贡献。

忠实履职尽责　争当扶贫先锋

——记“河南省脱贫攻坚先进集体”农发行镇平县支行

农发行河南省镇平县支行始终如一坚决贯彻总行全力服务脱贫攻坚工作部署，全体党员干部勠力同心、担当作为，精准支持中长期项目扶贫、粮棉油产业扶贫和对口直接帮扶等领域，持续增加政策性金融精准扶贫的投入广度和帮扶力度。

强化扶贫意识，做好金融服务

农发行镇平县支行党支部主动提高扶贫工作政治站位，成立扶贫工作领导小组，

农发行镇平县支行支持的县城客运站及环城快速路建设项目

农发行镇平县支行成立于1996年。该行始终坚守“支农为国、立行为民”使命，着力打赢脱贫攻坚战，2018—2020年，累计发放相关贷款12.92亿元，其中扶贫贷款4.15亿元，重点解决了全县7个贫困村184个贫困人口的就业就学、用水用电、交通出行等问题，金融扶贫事业取得显著成效。2021年5月荣获“河南省脱贫攻坚先进集体”荣誉称号。

积极向镇平县委、县政府宣传、汇报农发行扶贫贷款政策和业务范围，全面了解、掌握辖内扶贫项目及其资金需求情况。尤其对涉及扶贫的项目，及时开辟办贷绿色通道，实行“优先受理”，最大限度地简化办贷流程，力争贷款早投放、项目早实施、效益早发挥。成立金融服务小组，落实专人负责，从项目培育到贷款发放、贷款使用及贷后管理，提供全流程跟踪服务；提供个性化服务，针对涉农客户多样化的融资需求，制订个性化金融服务方案。2018—2020年，累计发放相关贷款12.92亿元，其中扶贫贷款4.15亿元，中长期项目贷款7.73亿元，为助力镇平县脱贫攻坚和经济社会的稳定发展作出了积极贡献。

实施项目扶贫，改善贫困面貌

学校建设是为老百姓办实事的重大民生工程，关系青少年健康成长。面对全县初中小学生人数呈逐年上升趋势，在城区人口不断增加，原有学校数量、面积以及校区环境已无法满足适龄儿童就学需求的严峻形势下，农发行镇平县支行以推动义务教育均衡发展为切入点，高度重视，精心部署，主动加强与地方教育局、扶贫办等部门的沟通联系，“一对一”制订金融服务方案；同时，积极对接地方财政，找准政策，帮助地方政府解决义务教育均衡项目的资金难题。

农发行镇平县支行通过向镇平县鼎诚教育文化投资有限公司发放教育中长期贷款1.08亿元，支持镇平县涅阳第五初级中学、雪枫徐桥小学项目及镇平县思源实验学校项目的基础设施建设。项目建设内容包括教学楼、学生宿舍、学生食堂、运动场、校容校貌建设等，总建设面积71416平方米。该行以高标准、快节奏，全力推进学校建设，确保“好钢用在刀刃上”。一方面，按照有关要求加强对资金监管；另一方面，积极跟进项目进展情况，有效监督贷后管理落实情况，确保“专款专用”。“原来不论成绩怎么样学生们都只能在乡里念初中，教学条件和城里差距很大。思源实验学校的建成使家庭贫困的学生可以免费到城里念初中，接受更好的教育，我比学生更高兴。”王岗乡初级中学李老师激动地说道。王岗乡只有一所中学，基础教育设施和师资力量薄弱，能到县城去读书不仅是学生们的愿望，更是家长们殷切的期待。“去城里上学也不用掏钱，还有了生活补助，家里负担轻了，孩子也能接受良好的教育。”

“帮助贫困、落后地区学生接受更好的中小学教育，让他们考入理想大学，走出贫困，毕业后为家乡的经济发展添砖加瓦。”扶贫办主任介绍说，“这三所学校的建设解决了方圆8~15千米范围内5400名学生的就学困难问题，为撤并学校学生及农村偏远地区贫困生、孤儿及贫困单亲家庭儿童提供了一个相对良好的教育机会，使全县教育结构体系趋于公平合理，为保障后续精准扶贫战略的实施提供了人才支撑保障。感谢农发行提供的资金支持，感谢！”

水资源是人们生活中必不可少的三种资源之一，不仅要保证水资源的丰富，也要保证水资源的清洁度，否则就无法保障人的生活品质，甚至危害人的身体健康。该行向镇平县城建投资有限公司发放县域城镇建设中长期贷款8500万元，用于镇平县第二污水处理厂工程项目，重点解决城区范围外污水极大污染环境“老大难”问题。工程建成后，日处理污水2.5万吨，对航天路沿线的产业聚集区、玉神路以西规划区和石佛寺镇的污水进行有效处理，极大地减少了长江流域的水体污染，为城市提供了良好的生活环境。石佛寺居民王建国说：“有了这第二污水处理厂后，这水喝着甜嘞，也没有以前的异味，再也不用担心水污染会损害健康，用水放心，真中！”产业聚集区的负责人说：“对于很多化工厂来说，他们排放出来的工业污水在经过污水处理厂的处理之后，不仅能够有效保证这些水的清洁度，避免工业污水直接破坏生态环境，在整个处理过程中，还能够从污水当中提取到一些重要的化学物质，这样既能够节约资源，也不至于破坏环境，真是一项利民的好工程。”

向南水北调镇平水厂投放城乡一体化中长期贷款7000万元，支持水厂建设，使全县日供水能力由此前的3万吨/日提高到7万吨/日，顺利解决了全县用水紧张问题。在距离镇平县城中心5千米的玉源南路刘洼村，28岁的快递小哥周泽成随手拧开他家六楼厨房的水龙头，只见清澈的自来水“哗哗”地喷涌而出，管道水压并没有因楼层较高而显得不足。“以前没进城的时候在村里喝的都是井水和赵河水，遇到下大雨水会变得非常浑，用水桶打水更是费时费力。现在干净的自来水用起来既方便又放心，水费每立方米才两块八。”周泽成讲道，这种变化得益于镇上新建的南水北调水厂，“以前没建新水厂的时候，晚上一到用水高峰时段我们六楼都供不上水，吃水都要赶着点存点水在水桶里，现在想用水随时都有。”

强化产业扶贫，带动就业脱贫

脱贫要长效，长效在产业。习近平总书记指出，产业脱贫是脱贫攻坚的根本出路。农发行镇平县支行充分利用现有的各类信贷产品，为扶贫企业量身定做金融服务方案，主动提供融资、融智服务，形成业务合力。先后向县域产业化龙头企业镇平县豫龙纺织有限公司、南阳新奥针织有限公司发放扶贫贷款3.95亿元，助力产业脱贫。其中，携手南阳新奥针织有限公司，实施“产业园+农户+扶贫基地”就业扶贫模式，支持做强毛衫扶贫产业，建立7个扶贫分厂，吸纳建档立卡贫困人口20余人，贫困户人均年收入增加约1.2万元，覆盖6个乡镇7个贫困村；携手镇平县中型纺织龙头企业——镇平县豫龙纺织有限公司共同助力脱贫，带动就业机会300个，辐射农户300户，与建档立卡贫困户5人签订劳动用工合同，带动贫困户人均年收入增加约1万元。

除此之外，农发行镇平县支行还大力支持驻地企业粮食收储，近年来累计向地储粮收储库点河南镇平国家粮食储备库发放扶贫贷款2049.5万元，支持企业收购小麦9500吨，通过直接收购镇平县老庄镇玉皇庙村建档立卡贫困户马玉甫、李振旺等17户生产的小麦8970千克，支付收购金额20451.6元，直接带动贫困户实现收入增长，起到较好的扶贫带动作用。

支持复工复产，巩固脱贫成果

镇平县不仅是一个刚摘帽的国家级贫困县，还是一个劳务输出大县，每年外出务工人员12.46万人，春节返乡务工人员5.36万人。2020年初，农发行镇平县支行以实际问题为引导，把“扶企业早复工、稳就业强民生、扩融资促发展”作为重中之重，强化信贷支持，主动向县政府汇报、沟通支持复工复产事宜。在农发行总行首席风险官，河南省分行党委书记、行长李小汇的指挥协调下，在镇平县确定了“国家产业示范园建设”等7个项目。该行按照疫情期间的相关政策规定，加快项目上报审批进度，实现了11亿元交通综合体项目的成功获批，首笔即投放2.16亿元，成为疫情期间农发行河南省分行办理速度最快、单笔金额最大的贷款项目。整个项目为全县提供了一万多个就业岗位，给地方财政带来近2亿元税收。“门口务工真好，兼顾庄稼老小。”郭庄乡团东村的刘庆福说，该项目复工复产给他提供了钢筋工的岗位，每月收入8000元。项目方负责人称赞说：“在困难时期，农发行的一系列措施让我们感受到了政策性银行的担当。”县财政局负责人讲：“此笔贷款，解决了县财政的燃眉之急，感谢农发行的鼎力支持。”

开展对口帮扶，实现精准扶贫

农发行镇平县支行积极开展对口帮扶，不断创新和完善工作措施，重点发展能够带动脱贫致富的合作经济，因地制宜，助力乡村农业发展。一方面，认真落实“单位包村、干部包户”定点帮扶制度。累计选派干部10余名，重点帮扶郭庄乡团东贫困村，使16个贫困户、40人实现脱贫。扶贫队员坚持常下户、常走访，及时了解贫困户最新情况，每月走访不低于4次。“金奖银奖，不如贫困户的夸奖，”说到帮扶贫困户，农发行镇平县支行帮扶队员马立新同志很有感慨。她说，每一个贫困户家里都积攒了许多悲伤无奈的苦难故事，如果没有踏足贫困户家中，就不可能深刻地了解他们的真实困难。只有多和他们交流才能真正走进他们的生活，了解他们的情况，清楚致贫的症结所在，才能因症施策，更好地帮助贫困户，让他们的生活变得越来越好。为此，她和队员们根据每家贫困户的实际情况，并结合产业扶贫、光伏扶贫、健康扶贫等十大工程制订了不同的脱贫方案，千方百计帮贫困户脱贫致富。新冠肺炎疫情期间，帮扶人员日夜坚守在扶贫村疫情防控一线现场，在防护物资紧缺的情况下，农发行镇平县支行及时为值班人员和贫困户送去消毒液、酒精、口罩等防护物品千余件。另一方面，农发行镇平县支行积极组织全员参与，坚决打赢脱贫攻坚战。通过组织员工扶贫捐款、购买扶贫农副产品等活动，推动解决扶贫产品“销路难”问题，帮助贫困户增收脱贫，累计购买扶贫农副产品一万多元，既扩大了农户增收，又促进了产业发展。

创新金融服务新模式
全力助推脱贫攻坚战

——记“河南省脱贫攻坚先进集体”农发行息县支行

河南省信阳市息县位于“千里淮河”中上游，被誉为“中华第一古县”，曾是省级贫困县。脱贫攻坚战打响以来，农发行息县支行认真贯彻落实党中央和农发行总行、省分行党委系列决策部署，深刻践行“支农为国、立行为民”的职责使命，坚决扛稳抓牢脱贫攻坚政治责任，紧盯“两不愁三保障”目标任务，创新完善金融扶贫运

■ 农发行息县支行支持产业扶贫项目阿尔本制衣（息县）扶贫基地建设实景图

农发行息县支行成立于1996年。脱贫攻坚战打响以来，该行聚焦农田、水利、教育、住房、产业扶贫等民生领域五个方面六个项目，通过创新完善金融扶贫运作模式，累计获批贷款金额达27.38亿元，有效发挥了农业政策性银行“当先导、补短板、逆周期”作用，为高质量打赢脱贫攻坚战提供有力金融保障。

作模式，全力服务脱贫攻坚工作，通过对农田、水利、教育、住房、产业扶贫等民生领域五个方面六个项目的支持，累计获批贷款达27.38亿元，有效发挥了农业政策性银行“当先导、补短板、逆周期”的职能作用，为息县高质量打赢脱贫攻坚战提供有力金融保障。2021年5月，该行被河南省委、省政府授予“河南省脱贫攻坚先进集体”荣誉称号。

支持重大水利项目建设，首创“土地复垦”新模式

河南省大别山革命老区引淮供水灌溉工程PPP项目列入国家《大别山革命老区振兴发展规划》《淮河生态经济带发展规划》《水利改革发展“十三五”规划》《“十三五”全国水利扶贫专项规划》，是河南省“四水同治”十大水利工程。农发行息县支行积极支持的河南省大别山革命老区引淮供水灌溉工程重大水利项目，贷款审批金额10.8亿元，可服务区域内建档立卡贫困人口16479人，每年平均提供农田灌溉用水0.62亿立方米，发展灌溉面积23800公顷，显著提高区域抗旱减灾能力，年新增粮食产量可达1.87亿斤，每年灌溉效益达1.07亿元，灌区受益人口22.75万人（其中，贫困人口达4.84万人），人均因此每年将增收471元。

针对农村土地整治项目，积极探索创新了“政府主导、市场运作、投资开发、奖补配套、成本返还”的首创融资模式，成功营销土地综合整治项目2个，审批金额5.47亿元，已发放信贷资金4.51亿元，有效盘活了农村土地资源。2020年2月被农发行河南省分行授予业务创新成果首创奖：土地复垦“成本返还贷”息县模式在全省复制、推广。通过该项目的实施，一是可以进一步改变息县耕地资源总量少、人均占有率低、耕地后备资源匮乏的局面，达到补充耕地数量、质量、生态三者统一的目的。二是预计可形成新增耕地4720.02公顷，有效盘活农村土地资源，提升粮食生产能力，夯实粮安基础，形成各类耕地交易指标4720公顷，可形成指标收益75亿元，增加了地方财政收入，对于巩固脱贫攻坚成果和支持乡村振兴战略提供了强有力的保障，社会效益显著。三是该项目的实施惠及19个乡（镇）271个行政村和251户建档立卡贫困人口脱贫增收。

支持易地扶贫搬迁，再创“建租贷”模式

息县共有99个贫困村、249个非贫困村，建档立卡总人口95888人。农发行息县支行积极响应国家精准扶贫号召，加大易地扶贫搬迁信贷支持力度，截至2019年底累计支付易地扶贫搬迁信贷资金23112万元，解决了全县19个乡镇（办事处）和1个城区共

34个安置点5778名建档立卡贫困户住房问题。

息县现有县域人口约118万人，由于教育资源匮乏，每年约有5500人不能在县内接受高中教育。2019年，农发行息县支行抢抓政府积极发展教育事业，与华中师范大学合作创办华中师范大学附属息县高级中学的机遇，积极破题，创新发展了“公司融资建设+学校承租运营”经营模式，首创息县高中“租金贷”模式，审批发放信贷资金5.5亿元用于息县高中项目建设。该项目的建设满足了息县人民对教育资源的迫切需求，大大优化了息县教育资源配置，可解决10000名学生的入学问题，改变了息县教育资源短缺的现状，对提高息县的教育水平有着非常重要的意义。同时，也提升了农发行的社会形象，彰显了政策性金融功能。2020年2月该行被农发行河南省分行授予业务创新成果再创奖；新型城镇化“校园建设贷”息县模式在全省复制、推广。随后，该行又成功营销大别山革命老区全民技能培训中心建设项目，获得农发行河南省分行审批4.03亿元，已发放贷款3.91亿元；信阳师范学院淮河校区PPP项目获农发行河南省分行审批银团贷款9亿元，已投放3.3亿元。农发行息县支行因地因项目制宜的做法，得到了地方政府及有关部门的充分肯定，促进了政银企在基础设施等各领域的合作。

支持产业扶贫项目，建立扶贫基地

为切实加大对产业扶贫的支持力度，结合息县人民政府招商引资政策和“凤还巢”战略规划，农发行息县支行主动对接、积极探索，成功投放信贷资金3.3亿元用于阿尔本制衣（息县）扶贫基地项目建设。该项目是息县政府实施产业扶贫的重点项目，通过该融资模式的实施，既支持了脱贫攻坚，也解决了招商引资过程中基础设施建设资金需求问题。该项目的实施为贫困人员提供免费的职业技能和教育培训，直接解决包含建档立卡贫困户在内的约5000名员工就业问题，有效解决贫困户增收、留守妇女就近就业等问题。同时，通过对贫困就业人员的职业技能和教育培训，大大提高了贫困人口的素质和素养，为造福下一代提供优良的家庭环境。该项目标准化厂房“建租贷”模式被农发行河南省分行评为2020年度十大创新典型案例之一在全省推广。

加大对民营企业支持力度，支持企业做大做强

近年来，农发行息县支行高度重视粮食收购工作，成立粮食收购资金供应与管理领导小组，实行收购信贷工作“一把手”负责制，做到切实扛稳粮食安全责任。认真领会和贯彻执行国家的粮食政策，顺势而为，因势而动，发挥政策性金融补短板的作

用，在做好政策性粮食收储资金供应的同时，积极主动做好市场性粮食收购资金的供应和管理。因地制宜扶植特色优势产业，以“产业化龙头企业+基地+农户”模式，带动发展特色产业，近年来累计向息县宏升粮食制品有限责任公司发放扶贫流动资金贷款23390万元，支持发展弱筋小麦产业项目，积极整合本地资源，实现了特色扶贫产业与本地优势的融合，支持其市场化收购以及加大优质弱筋小麦推广种植力度，建立茅台有机小麦种植基地4000公顷。在宏升公司的带动下，参与种植弱筋小麦的农户近5万户26000人，户均增收1000元以上，优先为贫困户提供就业岗位、免费为贫困户提供粮食种植技术培训、有效带动了当地农户增收增效。宏升公司及其关联企业已与全县1975户C类建档立卡贫困户签订带贫协议，涉及12个乡镇（办事处）106个自然村（居委会），真正让贫困户享受到产业扶贫带来的实惠。

发挥政策支农优势
谱写老区扶贫华章

——记“河南省脱贫攻坚先进集体”农发行新县支行

自脱贫攻坚工作开展以来，农发行新县支行始终深入贯彻落实党中央各项决策部署，坚持“支农为国、立行为民”的使命，积极将金融“活水”引入扶贫主战场，切实发挥金融扶贫先锋主力模范作用，深耕脱贫攻坚领域，研究制定助力策略，持续加大政策性金融支农扶贫信贷投入，重点聚焦粮食收购、普惠金融、易地扶贫搬迁、健康扶贫、旅游扶贫、农村路网建设和结对帮扶等脱贫攻坚重点领域，切实发挥了农业

农发行新县支行支持的旅游扶贫项目——大别山露营村

农发行新县支行成立于1996年。该行全力服务脱贫攻坚，重点聚焦粮食收购、普惠金融、易地扶贫搬迁、健康扶贫、旅游扶贫、农村路网建设和结对帮扶等脱贫攻坚重点领域。“十三五”期间累计发放各类贷款13.06亿元，其中，扶贫类贷款为6.76亿元，占全行贷款总额的51.76%。2021年该行荣获“河南省脱贫攻坚先进集体”称号。

政策性金融“当先导、补短板、逆周期”的职能作用，有力地助推了新县脱贫摘帽，2021年5月荣获“河南省脱贫攻坚先进集体”称号。

聚焦主责主业　充分发挥政策性支农优势

始终围绕“中国粮食、中国饭碗”，把粮食收购资金供应与管理工作作为一项政治任务来抓，提升政治站位，确保收购资金及时足额供应。在每年夏秋两季粮食收购旺季中，坚持做到“三早”“三严”“三重”，履职尽责提前做好收购准备工作，加强粮食库存监管，把好粮食收购质量关，切实做到防止出现“卖粮难”和“打白条”问题，为服务保障国家粮食安全提供有力资金支持。“十三五”期间，累计办理地方储备粮贷款354万元，支持全县粮食库存150万公斤，并通过托市收购，为贫困售粮农户开辟绿色通道等措施，有力地保障了粮食安全和农民收益。

坚持供给侧结构性改革，解决中小企业融资难题。自2005年以来，农发行新县支行主动挖掘和培育有地方特色的涉农企业三家，通过对企业培植和维护，提供金融咨询、市场分析、资金结算等优质服务，保证了企业稳健经营和发展壮大。同时，注重风险防控，加强客户维护和贷后管理。培育河南羚锐制药股份有限公司、河南新林茶业股份有限公司和新县绿源茶叶精制厂，有力支持涉农产业化龙头中小企业健康发展，直接或间接带动了近3000户农户脱贫增收，发挥了政策性金融脱贫济困的良好社会效益。

在承接易地扶贫搬迁贷款支付管理工作期间，主动与发改委联系，积极参与每个安置点的设计规划，开通资金拨付“绿色通道”，跟踪服务工程资金拨付使用，保证新县易地扶贫搬迁贷款1.59亿元及时足额拨付到位。2017年底，全县39个易地搬迁集中安置和分散安置点全面完工并通过验收，所辖1865户贫困户7587人搬入新居，入住率达100%，提前完成了“十三五”扶贫搬迁任务，全省易地搬迁扶贫现场会在新县召开，为新县如期实现脱贫摘帽作出了重要贡献。

精准发力　全力助推脱贫攻坚

坚决打赢脱贫攻坚战，全力服务乡村振兴战略，充分发挥政策性金融扶贫主力军作用，是农发行主要职责所在。农发行新县支行结合新县实际，认真贯彻习近平总书记在考察调研老区新县时的重要讲话和指示精神，紧紧围绕脱贫攻坚与乡村振兴，抓牢信贷扶贫这条主线，以易地扶贫搬迁、健康扶贫、旅游扶贫、农村路网建设、国家储备林基地项目规划为依托，在上级行全力支持下，开展高端营销策略，开辟“绿色通道”，加大中长期扶贫项目对接申报力度，扎实推进脱贫攻坚工作。

农发行新县支行支持新县杨湾棚户区项目改造，投放棚户区改造贷款2.28亿元用于项目区域600户2100人的拆迁补偿，涉及房屋拆迁面积8.6万平方米，安置套数600套。项目实施后解决了600户居民的住房问题，改善了棚户区居住环境、出行和水电暖等问题。支持新县旅游扶贫基础设施项目建设，投放旅游扶贫贷款8540万元用于新县大别山露营村建设项目（二期），包括学院项目、别苑项目以及园区配套设施等，有效支持了新县扶贫旅游产业发展，新增就业岗位带动50名贫困户脱贫增收，实现脱贫攻坚与乡村振兴有效衔接。支持新县S205公路项目改造提升建设，投放农村路网建设贷款2.95亿元，连接起全县各乡镇旅游景点，有力推动新县红色旅游产业发展，展现了新县“九镇十八湾，全域游新县”的品牌形象。支持新县国家储备林基地项目建设，投放林业资源开发与保护贷款5347万元，用于集约人工林栽培、现有林改培和中幼林抚育工程。该项目的实施，可以有效改善区域生态环境，优化林业产业结构，更好地保护绿水青山。同时，与7户贫困户签订国储林项目基地管护协议，助推当地乡村振兴，推动农村经济结构调整。

农发行新县支行积极争取多样化信贷支持，先后支持新县大别山体育馆项目农发重点建设基金2800万元、新县金湖幸福城养老中心项目农发重点建设基金1500万元，促进当地新型城镇化发展和民生工程建设。

通过扶贫信贷资金的精准投入，农发行新县支行为老区“山水红城、健康新县”注入金融活水，也向社会展示了农发行作为服务乡村振兴银行的品牌形象，用实际行动践行了习近平总书记“要把革命老区建设得更好，让老区人民过上更好生活”的殷殷嘱托。

做实做细　打造属于农发行的特色风采

农发行新县支行全体员工以高度的政治责任感和使命感坚决贯彻执行扶贫帮扶任务，全行在岗16名干部职工，全员与新县苏河镇红柳村结对帮扶，每人结对帮扶4~5户贫困户，合计68户贫困户。扶贫路上，该行勇担当、敢作为，领导班子带头，坚持利用节假日和休息时间驻村入户走访，摸清致贫原因，宣传落实国家扶贫政策，制定帮扶措施。自2015年以来，该行协助开办扶贫车间，翻建村部办公楼院，以单位及个人名义累计向该村及贫困户捐款10多万元，通过开展支部联建、“昼访夜谈”等帮扶活动，帮助68户贫困户实现了“两不愁三保障”，得到了贫困群众一致好评。

患难见真情，在2020年初新冠肺炎疫情肆虐的紧急关头，农发行新县支行不怕困难，勇于担当，心系人民群众安危。在做好疫情防控的同时，积极对接地方政府，及时了解地方疫情防控金融需求，启动防疫应急办贷程序，开辟绿色通道、简化办贷流程、加大减费让利力度，充分彰显了农发行的家国情怀。在两天时间内完成为同信医药公司发放防疫物品采购贷款1000万元，刷新了农发行速度；随后又获批并投放新县中医院新院区疫情防控扶贫贷款（救灾应急）2000万元，及时解决了企业的燃眉之急，缓解了全县医疗防疫物资的供应压力。农发行的快速反应与专业操作，增强了新县新冠肺炎疫情期间医疗救治能力，为当地贫困群众尤其是从湖北返乡的务工人员提供了极为重要的医疗保障，受到了人民群众和地方政府的一致称赞。

未来，农发行新县支行将在全力服务乡村振兴战略上，充分发挥政策性金融优势，持续秉承社会责任，利用信贷政策优势，结合新县的实际情况，积极寻求政府主导的农村基础设施、生态环境改造、水利建设、扶贫过桥、农网升级改造等相关项目，全方位提供服务和支持，为进一步巩固“脱贫攻坚”成果，为“十四五”开好局、起好步作出新的更大贡献。

一片赤诚战脱贫　不负重托守初心

——记“河南省脱贫攻坚先进个人”谢函洋

金融扶贫的关键是将金融资源与产业政策、财政政策、扶贫政策有效对接，从多个维度、多个层面开展扶贫工作。产业扶贫是农发行创新业务的主战场，围绕扶贫统领业务发展这一战略定位，谢函洋积极创新融资模式，攻坚产业扶贫，推动农发行先锋主力模范作用充分发挥，助力补齐脱贫攻坚产业短板。

心怀家国，创新扶贫模式苦干实干

在政府投融资机制改革的大背景下，对公益性较强的产业扶贫项目，必须找到金

谢函洋参加黄河滩区居民迁建安置项目融资政策宣讲会

谢函洋，中共党员，原任农发行河南省分行创新处客户经理，2021年6月任农发行巩义市支行党支部书记、行长。2021年5月，荣获“河南省脱贫攻坚先进个人”荣誉称号。

融支持的有效模式和路径，才能引导有限信贷资源精准投入脱贫攻坚，发挥政策性资金“四两拨千斤”的作用。

2019年9月18日，习近平总书记在郑州召开黄河流域生态保护和高质量发展座谈会，黄河流域生态保护上升为重大国家战略。谢函洋迅速开展调研，形成专题调研报告，为农发行河南省分行党委提供决策参考。黄河滩区居民迁建安置是保障黄河下游群众生命安全的重点工程，项目投资总额大，由于资金问题多地工程推进低于序时进度。同时，迁建安置工程公益性强，项目自身缺少还款来源。谢函洋发挥业务特长，充分挖掘农村土地类项目资金流充裕的优势，谋划“土地+”融资模式，将土地资源与滩区居民迁建安置巧妙结合，破解公益性项目融资难题，迅速在濮阳范县取得突破。随后，他又对接省发改委，对有迁建任务的地区集中宣介融资模式，推动更多项目落地。截至2021年5月，农发行河南省分行累计支持范县、濮阳县、祥符区、原阳、长垣等多地8.5万黄河滩区居民迁建安置，超过河南省2017—2020年黄河滩区迁建规划总人口的三分之一，模式创新被总行列为“创新服务国家战略”六大案例之一。

兰考县是习近平总书记第二批党的群众路线教育实践活动联系点，蜜瓜、蔬菜是当地特色产业，如何推动特色农业产业加快发展，形成区域化、规模化、标准化产业优势，是一项极富挑战的工作。谢函洋围绕兰考蜜瓜，创新“国有企业+合作社扶贫”的融资模式，通过农发行贷款支持，国有企业承贷，农民专业合作社流转土地，引导农户广泛参与经营，北京新发地农业龙头给予技术指导和保底收购，打通了从政府、银行到合作社、农民、采购商的链条，使合作社成为联结“大农业”和“小农户”的桥梁，取得良好的扶贫效应、社会效益和经济效益。

融情事业，加强政银合作提升成效

脱贫攻坚，加强党的领导是根本，政府是脱贫攻坚的投入主体，也是联结各方的纽带。融商、融资，首在融情、融智，谢函洋将服务政府、服务客户、服务基层贯通到工作中去，在服务脱贫攻坚中靠前站、弯腰干，积极开展融资模式宣讲和深入具体项目辅导，积极帮助政府主导项目解决融资难题，在脱贫攻坚中同政府保持同频共振，塑造农发行的“扶贫银行”品牌形象，通过业务发展带动扶贫出成效、出亮点。

“森林河南”建设是河南省委、省政府推进实施的重点工程，国家储备林建设是其重要组成部分。谢函洋紧紧围绕全省林业生态建设任务，与省林业局紧密对接，推介国储林PPP和“林下种养结合”扶贫贷融资模式。为钻研业务，他带队到业务发展先进省分行学习经验，连夜撰写调查报告模板，一熬就是一个通宵。2019年3月，省林业局、农发行联合发文支持全省国储林建设，5月又联合召开项目推进会，宣讲农发行信贷政策和融资模式，推动全面铺开对国储林建设的支持，省林业局、农发行在业务合作中同频共振，始终保持了紧密良好的合作关系。他以真诚感动政府，以服务塑造农发行形象，截至2020年底，农发行河南省分行累计审批林业贷款77.1亿元，累计发放18.7亿元，其中扶贫贷款占比为85%。

除林业外，自2019年以来，农发行河南省分行创新条线先后同省自然资源厅、农业农村厅、文旅厅签订合作协议，同中原再担保等四家政府性融资担保机构达成合作共同致力解决扶贫、小微贷款担保难题，凝聚脱贫攻坚合力，谢函洋在各项协议签订和长期业务合作中发挥了积极作用。农发行河南省分行积极贯彻落实习近平总书记视察河南重要讲话精神，支持大别山革命老区加快振兴发展，与省发改委密切合作，共建项目合作清单库，开通支持大别山革命老区振兴发展信贷专项绿色通道，首批纳入支持清单库项目300亿元，为支持大别山革命老区振兴发展贡献了力量。

勇挑重担，巩固脱贫成果决战决胜

2020年是全面建成小康社会目标实现之年，是脱贫攻坚决战决胜收官之年。金融服务脱贫攻坚，收官之年要有收官之年的打法。谢函洋聚焦深度贫困县和脱贫攻坚重点地区，积极依托当地特色产业，帮助谋划支持台前羽绒加工产业园、淅川金银花基地、平舆国家储备林等特色产业开发，带动贫困人口脱贫，打赢脱贫攻坚收官战。

淅川县是国家级贫困县，也是河南省四个深度贫困县之一，金银花是当地特色中药材。扶贫要长效，长效在产业，产业扶贫是脱贫攻坚的根本出路。谢函洋积极帮助谋划，依托当地支柱企业福森药业，支持其金银花种植基地提档升级，通过产业带动，构建了产业与农户的有效联结，辐射周边村民实现增收，特别是通过吸纳贫困户就业，以产业发展巩固了脱贫攻坚成效与乡村振兴有效衔接。2021年5月，产业扶贫结硕果，金银花开金银来，福森万亩金银花基地迎来丰收，一望无际的金银花披露凝香，有效带动了方圆几十公里的群众参与采摘，实现了村民增收。

与此同时，谢函洋认真落实与省工商联、扶贫办、光彩会“万企帮万村”合作协议，积极引导企业广泛参与当地扶贫规划，帮助企业完善各类合作机制，通过产业带动、扶贫安置、定点帮扶等措施，实现“扶持一家企业，帮扶一方群众”。截至2020年底，农发行河南省分行创新条线扶贫贷款余额58.62亿元，扶贫贷款占比达到46.03%；2020年累计发放扶贫贷款45.59亿元，超额完成总行下达目标任务；支持纳入“万企帮万村”精准扶贫行动项目库企业160户，贷款余额为103.51亿元，带动建档立卡贫困人口1.76万人。

一滴水可以折射出太阳的光辉，一粒沙可以凝聚成塔的基石。谢函洋是农发行河南省分行奋战脱贫攻坚三千余名职工的缩影，他在本职岗位上以实际行动诠释了一名共产党员的初心和使命，也将继续奋斗，为金融支持巩固拓展脱贫攻坚与乡村振兴有效衔接作出新的更大贡献！

个人感言：将忠于革命事业的家国情怀进行到底，将不辱使命的革命意志坚持到底，以努力拼搏、无私奉献的精神为农发行服务乡村振兴作出更大贡献！

焦裕禄精神的践行者

——记“河南省脱贫攻坚先进个人”赵娟

2019年，赵娟调任农发行兰考县支行党支部委员、副行长。在这片孕育出焦裕禄精神的红色大地上，她守初心、担使命，时刻以焦裕禄同志的“三股劲”激励自己，与农发行兰考县支行的干部职工一道，用行动诠释责任，用实干助力发展，用奉献彰显担当，引导政策性金融活水“贷”动精准扶贫，见证兰考兑现了向习近平总书记作出的“三年脱贫、七年小康”的庄严承诺。

赵娟（左三）在兰考县中心医院施工现场，全力推进项目建设

赵娟，中共党员，现任农发行兰考县支行党支部委员、副行长。2020年1月，农发行兰考县支行荣获总行“2018—2019年度脱贫攻坚先进集体”。2020年10月，农发行兰考县支行荣获“2020年河南省银行业扶贫先锋集体”称号。2021年5月，赵娟被河南省人民政府授予“脱贫攻坚先进个人”称号。2021年5月，农发行兰考县支行荣获河南金融五一劳动奖状。

如今，兰考大地处处生机盎然，郁郁葱葱，从前的盐碱地上建起的美丽乡村连成一片，昔日防风固沙的泡桐树已长大成材，成为制作古筝的优良板材；姹紫的泡桐花盛开，仿佛在向焦裕禄烈士汇报今日兰考的美景……

柔弱肩膀两副担　艰难抉择勇向前

作为一名军转干部，赵娟的军人基因和军人情愫，锻造了她不畏艰难、勇于挑战的铮铮风骨。初到兰考工作的那年，其爱人身患白血病，女儿面临升初中，年迈的父母需要人照顾。面对家庭的困难和牵绊，作为家中独生女的她二话不说，毅然服从组织的安排，用柔弱的双肩挑起工作和家庭两副重担。

“兰考是焦裕禄书记工作、生活过的地方，能到兰考工作，我非常荣幸。这既是组织对我的嘱托和信任，更是我的职责和光荣。能为兰考的经济建设出一份力，我感到无比骄傲和自豪。”赵娟表示。

赵娟深知，兰考是焦裕禄精神的发源地，这块土地传承着红色基因和革命血脉，这里的干部充满激情和干劲，焦裕禄精神时刻激励着每一位在兰考工作的人。于是，她暗下决心，要时时处处以焦裕禄同志为榜样，勤奋踏实干工作，创新拼搏谋发展。

农发行兰考县支行人员少、项目多、任务重，而且领导班子一直没配齐。赵娟反倒认为，这正好减少了她每周从省城往返兰考的次数，可以脚踏实地扎根兰考做更多工作。于是，牺牲节假日时间，经常和同事们一同加班加点，就成了她四季的工作常态。她坦诚地说：“没有啥，只为项目早日落地，资金早日到位，兰考早日发展得更好。”

于是，关于赵娟的形象，就有了几种“版本”：在同事眼里，她是一个敢于担当的好同志、好领导；在女儿和父母眼中，她不是一个好妈妈、好女儿，好久都不回家；在爱人心里，她不是一个称职的妻子，却是个尽职尽责的农发行员工。

没有人知道，在“自古忠孝难两全”的抉择下，赵娟柔弱身躯里所承受的是怎样的煎熬。2021年3月，赵娟的父亲因突感心脏不适到医院检查时，医生当即就让他住院并做心脏搭桥手术，但赵娟却因工作繁忙无法到场。当她忙完工作急匆匆赶到医院时，父亲已做完了手术。看着躺着病床上年近七旬的老父亲和守候的母亲，她不禁潸然泪下。即便这样，因工作的原因，她仅守护了父亲一天，便忍痛含泪返回兰考。

注入产业资金　拓宽增收渠道

赵娟深刻认识到，稳定就业就是增收保障，多支持一些产业项目，才能夯实脱贫基础。她通过深度调研兰考县农民专业合作社整县统筹推进情况，结合当地特色产业谋划了“国有企业+合作社扶贫模式”，支持当地蜜瓜特色产业发展。最终，农发行兰考县支行通过国有企业承贷，获批贷款2.13亿元支持当地蜜瓜产业发展，以合作社为桥梁连接了“大农业”和“小农户”，打通了就业增收“最后一公里”，起到了支农支小、带动产业转型升级和农民脱贫致富的效果。

兰考一带是沙质土地，昼夜温差大，其独特的自然条件使这里的泡桐材质疏松、透音透气，是加工乐器的极佳材料。兰考县堌阳镇乐器加工产业链已形成完整体系，产品远销国内外。但是由于缺少资金投入，乐器生产多年来始终停留在小作坊阶段，产量难以满足日益增长的市场需求。

经赵娟等农发行兰考县支行领导班子与当地政府的多次沟通协调，5.8亿元乐器产业园区项目建设贷款成功获批。这笔资金为堌阳镇及兰考县全面脱贫奔小康打下坚实的经济基础和产业基础。该项目通过提供就业岗位和创业资金支持，可以解决2000多个贫困劳动力的就业问题，每年可实现人均增收3万~8万元。

守初心担使命　传承红色基因

到兰考县工作以后，赵娟对焦裕禄对同志对群众的那股亲劲、抓工作的那股韧劲、干事业的那股拼劲体会得越发深刻。焦裕禄同志常说：“共产党员应该在群众最困难的时候，出现在群众的面前，在群众最需要帮助的时候，去关心群众、帮助群众。”

“脚踏兰考大地，我们农发行人就要像焦裕禄同志那样，处处为群众着想，多做民生项目，让群众过得更加幸福。我们一定要继承焦裕禄同志遗志，弘扬革命传统，传承红色基因，以农发行信贷支农报国的行动，完成焦裕禄同志把沙丘彻底治好的遗愿。”赵娟郑重承诺说。

抢抓机遇，创新模式，打造兰考美丽乡村新面貌。农发行兰考县支行认真贯彻落实“绿水青山就是金山银山”的发展理念，以林业供给侧结构性改革为突破口，与兰考县政府探索通过“政府主导、实体承贷、财政贴息、收益覆盖”模式支持国家储备林建设，获批项目贷款10亿元，每年可安排约1200个农村劳动力就业，目前已吸纳127名建档立卡贫困人口作为护林工。

为改善兰考农村居民生活居住环境，2019年，农发行兰考县支行获批贷款6.24亿元，助力东坝头张庄村等44个美丽乡村建设。项目建成后，将有效改善农村人居环境、生产生活条件，提升广大群众的幸福指数，并推动农村经济发展，促进城乡基本公共服务均等化，打造“天蓝、地绿、路畅、水清、景美、宜居”的美丽新农村。

用足、用活产业政策，助力健康扶贫稳民生。农发行兰考县支行获批7.1亿元健康扶贫贷款，支持兰考县中心医院迁建项目，包括6栋综合楼、2栋配套楼和医疗床位1500张，能有效改善当地医疗环境和医疗水平，解决广大群众看病难、看病贵、因病致贫、因病返贫等问题。

心系群众奉献爱心，架起消费扶贫“连心桥”。赵娟动员全行员工和亲朋好友积极响应全国“消费扶贫月”活动，通过社会扶贫网消费产品目录、贫困地区农副产品网络（扶贫832销售平台）、“农发易购”平台、河南省扶贫产品目录四个采购途径，大力推动消费扶贫，累计购买全国重点扶贫地区特色农产品5万余元，架起了与贫困地区的“连心桥”。

20世纪60年代，焦裕禄强忍病痛带领兰考人民与“三害”作斗争，取得了显著成效。但目前兰考仍有2万公顷土地沙化严重，保水保肥能力差，影响农民增收。

在赵娟和农发行兰考县支行全体员工的共同努力下，兰考县“低产田土地改良项目”首期1146.67公顷、6亿元贷款成功获批。项目实施后，可以提升耕地质量，改善作物种植条件，促进项目区农业发展。经过计算，改良后土地种植小麦可亩产增收35千克，玉米亩产增收40千克，项目区土地整体每年可新增净经济效益454.08万元。同时，该项目的实施，不仅可减少沙土地面积，有效抑制周边风沙，还可将废弃的淤土作为换填土及耕作层掺入土，一定程度上解决了淤土的治理问题，并腾出部分土地，提高土地利用率。

实干成就梦想，奋斗铸就辉煌。近年来，在赵娟等兰考农发行人的不懈努力下，农发行兰考县支行政策性支农成效日益显著，累计发放贷款62.4亿元，中长期贷款投放和扶贫贷款投放量居全县金融系统第一位，居全省农发行系统前列，得到了兰考县委、县政府的高度评价。同时，农发行兰考县支行在2020年全省县级支行考评中获得第八名好成绩。

个人感言：坚定不移跟党走，革命精神永相传；携手奋进谱华章，脱贫攻坚奔小康。

抒写红土地上的家国情怀

——记“2018年河南省脱贫攻坚工作先进个人”任学良

2015—2019年，在有河南“小西藏”之称的革命老区县和国家级贫困县的大地上，农发行卢氏县支行创造了奇迹、树起了品牌：累计发放各类资金19.2亿元，日均存款从2014年末的0.54亿元增加到2018年末的8.7亿元，经营效益由农发行卢氏县支行成立后的18年累计亏损886万元到2018年实现利润3265万元。综合经营绩效考评从全省133个县级支行排名末位到全省先进之列。凤凰涅槃的背后，是任学良和全行员工汗水智慧的结晶。任职农发行卢氏县支行党支部书记、行长期间，任学良以实干诠释了一个共产党人的忠诚，以业绩彰显了一个农发行人的担当。

■任学良（右二）在贫困户家中进行座谈

任学良，中共党员，先后担任农发行卢氏县支行党支部书记、行长，三门峡市分行营业部党支部书记、经理，三门峡市分行高级行政副经理。在农发行卢氏县支行任职期间，他始终秉承家国情怀、专业素养，在卢氏县4004平方公里的红色热土上鞠躬尽瘁、担当作为。2018年6月，被河南省委、省政府授予“脱贫攻坚先进个人”荣誉称号。

点燃发展梦想

作为基层行行长，任学良始终坚持农业政策性银行职能定位，坚决把党的政策和国家意志转化成支持“三农”发展和助力脱贫攻坚的巨大动力，带领农发行卢氏县支行业务发展实现了质的飞跃。

精准施策，易地扶贫搬迁打造“安乐居”。“十三五”期间，卢氏县精准识别易地扶贫搬迁建档立卡贫困户9310户33866人，占全县贫困人口的66%、全省搬迁人口的11.3%和全市搬迁人口的51.4%。搬迁人口之多、任务之重、资金需求之大居全省之首。针对脱贫攻坚“头号工程”和标志性工程，任学良冲锋陷阵、先行一步，申报获批卢氏县易地扶贫搬迁农发重点建设基金0.79亿元，是农发行河南省分行首批批复的第一笔易地扶贫搬迁基金项目，先期支持卢氏县14个乡镇回购房安置贫困户1025户4151人，支持卢氏县西城区易地扶贫搬迁小区建设住房1180套。国家易地扶贫搬迁政策出台后，他迅速推动卢氏易地扶贫搬迁项目进入省统贷统还项目库，承接监督支付易地扶贫搬迁资金9.17亿元，分别占全省和全市系统投放此类资金的32%和89%，支持卢氏县建成易地扶贫搬迁集中安置点55个、住房9310套共84.6万平方米，使33866名贫困群众搬出深山，入住新房。尤其是支持建设的卢氏县兴贤里社区，建设住宅楼83栋，安置搬迁贫困群众2749户11212人，是河南省最大的易地扶贫搬迁安置点，打造了全省易地扶贫搬迁的“样板工程”，有效确保了全县“十三五”搬迁任务较河南省政府下达的时间提前一年完成。2018年10月和11月召开的全国、全省易地扶贫搬迁现场会均确定卢氏县为观摩点，受到了国家和省、市高度评价。

创新驱动，交通扶贫铺设“小康路”。“有脚无路走，出行靠翻山，隔山能对话、握手要半天”是卢氏县过去交通状况的真实写照，截至2016年底，全县仍有134个行政村不通公路，是河南交通扶贫建设任务最重、建设难度最大的县。“要致富、先修路。”任学良协调县委、县政府和交通局、财政局、扶贫办等部门共同发力，推动卢氏县12亿元交通扶贫过桥贷款项目进入农发行河南省分行项目库。2016年，获批首笔贷款3亿元，成为河南省53个贫困县中第一笔扶贫贷款，也是农发行河南省分行审批的第一笔扶贫过桥贷款，该笔办贷模板在全省复制推广，先后有26个县交通水利部门到卢氏“取经”，河南省交通扶贫现场会在卢氏召开。农发行卢氏县支行已累计发放贷款10亿元，支持卢氏县农村公路扶贫项目在上级财政资金未到位时能及时开工建设，建成农村公路1981公里，实现了213个行政村、1456个20户以上自然村通硬化路，352个行政村通班车，使4.2万户19.38万人直接受益。同时，带动县域果、牧、烟、菌、药和旅游等优势产业迅速发展，使贫困群众的致富之路越走越宽。据统计，2019年卢氏县接待游客410万人次，同比增长107%，旅游业总收入19.8亿元，同比增长110%。

产业先行，香菇扶贫谋划“致富经”。卢氏县香菇产业是县域名副其实的支柱产业，但受资金之困始终难以实现规模化、专业化、集约化和品牌化生产，打造全县香菇产业扶贫集群开发项目，是推进农业产业结构优化升级和贫困群众脱贫致富奔小康的迫切需要。任学良立足区域资源禀赋，针对性地提出将卢氏县香菇产业“做出特色、做出样板、做出品牌”的思路，积极对接地方党政和相关部门，协调农发行河南省分行专程考察，确定了采取“政府引导—平台公司承贷—平台公司担保—龙头企业租赁—带动农户脱贫”模式支持卢氏县香菇扶贫项目，为区域产业发展指明了正确方向、奠定了坚实基础。随后，后任行长和全体人员接过发展重任，仅用16个工作日获批4.2亿元香菇产业扶贫贷款，是农发行河南省分行审批的第一笔新兴产业扶贫非抵押补充贷款（PSL）中长期固定资产贷款，已实现投放2.85亿元。项目实施后可建成香菇菌棒生产基地2处、出菇大棚2165个，通过龙头企业引领、合作社组织、基地承载、贫困户参与、公司化运营、品牌化销售的方式拉长产业链条，促进卢氏县香菇产业技术、产品、规模升级，调整区域内经济结构，使参与项目菌棒基地和出菇大棚的320户1027名建档立卡贫困户直接受益，并指导服务全县4199户13719名建档立卡贫困户实现增收。

抢抓机遇，棚户区改造“惠民生”。带着强烈的感情和使命，任学良把支持棚户区改造作为服务乡村振兴和发挥补短板、添动能、强弱项、惠民生作用的“重头戏”，带领全行员工开启连续工作模式，积极与县政府和有关部门对接，从县委书记、县长到住建局、财政局、承贷企业“一条龙式”宣介棚改政策，派驻专业团队常驻县棚改指挥部办公，历时不到一个月获批城关镇西北街和横涧乡营子村棚户区改造项目2个7.2亿元，占全县棚改项目贷款总额的63.16%，已完成投放3.41亿元。项目实施后，可提供安置住房1840套，使920户3040人“出棚进楼”，切实消除拆迁区域内住房安全隐患，使区域内居民实现从“忧居”到“宜居”的转变。

坚守合规底线

合规就是效益，守法就是发展。任学良坚持把依法从严治行和高质量发展统一起来，在业务发展和经营管理全过程、全方面贯彻合规要求，把住原则，守住底线，农发行卢氏县支行连年被省、市分行评为内控评价一类行A。一是严把客户准入。任职期间，开办了粮食贷款、扶贫过桥贷款、基金、棚改及易地扶贫搬迁等信贷业务，全部服务国家战略，又彰显农发行职能和主业主责，既凸显政策性，又风险可控。二是严格合规经营。在全行上下真正形成了按制度管人、按规矩办事的合规氛围。任职期间，农发行卢氏县支行支付易地扶贫搬迁资金及交通扶贫过桥资金高达10亿元，在国家审计署专项审计、省扶贫资金专项审计及内外部检查中，均无违规问题。三是严守风险底线。在重点建设基金风险排查中，他亲自督导，对查出的两个存在潜在风险的基金项目限期整改，终使8900万元基金实现提前收回和投资收益全额上划。

牢记使命担当

作为党支部书记，任学良始终把从严管党治行的主体责任放在心上、扛在肩上、抓在手上、落实在行动上。坚持以上率下，做到慎微、慎独、慎言、慎行，筑牢防腐拒变的思想高线和行为底线，不触红线，不越雷池，不搞假数字、假政绩，对党和组织绝对忠诚，不做两面人、老好人，不利用职权为自己和他人办私事、谋私利，不插手建设工程招标投标、企业投融资等活动，带头严格执行中央八项规定精神，不收受礼金、有价证券和贵重物品，与客户、企业始终保持“清亲”和谐的银企关系，以实际行动带动全行形成良好行风、作风和政治生态。尤其是任职期间，他以开展脱贫攻坚作风建设年活动为契机，认真开展扶贫领域腐败和作风问题专项治理，对照易地扶贫搬迁资金支付、交通扶贫贷款申报、投放及管理等重点工作，经常性开展查缺补漏，在全行贷款客户日益增多，员工责任和权利不断加大，社会不良思想侵蚀日益加深的大环境下，农发行卢氏县支行没有发生一起腐败案件，连年实现“四无”安全目标。

四年弹指一挥间，任学良和他的同事们，用忠诚、干净和担当在新时代书写了服务“三农”事业和助力脱贫攻坚的浓墨重彩新华章，也得到了社会各界的一致好评：连续多年被卢氏县委、县政府授予特殊贡献奖、贡献奖、为卢氏争光奖，被河南省金融工会授予五一劳动奖状，2015年、2017年被评为农发行河南省分行AAA级支行和先进单位，2018年被河南省分行授予先进基层党组织等。

个人感言：天下难事，必作于易；天下大事，必作于细。

创新支农勇担当

——记“2020年河南省脱贫攻坚奖创新奖”获得者田万生

2021年4月26日上午，57岁的田万生一上班，就又询问了叶县扶贫旅游道路的建设进度。这是叶县历史上发放的最大一笔扶贫贷款，贷款总额为8.83亿元，这条道路与该县4个山区乡镇11844名刚刚脱贫的村民紧紧联系在一起。“道路通了，他们的脱贫根基就更牢固了。”田万生说。

■ 田万生（左二）在项目现场调研

田万生，农发行叶县支行党支部书记、行长。他立足叶县脱贫实际，找准农发行贷款政策契合点，2020年3月成功申报获批叶县辛店至常村扶贫旅游道路改建工程PPP项目贷款8.83亿元，成为农发行河南省分行单体投放最大、河南省境内里程最长的精准扶贫旅游道路贷款。

勇担当 融入地方求突破

2019年1月，田万生转任农发行叶县支行时，面临的是一系列难题：连续多年亏损、存款基数低、无中长期贷款……

田万生没有退缩，经过调研后，他提出坚持把党的政治建设摆在首位，狠抓党建基础规范化、员工思想建设和金融服务质量提升三个“不放松”，以党建促进金融助力脱贫攻坚。他这么比喻：当时全支行的经营处于贫困中，要摆脱贫困，首先要解放思想，摆脱人人头脑中的“贫困”。

思想上的破冰，带来的是行动上的突破。一方面，田万生带领全行员工自觉服从服务于坚决打赢脱贫攻坚战实现全面小康这个大局，确立了“党建统领、守正创新、管理强行、发展第一”的工作思路，充分发挥政策性金融支农、强农、惠农的职能优势，坚持把全面从严管党治行与服务脱贫攻坚中心工作同部署、同落实、同检查、同考核。同时，狠抓党建工作责任制落实。从全面履职尽责的维度，要求干部员工守初心、担使命、能拼搏、敢创新，真抓实干，精益求精，在助力脱贫攻坚中争创良好业绩，在践行初心使命中树立农发行的一流形象。另一方面，他分析现状找症结，农发行作为政策性银行，并不针对个人用户办理业务，社会知名度低，又因为没有在当地发放过中长期贷款，政府、企业对农发行的贷款政策、信贷产品了解不深入，社会认可度不是很高。

要突破就必须尽快融入当地经济发展。为此，田万生主动向当地主要领导和职能部门汇报沟通工作，利用日常开会、谈话间隙，宣介农发行的职能定位、使命担当、办行理念、融资优势、经营发展、信贷资金支持范围等情况，突出农发行作为农业政策性银行始终不变的扎根基层、服务“三农”的初心。

精诚所至，金石为开。接触多了，县领导也开始与田万生探讨贴合叶县发展实际的业务方案。他抓住时机邀请上级行领导和业务能手到叶县召开政银座谈会，结合政策金融优势，助力叶县脱贫攻坚、发展县域经济与乡村振兴高质量发展，与当地主要领导和主管部门进行深度沟通，上级行领导帮助地方政府谋划项目，并对行内信贷政策及信贷产品进行高端宣介营销，提升农发行在当地政府心中“服务乡村振兴的银行”的品牌形象，为深化政银合作铺平了道路，也为农发行服务地方经济发展与实现高质量发展奠定了坚实基础。

深调研 摸准金融脱贫发力点

在田万生的带领下，2019年农发行叶县支行首次实现扭亏为赢，跃居全省第63

名，较2019年第三季度绩效排名提升了47个名次。

但这一切在田万生心里只是一个开始。叶县地处中原腹地，位于黄淮平原与伏牛山余脉接合部，南部山区农副产品种类多、品质好，风景秀美，旅游资源丰富，但长年以来因道路交通不便，纵有优质产品却卖不出去，老百姓坐在金山银山上当贫困户。全县建档立卡贫困户多数都在南部山区，叶县能否高质量打赢这场脱贫攻坚战，南部山区是关键，能为贫困山区的老百姓修一条致富路，也成了他心中一个挥之不去的梦。

于是，在上级行的支持下，田万生充分利用农发行政策性银行政策优势，坚持扶贫优先，巧妙地将项目与扶贫政策相融合，主动与当地PPP中心进行对接，看项目、找契机。

万事开头难。起初，工作进展并不顺利，员工们的士气甚至有些低落，田万生鼓励员工们说："干成事，不容易，想想能让乡亲们早日脱贫致富，咱再大的付出也值了！"他带领客户经理用了2个月时间，分别对县内12个存量PPP项目进行考察，并积极向上级行党委汇报，请示加强对项目的指导。

为了把项目的底子摸清，为了让投入的资金发挥最大作用，田万生坚持一线工作法，深入南部山区走访调研，足迹踏遍四个乡镇山山水水，走过千村万户沟沟坎坎，粗线条了解道路走向，细线条掌握群众意愿。

功夫不负有心人，经反复比较后最终选定了总投资11亿元的辛店至常村扶贫道路改建工程PPP项目。该项目全长94.003公里，项目沿线经过45个行政村，覆盖大部分的建档立卡未脱贫人口。如果项目建成，南部山区的群众就能顺着这条道路联通、产业融通的康庄大道走上致富高速路，实现全面小康指日可待。

钉钉子　铺出脱贫致富路

"干事业就要有钉钉子精神。"田万生回忆道。钉钉子是要一锤一锤接着敲，才能把钉子钉实钉牢。他要求员工克服厌战和畏难情绪，和员工一起理顺工作思路，规划工作流程，制定工作标准。他还积极协调稳定政企关系，时刻关注政策变化动向，及时调整工作方向，按照政策要求完善项目所需各项资料，使之符合上级行要求。

2020年2月，该项目进入二级库时，正值新冠肺炎疫情暴发期，为了高效办贷，迅速解决集团客户认定及授信等问题，田万生和一线员工一同逆行，啃着方便面，喝着矿泉水吃住在单位，身不离岗连续加班十几天，如期完善各项资料和手续，确保了上级行及时启动申报程序。

2020年3月，农发行河南省分行调查评估中心对项目启动调查，省、市、县三级行联动发力，把该项目纳入复工复产绿色通道，在市分行党委的坚强领导下，在所有人的共同努力下，项目迅速向前推进。正是由于农发行叶县支行前期准备工作充分，资料完善，手续齐全，该项目顺利通过贷审会审批。随后，田万生又组织人员发起合同监督、贷前条件落实等流程。

截至2020年底，农发行为该项目累计发放资金6.5亿元，全线于2021年6月全面通车，贫困山区迎来了一条属于自己的致富路。

这条贯穿贫困山区的致富路，方便了山工村民绕道出行，方便了人员往来和物资流通，将极大地提高区域经济效益，也将沿线旅游景点以“银线穿珍珠”的形式串联成一体，推动桐树庄等红色游、燕山水库和石门山等生态游、八戒岭和蛤蟆嘴洞等探险游各具特色旅游资源，成为带动当地旅游开发、经济发展的新动力。公路建成后能够有效带动库区周围农家乐，促进沿线乡镇的畜牧养殖、水产养殖、林果种植和旅游等主导产业的发展，优化了投资环境。同时因这条路的修建，楚长城文化遗址项目申报成功，从2021年起，这条路改名为楚长城观光风景旅游线路。

楚长城观光风景旅游线路，只是农发行叶县支行支持当地“三农”发展的一个缩影。2021年度，田万生同志勇担当、敢作为，积极推进贷款3亿元的叶县发展投资有限责任公司标准化厂房项目，于2021年3月17日成功获批，并在4月30日成功放款5726万元。另外4个项目，包括叶县补充耕地提质改造项目、叶县燕山水库调水工程、标准化厂房二期项目、叶县楚长城重要点段旅游项目，也已进入办贷环节。

农发行叶县支行在田万生的带领下得到快速发展。在全省133个县级支行绩效考核中，2019年第三季度叶县支行排名第110位，2019年底排名第63位，2020年底排名第7位，同比上升56个名次，业务发展实现“三级跳”。

个人感言：天下难事，必作于易；天下大事，必作于细。用初心耕耘“三农”，用真情滴灌沃土，用服务温暖民生。

脱贫攻坚是她最大的心事儿

——记“河南省脱贫攻坚先进个人”石素改

石素改历任农发行舞钢市支行行长、平顶山市分行营业部经理，现任农发行宝丰县支行行长。她像一颗永不生锈的螺丝钉，党把她拧到哪里，哪里的“战斗堡垒”就能固若金汤，业务蒸蒸日上。

石素改从小家境贫寒，吃了上顿没下顿，对摆脱贫困有着强烈的愿望。无论她走到哪里，始终把脱贫攻坚放在重中之重的位置。面对贫困户，她就不禁想尽最大努力去帮助他们，脱贫攻坚成了石素改最大的心事儿。

■ 石素改（左二）在会议上安排脱贫攻坚工作

石素改，中共党员，2015年9月任农发行舞钢市支行党支部书记、行长；2018年3月任农发行平顶山市分行营业部党支部书记、经理，2020年12月任农发行宝丰县支行党委书记、行长。2021年5月，石素改荣获“河南省脱贫攻坚先进个人”荣誉称号。

尽锐出战，开拓创新当先锋

石素改在农发行平顶山市分行营业部工作期间，最大的客户是中储粮平顶山直属库。她无数次思考如何把夏粮收购与脱贫攻坚联系起来，经过反复研究农发行扶贫贷款相关政策，多次走访调研，最终确定把帮助贫困户售粮作为助力脱贫攻坚的切入点。

思路确定后，石素改积极采取行动，与直属库开展党建共建工作，共同推进脱贫攻坚、粮食安全等领域的学习与合作，将党建互促的政治优势转化为脱贫攻坚的内生动力。同时与直属库共同成立“夏粮收购突击队”，服务夏粮收购、帮助贫困户卖粮。开通“贫困户收粮直通车”，现场服务夏粮收购工作，与直属库工作人员一起上门收购贫困户粮食，提升夏粮收购服务水平，优先解决贫困户“卖粮难”问题。为解决部分贫困户不会用网银，甚至没有银行卡的实际问题，她协调有关人员专门配备崭新的钞票，当看到粮农们拿到卖粮款，流露出淳朴的笑容时，她也不自觉地笑了。

2020年新冠肺炎疫情期间，托市预案启动晚，时间紧、任务重。她及早谋划，迅速组织托市收购贷款投放，累计发放3笔共计6000万元，全部认定为扶贫贷款。疫情严峻时她带领突击小队主动提供“贫困户收购直通车”服务，上门收购贫困户粮食，对贫困户粮食应收尽收，绝不耽搁。2018—2020年，石素改在平顶山市分行营业部工作期间，中储、地储、托市收购贷款突破了扶贫贷款投放“瓶颈”，累计发放扶贫贷款9.91亿元，累计带动贫困人口164人次。

担当作为，精准务实助扶贫

2020年末，农发行平顶山市分行党委决定石素改到宝丰县支行工作，再过一年多她就要退休，但未加考虑毅然接受了组织的安排。她2020年12月29日下午五点多到任，第二天上午即组织召开银政企座谈会，邀请宝丰县域所有国有公司负责同志面对面交流，推介农发行信贷产品，解决困扰企业贷款的问题。她积极主动“上门服务”改善外部沟通环境，以最快速度了解融资需求、脱贫攻坚相关要求，积极探索中长期业务发展助力脱贫攻坚的新路子。正值脱贫攻坚收官之年，她大力发展中长期信贷业务，助力项目扶贫；积极与地方党政领导深度对接，宣讲农发行信贷政策，协调各项认定材料，加快推进办贷进度。

宝丰县一高扩建项目贷款的审批发放，让石素改不禁想象，贫困子弟进入校园，多年后会像她一样在党和国家的培养下，永远摆脱贫困的幸福场景；县人民医院改扩建项目的贷款投放，让她不禁想起贫困家庭享受到更好医疗条件的温馨画面。在石素改的带领下，农发行宝丰县支行在第一季度春蕾行动中，取得全省综合第一名的好成绩。农发行宝丰县支行的扶贫工作也得到县委、县政府的充分肯定和认可，在石素改到宝丰县工作不足4个月的时间，县委书记亲自提名推荐她为全省脱贫攻坚先进个人的候选人。

上下同心，坚守使命释初心

现在，石素改带领她的团队在扶贫成果巩固及易地扶贫搬迁后续扶持上开启新征程。根据农发行总行下发的《关于全力服务巩固拓展脱贫攻坚成果同乡村振兴有效衔接的意见》，她精准衡量项目进展程度、制定营销策略，采取项目长制，逐项目建立时间点、路线图。审批存量中长期项目贷款金额46亿元，支持领域覆盖棚户区改造、农村土地整治、矿山生态环境修复、医疗扶贫、教育扶贫、救灾应急等多个领域。在第一季度春蕾行动中，农发行宝丰县支行累计投放6.67亿元中长期贷款，推动了棚改项目进程，支持县一高扩建助力教育扶贫，新建县人民医院助力健康扶贫。宝丰县废弃矿山生态环境修复项目7.56亿元贷款的审批，让宝丰贫困地区的老百姓看得见山，望得见水，记得住乡愁，也为乡村振兴打下坚实基础。

脱贫攻坚是石素改最大的心事儿，让她一度忘记了自己上有老、下有小，当间隔几个月回家探望87岁高龄的老母亲时，她满怀愧疚。当听到母亲说“知道你忙，我不怪你”时，她热泪盈眶。每天上班走的时候，她的外孙女儿总是说“姥姥，别上班，陪我玩吧”，她却回答：“不行，姥姥要工作，姥姥要帮助别人。”突然有一天，两岁的小外孙女拨动鼠标，认真地说“姥姥，我要工作，我要帮助别人”，听到这，她欣慰地笑了，因为这让她想起了陪着她一起战斗的同事们，此时她发现，脱贫攻坚的精神正在指引着每一位农发行人无私奉献、接续奋斗。

在今后的工作中，石素改将秉承发扬“上下同心、尽锐出战、精准务实、开拓创新、攻坚克难、不负人民”的脱贫攻坚精神，带领她的团队继续奋力书写巩固脱贫攻坚成果同乡村振兴有效衔接的新篇章。

个人感言：我将秉承脱贫攻坚精神，在巩固脱贫攻坚成果同乡村振兴有效衔接的新时期继续奋斗，再谱新篇。

新时代革命军人踏出闪光的足迹

——记“河南省脱贫攻坚先进个人”李向前

在地处伏牛山东部余脉与黄淮平原交接地带的舞钢市，有这么一名复转军人、共产党员，在转业的14年里，他怀揣着对党的忠诚和对农发行事业的赤诚之心，在农发行舞钢市支行党支部书记、行长的岗位上，开拓进取，率先垂范。脱贫攻坚战打响之后，他认真学习党和国家的各项方针政策，全面贯彻落实上级行攻坚行动，带领农发行舞钢市支行投入这场“战斗”，扶贫工作取得明显成效。他把全部身心倾注到农发行助力打赢脱贫攻坚战的伟大事业中，用担当作为诠释着农发行人的初心使命，用实际行动书写着新时代革命军人的使命和担当——他就是“河南省脱贫攻坚先进个人”李向前。

致力脱贫攻坚，彰显使命担当

李向前积极发挥战斗堡垒和先锋模范作用，带领农发行舞钢市支行扛起脱贫攻坚

李向前，曾任农发行舞钢市支行党支部书记、行长。2012年被省分行授予“青年岗位能手”称号。2021年5月，被河南省委、省政府授予“河南省脱贫攻坚先进个人”荣誉称号。

的政治责任，从严从实抓好脱贫攻坚各项工作。他以实际行动促进扶贫产品销售和贫困地区群众增收，全力以赴做好决战决胜脱贫攻坚工作，严格落实上级行政策，以开展消费扶贫月活动为抓手，以采购贫困地区扶贫产品为重点，采取个人采购、单位采购和动员客户企业采购等方式，动员引导全体干部员工、客户企业积极参与消费扶贫活动。通过扶贫销售平台“农发易购”“农发行港湾”“鲜农择优”等，农发行舞钢市支行工会共购买总行定点扶贫县——吉林大安的扶贫农产品1万余元，员工购买各项扶贫产品3000余元，以实际行动为贫困农户和涉农企业排忧解难，助力脱贫攻坚。

近年来，在上级行党委的正确领导下，在全体职工的共同支持下，李向前围绕支行中心工作，在本职岗位上，尽职尽责、踏实工作，不断强化经营管理，积极探索拓展新业务，把乡村振兴与脱贫攻坚有效结合，各项工作取得较好成效，圆满完成了上级领导安排的各项任务。累计发放扶贫贷款10.26亿元，依托“产业化龙头企业+”等模式带动脱贫，全面提升支农扶贫成效，带动建档立卡贫困人口555人次。

2019年，农发行舞钢市支行贷款4.86亿元支持舞钢高标准农田建设，是河南省农发行系统首个高标准农田建设项目，该融资模式也得到了省农业农村厅高度认可，专门转发各地农业农村部门学习推广。2021年2月，该行又成功投放“农村路网建设贷款”5亿元，项目建成后，能够加强当地与周边地区及焦桐高速的交通联系，进一步完善河南省公路网建设，加速物流通畅，提高经济效益，促进区域经济发展。2021年5月，李向前被河南省委、省政府授予“河南省脱贫攻坚先进个人”荣誉称号。

为政企解愁分忧，精益求精抓服务

李向前常对员工说：“要想企业之所想，急企业之所急，学会换位思考做好服务工作。”他不仅是这么说的，也是这么做的。

为做好资金测算，支持企业购销工作顺利进行，李向前组织工作人员认真测算资金需求情况，及时编制资金计划，坚持“五早两勤”，即粮棉收购资金早调查、资金早预测、计划早安排、规模早申请、资金早到位，收购进度勤联系、资金勤调度，确保资金及时、足额供应，减少闲置资金占用，确保资金运用率保持在较高水平。

李向前注重强化信贷基础工作，跟踪监督收购贷款使用，现场监督和非现场监督相结合，对政策性贷款，坚持以库存监管为核心，继续严格执行贷款使用报账制、实物出库通报制、定期库存核查制、台账监测反映制等封闭运行管理规定；对自营性贷款建立“信贷管理监测台账”，定期对所辖企业进行贷后检查并按月召开贷后管理专题会议进行客户经营分析会，对辖内企业的经营状态、发展趋势、存在的问题，特别是贷款风险状况及时掌握了解，并针对企业的不同情况，提出差异化管理方法和措施，确保自营性贷款稳健运行，提升信贷管理水平。

防范化解信贷风险，攻坚克难写忠诚

围绕产业扶贫健康发展，李向前扎实做好贷后管理、风险排查、企业分类。2017年通过每月的贷后检查，发现前期投放给一户企业的2100万元基金出现了风险苗头，他立即与政府沟通，要求该企业提前归还了投放的2100万元基金，消除了隐患，保证了资金的安全。

李向前及时对符合风险分类排查的6家客户进行分类排查，确定4家正常类客户、2家维护类客户。针对维护类客户，组织人员深入企业与企业主要负责人及财务人员进行沟通，分析原因，商讨对策，制订维护方案。按照双方制订的维护方案，通过努力，使维护类客户减少1家，正常类客户增加了1家。剩余的1家维护类客户通过努力维护，也没能上调为正常类客户，最终下调为不良类客户，这是该行自营性贷款出现的首笔不良贷款，金额为800万元。

为了能化解该笔不良贷款，李向前常往返于舞钢与平顶山，向上级行汇报，商量化解对策，往返于企业与政府之间，与企业沟通让其自救，向政府汇报，请政府帮助解决，经常早出晚归，双休日不休息也是常事，就单单向政府汇报就达十余次。他促请政府在全市设立风险基金，专门用来给当地作出贡献的金融单位化解风险及不良贷款。经过多方努力，最终收回该笔不良贷款及利息共计823万余元，实现当年出现不良当年就消化，确保了农发行信贷资金安全。

同时，在向政府汇报、沟通的过程中，李向前又营销了一个棚改项目，总投资6.3亿元，拟在农发行贷款5亿元。该项目涉及安置拆迁户610户，拆迁人数2123人，能极大地改善居民生活居住条件。项目从营销到资料齐全、准备上报，历时短短二十天，在此期间他不分朝夕，和衣而眠成为常态。

岁月无迹，青春有痕。追寻李向前的足迹，每个脚步都是那样坚实，他用一身正气、一腔赤诚践行着农发行人支持脱贫攻坚、助力乡村振兴的责任与担当。

个人感言：一切成绩属于过去，我将继续用真情奉献践行农发行人的使命担当，用实际行动诠释对党和人民的无限忠诚。

攻坚克难，迎战脱贫

——记“河南省脱贫攻坚先进个人”包亢亢

党的十八大以来，一场规模空前的扶贫脱贫大潮在中华大地上奔涌前行。包亢亢牢记习近平总书记说过的“人民对美好生活的向往，就是我们的奋斗目标”，始终以服务乡村振兴为己任，真扶贫、扶真贫，在脱贫路上诠释着初心与使命。

攻坚克难，迎战脱贫

作为农业政策性金融事业的一分子，包亢亢积极投身到脱贫攻坚战役中，弘扬中

■ 包亢亢（左一）帮扶贫困户李国胖于2018年底实现顺利脱贫

包亢亢，中共党员，2018年4月任农发行鄢陵县支行副行长，现任农发行长葛市支行副行长。任职以来，紧密结合工作实际，牢牢把握脱贫攻坚核心任务，以服务乡村振兴为己任，在脱贫路上诠释着初心与使命。

华民族扶贫济困、人心向善的传统美德，在政策性金融护航精准扶贫的道路上探索、思考、践行着。他认真学习中央、省委和市委关于脱贫攻坚的决策部署，坚持以扶志、扶智、扶根本为抓手，结合地方产业、地域特色进行重点帮扶。每到一处贫困户家中，他总会细心询问其家庭生活、身体状况、居住条件、生产建设及存在的问题等情况，并鼓励大家坚定信心，咬紧牙关，在政府及农发行的帮扶下，自力更生，艰苦奋斗，一起走向“奔康路”。在他的有效帮扶下，贫困对象从年收入不足3000元增长到1.4万元。与此同时，包亢亢也谨记农发行政策性职能作用，积极推进中长期项目发展，助力农发行鄢陵县支行获批发放优质项目贷款11.8亿元，实现扶贫、扶智精准高效目标。

2018年包亢亢来鄢陵县工作，当时农发行鄢陵县支行的帮扶对象为鄢陵县半南村1户因残返贫人员。到任后，他立即开展走访调研，经实地了解，该贫困户户主有养殖经验，为确保其能够实实在在地实现脱贫，享受国家的各项扶贫政策，包亢亢提出，在对该贫困户户主进行腿伤治疗的同时，更应让其树立通过养殖脱贫的信心。为此，包亢亢坚持以“扶贫先扶智”为目标，主动协调农业部门、村养殖专业户等相关单位、人员，对该贫困户讲解、传授养殖技术，让贫困户有信心、有能力通过养殖实现脱贫致富，真正实现了“授人以渔”，帮助贫困户有能力、有本领实现“真脱贫”。2018年11月，在该贫困户户主腿伤好转后，包亢亢主动对接，协助其购买了多只山羊用于养殖，成为该贫困户一项稳定的经济来源，生活也随之慢慢好转。在山羊养殖的过程中，包亢亢多次跟进了解，及时帮助解决贫困户遇到的相关养殖难题，为贫困户脱贫保驾护航，让脱贫致富目标真正落到实处。借助党的各项帮扶政策，在包亢亢的关心关怀和多次主动跟进下，该贫困户于2019年4月顺利实现脱贫，圆满实现农发行鄢陵县支行脱贫攻坚帮扶目标。

抓住关键，行稳致远

习近平总书记强调指出，“十三五”时期是脱贫攻坚啃硬骨头、攻城拔寨的时期，必须横下一条心，加大力度，加快速度，加紧进度，齐心协力打赢脱贫攻坚战。

聚焦农业农村扶贫“补短板”。2019年初，在获悉鄢陵县正在组织申报国家储备林项目贷款后，包亢亢带领支行信贷人员，主动与县政府、林业局等部门进行对接，对项目出谋划策、加快推进，加班加点收集、整理贷款申报资料，三个月完成鄢陵县国家储备林3.9亿元贷款的上报审批工作，当年11月完成首笔贷款3848万元的投放。该项目累计流转土地超1333.33公顷，涉及鄢陵县域8个乡镇70个行政村，惠及数十万人口，有效推动了鄢陵县特色经济产业发展。在项目实施过程中，造林企业与27户贫困户签订了劳动就业合同，与近百户贫困户签订土地流转协议，带动贫困户尽快脱贫致富。

在脱贫攻坚的路上，包亢亢永远冲在前面，多次往返于单位、帮扶村、镇政府之间，不顾奔波劳累，积极协调、沟通，面对贫困户，多少次热泪盈眶，多少次内心颤动。贫困奶奶曾拉着他的手说：“你就像我的家人一样”，他回答：“这是我们应该做的！您照顾好自己的身体，好好生活！”

“莫道农家无宝玉，遍地黄花是金针。”包亢亢秉承家国情怀，坚持以服务脱贫攻坚统揽全局，持续加大精准扶贫工作力度，以扎实的工作成效，助力鄢陵全面打赢脱贫振兴战。

忘我工作，无私奉献

包亢亢经常鼓励全行员工，作为党员同志，必须敢于担当，要“有一份工作责任，多一份社会责任，有敢于奉献的勇气。”

包亢亢的父母在郑州生活，妻子在禹州工作。家庭团聚本就难得，为了工作，他舍小家、为大家，克服种种困难，坚守在扶贫一线。2020年1月，包亢亢病倒在工作岗位上，住院期间，他手腕上带着留置针，仍坚持在工作一线。2020年3月，为做好农村脱贫后续发展工作，实现农村土地的复垦复耕和集约化经营，他积极与自然资源局等部门对接，谋划鄢陵县全域国土综合整治项目，目前该项目贷款7.9亿元已审批并已实现部分投放，项目涉及鄢陵县11个乡镇304个行政村（社区），通过空心村的整治实现土地的复垦复耕。

人的不平凡孕育在一项项平凡的工作中，人的高尚情怀体现在一个个平凡的岗位上。包亢亢舍小家为大家，切实为农业增效、农民增收、农村振兴忘我工作，使鄢陵县从农村脱贫到乡村振兴的节点上，实行了无缝对接，让特色锦上添花，让项目优上加优。他就是这样，爱着农发行，爱着工作，爱着人民，工作以身作则，兢兢业业、尽职尽责，恪守“踏踏实实做事，老老实实做人”的原则，充分彰显了一位共产党员干部的平凡与伟大！

个人感言：情系“三农”，立足岗位，同心同德铸就中国梦想！不忘初心，砥砺前行，发光发热贡献自我力量！

在服务脱贫攻坚中建功立业

——记“河南省脱贫攻坚先进个人”宋双

拥有60万人口的舞阳县曾是河南省省级贫困县，经过全县人民的不懈努力，2017年舞阳县成为河南省首个脱贫摘帽贫困县。自2019年11月到舞阳县工作以来，宋双始终铭记初心使命，紧盯全县剩余1939户4303名贫困人口实现高标准高质量脱贫的任务，带领农发行舞阳县支行金融服务小组精心谋划、主动出击，积极对接地方重点工程及“两不愁三保障”项目，全力服务地方经济发展、基础设施建设与脱贫攻坚事业，在舞阳土地复垦项目的田间地头、高标准小学项目的建设现场留下了农发行人担当作为、奋勇向前的坚实步伐。截至2020年底，整个舞阳县实现全面高质量脱贫。

宋双（中）走访了解扶贫企业经营情况

宋双，中共党员，2019年11月任农发行舞阳县支行党支部委员、副行长。2021年5月，荣获“河南省脱贫攻坚先进个人”荣誉称号。

支持土地复垦，服务春耕备播

2020年是决战决胜脱贫攻坚的收官之年，在这关键时刻，突如其来的新冠肺炎疫情成为全面实现小康路上的“附加题”。紧要之时更应挺身而出，面对疫情防控和复工复产的双重压力，农发行舞阳县支行党支部高度重视，第一时间成立疫情防控工作领导小组，统筹安排职工节后首日及时返回工作岗位，这其中，宋双更是以身作则，率先返岗并带领信贷队伍迅速进入工作状态。

到岗后宋双随即对当前重要工作进行梳理，时值田间播种之际，保障粮食安全尤为重要。通过多方努力，农发行舞阳县支行于2020年2月3日复工当天即发放舞阳县农村建设用地复垦项目贷款资金9500万元，截至3月底，累计向该项目发放信贷资金1.83亿元，整理复垦土地268.14公顷。该项目成功实施，不仅在疫情防控之时及时助力全县春耕备播，保障国家粮食安全，还为地方经济复工复产打下了基础。

“要敢想敢干，勇于担当，主动作为。”宋双如是说，在实际工作中也是这样做的。

舞阳县农村建设用地复垦项目打开了农发行支持地方经济发展的突破口，得到了县委、县政府的认可。在此基础上，宋双多次向当地主管部门汇报工作，吸取兄弟单位成功实施项目的经验，结合舞阳当地实际情况积极谋划，努力推动地方重大项目落地生根。通过努力，农发行舞阳县支行贷款余额从2019年底的2.4亿元增加到2020年底的4.04亿元，增长68.33%，一年内累计发放贷款1.95亿元，有效推动了地方经济发展，助力舞阳打赢脱贫攻坚收官战。

支持带贫企业，服务农民增收

扶贫工作既要扶“智”，更要扶“志”。只有依托当地优势产业带动贫困人口，使贫困户享受到产业经济发展带来的红利，通过自身劳动得到回报，才能从根本上脱贫。

舞阳县利用当地“南菇北兔”的传统种养殖产业优势，引入食用菌种植龙头企业河南华宝农业开发有限公司，打造食用菌地域特色品牌，从而带动周边贫困人群。舞阳县支行随即与该公司进行对接，协商金融信贷融资合作，并投入800万元农村土地流转和土地规模经营扶贫贷款（流贷）支持华宝公司产业精准扶贫。

宋双多次到华宝公司进行实地调查，了解企业生产经营、带动贫困人群、贫困人口增收情况等。同企业分析研判市场行情及经营模式，通过“公司+生产园区+贫困户”“金融+产业”等多种模式带动贫困户实现增收脱贫。截至2020年6月底，华宝公司与1884户3776名贫困人口签订了企业带贫协议，每年可实现贫困户单户增收3000元。通过“公司+产业+贫困户”的模式，不仅使贫困户得到了收入增加的实惠，还通过产业技能培训、生产园区实地种植等方式让贫困人口真正学到了技术。目前，部分贫困户已自主承包经营食用菌种植大棚，产出食用菌由华宝公司统一收购进行销售，逐步实现高质量稳定脱贫。

2020年初抗击新冠肺炎疫情期间，宋双多次与企业沟通了解生产经营情况，在得知华宝公司五个地处乡村的生产园区均出现工人不能及时返岗、产出食用菌出现积压、不能及时运出销售，导致企业生产经营受到较大影响情况时，宋双立即向上级行及县政府进行了汇报，协调解决华宝公司生产销售问题。疫情缓解后，他又第一时间来到华宝公司生产园区实地调查企业生产经营状况，掌握企业资金周转情况，积极向企业宣传农发行支持疫情防控和复工复产有关减费让利及配套信贷优惠政策，并对华宝公司800万元扶贫贷款采用延迟还本措施纾解企业资金压力，支持企业复工复产。同时要求华宝公司对当地贫困户用工保持稳定，在做好疫情防控的同时积极生产自救，全力复工复产。通过有关减费让利和配套信贷政策的使用，华宝公司在疫情过后及时恢复了生产，巩固了产业精准扶贫成效。

支持学校建设，服务教育事业

“乡村振兴，教育为先。”舞阳县作为经济欠发达地区，对教育事业投入不足，经济发展与教育基础设施建设不平衡不充分的矛盾突出，当地人民也十分关注新增义务教育基础设施建设的进展情况。

解决人民关心、关注的事就是最重要的大事，舞阳县委、县政府将新建、扩建小学和初中作为贯彻落实十项民生实事的重要举措之一，一座高质量、高标准的新建小学也成为当地老百姓热烈期盼的事。

在此背景下，2020年宋双积极与政府主管部门及国有投融资公司对接，汇报宣传农发行信贷政策，以河南省“982”补短板项目工程为契机，全面了解政府重点项目，全力服务地方“两不愁三保障”教育基础设施建设。

受疫情影响，舞阳县宁波路小学项目建设遇到难点，宋双多次向上级行及相关政府部门汇报项目进展情况，同项目单位一起协调施工方加快工程进度、安排足够工人施工等事项。为加快信贷资金投放进度，提出多种融资方案供项目单位选择，与信贷人员一起加班加点连轴转，加快办贷进度，提高办贷效率，累计向舞阳县宁波路小学建设项目投入信贷资金4500万元。该小学建成后将成为当地建造质量最好、标准最高、教育设施最为完善的一所小学，能够容纳1600名适龄儿童在校学习，有效缓解舞阳县小学教育基础设施面临的压力，助推当地教育事业快速发展，为支持乡村振兴提供坚实的教育基础保障。

个人感言：长风破浪会有时，直挂云帆济沧海。勇于担当、奋勇向前。

扶贫路上，彰显政策性金融担当

——记“河南省脱贫攻坚先进个人”赵学峰

他生在农村，儿时的记忆都是满眼的麦绿豆黄；他青年立志，将最美的青春投入从戎报国的军旅生涯；他对农村有一份特殊的情感，因此，对执行好、落实好中央脱贫政策，发挥好农业政策性银行职能，早日摘掉全县贫困帽子更加坚韧和执着。在国家级贫困县新蔡县，赵学峰已经驻守四个年头。自2018年调任农发行新蔡县支行以来，他在脱贫攻坚道路上坚持金融护航，团队作战，一线蹲守，用自己的实际行动诠释着一名共产党员对脱贫攻坚的使命和担当。

■赵学峰在新蔡县人民医院项目现场实地查看施工进度

赵学峰，2018年10月任农发行新蔡县支行党支部书记、行长。2021年3月，荣获新蔡县2020年度银行业支持县域经济发展“先进个人”、驻马店市2020年度“金融工作先进个人”等荣誉称号。2021年3月，新蔡县支行荣获新蔡县2020年度“综合工作先进单位”“银行业支持县域经济发展先进单位”荣誉称号。

围绕服务脱贫攻坚，助力新蔡县打赢脱贫攻坚战，赵学峰同志坚持以习近平新时代中国特色社会主义思想为指导，主动提升政治站位，秉承家国情怀，带领农发行新蔡县支行，聚焦脱贫攻坚重点领域和薄弱环节，充分发挥政策性金融扶贫的先锋模范作用，使农发行的金融扶贫政策在新蔡县落地生根、开花结果。近年来，在他的带领下，农发行新蔡县支行全力支持粮食收购、棚户区改造以及人民医院、土地拆旧复垦、中艺标准化厂房建设，在助力国家级贫困县新蔡县打赢脱贫攻坚战贡献了农发行力量。

发挥政策优势，让脱贫插上金融翅膀

针对新蔡县是个农业大县，地理位置相对偏僻、工业基础薄弱、民生基础设施相对落后的现实，赵学峰刚到任便带领班子成员实地调研，结合县情和系统内部信贷政策，及时调整业务发展方向，主动承担脱贫攻坚这项“硬任务”，紧紧围绕“促脱贫、助增收、惠民生”这一工作思路，书写“农”字大文章。

秉承家国情怀，全力服务脱贫攻坚。近年来，为化解粮食市场价格低迷态势，稳住农民种粮积极性，赵学峰用实际行动积极践行“支农为国、立行为民”的使命。在粮食收购旺季前，带领信贷人员前往粮食收购现场开展调研，实地查看仓库，了解仓储条件和仓储能力，了解粮食收购价格、质量和进度以及政策执行情况。在粮食收购旺季时，及时发放粮食收购扶贫贷款，保障粮食收购资金供应，做到了“钱等粮”，切实保护好种粮农民和种粮大户的利益。全行累计发放粮食收购资金贷款近30亿元，解决农户售粮难问题，仅此一项使贫困户人均年增收200元以上。

推动高质量发展，全力服务乡村振兴。围绕补齐基础设施短板，助力地方经济发展，农发行新蔡县支行先后支持了新蔡县人民医院病房楼建设项目、土地拆旧复垦整治项目、中艺标准化厂房项目等县重点项目建设，贷款金额共计9.9亿元。其中，支持3亿元的人民医院病房楼建成后，将解决民众就医难问题，有效改善全县的医疗条件；支持1.9亿元的中艺标准化厂房建设项目建成后将提供部分就业岗位，持续带动贫困人口增收，同时通过标准化厂房建设扩大招商引资，促进地方税收增加、土地增值，有效推动地方经济发展，巩固脱贫成果；支持5亿元的土地拆旧复垦整治项目建成后，将新增耕地面积951公顷，实现土地资源的集约利用，改善传统的农用地利用格局，缓解建设用地供需矛盾，推动产业化和规模化经营，促进农业增效和农民增收。此外，新蔡县支行还投放了7.61亿元棚户区改造贷款解决了一部分贫困户的住房问题。通过资金投入，有效改善了县域城乡基础设施。

真情帮扶，让脱贫户感受到农发行的温暖

为完成好县委、县政府分配的精准脱困任务，在人员不足、办公条件紧张的情况下，主动担当作为，抽调精干力量组成驻村工作队，自己担任驻村第一书记，投入扶贫工作第一线，为扶贫对象制订脱贫方案，改善种植结构，寻找就业门路，享受扶持政策。

赵学峰长期奔波在农户人家，全村195家贫困户639名贫困人口，谁家缺乏劳动力，哪家有几个在校学生，又有谁需要农技指导，他都如数家珍。经过实地走访帮扶对象，及时帮助贫困户解决养殖难题。“感谢赵行长为俺牵线养殖技术专家，感谢赵行长为俺积极联系销路，这几年在赵行长的帮助下，俺的家兔养殖已经上了规模，收入也翻了几番，今年准备再带动邻居一起养殖家兔，也为脱贫做点事，回报赵行长对俺的帮助。”这是大庄村几个深度贫困户发自肺腑的感言。在赵学峰同志真情帮扶下，贫困户科学养殖、持续发展，顺利实现脱贫。

为改善村委办公条件，积极推动美丽乡村建设，树立文明新风，三年来，赵学峰组织全行干部职工捐款捐资，购买办公设备、资助孝老爱亲表彰、组织节日慰问等，据不完全统计，至开展脱贫帮扶以来，全行已组织各类捐助10余次，用于扶贫资助金额超过10万元，人均达到5000元，全村所有贫困户如期实现脱贫摘帽。

四载扶贫路，砥砺结硕果。赵学峰同志用真心真情真扶贫、实心实意为帮扶对象办实事，谱写出一曲农发行人脱贫攻坚的优美赞歌，彰显了农业政策性金融服务脱贫攻坚的责任担当。

如今，站在两个一百年历史交汇点，赵学峰表示，没有农民的富裕就不是真正的国家富强，要在农村这片黄土地上持续挥洒一腔热血，在服务脱贫攻坚接续乡村振兴道路上，念好“三农”经，担起新使命，为实现农村稳、农业兴、农民富再添新力！

个人感言：其作始也简，其将毕也必巨。践行初心使命，永葆家国情怀，助力脱贫攻坚，服务“三农”发展。

湖北省

筑牢金融助力脱贫攻坚的“基石”

——记“湖北省脱贫攻坚先进集体”农发行湖北省分行基础设施处

“2016年以来，我处坚持以脱贫攻坚统揽工作全局，坚持全力全程扶贫的工作格局，聚焦五个重点领域，助力安居工程、治本工程和提升工程，全力支持全省贫困地区农业农村基础设施建设，补齐发展短板，成效斐然！”农发行湖北省分行基础设施处主要负责人介绍道。该行基础设施处指导、协同各分支行，着力支持改善“人居环境”，助力长江大保护九大行动以及助推解决水、电、气、网、路等薄弱的农村公共基础设施的建设，让农民有更多获得感！自2016年至2021年6月末，推动发放扶贫贷款789亿元，实现省内贫困地区全覆盖，助力全省37个贫困县脱贫摘帽，为推进脱贫攻坚

■ 农发行郧阳区支行信贷支持的郧阳区香菇小镇环境整治和香菇产业配套基础设施建设项目

农发行湖北省分行基础设施处着力支持改善人居环境、助力长江大保护九大行动以及助推解决水、电、气、网、路等薄弱农村公共基础设施的建设，自2016年至2021年6月末，推动发放扶贫贷款789亿元，实现省内贫困地区全覆盖，助力全省37个贫困县脱贫摘帽。

与乡村振兴有效衔接提供接续的金融支持，为建设幸福湖北、绘就荆楚画卷贡献出更有价值、更有质量、更有内涵的金融力量!

构筑“压舱石” 助力“安居工程”

信贷支持是助推以易地扶贫搬迁和棚户区改造为核心的“安居工程”的“压舱石”。农发行湖北省分行基础设施处将改善城乡居民人居环境、增强居民归属感作为工作的重中之重。

几年前，82岁的陈红珍随儿媳把家搬到了湖北省恩施州咸丰县丁寨乡的十字路村这个易地扶贫搬迁安置点。2015年以前，相当一部分建档立卡贫困户同陈红珍一样，居住在“一方水土养不起一方人”的咸丰县唐家沟村，该村山高谷深、耕地零散、资源分散，生存条件恶劣，生产生活不便。在陈红珍老人的记忆里，之前家里人靠零星几株茶树维持生活，总体收入基本靠天。搬迁到新家，陈红珍的生活景况大变样，儿子就近打工，儿媳打理新分的田地，呈现在老人眼前的是一幅由敞亮楼房、平整广场以及柏油马路组成的新农村画卷，画卷中孩童嬉戏，成年人安居乐业。为助力易地扶贫搬迁，新建安置点，截至2021年6月末，农发行累计发放易地扶贫搬迁贷款29.74亿元、棚户区改造扶贫贷款109.03亿元，惠及42.79万建档立卡贫困人口。

除新建易地扶贫搬迁安置点外，被纳入“安居工程”的棚户区改造，也在加速荆楚大地的嬗变进程。“棚户区改造让居民们的居住环境有了很大的改善！居民们从过去的道路狭窄、排水不畅的握手楼、筒子楼，搬进了设施齐全的新小区，居住环境有了天翻地覆的变化。”襄阳市襄城区檀溪湖社区的人大代表李永生在襄阳2019年两会上如是说。2017年，襄阳市、县两级政府陆续发布了《棚户区改造三年计划》，随后相继启动了棚户区改造项目。该行基础设施处会同襄阳市分行、各区县支行，紧紧围绕市、各县（市、区）政府棚户区改造规划，积极抢抓棚户区改造政策的窗口机遇期，在提升营销水平和服务质量上精耕细作，提供信贷支持，构筑棚改项目的“压舱石”，实现了棚改贷款市县两级项目全覆盖，取得了棚改贷款审批、投放、已批未放贷款“三个”全省第一。

在农业政策性金融的支持下，自2016年至2021年6月，湖北省共计改善安置住房面积381万平方米，覆盖全省1940个贫困村，帮助31万户97.8万贫困人口实现了“挪穷窝”。

铺设“筑堤石” 助力“治本工程”

湖北地处“长江之腰”，是长江径流里程最长的省份。万里长江从三峡巴东段进入湖北境内，碧水千顷，绿波荡漾。绿色发展蔚然起，“点绿成金”正当时。一幅幅美丽的生态画卷徐徐展开……“共抓大保护、不搞大开发”，该行基础设施处会同相关分支行，信贷助力，合力书写“生态修复、环境保护、绿色发展”三篇华章，助推长江水生态综合治理等九大治本工程，奏响了新时代生态文明的主旋律。

在濒临长江的宜昌猇亭，只见兴发集团宜昌新材料产业园里，一棵棵高大的广玉兰、银杏树迎风而立，沿江绿树成荫。“我集团腾退长江岸线900多米，拆除生产装置22套，对53.33公顷土地进行生态修复。”兴发集团宜昌新材料产业园负责人表示。

在荆州监利市，8000公顷长江堤岸及洲滩林地生态修复工程已见挂满枝头的硕果——长江岸线监利段岸芷汀兰，水质清澈，岸线复绿1400公顷，实现洲滩造林面积5663.33公顷……已成为当地人为之骄傲的绿色生态长廊。“该项工程对境内7个乡镇8066.67公顷长江堤岸和洲滩林地，进行生态林培育、经济林培育、公路沿线绿化、森林病虫害防治等工程建设。”监利县丰沃绿色发展投资有限公司总经理朱本立回忆说，该项目总投资3亿元，项目资本金1亿元，如果没有农发行提供的2亿元项目贷款，工程进展不可能这么顺利。

黄冈市黄梅县小池镇地处长江湖北段的最后一段。在农发行湖北省分行基础设施处与农发行黄冈市分行的指导下，农发行黄梅县支行向小池滨江新区水系综合治理工程项目贷款3.5亿元，对小池滨江新区内7条合计27.93千米的港渠进行清淤疏浚、堤身加固等综合治理，同时配套完成了港渠旁防洪通道、防洪带等防洪排涝建设。华颐丰果蔬专业合作位于黄梅县小池镇军列村，在该社的桃园内9.33公顷桃花争相绽放，吸引了不少游人前去赏花。该合作社负责人秦兴建表示，合作社能拥有今天绿色发展新局面，得益于农发行贷款支持滨江新区水系综合治理。整治长江岸线和沟渠湖港，恢复了水乡优美环境、营造出特色风光，为果蔬生长提供了适宜的外部环境。信贷支持小池滨江新区水系综合治理，让小池既找到了绿色发展的通途，又分享了实施“治本工程”所带来的“生态红利”。

自2016年至2021年6月，农发行湖北省长江沿线分支行协同发力，覆盖了长江干流及主要支流的所有县市区，年均投放贷款超1000亿元，贷款余额为3772亿元，持续加大服务长江大保护和长江经济带建设工作力度。

补齐“奠基石” 助力“提升工程”

如何补上农村基础设施和公共服务短板？关键是补齐水、电、气、网、路等乡村基础设施建设短板，农发行湖北省分行基础设施处用具体行动，针对大别山、武陵山、秦巴山、幕阜山集中连片特困地区“贫困村整体提升工程”，让数以万计的农民拥有更多获得感，重构出逐步升级的"幸福指数"，交出"硬核"答卷。

2019年12月29日，中央电视台播放了《走过我们的2019》电视节目，其中一个篇章主题为"我和我的祖国　湖北十堰郧阳香菇小镇　特色产业脱贫希望"，介绍了湖北省十堰市郧阳区香菇小镇。作为农发行湖北省分行重点支持的扶贫项目，现在已经成为郧阳区脱贫致富奔小康最重要的产业平台。为保证经济发展与资源节约、环境保护并重发展，农发行郧阳区支行向郧阳城市投资开发有限公司发放生态环境建设与保护中长期扶贫贷款2.3亿元，经过三年多建设，吸纳郧阳区18个乡镇易地扶贫搬迁户4200余户1.5万人的香菇小镇在这里建成，配套建成的73.33公顷香菇产业基地成为易迁户脱贫兜底产业。

农村安全饮水，关系千家万户。为保障当地群众吃上干净卫生的自来水，近年来，在该处指导下，农发行郧阳区支行为农村饮水安全巩固提升工程提供信贷资金支持。"已发放专项贷款2.7亿元，在滔河和东河水库2个集中供水片区新建2座水厂。"郧阳区支行负责人表示，该项饮水安全工程直接惠及10个乡镇205个行政村14.7万贫困人口，实现了让秦巴山区人民群众从"有水喝"到"喝好水"的跨越。

位于武陵山集中连片特困地区的五峰县，急需解决"用气难"的问题，规划建设宜都红花套至渔洋关镇天然气管道工程正在急锣密鼓地推进中。"2020年8月6日，五峰重点民生项目——宜都红花套至渔洋关镇天然气管道工程正式开工建设。"该项目的承建方长乐城投公司负责人介绍说，该项目总投资1.29亿元，沿线总里程约59.23千米，年输送能力7300万标准立方米，设置渔洋关末站1座和线路截断分输阀室3座。项目建成后，将有效提升五峰县天然气能源供给能力，提高沿线城乡居民生活质量。

湖北省咸宁市通城县"坪沙大道至新华洋厂区辅道及厂区主干道建设工程施工"顺利推进，其中部分路段已经成为四好公路建设的样板工程。地处幕阜山脉的通城县境内一条条外部通道，交通主动脉相继打通。而县域内犹如毛细血管的乡村路网却织而不密，或织而不通，或通而不畅……在该处的指导下，农发行通城支行将支持农村路网建设作为优先支持领域，开辟快捷的信贷支持"绿色通道"，对农村公路建设项目实行优先受理、调查评估和给予资金规模支持。2018年3月，该支行为支持农村路网发放1.6亿元贷款，对县内11个乡镇近1000千米的路网进行硬化和改、扩建。如今，在花墩村，一条宽阔的道路穿村而过，路面车辆不时驶过。

2018年至2021年6月，累计发放农村路网扶贫贷款和扶贫过桥贷款39.7亿元，支持贫困地区新建及改扩建农村公路1985千米，覆盖全省37个贫困县，辐射贫困人口26.7万人。

振兴乡村展骥足　脱贫攻坚献力量

——记“2020年湖北省脱贫攻坚先进集体”农发行钟祥市支行

消除贫困、改善民生、逐步实现共同富裕，是社会主义的本质要求，也是我们党的重要使命。农发行钟祥市支行作为全市唯一的农业政策性金融机构，以扶持地方经济发展为己任，扎根“三农”事业，深耕“三农”领域，充分发挥农业政策性金融的资金优势，着力打好金融脱贫“组合拳”，为当地经济社会发展注入源源不断的金融活水。

■ 农发行钟祥市支行工作人员在贫困户家中调研

农发行湖北省钟祥市支行于1997年5月22日挂牌成立。2015年以来，农发行钟祥市支行累计发放各类贷款56.89亿元，其中精准扶贫贷款9亿元，精准扶贫贷款投放额和余额位居钟祥市金融同业首位。

挪穷窝，聚焦易地搬迁

在高速公路与钟祥市城区连接线旁，高高耸立着一块醒目的宣传牌，宣传牌上“中国农业发展银行湖北省分行重点支持易地扶贫搬迁项目”金色的大字与其后一排排整洁、大方的小区洋楼相映生辉。这里就是荆门首个易地扶贫集中安置区——大柴湖经济开发区城镇化试点移民新城建设小区。

大柴湖经济开发区前身为钟祥市柴湖镇，是全国最大的水库外迁移民成建制集中安置区，被称为“中国第一移民大镇”，周恩来总理亲自命名为“大柴湖”。自20世纪60年代从河南淅川迁移至柴湖以来，人多地少、资源贫瘠、易旱易涝，造就了柴湖移民“一代移、几代穷”的局面。2015年6月，习近平总书记在贵州召开的扶贫攻坚座谈会上，就加大力度推进扶贫开发工作提出了具体要求，要求“通过移民搬迁安置一批”等“四个一批”方式实现贫困人口精准脱贫。大柴湖经济开发区城镇化试点移民新城建设小区项目就是在这个背景下立项并纳入钟祥易地扶贫规划。

在了解地方扶贫规划后，农发行钟祥市支行充分发挥脱贫攻坚主办行的主人翁精神，不等不靠，通过抢抓“项目立项第一时间、领导决策第一印象、融资方案第一选择”三个第一，牢牢掌握工作主动权。为切实推进项目进展，该行先后20多次赴柴湖现场办公，第一时间解决项目申报遇到的难点。通过不到一个月的攻坚克难，获批全国首笔易地扶贫搬迁贷款5亿元，距总行易地扶贫贷款办法颁布仅不到一个星期，距习近平总书记提出的“四个一批”方式仅过了不到两个月时间。大柴湖经济开发区城镇化试点移民新城建设小区项目共安置丹江口水库移民14934人，其中安置建档立卡易地扶贫搬迁人口514户2060人，有效改善贫困人口居住条件，打造移民扶贫新型城镇化框架。该项目被评为全国易地扶贫搬迁项目优秀案例。

促致富，聚焦特色产业

走进大柴湖现代高效农业示范园温室大棚内，映入眼帘的是一片春意盎然、繁忙热闹的景象，一盆盆凤梨、白掌、绿萝竞相开放，一辆辆厢式货车从棚内进进出出，载着各种花卉从柴湖走上高速公路，驶向全国各地。大柴湖现代高效农业示范园项目主要通过流转集中农户土地建设连栋温室大棚及温室花卉物流园，是柴湖打造“中国花城”核心工程。在流转土地的农户中，还有建档立卡贫困人口236人。对此，该行采取“政府主导、公司承贷、政府购买”的运作模式，创新产业扶贫方式，于两年内完成投放荆门范围内的首笔农村土地流转中长期扶贫贷款3亿元。项目建成后，通过流转贫困农户土地建设运营温室大棚的方式，带动236名建档立卡贫困人口人均每年增收近800元。

农发行钟祥市支行围绕粮油购销、生猪养殖等产业，向湖北钟祥牧原养殖有限公司发放产业化龙头企业贷款8000万元，通过带动贫困户就业模式，为10名贫困户实现增收约64.85万元；为钟祥市乌龙泉米业有限公司发放1000万元粮油购销流动资金贷款，带动3名贫困人口就业增收约115200元，平均每人每年增收38400元。实现了扶贫搬迁人口稳得住、能就业，在致富道路上打造出了“扶贫+产业”的特色扶贫模式。

显真情，聚焦驻村帮扶

在加大精准扶贫贷款投放的同时，农发行钟祥市支行还秉承家国情怀，带着亲情驻村，带着热情解难，带着真情帮扶，扎实做好柴湖镇前营村驻村帮扶工作。现在的前营村，脚下是干净宽敞的柏油路，路边房屋已被翻新，院墙按照规划修建成青黑色仿古样式。不难看出，这些年来驻村工作队艰辛努力已经取得了显著成效。每家每户门口都贴着一张标牌，上面清晰地记录着住户的基本情况以及该户的帮扶人。不少村民已经住进了新建的独栋楼房，还有些新房子正在装修中，所有贫困户厕改、水改、房改问题都已落实到位。无论刮风下雨还是严寒酷暑，总能在村里看到驻村工作人员忙碌的身影，他们用脚步丈量着村里的每一寸土地，与每一位村民将心比心，把温暖传递给每一位需要帮助的人。近几年来，农发行钟祥市支行帮助前营村推广紫薯种植项目，建立以花卉、葛根、瓜蒌为主要品种的3个种植合作社以及村就业帮扶车间，累计带动贫困村民31户，每户每亩增收在500元以上。同时，对前营村开展扶贫捐款、慰问捐物、美丽乡村建设、购置办公用品和生活物资等折合资金约64万元。

漫漫脱贫路，殷殷民生情。农发行钟祥市支行始终践行“支农为国、立行为民”的使命，自2015年起，助力脱贫攻坚成效显著，累计投放各类贷款56.89亿元，其中精准扶贫贷款9亿元，精准扶贫贷款投放额和余额位居钟祥市金融同业首位，彰显农发行金融扶贫先锋、主力和模范作用。“脱贫摘帽不是终点，而是新生活新奋斗的起点。”下一步，钟祥市支行将继续按照中央、省、市和上级行的部署要求，继续奋进再出发，帮扶政策从攻坚战转入常态化，切实发挥农业政策性金融职能作用，围绕巩固拓展脱贫攻坚成果，建机制、保长效，在乡村振兴的新征程中作出更大贡献。

筑巢引凤来　齐心助脱贫

——记“全国‘万企帮万村’精准扶贫行动组织工作先进集体”农发行罗田县支行

鄂东大别山南麓的湖北省罗田县，一直以来是一个“八山一水一分田”的老区县。自2015年开始，农发行罗田县支行秉承家国情怀，主动提升站位，以聚焦业务为出发点，以项目建设为落脚点，形成全行全力全程扶贫工作大格局，助推罗田全面实现脱贫摘帽！

■ 农发行罗田县支行信贷支持的湖北宏福集团扶贫产品生产加工车间

农发行罗田县支行是一个山区县支行，现有职工14人，其中党员11人。这个扎根鄂东山区的红色先锋堡垒，始终秉承家国情怀，主动提升站位，举全行之力服务脱贫攻坚、引领业务发展全局。五年来，累计发放扶贫贷款19亿元，助力国家级贫困县罗田县全面打赢脱贫攻坚战。

党建擎责　筑牢担当

“火车跑得快，全靠车头带。”一是组织有保障。该行历任党支部书记、行长当好排头兵和冲锋手，不怕事难办，就怕心不齐，带领团队与政府沟通，与上级协调。秉承着这样的实干作风，农发行罗田县支行构建了脱贫攻坚工作纵横机制。纵向市、县两级行协同联动，横向政企互通有无，建立健全工作机制，确保各项工作落到实处。二是党建有目标。农发行罗田县支行每月主题党日活动都会关联“我为精准扶贫办实事”相关主题事项，将主题活动、共建活动落实到重点项目、重点企业、重点帮扶村。三是工作有平台。虽说酒香不怕巷子深，但好经验、好做法也要宣传推广出去。2020年，该行参加了由农发行湖北省分行联合省政府在罗田县召开的“千企帮千村、脱贫奔小康”行动现场推进会，会上省分行与省工商联、省扶贫办、省光彩会签订了四方协议，这是农发行系统首个省级机构协议。会后，该行以农发行黄冈市分行发布的《关于“万企帮万村”精准扶贫行动的实施意见》为指导，把“万企帮万村”与服务实体经济有效结合，定目标、抓存量、提增量，确保工作落到实处。四是活动有载体。农发行罗田县支行班子成员常说“客户是上帝”。银企座谈茶话会不仅要常开，还要开好，要善于倾听、善于解决营销中的难题。通过党支部扩大会、行务会、业务分析会等不断强化重点客户营销、季度考核、重点工作督办等，抓实主体责任，力促业务发展。

上级调研　把脉定向

“近年来，得益于地理优势，罗田县农牧业得到了快速发展，但由于缺乏资金、技术支撑和必要的管理人才，后期发展将面临诸多困难和问题；支行要持续加大行业龙头企业扶持力度，助力其向规模化、专业化方向转型，提升行业竞争力。”2019年7月，时任农发行湖北省分行创新处处长刘舸赴该行调研贫困户生产生活情况时强调。

“因交通闭塞、市场信息获取方式狭窄等因素的影响，罗田重点贫困村贫困人口外出劳务输出严重受限，贫困户增收解困难度较大。在国家大力发展扶贫项目之时，支行要配合当地政府、企业对贫困人员开展实用技术培训，建议由农发行牵头，联系企业对贫困村雇员开展集中培训，提升贫困人员的素质和能力，增强贫困人员创收能力。”2019年12月，农发行湖北省分行党委委员、副行长董承良到该行调研扶贫产业发展情况时指出。农发行罗田县支行第一时间组织学习，领会调研精神，迅速安排与地方龙头企业对接。

作为乡村产业振兴新坐标，一直以来，湖北名羊公司以大别山黑山羊特色种质资源为基础，充分利用山区牧草资源优势，以市场为导向、以特色促发展、以品牌求效益，树立可复制、可借鉴、可推广的“产业融合示范样板”。

一年来，农发行罗田县支行向名羊公司发放扶贫贷款超过3000万元，支持名羊公司带动周边贫困农户发展专业化、规范化养殖，成功引导名羊公司结对帮扶贫困户406户，每户年均增收2万元。

农发行罗田县支行表示，将继续沟通对接，力争扩大帮带范围，结对帮扶贫困家庭达1万户，户均增收3万元；提供临时工作岗位200多个，每年支付土地租金120万元，发放村民务工工资283万元，为村集体增加收入800万元以上。

项目扶贫　欣欣向荣

2016年8月，随着农发行罗田县支行5000万元罗田县胜利镇易地扶贫搬迁项目贷款成功发放，13个安置点和1所小学项目建设工程陆续拓土动工，新冠肺炎疫情期间，在安全防护措施达标的前提下建设工程持续推进。

根据前期规划，项目将安置罗田县内4352户13879名贫困居民，同步开展战贫技能培训，确保移民住有所居，学有所长。项目惠及建档立卡贫困人口13879人，占全县建档立卡贫困人口的11.47%。项目建成将强力推动贫困户脱贫致富，稳步推进新农村及城镇化建设。

2019年7月，罗田卓尔胜利小镇5亿元建设项目首次投放1.5亿元，该项目定位于建设集商贸交易、文化体验、旅游服务、生态观光、生活购物等为一体的综合性文旅特色小镇，致力于打造为大别山文化体验中心、鄂东商贸交易中心、罗田全域旅游西线集散中心。项目建成后，有利于持续拉动经济消费内需、提高居民生活品质、创造更多就业机会，促进罗田全域旅游行业发展。

“绿水青山就是金山银山”，2017年12月农发行罗田县支行获批2.4亿元中长期贷款，这是全省首笔林业项目建设中长期贷款。截至2021年6月末，贷款余额为2.4亿元。该项目建设实现了生态、经济、扶贫“三赢”。一是项目建设过程中，可为项目区贫困人口新增就业岗位150个。二是项目实施后，将以护林员的形式最少安置12名建档立卡贫困户家庭成员就业。三是项目实施后，能全面提升项目区植被覆盖率，显著改善百里画廊生态景观面貌，提升景点景观的观赏价值，改善林业生态、美化城乡环境、实现生态富民。四是有利于推动林业建设与生态环境、旅游、扶贫等要素有机融合，推动项目区林业生态可持续发展，加快区域经济社会发展步伐。

驻村帮扶　众志成城

农发行罗田县支行定点帮扶罗田县九资河镇中垸村，全村原共有贫困户62户195

人，其中，五保贫困户9户10人、低保贫困户7户19人、一般贫困户46户166人。截至2020年底，全村贫困户家庭均已脱贫。

自2017年开展驻村帮扶工作以来，农发行罗田县支行围绕县委、县政府驻村工作要求，强化驻村帮扶工作部署，以“五到”工作要求落实扶贫工作调研，即党员骨干分子的门要进到，交流谈心的深度要达到，村里致富能人的致富项目要看到，贫困户贫困的根源、症结要挖到，脱贫致富的思路要想到。

农发行罗田县支行主要负责人带队开展调研走访，深入贫困家庭实际，把握脱贫工作方向，与村委、群众共商致富之策，共谋致富之路。

四年来，在村“两委”和罗田县支行的共同努力下，实现水电路网全通，发展教育3户、社会兜底2户、生态补偿0.5万元，精准施策，提高脱贫攻坚实效。

四年来，罗田县支行结对帮扶累计14户，帮助脱贫59人，农发行罗田县支行为该村累计捐款、捐物达10万余元。

牢记使命勇作为，支农扶贫谱华章

——记“2020年湖北省脱贫攻坚先进集体”农发行通城县支行

近年来，农发行通城县支行秉承“支农为国、立行为民”的家国情怀，主动服务地方经济发展大局，以支持易地扶贫搬迁、人居环境改善、农村路网建设和特色产业发展等扶贫领域为重点，倾情深耕“三农”，持续力战深贫，用实干谱写了政策性金融支农扶贫的奋进华章。

创新扶贫思维，凝聚扶贫新合力

通城县地处幕阜山省级连片特困带，是省级贫困县。面对基础设施建设不足、地

通城县乡村振兴工程建设项目——大坪内冲瑶族村示范点

农发行通城县支行现有在岗员工14人，平均年龄31岁，截至2021年6月末，贷款余额为37.98亿元，其中，扶贫贷款为14.75亿元，占总贷款的38.84%，扶贫贷款居全县金融机构首位。先后获“全国金融系统文化建设先进单位”“2020年湖北省脱贫攻坚先进集体”等荣誉称号。

方财政实力偏弱等发展困境，农发行通城县支行全行干部员工主动俯下身子、迈开步子，了解扶贫企业融资瓶颈，积极协调市、县政府领导，加强与职能部门的沟通联系，及时跟进县域的发展规划，适时调整工作思路，确保营销的扶贫项目与通城脱贫攻坚重点任务相融合，实施扶贫项目优先受理，扶贫举措优先落实，扶贫资金优先供给的“三优”政策，全力服务脱贫攻坚战略实施。一是强力宣传，营造氛围。多次联动省、市分行，合力营销重点扶贫项目，邀请县领导到场参加对接会，为项目推进营造良好氛围。在县交通要道放置农发行广告语，提高农发行知名度，在权威刊物，主流媒体刊登宣传稿百余篇，全面宣传农发行的支农扶贫成效，不断擦亮农发行的金字招牌。二是积极对接，明确政策。定期由行长带队向政府，人民银行、财政、农业、发改委等部门汇报农发行的扶贫支农成效，赢得多部门认可和支持。三是搭建新平台，夯实扶贫基础。抢抓县域加快脱贫摘帽机遇，努力联动政银企各方，推动政府搭建融资平台，新成立或改造了城发、城投、水务、经投、矿业、美兴、农投、置业等十余家公司对接农发行项目融资，为推进脱贫攻坚工作、巩固脱贫成效奠定了坚实的基础。

牢记初心使命，决胜脱贫攻坚战

通城县建档立卡贫困人口10.6万人，脱贫攻坚任务繁重。将服务脱贫攻坚作为践行初心使命的主战场，紧紧围绕地方政府和上级行党委部署，2015年以来，累计发放扶贫贷款19.74亿元，惠及建档立卡贫困户近9万人。一是围绕“宜居”，支持易地扶贫搬迁，2015年，发放全国农发行系统第一笔易地扶贫搬迁贷款2亿元，落实好脱贫攻坚“头号工程”，着力解决“一方水土养不起一方人”的问题。二是围绕“环境”，支持基础设施扶贫，投放易地搬迁资金2亿元，惠及贫困人口3418人，发放贫困村整体提升资金10.1亿元，惠及贫困人口5.8万人。三是围绕“致富”，积极支持产业扶贫，把发展产业作为实现脱贫的治本之策，强化“造血”工程，发放产业扶贫贷款2.3亿元，支持企业6家，带动贫困人口6932人。四是围绕“出行”，大力实施交通专项扶贫，投放贷款3.1亿元，支持11个乡镇近1000千米的路网提档升级，解决百姓出行难题。同时，积极做好定点驻村扶贫，落实驻村扶贫工作要求，多方筹集资金，单位和员工个人累计向定点帮扶村捐款近20万元，帮助解决难点堵点问题，帮扶村顺利脱贫出列，竭尽全力办好习近平总书记最牵挂的事。

精诚所至，金石为开。农发行通城县支行扶贫成效得到政府、社会、企业的高度认可，连续数年被县政府授予“支持地方经济发展突出贡献奖”，并在全县“三级”干部大会上作经验交流。县委、县政府向省分行致函表达感谢，县委书记安排协调央视农业农村频道采访对美丽乡村建设所作的贡献。通城县县长、分管副县长实时督办财政存款、土地使用权续期等流程，积极解决农发行通城县支行办贷过程中遇到的难题。通城县县委书记说："凡是农发行的事都是县委、县政府的事，全县各部门都要支持解决。"

扶贫担当在肩，凝心聚力勇向前

近年来，农发行通城县支行一班人聚力扶贫事业，用实干演绎芳华，以担当砥砺初心。早在2016年，贷款余额只有7.4亿元，在全省山区行排名靠后，在当地金融圈几近"失语"。农发行通城县支行不断承压奋进，持续培训营销队伍，创新考核机制，深研政策法规，根据通城县"老、少、边、穷"区位特点，以营销扶贫支农项目作为突破口，全行紧盯县域最新规划，主动对接相关部门，为寻找优质客户，班子成员冲锋在前，锲而不舍，用脚丈量全县乡镇村组。

2020年5月，面对六家银行竞争，农发行通城县支行负责人带领全行，瞄准先机点，念好"缠"字诀，以农发行政策性银行优势，获得"党建引领基层治理示范带建设项目"2.7亿元扶贫过桥贷款主办权。为使项目尽快落地，全行挂图作战，倒排工期，夙夜在公，将全行效率拉到满格。此举也深深地感动了政府和承贷企业，点赞道："关键时刻，还是农发行给力！"

近年来，农发行通城县支行咬定青山不放松，一张蓝图绘到底，将扶贫支农政策与国家战略、政府意愿、人民的迫切需求精准对接，坚持主动谋划，久久为功，一步一个脚印，一年一个台阶，不断取得扶贫业务新突破。截至2021年6月末，贷款余额为37.98亿元，其中，扶贫贷款为14.75亿元，占总贷款的38.84%，扶贫贷款居全县金融机构首位。先后获得"全国金融系统文化建设先进单位""中国农业发展银行文明单位""湖北省政府省级文明单位""湖北省脱贫攻坚先进集体""湖北省先进基层党组织""湖北省青年文明号""湖北省五一巾帼标兵岗"等荣誉。

扶贫路上的农发行人

——记“湖北省打赢脱贫攻坚战先进个人”王和新

“把扶贫当事业，当使命，让自己的人生因为脱贫攻坚这一伟大事业而不平凡。”这是王和新从事扶贫工作后的感悟。五年攻坚路，一生“三农”情，他始终秉承“一干到底”的精神，不断践行农发行人的初心使命。

战“疫”战“贫”

2020年初，一场前所未有的疫情在武汉暴发，新冠肺炎疫情来势汹汹，整个湖

■ 王和新（左一）到英山县调研产业扶贫

王和新，中共党员，现任农发行湖北省分行乡村振兴处处长，先后获湖北省“易地扶贫搬迁工作先进个人”“脱贫攻坚先进个人”，带领所在处室先后获“2018—2019年总行脱贫攻坚先进集体”“2020年湖北省分行先进集体”等称号。

北省被按下了暂停键。王和新坐不住了，第一时间向分管领导和总行扶贫综合事业部请战。既要战“疫”，又要战“贫”，困难程度可想而知，但是他的心中只有一个信念：不能让贫困户因为疫情返贫。农发行湖北省分行扶贫条线迅速搭建防疫应急办贷平台，为提高工作效率，把前中后台和二级行客户主管都直接拉到微信工作群里。仅用两天时间便完成第一笔扶贫应急贷款的审批，向贫困县来凤县发放4000万元，用于购买防疫应急物资和医疗设备。2月6日，完成系统第一笔重点防疫企业扶贫应急贷款的投放，向湖北奥美医疗公司发放5000万元采购原材料，该公司医用外科口罩产量从日产13万只扩大到50万只。疫情期间，农发行湖北省分行投放扶贫应急贷款6亿余元，惠及贫困人口97万人。

五峰县是深度贫困县，及时收购茶农生产的茶叶是当地的主要扶贫项目。疫情期间，很多加工企业因货款未回笼，缺少收购资金。茶叶误一时，茶农误一年，茶叶不及时收，很快就会变老，茶农将损失惨重。王和新迅速提出融资方案，由全县茶叶龙头企业五峰茶叶公司承贷3000万元，委托30多家加工企业收购和生产，很快就解决了“卖茶难”的问题。“在这个时候，我们和银行都是有风险的，万一茶叶卖不出去怎么办？这个时候就可以看出一个银行是不是有担当，是不是把老百姓的利益放在前面。农发行在关键时刻挺身而出，让我们非常感动。”五峰茶叶公司负责人向王和新表达感激之情。

创新突破

2018年7月，王和新任扶贫业务处负责人时，全行存量扶贫贷款除少量PPP项目外，大部分是采取政府购买模式，他意识到必须探索一条创新发展的新路子。阳新县仙岛湖贫困村提升工程项目是王和新经办的第一笔公司自营扶贫贷款，项目投资主要是修路，并没有收益。他多次实地考察调研，发现项目周边有一个景点，政府规划还有一个乡博园，立刻和当地行一起重新调整融资方案，提出采取“贫困村提升+产业扶贫”的方式，用旅游扶贫带动贫困村提升，贫困村提升产生更多的乡村旅游资源。在农发行2.2亿元贷款的拉动下，该项目产生良好的经济效益和社会效益，仙岛湖风景区如今成为网红景点，接待游客人数屡创历史新高，而且周围贫困村发展成美丽的田园综合体，成了当地乡村振兴的示范项目。当地农民告别了面朝黄土背朝天的生产方式，他们把土地流转出去，端上了生态旅游的“金饭碗”，800多名贫困人口实现稳定脱贫。该项目先后多次被总行和人民银行作为金融扶贫优秀案例，这也让王和新打开了扶贫贷款的思路。他认识到，扶贫不仅仅是改善他们的生活条件，还要通过信贷资金的带动，帮助贫困户找到创业就业的新路子。开发式的扶贫，才是精准扶贫的关键，也是政府大力支持的扶贫之路。

咸丰县位于武陵山集中连片贫困地区深处，是省委616工程少数民族地区重点帮扶县，全县有14.8万建档立卡贫困人口，差不多占总人口的一半，是远近闻名的穷山窝。2018年末，农发行总行领导到该县调研后，提出要落实“四融一体”，对该县进行综合扶贫。按照农发行总行领导和省分行党委的要求，王和新带领扶贫条线迅速成立专班，推出“五个一”农发行支持贫困县整体脱贫服务方案，即制定一份融资规划，聚力一个优势板块，打造一个特色产业，开展一次招商活动，做好一份融情服务。在城市规划上，主动参与咸丰高铁新城的规划，就18个项目提出融资支持方案；在平台公司改造上，协助县国投公司进行注资和市场化改造，将有效经营性资产注入；在项目融资上，先后投放贷款20亿元，用于支持高铁站综合交通枢纽、第三水厂、易地扶贫搬迁安置区配套工程、扶贫产业园、农村公路等一批重点工程和茶叶等地方特色产业；在招商引资上，先后组织11家农发行客户到该县考察，促成三个投资项目落地。2019年，在农发行的倾力支持下，咸丰县终于摘掉贫困的帽子。

三年多来，王和新探索出“公益项目资产租赁模式”“龙头企业+加工企业+贫困户产业联合体扶贫模式”“全域旅游1+N模式”等，九个扶贫项目被总行推广，实现FEPC模式、碳汇交易模式、三产融合扶贫贷款、产业扶贫应急贷款四个系统第一笔投放。持续的创新，让湖北省扶贫信贷工作更加贴近基层实际，与地方政府的合作也更加紧密。王和新担任扶贫处长三年来，每年保持200亿元以上的扶贫贷款投放规模，三年共计发放756亿元，贷款余额、净增和投放额多年保持全省金融机构首位。

扶贫扶志

恩施自治州建始县小坪村是省分行机关的定点帮扶村。为种好这块“责任田”，王和新每年都要去小坪村很多次，去看看小坪村的变化，看看乡亲们在脱贫致富上有什么需求。村里有一户贫困户因为治病，女儿上大学的学费始终没有着落，王和新立即组织机关干部捐款，解决上学难题。得知村里办了个小型扶贫产业园，他利用优惠政策审批了100万元，解决企业流动资金问题。组织驻村干部和机关干部开展共建，帮助贫困户建农家乐、种水果和药材。功夫不负有心人，2019年该村顺利出列，166名贫困户全部脱贫。

2020年新冠肺炎疫情期间，王和新组织了全系统首次“农情有我，涓爱湖北”网络直播带货活动，发动全行员工网购扶贫。一个小时吸引了1.9万人浏览，成交34万元。在农发行湖北省分行机关大楼设扶贫展销柜台，介绍扶贫产品。发动黄商、好又多、富迪等商超客户，设立消费扶贫专柜。湖北鑫榄园油橄榄科技公司是一家加工橄榄油的企业，长期雇用大量贫困户。得知疫情发生后该公司有120吨的存货积压滞销，王和新马上联系总行农发行易购，将企业的产品上架，并动员辖内各行采购，累计帮助销售近100万元。同时，农发行十堰市分行为企业发放贷款240万元解燃眉之急，仅贷款利息每年可为企业节省10余万元。“本来只想从银行贷款解决种植基地春耕务工人员的工资问题，没想到银行不仅给我们发放贷款，还发动全系统员工帮我们解决产品积压问题。”面对农发行“意想不到”的帮扶，公司董事长朱瑾艳感动不已。

大悟县是革命老区，也是国家级贫困县，不少农民外出打工。全县有7400多名留守儿童。2018—2019年，王和新坚持在大悟县开展“关爱留守儿童”公益活动，为全县捐建1个县级家庭教育指导中心、10个乡村家庭教育服务试点站和1个多彩书屋；编制关爱留守儿童家庭教育指导手册和留守儿童教育视频课程；开展关爱留守儿童身心健康的德育团辅活动90场，组织职工到大悟和留守儿童开展联欢活动；举办以“传家训　立家规　扬家风”为主题的“农发行杯”最美家风故事征文比赛，收到各类征文2万余篇。此次公益扶贫，为留守儿童解决了放学后作业辅导难题，让农家伢子也有像城市娃一样的课外活动空间，该活动荣获湖北省金融系统“公益扶贫创意奖”。

个人感言：五年攻坚路，一生“三农”情，只要心中有太阳，脱贫的路上就会有光芒。

湖南省

勠力同心打硬仗　善作善成显担当

——记“全国‘万企帮万村’精准扶贫行动组织工作先进集体”农发行湘西土家族苗族自治州分行

湘西土家族苗族自治州（以下简称湘西州）是湖南省深度贫困县聚集地和脱贫攻坚主战场。2013年11月，习近平总书记赴湘西十八洞村视察，首次提出“精准扶贫”重要思想。农发行湘西土家族苗族自治州分行（以下简称农发行湘西州分行）立足本地特色产业，以“万企帮万村”精准扶贫行动为抓手，加大信贷模式创新和贷款投放

■ 农发行湘西州分行支持的凤凰县菖蒲塘村的水果生产基地以及农产品展示中心

农发行湘西土家族苗族自治州分行立足本地特色产业，以“万企帮万村”精准扶贫行动为抓手，加大信贷模式创新和贷款投放力度。自2014年至2021年5月，累计投放各类资金总额近188亿元。两度获评省政府融资创新考评一等奖，先后荣获湖南省、湘西州先进单位等多项荣誉称号。

力度。自2014年至2021年5月，累计投放各类资金近188亿元。截至2021年5月末，全行贷款余额为113.02亿元，较2014年增加92.89亿元，增长461.45%。共计支持“万企帮万村”企业18家，累计贷款13.6亿元。两度获评省政府融资创新考评一等奖，先后荣获湖南省普惠金融工作先进单位、湖南省金融扶贫专项竞赛先进单位、湘西州人民政府金融支持地方发展奖，连续两年被评为湘西州人民银行金融机构综合评价A类单位。

坚守“立行之本” 发展特色产业稳民生

产业扶贫是激活脱贫致富的重要内生动能。产业发展，因地制宜、打造特色至关重要。针对深度贫困县经营主体“原”字号多、深加工少，产业普遍散、小、弱现状，农发行湘西州分行在总行、省分行的大力支持下，以支持龙头企业发展为切入点，帮助发展一批带动能力强、增收收益好的特色产业。

积极支持产业化龙头企业在贫困地区建立原材料基地，保底收购农产品，拉动贫困人口增收脱贫。如通过“公司+科研院所+基地+农户”模式，截至2021年5月末，累计支持湖南边城生物科技有限公司在吉首市河溪镇、排绸乡等地建立椪柑优质生产基地200公顷，精准对接贫困户150多户，每年带动1000多农户脱贫，带动基地农户年增收总额200余万元。辐射带动周边1万余户农民从事椪柑种植及相关产业，帮扶农户户均增加纯收入2500余元。累计发放各项贷款8600万元，支持边城公司建成年产万吨的椪柑果醋饮料生产线，收购处理椪柑鲜果达2万多吨，带动3200多户椪柑果农增收，有效缓解湘西椪柑积压问题。如2005年11月至2020年6月，累计投放近1.6亿元支持湘西州水田河酒厂原材料采购、生产和经营等流动资金需求，酒厂在水田河镇、葫芦镇等4乡镇设有收购点，收购网点达12个，提供就业岗位250个，带动湘西州吕洞山区贫困农民每年实现稳步增收1100万元左右。

积极支持龙头企业延伸产业链、提升价值链，推动一二三产业融合发展。截至2021年5月末，累计投资1900万元支持古丈县牛角山现代产业融合发展示范园项目，撬动项目投资1.35亿元，采用“茶叶种植+产业加工”“茶叶种植+民俗文化旅游”等多种模式，着力延长茶叶产业链、提升价值链，提供“苗寨体验苗文化——上山腰喂养黑跑猪、芭茅鸡——上山顶采茶、拍摄茶园、林海、云雾等美景——下山入厂参观体验炒茶、品茶——农家茶屋品茶、购茶——晚宿农家、品农家饭”等休闲农业一站式体验，实现种养加、产供销、贸工农一体化经营。带动牛角山村建档立卡贫困户100余户376人，并于2016年实现整村脱贫，先后获得“全省扶贫攻坚示范村”“全国一村一品示范村”等荣誉称号。

积极支持龙头企业履行社会责任，为贫困对象搭建农产品购销渠道、公益捐赠、技能培训等产业扶贫桥梁。采取“无还本续贷”“续力贷”等方式，截至2021年5月末，累计为湘西长军农资有限公司发放流动资金贷款2.74亿元，湘西长军农资公司年农资购销量占全州总量的70%，便民服务点遍布全州贫困乡、镇、村，直接服务农业生产。帮助各企业直接与87名建档立卡贫困人员签订劳动合同，支持粮食企业与22户贫困户结对帮扶。2021年以来，受新冠肺炎疫情影响，公司物流运输不畅备货进度受阻，为确保不误农时、保障春耕备耕，农发行湘西州分行投放应急贷款4000万元支持调运、储备化肥2万余吨，配送到村到户，做到保供应、稳价格，切实便民利民。

创新信贷模式　发展特色模式惠民生

为在“后脱贫时代”进一步巩固扶贫成果，有效助推衔接乡村振兴，农发行湘西州分行积极探索多种信贷扶贫金融模式，切实缓解融资难问题，为企业发展增强内生动力和活力。

创新开展“园区+”模式，打通脱贫攻坚“最后一公里”。开展“园区+企业+建档立卡贫困人口”“园区+产业扶贫”等信贷支持模式，通过支持双创园区以税收优惠、奖补政策吸引企业入驻，企业吸纳建档立卡贫困人员就业，以园带企、以企助农。截至2021年5月末，累计投放2.15亿元支持泸溪产业园标准化厂房建设，新增产值10亿元，增加税收0.6亿元，新增劳动就业岗位2000个，就近服务周边两个共9000余人的易地扶贫搬迁安置点，可解决300余贫困人员就业问题，成为湖南省贫困县易地搬迁“搬得出、稳得住、能致富”的典型，获评湖南省政府2018年度“融资创新考评”一等奖。

创新开展“土地+”模式，助力乡村振兴战略落地生根。在省分行指导下，农发行湘西州分行紧盯土地两项交易指标，按照“取之于土地，用之于农村”的要求，积极探索创新“土地指标收益+脱贫攻坚项目”的“1+N”扶贫模式，有效解决地方政府开展脱贫攻坚缺钱、政策性金融支持缺抓手的问题。2018年8月至2020年4月，累计发放贷款5亿元支持凤凰县“土地指标+高标准农田+脱贫攻坚项目”，整治土地1466.67公顷，高标准农田建设666.67公顷，支持脱贫攻坚农村基础设施建设及产业扶贫项目6个，新增两项土地指标800公顷，预计产生两项指标收益19亿元。该项目获评2019年度湖南省政府融资创新考评一等奖。

创新开展“旅游+”模式，畅通城乡经济“微循环”。农发行湘西州分行抓住湘西全域旅游机遇，开展“中心县市+特色小镇+美丽乡村”“旅游+贫困村”等模式，重点支持花垣十八洞村、龙山里耶、永顺不二门森林公园等旅游扶贫项目，引导产业聚集、资源下乡，推动城乡产业链双向延伸对接。2020年5月，贷款8000万元支持花垣县十八洞村乡村旅游基础设施建设，由合作社建设经营，该合作社由超过80%的十八洞村村民合股，可直接带动195户793人稳定脱贫。2019年3月至2021年1月，贷款1.6亿元支持龙山里耶生态景区基础设施建设，仅一期工程就可解决80余贫困人口就业，对里耶古城片区周边农民开展“农家乐”旅游服务、出售农产品、优化产业结构等实现有效推动。截至2021年5月末，累计贷款3.2亿元支持湘西不二门森林公园温泉改扩建旅游扶贫工程，结合开发经营性资产、闲置土地房产租赁、入股分红等多种方式，带动永顺县19个乡镇、46个建档立卡贫困村内的5759贫困户脱贫。

促进“融商”落地　建立特色平台暖民心

“酒香也怕巷子深”，有了好产品，也需要好销售。为了让土特产焕发新光彩，让小产品成为大产业，农发行湘西州分行又当起“红娘”。

自开展“万企帮万村”精准扶贫行动以来，农发行湘西州分行党委高度重视、精心部署，成立以行长为组长、分管客户工作副行长为副组长、相关部室主要负责人为成员的“万企帮万村”精准扶贫行动领导小组，明确创投部为牵头部门，负责行内、行外协调联动工作。主动同州工商联、州扶贫办、州光彩会沟通联系，积极宣传农发行服务脱贫攻坚的职能定位和扶贫信贷政策，认真落实全国工商联、国务院扶贫办、中国光彩会和总行签订的四方战略合作协议工作要求。

一手抓产业升级，一手抓开发引进。充分发挥融资融智融力中介作用，先后为浏阳河农业产业集团、康普药业股份有限公司、红星实业集团牵线搭桥，有效服务地方政府和企业需求。通过发挥公司资金、管理和市场等领域优势，化解武陵山片区贫困农户缺资金、缺管理、缺技术、缺销路的瓶颈。如浏阳河农业产业集团通过杂粮扶贫，以“公司+基地+农户”等多种模式，将绿豆变成“金豆”，截至2021年5月末，累计带动16个贫困县29个自然村的2万多农户脱贫致富。如康普药业公司在湘西深度贫困村建立中药材种植基地，覆盖当地建档立卡贫困农户65户238人，帮扶贫困户年总收入达300万元，每户贫困农户年均增收5万元。通过红星大市场在农产品流通领域的便利条件和优势，建设以直销、直供、直配“三直”为主要模式的武陵山地区大型现代化农产品物流中心，加快湘西地区建立特色优势农产品，并迅速进入流通市场销售，有效解决龙头企业、贫困村及贫困户生产的农副产品的“卖难”问题。

岁月倥偬，山水为证。“全面建成小康社会，一个也不能落下，一个也不能少。”未来，农发行湘西州分行将继续秉承家国情怀，牢记立行使命，积极融资支持扶贫产业发展，积极融智探索扶贫路径，积极融力投身“万企帮万村”的火热实践，三力齐发，以更强决心、更大力度为服务乡村振兴贡献力量。

巾帼扶贫绽芳华

——记“湖南省脱贫攻坚先进个人”文蓉

“纵使困难再多，也要勇敢克服；纵使任务再重，也要坚决完成。”2018年底，文蓉履新扶贫业务处处长，许下了助力打赢脱贫攻坚战的宏伟誓言。

她坚定党性，心系贫困地区群众，倾注时间和精力奔跑在扶贫一线；她矢志不渝，勇挑脱贫攻坚重担，积极探索政策性金融扶贫新路径。她带领扶贫条线充分展现了金融扶贫的农发行风采：全国农发行系统首笔新兴产业扶贫中长期固定资产贷款获

■文蓉（左一）调研扶贫项目

文蓉，中共党员，曾任农发行湖南省分行扶贫业务处处长。2019—2020年，在决战决胜脱贫攻坚战的关键阶段，她立下扶贫军令状，当好攻坚带头人，先后荣获湖南省分行2019年度脱贫攻坚奖先进个人、2020年度湖南金融五一劳动奖章、湖南省脱贫攻坚先进个人等荣誉，并带领扶贫业务处荣获湖南省分行2019年度机关先进处室、总行2020年度脱贫攻坚奖先进集体。

得审批、全国农发行系统首笔新兴产业扶贫流动资金贷款顺利投放、“总部经济+扶贫基地+贫困农户”产业扶贫信贷模式被总行推广、两年累计发放扶贫贷款589.26亿元，创历史新高，扶贫贷款余额948.72亿元居湖南省金融同业首位……

勇挑脱贫攻坚“千斤担”

湖南省是习近平总书记精准扶贫的首倡之地，有武陵山、罗霄山两个集中连片特困地区，辖51个扶贫重点县，是全国六大脱贫攻坚主战场之一，政策性金融扶贫时间紧、任务重。“一定要全力完成湖南政策性金融脱贫攻坚各项目标任务”，面对金融扶贫和业务转型发展等多重挑战，文蓉发挥党员先锋模范作用，以“咬定青山不放松”的韧劲迎难而上。

事起于细行，功成于微末。文蓉主动加强与省扶贫办、发改委、教委、卫计委等省直部门沟通汇报，深入了解省委、省政府脱贫攻坚战略布局，牵头制订了农发行湖南省分行支持打赢脱贫攻坚战三年行动方案、脱贫摘帽县对口联系工作方案、支持深度贫困地区金融扶贫工作方案、支持全省人居环境整治融资服务方案等，高效推动省委、省政府和总行扶贫政策落实落地，为政银合作助力精准扶贫，创造了良好的政策环境。

文蓉积极组织扶贫条线业务骨干定期开展扶贫政策与业务研讨，为扶贫项目营销推进提供24小时在线指导，聚合政策性金融资源精准投向贫困地区特别是深度贫困地区，持续推动农发行湖南省分行前中后台和上下级行协调联动的全行全面全力扶贫工作格局。按照省分行制定的“政府主导、服务战略、紧盯政策、依法合规、风险可控”二十字发展原则，她积极协调各项目推进，全省深度贫困地区扶贫项目从调查、审批到投放仅用两周，创造了湖南扶贫贷款投放新速度。

“百日攻坚”期间，她五天走六县，深入易地扶贫搬迁安置点、扶贫点，现场督导易地扶贫搬迁后续产业扶持、民营小微企业、乡村振兴等扶贫重点工作，通过与地方政府、企业座谈、实地考察等方式，对接营销扶贫贷款项目13个、金额为29.63亿元。2020年第一季度“开门红”活动中，她加班加点，坚守在业务发展前沿阵地，实现湖南省分行产业扶贫贷款投放位居全国农发行系统第一的目标，超额完成总行扶贫条线下达的产业扶贫贷款营销、审批和投放任务。

抓牢扶贫产业“牛鼻子”

文蓉深信产业扶贫是打赢脱贫攻坚战的利器，是有效解决贫困人口脱贫致富“最后一公里”问题的关键举措。她紧扣产业扶贫核心和难点，积极开展高端营销，建立了一批以央企、国企和混合所有制企业为主的扶贫业务客户群，引导企业在贫困地区发展生产基地、建立扶贫车间、收购农产品、吸纳贫困人口务工。

在文蓉的不懈努力下，牵头推动农发行湖南省分行与中车环境、湖南有线、省茶业公司等一批优质客户建立战略合作关系，并量身定做整体支持的“一揽子”融资服务方案，得到客户高度认可。例如，向湖南潇湘茶业有限公司发放产业扶贫流动资金贷款3000万元，被总行推广；向湖南省有线电视网络集团投放8亿元新兴产业扶贫贷款，用于湖南省40个国家级贫困县农村网络信息化建设。

为啃下深度贫困地区产业发展的“硬骨头”，文蓉先后20多次深入湘西州、怀化市、张家界市等脱贫攻坚主战场，实地考察当地扶贫产业项目，现场宣传农发行扶贫信贷政策、产品和模式，与当地党政领导班子座谈商定“一县一策”“一县一品”融资服务方案，走出了一条“湘味”十足的政策性金融扶持产业发展的长效之路。

2019年以来，农发行湖南省分行累计发放产业扶贫贷款361.6亿元，占各项扶贫贷款投放额的61.46%，2020年产业扶贫贷款发放额居全国农发行系统第一。

当好创新驱动“带头人”

政策性金融扶贫没有固定可循的模式，也没有照搬照抄的经验。面对脱贫攻坚的新形势和新要求，文蓉同志坚持与时俱进，顺时顺势而为，大力推动政策性金融扶贫创新实践。她推动建立扶贫金融事业部湖南分部“1+N+M”组织架构和“一组两会”运行机制，主张围绕项目招客户、跳出贫困地区找客户，全力破解扶贫项目多、优质客户少的难题。

长沙经济基础好、优质客户多，文蓉审时度势，构建行之有效的农发行扶持总部经济助推贫困地区的“总部经济+扶贫基地+贫困农户”模式，引导发达地区龙头企业或优质客户产业链向贫困地区辐射和延伸，有效破解了贫困地区发展产业市场出路不多、承载能力不足等问题。

文蓉总结出“集团母公司主导+核心子公司承贷+贫困县分公司运营”模式，开创了农发行整体支持全域实施的扶贫项目新路径，并迅速推动项目落地，实现全国系统新兴产业扶贫固定资产贷款首笔审批和新兴产业扶贫流动资金贷款首笔投放。

结合贫困地区实际，文蓉创造性地提出“增减挂工程+贫困村提升”的融资模式，破解了深度贫困县贫困村提升工程建设缺资金而农发行缺抓手的难题，实现全省首笔贫困村提升4.4亿元贷款审批。

在风控管理上，文蓉提出要紧盯项目现金流，根据企业、项目实际运营情况，围绕项目第一还款来源，制订“一企一策”的现金流管理方案，通过强化贷后现金流管理，有效提高扶贫业务风险防控水平。

个人感言：要以“人一之我十之，人十之我百之”的辛勤付出和“功成不必在我，功成必定有我”的奉献精神，为农发行服务脱贫攻坚贡献力量。

广东省

三个“+”助力金融扶贫成效佳

——记“2016—2018年全国‘万企帮万村’精准扶贫行动组织工作先进集体”农发行广东省分行营业部政策性业务部

站在全面建成小康社会和实施乡村振兴战略的重要历史交汇点上，回望脱贫攻坚的光辉征程，农发行广东省分行营业部政策性业务部留下了坚实的足迹。

自参与“万企帮万村”精准扶贫行动以来，政策性业务部践行“支农为国、立行为民”的铮铮誓言，发挥“当先导、补短板、逆周期”政策性职能作用，为脱贫致富不断“输血”“造血”，积极贡献政策性金融力量。

■ 农发行广东省分行营业部政策性业务部荣获“全国‘万企帮万村’精准扶贫行动组织工作先进集体”

农发行广东省分行营业部政策性业务部为脱贫攻坚不断“输血”“造血”，积极贡献政策性金融力量。截至2020年末，累计发放扶贫贷款82556万元，荣获“2016—2018年全国‘万企帮万村’精准扶贫行动组织工作先进集体”。

11家与农发行广东省分行营业部建立信贷关系的民营企业响应农发行精准扶贫行动号召，截至2020年末，累计发放扶贫贷款82556万元，其中五家“万企帮万村”行动项目库的企业，贷款余额为54185万元，捐款捐物170万元，帮扶带动贫困人口1893人增收脱贫。

“政策+”保障脱贫攻坚金融资源配置

走进农发行广东省分行营业部政策性业务部的办公室，映入眼帘的是堆积如山的扶贫资料，电脑屏幕被设置成了工作备忘录，上面细细列举了扶贫工作事项，桌面上工作日记扉页写着“啃下这块硬骨头！”政策性业务部早已把扶贫工作融入血液里。而这些，仅仅是广东省分行营业部在扶贫路上筚路蓝缕、披荆斩棘的“冰山一角”。

高层重视，全面配合齐参与。该部主动与当地人民银行、扶贫办等相关部门对接沟通，了解广州市扶贫现状和金融精准扶贫需求，将产业发展与脱贫攻坚、乡村振兴结合起来，利用政策性资金优势，加大对帮扶企业的金融支持力度，引导和鼓励企业在产业精准扶贫、公益扶贫和技能培训领域贡献力量。

主动出击，掀起民营企业扶贫潮。在业务营销和推进过程中，政策性业务部大力宣传农发行扶贫政策，将贫困村和贫困户“缺什么”“要什么”与帮扶企业“能帮什么”“需要什么”进行对接，找准精准帮扶的切入点。与政府有关部门积极沟通，调阅西部贫困地区建档立卡贫困人口情况，并与建立信贷关系的企业进行沟通对接，逐个企业摸查扶贫意向。

担当作为，高质高效投贷款。利用现有各类信贷产品，打好产品“组合拳”，了解企业需求和扶贫契合点，为企业量身定做金融服务方案。充分运用各项信贷扶贫政策，对示范企业，在利率定价上对标同业给予优惠支持。同时，切实保障“万企帮万村”行动贷款信贷规模和资金供给，优先安排深度贫困区域的信贷规模和资金需求，并对支持“万企帮万村”行动的信贷业务开辟办贷绿色通道。

严格审查，确保扶真贫、真扶贫。对于从企业排查的贫困人员名单，严把审查关，重点做好三个方面：一是与人民银行沟通，通过“金融精准扶贫信息系统”对相关需要帮扶的人员进行核实，初步确定国定建档立卡贫困人口名单。二是联系贫困人员户籍所在地扶贫办，通过当地扶贫办最终确认贫困人员名单，并同步报送农发行总行审核，实行双线确认。三是审查贫困人员就业协议、工资收入情况等相关资料。

“产业+”倾情打造特色品牌优势

政策性业务部多次组织信贷人员到企业、项目和贫困村调研，寻求农发行与企业履行社会责任的契合点和切入点，确立项目带动、产业拉动、资金扶动的新模式。

巧妇难为无米之炊，资金匮乏成了掣肘企业帮扶的“篱笆”。经过调研，广东海大集团旗下广州市益豚猪业投资有限公司确定了“产业扶贫+生猪养殖”模式，但项目面临资金紧缺的局面。政策性业务部把责任扛在肩上，迅速为该集团量身定做融资方案，多次到项目现场、到“公司+农户”的养猪户走访调研收集第一手资料和信息，收集的办贷及资金支付资料装满了整整9个A4纸纸箱。政策性业务部切身感受到了贫困户脱贫的迫切，整个团队“5+2”“白+黑”连续作战，与时间赛跑。终于，该集团获批产业扶贫固定资产贷款5.57亿元，从获批到首笔发放，仅用一周时间，见证了产业扶贫贷款发放的“加速度”。

资金落地，贫困村犹如“久旱逢甘霖”。这笔贷款用于支持广州市益豚猪业投资有限公司养猪项目涉及广西壮族自治区的宾阳市、贵港市、平南市、平果市，贵州省的都匀市，湖北省宜城市以及广东省内相对贫困村较多的英德市、恩平市等，惠及2500多个贫困家庭。贷款投放后，加快了养猪场项目建设进度。项目建成后，从猪场选址、设计、疫病防控等方面进行科学布局，通过引进种猪、配种怀孕、仔猪保育等养殖工艺流程，设计存栏基础母猪3.16万头，年出栏断奶仔猪76万头，年出栏6.7万头种猪。

金融扶贫的“贷”动，把金融活水浇到穷根上，让贫困户有实实在在的获得感。张小红、杨大明（均为化名）是贵州省桐梓县建档立卡贫困人口，原来家庭年收入仅有几千元，家庭经济十分困难，现在在都匀市益豚生态有限公司（该项目养猪场之一）从事饲养员工作，该项目预计为他们各自增加年收入4万元。像小红和大明这样的建档立卡贫困人口，还有8人在养猪场从事饲养员、仓管员、后勤等工作。

通过“公司+农户”“公司+合作社+农户”模式，免费为下游合作农户提供健康仔猪和技术服务等，解决农户缺技术、缺资金的养殖困境，对贫困地区增收带动效果明显而且具有持续性。以广西平果县益豚生态农业有限公司的“公司+合作社+农户”为例，该项目已吸纳270户农户入股300多万元资金，贫困户能通过少量资金投入每年即可享受稳定收益。

“帮扶+”搭建立体式金融扶贫大格局

“一把钥匙开一把锁”，政策性业务部结合企业特点，细分了多项帮扶途径供企业选择，创造了以思想发动“扶志”、公益捐助“扶弱”、技能培训“扶智”、吸纳就业“扶户”、产业项目“扶村”、规模生产“扶乡”等内容丰富、形式多样、行之有效的帮扶模式。引导企业有钱出钱，有力出力，有智出智，全方位开展帮扶，将脱贫攻坚迈向纵深。其中，广东海大集团股份有限公司积极响应“万企帮万村”精准扶贫行动，投入广东帮扶贵州的扶贫战略，向贵州省毕节市织金县寨脚村委会公益帮扶100万元。该村贫困总户数194户，受帮扶户数155户，帮扶人数554人，为东西部协作打赢脱贫攻坚战作出了实实在在的贡献。广东穗方源实业有限公司公益扶贫捐款捐物捐款10万元，帮扶建档立卡贫困人数100人。广州市荔泉食品有限公司响应精准扶贫行动，到广西桂平市产业扶贫220万元，实地收购大米和稻谷3450吨，帮扶建档立卡贫困人口数566人。

与此同时，该部多措并举，持续巩固脱贫成效。2020年4月，组织六家企业定向对吉林省大安市贫困户和贫困学生给付三年帮扶金，为贫困家庭解决生活困境，为贫困学生解决学习的经济问题。2020年5月26日，牵线搭桥广州正邦养殖生物科技有限公司对帮扶对象广西隆林县水洞村投入公益帮扶15万元，帮扶建档立卡贫困人口数30人，资金将用于发展生产、改善生活、子女就学及医疗就医等家庭生活方面。

当政策性金融触碰到贫困之地，焕发出无可比拟的勃勃生机。农发行广东省分行营业部政策性业务部在脱贫攻坚的答卷上，留下了坚实的金融扶贫印记。下一步他们将砥砺前行，让历史照亮未来，在希望的田野上书写农业政策性金融的“黄金时代”。

山村不再“背” 小康奔出来

——记“2016—2018年广东省脱贫攻坚突出贡献驻村干部”张云建

五月的信宜山背村，蓝天白云映衬下青山如黛、碧水如练。

这里高山连绵不断，奔腾的锦江绕村而过，虽与县城直线距离不过数里之遥，但沿着坑洼崎岖的乡村土路出城，至少2个小时车程。“山背”因此也有“大山的角落”之义。

如今，路通、桥畅，山还是那山、水还是那水，但山背村已经不再是穷乡僻壤了。南粤古驿道通到了家门口，住破房子的搬进了新家，人人安居又乐业……好事一

■张云建（左二）与村民们沟通交流

张云建，农发行广东省分行派驻信宜市山背村扶贫工作队长兼第一书记，五年坚守在攻坚扶贫最前线。五年来，山背村荣获“广东省卫生村”等荣誉；张云建获评“2016—2018年广东省脱贫攻坚突出贡献驻村干部”。

箩筐，说都说不完。鲜明的图景、剧烈的反差，农发行广东省分行驻村干部张云建的到来，带来了巨大改变。

天堑变通途，脱贫路更广

从山背村往西北方向望去，信宜城区林立的高楼清晰可见。很难想象，如今"触手可及"的信宜城区，曾经是村民们需要2个小时才能到达的目的地。

"山背村山多田少，发展大规模种植养殖业比较困难，鼓励贫困户外出务工、自主创业是脱贫致富的关键之一。但要使贫困户能走出去，交通'短板'必须补齐。"2016年刚到山背村负责扶贫工作时，张云建就注意到了偏居一隅、道路不通是制约这里发展的重要因素之一。

在这个小山村里，有农户607户，人口3175人，而贫困户就有87户245人，有劳动力的贫困户人均年收入不足4000元。

随着包茂高速开通，一条距离山背村仅有500米并与包茂高速信宜段出口接驳的玉都快速干线正在紧锣密鼓建设中。为了搭上这个"便车"，农发行利用支持玉都快速干线建设的契机，协调推动政府为村修路，将山背村的村道与贯通信宜市南北的双向六车道连接了起来，融入信宜城区交通网络。

如今，山背村与信宜市区的距离从19千米的乡道变成了4千米的双向六车道，时间由两个小时缩短为10分钟，从根本上解决了山背村道路"短板"，农产品更好地销往城区了，村民外出务工更加便捷了，民宿农家乐生意兴旺，偏僻落后的山背村融入了信宜县城发展圈。

山背村融入信宜城市发展，也为其他贫困户外出务工提供了有利条件。"但由于没有专业技能，外出务工人员主要从事清洁、搬运等工作，每年收入只有4000元。"张云建为鼓励贫困户就业，带动农发行驻村工作队组织举办了种植、育婴员、电工、中厨等培训班，着力提升贫困户劳动技能。

路通财通，脱贫的路走得更容易了。受益于山背村融入信宜城区发展规划的契机，55岁的贫困户谭祖旺当起了"包工头"，带领11个村民做起了城里人的生意。目前，山背村有劳力贫困户47户188人，其中劳动力93人，外出务工88人，占比95%，平均每户至少一人外出或本地务工，2019年务工收入超过200万元。

产业来造血，精准拔穷根

驻村以来，张云建一心扑在扶贫上，扎根山背村，进村入户全面掌握当地生产资源、发展潜力、攻坚发力点，认真做好脱贫规划，为87户建档立卡贫困户量身定做了“一户一法”脱贫方案。

“扶贫就要帮到点上，扶到心上。”张云建知道，脱贫攻坚不是一朝一夕之功。他依托当地资源，左右协调，尽可能帮村民解决大小困难；他千方百计争取资金项目，用市场经济的思维，为贫困村民找到一条可以“自我造血”的脱贫路子。

2017年，张云建来到贫困户赖方秀家，建议她承包番石榴地搞种植。十多年前，其公婆、丈夫相继去世，儿子、儿媳离婚出走，留给赖方秀一身债务和6个月大的小孙女。但承包10亩（0.667公顷）番石榴地至少需要5万元启动资金，仅靠耕种维持生计的她无力承担。

张云建一直将找资金的事情记挂在心上。几番研究下来，他发现当地银行推出了无抵押小额贷款，信宜政府还对贷款进行贴息，便帮赖方秀申请到了4万元小额贷款，扶贫工作队还发现可利用信宜“以奖代补”政策为其争取更多资金。

“种一亩番石榴树能奖励1600元，我一共承包了10亩（0.667公顷），获得了1.6万元奖补资金。”赖方秀有了本钱，承包番石榴林的第一年就迎来了丰收，当年即实现收入5万元，不但在2017年脱贫，还盖起了三层楼的新房子，成为全村的脱贫榜样。

在山背村，像赖方秀的番石榴林一样通过“以奖代补”政策获得奖励的项目有270多个，总金额为70万元。它们中不少是为贫困户“一家一策”筛选出的番石榴、百香果、猪、鸭、鸡等种植养殖项目，这些奖励资金大大提高了贫困户通过种植养殖脱贫的积极性。

几年来，张云建还带领扶贫工作队充分发挥扶贫开发资金作用，通过长中短相结合，多措并举找项目，助力精准脱贫、稳定脱贫。

扶贫工作队运用95万元在山背村小学建造了102.66千瓦光伏发电站，将38户贫困户纳入光伏投资分红项目，带来了20年的稳定收益。此外，还参与信宜市政府组织项目，运用146.9万元投资信宜市昌盛工艺品有限公司，并保证按投入比例每年按年收益率8%进行分红，在六年期限中稳定贫困户收入来源。

截至2020年末，扶贫工作队筹措引入帮扶资金583.6万元，支持了光伏发电、市政府项目、用于出租的农副产品厂房建设等创收增收项目，并持续发挥效益，助力贫困户巩固稳定增收。

乡村成景区，幸福指数高

每当夜幕降临，寂静的乡村夜晚都会被欢乐热烈的音乐打破。数十位村民常常来到山背村村委旁边的小广场，随着欢快的律动跳起广场舞。

"大伙日子越过越好，幸福指数越来越高！"提起张云建来扶贫的这些年，村民们都竖起了大拇指。

过去，村中污水横流、牛粪遍地，随处可见破败不堪的泥砖房，山背村曾经还是一个远近闻名的"吵架村"。走在如今的山背村，交通环境日臻完善，牛粪遍地的村道和杂草丛生的荒地变成运动小广场，黑臭水沟变成了清澈流淌的小溪，落户山背村的丁堡森林公园成为网红打卡地，山背村也由"吵架村"变成"茂名市文明村"。

扶贫这些年，张云建和山背村村委会千方百计筹措了1.4亿元资金，其中既有新农村示范村建设省级财政资金，也有茂名、信宜、丁堡镇配套财政资金，还有招商引资、各类帮扶资金、征地拆迁款等，并借助打造南粤古驿道契机，在村中开展"三清三拆"和污水处理等项目，帮助山背村52户贫困村民建起了新房。

如今的山背村，人居环境、村容村貌发生了翻天覆地的变化，破败简陋的小山村摇身一变成为秀美的热门景区。每到节假日，都有大量市民涌入山背村参观游玩，村民足不出村便可在家门口卖起各色各样的农产品。嗅到商机，还有许多农户发展起了民宿和农家乐。

"脱贫摘帽不是终点，而是新生活、新奋斗的起点。我们将继续做好'承上'脱贫攻坚与'启下'乡村振兴协同共进。"张云建表示，围绕中央关于实施乡村振兴战略的总要求，农发行广东省分行派驻信宜市山背村扶贫工作队将认真落实《广东省分行推动挂钩帮扶山背村脱贫攻坚与乡村振兴衔接共进工作方案》长期工作，助力山背村打造成为乡村振兴示范村。

个人感言：没有翻不过的山、迈不过的坎。只要用心、用情投入，扶贫工作一定能干出实效。

积跬步以助脱贫

——记“2016—2018年广东省脱贫攻坚突出贡献个人”熊依添

熊依添来自农村，吃着农民种的粮、喝着农村流的水长大，这让他对农村有一种难以割舍的情感。

2016年5月，怀着对弱势群体的关爱、对困难群众的同情，熊依添主动向组织请战，前往广东省五华县棉洋镇竹坑村担任第一书记，投入脱贫攻坚战斗一线，至2019年结束扶贫工作。三年来，他青春不谢、激情不灭，胸怀初心使命，舍小家、顾大家，在脱贫攻坚战场上挥洒热血，致力于为帮扶村脱贫摘帽贡献力量。

■ 熊依添在竹坑村开展鸡蛋养殖项目

熊依添，中共党员，现任农发行兴宁市支行党支部书记、行长，曾获“2016—2018年广东省脱贫攻坚突出贡献个人”称号，被总行授予2006年度“青年岗位能手”称号。

把热血挥洒在农村的“战斗者”

竹坑村是省定相对贫困村，村里有贫困户103户337人，由广州交通投资集团和农发行梅州市分行共同帮扶。

初到竹坑村，为了找准扶贫方向，熊依添坚持多走、多看、多问，他经常到贫困户家中，与其谈心聊天，了解他们的实际情况；经常询问上级部门，学习相关扶贫政策，深入掌握大政方针。在摸清内情、吃准政策的基础上，他和扶贫工作队队长制订了竹坑村的扶贫规划和贫困户的帮扶计划。其中，对于无劳动能力贫困户，通过低保、五保政策兜底脱贫；对于有劳动能力贫困户，通过就业务工、发展产业等方式帮助他们实现脱贫。

但竹坑村有大量青年劳动力外出务工，留下大批农村留守老人和儿童，他们一无技术、二无劳力，单纯鼓励他们从事分散种养难以脱贫。

为了找到一条符合竹坑村实际的产业扶贫道路，变“输血”为“造血”，熊依添和工作队长与帮扶单位、村委多次沟通，反复研究。2017年初，决定在竹坑村开展蛋鸡、中鸡、走地鸡集中养殖项目，同时采取三村联合方式，建成养殖规模达10万只中鸡的养殖场，并帮助办理“动物防疫条件合格证”“污染物排放许可证”，保证养殖项目合规高效推进。

养得好，还要卖得出；谋产业，更要畅销路。为了打开产品销路，熊依添和扶贫工作队队长多次外出寻找合作方。经过实地调查，他了解到，惠州佳兴种养场是一个具有18年养殖青年鸡经验的企业，有技术、有订单。为了获得企业支持，他主动与上级部门、客商对接，积极争取企业到棉洋镇投资养殖青年鸡，与合作社签订合作协议。

截至2019年9月末，养殖场共计出栏青年鸡9.96万只、成品走地鸡1.05万只、销售鸡蛋122.16万枚。贫困户每人分红730元（按财政产业资金投入额的8%、扶贫结束后归还财政本金）。同时，采取“公司+合作社+贫困户”的模式，发放青年鸡给贫困户养殖，养足时间后回购，贫困户每年每户增收近4000元，目前项目的市场化工作正在稳步推进。

2018年，熊依添又陆续引入发展苗圃、葛根种植产业，并动员贫困户参与务工，拓宽贫困户增收渠道。

为建立长效脱贫机制，根据棉洋镇“醉美茶乡·和谐棉洋”的定位，熊依添经过调查，发现竹坑村具备适宜种植茶叶的土壤和气候条件。他决定，向山进军，带领乡亲们走一条因地制宜的致富路，利用火烧山留下的40公顷山地种植茶叶。可操作、高效益的种茶方案，在村民代表大会中得到了大家的支持。

由于竹坑村的山地都是生态林，熊依添多次到县林业局申请用地审批，前后奔波了2个月才得到批复。整个项目种植茶树17.2公顷，总投资283万元，为合法合规使用财政产业资金和集团帮扶资金，他与扶贫工作队队长多次拜访县扶贫、财政、发改委、农业、林业等部门，咨询项目开展的程序和方法。

最终，大家一致决定采用政府购买服务的方式。由棉洋镇人民政府作为采购主体，在广东省政府采购网公开招标，与中标单位签订"种植+抚育三年"的合同。三年后，茶园移交村委，安排部分贫困户到茶园务工，给现有贫困户、易返贫或新增的贫困户带来长期收益。如今，竹坑村茶树种植已经完成，正处于抚育阶段，长势良好。这些扶贫产业的实施，不仅让贫困户有了长期稳定的收入渠道，更推进了全村特色产业的发展。

将真情奉献给乡亲的"实干者"

产业帮扶是脱贫攻坚工作的重要抓手，但扶贫工作还涉及教育、住房、医疗等各个方面，如何因户制宜帮助贫困户制定一个切合实际、有效管用的规划十分重要。熊依添认为，只有实施一户多策，才能确保竹坑村的每一位贫困户都真正实现脱贫。

扶贫先扶志，扶贫必扶智。为落实好教育补助，熊依添及时为在县外省内读书的学生提供贫困户证明，逐个电话联系他们的学校，亲自到县教育局跟进补助落实情况。2016—2018年，竹坑村累计落实教育补助144人次，落实率达100%。

了解到个别家庭因病致贫，加之农村家庭对教育的重视不够，孩子随时面临辍学危险后，熊依添上门动员三名贫困户学生就读职业技术学校，帮助她们联系学校，鼓励她们学习一项技能。他还说服了一名厌学贫困学生重返校园，帮助两名贫困学生筹措学费3000元，使他们不因贫辍学。

在熊依添的心里，常常惦记着村里最困难的贫困户。竹坑村有三人患尿毒症，家庭经济压力非常大，他知道后主动联系镇民政所说明情况，并协助村委上报材料，将其纳入低保户，还帮助他们申请医疗救助，大大减轻了他们的经济负担。"能尽自己的绵薄之力，为贫困户做点小事，是我最大的心愿。"他心里是这么想的，也是这么做的。

熊依添不仅因户施策，把国家的好政策落实到位，他还发自内心地关心和照顾每一位贫困户，每次去看望村里患重病的贫困户时，常常自掏腰包为其送上温暖。对贫困户来说，熊依添不仅是他们致富的领路人，更是竹坑村的一分子，他让大家的心暖起来了，脱贫致富的信心更足了，好日子越过越红火了。

脱贫攻坚的成效还体现在乡村风貌改善上。在入户走访中，熊依添发现，不少贫困户仍居住于危房之中。为解决这一问题，他带领工作队多次深入村中了解情况，向贫困户宣传国家政策，动员他们建造新房，并向上级单位争取危房改造指标，大力落实有关政策。2016—2018年，竹坑村共有29户贫困户完成危房改造，极大地改善了贫困户的住房条件。

修建一条2千米的沿河路，是竹坑村村民最大的愿望。但由于村干部不熟悉立项程序，“出行难”问题迟迟没有解决。熊依添获悉后，主动承担这项工作，在烈日炎炎下多方奔走，经过半年的努力，用地终于得到审批，立项终于得到批复，并被纳入新农村建设库。这个“硬骨头”，他啃下来了！

让信念扎根在大地的“引路人”

“莫问收获，但问耕耘。”三年来，熊依添始终牢记初心使命，在脱贫攻坚战场上，用实际行动诠释着自己的座右铭，诠释着一名新时代党员干部的责任与担当。他感慨：“这次扶贫经历让我深刻领会到努力所带来的巨大改变，真正感受到了：驻村工作用不用心，群众是有感觉的；被动扶贫和主动帮扶，群众是心知肚明的；有没有将工作落到实处，群众是看在眼里的。”

2020年，竹坑村全部贫困户实现脱贫，村里的环境显著改善，村民的生活越来越甜，小山村呈现出“村美、业兴、家富、人和”的喜人景象。

个人感言：脱贫攻坚的胜利就是新征程的起点，我将时刻牢记使命，为农发行高质量发展作贡献，为人民群众办实事。

广西壮族自治区

勇当金融扶贫先锋
决战决胜脱贫攻坚

——记“2019—2020年广西壮族自治区脱贫攻坚先进集体”农发行扶贫金融事业部广西分部

农发行扶贫金融事业部广西分部通过“四个坚持”（坚持党建统领、坚持加大投入、坚持四融一体、坚持创新引领），全力全程支持广西贫困地区易地扶贫搬迁、教育扶贫、通屯公路、扶贫园区、特色产业、农村饮水安全、农村危房改造、疫情防控等脱贫攻坚方方面面，切实发挥了金融扶贫先锋主力模范作用。

■ 农发行扶贫金融事业部广西分部支持天等县易地扶贫搬迁龙岩B区安置点

农发行扶贫金融事业部广西分部坚持党建统领、加大投入、四融一体、创新引领，全力全程助力广西打赢脱贫攻坚战。2019—2020年，累计发放扶贫贷款427.24亿元。2021年4月，荣获“2019—2020年广西壮族自治区脱贫攻坚先进集体”。

2019—2020年，累计发放扶贫贷款427.24亿元，覆盖广西壮族自治区14个地市、94个县区、54个贫困县（含20个深度贫困县）。2020年末，农发行广西壮族自治区分行扶贫贷款余额达689.35亿元，在广西壮族自治区金融机构中排名首位。

坚持党建统领，全力推进党建与扶贫业务融合发展

坚持抓党建促扶贫，扎实做好党建和扶贫“五同步”：同谋划、同部署、同落实、同检查、同考核，开展党建和扶贫任务“双清单”管理；落实“四级行书记抓扶贫”，各级行“一把手”带头深入全区54个扶贫重点县开展调研指导，与地方党政领导共谋脱贫攻坚具体措施，做到党建扶贫全覆盖。

深化政银企联系。与8个未脱贫摘帽县党政部门建立党建共建机制，开展“党旗领航 聚力攻坚”活动，主动量身定制脱贫攻坚金融服务方案；主动与9个厅局单位、14个地市党委、22家自治区国有企业、10家金融同业开展结对共建，加快推进金融扶贫项目对接、合作与落地。

细化定点帮扶。与隆林等深度贫困县成立“脱贫攻坚联合党支部”，完善“四融一体”定点帮扶模式、推动扶贫规划实施，形成了政策性银行支持贫困县脱贫摘帽的“隆林样本”。

优化队伍建设。选派10余名业务骨干借调到自治区多个厅局工作，与贫困地区党政推行干部交流近30人，不断强化扶贫领导干部的政治责任担当，营造冲锋在前、干事创业的良好氛围，落实“尽锐出战”的要求，打造出一支懂扶贫、会帮扶、作风硬的政策性金融扶贫干部队伍。

坚持创新引领，全面提升金融服务脱贫攻坚水平

坚持把创新作为引领发展的动力，通过构建新发展格局，塑造发展新优势。

创新组织体系。设立扶贫金融事业部广西分部并积极发挥统筹协调作用，推动扶贫金融事业部广西分部“1+N+M”组织体系、全行、全程、全力精准扶贫格局得到继续巩固深化。在设有机构的各市县设立扶贫金融事业部，暂无机构的设立扶贫工作组，实现贫困地区政策性金融服务机构全覆盖。

创新工作机制。建立各级行领导分片包干扶贫的责任机制，形成覆盖各级行的脱贫攻坚考核体系，健全推动机制和奖励机制扶贫工作制度，全面贯彻落实习近平总书记关于扶贫工作重要指示和党中央决策部署，统筹安排服务脱贫攻坚工作。

创新信贷产品。全面对接国家“五个一批”专项行动，通过易地扶贫搬迁、教育

扶贫、健康扶贫、产业扶贫等10余个专项信贷产品为解决“两不愁三保障”提供全方位资金支持。

创新服务模式。通过“四级行联动”“四个优先”，因地制宜编制融资规划、设计融资方案，推动PPP、公司自营等信贷模式的完善推广，探索金融与财政协同扶贫的路子，建立了风险补偿和分担机制。凭祥市教育扶贫贷款项目入选中国人民银行总行评选的中国优秀扶贫案例，隆林县“六位一体”帮扶模式以及大化县易地扶贫搬迁后续扶持产业项目在全区范围内推广，贫困村提升工程、健康扶贫、旅游扶贫等多个扶贫贷款项目获得农发行系统内嘉奖和推广。

坚持加大投入，坚决攻克贫中之贫和坚中之坚

在信贷政策、资源保障、定向帮扶等方面采取超常举措、给予特惠支持。

着重支持贫困地区经济发展。2019年，深度贫困地区累计投放扶贫贷款24.41亿元，贷款余额为87.27亿元，高于全金融系统贷款平均增速2.18倍、高于全行贷款平均增速1.79倍和广西贫困地区金融机构贷款平均增速。2020年，对8个未摘帽贫困县分支机构实行挂牌督战，累计向8个未摘帽贫困县发放扶贫贷款33亿元，贷款余额为82.51亿元。

全力解决“三保障”和饮水安全突出问题。累计发放扶贫贷款43亿元，支持新改建学校820所、医院17个。

突出支持产业扶贫。2019—2020年度，累计发放产业扶贫贷款逾149亿元，带动贫困人口1.7万人。

聚焦贫困地区交通出行、公共服务均等化、人居环境改善等领域。累计发放基础设施扶贫贷款56.77亿元，余额为225.79亿元，支持新改建农村公路5713万千米。支持易地扶贫搬迁后续扶持贷款，累计发放易地扶贫搬迁贷款51.34亿元，惠及建档立卡搬迁人口25.5万人。

坚持“四融一体”，助推定点扶贫县如期稳定脱贫

以融资、融智、融商、融情为抓手，倾力做好隆林县定点帮扶工作。

突出融资服务。两年来，累计发放贷款14.24亿元，2020年末贷款余额20.44亿元，全力支持隆林县义务均衡教育、国家储备林基地、乡村振兴及贫困村提升等重点项目建设。

注重融智扶志。依托广西大学、林科院等专家教授为乡镇干部、驻村工作队员、

村“两委”进行无偿产业扶贫“云课堂”培训，共有728名基层干部和1624名技术人员直接受益。

搭建融商平台。重点支持总行引进大北农集团公司投资8.75亿元建设50万头生猪生态农业产业链项目开工建设，推动大北农集团3.3亿元、桂合集团1600万元招商引资项目用信落地。

做到融情帮扶。2019—2020年，全行共投入定点帮扶资金1904万元，引进帮扶资金1486万元，用于新冠肺炎疫情防控、住房保障、健康扶贫、教育扶贫、产业扶贫、贫困村基础设施建设、农村饮水七大方面。疫情期间，通过多方协调，向定点扶贫县隆林县驰援1万只医用口罩等防疫物资。开展消费扶贫专项行动，协助总行召开定点扶贫县消费扶贫现场推进会以及开展消费扶贫直播，中央电视台、广西电视台、人民网、新华网等高层次媒体对推进会进行了报道。组织区分行机关开展直供食堂活动、“以购代捐”活动帮助销售定点扶贫农产品，带动林业厅等后援单位加大消费扶贫力度。两年来，累计购买贫困地区农产品312万元，帮助销售贫困地区农产品844万元。

关山初度尘未洗，策马扬鞭再奋蹄。农发行扶贫金融事业部广西分部在脱贫攻坚的答卷上，留下了坚实的金融扶贫印记。下一步，广西分部将进一步巩固脱贫攻坚成果，加快推进农业农村现代化，做好持续减贫和乡村振兴的有机衔接，全力服务全面建设社会主义现代化国家新征程。

革命老区脱贫攻坚先锋战队

——记“广西壮族自治区脱贫攻坚先进集体”农发行百色市分行

百色是广西贫困县数量最多的地级市，也是全国脱贫攻坚的主战场。五年来，农发行百色市分行扶贫贷款发放额和余额位居全市金融机构之首。

2020年，随着那坡、乐业、隆林三个贫困县摘帽，全市170个贫困村，3.72万贫困人口全部脱贫。2021年4月，荣获“广西壮族自治区脱贫攻坚先进集体”荣誉称号。

强化制度供给，发挥先锋模范作用

作为政策性金融扶贫实验“头号种子”，农发行百色市分行大胆探索，勇于创新，结合百色地方发展情况和“三农”底蕴制订的《百色市政策性金融实验示范区金融服务方案》获得总行2017年“创新成果奖”，在产品模式上积极实验，在资源投入上作出示范，走出了一条立足老区实际的特色脱贫之路。

■ 农发行百色市分行荣获“广西壮族自治区脱贫攻坚先进集体”

农发行广西壮族自治区百色市分行以服务脱贫攻坚统揽全局，主动担当脱贫攻坚金融扶贫“主力军”，奋战在革命老区脱贫攻坚战斗一线。2015—2020年，累计发放贷款243亿元，贷款净增92亿元，增长2.64倍，帮助解决495个贫困村、39万多（人次）建档立卡贫困户“两不愁三保障”问题。2021年4月，荣获“广西壮族自治区脱贫攻坚先进集体”，2019年5月荣获“2018年广西壮族自治区脱贫攻坚先进集体”。

用政策显特色。围绕百色市脱贫攻坚规划和深度贫困地区三年行动计划，推动总行顶层设计与基层具体实际相结合。充分利用总行“三区三州”深度贫困地区优惠政策，为七个深度贫困县分别制订差异化金融服务方案，“一县一策”实现精准帮扶，针对深度贫困县实行降低准入门槛、执行特惠利率、下放审批权限、优先保障信贷资金计划等措施，取得了实实在在的效果。

勇探索争创新。在信贷产品和支持模式方面先行探索，走在全区和同业前列。投放全区首笔易地扶贫搬迁贷款、健康扶贫贷款、扶贫过桥贷款、教育扶贫贷款；在全区率先采用供应链金融模式，围绕一家核心企业批量支持八家小微企业生产经营；加大对未脱贫贫困县全方位支持，贷款投入增长率超过100%；探索建立全区首个农业产业扶贫贷款风险补偿基金，构建“政银企”三方合力、精准扶持、风险分担的产业金融精准扶贫模式，破解农业产业扶贫信贷资金投放瓶颈。

多渠道出实招。坚决承担金融扶贫的带头重任，持续加大信贷投入，以贷款、基金、置换债券等多种方式，累计向百色市投入信贷资金230余亿元。2020年末贷款余额133.51亿元，比2015年初增加77.31亿元，增长137.56%。在农发行先驱示范下，其他同业和社会资金纷纷跟进，百色市融资总额不断上升。

搭平台强沟通。积极搭建政银担企沟通对接平台，共同承担扶贫责任。与市直部门通力协作，加快项目建设手续办理，推动流程化办贷。与自治区级担保公司合作，解决民营企业“融资难、融资贵”问题。实行优惠利率定价，让利于企业，向百色市投放的中长期贷款加权平均利率为4.68%，较最新公布的五年期贷款市场报价利率（LPR）上浮三个基点，低于同业平均水平46个基点，五年来累计为地方节约利息支出近1亿元。

补齐重点短板，担当金融扶贫主力

扶贫不仅要帮在“点”上，更要扶在“根”上。农发行百色市分行重点围绕“两不愁三保障”，落实“六稳”“六保”工作要求，聚焦重点领域突出问题，担负起当地的扶贫主力军作用。

攻克脱贫“头号工程”。易地扶贫搬迁是“五个一批”精准扶贫工作中的关键一批、首要一役，因地制宜，统筹支持易地扶贫搬迁、后续产业发展及基础设施建设，累计发放易地扶贫搬迁项目贷款30.23亿元，承接易地扶贫搬迁统贷资金36.78亿元，支持14个易地扶贫搬迁项目及配套基础设施建设，覆盖百色市12个县区，已实现1.9万多户贫困家庭“挪穷窝”。按照“搬得出，留得住”的要求，累计发放基础设施扶贫贷款96.19亿元，支持农村公路、饮水安全、人居环境等易地扶贫搬迁配套设施建设，惠及

39万建档立卡贫困人口，改善贫困群众生产生活条件。

教育扶贫“断穷根”。坚决贯彻习近平总书记“扶贫先扶智”的指示，重点开展的教育扶贫事业，累计审批教育扶贫类贷款13.48亿元，实现发放8.22亿元，支持隆林、田东等五个县建设七个义务教育、高中教育项目，有效解决了贫困地区学生就学难题，真正帮助贫困家庭“断穷根”。

健康扶贫“祛穷病”。因病致贫是导致困难群众长期贫困和返贫的重要因素，农发行百色市分行坚持把健康扶贫作为脱贫攻坚一大主攻方向，审批贷款9亿元、实现投放5.9亿元，支持市人民医院百东分院和三个县级中医院项目建设，另有14.55亿元贷款正在加快办理，计划支持七个深度贫困县医院迁、扩建，缓解百色老区医疗资源紧张问题，打好脱贫攻坚成果巩固基础。

产业扶贫“改穷业”。将产业发展作为“两不愁”的根本之策，围绕特色产业、特色品牌，累计发放产业扶贫贷款20.13亿元，支持德保县、靖西市等四个扶贫产业园区建设，为企业落户、带动就业提供强力支持；积极支持旅游扶贫、特色林业、现代服务业等新兴产业发展，累计投放信贷资金12.91亿元发展观光休闲农业区，加快贫困地区现代物流体系建设，为贫困群众打造一条可持续发展的致富路。

聚焦定点帮扶，不获全胜决不收兵

隆林县作为农发行“四级联动”帮扶定点县，是百色政策性金融实验示范区的标志和窗口。农发行百色市分行坚持把隆林打造成“试效果、出经验”的重要平台，全力推进隆林“四融一体”帮扶机制落地见效。

加大“融资”力度，充分利用农发行总行定点扶贫58条优惠政策，对隆林项目单列管理，探索区域授信方案，优先配置信贷资源，执行优惠利率，五年来农发行百色市分行累计向隆林县发放贷款34.2亿元，支持土地增减挂、扶贫产业园、民族高中项目建设。2020年末隆林县贷款余额为22.33亿元，比2015年末增加17.56亿元，增长368.13%。

提供“融智”服务，做“上情下达　下情上传”纽带，推动总、省、市、县行的帮扶资源向隆林倾斜，成立银政企金融扶贫联合党支部，四级行先后选派三批17名优秀干部驻县挂职，参与制定发展规划，协助推进扶贫项目。

积极“融商”惠民，在隆林县召开银企对接会，多个企业响应号召、实地考察，已有四个投资企业到隆林“扎营安寨”，实现招商引资29.69亿元。举办隆林县产业技术培训、脱贫攻坚业务提升培训班，共培训技术人员和基层干部954人次，帮助群众掌握扶贫特长。

倾力“融情”暖心，争取上级行、企业及社会人士的爱心捐赠，累计向隆林捐赠物资2645万元，用于人畜饮水工程和贫困助学等项目。开展“以购代捐”消费扶贫活动，动员全区农发行员工积极参与，购买隆林县农产品合计226万元。

突出党建引领，巩固脱贫攻坚实效

坚持走“抓党建带扶贫，以扶贫促党建”的工作路子，把加强基层党建与推动脱贫攻坚和乡村振兴结合起来，充分发挥基层党组织和党员在脱贫攻坚工作中的战斗堡垒和先锋模范作用，做实扶贫工作，持续巩固脱贫攻坚成效。

坚持“一个理念”。牢固树立“党建是生产力，党建是企业品牌”的政治理念，激发党员干部参与脱贫攻坚的自觉性和主动性。在党委的关切下，两年来发展党员15名，确保了党员发展数量和质量。选派2名党性强、懂政策、有能力、能吃苦的青年党员干部到脱贫攻坚一线任第一书记和工作队员，进一步增强基层组织工作实效。

落实“两个责任”。深化落实党委主体责任和纪委监督责任，以从严要求贯穿脱贫攻坚全过程。深入开展作风建设深化年、扶贫领域腐败与作风问题专项整治，加强资金监管，规范贷后管理，确保扶贫贷款不被挤占挪用。优化考核机制，强化结果运用。将扶贫业务发展指标纳入各支部进行量化考核，压实条线和部门责任，让导向“立起来”，适时开展监督检查，对照问题清单限时整改，让规矩“严起来”。

脱贫路上诠释初心使命

——记“全国金融五一劳动奖章（脱贫攻坚先进典型）”韦朝广

在红色革命老区百色市这片土地上，韦朝广已经驻守四个年头了。从贫困革命老区到千姿百色，老区脱贫路上每一次攻城拔寨都凝聚着他的辛勤汗水，也让他心中充盈着满满的自豪感。

围绕打造政策性金融扶贫实验示范区这一战略定位，韦朝广带领农发行百色市分行为扶贫探路、为发展闯关，以前所未有的力度吹响百色脱贫攻坚冲锋号角。

■ 韦朝广在会议上安排服务脱贫攻坚工作

韦朝广，中共党员，2019年3月任农发行百色市分行党委书记、行长。2020年8月，荣获全国金融五一劳动奖章。2021年4月，农发行百色市分行荣获“广西壮族自治区脱贫攻坚先进集体”荣誉称号。

在韦朝广的带领下，农发行百色市分行不忘立行的初心和使命，发挥出政策性金融的强大优势，补齐老区农村基础设施建设、教育医疗保障短板，发展地方扶贫产业。

政策性金融的扶贫星火在革命老区百色燎原。2020年底，整个百色地区全面脱贫。

先行先试　发挥示范带动作用

“金融扶贫实验示范区”，如何发挥好示范带动作用？这是韦朝广到农发行百色市分行担当行长后一直在思考的问题。

“既要实验，又要示范，那就必须要进一步解放思想，大胆试、大胆干、大胆闯，坚决改变不敢创新的心理、不愿创新的思维、不会创新的局面。”韦朝广说。

为此，作为农发行百色市分行服务脱贫攻坚主体责任和第一责任人，韦朝广坚决把党中央、国务院脱贫攻坚战略部署和农发行总行、自治区分行全力服务脱贫攻坚决策部署结合百色市实际坚决贯彻落实。

韦朝广在全辖倡导和树立“马上就办、办就办成”的工作理念。刚到百色任职短短两个月，他就走遍了全辖12个市县区。通过深入研究了解百色当地贫困现状，与地方党政主要领导共同商讨，逐一制订了符合各县的精准扶贫金融服务方案和良策。

韦朝广一手牵政府，出主意、提方案、抓落实，协调辖内贫困县出台相关风险补偿办法，一手牵企业，主动上门，宣讲政策，解除企业后顾之忧。为使金融扶贫真正有成效，他狠抓扶贫项目落地。他将党建建设在扶贫一线和项目现场，通过党建引领，发挥出政策性金融扶贫的强大动力。

在韦朝广的带领下，农发行百色市分行敢闯敢创新，在熟悉掌握政策基础上，在产品模式上积极实验，在资源投入上作出示范，催生脱贫攻坚的“乘数效应”，走出一条具有革命老区特色的路子。

发挥政策优势。农发行百色市分行紧跟百色市脱贫攻坚规划和深度贫困地区三年行动计划，推动总行顶层设计与基层具体实际相结合，对辖区内七个深度贫困县分别出台差异化金融服务方案，“一县一策”实现精准帮扶。

做好开路先锋。农发行百色市分行在信贷产品和支持模式方面先行探索，走在全区和同业前列。投放全区首笔易地扶贫搬迁贷款、健康扶贫贷款、扶贫过桥贷款、教育扶贫贷款；率先采用供应链金融模式，围绕一家核心企业批量支持八家小微企业。最快解决扶贫“空白点”问题，辖内七个深度贫困县实现扶贫贷款全覆盖。探索建立产业扶贫风险补偿基金，向支持产业扶贫的金融机构开放，吸引更多资本加入产业扶贫。

引入金融活水。农发行百色市分行持续加大资金投入，以贷款、基金、置换债券等多种方式，累计向百色市投入66.6亿元信贷资金。2020年，全行累计发放贷款31.7亿元，其中扶贫贷款30.04亿元，年末贷款余额为133.51亿元。在农发行的带动下，其他同业和社会资金纷纷跟进，百色市融资总额两年间增长10.31%。

聚焦重点　担当金融扶贫主力

韦朝广深知，扶贫不仅帮在“点”上，更要扶在“根”上。他多次带队到辖内贫困县与地方党政沟通对接基础设施、住房、医疗、产业脱贫问题。

通过深入研究“土地两项指标交易”政策，韦朝广成功破解了现金流不足、担保资源匮乏的难题，创新推出“土地增减挂+健康”模式，获批全区首笔健康扶贫项目贷款9亿元。

韦朝广还将“土地增减挂+”推广到教育、就业、交通等领域，通过“土地增减挂+教育”“土地增减挂+产业园”“土地增减挂+通屯路”等模式，解决群众“看病难、入学难、就业难、出行难”等问题。

韦朝广带领农发行百色市分行重点围绕“两不愁三保障”，加大支持力度，解决突出问题，担负起当地的扶贫主力军作用。

从2019年至2020年末，农发行百色市分行累计发放易地扶贫搬迁后续扶持项目贷款14.2亿元，助力全市11万搬迁农户“搬得出、稳得住”。累计发放基础设施扶贫贷款32.2亿元，支持农村公路、饮水安全、人居环境等建设，惠及18.6万建档立卡贫困人口，极大地改善贫困群众生产生活条件。

其中的“深百小镇”，由农发行百色市分行先发放4.3亿元易地扶贫搬迁贷款，再帮助引进深圳市配套帮扶资金支持周边产业发展，成为东西部扶贫协作的典范。

扶贫更扶智。农发行百色市分行开展的教育扶贫业务，累计审批贷款8.95亿元、投放2.5亿元，支持隆林、西林两个县建设三个义务教育均衡发展项目，解决贫困群众子女教育难题，真正帮助贫困家庭“斩穷根”。

开展健康扶贫业务，截至2020年已审批贷款19.4亿元、投放7.3亿元，支持市百东新区医院和三个深度贫困县医院迁、扩建，解决贫困群众看病难题，努力帮助贫困地区“祛穷病”。

推动“改穷业”“换穷貌”。2020年，农发行百色市分行累计发放产业扶贫贷款8.38亿元，支持德保县、靖西市等四个扶贫产业园区建设，为企业落户、带动就业提供强力支持。

坚定初心　坚守立行为民使命

调任农发行百色市分行之前，韦朝广想到了扶贫主战场可能面临的多种难题和困难。

“困难再多不要紧，最主要的还是不忘初心使命，打造出一支专业的攻坚克难金融扶贫队伍。”韦朝广说。

为钻研业务，韦朝广晚上经常加班加点，带领团队一道查不足、找原因、想办法。为做好产业扶贫工作，他选择了最走心的方法，带领分行团队上门“一对一”服务企业。“我们团队会找企业反复交流，现场办公现场解决问题，让企业放心我们的金融服务。”通过现场办公，韦朝广现场解决问题19个，先后组织报批农地类项目6个，获批贷款29.27亿元，扶贫贷款投放和产业扶贫投放提前超额完成2020年自治区分行下达的计划。

为了帮助员工快速成长，韦朝广经常和整个团队分析实际的金融扶贫服务方案，分享成功的扶贫经验，总结教训。

“金融扶贫在一定程度上也是具有经验性的，这种方式能让整个团队更好地理解扶贫的意义。”韦朝广说。

在办理6630万元小微企业贷款中，韦朝广主持拟订金融服务方案，带领团队从受理到投放各个环节都通盘考虑周到，确保客户“最多跑一次”。该笔贷款从业务受理、到授信方案批复、再到贷款发放仅用时8天，创造了政策性金融支持小微企业“百色速度”。企业纷纷点赞，感叹“刷新了对农发行办贷的认知”。

在助力革命老区摆脱贫困的路上，韦朝广带领农发行百色市分行不断深化改革、开拓进取，开创金融扶贫新局面，为百色市在2020年底取得脱贫攻坚的全面胜利贡献了农发行力量。

韦朝广表示，脱贫只是第一步，立足新起点，农发行百色市分行还将积极落实国家脱贫攻坚延续扶持政策，紧紧围绕国家乡村振兴战略等重大发展主题，在保持组织领导、政策扶持、工作要求、考核标准“四个不减”基础上，拓展金融服务空间。

“科学制订目标计划，干就干成、干就干好，固根基、扬优势、补短板、强弱项，持续巩固脱贫攻坚成果，做好脱贫攻坚与乡村振的有效衔接。”韦朝广表示，下一步，农发行百色市分行将聚焦全市所有脱贫县，特别是七个已脱贫深度贫困县，全年在脱贫地区发放贷款20亿元以上，占发放量的80%以上。进一步加大对产业后续长期培育的支持力度，发挥好农发行百色市分行贷款的利益联结机制作用，持续提高产业贷款带动辐射人数。

同时，突出易地扶贫搬迁后续扶持，重点支持全市6个万人以上和11个1000人以上集中安置区产业发展、产销对接、公共服务和配套基础设施建设，全年投放易地扶贫搬迁后续扶持贷款不低于5亿元。继续做好定点帮扶工作，持续深化隆林县“四融一体”帮扶体系，积极支持东西部协作和“万企帮万村”专项行动，全年定点县贷款净增不低于5亿元。

个人感言：不忘初心甘奉献，牢记使命铸忠诚，求真务实助脱贫，履职尽责为“三农”。

扶贫路上争朝夕

——记“2019—2020年广西壮族自治区脱贫攻坚先进个人贡献奖”获得者崔哲

在河池这片广西扶贫开发工作的重点区域和主战场上，崔哲已经坚守了3个年头，他用自己个人的辛苦指数，换来了河池人民的幸福指数。

从挂职巴马瑶族自治县县委常委、副县长到农发行河池市分行行长，他始终兢兢业业、敢为人先、攻坚克难，逐一击破扶贫路上一个个难题、堵点，助力河池市全面脱贫。

■ 崔哲（左二）走访慰问贫困户

崔哲，2019年11月任农发行河池市分行党委书记、行长。2021年4月，荣获“2019—2020年广西壮族自治区脱贫攻坚先进个人贡献奖”荣誉称号。

真情帮扶显本色

作为一名选派干部，崔哲2018年挂职任国定贫困县——巴马瑶族自治县（以下简称巴马县）县委常委、副县长。“专业人办专业事，区分行选派我挂职巴马县就是为了充分发挥出金融人在基层一线的桥梁和纽带作用，帮助贫困县谋划发展战略、转变思想观念、协调资金项目，确保各项金融扶持政策落得实、用得活。”崔哲说。

县里对崔哲的工作分工是负责协助县长开展融资工作。他看到工作分工后，立即向县领导真诚地表明了态度。他说：“区分行派我下来挂职，是来干事的，不是来镀金的。”为此，在原有分工的基础上，他又主动请缨，接下了最“烫手”的工作，协助巴马县扶贫和招商引资。

一开始，县里的不少同志心里犯嘀咕，像崔哲这么年轻的干部，能做好那么多工作吗？面对质疑，他用实际行动给出了答案。经过一系列调研走访，他得知巴马县在基础设施、产业发展、重大项目建设等工作存在资金瓶颈，多次组织政府有关部门、银行、企业召开项目资金推进协调会，推动形成财政扶贫与银行信贷扶贫的强大合力。崔哲意识到，只有把基础设施搞好，后续的产业、重大项目建设和招商才能顺利落地。

崔哲在巴马县干的第一件事，就是把农发行的扶贫政策落到实处，从农发行获得6.5亿元基础设施扶贫贷款，用于改善整个巴马县的基础设施建设。在崔哲和整个团队的努力下，巴马县仅在农发行就获得18亿元的信贷资金审批额度，破解了巴马县脱贫攻坚和经济发展的资金瓶颈，有效推动巴马县整体城镇化、产业扶贫、教育扶贫、城乡一体化方面建设。

解决基础设施问题后，崔哲又马不停蹄地带领团队走南闯北，招商引资、推介政策，结合市场，主动与企业家交朋友，主动上门为企业跑腿，构建“亲、清”政商关系。

招商引资时，崔哲是“金融县长”；进村入户时，崔哲是“平民县长”。忙于县里攻坚大方向的同时，也不忘记关怀贫困户。只要一有时间，就会走村入户，了解群众在生产生活中遇到的困难和问题。很快，他便与贫困群众打成一片，大伙都愿意跟他说掏心窝子话。就这样，他迅速掌握了实情，因户制宜进行帮扶，引导乡亲们发展油茶产业。

挂职期间，累计帮助巴马县获得各金融机构信贷资金30亿元的审批额度，助推了全县经济社会快速发展。他带领团队累计引进企业26家，落地投资38.9亿元，间接带动贫困人口2186人脱贫。

统一思想谋发展

2019年9月，崔哲调任农发行河池市分行工作，又带领河池市分行在脱贫攻坚主战场上争分夺秒，聚焦河池都安、大化、罗城三个未摘帽贫困县和4.13万贫困人口，积极统筹调配各种资源协同攻坚。

“如果说巴马县是河池市脱贫攻坚中的一步棋，那河池市就是整盘棋局，需要从全局去谋划，各个去击破。”崔哲说。他以三个未摘帽贫困县为突破口，积极统筹调配各种资源协同攻坚。

一开始与地方党政主要领导及业务部门对接，探寻破解贫困地区融资难融资贵的难题时，有的贫困县满足于财政有多少钱办多少事，融资意愿不强。行里前去贫困县对接的同志向崔哲反映，这个县的县领导对与银行对接“不感冒”，甚至打电话不接，短信也不回。吃了闭门羹不要紧，曾担任过副县长的崔哲明白，政府不愿意接触银行的最主要原因，还是对金融政策了解不够透彻，担心拿了银行贷款后还不上。

为此，崔哲迅速组织分行人员编写项目融资方案，反复向地方政府详细报告农发行信贷政策依据、操作模板、项目案例等。县政府领导被他的实干精神所打动，不久后，该县党政主要领导主动登门拜访，当场表态要求有关部门全力配合农发行做好项目的设计包装和报审。一周后，农发行在该县首个扶贫融资项目1.9亿元成功落地。崔哲心里松了一口气，但他又马不停蹄地奔赴河池东兰、凤山等深度贫困县对接项目。他说：“只要不放弃，再难的硬骨头也不经啃。”

在任职不到三个月的时间里，崔哲跑遍了河池市所有的县（区），对接了所有县（区）的扶贫工作主管部门。在掌握了各地扶贫工作和信贷资金需求情况下，带领河池市分行同地方政府反复研究政策，制订融资方案，协助各县推进扶贫项目、改善投融资环境，共同帮助各县谋划脱贫攻坚战略。在不到一年半的时间内，获批扶贫贷款项目23个，金额为52.56亿元，实现发放27.62亿元。2020年累计投放各类贷款29.39亿元，净增额排在全区农发行系统第二位。

真抓实干显担当

2020年新冠肺炎疫情期间，都安县确诊新冠肺炎22例，占河池市累计确诊病例的比例达81%，属疫情严重地区。

面对严峻形势，崔哲迅速部署，严抓疫情防控，力抓企业复工复产。带领河池市分行战斗在“战疫情、防风险、保安全、护稳定”的第一线。一手牵政府，出主意、提方案、抓落实；一手牵企业，主动上门，带领信贷客户经理深入疫情防控重点企业进行贷前调查。农发行河池市分行及时发放疫情应急贷款500万元，用于都安县采购猪肉，以保障疫情期间猪肉的供应。在河池全辖共发放疫情应急贷款6500万元，支持河池小微企业复工复产和疫情防控重点企业。

为把疫情影响降到最低，在河池市全面落实减费让利政策。累计发放复工复产贷款27.09亿元，支持易地扶贫搬迁后续产业、贫困村提升工程、城乡一体化、旅游扶贫、教育扶贫等地方脱贫攻坚和乡村振兴重点项目，为24家企业减免贷款利息2044万元、减免评估抵押登记费用51.45万元，助推企业复工复产和一批地方重大项目开工建设，在支持新冠肺炎疫情防控和复工复产工作中取得了显著成效。

对帮扶工作，崔哲不仅具有强烈的责任感和使命感，对贫困群众更是怀有深厚的感情。“我是生于农村长于农村，所以更懂得贫困户的艰辛，可能你不经意的帮助就能改变一个贫困户的命运。”崔哲说。他心里时刻想着贫困群众疾苦，带头募捐，组织全行员工为帮扶村捐资捐物，自掏腰包为帮扶群众购买种苗和慰问品；带头开展消费扶贫系列活动，带领全行员工购买扶贫农产品27.14万元，以实际行动解决贫困地区农畜牧产品滞销问题，最大限度化解新冠肺炎疫情对贫困地区农产品销售和贫困群众增收带来的不利影响。主动向上级行汇报帮扶工作，全力争取政策支持。经过不懈的努力，共向河池市辖内大化县古文乡乃良村、板升乡弄立村等15个贫困村扶贫公益捐赠201.7万元，解决贫困村路、桥、水、电等老大难问题，全面履行社会责任和帮扶义务。

个人感言：脱贫攻坚先进个人贡献奖，既是一份肯定，更是一种鞭策，一切过往皆为序章，乡村振兴未来可期，征途漫漫，惟有奋斗。

砥砺奋进助脱贫　攻坚克难促振兴

——记“广西壮族自治区脱贫攻坚先进个人”覃尚新

河池市是脱贫攻坚的主战场，贫困人口多，贫困面广、程度深，脱贫致富的增收来源缺乏，自然条件恶劣，基础设施薄弱，是欠发达、后发展地区。

覃尚新始终冲锋在前、深入调研、勇于担当、主动作为，把对老区人民的真情、对脱贫攻坚事业的热情全部投入疫情防控和决战决胜脱贫攻坚工作，充分发挥党员先锋模范作用，争做服务基层、服务“三农”、服务脱贫攻坚和乡村振兴的典范。

覃尚新（中）到项目现场考察情况

覃尚新，中共党员，2016年6月任农发行河池市分行政策性业务部高级主管，2021年7月至今任河池市分行直营业务部高级主管。2021年4月，荣获“广西壮族自治区脱贫攻坚先进个人”荣誉称号。

强化信念引领，党建助推脱贫攻坚

群众看党员，党员看干部。覃尚新不论是在生活上还是在工作中，始终把思想建设放在首位，严格按照农发行广西壮族自治区分行、市分行党委的部署，精准对接广西脱贫攻坚“八个一批”和“十大行动”，聚焦贫困县、贫困人口，把主要精力、主要力量、主要资源投入扶贫贷款营销评估以及投放上，充分发挥政策性金融扶贫引领作用。同时带头学习党纪党规，强化部门员工“合规创造价值”“合规人人有责”“合规从我做起”“合规推动发展”的理念，做到知底线、守红线，在各项业务活动中严禁以权谋私、以贷谋私，严禁客户经理到企业吃、拿、卡、要、报，永葆队伍的纯洁性。

强化推动落实，确保政策金融扶贫落地

为了落实农业政策性金融服务脱贫攻坚的各项工作，覃尚新深入调查研究，着力在精准和聚焦上下功夫。走遍了全辖11个县区，深入了解当地重大项目实施规划，与县支行同事一起为项目逐一提方案、解难题，充分发挥了河池地区金融扶贫先锋主力模范作用，树立起农发行作为金融扶贫先锋主力模范地位。2020年累计调查评估26笔项目贷款，获批22笔，审批金额52.73亿元，发放金额29.39亿元，其中，扶贫贷款投放24.03亿元，占全行贷款投放的81.76%。

紧紧围绕土地做文章，助推河池市脱贫攻坚。2020年成功营销“土地+”项目6个、金额20.87亿元，获批项目6个，审批金额20.87亿元，发放金额11.5亿元。

围绕“两不愁三保障”突出问题，助推未摘帽县脱贫摘帽。都安、罗城、大化三个未摘帽县获批项目10个，审批金额17.2亿元，发放金额9亿元，其中，罗城县2.28亿元、都安县3.41亿元、大化县3.31亿元，分别完成总行下达任务的633.33%、341%和220.67%。

积极拓展产业扶贫，充分发挥政策性金融的支农作用。一方面，按时按质完成丹泉酒业续贷工作，办理续贷5笔，金额3.2亿元，充分保障企业发展资金需求；另一方面，坚持市场导向，聚焦易地扶贫搬迁后续扶持产业、信息产业、旅游产业等，成功营销巴马大数据中心项目、都安县易地扶贫搬迁配套产业——特色产业扶贫项目、南丹全域旅游等五个项目，累计审批金额13.2亿元，发放金额6.41亿元。

开展普惠金融，服务民营小微企业。从讲政治的高度，深刻认识支持小微企业发展的重要性，多渠道、多途径开展小微企业营销，超额完成农发行广西壮族自治区分行下达的支持小微企业年度目标任务，共获批小微企业11户，贷款余额为5131.70万元。

用好、用足深度贫困地区差异化政策。积极营销具有可靠补助来源的扶贫过桥项目，解决项目资金时间错配问题，成功获批罗城县两笔扶贫过桥贷款，金额为2.63亿元，发放贷款6500万元，有效解决未摘帽县融资难问题。

主动担当作为，助力未摘帽县脱贫摘帽

覃尚新主动建立罗城、都安、大化三个未摘帽县金融扶贫微信群，每周向总行挂牌督战对口联系部室汇报三个未摘帽县工作进展。作为挂牌作战都安未摘帽县的攻坚队员之一，时刻将农发行都安县支行的事情挂在心头，期间深入基层，进行现场调研指导疫情防控和复工复产工作13次，随时电话远程指导。2020年，农发行都安县支行成功营销对接扶贫项目三个，审批金额8.12亿元，累计投放扶贫贷款3.41亿元，完成总行任务的341%、自治区任务的113.67%，用高质量、高效率的金融服务助力都安县脱贫摘帽。

坚守一线岗位，助力贫困地区战疫稳保

疫情防控期间，覃尚新放弃休息，坚守岗位，沉在一线，面对疫情防控和助力企业复工复产双重压力，迎难而上，冲锋在前，做到“守土有责、守土担责、守土尽责”。疫情发生后，他第一批复工，深入贫困地区企业、项目现场调研指导疫情防控和复工复产工作64次。

服务有方，用担当彰显农发行人风采。坚持以涉“疫”生活物资供应企业作为金融服务切入点，组织部门人员对全市疫情防控重点保障企业进行全方位对接，全面掌握企业恢复生产经营存在的主要困难，制订“一企一策”金融服务方案。成功投放应急贷款6500万元，充分发挥政策性金融“当先导、补短板、逆周期”作用，用高质量高效率的金融服务保障全市涉“疫”生活物资供给。

执行有力，用行动彰显农发行人风采。始终站在讲政治、顾大局的高度，认真贯彻落实党中央和上级行的各项决策部署，以电话督促、现场指导等方式对各支行疫情防控和助力企业复工复产工作进行指导和督导，累计向辖内34家企业发放23.12亿元贷款，有效促进全市经济社会发展。

个人感言：“支农为国、立行为民”始终镌刻在我的心中，时刻提醒自己为家乡的扶贫事业添砖加瓦，贡献自己的农发力量！

当好“六员”，扎根边陲践初心

——记“2019—2020年广西壮族自治区脱贫攻坚先进个人”赵乐欣

隆林各族自治县（以下简称隆林县）位于广西西南边陲，是全国52个在最后一年摘帽的贫困县之一，也是农发行总行五个定点帮扶县中唯一在最后一年实现脱贫摘帽的县，可以说是扶贫攻坚工作中最难啃的一块骨头！

赵乐欣同志坚决把扶贫工作抓在手上、扛在肩上、落在行动上，坚持“四融一体”，认真当好消费扶贫“代言人”、金融支农“信贷员”、团结致富“领路人”、招商引资“推介员”、产业扶贫“服务员”、挂点帮扶“指挥员”，推动隆林县脱贫

■赵乐欣（左一）到蛇场乡马场村调研种桑养蚕产业

赵乐欣，中共党员，2018年4月至2021年4月挂任隆林各族自治县党委常委、人民政府副县长，农发行定点扶贫（隆林县）“三人小组”组长。2021年4月，荣获“2019—2020年广西壮族自治区脱贫攻坚先进个人”荣誉称号。

结硕果。

“融资”上，协调农发行审批扶贫贷款53.79亿元，发放贷款34.2亿元，支持贷款项目涵盖土地整治、饮水安全、危房改造、基础教育、农村公路等。“融智”上，共组织基层干部致富带头人2433人次参加科技“云培训”及苏州干部学院培训班等。“融商”上，引进招商引资落地项目七个，项目投资总额17.25亿元。“融情”上，动员农发行系统直接向隆林县捐赠以及为隆林县引进社会帮扶资金共计7268万元，开展消费扶贫金额超1180万元。同时积极开展政策性金融扶贫示范区试点工作，创新“政银企保担”金融扶贫“隆林模式”，有效改善隆林县投融资环境。

当好消费扶贫“代言人”，拓宽销售渠道促增收

为了扩宽扶贫产品销路，赵乐欣当起了隆林县扶贫产品销售“代言人”。经常参加各种产品促销活动，通过“线上+线下”等多种媒介、多种方式，帮助推销隆林县扶贫产品。

在线上，借助电商平台，成功上架了18个省、38个县扶贫产品520余款，销售额2400万元，成为农发行全系统消费扶贫主渠道，并成功协办农发行全国消费扶贫促进会（南宁）。

在线下，主动与广西广电厅等后援单位协调沟通，在南宁市开办了“百色隆林优质扶贫产品体验店”，面向广大市民群众，提供隆林优质的牛肉、羊肉、黑猪肉及绿色原生态农产品和加工产品。2020年4月29日开业以来，实现销售额400余万元。百色隆林体验店已经成为展示隆林传统文化、民族风情、自然风光和优质产品的重要窗口。

在农发行总行、自治区分行、市分行三级行组织举办隆林食材体验周活动，在自治区广电厅、自治区政协办公厅举办美食体验活动，将隆林食材打入机关食堂。加强对隆林扶贫产业指导，对隆林生产的产品在质量、包装、物流、管理等方面提出建设性意见，努力打造“隆林品牌”，提高产品品牌形象。

当好金融支农“信贷员”，创新融资模式促发展

在政府隐性债务清理后，及时转变思路，重新打造隆林投融资体系，推进市场化运作，并根据隆林实际需要策划包装一批新项目。

2019年，首创“土地增减挂+”模式，策划包装8亿元乡村振兴项目，将土地整治和农村公路项目打包成一个项目，将土地增减挂指标交易收入作为整个项目还款来

源。支持隆林县644.306公顷土地整治，带来交易收入10.87亿元，切实改变贫困现状。利用收入反哺基础设施建设，支持隆林161.62千米农村公路建设。

2020年，采取同样模式，策划包装了“旱改水+N”项目贷款11亿元，解决学校建设、住房保障、饮水安全、扶贫产业园道路等项目资金需求。同时，克服疫情影响，一次性兴建六所学校，于9月建成并投入使用，从根本上解决了隆林历史以来教育资源严重匮乏的难题。

当好团结致富“领路人”，“扶贫与扶智”两手抓

牵头举办2019年“隆林农业产业技术人员培训班”，共253名乡（镇）村干部、致富带头人、贫困户参训，培训内容涉及9个种类的产业技术。2020年初，聘请专家录制生产技术培训视频资料，组织全县180个村“两委”干部、驻村工作队、致富带头人、创业能手1000多人收看。定期组织开展金融信贷产品和政策性保险知识培训，提高全社会金融意识。2018—2020年共组织隆林各类扶贫人员2000余人参加培训。

当好招商引资“推介人”，促成项目落地引“活水”

主动与招商引资企业联系，对12家签约企业逐一进行拜访沟通，督促签约项目落地，促成项目落地7个，投资金额12亿元。引进广西长江天成集团、广西桂合集团等三家企业，投资金额1亿元。引进北京大北农科技集团50万头生猪养殖项目，预计投资8.75亿元。引进广西国控林集团在隆林落地储备林项目，已发放贷款2.9亿元，为国储材、为民储财。

当好产业扶贫“服务员”，打造“隆林模式”惠民生

为有效破解隆林县农业产业扶贫项目融资瓶颈问题，赵乐欣深入基层调研，创建以“政银企保担”共同合作为核心的“隆林模式”。

加强全县信用体系建设。开展信用乡、村、户创建活动，组织制定失信人员联合惩戒条例，增强全社会诚信意识，增强银行信贷发放意愿。

推动隆林县农村产权交易体系建设。将田东金融改革模式成功引入隆林县，成立隆林县农村产权交易服务中心，有效促进农村土地经营权流转，增加农民财产性收益，为招商引资和农业产业发展奠定良好基础。

促进隆林县融资担保业务发展。成立小微企业担保公司，与广西壮族自治区农业

政策性担保公司和百色市小微企业担保公司开展业务合作，引入“4321”风险分担机制，为隆林县小微企业提供融资担保，目前已提供担保额度5000万元。

定期召开政银企融资项目对新会。由金融机构介绍信贷产品，汇总信贷融资需求，通过调整财政及事业单位存款在各银行之间的分布，督促各商业银行加大信贷发放力度，近两年隆林县存贷比例大幅上升10%。

推进政策性农业保险业务。全县2019年政策性农业保险投保量和理赔金额较上年大幅增加，尤其是面对猪瘟、冰雹等灾害，多次协调保险公司加快理赔进度，为全县生猪养殖户挽回经济损失1500余万元。

当好挂点帮扶“指挥员”，打赢脱贫“最后一公里”

2020年是隆林县脱贫摘帽之年，年初时还有10个贫困村7829名建档立卡贫困人口未脱贫，时间紧任务重。挂任蛇场乡党委第一书记后，赵乐欣不怕困难，勇敢挑起重担。

赵乐欣多次和蛇场乡党委、政府研究，整合干部力量，设置专职小组，实行网格化管理，将责任层层压实，采取盯人盯户方式，实行挂牌督战，每天汇总报告进度，确保在规定时间内完成脱贫各项任务。每周至少两次奔赴蛇场乡，进行现场督导、调研。

结合蛇场乡气温凉爽、温度适中、土壤质量好等优势，借助农发行平台，引进广西种桑养蚕龙头企业——广西桂合集团，促成企业在蛇场乡马场村与当地群众合作种植500亩桑苗。

“公司+合作社+农户”运营模式使当地农户平均每人每天挣到200元工资，多的农户月收入高达7800元。在赵乐欣的倾力付出下，蛇场乡、者保乡各项脱贫工作完成进度均位于全县前列，并于2020年底顺利脱贫。

个人感言：三年扶贫路，一生为农情。能亲身参与脱贫攻坚的伟大斗争中，深感幸运与自豪！

海南省

创新产业扶贫模式
决战决胜脱贫攻坚

——记“2020年海南省脱贫攻坚奖组织创新奖”获奖集体农发行扶贫金融事业部海南分部

农发行扶贫金融事业部海南分部始终坚持以习近平总书记关于扶贫工作重要论述为指导，深入贯彻落实党中央、国务院和省委、省政府脱贫攻坚各项决策部署，把服务脱贫攻坚作为最重大政治任务和最核心履职要求，把扶持产业扶贫作为根本之策，紧紧围绕海南全域旅游及热带高效农业省情特点，创新发起搭建政策性金融产业扶贫

■ 农发行扶贫金融事业部海南分部荣获“2020年海南省脱贫攻坚奖组织创新奖”现场

农发行扶贫金融事业部海南分部自2016年成立以来，紧紧围绕海南全域旅游及热带高效农业省情特点，创新发起搭建政策性金融产业扶贫合作平台，建立长效扶贫利益联结机制，充分发挥金融扶贫先锋主力模范作用。2020年11月，扶贫金融事业部海南分部荣获“2020年海南省脱贫攻坚奖组织创新奖”。

合作平台，建立长效扶贫利益联结机制，充分发挥金融扶贫先锋主力模范作用。截至2020年5月，全行扶贫贷款余额为139亿元，占全省金融机构扶贫贷款比例超过50%，扶贫贷款投放和余额连续居全省金融系统首位，直接或间接带动全省建档立卡贫困人口32万人次，所在单位农发行海南省分行先后荣获“海南金融系统脱贫攻坚先进单位”和“2019年度海南省打赢脱贫攻坚战先进集体”称号；倡导建立的产业扶贫合作平台扶贫模式入围国务院扶贫办“企业精准扶贫专项50佳案例”，作为主办银行支持的海南文昌传味鸡股份有限公司扶贫模式，同时入围上述50佳案例。

牵桥搭线，创新打造政银企扶贫合作平台

为解决贫困地区融资难融资贵、产业发展缺少龙头企业带动等一系列问题，2017年6月，农发行扶贫金融事业部海南分部作为牵头机构，主动联合省扶贫办、省工商联发起创建了“农业政策性金融产业扶贫合作平台”（以下简称平台）。平台成立以来，陆续吸收了广陵高科、春光椰子、火山石斛、翔泰渔业、口味王等40家有经营实力和社会责任感的现代农业领军企业加盟，约占全省农旅龙头骨干企业的40%，有效整合省扶贫办、省工商联的政策指引和组织协调优势、农发行的政策性银行金融优势、龙头企业技术和市场的优势，形成政银企扶贫合力，有效提升贫困地区产业扶贫组织化水平和服务脱贫攻坚质效。

创新引领，不断探索完善平台扶贫运作机制

海南分部勇于担当，积极创新，充分用好平台企业龙头带动作用和政策性金融资金优势，不断完善平台扶贫运作机制。

一是构建“政策性金融+平台企业+贫困人口”的利益联结机制。聚焦贫困地区，引领平台企业在海南五个国家级贫困县和扶贫任务较重的儋州市对接地方政府产业扶贫规划及招商引资项目，通过向平台企业发放扶贫贷款，推进石斛种植、黑猪养殖、水产加工出口、生态旅游、农业科技等产业扶贫项目，通过产业带动、吸收就业等方式，直接带动当地建档立卡贫困人口增收。

二是构建“政策性金融+平台企业+贫困村”的点对点帮扶机制。引导平台企业积极参与“百企帮百村”精准扶贫提质增效行动，开展点对点的精准包干扶贫，带动帮助贫困村加快脱贫进程。

三是构建政策性金融融智增值机制。将平台签约企业优选建立乡村振兴战略客户群，提供主办银行服务，根据平台企业未来三年产业发展规划，成立专门服务小组，

为其量身定制中期融资及服务方案，满足企业产业发展信贷增长需求。

四是构建政策性金融优惠融资机制。对平台企业申报的扶贫贷款项目，根据国家有关产业政策和农发行信贷制度规定，开辟绿色通道，优先保障信贷规模纳入扶贫贷款计划内，在保本和风险可控的前提下实行更加优惠的利率政策，对于扶贫成效显著的项目实行免收中间业务费等优惠政策。

五是构建扶贫推动和平台企业带贫成效评价机制。将承贷农发行优惠扶贫贷款的平台企业列为评价对象，针对其扶贫贷款使用情况、扶贫项目帮扶情况及签约帮扶村帮扶情况，及时开展扶贫成效评价，并根据评价结果动态调整对平台企业贷款优惠力度及平台企业资格，不断强化扶贫龙头企业的扶贫职责，完善平台企业的退出机制，巩固平台的长效扶贫机制。

及早谋划，前瞻推进政银企合力扶贫长效机制

为进一步巩固脱贫攻坚成果，确保“贫困现象不反弹、脱贫群众不返贫”，及早做好脱贫攻坚与乡村振兴衔接工作，海南分部加强与平台企业共同研究，创新推动服务脱贫攻坚长效机制建设。一是围绕提升平台整体抗风险能力，构建风险互助金机制。在依法合规前提下，由平台企业共同出资，成立以有效防范及化解阶段性或周期性经营风险为宗旨的自愿互助协商型基金，合力解决平台成员企业阶段性或周期性经营困难问题，实现共同稳健发展。二是围绕“脱贫不脱政策”，建立稳固脱贫基金长效机制。由海南分部发起、平台企业自愿筹集稳定脱贫成效基金1200万元，拟用于帮扶全省2400多名贫困边缘人口稳贫脱贫成效，防范返贫风险。三是有效探索脱贫攻坚与乡村振兴战略衔接机制。主动总结近年来产业扶贫工作经验，加大研究和运用农发行总行赋予海南省分行创新实验区和“五大领域”的创新优惠政策，积极引导产业扶贫合作平台企业衔接地方政府乡村振兴规划，强化与合作社和农村集体经济协调合作，探索2020年后金融支持路径方法。

深耕细作，共同收获政银企合力扶贫丰硕成果

产业合作平台成立三年来，政银企合力服务脱贫攻坚成效显著。一是有效解决贫困地区企业融资难问题。平台成员企业全力对接服务贫困地区脱贫攻坚规划，海南分部充分发挥政策性金融优势，累计支持产业项目60多个，累计发放贷款超过120亿元，扶贫贷款定价水平比同业低93个基点，累计为企业节省财务成本超过5800万元，为扶贫龙头企业以及贫困地区企业提供优惠扶贫信贷规模保障。二是充分发挥民营企

业脱贫攻坚生力军作用，有效提升贫困人口内生发展动力。平台成员企业累计辐射带动贫困人口12万人次。还积极参与“百企帮百村”精准扶贫行动，在40家企业中，已经有20家企业与22个贫困村开展点对点帮扶，进一步巩固帮扶成效。三是形成多样化产业扶贫方式解决贫困地区产业发展难问题，包括龙头企业带动型。以翔泰渔业、传味鸡、正业中农科技等龙头企业为核心，通过金融支持引导，带动产业发展，通过产业强化扶贫；通过土地流转与规模贷款品种，支持了1533.33公顷南繁育种基地建设，支持一批热带瓜果种植基地建设，带动贫困人口增产增收；旅游资源开发型，包括海花岛旅游项目、分界洲项目、国家水稻公园项目，通过对旅游资源的开发和支持，改善贫困地区生态环境和人居环境；全方位支持支柱产业，槟榔是海南支柱热带产业，涉及农业人口250万人，占全省农业人口的50%，为落实政府保护槟榔产业政策要求，采取包括龙头企业带动收购、政府槟榔加工贷、与担保机构合作贷三种模式，全方位予以支持；小微企业“隐形冠军”型，通过小微企业贷款支持的陵水盛杰哈密瓜基地等，虽然规模不大，但经营效益较好，对于当地产业和贫困人口具有明显的带动作用。四是形成可复制可推广金融扶贫模式，平台扶贫模式得到地方政府相关部门和社会各界的认可，不仅入围国务院扶贫办“企业精准扶贫专项50佳案例”，海南文昌传味鸡股份有限公司扶贫模式也入围了上述50佳案例。此外，还有包括海南翔泰公司在内的多家平台企业获得国家和省脱贫攻坚荣誉称号，为全省决战决胜脱贫攻坚发挥了重要作用。

创新机制助脱贫　精准扶贫显成效

——记"全国'万企帮万村'精准扶贫行动组织工作先进集体"农发行海南省分行扶贫业务（创新）处

自脱贫攻坚战打响以来，农发行海南省分行扶贫业务（创新）处主动提升站位，积极加强与海南省工商联、省扶贫办、省光彩会的沟通协作，通过构建"海南农业政策性金融产业扶贫合作平台"，引导42家以民营企业为主体的优质客户群体参与"万企帮万村"精准扶贫行动，充分发挥农业政策性金融服务脱贫攻坚的先锋主力模范作用。

加强沟通交流，搭建"万企帮万村"精准扶贫行动合作机制

农发行海南省分行扶贫业务（创新）处积极主动对接省工商联、省扶贫办、省光

■ 农发行海南省分行扶贫业务（创新）处安排服务脱贫攻坚工作

农发行海南省分行扶贫业务（创新）处通过构建"海南农业政策性金融产业扶贫合作平台"，引导42家以民营企业为主体的优质客户群体参与"万企帮万村"精准扶贫行动，充分发挥农业政策性金融服务脱贫攻坚的先锋主力模范作用。2020年11月荣获"全国'万企帮万村'精准扶贫行动组织工作先进集体"。

彩会，构建联动合作机制，共同推进工作深入开展。一是2016年11月申请加入了海南省“万企帮万村”精准扶贫行动领导小组，由该行分管扶贫工作的副行长担任领导小组副组长，负责做好沟通交流、项目对接、流程协调、政策落地、推动落实等有关工作的协调。二是2016年12月与省工商联、省扶贫办、省光彩会联合举办“海南省民营企业特色产业+就业扶贫工作经验交流会”，共同签署《海南省政策性金融支持“万企帮万村”精准扶贫行动合作协议》，明确以民营企业为帮扶方，以贫困村为帮扶单元，以签约结对、村企共建为主要形式，以产业带动和促进就业为主要途径，农发行向“万企帮万村”精准扶贫行动优质客户提供优惠信贷支持。三是建立与地方扶贫部门双向挂职机制，组织各市县分支行派出一名副行长到当地扶贫办挂职副主任，畅通“万企帮万村”扶贫工作信息沟通和金融服务渠道，主动提供融资、融智、融商服务。四是加强扶贫信贷政策和帮扶政策推介力度，通过定期联席会议、“万企帮万村”精准扶贫提质增效行动协调会、挂职干部工作交流、政银企三方座谈会、业务营销等方式，向当地政府和民营企业宣介农发行扶贫信贷政策、产品和服务模式，政银双方共同选择有融资需求、帮扶成效明显的扶贫项目加入“万企帮万村”精准扶贫行动项目库，保障符合条件的企业获得农业政策性金融优惠支持。

强化管理和办贷机制，提高政策性金融服务能力

农发行海南省分行扶贫业务（创新）处围绕提升政策性金融服务“万企帮万村”精准扶贫行动的能力，进一步强化了政策保障和办贷效能。一是印发了《关于加快推进“万企帮万村”精准扶贫项目办贷工作的通知》《关于对支持“万企帮万村”精准扶贫行动企业情况管理的通知》《关于实施贫困地区差异化信贷支持政策的意见》等指导性文件，从差别化信贷政策和资源配置、业务考核等方面明晰政策，明确导向，为有序推动“万企帮万村”精准扶贫行动提供了政策保障。二是积极开展对参与“万企帮万村”精准扶贫行动的企业情况进行摸底了解，推动将农发行海南省分行已支持或拟支持开展村企结对帮扶的企业纳入及时纳入省工商联企业台账管理系统，为全面准确反映民营企业的贡献和行动成效打好基础。三是以工商联台账管理系统为基础，根据摸底调研情况，从省工商联推荐客户和农发行海南省分行客户中筛选符合条件的企业特别是择优选择了13家扶贫成效显著、社会影响力良好的企业作为省级示范企业，纳入“万企帮万村”精准扶贫“项目库”给予信贷支持，打造扶贫精品工程。四是强化“扁平化、一体化、专业化”营销办贷机制，对“万企帮万村”精准扶贫项目启动办贷绿色通道，优先保障融资需求，优先受理审批，坚持办贷会商会审协调和“四同步”（省行审理与申报行受理同步、前后台介入同步、贷款与存款等综合贡献同步、省

分行受理办贷与总行沟通同步）工作机制，强化前中后台协同推进，切实提高办贷效率。据统计，农发行海南省分行支持的企业进入“万企帮万村”精准扶贫行动台账管理的有45家，累计发放贷款145.46亿元，共帮扶351个村，惠及43310名贫困人口。

创新搭建合作平台，引导民营企业积极参与“万企帮万村”精准扶贫行动

海南省民营企业达32.7万余家，占全省企业总数的92%，民营经济贡献了全省60%以上的GDP和88%的税收，是海南省经济发展不可或缺的重要力量。为了充分调动民营企业参与“万企帮万村”精准扶贫行动的积极性，农发行海南省分行扶贫业务（创新）处于2017年主动联合省扶贫办、省工商联创新搭建了“海南农业政策性金融产业扶贫合作平台”，吸收了翔泰渔业、传味文昌鸡、海南中丝种桑养蚕、南繁育种、口味王槟榔等42家在涉农领域具有领先地位、市场影响力广、经营效益良好、扶贫意愿强烈的优质企业加盟平台，通过利率优惠的扶贫信贷资金支持，引导平台企业在海南贫困地区和贫困村大力发展符合当地经济特点、区域优势和资源禀赋的特色产业，通过建基地、兴产业、投资金、促就业，与贫困村和贫困人口建立了长效利益联结机制，充分发挥民营企业在脱贫攻坚中的生力军作用。

农发行海南省分行扶贫业务（创新）处积极引导平台企业对接列入计划脱贫和定点帮扶力量薄弱的贫困村，以签约结对和村企共建为主要形式，带动帮助贫困村加快脱贫进程，据统计，平台企业中共有20家与22个贫困村签订了帮扶协议（占全省已签订帮扶协议的114家贫困村的20%），其中有四家企业分别主动签约帮扶两个贫困村。平台企业按照精准扶贫、精准脱贫要求，在省工商联的政策指导和农发行的信贷支持下，对签约帮扶的贫困村通过打出产业扶贫、就业扶贫、捐赠扶贫的“组合拳”，提升帮扶措施的针对性和实效性。

产业扶贫见成效。信贷支持传味文昌鸡5745万元，该公司对于有劳动力、无养殖场地的贫困户，采取“公司+村集体+贫困户”模式，由村委会提供场地、搭建鸡舍，贫困户参与养殖，村委会分成收益的30%用于发展村集体经济，贫困户享受收益的70%。信贷支持海口火山石斛产业园项目3984万元，通过“公司+合作社+农户”的模式，带动当地村民种植石斛，实现人均增收万元以上，精准扶贫178户；向农户或村委会租赁79公顷土地，农民获得土地出租收入；采取“公司+政府+农户”等方式，间接流转66.67公顷土地，农户可获取土地入股分红收入。信贷支持中丝公司870万元用于蚕茧收购、农村蚕房建设等资金需求，该公司在琼中10个乡镇和万宁、儋州、屯昌等地设立机动收购点，带动了535户贫困户通过种桑养蚕脱贫增收，该公司帮扶的每户贫困

户年产蚕茧约400千克，带来售茧收入约15000元。

就业扶贫有保障。企业鼓励当地贫困户到公司就业，解决当地153名建档立卡贫困户就业问题，员工年平均工资超过4.5万元。如屯昌梦幻香山芳香文化园旅游扶贫项目，该景区有70%的岗位是吸收周边贫困村民来就业的，每名员工仅工资收入一年就有3万多元，还在景区内为贫困户免费提供经营摊位。

技术扶贫添动力。充分发挥平台资源聚合优势，引导海南正业中农、传味文昌鸡、石斛公司、翔泰等公司为贫困种植户、养殖户传授种植和养殖技术等。

捐赠扶贫显担当。引导企业资金投向深度贫困地区，海南口味王向琼中县深度贫困村南邱村捐赠资金共计30万元，并与当地益利槟榔合作社签订了槟榔定向收购协议，为南坵村的槟榔打通销售渠道。

由于帮扶成效显著，扶贫业务（创新）处创新搭建的“农业政策性金融产业扶贫合作平台”精准扶贫案例和贷款支持的海南文昌传味鸡公司精准扶贫案例于2019年底成功入围国务院扶贫办“企业精准扶贫专项50佳案例”，成为向全国推广的可信、可行、可学的创新经验。

走进大山深处的“黄阿叔”

——记“2018年海南省打赢脱贫攻坚战先进个人”黄海军

临危受命，怀着支农为国的初心，担着扶贫为民的使命，作为行里为数不多又精通黎族语言的员工，黄海军告别了瘫痪卧床15年的老父亲和照看两个孙子的70岁老母亲，义无反顾地走进定点贫困村琼中县中平镇南坵村。

南坵村地处琼中县边远山区，距离县城约28千米，是黎族同胞聚居村落，也是琼中县唯一的深度贫困村。产业收入不稳定，危房改造进展缓慢成为影响村民安居乐业的最大阻力。为早日实现村民们安居乐业的梦想，从进村那天起，黄海军就深入田间地头与村民一起吃住劳作，走村串户面对面地工作。正是这个时候开始，“黄行长”这

■黄海军（中）在海南省琼中县中平镇南坵村贫困户家中调研

黄海军，黎族，中共党员，现任农发行琼中县支行党支部委员、副行长，2017年驻琼中县南坵村扶贫；2018年获“海南省打赢脱贫攻坚战先进个人”荣誉称号；2021年获“中国农业发展银行2020年度脱贫攻坚贡献奖先进个人”荣誉称号。

个称呼渐渐地被人淡忘，村民们都亲切地叫他“黄阿叔”。

抓党建聚人心　以新办法占领新阵地

初到南坵村，面对党支部底子弱、工作思路不清，村小组长执行力不强，群众对干部意见大等多重问题，担任驻村工作队副队长的“黄阿叔”意识到，不下一番功夫，实现整村高质量脱贫退出目标只能是空谈。

扶贫工作千头万绪，加强基层党建十分关键。黄海军建议并协助南坵村党支部开展“我为党徽添光彩，建设美好新南坵”的系列活动，利用“七一”党日活动到琼海根据地、纪念场所举行“升国旗”“重温入党誓词”仪式，发动全体党员叫响“看我的、跟我来”口号，提升党员干部凝聚力；利用“红黑榜”开展评比寻找干群差距；开展“篮球赛比起来、广场舞跳起来”活动，调动广大村民追求健康生活的积极性，扩大与群众交往的广泛性，缩短了贫困户、一般户的距离；开展感恩教育活动，让村民学会感党恩。这一系列活动的开展凝聚了人心，形成和谐氛围，为后来拆旧建新、改善人居环境、提升乡风文明以及整村脱贫发挥重要保障作用。

拆危房建新村　用办实事温暖众人心

南坵村原有危房、猪圈共100多间，整个村庄民居破败不堪，弥漫着一股让人难以忍受的“猪屎味”，为改善村民的居住环境，“黄阿叔”决定拆旧建新，大刀阔斧进行环境整治。

在拆旧房中，各村小组陆续涌现出“从我先拆”的党员，但也有个别村民对拆旧工作不予配合。

村里的一户贫困边缘户要求享受贫困户的福利政策，否则说什么都不配合，老户主情绪过激住进了医院，老太太气愤地吼道：“都是你们，我老伴都气住院了。”家里两个儿子甚至对驻村工作队员挥起了拳头，镇领导到户进行思想工作也无果，拆旧房工作一度陷入僵局。后来黄海军了解到这户人家里的灵芝、蜂蜜、糯米酒由于没有销售渠道，导致产品积压、收入锐减，他便利用消费扶贫方式帮助他们促销大量农副产品。逢下雨天就到他们家里帮忙收晒在外场的稻谷，饭后经常跟他们促膝长谈，讲政府的扶贫政策，讲农发行的扶贫措施，慢慢地这一家人感受到了他的诚意，把“黄阿叔”当成了自家人，终于主动开口同意了拆旧改造。

但是南坵村危房改造的“五个直观”仍没有完成，地板未硬化、门窗未装、水电没通。因开工条件差、要求竣工时间短，很多工程队都不敢接建房工程，接下建房工程的工程队也是今来明走。污水处理建设工程因工程队吃住问题，用电问题无法入场，污水管道引管问题遭到村民阻挠而“建建停停”。“黄阿叔”在困难面前不退缩，再次寻来工程队，多方协调解决吃住问题，协调好村民争议问题，最终工程队安心下来加班加点地赶工程进度。

在危房改造进入最后攻坚时期，突遇台风袭击，导致全村断电，严重影响工程进度，“黄阿叔”驾驶自家汽车顶风冒雨来回急行56千米，借来发电机恢复工程用电，保证了危改房、污水处理建设工程如期完成。在一个半月时间里，完成危房改造29套、危房建设15间、房屋补漏35间；在一个月时间里完成了两处污水处理室建设，运转设备安装，得到了县委书记与县长的表扬，并让其他乡镇驻村干部过来学习经验，“猪屎味村”也变成了省里授予的“美丽乡村”“卫生示范村”。

扶真贫助产业　让贫困村实现致富梦

习近平总书记强调，发展产业是实现脱贫的根本之策。农发行海南省分行聚焦产业扶贫，在2017年6月联合省扶贫办、省工商联创新搭建“农业政策性金融产业扶贫合作平台”，吸收42家农业领军企业加盟平台，种桑养蚕、槟榔种植、污水处理等多个项目纷纷落地南坵村，给当地贫困村民带来了致富希望。

为巩固和增加贫困户收入，“黄阿叔”积极与企业沟通协商，推动项目有效落地，根据贫困户参与产业发展遇到的情况，及时向企业反馈，以便项目能够发挥更加精准的扶贫效益。对于种桑养蚕项目怎么开展，“黄阿叔”也有自己的想法，他代表农发行与项目公司海南中丝发展有限公司协商，出谋划策创新种桑养蚕做法，由镇政府出资帮助村民种桑建蚕房，公司出技术指导，农发行发放优惠扶贫贷款支持公司收购蚕茧。这种做法有效克服了农民劳动力不足和技术不娴熟问题，获得村民的一致认可和欢迎。农户销售蚕茧可达9000千克，产值26.2万元。一张张收获的笑脸是对农发行定点扶贫工作的一种肯定。

“黄阿叔”还主动探索出“村委会+致富带头人+村民”模式，支持养羊产业，为此他多次找到致富带头人做思想工作，最终促成农发行海南省分行依托“农业政策性金融产业扶贫合作平台”成立的“稳固脱贫成效基金”6万元投入养羊项目。在黄海军的努力下，小小养羊项目养殖黑山羊100余只，解决35人就业问题，帮助4户贫困边缘户增加收入，扶贫成果见到实效。

2018年12月，南坵村实现全村建档立卡贫困户111户483人顺利脱贫，退出贫困村序列，南坵村脱贫攻坚中队获得“海南省打赢脱贫攻坚先进集体”称号。

2019年5月，全省聚焦“两不愁三保障”脱贫攻坚“背水一战”推进大会上，黄海军从海南省省长手中接过"海南省打赢脱贫攻坚战先进个人"表彰奖状，此时电视机前，他的老父亲流下了热泪，一旁的老母亲也红了眼眶，年幼的儿子拿起手机高兴地喊道："看啊！看啊！我爸爸上电视了！我爸爸上电视了！我爸爸在做一件特别有意义的事情，我要把它发到朋友圈去！"儿子似乎忘记了对爸爸的埋怨，就在几天前他还抱怨着爸爸为什么总是不参加家长会。

而黄海军，他怎么会不想尽到儿子和父亲的责任呢，哪怕给老父亲递上一杯热茶、给老母亲捶一捶背、给睡着的孩子掖一掖被子也好啊，可是南垭村近千个村民更需要他，200多个家庭的父母孩子更需要他。

"一定要让南垭村'安居乐业的梦'不再是'梦'，脱贫致富的路越走越宽。"黄海军心中有一个坚定的信念，要实现全村脱贫，更要实现高质量退出目标，他以一种海南男人特有的倔强坚持着，坚定情系"三农"的责任担当，发扬大浪拍岸的干事激情，用一双勤奋的手，书写出农发行人支农报国浓墨重彩的一笔。

南垭村致富奔小康的步伐继续前进着，而另一边，黄海军的老父亲病情也渐渐稳定了，老母亲看着老伴说道："老头子，当初你给儿子起'海军'这个名字，是希望他能当一名真正的海军战士，守卫祖国的南海国防，可咱儿子今天用另外一种方式，用他满腔的热血耕耘着自己的家乡沃土，为致富脱贫贡献着力量！"

个人感言：田间地头问寒暖，履职尽责诺宣言。扎根黎乡摘穷帽，携手百姓焕笑颜。

重庆市

情系巴渝　践行嘱托

——记“重庆市脱贫攻坚先进集体”农发行重庆市分行

农发行重庆市分行深入学习贯彻习近平总书记重要讲话精神和指示要求，把服务脱贫攻坚作为履职第一要务，挂牌督战、尽锐出战，把习近平总书记的殷殷嘱托全面落实在行动上，千亿元农业政策性资金源源不断注入重庆18个贫困区县，交出了决战决胜脱贫攻坚的硬核答卷。老百姓的日子越过越红火，巴山渝水焕发生机，山城儿女与全国人民一道告别了延续千年的绝对贫困，农业政策性金融扶贫在助力重庆脱贫攻坚战中书写下浓墨重彩的一笔。

■农发行重庆市分行贷款支持的中益乡大湾民宿首次分红大会

农发行重庆市分行坚持以服务脱贫攻坚统领信贷支农工作，逐年组织开展服务脱贫攻坚“推进年”“深化年”“决战年”“决胜年”活动，建立脱贫攻坚考核体系，创建行领导扶贫包片、处室对口联系、督导组巡回督导等机制，扶贫贷款投放额、余额始终位居全市金融同业第一，有力地发挥了金融扶贫先锋主力模范作用。农发行重庆市分行、酉阳县支行被市委、市政府表彰为“重庆市脱贫攻坚先进集体”。

攻坚贫中之贫　拔掉穷根子

小满刚过，芒种将至。连日雨水滋养，地里绿油油的黄精叶迎着骄阳随风摇曳，为重庆市石柱土家族自治县中益乡更添生机。

2019年4月，习近平总书记来到重庆市考察调研。一下飞机，他就转乘火车、汽车前往中益乡小学、华溪村，深入农户家中和田间地头，实地了解脱贫攻坚工作情况和解决“两不愁三保障”突出问题情况。他说：“看到大家不愁吃、不愁穿，教育、医疗、住房安全越来越有保障，心里感到很托底。”

然而，坐落在大风堡原始森林深处的中益乡，产业基础薄弱、基础设施建设滞后、公共服务供给不足，长期阻碍着经济发展，导致这里曾是重庆市18个深度贫困区县之一。

曾经的穷沟沟如何变成了让人心中托底的“幸福窝”？开对药方子，才能拔掉穷根子。

站在全国“万企帮万村”精准扶贫行动先进民营企业——石柱县泽泰中药材专业合作社联合社大门前，“发展合作经济　助推产业脱贫”12个大字映入眼帘，正是中益乡走出的脱贫之路。

近年来，依托泽泰合作社，乡里建起了1600公顷[①]中药材示范基地，年产值最少可实现3000万元，中药材产业越办越红火。采取“订单种植、土地入股、土地流转、劳务用工、股权收益、基金收益”等模式，累计带动1100余户贫困户户均年收入超过12000元。

“产业带动一批”的背后，离不开农业政策性金融的支持。农发行重庆市分行发放的首笔农民专业合作社流动资金贷款，用于支持泽泰合作社向建档立卡贫困户收购前胡、紫苑等中药材。2017年以来，该行累计发放贷款1900万元，推动中药材产业发展，助力增强中益乡脱贫攻坚的内生动力。

除了发展产业，农发行重庆市分行一直在行动，补齐基础设施与公共服务的短板。通乡公路高山蜿蜒，田间小道平坦整洁，让人很难想象过去中益乡“组上没路，村里土路，雨天车难行”的窘迫。为了加快当地农村公路建设，该行发放贷款3801万元，支持沙子镇经中益乡至大沙村39千米公路改造，缓解了项目启动资金不足的燃眉之急，助力山里的农产品“走出去”、沿线农户富起来。

---

① 1公顷=0.01平方千米。下同。

扶贫必扶智。根据乡里脱贫攻坚规划方案，农发行重庆市分行主动提供优惠利率，投放扶贫过桥贷款687万元，改扩建中益乡小学综合楼，整治校园环境，让孩子们不仅“有学上”，而且“上好学”。

2016年以来，农发行重庆市分行累计审批中益乡项目贷款5.5亿元，发放3.12亿元，修公路、兴产业、美环境、提质效，大力助推当地综合贫困发生率由2017年底的8.8%降至零。

打赢深度贫困地区脱贫攻坚这场“硬仗中的硬仗”，农发行人的战场遍布全市18个深度贫困乡镇，累计审批涉及全市18个深度贫困乡镇贷款逾40亿元，瞄准交通、住房、环保等民生工程精准发力，累计发放贷款逾30亿元，助力拔掉贫中之贫的“穷根子”，深度贫困乡镇贷款余额位列全市金融同业第一。

解决突出问题　做出好样子

脱贫攻坚战打响以来，农发行重庆市分行逐年开展服务脱贫攻坚“推进年”“深化年”“决战年”“决胜年”活动，推动各方力量、各项工作、各种资源向服务脱贫攻坚聚集，形成了全行、全力、全程扶贫的工作格局。

聚焦脱贫攻坚重点领域和薄弱环节，积极争取成为继贵州之后农发行总行与地方共建的农发行系统第二个省级政策性金融扶贫实验示范区，扶贫实验示范区贷款发放额超过750亿元，超额完成“十三五”意向授信额度。连续四年荣获重庆市银行业“最具社会责任金融机构奖”和“社会责任精准脱贫奖”，展现了金融扶贫先锋主力模范的好样子。

针对“一方水土养不起一方人”的问题，积极参与制订重庆市“十三五”易地扶贫搬迁规划，发放贷款近130亿元，支持13个贫困区县安置点、配套基础设施和公共服务设施建设，累计支持14.9万人易地扶贫搬迁。

针对贫困地区造血功能不足的问题，把支持产业化经营和特色产业发展作为主攻方向，累计发放产业扶贫贷款121.13亿元，因地制宜支持重庆市10大山地高效特色产业和“10+2”特色扶贫产业发展，大力支持了重庆市“1+3”田园综合体建设项目，带动2.79万建档立卡贫困人口人均年增收1400元。特别是围绕重庆市实施全域旅游，支持了20余个贫困区县AAAA级以上旅游扶贫项目，有效带动当前产业发展和乡村建设。

针对贫困人口基本生产生活条件落后的问题，打出基础设施扶贫、教育扶贫、贫困村提升工程、健康扶贫等信贷支持“组合拳”，加大对路、水、电、信、环保等资金投入，累计发放扶贫贷款531.37亿元，助力补齐贫困地区基建短板。

针对区域发展不协调等问题，加强扶贫帮扶，持续推进万户百村行长扶贫、“万企帮万村”、“东西部扶贫协作”等精准扶贫行动。五年来，累计捐赠扶贫资金、物资超过600万元，各分支行对口帮扶贫困村23个、建档立卡贫困户761户，累计派出第一书记7名、驻村工作队员28人。农发行重庆市分行机关开设“爱心扶贫超市”，全辖累计购买贫困地区农产品逾450万元、帮助销售农产品近6900万元。

同时，农发行重庆市分行不断健全完善扶贫组织、考核与责任体系，层层压实责任，形成行领导扶贫包片、处室对口联系、督导组巡回督导等机制，上下齐心协力坚决完成脱贫攻坚任务。

形成长效机制　探索新路子

75岁的马兴荣永远不会忘记2020年5月7日这一天，他领到了第一笔股东分红2177.69元。中益乡大湾乡村民宿曾是老人的家，曾经的破棚屋变成了如今游客如织的特色民宿，带来了农村“三变”促“三增”的示范效应。

据了解，农发行重庆市分行审批贷款3.6亿元、累计发放1.49亿元，支持了包括大湾民宿在内的中益乡康养综合体项目建设，整个综合体项目预计将带动500余户1700余人发展增收，每户年均增收2.4万元。

扶贫路上，农发行重庆市分行坚持创新引领，围绕建立稳定脱贫长效机制、巩固脱贫攻坚成果，积极开展产品创新、模式创新、服务创新，探索政策性金融扶贫新路子。

位于酉阳县大溪镇的油茶基地，油茶树苗铺满梯田，绵延了整座山坡。小小树苗不起眼，结出的果子可是农户们眼里的“金疙瘩”。

家住酉阳县可大乡吴家村的狮岩油茶种植专业合作社副总经理彭明，在外打工30多年，2015年回家过年时，乡镇干部正挨家挨户走访宣传油茶种植政策，鼓励有想法、有经验、有技术、有资金的外出务工人员返乡创业。彭明动了心，决定留下来干出一番事业。

在乡里的支持下，彭明与当地村民共同成立油茶种植专业合作社，与酉州生态农业发展有限公司签订收购合同，实行订单式种植。短短几年时间，合作社流转经营和负责管理的油茶面积就超过640公顷，其中新种植面积达66.67多公顷。产品销路虽然不成问题，但前期资金投入仍存在巨大缺口。

彭明和狮岩合作社所面临的资金短缺问题并不是个案。农发行重庆市分行在调研中了解到，全县油茶产业链条上的各类主体散而多、多而不大、大而不强，产量不高，经济效益低，单纯依赖政府扶持或者小额贷款很难满足资金需求。

针对产业发展瓶颈，农发行重庆市分行经过多次走访调研，按照“政府主导、龙头带动、联合经营、一县一品”的原则，创新推出“农发行+地方政府+龙头企业+合作社+风险补偿基金+保证担保+保险”的“1+6产业化联合体模式”。农业产业化龙头公司与合作社签订收购合同，实行订单式种植，带动农户以土地流转租金、入股分红、劳务协作等形式加入专业合作社，预计每户每年实现增收4000元，实现六方共联合力脱贫的态势。

采取该模式，农发行重庆市分行已审批龙头企业贷款13.5亿元，投放7.3亿元，向38个农民专业合作社投放贷款8595万元，支持6666.67公顷油茶基地建设，带动12900余名建档立卡贫困户通过参与油茶产业规模化经营实现脱贫增收。通过持续支持，助力把酉阳县建成全国油茶第一大县。

同时，农发行重庆市分行召开宣介会复制推广该模式，在万州区落地支持100万头生猪有机农业产业化建设项目，在其他区县也正在复制推广中，走出了一条脱贫攻坚与乡村振兴有效衔接的新路径，被农发行总行作为“两不愁三保障”信贷支持模式典型案例在全国推广。

金融活水来　山乡换新颜

——记"重庆市脱贫攻坚先进集体"农发行酉阳县支行

重庆市酉阳土家族苗族自治县（以下简称酉阳县）位于重庆市东南部，地处武陵山区腹地，是出渝达鄂、湘、黔的重要门户，素有"渝东南门户、湘黔咽喉"之称，集"老、少、边、穷"于一体，辖区面积5173平方千米，辖39个乡镇（街道）、278个行政村（社区），总人口86万人，是重庆市辖区面积最大、贫困人口最多的县，全县建档立卡贫困人口15.3万人，2014年全县贫困发生率高达17.4%。脱贫攻坚战打响以来，农发行酉阳县支行始终践行"支农为国、立行为民"的职责使命，充分发挥农业政策性金融的骨干和引领作用，以助推脱贫攻坚为己任，加大信贷投放力度。

农发行酉阳县支行支持油茶基地建设

农发行酉阳县支行始终践行"支农为国、立行为民"的职责使命，充分发挥农业政策性金融的骨干和引领作用，以助推脱贫攻坚为己任，加大信贷投放力度。"十三五"期间，该行累计获批扶贫贷款85.8亿元，发放扶贫贷款76.37亿元，助力全县加快脱贫攻坚进程，130个贫困村全部销号。2021年4月，在重庆市脱贫攻坚总结表彰大会上，该行荣获"重庆市脱贫攻坚先进集体"称号。

聚焦重点领域　打出精准扶贫组合拳

2015年12月23日，农发行重庆市分行与酉阳县政府签订了五年授信80亿元的战略合作协议，“十三五”期间累计获批贷款92.8亿元，超额完成战略合作协议约定授信额度。农发行酉阳县支行紧紧围绕酉阳县“十三五”发展规划，聚焦脱贫攻坚薄弱环节和重点领域，打出精准扶贫的信贷组合拳。针对“一方水土养不起一方人”问题，累计发放易地扶贫搬迁贷款逾8.3亿元，全力服务2.4万余建档立卡贫困人口的安置房、配套基础设施和公共服务建设。面对城市发展空间不足，棚户区居民拥挤不堪的“老大难”问题，累计发放贷款7.2亿元支持棚户区改造，惠及贫困户462户；面对农村生活环境差的状况，支持龚滩片区及阿蓬江沿线旅游产业开发，发放贷款7.56亿元，改善区域内近1.81万建档立卡贫困人口居住环境；面对“穷县要办大教育”、学生入学难的窘境，发放贷款3.35亿元，助力解决区域内教育资源短缺、学校分布不均等问题，惠及近2000名建档立卡贫困户；获批贷款3亿元，投放1.9亿元，助力解决农村集镇饮水安全问题，惠及建档立卡贫困人口4.2万余人。据统计，该行五年来累计发放贷款77.37亿元，其中发放精准扶贫贷款76.37亿元，占投放总额的98.71%，有力地支持了易地扶贫搬迁、水利建设、农村公路、人居环境、棚户区改造、教育基础设施、油茶产业、深度贫困乡镇提升等重点项目的建设，为酉阳县脱贫攻坚提供了强有力的资金支持。

创新扶贫模式　抓住产业扶贫“牛鼻子”

产业扶贫既是促进贫困人口较快增收的有效途径，也是巩固长期脱贫成果的根本举措。酉阳县有着油茶种植的百年历史，被誉为“油中之王”的茶油，不仅拥有独特的营养价值和可观的经济价值，更重要的是适合在高山及丘陵地带种植，油茶产业成为全县脱贫攻坚和农民致富的支柱产业。开对“药方子”，才能拔掉“穷根子”。找准产业只是精准扶贫的第一步，为实现兴旺一个产业带动一方经济、致富一方百姓的良性循环，在农发行重庆市分行的指导带动下，该行创新推出产业扶贫“1+6”模式（“农发行+政府+龙头企业+合作社+风险补偿基金+保证担保+保险”），按照“政府主导、龙头带动、联合经营、一县一品”的原则，采取“公司+农民专业合作社+农户”的组织模式，形成农业产业化联合体，以参与产业链经营管理的实体公司带动经营主体壮大，推动特色产业发展。累计发放贷款9.3亿元，用于支持14466.67公顷油茶基地建设，带动贫困户15000余人增收；累计向37个农民专业合作社发放贷款9895万元，用于购进苗木、化肥等生产资料和管护流动资金需求，带动贫困户155人增收。在信贷资金的撬动下，龙头企业已建立建成36.67公顷的苗圃生产基地，实现年产油茶苗1500万株；完成标准化油茶基地建设14466.67公顷，惠及34个乡镇142余个村；已联结带动全县142个专业合作社，联结农户4.4万户15万人；实现农户增收达9800多万元，在基地务工的农户达3000人以上，参与务工的贫困户人均每月增收可达2000元以上，真正意义上实现了贫困户的稳定增收。

派驻第一书记 驻村帮扶显成效

开展驻村工作是落实扶贫政策、输送帮扶资源、打通扶贫开发“最后一公里”的桥梁和纽带，农发行重庆市分行作为支持地方脱贫的主力军，积极响应县委、县政府安排布置，充分发挥党支部组织优势，组织全行员工每人挂靠贫困户五户，并推选一名“第一书记”于2018年开始到天馆镇康家村驻村扶贫。针对该村产业发展滞后，基础设施薄弱等致贫症结，该行与村“两委”积极主动作为，内外联动，积极争取政策和资源，帮助引进农业公司支持该村产业发展。同时，积极组织开展消费扶贫、贫困慰问、扶贫捐赠等活动，累计购买康家村贫困户农副产品6.7万元，公益捐款11.2万元。在该行的对口帮扶下，康家村村容村貌、人居环境、基础设施建设等发生了巨大变化，获得了村民、村“两委”的高度认可，为2020年10月康家村整村脱贫奠定了坚实基础。

在这场势在必得的决战决胜脱贫攻坚战中，农发行重庆市分行尽锐出战、冲锋在前、硕果累累，扶贫工作得到了上级行和地方党政部门的充分肯定，先后荣获“2015年酉阳县扶贫开发工作先进集体”，重庆市银行业2017年度“社会责任特殊贡献奖”，重庆市分行2018—2019年度“脱贫攻坚集体贡献奖”，重庆市总工会、人民银行重庆营业管理部2020年“重庆市金融精准扶贫劳动和技能竞赛先进集体”。派驻的驻村第一书记陈辉同志荣获重庆金融系统“优秀扶贫干部”和重庆市分行2020年度“脱贫攻坚先进个人”。

脱贫摘帽不是终点，而是开启新征程的起点。迈入“十四五”新征程，农发行重庆市分行将继续发挥政策性金融“当先导、补短板、逆周期”作用，用心用情用力持续巩固拓展脱贫攻坚成果与乡村振兴有效衔接，继续争当金融服务巩固拓展脱贫攻坚成果、全面推进乡村振兴的先锋主力模范。

四川省

贫困县“摘帽”背后的金融之力

——记“2017年四川省脱贫攻坚先进集体”农发行四川省分行

2020年11月17日，经四川省人民政府批准，位于国家层面“三区三州”凉山彝族自治州的昭觉、越西、金阳、喜德、布拖、普格、美姑7个县退出贫困县序列。至此，四川省88个贫困县全部清零，标志着四川省基本攻克深度贫困堡垒，离历史性地消除绝对贫困、实现全面小康又迈出关键一步！这朵“幸福花”历经风雨，来之不易。这背后始终有一股源源不断的“活水”，在默默地浇灌着滋润着，那就是农业政策性金融。

2013年底，四川省有625万建档立卡贫困人口，全国占比7%。在全省183个县（市、区）中有66个国家级贫困县、22个省级贫困县，其中深度贫困县45个，辖内有

■ 农发行四川省分行贷款支持的喜德县30万头生猪繁育基地产业扶贫项目

农发行四川省分行成立于1995年1月18日，现有113个分支机构，在职员工2699人。“十三五”期间，该行充分发挥金融助力脱贫攻坚主力军作用，累计发放扶贫贷款1826亿元，荣获2017年“四川省脱贫攻坚先进集体”称号。截至2020年末，扶贫贷款余额为1185亿元，位居四川金融机构第一位。

秦巴山区、乌蒙山区、大小凉山彝区、高原藏区四大连片特困地区，是脱贫攻坚任务最重的省份之一，是全国脱贫攻坚的主战场。

脱贫攻坚战打响以来，农发行四川省分行把服务脱贫攻坚作为首要政治责任、最大民生工程，秉承家国情怀，不畏艰难，勇挑重担，以扶贫统揽业务发展全局，积极落实国家精准扶贫、精准脱贫战略部署，用好、用足总行差异化政策，汇全行之智、举全行之力构建大扶贫格局，彰显了“扶贫银行”的担当与作为。

建队伍　激发内生动力

时间拉回到2015年底，为贯彻落实中央扶贫开发工作会精神、着力发挥政策性金融扶贫骨干和带头作用、汇聚打赢脱贫攻坚战的澎湃力量，农发行四川省分行率先成立了脱贫攻坚工程领导小组，明确组织领导，落实工作责任，拉开了金融服务脱贫攻坚这部“大剧”的帷幕。

为高质高效推进金融扶贫工作，农发行四川省分行将其列为“一把手”工程，设立扶贫业务处，专司全行扶贫工作，组建中国农业发展银行扶贫金融事业部四川分部及执行委员会，打造专业服务团队，积极向各级党政汇报宣传农发行扶贫信贷政策，制订“一条龙”金融服务方案，推动一个又一个项目在全省落地生根、开花结果。

在四川省45个深度贫困县中，有42个位于甘孜州、阿坝州、凉山州（“三洲”），是典型的贫中之贫、困中之困。而农发行在这里的业务发展也迟迟未打开局面。截至2015年末，支持“三州”贷款总量仅22亿元，信贷资金投放不足与迫在眉睫的脱贫攻坚任务形成强烈反差。抛开大环境影响等客观因素，长期的业务发展乏力也让“三州”分行部分干部员工“闲”了下来。俗话说“刀不磨，要生锈”，不会做业务成了阻碍业务发展的枷锁。为有效解决“人才匮乏”问题，该行提出了“人才输送”计划，通过将“三州”分行业务骨干“接出来”安排先进行学习锻炼、将业务能手“送进去”实地传授先进经验，帮助“三州”分行提升业务水平和管理能力。累计“人才输送”双向交流104名员工，有效促进了“三州”分行业务发展和队伍建设。截至2020年12月末，“三州”分行贷款总量近160亿元，是2015年底的7.3倍。

战深困　出真招见实效

脱贫攻坚本来就是一场硬仗，而深度贫困地区脱贫攻坚是这场硬仗中的硬仗。在四川省45个“深困堡垒”中，农发行除在甘孜州府康定市、阿坝州府马尔康市设立州分行外，仅有阿坝州松潘县支行一个基层支行，金融服务极不方便，带动作用发挥不充分，金融“活水”难以输送到大山深处。

地处小凉山深处的马边彝族自治县，是45个深度贫困县之一，道路崎岖，交通闭塞，鲜有金融机构驻扎。提高金融扶贫的精准度、发挥好政策性金融在助力脱贫攻坚中的重要作用，农发行义不容辞，责无旁贷。在农发行总行的大力指导和关心下，2018年8月30日，农发行马边县支行正式挂牌营业。从此，深度贫困地区又多了一个“造血站”。

除在深度贫困县设立分支机构外，农发行四川省分行结合实际情况，因地制宜，化整为零，在无分支机构的国家级贫困县设立扶贫工作组，切实保障政策性金融服务无死角、全覆盖。

实施党建结对共建是该行党委出台的一项加强贫困地区基层党组织建设、深入拓展信贷支农的创新举措。自2017年起，农发行四川省分行行领导、省分行机关各处室党支部连续四年与“三州”分行党委以及金融扶贫成效有待提升的16个贫困地区县支行党支部开展党建结对共建，坚持每季度至少一次到基层行现场督导。以党建促发展，用发展强党建。这一举措既帮助了基层行解决工作中遇到的困难和问题，又加强了机关党支部和基层行党支部的沟通联系，有效提升了基层行党组织服务脱贫攻坚的信心和决心。

2020年初，四川省仍有凉山州辖属的昭觉、美姑、越西等7个县未“摘帽”、300个贫困村未退出、20.3万贫困人口未脱贫。脱贫攻坚越到最后时刻越要响鼓重锤。为充分发挥政策性金融在攻克最后深度贫困堡垒的关键作用，按照总行《脱贫攻坚挂牌督战工作方案》要求，农发行四川省分行迅速制订了支持深度贫困地区脱贫攻坚挂牌督战工作方案，明确挂牌督战目标、内容、分工和方式，压紧压实各方责任，全力全速推动金融助力七县“摘帽”。

建立了机制还得要有人来干，而脱贫攻坚党员先锋队就是这群“不破楼兰终不还”的人。农发行四川省分行组建了由省行分管扶贫工作的副行长任总队长的凉山州深度贫困县脱贫攻坚党员先锋队，同时成立先锋队临时党支部，队员由从全省信贷业务骨干中优选的8名政治强、业务精、作风实、能吃苦的副科级以上中青年管理岗干部组成，驻扎凉山州7个县开展为期一年的金融帮扶工作。先锋队成员再与凉山州分行相关人员混编成3个片区工作组，分县逐一制定对接帮扶目标和措施，将工作落实到具体项目，责任落实到具体部门和人员，主动向当地党政和企业宣讲农发行信贷政策和产品，对接信贷融资需求，全程做好贷款营销、评估上报和资金投放等工作。

“我们先锋队奔赴凉山后仅用七天时间，就完成了‘未摘帽’深度贫困县的5个项目、17.03亿元贷款的调查和审批，后续的信贷资金投放支付也将以最快速度完成。”先锋队成员陈显波自豪地介绍。

挪穷窝　安居而后乐业

在南充市顺庆区七坪寨村，一排排错落有致的二层小楼点缀在青山绿水之间。

"以前的家在后山梁上，还是20世纪的青瓦房，路不好走，下山挑个水都要走半个多小时！最怕下雨天了，外面下大雨，家里下小雨，住惯了破房子，现在真要搬进'别墅'了还有点不适应呢！"赵昌国大爷指了指远处即将竣工的集中安置点二层小楼，挠着头忍俊不禁。这是他心中最安逸的"别墅"。

农发行四川省分行聚焦"两不愁三保障"，着重围绕易地扶贫搬迁、涉农棚户区改造、危旧土坯房改造等民生领域，积极与各级地方党政部门对接，让广大群众住有所居。据统计，"十三五"期间，该行向贫困地区投放与安居有关的项目贷款超过1500亿元，改善全省183万贫困人口的住房条件，涉及面积6900万平方米。

搬得出，还要稳得住、能致富。一人就业，全家脱贫，增加就业是最有效最直接的脱贫方式。

在农发行四川省分行7000万元新兴产业扶贫贷款的助力下，位于昭觉县的虹谷拉达现代农业产业园区项目扶贫带动效益与日俱增。目前已在全县两个贫困村培育成立了农民专业合作社，吸纳贫困户作为合作社成员，享受利润分红并优先入园务工，务工人员年均增收8000余元，其中雇用了487户1461人建档立卡贫困户，一年下来每户收入可超过12000元。

产业带动效应也在该行助力南充市营山县打造的新法朗农业产业园项目中体现得淋漓尽致。在3亿元"金融活水"支持下，当地依托产业园形成了"农旅""商旅""文旅"相融合的"现代农业+"发展新格局。2020年，这一项目成功申报为四川省省级示范农业主题公园，真正做到"带富一方"。

据统计，"十三五"期间，农发行四川省分行累计发放产业扶贫贷款超200亿元，特别是加大对川粮、川猪、川茶等四川"10+3"特色产业的金融支持，有效带动2万余名建档立卡贫困人口增收脱贫。

换新颜　改善基础设施

位于乌蒙山区川黔交界的泸州市古蔺县是国家级贫困县，"路难走"严重制约了当地经济社会发展。农发行四川省分行向当地发放6亿元路网建设贷款，支持183.26千米农村公路建设，为沿线贫困群众打通了"致富路""便民路"。"现在路好走了，交通方便多了，基本上家家户户都买了小汽车了。"古蔺县太平镇村民曾勇高兴地介绍道。

同为贫困地区的宜宾市兴文县则一直"喊渴"，当地属于典型的喀斯特地貌，地表含蓄水量低，共有131个旱山村和缺水村。农发行四川省分行引入2.65亿元“金融活水”，使兴文县57个贫困村水利基础设施基本完善，直接受益人口14万人，保障了“人有水饮用，田有水灌溉”，极大地改善了当地群众的饮水安全，提升了农业生产能力，更好地助力贫困群众脱贫致富。“饮水方面改善多了，以前是真的没有水，现在是随时开随时有，简直不敢想象！”兴文县黄草坪村村民刘成刚的喜悦之情溢于言表。

近五年来，农发行四川省分行紧盯贫困地区基础设施短板弱项持续用力，积极支持贫困地区交通路网、农村生态、水利设施等“三农”重点领域和社会民生基础设施建设，累计发放各类贷款超过2000亿元，支持新建或改建绿化设施面积550万平方米、公共厕所7860座、医院56个，解决89万贫困地区农村人口安全饮水问题、13万贫困地区农村人口用电问题，生态修复治理14000公顷，惠及贫困人口约350万人次。

斩穷根　扶贫必先扶智

扶贫必扶智，治穷先治愚。曾几何时，办学能力有限、大班额教学普遍、每年约有500名城区学生无法就近入学等问题困扰着甘洛县教育事业发展，解决这一难题势在必行。农发行四川省分行贷款1.4亿元支持甘洛中学新校区（初中部）、河东新区小学和甘洛民族中学三所学校实施了新建和扩建工程，有效缓解县里学校的招生压力，对促进该县教育均衡发展、实现教育公平意义重大。

“北京太美了！我要好好努力读书，将来再到北京上大学！”当时就读于凉山州昭觉县阿土列尔村（俗称“悬崖村”）小学的14岁小学生额其古伍，在心灵深处默默地种下一颗种子。

2018年8月，农发行总行举办“凉山情·中国梦”青少年夏令营活动，把大凉山深处26名品学兼优的贫困学生代表带到了首都北京。第一次坐飞机、第一次到北京、第一次在天安门广场看升旗仪式，那次夏令营难忘的经历对这些从未走出过大山的孩子们意味着太多……

“感谢农发行的叔叔阿姨们，在今年疫情期间还送来了口罩、消毒液、体温计等防疫物资。”2020年7月，从“悬崖村”小学顺利毕业的额其古伍，随全家住进了昭觉县昭美社区易地扶贫搬迁安置点，目前在昭觉县东晨中学上初一，成绩优秀的她还当上了副班长。

“‘十四五’规划和2035年远景目标纲要已为农业政策性金融事业提出了新的要求，指明了前进方向。”农发行四川省分行党委书记、行长董明表示，该行将以学习党史教育为契机，驰而不息，接续奋斗，继续保持良好的发展势头，以实现巩固拓展脱贫攻坚成果同乡村振兴有效衔接为己任，为助力全面建设社会主义现代化国家作出更多更大贡献。

下足绣花功　活水润嘉州

——记“2020年四川省脱贫攻坚先进集体”农发行乐山市分行

农发行乐山市分行始终把金融扶贫作为一项最大的政治工程、民生工程和发展工程。脱贫攻坚战打响以来，该行下足“绣花功夫”，探索创新扶贫模式，打出金融扶贫“组合拳”，为地方决胜脱贫攻坚、起步乡村振兴作出突出贡献。

切实履职　为决胜脱贫攻坚“出实招”

“现在我们住上了新房，什么都方便，日子过得越来越好了，城市也越来越漂亮了，我们每一天心里都高高兴兴的。”沐川县沐溪镇马鞍山棚户区（城中村）改造项

农发行乐山市分行倾情帮扶马边县民主镇小谷溪村

农发行乐山市分行下辖7个县支行，在职员工164人，截至2021年4月末，各项贷款余额为116亿元。该行把金融扶贫作为一项最大的政治工程、民生工程和发展工程，为地方决胜脱贫攻坚、起步乡村振兴作出突出贡献，被省委、省政府评为“2020年四川省脱贫攻坚先进集体”。

目涉及的群众搬进了新家、住上了新房，生活有了质的飞跃。在沐川县马鞍山棚户区（城中村）改造项目实施过程中，农发行乐山市分行牢记使命担当，提供8亿元贷款支持，为项目顺利推进提供资金保障。

脱贫攻坚号角吹响以来，农发行乐山市分行着力解决全市“两不愁三保障”和“五有六通”突出问题，累计发放易地扶贫搬迁资金5.67亿元，棚改贷款资金44.67亿元；综合利用金融服务模式，通过贷款和基金支持学校建设1.25亿元、支持“四好农村公路”建设25.62亿元、农村电网升级工程14.92亿元、美丽新村建设16.07亿元、生态环境保护工程11.87亿元，有效改善当地贫困群众生产生活条件。这是农发行乐山市分行助力脱贫攻坚的一个缩影。

近年来，农发行乐山市分行坚决贯彻党中央脱贫攻坚的决策部署，把助力脱贫攻坚作为重大政治责任扛在肩上，积极发挥金融资源优势，创新金融扶贫模式，为助力打赢脱贫攻坚战贡献金融力量。

决战决胜脱贫攻坚工作中，农发行乐山市分行结合地方贫困面积大、贫困人口多、贫困程度深、脱贫攻坚任务艰巨的实际，聚焦“三县一区”等深度贫困地区，全力做好金融服务，创新产业、教育、旅游等扶贫模式，精准发力，以实际行动履职尽责，凝聚合力、靶向发力，在高质量助力乐山全域整体脱贫摘帽中发挥重要作用。

近三年来，农发行乐山市分行累计向马边、峨边、金口河以及沐川地区发放贷款38.82亿元，充分促进一二三产业融合发展，在改善深度贫困地区基础设施的同时，为地方实体经济注入金融“活水”，持续赋能当地脱贫与长效发展。

脱贫增收需要第三产业发展带动。农发行乐山市分行充分利用当地资源禀赋优势，助力景区旅游、全域旅游以及各类“旅游+”等优质旅游项目，支持峨眉山智慧旅游扶贫8亿元、峨眉山现代农业产业园茶旅项目4亿元、峨秀湖片区整体城镇化建设项目12.07亿元，打造文化特色生态旅游产业，培育了服务业带动脱贫奔康第三极。

此外，农发行乐山市分行创新金融扶贫模式，发放全省首笔扶贫批发贷款5亿元，支持乐山市商业银行转贷小微企业、专业合作社等农村新型经营主体，拓宽政策性金融支持产业扶贫渠道。

脱贫攻坚战打响以来，农发行乐山市分行累计发放各类贷款163.2亿元，其中，扶贫贷款46.23亿元，扶贫成效辐射全市11个区县，惠及贫困人口12.6万人，有效改善贫困群众生活质量。

共克时艰　为收官之战送上“及时雨”

“感谢农发行乐山市分行200万元农业小企业流动资金贷款！及时解决了我们的困

难。我们购买化肥、农药以及支付农机服务有了资金，合作社的生产经营得到了有力保障，这样一来，附近农户不仅可以在自家地里打工挣钱，还能拿到土地流转金，走上脱贫致富的道路。”夹江县佰农源粮食专业合作社负责人激动地说。2020年，夹江县遭遇百年一遇特大洪灾，合作社所属大片种植区被淹，损失惨重，持续经营发展面临重大考验。在合作社为前途担忧之际，农发行乐山市分行发放的农业小企业流动资金贷款解了燃眉之急，给合作社生产经营吃了颗“定心丸”，让合作社坚定信心渡过了难关。

乐山市“8·18”特大洪灾发生后，农发行乐山市分行在抗洪自救恢复生产的同时全力支持当地灾后重建，发放应急救灾贷款4笔、金额5.69亿元，为灾后基础设施维修、生态环境修复、受灾群众安置及救灾物资购置等提供强有力的政策性金融支持。

2020年，面对突如其来的新冠肺炎疫情，农发行乐山市分行积极作为，坚持防疫抗疫与“稳企业保就业”两手抓、两手都要硬！疫情暴发以来，农发行乐山市分行提高站位、勇于担当，在疫情防控期间，守护好群众“菜篮子”“米袋子”，主动对接辖内防疫物资生产、流通企业，全力满足其复工复产、转型生产等有效金融需求，发放疫情防控应急贷款0.8亿元，彰显政策性金融主力军的责任担当。

面对不平凡的2020年，该行“战役”“战洪”“战贫”，主动担当作为，在乐山市决胜脱贫攻坚收官战中，脱贫攻坚各战线全面发力，累计发放贷款47.14亿元，坚决不让疫情和洪灾影响乐山全域整体脱贫摘帽进度。

农业产业化龙头企业和涉农小微企业，是脱贫攻坚助农增收的关键一环，农发行乐山市分行切实履行支农职能，坚决贯彻落实“六稳六保”政策，向产业化龙头企业投放贷款8亿元，其中投放生猪全产业链贷款1.1亿元；投放农业小企业贷款8621万元，支持21户涉农小微企业，并执行小微企业首年优惠利率政策，让利0.29亿元。

“330万元的产业扶贫贷款，通过‘绿色通道’很快就发放下来了，这场‘及时雨’解了流动资金的燃眉之急，首年优惠利率政策让企业在面对疫情和洪水灾后影响时，有信心走出困境。”乐山三缘电机有限公司负责人感叹道。

春风化雨　为帮扶贫困村付出“真感情”

2015年8月，农发行乐山市分行结对帮扶沐川县利店镇三河村，优选研究生员工任该村“第一书记”，党委班子带头到点帮扶，举全行之力，出实招解难题。该行在帮扶过程中，多方协调落实交通专项资金50万元，帮助三河村新修了2千米水泥公路；向三河村捐赠5万元产业发展基金，支持该村64户贫困户发展养殖；筹资1.8万元为贫困搬迁户购买厨房用品，筹资0.8万元为贫困妇女购买重大疾病保险。2017年11月，三河村在接受省委组织的沐川县整体脱贫验收工作中得到验收组的一致肯定，该行对口帮扶工作也得到当地群众的好评。

农发行乐山市分行在帮扶的道路上抒写家国情怀，在结对帮扶三河村的同时，始终情系彝乡，先后捐赠52万元，支持马边县荣丁镇后池村、苏坝镇向阳村、烟峰镇白家湾村和民主镇小谷溪村等村解决困难群众“三房”住房、连户道路和产业道路建设、教育扶贫以及产业发展等问题。通过发动“以购代捐”“以买代帮”等方式，购买扶贫农产品，解决贫困户农产品销路问题。该行发动全辖购买扶贫农产品和爱心捐款累计近30万元，用心、用情做实帮扶工作，做到了群众的心坎上。

金融“活水”源源不断地润泽着嘉州大地，为地方发展提供“加速度”，助力地方驶入发展“快车道”。数据背后饱含着该行支持地方经济社会发展、服务“三农”的情怀，更是“不忘初心、牢记使命”的生动实践。

2021年，农发行乐山市分行大力推进“治理强行”，统筹“五大发展”，以“抓发展、防风险、强基础、构和谐”为主线，紧扣乐山市“乡村振兴规划”和“十四五”规划，积极配合乐山实施“旅游兴市，产业强市”战略，做优全域旅游和特色产业，在农业、交通、生态、文旅、民生、城建六大领域重点发力，努力在“土地+”“旅游+”“扶贫+”等模式上再做好文章，在巩固拓展脱贫攻坚成果与乡村振兴有效衔接上作出更大贡献。

深耕巴人故里　勇担扶贫先锋

——记“2020年四川省脱贫攻坚先进集体”农发行达州市分行

在奋战脱贫攻坚的艰苦岁月中，在川渝陕结合部的巴人故里中，在竭力服务“三农”的金融行业中，有一支勇担先锋的耕作队——农发行达州市分行。作为地方唯一的农业政策性银行，农发行达州市分行先后向7个贫困县输送348.47亿元的金融活水，润泽150万贫困人口，覆盖粮油收储、易地扶贫搬迁、农村基础设施和农业现代化建设等领域，逐步拓展成为巩固拓展脱贫攻坚成果和服务乡村振兴的“粮食银行”“水利银行”“农地银行”“绿色银行”。2021年4月，该行服务脱贫攻坚工作受到四川省委、省政府的肯定和表彰，被评为“四川省脱贫攻坚先进集体”。

■ 农发行达州市分行信贷支持的莲花湖片区建成图

农发行达州市分行，现有员工153名，下辖6个支行。近年来，该行发扬“不胜不休”的红军精神，先后向7个贫困县输送348.47亿元的金融活水，润泽150万贫困人口。2021年4月，该行被评为“四川省脱贫攻坚先进集体”。

闻令而动、首当其冲，勇当扶贫路上的急先锋

“加快老区发展步伐，做好老区扶贫开发工作，让老区农村贫困人口尽快脱贫致富，确保老区人民同全国人民一道进入全面小康社会，是我们党和政府义不容辞的责任！”2015年春，脱贫攻坚战的第一声号角吹响。四川省达州市辖内2个国家级贫困县、4个省级贫困县的贫困大众们，些许迷茫、些许怀疑，但更多期盼。

农发行达州市分行坚决执行国家意志，闻令而动，把全力服务脱贫攻坚作为义不容辞的政治责任，把贯彻落实服务脱贫攻坚作为统揽全行业务发展的战略部署，把全员服务脱贫攻坚作为践行“家国情怀”的重要举措。为确保辖内县市区的农业政策性金融扶贫服务全覆盖，该行成立脱贫攻坚小组，厘定“以点带面、整体推进、全域扶贫”的基本思路，坚持扶贫工作安排优先、办贷放贷管贷优先、资金计划安排优先，第一时间完善组织架构、制定推进思路、建立工作原则。

易地扶贫搬迁首告捷。2016年是齐心协力奔赴脱贫攻坚战场的首年，农发行达州市分行扛重担、打硬仗，咬住秦巴地区易地扶贫搬迁项目这块硬骨头，举全行之力、集全员之智，先后获批易地扶贫搬迁项目7个，累计发放50亿元贷款，支持3.5万户10.43万人顺利搬迁。一座座白墙红瓦的斜屋农家错落排列，一个个庭前屋后的微田园青翠盎然，一条条蜿蜒曲折的通村新路房前绕过，三五成群的居民在休闲跳广场舞……不再是杂草丛生、土坯低矮、墙面漆黑、光线昏暗，而是一幅美丽宜居乡村崭新画卷。

守正创新求突破。农发行达州市分行以党政重点关注的重大水利和棚户区改造贷款项目为突破口，大力支持审批农业农村基础设施建设贷款，受理承办重大项目26个、金额为164.91亿元，其间2016年审批8个、金额为45.55亿元，助推支农骨干项目落实落地。其中，马踏洞片区棚户区改造项目17.5亿元贷款更是创下达州市银行业2016年前支持地方经济建设的单笔最高纪录，为达州市西外片区整体规划建成作出重大贡献。与此同时，由于党政规划推动的重大项目缺乏项目资本金，该行在上级行的统一部署下，与市、县发改委等部门通力配合，通过30.79亿元的建设基金成功撬动418.9亿元的社会投资，为48个地方重点建设项目“雪中送炭”。

咬定青山、坚定前行，勇打精准扶贫的组合拳

2017—2019年的三年里，随着政府推进脱贫攻坚战略转型，农发行达州市分行在脱贫攻坚的浪潮中服从服务大局，适时调整思路，在持续支持易地扶贫搬迁和棚户区改造项目的基础上，聚焦水利建设、农村路网、农业产业化发展等重点工程，改善农

村人居环境，助力产业兴旺，带动贫困人口脱贫致富。

产业带动筑根基。产业发展是国民经济的基础，农发行达州市分行始终坚持服务实体，带动产业，回归本源，建立“绿色”办贷通道，持续优化办贷流程。特别是，该行采取联合市扶贫移民局、市工商联，与企业签订《“万企帮万村”精准扶贫战略合作协议》，通过支持实体企业做大做强做优，带动周围的农民增收致富。四川东柳醪糟有限责任公司就是该行支持实体企业的典型案例。“我的这家公司成立于1995年，从最初从事传统醪糟制作的一个小作坊发展成为糯稻种植、收购、精深加工国家级产业化龙头企业，公司今天的成就离不开农发行的鼎力支持。”公司董事长唐总激动地说。开办初期，受制于资金瓶颈，产业链、供应链和价值链均无法有效拓展。达州市分行主动作为，2017年以来，累计向该公司及其专业合作社提供流动资金贷款近1亿元。该企业年销售收入3.27亿元、利润达2670万元，每年助农增收500万元。同时，公司常年解决就业人员达310人，其中贫困人口20多人，就业年增收110万元。

精准发力拔穷根。贫有千种因，困有万种难，要啃掉这块硬骨头，就要依托地方特色、深挖资源禀赋，成败在于精准。在服务脱贫攻坚过程中，农发行达州市分行精准对接，精准发力，重点支持扶贫开发项目，制订一企一策融资方案，建立上下、横向联系工作机制，实行限时办贷，落实专人跟踪，着力提升办贷效率。谈到支持力度大、成效好的项目，就要回顾2017年，走进那时四川省贫困人口最多的宣汉县内，用“穷乡僻壤”形容巴山大峡谷片区最为贴切，道路崎岖、颠簸泥泞，很多路段无法开车通行，农舍内基本只剩空巢老人和留守儿童，一日三餐主要以土豆和玉米棒子果腹，百姓生活苦不堪言。农发行达州市分行以“支农为国、立行为民”的担当，大力支持民生项目，在25亿余元的基金和信贷资金支持下，巴山大峡谷早已“脱胎换骨”。“一辈子也没有想到，我们这些偏僻的穷地方竟变成了美丽的新景区，我一个泥腿子变成了老板……”谈及巴山大峡谷文旅景区开发带来的变化，漆树土家族乡朝阳村村民笑弯了腰。今日的巴山大峡谷已经雄关变通途，高峡出平湖，穷区变景区，民宅变“金宅”。

农发行达州市分行发挥农业政策性银行作用，8.5亿元支持修建土溪口水库、土地滩水库、石峡子水库等国家大中型水库，在提高流域防洪能力和保护库区生态环境的同时，还有效解决13333.33公顷耕地灌溉用水和20余万人饮水安全问题；4亿元支持建成达川区、大竹县100余千米的农村公路，帮助16余万农民的出行问题；2亿元支持万源贫困村工程提升专项扶贫，利用贫困村范围内的增减挂钩指标收益，覆盖贷款本息，创新出贫困村提升“工程+土地”增减挂钩新模式支持扶贫项目建设；市、县两级行多次对开江县冠子山村、达川区白庙村等8个定点贫困村开展慰问，带去生活必需品，帮修便民公路，积极履行社会责任……这些记忆中的事例，都是农发行达州市分行砥砺奋进的战果。

擂鼓发令、蹄疾步稳，勇夺脱贫攻坚的大胜利

习近平总书记在2020年决战决胜脱贫攻坚座谈会上指出，要动员全党全国全社会力量，以更大决心、更强力度推进脱贫攻坚，确保取得最终胜利。农发行达州市分行克服新冠肺炎疫情的不利因素，在尽心竭力支持抗疫保供、紧抓不懈助力复工复产的同时，认真履职保障粮食收储，践行定点帮扶行动，精准发力攻克贫困堡垒。2020年末，全行以326.64亿元的贷款余额、241.56亿元的精准扶贫贷款为“十三五”时期服务脱贫攻坚交上满意的答卷。

褪去旧色染新颜。“绿水青山就是金山银山。”听习近平总书记的话，贯彻绿色发展理念，达州市巧妙利用莲花湖片区，打造以“湖文化”为中心，具有观赏性、科普性、生态性的现代城市生态湿地公园。项目启动后，由于最初的贷款方中断信贷支持，项目建设止步不前。“你们找找政策性银行，到农发行问问有没有相关信贷政策。”地方党政主要领导为项目业主“支招”。2020年3月，了解情况后的农发行达州市分行，勇于担当、主动作为，在不到3个月的时间里就将信贷资金支付到位。“关键时候还是农发行管用，真是解了莲花湖项目建设的燃眉之急。”在项目一期18亿元审批后，项目业主收到第一笔6亿元贷款资金时，感激万分。随着项目建设进度，2020年12月，农发行达州市分行再向项目二期审批19亿元贷款，支持建设湿地公园配套生态康养区及湿地公园延展建设区基础设施工程建设。2021年春节期间，湖区游客比肩接踵，满面春风。“在这里生活了50年的我，都快找不到路了，变化太大了。”从北京打工回达州探亲的老王说起游玩莲花湖时喜笑颜开。

千淘万漉虽辛苦，吹尽狂沙始到金。2021年4月，四川省委、省政府颁发的“四川省脱贫攻坚先进单位”奖牌是对农发行达州市分行付出的高度肯定。在清朗绝艳的巴山大峡谷，在碧水清澈的莲花湖，在炊烟袅袅的冠子山村……一张张笑脸，一处处变化，见证了深度贫困的地区群众，历史性地摆脱了贫困。站在“十四五”的新起点上，农发行达州市分行将不忘初心，不负党和国家的重托，勠力同心、埋头苦干，为全力服务巩固拓展脱贫攻坚成果同乡村振兴有效衔接继续整装进发，扬帆起航！

情系乌蒙山 脱贫勇争先

——记“2020年四川省脱贫攻坚先进集体”农发行泸州市分行

2015年以来，农发行泸州市分行累计获批扶贫类项目贷款73个、共140.61亿元，累计发放扶贫贷款85.77亿元，切实发挥了政策性金融机构先锋主力模范作用，为泸州市决胜脱贫攻坚作出了积极贡献。2021年4月，农发行泸州市分行作为全市唯一的被推荐接受表彰的银行，被四川省委、省政府授予“四川省脱贫攻坚先进集体”荣誉称号。

聚焦：易地扶贫搬迁彰显“主力军银行”作用

2020年6月6日，在古蔺县大寨苗族乡富民村明镜坝安置点，“第三届菊香富民·苗寨吃新旅游文化节”开幕，苗家儿女身着盛装，载歌载舞，共庆佳节。脱贫户王晓军

■ 农发行泸州市分行贷款支持的叙永县落卜镇农民集中安置点

农发行泸州市分行充分发挥政策性金融机构“扶贫主力军”的作用，为泸州市决胜脱贫攻坚作出积极贡献。2015年以来，累计获批扶贫贷款项目73个，共计140.61亿元。2021年4月，被四川省委、省政府授予“四川省脱贫攻坚先进集体”荣誉称号。

在吃新节上扮演孙悟空，和游客合影，10元拍一次，妻子则在小吃街卖凉面。“我去年在吃新节上卖烧烤，一天挣了1000元，今年想着换个方式多挣点。”刚说完，王晓军又被小朋友拉去拍照了。富民村明镜坝安置点，根据苗寨文化风情建设，投入1593万元，受益建档立卡贫困户44户181人。

“感谢党和政府让我们住上新房子，让我们吃得好、住得好，生活过得很好。我们在安置点旁边的源丰公司上班，生活越来越有盼头。”不少易地搬迁脱贫户深有感触。从贫困村到真正的富民村，离不开易地扶贫搬迁的大好政策。

近年来，农发行泸州市分行把易地扶贫搬迁作为打赢脱贫攻坚战的“第一战役”奋力推进。2015年，农发行总行推出易地扶贫搬迁项目贷款产品后，该行迅速行动，围绕市县扶贫规划，深化政银企对接合作，加强行内上下联动，整合全市优势资源，抽调业务骨干组成项目推进小组，加班加点高效推进项目落地。从项目申报到通过上级行审批用时仅一个半月，古蔺县、叙永县和合江县3个易地扶贫搬迁项目顺利获批，累计发放12亿元。实施3个易地扶贫搬迁项目，新建96个集中居住区，新建、改建配套公路1166千米，铺设饮水管网236.79千米，新建学校2座，新建、改建医疗机构24个，涵盖51个乡镇，覆盖纳入中央“1000万人口易地扶贫搬迁计划”贫困户4508户、贫困人口1.66万人，对促进区域协调发展、缩小贫富差距发挥了重要作用。

精准：建强基础设施推动产业发展

从贫困户到泸州永丰浆纸有限公司的输煤工人，叙永县江门镇光照村建档立卡贫困户刘兴文受益于易地扶贫搬迁，更得益于农发行泸州市分行大力开展信贷支农，支持企业在江门镇建立了泸州永丰浆纸有限公司。刘兴文说：“我家里曾穷得揭不开锅，现在有了工作，收入也稳定，生活有了盼头。”泸州永丰浆纸有限公司建成后就地取材，大力发展林竹产业，带动周边近5万村民致富。

易地扶贫搬迁，不是简单地让贫困户挪穷窝，更重要的是搬得出、稳得住、能致富，为今后的生产发展铺好路。农发行泸州市分行紧紧围绕搬迁地的资源，探索易地扶贫搬迁后续扶持，积极使用扶贫优惠政策，为易地扶贫搬迁后续发展提供优惠，大力支持扶贫产业发展。

近年来，农发行泸州市分行获批产业扶贫贷款项目50个、支持企业17户，累计发放产业扶贫贷款36.52亿元，支持粮食、白酒、旅游、林业资源开发与保护等产业发展，直接带动108名贫困村民受益。

以郎酒股份为依托，农发行泸州市分行支持发展红粮产业，努力探索供应链金融。2019年支持合江城区国家粮食储备库有限公司、泸州龙城粮油购销有限公司等8户产业化龙头企业的红粮收购资金需求，发展红粮基地6666.67公顷，收购红粮1.4万吨，吸纳69户建档立卡贫困户就业。2020年继续运用该模式，带动川南宜宾、自贡、资阳等地发展红粮产业，向14户企业（民营小微企业12户）发放红粮收购贷款31851.6万元，其中，向泸州8户（民营小微企业7户）发放12572万元，支持收购入库红粮4.94万吨，带动服务贫困人口80人。

发挥“江门硫粉”优势，农发行泸州市分行支持糯稻种植基地发展，以马岭粮油食品有限公司为依托，开展糯稻订单发展糯稻种植基地3万亩，帮助近2000贫困人口增收。

此外，农发行泸州市分行支持古蔺县源丰农业科技开发有限公司生产经营食用菌，直接吸纳11名建档立卡贫困户就业，占员工总数的38%。同时，该企业与古蔺县政府签订了投资合作协议，约定古蔺县政府补助资金中的200万元作为富民村贫困户入股本金，每年按股分红，最低保底分红不少于10万元，由富民村村委会领取分配。2019年、2020年已向大寨苗族乡富民村集体资产经营管理有限公司缴纳2018年度、2019年度建档立卡贫困户入股分红金20万元，使富民村128户建档立卡贫困户获益。

在项目推进的同时，改善贫困地区基础设施也是重点工作之一。农发行泸州市分行紧紧围绕“两不愁三保障”、水利建设、改善农村人居环境、健康扶贫等扶贫重点领域加大支持力度，获批项目18个、累计发放项目扶贫贷款34.05亿元，支持古蔺观文水库、纳溪云回水库等水利项目，项目修缮河道沟渠、新建改善灌溉系统，解决了4.43万贫困人口的饮水问题；支持叙永县人民医院、古蔺县人民医院等健康扶贫项目，改善当地医疗水平；支持贫困村提升、改善农村人居环境、土地整治、扶贫过桥资金等项目。这些项目的实施，新建改善住房条件10.52万平方米、改建公路264千米、居住环境综合治理890户、土地整治253.2公顷。

创新：激发金融扶贫新动能

在完善贫困地区基础设施的同时，农发行泸州市分行结合各地资源禀赋，探索产业扶贫、旅游扶贫，智用多用“旅游+”“生态+”扶贫模式，助力生态旅游扶贫。向合江县一国有企业发放生态旅游扶贫项目贷款4.34亿元。项目实施流转土地400公顷，辐射贫困人口1064人。同时，认真践行绿色发展理念，围绕建设长江上游生态屏障，积极支持绿水青山行动、森林质量提升等林业生态项目，获批长江大保护贷款项目13个、共52.31亿元，发放贷款26.5亿元。

创新扶贫的步伐永不止步。农发行泸州市分行积极适应政府债务从严管控形势，提前谋划转型发展之路，重点运用扶贫过桥模式，扩大金融扶贫覆盖面。通过垫付财政专项补贴资金、整合上级涉农财政资金等途径，大力推动扶贫过桥贷款在各个领域的运用，尤其是把主要信贷资源向贫困村提升工程聚焦，特别注重补齐对产业发展有直接带动作用的基础设施和公共服务“短板”，为这些区域的产业发展创造了良好条件。累计发放扶贫过桥贷款13.2亿元，支持扶贫公路项目2个、共6亿元，支持水利项目1个、共1.2亿元，支持宅改项目2个、共6亿元。项目的实施，改建农村公路264千米，新增及改善灌溉面积1093万平方米，累计受益贫困人口3.89万人，对改善农村人居环境、带动贫困人口增收具有显著意义。该行支持教育扶贫，发放7900万元建成叙永三中，该学校占地13.33公顷，有80个教学班、200名教师、4000名学生，有效整合了叙永县教育资源，解决了学生上学难的问题。

开展脱贫攻坚工作以来，农发行泸州市分行严格按照中央脱贫攻坚工作的相关要求，认真执行上级行有关脱贫攻坚工作中利率定价的相关文件制度。2015—2019年，对于中央财政贴息易地扶贫搬迁专项贷款，贷款利率按照人民银行挂牌基准利率的基础下浮20%；积极为贫困地区申请人民银行再贷款（PSL）规模，执行利率优惠；对于精准扶贫贷款，按照保本或微利原则定价。2020年受新冠肺炎疫情影响，积极协助企业争取纳入复工复产绿色通道，对纳入通道贷款在原有定价利率基础上再优惠50个基点，对2020年5月29日到2020年底签订合同并发放的扶贫贷款，从贷款资金进入借款人账户之日开始一年（含）内在测算利率基础上减100个基点的巨大优惠。累计为企业节约融资成本3509万元。

实干：定点定人真帮实扶

古蔺县椒园镇犀牛村四组60岁的李文芬，是土生土长的本地人，她从来没有想过化肥、煤炭，甚至蔬菜、猪肉都能在家门口购买，也没有想过孙子读书、老伴看病能如此方便。“公路不仅修到了房屋后面，就连家门口到马路边都修了生产生活便道。”李文芬说，大家都感受到了变化，现在出门赶集，要买东西也方便了。

2015年，彭良永到犀牛村任第一书记，一干就是五年多。第一次坐车进村时，车在半路出故障，无法开进村，只能下车步行。彭良永说：“很难想象2015年还有没通水泥路的乡村。进村一看，村民的房屋破烂，生产生活环境恶劣，那时觉得肩上的担子很重，但我从未想过打退堂鼓。”

彭良永是农发行古蔺县支行原办公室主任，他从办公室到脱贫攻坚一线，是农发行人在脱贫攻坚中苦干实干的缩影。在该行和彭良永的帮扶下，犀牛村在近几年还实施了农村安全饮水提升工程、农网改造、通信网络提升、安全住房等工程，规划了甜橙产业、枇杷产业等农业产业，“三无村”实现蝶变，在村容得到极大改善的同时，村民精神面貌也有了显著变化。

近年来，农发行泸州市分行深入开展定点帮扶，前期定点帮扶村共计4个，派出第一书记2人、驻村干部1人，从扶贫、扶智、引导项目资金着手，指导帮助帮扶村脱贫脱困，先后帮助贫困户新养殖生猪276头、土鸡2851只，帮助组织劳务技能培训600余人次，协调解决劳务输出就业200余人；与村委共同努力，积极引进大户发展甜橙产业，受益农户58户，获得土地流转和务工收入，户均增收1200元；积极协调争取上级主管部门项目资金3000余万元用于安全饮水、村容村貌改善；积极宣讲易地扶贫搬迁安置、危房改造、安全饮水、医疗救助、教育扶持等扶贫政策，累计受益贫困户83户。

奔走在大巴山深处

——记“2020年四川省脱贫攻坚先进集体”农发行通江县支行

36.63亿元扶贫贷款用于易地扶贫、棚户区改造、旅游扶贫、水利建设、农村路网、产业扶贫等民生重点领域；1.5万人次因为项目建设得到住房、出行、就业等方面实实在在的便利实惠，全县157个贫困村脱贫摘帽的步伐更加稳健；《人民日报》、中央电视台等13家中央媒体多次给予报道和宣传；通江县委、县政府，四川省委、省政府先后授予“通江县十佳帮扶企业”“服务地方经济发展先进单位”“四川省脱贫攻坚先进集体”等荣誉称号……这是农发行通江县支行牢记“支农为国、立行为民”的初心使命，全力服务通江县脱贫攻坚交出的答卷。

■农发行通江县支行支持的易地扶贫搬迁项目

农发行通江县支行成立于1997年1月，在职员工16人。2015年以来，通江县支行坚持“脱贫攻坚当先导，服务城乡补短板”的发展思路，深耕民生重点领域和薄弱环节，累计投放信贷资金42.2亿元，惠及贫困人口5万余人次。2021年4月，荣获“2020年四川省脱贫攻坚先进集体”称号。

信贷支持　易地搬迁成效显著

初夏的周末，方山新村，村民许志国家。“我这房子有140平方米，只花了1.5万元，划算。”他一边打理门前的果枝，一边对记者说：“我妻子啊？在屋后运动场上跳广场舞，估计还有半个小时才回来。”许志国转回正题，说他把0.267公顷土地流转给合作社参股分红，平时在生态果蔬园里务工，再揽一些装修房屋活，每年要多3万元收入。像许志国这样参与了易地扶贫搬迁的贫困户，在方山村共有128户，他们既摆脱了贫困，又增加了收入。

在“好兄弟”农家乐，李洪成正给三桌游客添茶水。“每天都有客人来，我们这里的农家乐就有好几十家，吃住都能提供。”他告诉记者，“现在生意好得很，每天都要接待好几桌客人，一到节假日，游客爆满，根本就忙不过来。仅‘五一’小长假，我们家就收入7000多元，放在以前真不敢想，这还得感谢农发行给予的支持。”像李洪成这样的农家乐，在方山村还有20多家，带动200多人从事乡村旅游业，年接待游客将近30万人，年旅游收入上千万元。

方山村的幸福之源来自哪里？答案就在于当地党委、政府敢啃硬骨头，通江县支行更是责无旁贷给予易地扶贫搬迁项目信贷支持。

不仅如此，通江县支行还协助当地政府出台了“巴山新居+特色产业+运动休闲+生态旅游”实施方案。短短三年时间，方山村就变成了集农业观光、运动、体验于一体的田园果蔬村和乡村旅游区，成功举办过多届乡村文化旅游节，吸引数十万名游客前来观光休闲。

农发行通江县支行副行长告诉记者，方山村只是农发行通江县支行支持全县易地扶贫搬迁的一个缩影。在通江县易地扶贫搬迁实施过程中，该行不仅给予了8亿元资金支持，还提供了一系列后续扶持，确保贫困户搬得出、留得住、能致富。此举获得了巴中市委、市政府的高度认可，被各级媒体多次报道宣传。

聚焦主业　精准对接旅游扶贫

“生态立县、旅游兴县”是通江县旅游扶贫的一项战略规划，该县自然景观类型多样，生态环境优美，森林覆盖率达62.5%，旅游资源丰富，尤其适合乡村旅游发展。通江县支行更是主动靠前，积极融入旅游开发与扶贫工作，唱歌石林景区就是该行主动融入的范本。

在介入之初，农发行通江县支行客户经理赖亚平还与当地村民发生了争执。2016年11月，唱歌石林景区建设项目启动在即，赖亚平到项目所在地麻坝坪村去征集村民意见，谁知道他刚露面，就听到了贫困户苟精忠的抱怨：“建景区？我又不收门票，怎么帮助我脱贫呐？”他说自己两个孙子都在读书，家里开销大，还不如直接把建景区的钱分给他们这些贫困户。围观的群众也起哄，有的赞同苟大爷的观点，坦言建设景区扶贫不能立竿见影；也有的群众持不同观点，认为景区辐射效应虽然反应慢，但不失为长期赚钱的好路子。

“苟大爷，你和土地打了大半辈子交道，刨出金疙瘩了吗？刚才那位大哥的话有道理，景区建设要用工，你们可以到工地上来务工赚钱，今后建好了你们还可摆摊设点做生意。你说是不是这个理？”赖亚平心平气和地解释，加上明事理的村民的劝解，才化解了这场争执。

2017年初，农发行四川省分行批复同意通江县支行发放贷款2亿元，用于乡村旅游示范带建设项目。景区建成后，不但带动当地村民加入了餐饮、娱乐、住宿、超市等行业，还为大家提供了更多就业岗位。

“以前常年在广州打工，自2017年春节后，我就一直在景区内上班干活。”村民郑光荣告诉记者，他在景区搞建筑维护，每月的工资够他日常开销啦，周末女儿、外孙从县城开车回来看他，远比过去在外面安逸得多。

“现在路已经修好了，景区也打造好了，来景区游玩的人越来越多了，周末、节假日来的人特别多。”郑大叔感慨道，和他一样返乡就业的人还有好几十个。

“家家户户，买彩电开汽车，麻坝唱新歌，共产党光辉照通江，山笑水笑人欢乐，社会主义好……”正在唱歌石林景区农家乐屋外洗菜的杨琼英哼着这一首《麻坝唱新歌》，村里男女老少没事儿都会唱上那么一两句。

唱歌石林景区作为农发行通江县支行支持的乡村旅游扶贫项目的范本，景区所在的麻坝坪村，仅用三年不到的时间，就从贫困村成为“家富、人和、村美”的美丽新村和远近闻名的乡村旅游扶贫示范村。整个项目带动1120名建档立卡贫困户就近就业和发展产业，推动形成了以旅游产业促进、拉动全村整体脱贫的新格局。

倾心帮扶　精准施策兴村富民

通江县铁佛镇凤凰村，青花椒、核桃、中药材满山冈，四通八达的水泥路，伸手可摘的瓜果，雅致舒适的院落，满地奔跑的鸡鸭，就像一幅美丽的乡村画卷！走进村委会，卫生室、文化室、小卖部、小广场一应俱全……谁能想到昔日的凤凰村，因为地处大巴山高寒山区深处，地理环境险恶，基础设施落后，生产生活条件差，是典型的偏远村、旱山村、贫困村，全村建档立卡贫困户51户、贫困人口198人。

时间倒回到2016年，农发行通江县支行成为凤凰村的结对帮扶单位，该行员工对口帮扶贫困户，但还需要派驻1名第一书记，谁来担任凤凰村驻村第一书记？“当时行长说我耐得住寂寞、守得住心性、吃得了苦、想得出路子，又有基层工作经验，驻村扶贫支行很放心。”59岁的彭必华至今还记得领导对他的信任和嘱托。他带着任务，次日一早就卷起铺盖赶往凤凰村。进村后的群众见面会，却让他大吃一惊。

“这么大把年纪了，下来还能干个啥？”“土坯房、泥巴路，两条火腿进院户……”村民会场下的嘀咕，顺口溜出的“打油诗”，既是对彭必华的不信任，也说出了他们心中的无奈，这些都成了他必须要全力以赴攻克的难题。

接下来的日子，彭必华进院户、找贫因，与支行和铁佛镇党委政府一道制规划、找措施，通了村里的水泥路、自来水和电网光纤，帮助261户人家进行易地扶贫搬迁、危旧房改造，住进了安全房。

“彭书记和我们一起吃住和干活，从不拿自己当外人。他的领导和同事们更是三天两头来村里，帮助大家找出路。”凤凰村支部书记米大德说，通江县支行还制订了一套长效扶贫方案，通过筑巢引凤，邀请在外人员返乡创业，培育致富带头人、发展支柱产业，将凤凰村真正变成了村民的金窝窝。

“农发行帮扶干部来找我，鼓励我回乡发展产业，还帮助我向政府协调争取好的政策，免去了我的后顾之忧。”通江县凤凰原生态农业专业合作社的米玮斌说，合作社由他出技术和资金，贫困户用土地入股，现如今青花椒、核桃和中药材种植规模已达200公顷，129人就近务工，人均年收入6000余元。从事生猪养殖业的许光华，走的是“专业合作社+贫困户”发展模式，他集中养殖，贫困户散养，在通江县支行的帮扶下，年均出栏500余头，全村人均纯收入超过7000元。

习近平总书记关于“小康路上，一个都不能掉队”的嘱托，凤凰村已于2019年交出了答卷。“脱贫攻坚特殊贡献奖”“情系凤凰，贴心帮扶”的牌匾、贫困户门前自发升起的五星红旗，更是通江县政府和凤凰村民对农发行通江县支行扶贫工作最大的肯定。

农发行通江县支行行长告诉记者，凤凰村要巩固拓展脱贫攻坚成果，培育乡村振兴新动能，今后将一如既往从扶贫资金、驻村帮扶、产业发展等方面给予支持。

勇担使命　决胜脱贫

——记“2020年全国‘万企帮万村’精准扶贫行动组织工作先进集体”农发行大竹县支行

脱贫攻坚战役打响以来，农发行大竹县支行始终深入贯彻落实党中央各项决策部署，切实发挥金融扶贫先锋主力模范作用，深耕脱贫攻坚领域，研究制定助力策略，以服务实体经济为抓手，以企业带动贫困农户增收为切入点，积极探索脱贫攻坚和业务可持续发展的新路径，取得脱贫攻坚和业务发展双丰收、双发展，2020年11月荣获“全国‘万企帮万村’精准扶贫行动组织工作先进集体”称号。

■ 农发行大竹县支行支持易地扶贫搬迁建房实景图

农发行大竹县支行成立于1997年。该行全力服务脱贫攻坚，积极组织推动民营企业开展“万企帮万村”精准扶贫行动，辐射全县60多个贫困村，受益建档立卡贫困人口累计达到9万余人。该行荣获“2020年全国‘万企帮万村’精准扶贫行动组织工作先进集体”。

精准切入，以产业“贷动”农业

农发行大竹县支行以产业扶贫、精准扶贫、“万企帮万村”为扶贫方向，精心研究、积极推动，通过以支持四川东柳醪糟有限责任公司、四川玉竹麻业有限公司等近十家为代表的“万企帮万村”企业，重点支持企业发展，以产业发展服务精准扶贫。该行认识到，要在地方脱贫攻坚中做出成绩，就必须在服务地方经济发展方面有所作为，更要摒弃以往“在家等业务上门”的思想，主动出击，创新突破。支行多次向地方党政主要领导专题汇报，宣传农发行最新信贷政策及优势，围绕地方重大骨干项目提出专项服务方案，得到地方党政主要领导的信任和支持，亲自部署召开农发行专题融资对接会。与此同时，为进一步推进扶贫项目落地，该行还组建信贷营销团队，由该行行长带队积极走访发改委、财政、住建等关键部门，促成扶贫部门把农发行作为扶贫贷款合作的主办银行。

“一粒糯米走向世界”，这是如今的国家级产业化龙头企业四川东柳醪糟有限责任公司的纪实。这家成立于1995年的名不见经传的幼小企业，以从事糯稻种植和精深加工起家，创业初始注册资本只有491万元。由于糯稻加工具有一定的周期性、季节性特点，企业初期的融资相对困难，企业可用资金捉襟见肘，成长转型受到极大的限制。2006年5月，农发行获批开办粮油加工贷款业务，农发行大竹县支行立即开展信贷实地调查，并逐级向上申请报告，打通了贷款投放“最后一公里”，仅用时1个月便为东柳醪糟“贷”去了第一笔流动资金380万元。此后根据企业发展的合理性需求，贷款规模逐年增加到2019年的2300万元并保持至今。在产业整合方面，为延伸加工产业链条，形成产业规模优势，农发行大竹县支行联手东柳醪糟，深入实地调研，因地制宜实施了“基金+贷款”的投资组合方式争取到3000万元重点建设基金，用于新建3.6万吨级的糯米粉生产线，并于2016年将糯稻基地扩建到6666.67公顷。经过多年的支持与帮助，东柳醪糟实现了有效发展，自建立合作以来，东柳醪糟的产品加工量由2500吨提升到5.91万吨，销售收入由1000万元增加到3.53亿元，净利润由不到100万元增加到2609万元，产品知名度也越来越高，远销海内外，形成了独有的品牌标记，并于2017年被全国工商业联合会评为“万企帮万村”精准扶贫行动先进民营企业，真正意义上实现了“山鸡变凤凰”的蜕变。

玉竹麻业公司是一家专业从事苎麻纺织新材料（纤维、纱线）研发、生产、经营于一体的国家高新技术企业。公司定位原始创新，已建立川东北第一家省级院士工作站，获授权国家专利53项，其中发明专利8项，省级重大成果4项。公司潜心研发苎麻纺织新材料。“万企帮万村”行动中已建成近万亩苎麻，达到最高品质的苎麻基地，项目采取“公司+基地+农户”“公司+合作社”模式，充分发挥川东苎麻资源优势，提升苎麻产业发展，带动贫困麻农增收致富，改变农业产业结构，带动苎麻种植业、纺织加工业及包装运输等行业的发展。项目实现年销售收入5000万元，年创利税1000万元。项目的实施可带动5000户贫困农户种麻增收2500万元，同时带动贫困户就业100余人。

以点带面，用水土“富育”百姓

实施乡村振兴战略，推动城乡一体化发展，助力农村脱贫致富，是整个脱贫攻坚战中不可避免的话题。要在2020年实现脱贫奔康任务，仅仅依靠传统单一的“输血”模式已经不能够满足脱贫需求，有效利用现有资源，整合农业产业链，成为农户脱贫“造血”的另一条出路。在农发行大竹县支行的持续支持下，以醪糟、苎麻等为主的产业发展迅速，原材料的缺口增大，供给不足，急需更多农户参与原材料生产。由此“公司+基地+农户”的农作物产业运作模式应运而生，在大竹县月华、石河等22个乡镇铺展开来，以糯稻产业试点，带动当地3万余农户，10万余农民从事糯稻生产加工，取得了良好进展。与传统水稻种植收入进行对比，同期糯稻种植收入增加6500万元，人均增收650元。其中针对“万企帮万村”重点帮扶计划中的3个省定贫困村，石河镇前锋村、五通村、月华镇井岗村中的342户贫困户，采取建档立卡，固定分红底线的方式增加农户收入，实现糯稻收入467.5万元，户均收入13669.6元，远超同等面积水稻的收入，确保了贫困户跟上脱贫致富的步伐。在“造血”的同时，农发行大竹县支行大力支持企业免费为农户提供农用生产资料，进行免费种植技术培训，鼓励农户学习育种知识，实现了授人以鱼到授人以渔的转变，有助于农作物存活率和优质率的提升，形成了知识拉动经济的产业新常态。

大竹县一直是劳务输出大县，农户家多妇孺老人小孩，青壮力外出率高，人才流失现象普遍。而在产业基地建成后，以东柳醪糟、玉竹公司为主的扶贫产业在大竹县支行的支持下，积极扩大就业面，提供就地就业岗位，吸引年轻人返乡就业、创业，激活了本土企业生命力，注入了新力量。

层层递进，将生态“投入”新村

服务乡村振兴、促进城乡融合绿色发展不能仅仅停留在口号上，更需要“真金白银”的支持。为此，农发行大竹县支行提升站位，狠抓贷款投放，通过提前谋划促进投放。在项目营销对接前、评审流程中就考虑贷款投放条件，并积极与项目业主、相关部门沟通，促成审批项目投放条件尽快具备，为后续投放奠定基础。对已审批按进度末投放的项目，该行逐项目进行台账化管理，制定时间表、任务图，由行领导全程督办，确保贷款尽早投放，重点对贷前条件落实的难点、阻点进行研究，并结合系统内外政策规定，积极指导项目业主合规落实贷前条件，积极主动向相关部门专题汇报协调，确保贷款顺利投放。

为推动脱贫攻坚基础设施环境建设的完善，农发行大竹县支行切实履行政策金融职能，因地制宜，精准施策，围绕“一条河”“一条路”“一个水库”“一张课桌”“一方灶台”支持生态环境建设。从前大竹人提到大竹县护城河，神情都难免嫌弃，但经过大竹县支行近年来投放的2.7亿元信贷资金的支持，护城河道治理迎来了里程碑式的进展。河水由污到清，河道整洁干净，改善了城乡人民的生活环境和饮水安全，护城河沿线也成为休闲散步的好去处；大竹山区路险，通过2亿元信贷资金的注入，一条连通贫困农村与城区的“碑四路”被开辟出来，缩短了从贫穷走向富裕的距离；耗资6亿元的土地滩水库的建设，不仅为贫困地区的人畜安全饮水提供了保障，也为农作物增产增收创造了条件；教育是立足之本，农发行大竹县支行通过2.5亿元的教育信贷资金致力建成27个标准化中心校，践行科教扶贫战略，完善教育科技信息化配套设施，为山区儿童送去福音；为改变农村脏乱差现象，该行推进2.1亿元信贷资金注入48个乡镇、382个村完成脱贫攻坚重要项目四改一治建设，为村民改造灶台8067户，改造厕所7860户，环境治理2759处，着力打造生态新农村，还绿水青山原貌，解决了脱贫攻坚难点难题。而虾稻轮作试验基地、乌木水库绿化升级、棚户区改造、易地扶贫搬迁等一系列的民生项目建设，不仅改善了大竹县城乡生态环境、提高了人居环境质量，也为决胜脱贫摘帽、全面建成小康社会夯实了生态基础。

脱贫攻坚，她一直在路上

——记“2020年四川省脱贫攻坚先进个人”程玲

作为一家农业政策性银行，农发行凉山彝族自治州分行始终扎根在凉山这片广袤的天地，秉承着家国情怀和对贫困群众的深厚情谊，全力支持脱贫攻坚。农发行人的足迹踏遍了大凉山的山山水水，为贫困地区带去了希望。在这样一支队伍中，有一位女将尤为突出，不管是在偏僻蜿蜒的乡间小道，或是宽阔平坦的康庄大道，都留下了她栉风沐雨、跋涉前行的飒爽英姿。她就是农发行凉山分行客户业务部主管程玲。

漫漫扶贫路，不畏艰难险阻

程玲从2006年开始从事信贷工作，2013年成为客户业务部主管。大家平常都亲切

■程玲参加农发行第三届“最美农发行人”表彰大会

程玲，1997年加入农发行凉山彝族自治州分行，作为客户业务部高级主管，带领客户经理对接贷款项目百余个，融资需求超过两百亿元。2019年被评为农发行总行“最美农发行人”“脱贫攻坚先进个人”，2020年被评为“四川金融五一巾帼标兵”“四川省脱贫攻坚先进个人”。

地称她“程姐”，对这位老大姐，同事们都是钦佩不已。

不少人还记得，有很长一段时间，见到程玲时她都手缠绷带坚持工作，那是在一次去冕宁县大桥镇了解项目贷款时遭遇的一场事故。

当时，程玲带队去冕宁县大桥镇的某个水电企业考察项目，水电企业位于一个烂河滩边上，要进入厂区必须翻越一座高高的堡坎，为了拉上一位体力不支的同事，程玲不慎从堡坎上摔了下来，右手臂顿时传来一阵剧痛，冷汗立马顺着额头淌了下来。同事们见状不妙，坚持将她送到了冕宁镇作检查，确诊为骨折。

“如果当时回西昌，那这个项目就会被耽搁。”程玲不顾同事的劝阻，坚决要求留下。同事们拗不过这个倔强的主管，只得用一块门帘将她手臂暂时固定住。会议从早上一直开到下午，强烈的痛感让程玲脸色苍白。但她硬是忍着剧痛，一声不吭，用心聆听报告，思索着项目的可行性。

回到西昌，已是下午五点多钟，从早上十点到下午五点。整整七八个小时她忍受着常人难以想象的痛楚，整个手臂已肿得不成样子。俗话说，伤筋动骨一百天。同事们想着，从不休假的程姐这回应该能好好歇一歇了。可谁料，仅仅过了三天，同事们又在单位上看到了她忙碌的身影。“想着还有一大堆的事情要处理，我在病床上就躺不下去。”面对伤痛，程玲说得云淡风轻，在她心目中，工作始终摆在第一位。

或许，在程玲看来，这样的伤痛的确不值一提，因为工作的特殊性，她常年都行进在下乡进村的路上，因为交通的不便，她流过血、受过伤，遇到的危险数不胜数。然而，她始终坚持身先士卒，奋斗在第一线。

心系贫困群众，倾情脱贫攻坚

说到昭觉县“悬崖村”，可谓家喻户晓。“悬崖村”地处凉山州腹地，先天发展滞后，是典型的深度贫困地区，也是习近平总书记牵挂的地方。那里的孩子们家在山上，学校在山下，上学、放学都要徒手攀爬悬崖上的17段陡峭藤梯，藤梯的落差高达800米。

面对这一危险境况，程玲又亲自带队，实地考察项目，多次攀爬在藤梯上，想着年幼的孩子们在命悬一线的悬崖路上求学，程玲心痛不已。在做这个项目时格外用心，每天不辞辛劳爬完藤梯后回到住处加班加点，在农发行总行、省分行的鼎力支持下，短短一个月完成6000万元的贷款审批。

在这笔贷款的支持下，“悬崖村”修建了一条用1500根钢管打造的钢梯，取代了“悬崖村”使用多年的藤梯，而今“悬崖村”不再是贫穷的代名词，还是一个凉山旅游新词。和“悬崖村”一起变化的是凉山州那些贫困村庄，那些镶嵌在绿水青山中的村庄，这些变化为凉山人民打开了一扇扇致富之窗。

作为一位母亲，程玲对孩子们有着与生俱来的母性情怀。她曾担任越西县瓦曲觉乡俄洛村第一书记，在村里，每个小孩子都非常喜欢这位和蔼可亲的阿姨。而她也是对这群孩子疼爱有加。“我在村里收养了一个彝族小女孩，小女孩很可爱，还会说普通话。”说到自己收养的小女孩，程玲眼里满是骄傲。

荣誉源于坚守，脚步丈量梦想

很多人说，程玲的金融梦、扶贫路是用“铁脚板”走出来的。她一年有200多天都在出差，踩遍全州6万多平方千米土地，只为把金融“活水”输送进山，“润泽”这片大地。

面对凉山州的贫困程度，程玲深感自身责任重大，多年来没有休过假，不分是否是上班时间，做到有项目必到现场，没有项目主动上门送政策。为得到真实可靠的数据，了解贫困地区的需求，她和她的团队用脚步丈量脚下这片土地，深入深度贫困地区的各个乡镇。

近年来，程玲参与调查项目超百笔，审批贷款超过200亿元。支持甘洛县教育扶贫贷款1.4亿元，项目建成后有力推动甘洛县教育事业健康发展，对完成脱贫攻坚任务和实现与全国、全省、全州同步全面小康意义重大；支持昭觉县虹谷拉达农业公司产业扶贫项目贷款7000万元，从项目的初期就介入培育，形成“农村土地流转+农民工就业”的扶贫工厂，惠及建档立卡贫困户487户，户均增收超过12000元，项目的实施达到了扶真贫，真扶贫的效果。

脱贫攻坚战打响以来，程玲带领团队克服机构少、交通不便、人手和能力不足等突出困难，有效助力12.97万贫困人口实现“安居梦”。一串串数据见证了她不为人知的辛酸，同时也承载了贫困群众的希望和梦想。在扶贫的漫漫道路上，程玲用心、用情谱写了一篇光辉的乐章。30年如一日，程玲把党和国家的金融扶农惠农政策送到大凉山深处，将自己全部精力和心血都献给了生她、养她的这片热土。

个人感言：每一束花都能照亮一段蜿蜒的山路，每一朵小苔米都有属于自己的春天。愿做这一朵小苔米，默默温柔凉山这一方水土。

拒绝“躺平”的金融“匠人”

——记“2020年四川省脱贫攻坚先进个人”黄建

贫穷如同一块淬金锻人的磨刀石，有的人在沉重的钝痛面前选择灰扑扑地缩在角落，乃至麻木躺平，也有人不服输、不认命，奋发向上，直至把生活和命运紧紧掌握在自己手里。

宝剑锋从磨砺出。一块铁，能否被锻造为好刀，除了自身的品质，还需要“匠人”的手艺——这样的“匠人”，也许是一个人，也许是一群人。

黄建（右四）在扶贫一线调研

黄建，农发行四川省分行扶贫业务处处长、农发行扶贫金融事业部四川分部秘书长。脱贫攻坚战打响以来，在其直接参与或推动下农发行四川省分行投放各类扶贫贷款1826亿元，全行扶贫贷款余额保持全系统第一方阵，所在扶贫处自身业务量长期居全系统第一位，被评为“2020年四川省脱贫攻坚先进个人”。

2015年，中央发出脱贫攻坚总动员后，农发行确立以服务脱贫攻坚统揽业务发展全局的战略。作为农发行四川省分行经办部门主要负责人，黄建带领团队积极响应总行、省分行的号召与安排部署，履职尽责、精准滴灌、勇挑重担、砥砺前行，一直跋涉在“扶贫路”上。在他的直接参与或推动下，农发行四川省分行投放各类扶贫贷款1826亿元，全行扶贫贷款余额保持全系统第一方阵。与此同时，农发行四川省分行扶贫处自身业务量长期居全系统第一位，为确保各项扶贫政策在川落实落地作出了积极贡献。

富集资源，为易地扶贫搬迁提供充足“活水”

支持易地扶贫搬迁，是扶贫工作起好步、开好头的关键举措。

“晴天一身土，雨天一身泥”，漏雨的茅屋顶、纸糊的木格窗、破旧的土坯墙……走在贫困村里，走进农户家中，看着似曾相识的景象，黄建想起了自己的家乡——乐至县孔雀乡。小的时候，不少老乡会来他家里找身为乡村医生的父亲看病，遇上雨天，就难免留下满屋黄泥巴脚印，他也经常去母亲上班的乡政府院里玩，那里每天都有很多老乡来来去去，有些人提出问题，得到了解决，有些人却只能无奈地离去。

“那时候，我就有种强烈的感觉，想为他们做点事。现在看来，这或许就是我的‘初心’。”黄建将支持易地扶贫搬迁作为重大政治任务来抓，带领部门员工主动向四川省委、省政府及省发改委等部门汇报农发行信贷政策，提前介入全省易地扶贫搬迁工作规划，加强与承贷主体协调配合，为全省易地扶贫搬迁出谋划策。

2016年初至当年8月为易地扶贫搬迁工作起步阶段，黄建主动想办法添措施，建立压力传导机制，层层分解任务，压实省、市、县三级行责任，并加强督导，在全省农发行系统100个基层机构全面推行“比其他行做得好一点、动作快一点、服务优一点、感情深一点”四点服务法，确保全省116万贫困人口都享受到农发行的政策“红利”，且要求越是对落后地区越是要加大力度。如甘孜、阿坝所有易地扶贫建设项目资金均由农发行提供。“十三五”期间，农发行四川省分行累计向全省发放易地扶贫搬迁贷款和基金336亿元，惠及144个易地扶贫搬迁任务县和77万易地搬迁人口，实现支持易地扶贫安置全覆盖，占四川省易地扶贫搬迁所有金融支持的66%份额。

精雕细琢，方见匠心。针对四川重点贫困片区存在较大数量临界人口，且纳入规划的易地扶贫搬迁建设点也存在基础设施、公共服务配套不完全到位的问题，其中部分人有强烈同步搬迁意愿等实际情况，黄建主动作为，精准解读建档立卡专项资金和同步搬迁有关政策，积极向农发行总行争取政策支持，并根据中央专项贷款陆续到位情况，向全省23个易地扶贫同步搬迁项目投放122亿元资金，解决了计划内项目建设资金不足的问题，为四川秦巴、乌蒙等四大深度贫困片区50万非建档立卡贫困人口一同进入小康打下了坚实基础。

加温冶炼，为更广阔扶贫领域提供政策性金融支持

作为20世纪80年代就从事金融工作的“老兵”，黄建深知好手艺不是一天练成的。从县市省到总行，黄建遍历了农发行四级机构的多个不同岗位，终于练就了一身“绝技”，成为全行的业务骨干。

这些经验也被黄建应用到扶贫工作中。用他的话来说：扶贫业务必熟悉省情，吃透政策，掌握精神。五年来，他的足迹踏遍全省88个贫困县，尤其是多次到川东北秦巴山区、川南乌蒙山区、大小凉山彝区、川西高原藏区等四川深度贫困地区调研。一方面，将了解到的贫困现状、致贫原因形成有针对性意见，为脱贫攻坚有关政策制定提供一手依据；另一方面，利用各种会议、培训等方式，抓住一切机会加强宣传，让社会各界了解农发行扶贫政策、扶贫措施、扶贫产品等；此外，及时将党和国家以及农发行金融扶贫政策传达到省、市、县三级行，推动形成全行全员全力全程服务脱贫攻坚的工作格局。

由点及面、串珠成链，成效自然显现。具体例子不胜枚举：2017—2018年，黄建精准理解总行扶贫过桥贷款政策，在全系统率先推动项目落地，农发行四川省分行审批项目100余个，金额300多亿元，实际发生额占全系统“半壁江山”；在贫困村提升工程产品营销中，黄建充分发挥扶贫业务处的统筹作用，创新模式抓落实，农发行四川省分行该项业务一度达到全系统的40%以上；在办理凉山州昭觉县“悬崖村”6000万元钢梯项目贷款中，他先后五次到“悬崖村”调研，促成项目落地，该项目不仅改善了党和国家领导人及社会各界关心的“悬崖村”村民出行条件，而且支持该项目成为旅游“打卡地”，为村民带来了持续稳定的旅游收入；2020年以来，黄建又推动农发行四川省分行将支持“三保障”项目放在突出位置，投放交通、水利、医疗、教育、人居环境改善等基础设施扶贫和产业扶贫等各类扶贫贷款341亿元，其中易地扶贫搬迁后续扶持贷款当年放款68.5亿元，居全系统第一位。截至2020年末，农发行四川省分行扶贫贷款余额1158亿元，在全国系统内居第四位，尤其是对凉山州普格等7个当时未脱贫县，不仅扶贫贷款投放实现了“全覆盖”，而且投放额达14.67亿元，提前超额完成计划目标任务。

提纯精炼，为扶贫资金合规高效使用保驾护航

在不少同事的眼中，黄建不仅是一名“匠人”，也是一名“犟人”。他在工作中

"铁面无私"，把正确执行政策、严格落实制度、保证资金安全、不辜负组织的信任作为工作目标和人生追求，确保信贷资金真扶贫、扶真贫。

"要做事、做成事，就要耐得住寂寞，受得了委屈。作为一名金融扶贫战线上的共产党员，面对贫穷与困难，我选择'不服'，决不'躺平'，坚决'宣战'。"黄建掷地有声。他说，只有这样才对得起自己胸前的党徽和铮铮誓言。

黄建带头认真抓好各项党建工作，落实好"一岗双责"。在深入学习习近平新时代中国特色社会主义思想及关于扶贫工作重要论述的同时，他还将学习与"不忘初心、牢记使命"主题教育相结合，在"三会一课"中常态化学习，坚持以党建为引领，为农发行四川省分行金融扶贫事业健康发展提供思想政治保障，其所在扶贫业务处连续多年受到农发行总行、省分行表彰，其所带领的省、市、县三级行扶贫条线部门五年来被各级党政表彰累计达130次。

对身处脱贫攻坚主战场的农发行四川省分行来说，健全的制度体系是金融扶贫工作有效开展的保障，黄建对这一点也没有含糊。扶贫贷款业务开展以来，他始终将"精准扶贫"放在金融扶贫的核心位置，严格区分资金使用边界，牵头建立了信贷扶贫专门台账，拟定制度办法数十项，结合实际提出大量切实可行的操作要求。

"贷款放得出，收得回，有成效，这才是真功夫。"黄建经常这样告诫同事们。2018年以来，国家调整易地扶贫搬迁资金供应方式后，后续资金不再贷款，且通过发债逐步提前归还。他积极配合省政府及有关部门，协调推动前后政策衔接工作，确保数百亿元中央贴息专项资金一分也没被挤占挪用。经过组织的审计和检查，农发行四川省分行和黄建个人多次受到总行表彰。

脱贫摘帽不是终点，而是新生活、新奋斗的起点。农发行四川省分行以黄建为代表的金融扶贫工作者们正坚守岗位、持续作战，接续推进巩固拓展脱贫攻坚成果同乡村振兴有效衔接，推动党和国家有关政策落实落地，为人民群众过上美好生活而不懈努力奋斗。

个人感言：人生一辈子难遇几件有意义的事情，我能全程参与这项伟大的事业，能为贫困老百姓做点事，我是幸运的、幸福的。

嘉陵江畔的金融扶贫人

——记“2020年四川省脱贫攻坚先进个人”贾进

他牢记初心使命，从巍峨的大巴山到奔腾的嘉陵江，在金融扶贫路上留下了忙碌的身影；他敢于创新探索，在全省农发行系统投放首笔扶贫过桥贷款2亿元，改扩建乡道61.12千米，使4800户9613名建档立卡贫困人口受益；他勇于先行先试，在全省农发行系统首开“土地+”融资先河，向金太线万亩高标准农田项目投放扶贫贷款1亿元，提升了4个乡镇16个村666.67公顷的耕地质量；他坚持实干苦干，在农发行西充县支行任职三年共投放精准扶贫贷款30.59亿元，任农发行南充市分行客户部负责人后，在4个月里获批扶贫贷款项目2个、金额达13.3亿元，为支持巩固脱贫攻坚后续扶持工作奠定

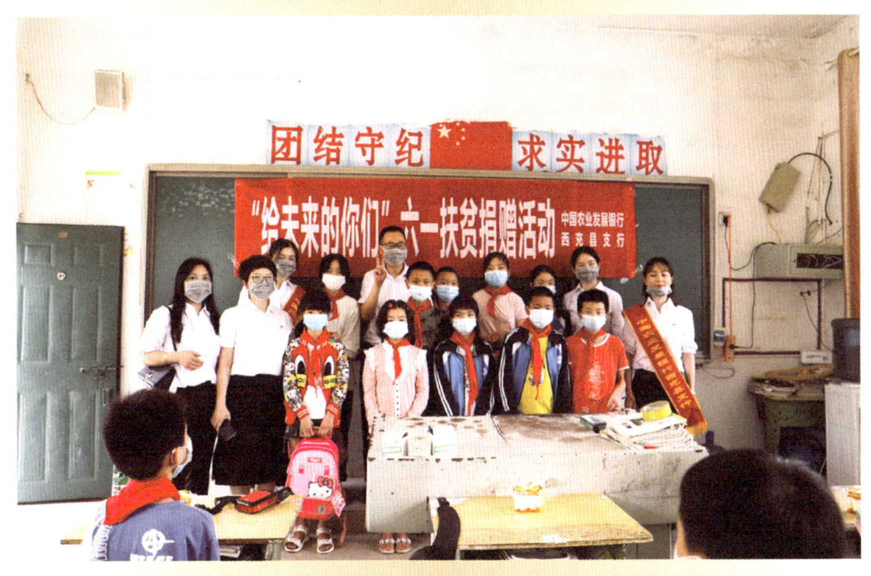

■ 贾进（后排左三）和支行工作人员在扶贫县开展扶贫捐赠活动

贾进，2000年参加工作，历任农发行宣汉县支行、达川区支行副行长、西充县支行行长、南充市分行客户部高级主管，现任营山县支行行长。

了坚实的项目支撑。在2021年4月22日召开的四川省脱贫攻坚总结表彰大会上，他被表彰为“2020年四川省脱贫攻坚先进个人”。他就是贾进，现任农发行营山县支行行长。

扶贫创新的开拓者

南充市位于四川省东北部，辖区面积12479.96平方千米，常住人口560万人，全市9县（市、区）中有4个国贫县、3个省贫县，辖内仪陇县处于秦巴山区集中连片特困地区。2014年底，南充市精准识别贫困村1290个，占四川省的十分之一；建档立卡贫困人口19.1万户57.8万人，贫困发生率10%，居四川第三位，为四川脱贫攻坚任务最为繁重的市（州）之一。在支持打赢脱贫攻坚战这场硬仗中，农发行南充市分行积极发挥金融扶贫的先锋主力模范作用，助力南充全市脱贫攻坚取得了一场又一场胜利，也记录了农发行人金融战贫的感人事迹。

初夏时节，在西充县古楼镇，绵延成片的香桃喜获丰收，桃香飘散在乡村大地，吸引了不少市民自驾前往采摘购买。同时，更多的香桃则通过网络订单，依托便捷的交通网络，果农直接在家门口装箱打包，发往全国各地。香桃产业在西充的兴旺，离不开西充人民的勤劳肯干，更离不开西充近年来愈发便捷的交通条件。

曾担任农发行西充县支行行长的贾进虽已调离西充县，但当他看到农民种植的水果能够发往千家万户，贾进心里十分欣慰和自豪。包括古楼镇在内的西充多个乡镇，交通网络四通八达，这离不开农发行投放的全省首笔扶贫过桥贷款的强力支持。

时间回到2017年，在川北大地，脱贫攻坚激战正酣。当年8月，40岁的贾进通过公开竞聘，从达州市调至南充市担任农发行西充县支行行长。至此，正值青壮年的贾进将自己的一腔热情尽情挥洒在西充县金融扶贫路上。

初到西充县，贾进了解到一些重大扶贫项目由于资金到位不足等因素，推进较为缓慢。作为脱贫攻坚主办行的农发行一员，贾进看在眼里，也在心里默默盘算，如何利用自身所处的平台为脱贫攻坚事业贡献一份力量。

为打通西充县脱贫攻坚在交通网络上的“最后一公里”，贾进在省、市分行的指导下，从国家大政方针找依据，从农发行信贷基本制度找切入，跳出项目自身找来源，最终选定了整合各类财政涉农资金作为还款来源的融资方式。

当时，农发行四川省分行将扶贫过桥贷款全省试点放在了西充县。当梦想照进现实，贾进内心的想法变成了可操作的工作方法。在随后的时间里，贾进和同事们跑政府单位、跑项目工地、跑省市分行解决问题，28天的时间里，全省第一笔2亿元的扶贫过桥贷款在他的推动下正式投放到位，用于改扩建乡道61.12千米，使4800户9613人建档立卡贫困人口受益。

"作为全省第一个吃螃蟹的人，我们一开始也遇到不少难题，多次和省、市分行领导沟通汇报，一步一个脚印，最终这项试点在西充县得到了成功验证。"贾进回忆道。

随着西充县的试点成功，该模式在全省大力推广，2019年10月末，全省发放扶贫过桥贷款达到237亿元。

高举党旗的先锋者

一个党支部就是一个战斗堡垒。2017年，就任农发行西充县支行行长后，贾进充分调动党支部的战斗堡垒作用，先后成立党员攻坚组和青年先锋队，带领这支一半人员是党员、平均年龄34.5岁的团队，吹响了金融扶贫攻坚的号角。

贾进参加工作的前17年时间里，工作地点都在达州市。初到西充县，为准确掌握该县贫困村情况，实现精准扶贫，他带队一头扎进全县23个乡镇的79个贫困村摸排，掌握第一手资料，让党旗高高飘扬在扶贫一线。

让贾进十分难忘的，是他刚到西充县第一年的那个春节。2017年腊月二十九的夜晚，当窗外爆竹声声，家家欢聚一堂时，他带领党员攻坚组为了完成一个扶贫项目的调研，拿着手电筒行走在漆黑的山路上。望着山乡的灯火闪烁，贾进虽然想念远在异地的家人，但内心却有一种责任感，他心中明白，为了山乡亮起的万家灯火，所有的付出都是值得的。

就这样，深度调研让贾进对全县的贫困状况了如指掌，很快便厘清思路。同时，积极开展支部共建、爱心捐赠、金融知识下乡、上门走访贫困户等，让金融扶贫润泽万家。真心的付出获得了丰厚的回报，农发行西充县支行先后荣获"总行级青年文明号""省分行先进基层党组织""南充市优秀服务业企业"等殊荣，贾进也因此荣获南充市2019年度"三场攻坚战""三场突围战"先进个人。

金融战贫的践行者

工作上，贾进高举政策性金融旗帜，在营销方式、融资模式和办贷制度上积极探索，全力贡献农发行力量。三年共发放精准扶贫项目贷款达30.59亿元，农发行西充县支行的贷款规模也从2016年末的4.2亿元净增加了25.69亿元，到2020年8月末达29.89亿元。

贾进创新营销，将高层营销和团队营销有机融合。他经常主动向地方党政专题汇报工作，积极推介农发行信贷产品，营造银政良性合作氛围。

贾进创新机制，将工作质量和过程管理有机融合，制定了项目营销激励考核实施细则，在年终奖金中对项目主办客户经理和业务骨干单独奖励。采取挂图作战方式，打破人员部门限制，开展项目营销劳动竞赛活动。

贾进创新模式，2018年向西充县金太线万亩高标准农田建设项目投放贷款1亿元，在全省范围内首开“土地+”贷款模式先河，首笔高标准农田建设项目得到了广泛认可。2018年10月，农发行监事会主席于学军亲临现场调研，高度肯定贷款项目的成功经验及做法。2018年12月，农发行四川省分行首届新闻发布会在此拉开序幕，新华社、《人民日报》等多家主流媒体聚焦现场，采访报道。

2020年9月任农发行南充市分行客户业务部高级主管后，贾进采取“5+2”“白+黑”工作方法，通过将工作责任落实到人，工作进度倒排到天，全力加快扶贫项目落地。农发行南充市分行客户部第四季度推动获批中长期项目4个、金额为27.6亿元，发放中长期项目贷款达9.19亿元，为2021年深化支持脱贫攻坚奠定了坚实的项目支撑。

个人感言：我没有想到会获此荣誉，脱贫攻坚一线还有许多人和我一样。唯有再接再厉，才对得起组织对我的信任。

贵州省

发挥行业优势 “四融一体”精准帮扶

——记“2019年贵州省脱贫攻坚先进集体”农发行驻锦屏县帮扶工作组

农发行驻锦屏县帮扶工作组（以下简称“三人小组”）成立于2016年，是农发行强化帮扶力量的具体举措，是定点帮扶的“尖刀班”。“三人小组”不忘初心、牢记使命，发挥优势、团结协作，忘我工作、全力以赴，实行“四融一体”帮扶思路和探索党建“1+3”帮扶模式，帮扶成效显著，锦屏县的基础设施和人居环境得到改善，产业发展逐步壮大，农民收入稳步提高，全面实现如期脱贫，完成了阶段性历史使命。

农发行驻锦屏县帮扶工作组帮扶兴建的锦屏县第四中学

农发行驻锦屏县帮扶工作组是农发行发挥金融扶贫主力模范作用的践行者，是定点扶贫前沿阵地的“智囊团”“尖刀班”，实现了融资、融智、融商、融情“四融一体”帮扶模式在锦屏落地生根、开花结果。2019年10月，该工作组被贵州省扶贫开发领导小组评为“2019年贵州省脱贫攻坚先进集体”，时任成员有秦小军、潘贵平、杨绍帆。

围绕脱贫重点 加大“融资”力度

问诊先把脉，融资先融志。作为国家开发扶贫重点县、贵州省深度贫困县之一的锦屏，112个贫困村中深度贫困村76个，有7.8万贫困人口。锦屏县基础薄弱，发展相对滞后，贫困群众久困于穷难自救。完善基础建设，教育要先行，财力供给不足成为发展的梗阻。

“三人小组”成立后，深入调研县情和发展需求，会同省、州、县行结合实际指导重点项目的申报，力争补齐短板、夯实基础、破解难题，协助争取农发行审批项目贷款38.82亿元，发放21.66亿元。

“在农发行的支持下，我县第四中学顺利建成，解决了易地扶贫搬迁和薄弱乡镇2000余名学生就读需求。”锦屏县教育局局长欧品金说。

农发行支持锦屏县的重点项目，涉及教育扶贫、棚户区改造、农民集中住房、水利治理、路网建设、土地收储，粮食储备等领域，一批优质惠民利民项目得以建成，加快了脱贫攻坚步伐。

针对问题短板 实行“融智”提升

扶贫必扶智。要实现稳定脱贫，仅靠外力是不够的，也不是长久之计，必须要挖掘培养贫困群众自身的内生动力，要能人来带动，“授人以鱼不如授人以渔”，教会贫困群众真正的致富本领。

针对动力水平低的问题，“三人小组”协调落实对锦屏县扶贫攻坚干部队伍、致富带头人、技术人员开展培训工作，累计培训基层干部198名，培训技术人员658名（其中果树种植技术人员270名、养鹅技术人员300名、山区教师62名、致富带头人26名）。培养骨干又带动423户农户加入合作社发展，带动成效明显。

“参加培训后，我们增强了产业发展的信心。”平秋镇晓岸村党支部书记刘继钧说，“我们种植的13.33公顷吴茱萸马上进入丰产期，今年再增加榷粟6.67公顷。”

“三人小组”针对锦屏县“因学致贫”等突出问题，在锦屏县创建农发行教育扶贫基金和特困帮扶基金，针对贫困学生和特困群体建立了长效帮扶机制，发挥资金池、蓄水池的作用，使特困群众多了一份保障。

特困学生杨盼盼是受助者之一，她说：“农发行帮助我解决了后顾之忧，让我收获了亲切的关怀与温暖。”

主动跟踪服务 促进“融商”落地

火车跑得快，全靠车头带。缺乏龙头企业带动是锦屏县经济发展的又一软肋，零散的传统产业难以达到增收致富的目的。“三人小组”积极配合县政府“走出去”向外推介锦屏县优势资源，利用农发行的客户资源促进锦屏县的融商工作。

“农发行发挥资源优势，大力支持我县招商工作，亚狮龙等一批优质产业在我县落地，有力地带动了产业发展，同时也扩大了就业。”锦屏县投资促进局局长龙梅说。

2018年，农发行招商引资会在锦屏县召开，吸引几十家企业到锦屏县考察，浙江铁枫堂等企业接续落地。农发行利用资源优势和影响力，邀请专业公司专业人才，为锦屏争取优质帮扶资源，发挥企业优势从不同角度发力，浙江良友木业帮助12名贫困残疾人在异地就业。

搭建社会帮扶桥梁 “融情”到村到户

要致富产业助。发展产业是脱贫攻坚的根本之策。一方面，“三人小组”积极联系社会帮扶助力产业发展。累计获得社会捐赠资金2459万元，农发行专项扶贫资金为2742万元，围绕产业补短板，分别与建档立卡贫困户直接挂钩，形成“捐赠资金+农村合作社+扶贫产业+贫困户”有效的扶贫利益联结模式，切实提升带贫质量和效益。

“农发行用捐赠资源为我们实施果品提升工程、修建果蔬保鲜冷库，有效解决了产业发展难题。”敦寨镇罗丹村支书潘有坤说。

另一方面，“三人小组”积极助推“锦货”出山。通过县域“国有企业+农民合作社+农户”的模式，通过东西部协作、社区帮扶、系统内消费帮扶等方式助推“锦货”出山。

2020年新冠肺炎疫情暴发后，帮扶工作组成员全部主动放弃春节休假奔赴一线，在锦屏县抗疫物资奇缺的情况下，及时协调农发行系统和爱心企业为锦屏县捐赠口罩5.5万只、护目镜700余个、心肺复苏仪4台，总价值51.5万元，帮助锦屏人民安全“渡疫”。

创新“1+3” 金融扶贫模式

“三人小组”以定点县和帮扶村龙池（罗丹）为样本，探索“党建+产业、教育、医疗”的“1+3”金融扶贫模式。

以党建为枢纽，激发党组织活力。“三人小组”根据村“两委”的诉求，争取资金维修村级活动场所、配备计算机等办公设备，规范了村级办公场所建设。争取资金70万元为帮扶修建村寨排水沟和文化广场，美化了环境。第一书记主动与党员群众交心谈心，带头规范党组织生活，通过组织学习教育，党员干部“四个意识”逐步增强，活力得到提升，通过村级党组织创建合作社带动群众一起做好产业发展。争取到总行捐赠党费156万元帮助锦屏县15个村级党组织规范建设村级活动场所，扩大党建带动范围。

以销促产，撬动乡村产业振兴。"三人小组"积极带动群众闯市外销水果，发动农发行系统帮助销售。争取农发行捐赠145万元修建了产业路、果蔬大棚和保鲜冷库，有力地提升了龙池村（罗丹）及周边村镇的果蔬产业竞争力。同时，拓展了电商渠道，开通扶贫网上商城，在省会贵阳市为锦屏县开设了农特产品专卖店，帮助销售水果、蜂蜜、油茶等特色产品。同时，"三人小组"针对锦屏县西部深度贫困的平秋、彦洞、固本等乡镇捐赠资金114万元帮助群众建立了民族手工刺绣特色"扶贫车间"，帮助一批留守妇女就近就业。

夯实基础，撬动教育水平稳步提升。为锦屏县争取审批了首笔教育扶贫贷款1.2亿元新建第四中学，为千余户移民解决就读难题，完成县城周边6个乡镇初中调整到四中集中办学，实现教育进一步均衡。支持琴囱扶贫移民安置区学校留守儿童之家配置文、体、艺设备。为龙池小学、县特校、新化小学安装了太阳能热水、净水系统。协调农发行工会捐赠20万元帮助县特校、敦寨小学、龙池小学配备教学用品和学生校服。并对接各省分行与山区学校结对帮扶，浙江省分行、广东省分行、江苏省连云港分行以捐赠、捐物、助力培训等方式帮扶。锦屏县学校布局趋科学合理，教学资源逐渐充实，就业环境更加和谐。

牵线搭桥，助力医疗改革迈上新台阶。"三人小组"积极协助锦屏县推进"医共体试点"改革工作，联系农工党中央资助锦屏县医疗设备，积极谋划锦屏县医共体改革医院建设项目融资。协助组建了注册资本2亿元的杉乡医疗健康投资开发公司，组建"院士工作站"，引进4位院士和100位专家，创建互联网医院，解决了"医共体"的资金和人才问题。帮扶持龙池村卫生室10万元添置医疗器材和康养设备，并帮助龙池村卫生室联系北京301医院专家建立远程会诊平台。帮助锦屏县实现了"小病不出村、常见病不出乡、大病不出县"的目标，探索出一条破解锦屏医疗发展瓶颈的新方法，医改工作取得突破性进展。

驻锦屏帮扶工作组积极发挥自身优势，在项目融资、招商引资、东西部对接、智力帮扶及产业帮扶等方面精准发力，解决群众最迫切的需求，助力锦屏加快完成减贫任务，帮助2万余人实现脱贫，为锦屏县脱贫摘帽、彻底撕下千百年来绝对贫困的标签作出了积极贡献。

战贫抗疫勇作为　政策金融显担当

——记“贵州省脱贫攻坚先进集体”农发行遵义市分行

红色革命老区遵义，是武陵山、乌蒙山集中连片特困地区，贫困面广、量大、程度深，2014年建档立卡时，全市共有8个贫困县871个贫困村、建档立卡贫困人口92.22万人，贫困发生率达13.75%，是全国脱贫攻坚的重要战场之一。

面对严峻的经济形势和艰巨的脱贫任务，农发行遵义市分行立足自身职能定位，秉承“遵道行义·自强不息”的城市精神，紧扣遵义脱贫攻坚和乡村振兴战略，聚焦

■ 农发行余庆县支行支持的易地扶贫搬迁项目点

农发行遵义市分行共有正式员工236人。截至2020年末，全行各项贷款余额为531.16亿元，居遵义市各家金融机构之首。下辖11个县级支行，业务覆盖全市15个县（市、区），“十三五”以来累计发放贷款737.23亿元，其中扶贫贷款为314.62亿元，占比达42.68%，服务建档立卡贫困人口达37.58万人，累计惠及贫困人口73.48万人，成为当地服务乡村振兴、脱贫攻坚的主导银行。

脱贫攻坚“四场硬仗”，重点围绕易地扶贫搬迁、粮食安全和现代化农业发展、水利建设、农村路网建设、城乡基础设施建设、城镇区域统筹发展、棚户区改造和农民集中住房建设等领域精准发力，竭力为遵义脱贫攻坚和乡村振兴引入政策性金融活水，全力服务遵义脱贫攻坚。

截至2020年末，农发行遵义市分行贷款余额为531.16亿元，“十三五”以来累计发放贷款737.23亿元，其中扶贫贷款314.62亿元，占比达42.68%，服务建档立卡贫困人口达37.58万人，累计惠及贫困人口73.48万人，为遵义市经济社会发展和8个贫困县的脱贫摘帽作出了较大贡献，成为当地服务乡村振兴、脱贫攻坚的主导银行。先后荣获“2017年度贵州金融五一劳动奖状”“2018年度全国金融五一劳动奖状”“2018年度总行五一劳动奖状”“2016年总行信贷全流程标准化管理示范行”“2018—2019年度总行脱贫攻坚贡献先进集体”“2020年贵州省五一劳动奖状”“2020年贵州省金融助推脱贫攻坚劳动竞赛先进单位”“2020年全国万企帮万村精扶贫行动组织工作先进集体”等多项荣誉，下辖11家支行获当地政府“脱贫攻坚先进集体”表彰21次。

精准发力，做到搬迁路上“一户都不能落”

易地扶贫搬迁是实施脱贫“五个一批”的头号工程。2015年，在全市易地扶贫搬迁工作时间紧、任务重的资金压力和需求下，农发行遵义市分行以支持遵义生态移民搬迁为切入点，在全市各家金融机构中率先成立扶贫办公室和扶贫工作专班，对片区易地扶贫搬迁工作进行可行性调查论证，向市委、市政府和上级行多次汇报，制订融资方案，编制项目贷款资料，落实相关贷款细节，特事特办，以最快的速度，率先审批发放易地扶贫搬迁贷款33亿元，帮助15.17万人成功搬迁，其中建档立卡贫困人口9.14万人，做到了全市有易地扶贫搬迁任务的县全覆盖，打响了金融服务易地扶贫搬迁当头炮。在信贷支持易地扶贫搬迁工作的基础上，该行努力探索有效信贷支持方式，持续加大易地扶贫搬迁后续扶持工作力度，带动贫困搬迁人口搬得出、稳得住、能致富，助力实现乡村美、百姓富、产业兴。

迅速反应，做到保障路上“一个都不能少”

面对遵义市打赢疫情防控阻击战和脱贫攻坚战“两场硬仗”的紧迫形势，农发行遵义市分行以强烈的政治担当、使命责任投身金融抗“疫”一线，统筹支持疫情防控、复工复产和全市经济发展，精准发力服务落实“六稳”“六保”工作，充分发挥了政策性金融“当先导、补短板、逆周期”的作用。新冠肺炎疫情暴发以来，该行及时开通防疫信贷业务应急通道，累计发放防疫应急贷款21笔，金额为3.79亿元，其中使用人民银行专项再贷款资金支持全国性疫情防控重点保障贵州企业7户、发放专项优惠贷款1.73亿元，综合利率低至2.85%（企业实际承担利率低至1.425%），得到地方党政充分肯定；成立“疫情防控重点物资保障企业贷款党员突击队”，省、市、县三级联动，线上、线下双配合，加班加点开展贷款调查审查审议工作，累计发放贷款102.48亿元支持141家中小微企业复工复产，为全市疫情紧缺生活物资采购提供了有力保障；全面落实总行利率“整体优惠+首年再优惠”组合优惠政策，最大力度地服务实体经济减费让利，全年新发放贷款加权利率4.65%，同比降低93个基点，多为企业让利0.20亿元。2020年6月下旬，遵义部分乡镇遭受了洪涝灾害，该行迅速高效组织及时满足正安、桐梓、习水、绥阳等重灾区应急贷款资金需求，申报抗洪救灾贷款项目5个，金额5.6亿元，为遵义抗洪抢险贡献农发行力量。

抓住重点，做到强基路上“一刻都不能松”

农发行遵义市分行准确把握脱贫之“势”，精准推进脱贫之“事”，始终把服务脱贫攻坚当作最重要的政治任务抓紧抓实，与时间赛跑，与贫困较量，坚持一手抓抗击疫情，一手抓脱贫攻坚，以决战姿态确保“两手抓、两战赢”。集全行之智、举全行之力，充分发挥脱贫攻坚主力军作用，率先在全省提出银政企联合办公机制，与各县市区成立脱贫攻坚领导小组，强化省市县三级行联动机制，以集中推动的模式提高项目申报进度和效率，最大力度地服务农村基础设施扶贫“补短板”。2015年以来，累计审批农业农村基础设施建设扶贫项目129个，发放金额326.3亿元，惠及全市贫困人口37.35万人，涉及全市15个县（市、区）棚户区改造、农村面貌提升、农业农村基础设施、农村土地整治、农村公路建设、农村水利设施等众多项目。该行是全市金融机构脱贫攻坚贷款投放最多的银行，也是全省农发行系统脱贫攻坚贷款审批最多的银行，政策性金融服务脱贫攻坚职责职能充分发挥，服务脱贫攻坚的金融机构主导作用进一步彰显，在遵义脱贫攻坚的历程中留下了浓墨重彩的一笔。

科学支援，做到产业路上“一寸都不能乱”

在金融扶贫的基础上，农发行遵义市分行助力农村产业革命，立足资源禀赋，找准优势，因地制宜，突出特色，在产业扶贫带贫做特、做优、做精、做强上狠下功夫。积极探索形成“品牌+订单收购+财政兜底+定向销售”的模式支持“红粮”、优质稻等特色优质粮食调控收购，2015年以来，累计发放红粮产业扶贫贷款28.69亿元，支持收购“红粮”29.92万吨，惠及订单农户约19.26万人，户均“红粮”种植收入从2015年约0.48万元增长到2020年的约1.19万元；创新茶产业绿色发展工作思路，打好固定资产贷款、流动资金贷款和民营小微贷款多种信贷产品“组合拳”，满足不同规模茶企融资需求，有力地为遵义茶产业的发展提供了全产业链金融服务；立足地方特色优势，形成“产业化龙头企业+小微企业+竹农”的利益链接机制，2019年以来，累计发放竹产业贷款近10亿元，带动近20万竹农增收致富，其中帮扶贫困户3970人。2019年以来，为37户小微企业提供贷款支持15810万元，支持解决了小微企业在生猪养殖、茶青收购、辣椒收购等方面的流动资金需求。2015年以来，累计审批产业扶贫贷款33笔，发放84.07亿元，有力地支持了遵义市竹、茶、红粮、石斛、中药材、辣椒等特色脱贫致富产业发展，惠及全市建档立卡贫困人口约4.54万人。

面对脱贫攻坚这场大考，农发行遵义市分行凝聚着全行广大干部职工的心血汗水和艰辛努力，交出了沉甸甸的答卷，为红色城市遵义彻底撕掉千百年来的绝对贫困标签、抒写壮丽恢宏的脱贫攻坚“遵义画卷”提供了强有力的金融支撑。

攻坚克难　争当先锋

——记“贵州省脱贫攻坚先进集体”农发行黔南州分行

脱贫攻坚战打响以来，农发行黔南布依苗族自治州分行（以下简称农发行黔南州分行）认真落实党中央及上级党委决策部署，强化政治担当，秉承家国情怀，将服务脱贫攻坚作为重大政治任务和历史使命，切实履行政策性金融职能使命，发挥服务脱贫攻坚先锋主力模范银行的作用，为地方脱贫攻坚及经济社会发展注入强劲动力。

聚焦“两不愁三保障”　切实履行政策性银行职能

扶贫脱贫，标准至关重要。“不愁吃、不愁穿，义务教育、基本医疗、住房安全有

■ 农发行黔南州分行累计发放13.09亿元贷款支持的绿博园建设项目

农发行黔南布依族苗族自治州分行，1997年3月成立，下辖7个支行。“十三五”期间，累计投放各类信贷资金325亿元（含农发重点基金40亿元），2020年末各项贷款余额为269亿元，排名全省农发行系统第四，较年初增加37亿元，增长16%，其中精准扶贫贷款余额220亿元，占全行贷款余额的82%，居全州金融机构之首。2021年4月荣获“贵州省脱贫攻坚先进集体”表彰。

保障”是农村贫困人口脱贫的基本要求和核心指标，该行积极推动政策性金融服务落地见效，制订工作方案、投放任务，用好信贷产品、用活金融政策。

一是把好粮食安全关。农发行黔南州分行把粮食信贷工作作为立行之本、发展之基，保障农产品生产供给，加快推动“藏粮于地、藏粮于技”战略落实落地。投放储备粮油贷款7.2亿元，保障国家粮食安全，打牢实现经济发展、社会稳定、国家安全的重要基础。

二是护好群众安乐居。易地扶贫搬迁是行之有效的扶贫举措，农发行黔南州分行合力攻坚，有效解决“一方水土养不起一方人”问题，发放易地扶贫搬迁贷款12亿元、棚户区改造及农民集中住房贷款127亿元，让贫困群众住得好、住得稳，按下脱贫攻坚的“快进键”。

三是开好扶智火车头。扶贫先扶智，教育是彻底拔掉贫困地区“穷根”最有力的方式，农发行黔南州分行发放教育扶贫贷款1.3亿元，通过新建学校、改善办学环境等形式，有力提高地方教育水平。

聚焦基础设施建设及产业发展　助力解决“三难”问题

对于脱贫工作来说，解决贫困百姓生存难、生活难、发展难这“三难”问题是重点，农发行黔南州分行用好用活信贷政策，结合多种信贷产品打好“组合拳”。

一是支持修路通希望，解决生存难。要致富，先修路。黔南州三都、罗甸等县都属于国家贫困县，黔南州地形复杂，山路崎岖，既限制经济发展又影响群众生活品质。公路承载着贫困群众生产生活及脱贫致富的希望，让农产品销售“走出去”，将致富的希望“引进来”。农发行黔南州分行投放城乡一体化及农村路网贷款31亿元，通过农发行信贷支持，全面推动农村“组组通”公路建设。

二是支持水利环保护源泉，解决生活难。“水是生命之源”，水利建设事关农民、农业、农村发展，事关防洪、供水、粮食安全乃至经济、生态及国家安全，农发行黔南州分行发放水利建设贷款51亿元，助力水库等水利设施建设、水污染治理，让群众喝上放心水，给生态注入“金融活水”。贯彻习近平生态文明思想，践行“绿水青山就是金山银山”的发展理念，发放国家储备林项目贷款31亿元，保护林地建设、发展林下经济，助力美丽黔南、富饶黔南建设。

三是支持产业续动能，解决发展难。产业扶贫是稳定脱贫的根本之策，是打开贫困地区枷锁的“金钥匙”，黔南州产业基础薄弱，信贷资金的“输血供氧”至关重要，农发行黔南州分行发放旅游扶贫及产业扶贫贷款7亿元，为产业发展保驾护航，“贷”动贫困地区富起来。

聚焦疫情防控阻击战 尽显政策性银行使命担当

2020年的新冠肺炎疫情，让经济发展按下“暂停键”，农发行黔南州分行坚持金融服务不断线，把打赢疫情防控阻击战、助力决战决胜脱贫攻坚作为重大政治任务统筹抓好。迅速行动、冲锋在前，领导干部提前结束休假，积极沟通党政相关部门，精准对接疫情防控资金需求，结合实际制订金融服务方案，开通绿色通道，火速支持辖内各县市疫情防控工作。特殊时期，按照“急事急办、特事特办”的原则，集结信贷精干力量，充分利用网络方式进行快速办贷，甚至上门服务在防控值守点、高速公路收费站等特殊地点与客户负责人签订合同，与时间赛跑。第一笔应急贷款从申报到投放仅用了四天，以“农发行速度”向战“疫”支援，累计发放应急救灾贷款2.5亿元，购置防护物品、医疗药品、检测设备及器具等与疫情防控相关的物资，火速支持地方打赢疫情防控阻击战，尽显农发行的家国情怀。

2021年4月，经党中央、国务院批准，贵州省脱贫攻坚总结表彰工作领导小组研究决定，农发行黔南州分行获“脱贫攻坚先进集体”表彰。获得表彰是省委、省政府对黔南州分行脱贫攻坚工作的高度肯定，得益于上级党委的坚强领导，是全体干部员工勠力同心、辛勤付出的结果。

征途漫漫，惟有奋斗！脱贫摘帽不是终点，而是新征程、新奋斗的起点，服务好巩固拓展脱贫攻坚成果同乡村振兴的有效衔接是新时代赋予黔南州分行的重要使命，下一步该行将以党史学习教育为契机，教育引导全行党员、干部增强“四个意识”、坚定“四个自信”、做到“两个维护”，从党史中汲取赓续奋斗的精神力量，发扬攻坚克难的精神品质，争当服务地方经济的先锋主力。

牢记扶贫使命　助力精准脱贫

——记“贵州省脱贫攻坚先进集体”农发行铜仁市分行

2021年4月23日，贵州省脱贫攻坚总结表彰大会在贵阳隆重举行。在此次表彰中，农发行铜仁市分行荣获“贵州省脱贫攻坚先进集体”称号。砥砺奋进是最铿锵的历史足迹，2015年《中共中央　国务院关于打赢脱贫攻坚战的决定》发布以来，作为武陵山集中连片贫困地区的唯一政策性银行，该行认真履行农业政策性银行职责使命，坚持党建统领，脱贫统揽，践行“支农为国、立行为民”使命，最大力度地加大

农发行铜仁市分行信贷支持的铜仁市万山区木杉河流域综合整治建设项目

农发行铜仁市分行成立于1996年底，下辖松桃、石阡、玉屏、思南、印江、沿河、德江7个县级支行，未设置县域机构的碧江区、万山区、江口县业务由市分行本级代理。全行在职员工163人，其中党员99人。“十三五”时期，累计发放各类贷款224亿元，其中发放精准扶贫贷款176亿元；2020年末全行各项贷款余额207亿元，其中扶贫贷款余额163亿元，精准扶贫贷款余额和发放额居全市各金融机构首位。

扶贫信贷投入，为铜仁市脱贫攻坚持续注入政策性金融活水，助力铜仁市脱贫攻坚成效显著。

守护群众“新居梦”

昔日住在深山林，走的尽是旮旯路。

脱贫攻坚开展之初，在黔东大地，相当一部分贫困民众居住在生存条件恶劣、生态环境脆弱、“一方水土养不起一方人”的深山区、石山区。为了从根本上解决他们的脱贫发展问题，铜仁市政府将他们搬迁到铜仁市主城区。

在推进易地扶贫搬迁这项为民、利民、惠民的民心工程时，农发行铜仁市分行充分发挥金融扶贫先锋、主力和模范作用，先后投入各类信贷资金81亿元支持全市10个县（区）98个易地扶贫搬迁安置点建设，确保13.87万贫困群众圆了“新居梦”。支持的松桃易地扶贫搬迁工程成为全国样本；松桃县城南安置点、江口周屯安置点成为2016年8月全国易地扶贫搬迁现场会观摩点。

为写好铜仁易地扶贫搬迁后半篇文章，农发行铜仁市分行按照“党政主导、市场机制”的原则，以产业扶贫信贷政策为导向，以实现铜仁易地搬迁跨区域安置人群就业增收为目标，主动对接地方政府及相关部门、企业，累计发放后续扶持贷款11亿元，支持的碧江区苏铜产业园、铜仁高新区智能终端产业提升等一批后续扶持产业扶贫项目，以及极贫乡镇的石阡国荣中学等项目，惠及搬迁贫困群众10.67万人（次），真正实现让搬迁群众“搬得出、稳得住、能致富”，消除对搬迁后生活的顾虑，让易地跨区安置搬迁群众在算“经济账、子孙账、健康账”时无后顾之忧，让搬迁群众对搬迁后的生活有保证，解决过往长期背井离乡打工的窘境。

筑牢基础“补短板”

水流潺潺，鸟鸣其间。

炎炎夏日，在梵净山下风景秀丽的太平河畔的梭家村，一排排房屋错落有致，民俗、农家乐、山庄等随处可见，村民们茶余饭后都喜欢沿着干净整洁的通村沥青路走上一走。

2018年以前，村里却是另一番光景——村里的路窄且坑坑洼洼，群众出行极不不方便。2017年10月，农发行铜仁市分行发放12000万元贷款支持江口县实施贫困村提升工程，对80个目标贫困村进行联户路硬化及“五改一化一维”（改厕、改圈、改灶、改水、改电、房前屋后硬化和房屋维修改造），梭家村从一个贫困村蜕变成一个幸福宜居的美丽乡村。

梭家村的华丽蜕变正是农发行铜仁市分行为铜仁注入政策性“金融活水”助力脱贫攻坚的一个缩影。“十三五”期间，该行始终把全力服务脱贫攻坚、倾力支持乡村振兴作为最主要的政治任务，最大力度地服务农村基础设施扶贫“补短板”。围绕农村公路、贫困村提升、水利、改善农村人居环境、“三保障”和农村饮水安全等基础设施“补短板”项目，累计发放贷款59亿元，惠及农村群众约20万人（次）；牵头与市扶贫办、市财政局联合发布《关于合力推进贫困村提升工程的通知》，成为响应省委省政府、市委市政府政策的先行者，实现信贷支持全市10个县（区）贫困村提升工程全覆盖，创新了支持贫困村提升工程“铜仁经验”；支持的江口贫困村提升工程，为该县在脱贫攻坚评估验收中取得99.05%好评率起到积极作用；支持全市建成农村路网5100多公里，有力地解决了近8万农村群众出行难问题。

如今，一条条“畅、洁、绿、美”的“四好农村路”纵横交错，甘甜清泉进入千家万户，美丽农家遍及村村寨寨，扶贫产业覆盖漫山遍野，一幅乡村振兴的壮美画卷正徐徐展开。

奏响产业“富民曲”

如今，行走于江口县坝盘、太平等乡镇，只见各乡镇国家储备林建设有序推进，不少新种下的树苗扎下了深根，随风摇曳。

而就在前几年，不少村里因青壮年外出打工，留下的老年人无力耕作导致土地撂荒，尤其易地扶贫搬迁后，空闲土地、宅基地更多。

2020年3月，国家储备林项目开始在江口县各乡镇陆续实施，荒山田地种上了楠木、红椿等珍贵苗，重新披上了绿装。

支持国家储备林项目建设，是农发行铜仁市分行做好易地扶贫搬迁后半篇文章的重要抓手，更是落实习近平总书记“绿水青山就是金山银山”理念的重要体现。农发行铜仁市分行充分发挥专业、系统、政策性银行优势，创新信贷支持模式，发放6亿元信贷资金，支持江口县建设4973.33公顷国家储备林，推动江口林业产业“接二连三发展”，该项目被列入全省国家储备林项目样板基地，并在铜仁全市范围内复制推广，率先在全省系统实现了国家储备林项目支持区域全覆盖。

辛勤耕耘换来亮眼成绩单，农发行铜仁市分行的扶贫工作成效得到地方党委政府的充分肯定。2018年，该行党委获中共贵州省委“全省脱贫攻坚先进党组织”表彰；2019年，深度贫困县沿河县支行党支部书记获省委“全省脱贫攻坚先进基层党组织书记”表彰；2020年，松桃县支行党支部书记获省委“全省脱贫攻坚优秀共产党员”表彰，创造了连续三年斩获中共贵州省委先进组织或个人表彰的历史；2021年，农发行铜仁市分行及辖内沿河县支行获“贵州省脱贫攻坚先进集体”表彰，德江县支行行长及政策性业务部高级主管获“贵州省脱贫攻坚先进个人”表彰。此外，农发行铜仁市分行还先后获得“贵州省五一劳动奖状”“2017年度贵州省助推脱贫攻坚劳动竞赛先进单位”“省分行2016—2017年度脱贫攻坚奖”“铜仁市2017年脱贫攻坚先进集体”“2020年铜仁市民族团结进步模范集体”等系列表彰；铜仁市政府向省分行送去感谢信，江口县委、县政府向市分行送去锦旗和感谢信；辖内各支行、有关员工也多次获得市县党政脱贫攻坚先进表彰。

用数据和成效助力打赢脱贫攻坚战

——记“贵州省脱贫攻坚先进集体”农发行六盘水市分行

脱贫攻坚战打响以来，农发行六盘水市分行坚决贯彻落实习近平总书记关于脱贫攻坚的重要指示精神和党中央、国务院关于脱贫攻坚的决策部署，以服务脱贫攻坚收官战为统揽，把深化政策性金融扶贫与巩固脱贫攻坚成果、实施乡村振兴战略有效衔接，持续助力剩余贫困人口全部脱贫，为六盘水市打赢脱贫攻坚收官战，全面建成小康社会贡献力量。2016年以来，该行推出的“金·特贷”项目被团省委、省金融团

■ 农发行六盘水市分行贷款支持六枝特区第一批次农村人居环境建设项目

农发行六盘水市分行成立于1997年1月，下辖六枝特区、盘州市、水城区三个县级支行，现有正式在岗员工108人，服务区域涵盖六盘水市本级及四个县级行政区和五个省级经济开发区。近年来，该行紧紧围绕“党建统领、守正创新、管理强行、发展第一”的总体思路，立足六盘水实际，全力服务脱贫攻坚。“十三五”期间，累计投放各类资金259.26亿元。

工委双提升活动表彰为一等奖，市分行机关被总行评为“模范职工之家”，市分行党委获全省“先进基层党组织”荣誉称号、2020年获“全省脱贫攻坚先进集体”荣誉称号。

提高政治站位　主动作为服务脱贫攻坚

农发行六盘水市分行提高政治站位，将支持打赢脱贫攻坚战作为重大政治任务摆在重要位置，增强“四个意识”，坚定“四个自信”，做到“两个维护”，持续深入学习贯彻习近平新时代中国特色社会主义思想，坚持用习近平扶贫重要论述武装头脑、指导实践、推动发展。截至2020年末，该行各项贷款余额200.3亿元，比年初增加22.86亿元。2020年累计获批扶贫贷款48.4亿元，任务完成率达107.68%；累计发放扶贫贷款32.7亿元，任务完成率达134.56%。其中，为支持剩余贫困人口超过1万人的水城区如期达到脱贫摘帽条件和脱贫标准，累计上报项目15个、金额38.31亿元，获批12个、金额25.85亿元，任务完成率达173.31%，实现投放10.15亿元，任务完成率达112.74%；服务建档立卡贫困人口1116733人，带动建档立卡贫困人口53930人；产业扶贫贷款带动已脱贫人数141人，项目扶贫贷款服务已脱贫人口500923人。

加大资源流向　政策倾斜服务脱贫攻坚

按照上级行挂牌督战工作要求，积极响应号召，为助力剩余贫困人口超过10000人的水城区如期达到脱贫摘帽条件和脱贫标准。农发行六盘水市分行行领导包县督导，成立挂牌督战攻坚队，市分行党委书记担任队长，下设项目攻坚组、强化管理组、综合服务组，明确目标任务，制订工作方案，按期监测分析，推动任务落实，攻克贫困堡垒。坚持用好各项扶贫信贷政策，全力保障扶贫信贷需求，坚持实行扶贫业务准入优先、办贷优先、资金保障、利率优惠等一揽子支持政策。优先向脱贫攻坚重点地区配置人、财、物资源。积极争取外部政策支持，推动使用PSL资金扩大支持扶贫贷款领域，更好地发挥政策性金融扶贫作用。

聚焦重点项目　全面出击服务脱贫攻坚

面对复杂的经济金融形势，六盘水市分行坚定发展信心，大力弘扬农发行六盘水市分行“三种精神”（包容协作的团队精神、敢为人先的创新精神、精益求精的工匠精神），组织开展项目攻坚“大比武”，激发全体员工赶超意识，全面服务脱贫攻坚。以支持农村水利、人居、生态等长江大保护项目为立足点，促进“农村美”。近年来，累计营销长江大保护项目34个、金额为117.07亿元，获批17个、金额为51.78亿元，发放16个、金额为28.99亿元，服务建档立卡贫困人口约103.34万人。以支持茶叶、刺梨等特色山地农业发展及产业链物流园建设为着力点，助推“农业新”。近年来，累计营销产业扶贫项目24个、金额为47.67亿元，获批9个、金额为14.14亿元，发放11个、金额为7.4亿元，带动建档立卡贫困人数50000余人，带动已脱贫人数110人。以支持涉农民营小微企业扩大生产规模为增长点，实现“农民富”。近年来，累计发放民营小微企业贷款18户、金额为0.74亿元。以支持存量贷款创新转型为攻坚点，彰显“立行为民”使命担当。为避免形成“半拉子”工程，该行坚持“党政主导、市场机制、风险防控”原则，主动与地方党政沟通协商，积极推动存量项目转型。近年来，累计评估项目17个、金额为70.16亿元，获批11个、金额为45.21亿元，发放3个、金额为7.71亿元，尽心竭力服务“三保障”工作。该行的创新信贷产品“金·特贷”全力支持猕猴桃产业发展，着力解决农业产业化、农业科技项目推广融资瓶颈问题，大力助推脱贫攻坚见成效。猕猴桃产业链项目依托“政策性金融+公司+基地+农户”，坚持项目融资与特色农业发展相结合，实现了金融创新深度突围。项目的建成，直接提供就业岗位800个，带动51469人就业致富，人均增收5840元，项目覆盖区6799名贫困人口实现脱贫。

着力防控风险　夯实脱贫攻坚基础

农发行六盘水市分行高度注重提升对风险的主动预警控制能力，强化信贷基础管理，提升合规操作意识，聚焦重点区域、重点行业和重点企业进行管控。强化信贷全流程标准化管理，加强对关键环节重点风险隐患的识别、计量、监测和控制。持续开展全面风险排查，真实反映风险状况。实施重点风险防范和不良贷款化解的“双名单”管理，加大重点机构风险化解落实工作。加强押品管理和信贷风险分类，认真开展押品监测，准确进行贷款、重点建设基金、非信贷资产、表外信贷资产风险分类。全辖抵（质）押品评估价值543.42亿元，全行正常类贷款191.38亿元，关注类贷款1.36亿元，无不良贷款，贷款质量继续保持较好水平。

注重舆论导向　扩大脱贫攻坚成效

打赢脱贫攻坚战不仅需要资金支持，也需要舆论引导。农发行六盘水市分行加强与主流媒体沟通合作，及时宣传国家脱贫攻坚重要决策部署，组织好重大主题和重要时点宣传，打造有力度、有深度的专题报道。把服务脱贫攻坚有效做法、支持模式和典型案例向社会广泛宣传，讲好农发行扶贫故事。2020年分别在新华网、人民网、央广网、中国经济网等十余家国家级媒体平台，以及多彩贵州网、《贵州日报》等省级媒体平台刊发支持脱贫攻坚宣传稿件61篇，突出正面舆论导向，极力塑造良好社会形象。

“十三五”取得决战决胜脱贫攻坚战的伟大胜利，在迈入“十四五”新规划的开局之年，开好局、起好步，对做好服务巩固拓展脱贫攻坚成果同乡村振兴有效衔接工作意义非凡。农发行六盘水市分行将坚持以习近平新时代中国特色社会主义思想为指引，牢记“支农为国、立行为民”的使命，在做好巩固拓展脱贫攻坚成果同乡村振兴有效衔接中，奋力书写农发行现代化建设新篇章！

为脱贫攻坚贡献金融力量

——记“贵州省脱贫攻坚先进集体”农发行修文县支行

修文县位于贵州省中部，是一个多民族杂居的地方，脱贫攻坚任务较重。脱贫攻坚战打响以来，农发行修文县支行作为当地扶贫攻坚金融主力军，全面贯彻落实中央、地方党委政府和上级行关于脱贫攻坚决策部署，扛起脱贫攻坚重大政治责任，把支持脱贫攻坚作为核心工作任务持续推进，以脱贫攻坚统揽业务发展全局，苦干、实干、加油干，探索出一系列精准管用的“修文战法”。

■ 农发行修文县支行召开政银企座谈会

农发行修文县支行组建于1997年2月，隶属于省分行营业部，全行在职职工13人，其中党员6人。“十三五”期间，累计发放各类贷款43.78亿元、重点建设基金1.99亿元，其中发放扶贫贷款11.8亿元，累计惠及贫困人口929人。

“十三五”期间，农发行修文县支行在“修文战法”的实践中，共获批扶贫贷款11.8亿元，其中，项目精准扶贫贷款共四笔、金额为10.9亿元，产业扶贫流动资金一笔、金额为0.7亿元，购销企业粮油收购精准扶贫贷款一笔、金额为0.2亿元。直接或间接带动建档立卡扶贫人口929人。2021年4月23日，贵州省脱贫攻坚总结表彰大会在贵阳召开，农发行修文县支行获得“脱贫攻坚先进集体”荣誉称号。

交通基础设施破瓶颈——山间通畅奔富路

“连峰际天兮，飞鸟不通”，横亘绵延的高山深谷，曾经束缚了多少贵州高原儿女对美好生活的向往。农发行修文县支行坚持把“着力助力破解修文县域内交通瓶颈制约，支持境内重要交通道路改扩建，为城乡一体化发展提供交通保障”作为打响脱贫攻坚战的第一枪，积极主动向当地党委政府、相关部门汇报沟通，在上级行的大力支持下，及时发放扶贫贷款5亿元全力支持修文县扎久城市主干道工程（一期）建设项目。该项目起于久长镇清江村关田，经5个村庄，主干道全长4454米，道路标准断面宽度为67米。项目建成后，彻底解决了困扰扎佐与久长多年的两镇连接的交通出行问题，极大地方便了沿线群众出行，进一步完善了农村交通公共服务设施，有效地改善和提升了片区居住、生活、交通、环境等，展示了新农村建设新形象，受到了当地党委政府和社会各界的好评。

“大搬迁”创奇迹——绝地逢生幸福来

修文县部分贫困山区耕地资源匮乏，生态环境脆弱，一些农户“家住山窝窝，出门就是山坡坡”。农发行修文县支行立足实际，主动作为，找准金融支持切入点，2016年以来，先后申报并获批棚户区安置住房项目15.1亿元，其中扶贫贷款3亿元，全力支持棚户区安置房建设，总建筑面积23.59万平方米，共安置农户1780户。安置房的成功修建以及区域范围内给排水、强弱电、道路、绿化等配套基础设施的进一步完善，极大地提升和改善了农户居住环境，提升了“住有所居”社会风貌。从“挪穷窝”到“换穷貌”，从“忧居”变成了“优居”，居有所安的梦想变为现实，当地老百姓无不感叹党的政策好，农发行的作用大。

改善城乡环境——民生福祉大提升

民生为本，发展为要。“既要金山银山，也要绿水青山”，生态环境保护就是现实的生产力，抓好生态环境建设，可以为人民群众提供一个良好的生产生活环境。农发行修文县支行积极践行绿色发展理念，助力河道治理和改善农村人居环境工程建设，发放贷款2亿元，全力支持修文县小桥河河道整治工程项目，治理河道全长2.29千米，打造景观绿化带各宽70米，工程建成后，实现了水利工程与城乡建设有机结合，极大地改善了水域环境，减少了水土流失，美化了城市环境，得到了当地党委政府和老百姓的高度认可。

阳明河是修文县城区内一个重要水系，自东北而南北穿过县城，是县城景观主轴和亮丽景观线，对县城产生着至关重要的影响。改善河域两岸生态环境，促进绿色发展事关民生突出问题，农发行修文县支行及时跟进，按照县委政府统筹规划，发放贷款3.9亿元全力支持修文县阳明河（修文河）综合治理，综合治理主河道河段长5千米，让广大群众尽享滨水生活的美好。

扶持农业产业发展——助推精准脱贫

脱贫攻坚，产业发展是关键。修文县种植猕猴桃已有20多年，县委、县政府坚持把猕猴桃产业作为全县山地特色产业来打造。农发行修文县支行积极探索金融带动产业扶贫措施，及时发放产业扶贫贷款0.7亿元，全力支持地方龙头企业发展猕猴桃产业，带动农民合作社及农民种植户增收，涉及建档立卡贫困户32户。目前，修文县猕猴桃种植面积达111.33平方千米，挂果面积约53.33平方千米，年产鲜果6万吨。“小果子”成了助农增收的“大产业”。

围绕土地做文章——助力乡村振兴

修文县岩鹰山水库灌区，局部较高处不能自流灌溉，缺少进入田间地头的农渠和灌溉设施，处于缺水地带，旱地居多，耕地梯化率不足，不能达到耕作水田要求，且因地势限制该村庄基本生活用水非常紧缺，给农户生产生活带来不利影响。农发行修文县支行立足实际，紧紧围绕土地做文章，发放贷款2.44亿元全力支持修文县小箐镇、久长镇等5个乡镇9个村的土地治理，打造建设土地平整工程、灌溉与排水工程、田间道路工程及其他工程，形成了较完善的田间道路系统和农田灌排系统，进一步盘活了土地资源，改善了农业生产条件，为农业产业结构调整、农民增收奠定了坚实基础。

矢志奋斗，未有穷期。“十四五”期间，农发行修文县支行将立足新的历史起点，凝聚全行力量，继续以一往无前的奋斗姿态，勇争一流、不胜不休的昂扬斗志，充分发扬脱贫攻坚精神，在巩固拓展脱贫攻坚成果同乡村振兴有效衔接的新征程中作出新的更大贡献。

功成不必在我，功成必定有我

——记“贵州省脱贫攻坚先进集体”农发行赤水市支行

脱贫攻坚号角吹响以来，农发行赤水市支行践行“坚实堡垒、鲜明旗帜、赤土红壤、深耕细作”十六字理念，紧紧围绕贵州三大战略，结合赤水市资源禀赋，以服务脱贫攻坚为统揽，助力乡村振兴、助推产业兴旺，加快补齐“三农”短板，积极发挥政策性金融“当先导、补短板、逆周期”调节作用。“十三五”时期累计向赤水市发放各项贷款50.18亿元，其中扶贫贷款36.37亿元，占比为72.48%；2020年末各项贷款余额35.48亿元，其中扶贫贷款余额22.95亿元，占比为64.68%。扶贫贷款余额连年创新高，信贷支农成效明显，得到了赤水市委、市政府领导和社会各界特别是贫困乡镇老百姓

■农发行赤水市支行支持的人居环境项目

农发行赤水市支行现有职工12人，其中党员6人，预备党员1人。脱贫攻坚号角吹响以来，支行践行“坚实堡垒、鲜明旗帜、赤土红壤、深耕细作”十六字理念，积极服务赤水市经济社会发展，先后获赤水市脱贫攻坚先进集体、2020年度金融服务脱贫攻坚和地方经济发展一等奖及“贵州省脱贫攻坚先进集体”等表彰。

的充分肯定和赞誉。

坚持党建统领，确保脱贫攻坚“有方向”

全面实现脱贫攻坚，是党中央向全国人民作出的庄严承诺，是中国共产党彪炳史册的人间奇迹。农发行赤水市支行始终坚持以习近平新时代中国特色社会主义思想为指导，大力弘扬“团结奋进、拼搏创新、苦干实干、后发赶超”的新时代贵州精神，坚持党对脱贫攻坚工作的领导，坚决提高政治站位，坚持把政治建设摆在首位，增强“四个意识”，坚定“四个自信”，做到“两个维护”。认真学习习近平总书记关于决战决胜脱贫攻坚等系列讲话，教育引导全行员工特别是党员干部，不断提升落实总行贯彻中央脱贫攻坚重要决策部署的政治自觉、思想自觉和行动自觉，切实把思想和行动统一到党中央的各项决策中，落实到省分行党委服务打赢疫情防控阻击战和脱贫攻坚收官战工作部署中，不断夯实发挥党支部战斗堡垒和党员先锋模范作用，团结带领全体职工坚持守土有责、守土担责、守土尽责，做到思想上“一条心”，行动中“一盘棋”，以“功成不必在我，功成必定有我”的坚定信念，持续发力，久久为功，让“金融活水”灌溉赤色土壤。

深化合作机制，推动脱贫攻坚“有力量”

农发行赤水市支行班子主动营销谋划，深入攻坚战场。密切加强与市发改局、市财政局、市住建局等部门联系，积极推进地方重点项目与脱贫攻坚规划相融合，进一步优化业务品种结构，牢固树立适应市场、主动营销、扶贫先行的经营理念，重点支持地方脱贫攻坚项目建设。不断深化服务机制，落实攻坚任务。紧密结合全行“八项改革”“四大工程”，按照“党政主导、市场机制”原则，加强重点客户和重点扶贫项目工程建设，成立由党支部委员会领导的金融助推脱贫攻坚和金融助力决战决胜脱贫攻坚工作领导小组，不断深化“以客户为中心”服务理念，做到人员“走出去”、服务“送上门”、客户“请进来”。强化决策参谋、统筹协调、政策指导、推动落实职能，主动走访调研，对标对表攻坚任务，建立重点客户联系机制，确保脱贫攻坚工作落到实处。致力于强化队伍建设，彰显责任担当。按照“政治标准、专业水准、廉洁自律、程序严格”标准，打造懂业务、作风硬的基层专业队伍，注重发扬“支部建在项目上、党旗飘在阵地上、党员冲在火线上”激情文化，落实各部门职责，党员干部领头干，坚持先行一步、多想一步、更进一步，打造政治过硬、本领过硬、作风过硬的脱贫攻坚干部队伍，定期调度工作进展，形成推动脱贫攻坚强大力量。

发挥政策金融职能作用，助力脱贫攻坚“有实效”

“贫困之冰，非一日之寒；破冰之功，非一春之暖。”深知扶贫开发工作的广泛性和持续性，全行上下齐心协力，不辞辛劳，以踏石留印、抓铁有痕的劲头，驰而不息支持地方重点扶贫项目、重大扶贫项目建设，围绕“两不愁三保障”，重点支持长江大保护、改善农村人居环境、医疗卫生、农村公路、红色旅游、特色产业等领域，带动上万贫困人口增收致富，助力赤水市成为全国首批、全省首个通过国务院第三方评估验收脱贫的县级市。

有效促进基础设施扶贫“补短板”项目与地方建设规划、产业发展规划和贫困人口就业增收相融合，因企施策制订差异化融资服务方案，助力发挥攻坚项目“建设一项，带动一片，影响一方”良好效应。在贵州赤天化纸业股份有限公司经营困难、步履维艰之际，农发行赤水市支行主动加强与地方党政联系，与上级行及时沟通，农发行系统上下联动、内外协调，支持企业成功改制转型，多年来持续向纸业公司发放竹原料收购扶贫贷款，切实保障了广大竹农切身利益，累计向纸业公司发放贷款46.13亿元，普惠赤水市20万竹农增收致富，扶贫成效显著。

用好复工复产绿色通道，聚焦支持服务脱贫攻坚、长江大保护等国家重大战略的重大工程和重点项目尽早开工建设，围绕“两不愁三保障”，积极支持水利建设、城乡融合发展、生态环境保护、水、电、路等基本民生保障建设，推动农业农村基础设施水平和公共服务能力有序恢复和不断提高，累计发放复工复产绿色通道领域贷款资金4.33亿元，有效助力地方脱贫攻坚成效巩固。分两期贷款5.73亿元用于支持赤水市农村人居环境改善，有效服务农村改厨改厕、接管铺路等民生基础设施建设，如今的乡村一如诗中所吟：“暧暧远人村，依依墟里烟”“家家麦饭美，处处菱歌长”。2017年人居项目助推赤水市成为贵州首批脱贫出列的县级市，2019年人居项目助力赤水市脱贫成效巩固提升。

积极开拓创新，脱贫攻坚同乡村振兴“有衔接”

农发行赤水市支行始终坚持将创新作为解决问题、推动发展的第一动力，不断丰富创新模式，持续优化完善信贷结构。围绕“公益性+经营性”“基础设施+产业发展”发展路径，创新推广“公司+农发行+项目”“土地+资产+项目”等业务模式，推进脱贫攻坚与产业兴旺两手抓，实现了对全产业链规模化的信贷支持，增强了地区可持续发展能力。其中2.4亿元信贷资金支持赤水市金钗石斛原生态种植基地建设项目，向赤水市本地7个乡镇的村集体和农户流转金钗石斛老基地666.67公顷进行提质增产，新建金钗石斛基地1333.33公顷，推动整个金钗石斛产业集约化、规模化、规范化发展，既把从前零散的、未充分利用的土地集中起来推动产业发展，增强地区造血能力，又能通过支付流转费用、聘请农户务工等多渠道增加农户收入，受益人数上万人，同时向基地下游金钗石斛小微企业发放生产经营流动资金贷款1500万元，解决企业燃眉之急，形成对金钗石斛全产业链支持，获央视《朝闻天下》、贵州网络新闻联播播出，CCTV-17农业农村频道《乡理乡亲》节目专题采访。

民族要复兴，乡村必振兴。农发行赤水市支行将继续按照习近平总书记提出的“脱贫摘帽不是终点，而是新生活、新奋斗的起点”要求，继续秉承“服务乡村振兴的银行”初心使命，加大对巩固拓展脱贫攻坚成果同乡村振兴有效衔接的探索力度和支持力度，乘势而上勠力奋斗，继续为全面推进乡村振兴、全面实现中华民族伟大复兴作出新的更大贡献。

政策金融担使命　脱贫攻坚当先锋

——记“贵州省脱贫攻坚先进党组织”农发行绥阳县支行党支部

农发行绥阳县支行党支部深入学习习近平新时代中国特色社会主义思想，坚决贯彻执行党的路线方针政策，充分发挥基层党组织战斗堡垒作用，在绥阳县脱贫攻坚战中担使命、当先锋、立战功。

党建统领　加强党的建设

农发行绥阳县支行党支部始终坚持党建统领全局，着力夯实党建基础和打造党建

■ 农发行绥阳县支行支持的易地扶贫搬迁项目

农发行绥阳县支行，组建于1997年，在职职工13人，其中党员5人。截至2020年末，贷款余额为41.19亿元、重点建设基金余额为3.77亿元、存款余额为9.112亿元。近年来，农发行绥阳县支行以党建为统领，围绕支持贷款品种多元化、支农资金组织渠道多元化、基金投向领域多元化为重点，实现了党建与业务一体化融合发展。该行先后获绥阳县、遵义市“脱贫攻坚先进集体”及贵州省委“全省脱贫攻坚先进党组织”称号。

氛围。一是立足规范，建立长效机制。精心谋划学习内容和形式，每年制订学习计划，开展集中学习，深入学习习近平新时代中国特色社会主义思想，以及党史、新中国史等，跟进学习党的十九届五中全会精神和习近平最新讲话精神，推进学习教育常态化。二是立足成效，注重交流研讨。不仅充分发挥"三会一课"作用，还有效利用职工大会、晨会和学习交流会等方式巩固学习成效，定期组织党员员工讨论和畅谈自己对党建和业务工作的认识、理解、想法，倾听员工声音，交流学习所得，确保学习教育有成效、见真章，通过学习教育解决发展中遇到的问题。三是立足实际，开展教育活动。学习先进模范、参观警示教育基地、观看爱国题材电影等多种渠道、多种方式开展主题教育活动，使主题教育活动形式多样化、学习方法多元化、学习收获实效化。

守正创新 顺应群众需求

面临新时期发展的新要求，农发行绥阳县支行党支部围绕走好转型发展这条新路，带领全行努力奋斗，不断完善体制机制，全力做好为民服务。一是急客户之所急。定期开展业务技能培训，派专人指导客户完成业务办理，积极配合上级行实现新核心系统上线，开通网银、扫码支付等科技手段，提升办事效率，简化操作流程。开展"百支进百企"走访服务活动，充分听取企业客户的意见建议，了解企业发展状况和困难，为企业讲解评级授信、贷款申报、资金支付、贷后管理等要求制度，在保证风险可控，程序到位的前提下为企业出谋划策，解决实际困难，加快贷款审批、发放、支付流程，确保贷款资金早投放、早收益，充分发挥政策性银行"当先导、补短板、逆周期"的职能作用。二是顺发展所需。全力打造星级网点，通过精简业务办理流程、提升柜面服务质量、规范收费管理、贯彻减费让利政策等方式全力提高客户服务水平。加强对青年员工的党性教育，一名年轻员工指定一名老党员，做到一对一引导，提升年轻员工的党建知识和思想觉悟，做到成熟1个发展1个，2020年培养发展对象4名，吸收预备党员2名。三是应群众所求。坚持为贫困户办实事、做好事、解难事，定期到帮扶贫困户进行慰问看望，帮助贫困户家庭铺设电线、修缮加固院坝，改善贫困家庭生活环境，为贫困户辍学子女联系学校，解决就读和就业问题，做到扶贫扶志，带领贫困家庭脱贫致富。

发展第一 践行金融担当

近年来，农发行绥阳县支行党支部充分发挥政策性金融优势，围绕脱贫攻坚有关工作要求，主动融入地方脱贫攻坚大局，发挥金融扶贫先锋模范作用，精准发力，发放贷款50.22亿元。一是全面推进脱贫攻坚工作。定期走访县金融办、扶贫办等主管部门及贷款企业，及时交换精准扶贫的政策动态、项目申报进度、贷款发放存在的问题等情况，协商解决贷款发放工作中的问题和难点。二是充分发挥政策性银行“补短板、逆周期”作用。全力做好特殊时期的金融服务保障，针对新冠肺炎疫情、复工复产等特殊情况，在风险可控的前提下遵循“急事急办、特事特办”原则，开通应急贷款绿色通道，通过减少不必要审批流程和部分资料实行容缺后补等方式，有效提升贷款发放效率，发放救灾应急贷款536万元用于防疫物资采购，助力地方疫情防控。三是全力支持灾后重建。针对特殊天气灾害，党支部充分发挥战斗堡垒作用，积极对接上级行及相关主管部门，成功完成7500万元灾后重建项目贷款的发放，帮助受灾群众挽回财产损失，恢复正常生产生活。四是不断增强脱贫攻坚成效。该行结合党中央及总行信贷政策不断增大脱贫攻坚支持力度，发放扶贫贷款10.55亿元，支持扶贫项目9个，贷款余额为8.51亿元，通过项目建设招收贫困人口参与项目建设、带动当地第二、第三产业发展、改善贫困人口居住环境等方式增加贫困户收入来源，惠及绥阳县各个乡镇，受益贫困人口达7万余人。

管理强行　筑牢发展根基

农发行绥阳县支行党支部始终将内控合规管理摆在更加突出位置，大力培育风险意识、合规文化，全力推动各项业务稳健发展。一是以“不忘初心、牢记使命”主题教育为契机，全面自查梳理，建立任务清单，坚持学习教育、调查研究、检视问题、整改落实一体化推进。二是注重发挥党员先锋模范作用，疫情期间党员同志提前到岗，在工作任务分担上身先士卒，在生活学习方面率先垂范，真正做到一个党员一面旗帜，一个支部一座堡垒。三是紧抓政治建设，肃廉政党风，切实履行党风廉政建设主体责任，定期组织学习党风廉政建设理论、党纪政纪条例法规，参观警示教育基地，筑牢拒腐防变的思想防线。四是坚持正风肃纪，严格执行廉洁办贷“十不准”，与服务对象签订廉洁办贷承诺书，定期开展员工异常行为排查，接受群众监督，未发生过违规违纪案件。

近年来，农发行绥阳县支行在党支部的带领下，坚决执行国家战略和“三农”政策，不断加强服务脱贫攻坚支持力度，连续三年获得县级“脱贫攻坚工作先进集体”，2020年被贵州省委授予“全省脱贫攻坚先进党组织”等称号。成绩属于过去、未来任重道远。新的时期，农发行绥阳县支行党支部将在习近平新时代中国特色社会主义思想的指引下，将过去的成绩化作未来前行的动力，进一步发挥基层党组织战斗堡垒作用，用激情、智慧和汗水谱写支农报国新篇章，以优异的成绩迎接党的百年华诞。

扶贫，他们永远在路上

——记“贵州省脱贫攻坚先进集体”农发行镇宁县支行

贵州省镇宁布依族苗族自治县（以下简称镇宁县）属滇桂黔石漠化片区县，是典型的山区县，全县总人口数38.12万人，2016年建档立卡贫困人口共有6.77万人，贫困发生率为17.76%。贫困程度深，贫困人口分布广，脱贫攻坚难度大。

“十三五”时期，农发行镇宁县支行紧紧围绕助力当地打赢脱贫攻坚战，认真贯彻落实党中央、国务院和农发行总分行关于脱贫攻坚系列政策要求和工作部署，扎实履行农业政策性银行职能，坚持高质高效推进金融扶贫，持续加大信贷支农力度，为当

农发行镇宁县支行贷款支持的黄果树“美丽乡村·四在农家”小康房建设项目一角

农发行镇宁县支行组建于1997年4月，在岗职工14人，2020年末贷款余额为20.06亿元；“十三五”时期，镇宁县支行累计投放各类贷款31.11亿元、重点建设基金4.01亿元，其中投放扶贫贷款27.13亿元，惠及贫困人口76840人次。

地如期实现脱贫摘帽作出了重要贡献。2019年4月镇宁县退出国家贫困县序列。2015年农发行镇宁县支行荣获镇宁自治县“扶贫开发工作先进集体”荣誉称号，2021年4月荣获“贵州省脱贫攻坚先进集体”荣誉称号。

聚焦党建统领，激发干事创业热情

农发行镇宁县支行始终坚持以习近平新时代中国特色社会主义思想为指导，认真贯彻落实总行、省、市分行“十三五”期间各项工作安排部署，主动提升政治站位，着力强化党建引领，激发全行干部员工干事创业的激情。全行始终坚持把全力做好脱贫攻坚各项工作作为履行政治责任的重要任务，大力弘扬“团结奋进、拼搏创新、苦干实干、后发赶超”的新时代贵州精神，坚持把“不忘初心、牢记使命”作为全体员工的终身必修课，持续深入学习习近平新时代中国特色社会主义思想，教育引导支行员工不断增强“四个意识”，坚定“四个自信”，做到“两个维护”，切实增强支行党支部的凝聚力、向心力和战斗力。以提升组织力、突出政治功能为着力点，组织党员干部深刻领会脱贫攻坚的重要性、紧迫性，切实加强党对脱贫攻坚工作的领导，不断强化责任担当，提升工作质效。按照省、市分行党委相关工作安排部署，立足本行本地实际，做好规划，明确时间表任务图，细化工作任务和措施，强化组织保障体系，形成各负其责、齐抓共管、注重实效的工作格局，以党的科学创新理论服务脱贫攻坚，推动全行高质量提速发展。

聚焦重点工作，补齐脱贫短板

农发行镇宁县支行始终坚持以提升服务客户能力和水平为目标导向，紧扣农发行职责任务，聚焦“两不愁三保障”，紧坚围绕疫情防控和服务脱贫攻坚、复工复产、粮食安全及民营小微企业，深入推进“四大工程”，为地方脱贫攻坚注入急需的“金融活水”。

“民以食为天。”为保障当地粮食安全，镇宁县支行切实履行好服务粮食安全的主办银行作用，认真落实粮食库存定期核查制度，精准掌握借款企业库存粮食的品种、数量、质量、成本等变化情况。针对镇宁粮食产销实际，积极支持当地粮油储备体系建设，“十三五”期间，累计投放各类储备粮油贷款6587.58万元，重点支持地方储备粮油增储轮换和推进“产购储加销”全产业链发展，带动周边区域贫困人口就业，保障当地粮油储备安全。

“居者有其屋。”镇宁县作为滇桂黔石漠化片区县，居住生活困难群众覆盖13个乡镇，为解决“一方水土养不起一方人”以及镇宁县城贫困人群住房建设年久失修，水电、交通、环卫等公共基础设施不够完善等问题，镇宁县支行先后累计投放易地扶贫搬迁信贷资金2亿元、棚户区改造贷款12.2亿元，极大地改善了当地贫困人口住房条件，直接惠及27361人建档立卡贫困人口，不仅给搬迁群众和困难群众创造了美好的居住环境，通过集中安置点，还有效解决了就学、就医等问题，让部分搬迁群众实现了在家门口就业。

“要致富、先修路。”镇宁县域交通建设的滞后，旅游交通与城市交通干扰严重，主城区道路拥堵现象日益严重，交通压力持续增长，城市交通环境日趋恶化，2016年，农发行镇宁县支行向镇宁自治县成兰市政工程有限公司发放城乡一体化贷款2亿元，用于支持镇宁县南外环道路工程项目建设。项目建成后，极大地改善了当地居民出行条件，缓解了镇宁县交通压力、提升了镇宁县交通环境，优化了镇宁县路网结构，该项目还将红星大道、黄果树大道、黄果树景区、龙宫景区四片区有机串联为一体，促进了镇宁旅游事业发展，拉动了区域经济的发展。

“疫情就是命令，防控就是责任。”2020年初新冠肺炎疫情暴发后，农发行镇宁县支行坚持“急事急办，特事特办”原则，全力服务地方疫情防控阻击战。组织员工加班加点，加强与全国性和全省性疫情防控重点保障企业对接，及时开通应急通道、提供优惠利率、保障资金规模、提高办贷质效，以疫情防控为切入点，通过流动资金贷款和固定资产贷款，加大对公共卫生体系建设和疫情防控相关领域信贷支持力度，快速办理防疫应急贷款3笔、金额为3300万元，有力支持了安顺市黄果树旅游区汇远酒店管理有限责任公司保障地方粮油、蔬菜、肉类基本生活物资需求和安顺馨思雅妇幼用品有限公司防控疫情物资（医用口罩）生产。用好复工复产绿色通道政策，累计发放复工复产绿色通道领域重点贷款资金1.6亿元，精准助力地方企业复工复产。

“十三五”期间，农发行镇宁县支行累计发放各类扶贫贷款27.13亿元，有力支持了地方易地扶贫搬迁、棚户区改造、人居环境改造、农村路网建设等项目，2020年末，该行贷款余额突破20亿元大关，创历史新高，扶贫贷款投放额和余额均居全县同业前列，充分发挥了政策性金融“当先导、补短板、逆周期”调节作用，助力当地打赢脱贫攻坚这场硬仗。

聚焦服务乡村振兴，谱写高质量发展新篇章

农发行镇宁县支行作为当地唯一的农业政策性银行，其业务发展与地方经济发展相辅相成，镇宁县如期脱贫摘帽有该行全心贡献，该行的发展也离不开当地党政部门的大力支持。进入新发展阶段，该行坚决贯彻落实习近平总书记视察贵州重要讲话精

神和上级行党委的各项决策部署，推进脱贫攻坚成果巩固同乡村振兴有效衔接，开启发展新征程，谱写高质量发展新篇章。

为解决小微企业融资难、融资成本高问题，农发行镇宁县支行按照上级行党委及地方政府“关于进一步缓解小微企业融资难、融资贵，持续推动实体经济降低成本”的部署要求，在辖内开展全覆盖、地毯式调研走访，对有融资需求的小微企业，采取一对一精准融资服务，制订信贷服务方案，累计发放贷款1800万元，用于支持企业原材料购进及日常经营性资金缺口，为三家民营小微企业经营发展提供了有力支持。

耕地是农业发展的基础，为保护镇宁当地耕地资源，农发行镇宁县支行聚焦“土地”这一重点领域，以探索土地流转与土地规模经营为切入口，主动对接当地特色产业，累计发放土地流转与土地规模经营贷款5.31亿元，用于支持镇宁县山地特色蔬菜高效种植基地，巩固提升镇宁县高标准蔬菜示范区引领作用，通过“公司+农户+合作社”的发展模式，延伸了产业链、连接了扶贫链，拓宽了当地贫困人群增收“致富路”，真正实现了从“输血式”扶贫到“造血式”扶贫，切实打造政策性农地银行品牌形象。

脱贫攻坚勇担当，乡村振兴谱新篇。农发行镇宁县支行将继续深入贯彻习近平新时代中国特色社会主义思想，紧紧围绕“十四五”规划和2035年远景目标，坚持把党史学习教育同全力巩固脱贫攻坚成果，全面推进乡村振兴有机结合，引导全行党员干部职工把思想和行动统一到中央和农发行总分行党委的决策部署上来，扎实履行“支农为国、立行为民”的使命担当，奋力谱写服务“三农”发展新篇章。

在金融扶贫行动中担当先导

——记“贵州省脱贫攻坚先进集体”农发行关岭县支行

2020年3月3日，贵州省扶贫开发办公室官网公告，关岭等24个县（区）符合国家贫困县退出标准，退出贫困县序列。作为地方唯一的农业政策性银行，农发行关岭布依族苗族自治县支行（以下简称农发行关岭县支行）以服务脱贫攻坚为己任，探索多样化信贷产品与农村及贫困地区实际深度融合，将扶贫责任放在心间、扛在肩头、融入工作，积极打通金融活水流向农村及贫困地区的“最后一公里”。“十三五”以来，

■ 农发行关岭县支行开展健康扶贫项目现场调查评估工作

农发行关岭布依族苗族自治县支行于1997年4月正式挂牌营业至今，现在岗职工15人。2018年，获农发行贵州省分行2016—2017年度脱贫攻坚奖，受表彰为安顺市全市脱贫攻坚先进集体、关岭县脱贫攻坚先进党组织；2019年，受表彰为安顺市全市脱贫攻坚先进党组织、关岭县脱贫攻坚先进党组织；2020年，受表彰为“贵州省脱贫攻坚先进集体”。

先后累计发放各类资金29.31亿元，支持项目20余个，涉及易地扶贫搬迁及后续扶持、棚户区改造、水利建设、救灾应急、教育扶贫、产业扶贫、土地整治、土地流转、粮食仓储物流设施建设等领域，惠及建档立卡贫困人口29865人，为打赢脱贫攻坚战、全面建成小康社会、实现乡村振兴贡献了金融力量。

组合贷款 助力脱贫攻坚出实招

长期以来，金融资源分布不均、金融供给不足，是制约农村地区发展的重要原因。在安顺的偏远地区关岭，这一情况更为凸显，为破解农村地区缺贷款、缺资金的难题。针对关岭县各乡镇连片山区、特困山区及危房改造任务重的实际，农发行关岭县支行主动服务，积极宣传信贷政策，多次深入主管部门、贫困村、棚户区进行调研及沟通协议，掌握第一手情况，精准发力，先后发放易地扶贫贷款3亿元、棚户区改造贷款13.15亿元。通过该行的支持，关岭县10000多人住房条件得到有效改善，多个贫困村共计1512户6104人易地搬迁住上了新楼。

除了确保让贫困人口住房搬得出，农发行关岭县支行也着力于解决搬迁群众稳得住、能致富问题，大力支持解决教育、医疗、饮水安全、就业等突出问题，累计发放教育扶贫贷款2.35亿元支持关岭县20所义务教育学校建设，惠及在校学生11679人，直接服务建档立卡贫困学生1999人，极大地保障了建档立卡贫困学生就学。获批农村饮水安全项目1.6亿元，支持新建和扩建水厂4座，新增年供水量1400万立方米，项目建成后，可解决约6.65万人饮水问题。累计发放易地扶贫搬迁返乡创业园建设项目1.6亿元，直接服务周边易地扶贫搬迁安置点贫困人口3151户14955人，为易地扶贫搬迁安置区人员谋就业，可为安置点贫困户150人提供季节性务工和就业岗位。

雪中送炭 助力抢险救灾有“心意”

融资加融智，农发行关岭县支行用政策性金融“活水”精准“滴灌”关岭当地发展，在信贷投放中有“新意”更有“心意”。

2017年夏季，关岭自治县发生“6·21”严重洪涝、风雹等自然灾害，公路桥梁垮塌、良田损毁，给脱贫攻坚工作带来了很大困难，面对灾情，关岭县支行立即成立抗灾救灾融资工作小组，积极与民政、交通、国土等部门对接，发放了6414万元的安顺地区第一笔救灾应急贷款。

“这笔贷款可谓是雪中送炭，为抗洪抢险救灾提供了强大的资金保障，大大缓解了受灾住房补助、受灾群众安置生活救助等财政压力。”亲身感受到这笔“及时雨”贷款的关岭自治县水务局局长王德谷坦言，如果没有这笔金融供给，等到汛期结束，再过一年后才能对水利设施应急维护、县乡干道应急维护疏通、地质灾害点治理，那将给脱贫攻坚产业乃至整个脱贫攻坚工作带来不良影响。

“我们是用态度带领速度与救灾时间赛跑，用智慧探索着最急需的金融服务。”关岭县支行的员工们对于第一时间用金融资金弥补灾害损失的这场“战役”记忆犹新，整个贷款流程走的绿色通道，从上报市分行再到省分行，贷款从申报到落地仅花了两个月时间，及时雨救灾资金的投入，给关岭县脱贫攻坚产业发展注入了一针强心剂，使自然灾害对当地脱贫攻坚工作的影响降到最小，而这只是农发行关岭县支行在助力脱贫攻坚工作中的一个缩影。

优化服务　助力群众致富求实效

为了让群众能致富，关岭县支行制订详细的金融服务方案，通过市场化方式确定项目承接主体，采取“项目收益+财政贴息+产业奖补收入+风险准备金”产业扶贫信贷支持新模式，成功获批安顺市系统内首笔产业精准扶贫项目贷款1.6亿元，累计发放土地类项目贷款4.2亿元用于农村土地提质改造整治项目和土地流转，为农业生产打下坚实基础，其中，支持的关岭自治县提质改造土地整治项目贷款2.9亿元，已发放2.8亿元，涉及3个街道办事处、8个镇及1个乡87个村，将建成高标准农田面积718公顷，新增水田面积677公顷；支持的关岭自治县土地流转项目贷款1.6亿元，已发放1.4亿元，共流转农村土地经营权3127.33公顷，土地流转整治后用于发展火龙果、花椒、蔬菜等关岭县特色优势产业，助力全县产业脱贫，带动百姓致富。针对“关岭黄牛”品种优势，农发行关岭县支行发放产业扶贫贷款4500万元，审批能繁母牛项目贷款1.88亿元并已实现投放5000万元，通过建立“公司+合作社+农户”产业模式，将农户组织起来，推进牧草种植、肉牛养殖的标准化、规模化生产提升农业的组织化程度和水平，带动全县肉牛产业发展壮大，为全省肉牛产业化发展作出示范。为确保猪肉市场供应、维护肉价稳定，2020年，该行还发放了2000万元贷款支持生猪生产。

为确保资金用到实处，流到关岭产业发展最需要的地方，农发行关岭县支行建立了良好的沟通协作机制——分层级沟通机制，即客户经理和客户部门负责人与具体经办人员加强对接，行领导与县领导、企业负责人加强对接。积极跟踪承接主体落实项目准入条件、担保及相关审批手续的同时，同步收集准备客户基础资料和项目资料，大幅提高了办贷效率。积极主动向省市分行沟通汇报，借力上级行高端对接成果，加强与县人民政府、县农村农业局相关部门以及企业的汇报沟通，对遇到的困难和问题进行现场论证会商，形成了银政企密切沟通，省、市、县三级行高效联动的工作格局。

不胜不休助脱贫　融资融智显担当

——记“贵州省脱贫攻坚先进集体”农发行长顺县支行

位于贵州省黔南布依族苗族自治州的长顺县是贵州省脱贫攻坚的主战场。脱贫攻坚战打响以来，农发行长顺县支行作为当地脱贫攻坚的金融主力军，围绕精准扶贫、全面脱贫，秉承家国情怀，强化政治担当，坚持以服务脱贫攻坚统揽业务全局，凝心聚力，全力做好所辖长顺县、惠水县两县的农业政策性金融扶贫工作，不断加大金融扶贫力度。截至2020年末，农发行长顺县支行各项贷款余额为41.09亿元，其中扶贫贷款余额为36.74亿元，脱贫攻坚成效显著，先后获得总分行和当地政府的充分肯定和表彰。

■2020年12月农发行长顺县支行联合州分行组织的爱心捐款活动，用于支持花红小学、摆所社区建设

农发行长顺县支行组建于1997年3月，隶属于黔南布依族苗族自治州分行，负责提供长顺、惠水两县的农业政策性金融服务。截至2020年末，全行在岗职工14人，各项贷款余额为41.09亿元，其中扶贫贷款余额为36.74亿元。

2017年荣获农发行总行五一劳动奖状，2018年荣获农发行贵州省分行“先进基层党组织”称号，同年荣获“贵州省金融助推脱贫攻坚劳动竞赛先进单位”称号，2021年荣获“贵州省脱贫攻坚先进集体”表彰。

主动担当　全力服务地方脱贫攻坚

农发行长顺县支行始终把服务脱贫攻坚作为重大政治任务扛在肩上，紧紧围绕长顺县“十三五”脱贫攻坚规划及相应扶贫专项规划，按照当地“五个一批”要求，结合长顺、惠水两县资源禀赋，加大贷款投放力度，助力脱贫攻坚战略。2015年以来，累计发放各项贷款46.85亿元，其中扶贫贷款为42.97亿元，占比91.72%，惠及贫困人口19.95万人次。

粮油信贷业务是农发行主体业务，也是服务脱贫攻坚的重要抓手，农发行长顺县支行紧抓主责主业，积极支持地方粮食安全战略，认真贯彻总、分行党委关于粮油信贷工作要求，进一步强化使命感、责任感，强化政策意识，及时发放县级储备粮贷款0.31亿元，支持长顺、惠水两县县级储备计划，同时有效解决当地农民卖粮难的问题。

九山半水半分田。处于麻山腹地的长顺县，石漠化集中连片，资源匮乏、交通不便、贫困人口多，属于贵州省贫困程度深、脱贫攻坚担子重的地区之一，农发行长顺县支行始终秉承家国情怀，强化使命担当，聚焦扶贫重点，坚持从推进落实重大民生工程建设入手，着力围绕长顺、惠水两县在交通、水利、农村人居环境等民生基础设施方面的薄弱环节加大金融支持。克服一切困难，坚持精准扶贫、注重效益扶贫。农发行长顺县支行积极从水利到交通、从人居环境到土地整治全力推进脱贫攻坚，先后发放易地扶贫搬迁、棚户区改造、农民集中住房建设、人居环境等各类贷款31.94亿元，使辖内11.32万贫困人口受益，大大提升了长顺、惠水两县基础设施建设水平。

全力支持服务小微企业发展，壮大民营实体企业实力，既是确保“六稳”“六保”工作有效落实，更是服务脱贫攻坚的重要抓手，农发行长顺县支行有效落实上级行服务民营小微企业要求，切实加大对民营小微企业的信贷资金支持，共计申报获批民营小微企业贷款7笔，金额2120万元，发放2120万元，其中扶贫贷款1620万元，占比为76.42%。通过对民营小微企业的信贷输血，扩大了生产规模，提升了产品质量，拓宽了销售渠道，有力保障农民持续增收，助力老百姓脱贫致富。

定点帮扶　实现地方全面脱贫摘帽

农发行长顺县支行全面投入脱贫攻坚事业中，全力组织做好定点贫困户包保工作。领导班子成员和驻村扶贫干部经常走家串户，实地了解农民需求，立足实际，给予贫困户最大的帮助。全行先后组织扶贫捐款5次，累计捐款20万余元，用于支持花红小学、摆所社区建设和慰问贫困户等。2020年，积极响应消费扶贫号召，组织全行员工通过“以购代捐”方式在“农发易购平台”购买扶贫产品8773元。积极推动扶贫产品供给与农发行职工“菜篮子”“米袋子”“果盘子”的需求有效结合，采购食堂食材、节日慰问品等扶贫产品12767元，助力农发行扶贫点农副产品和服务销售。

农发行长顺县支行坚决贯彻习近平总书记关于脱贫攻坚的重要指示精神和党中央、国务院的决策部署，始终把服务脱贫攻坚作为工作的重中之重，积极主动融入地方脱贫攻坚进程，构建了扶贫长效机制。积极谋划扶贫项目，克服人员少、工作量大的困难，组织职工加班加点、加快办贷速度，提高办贷质量，全力推进扶贫贷款相关项目的落实，确保了长顺、惠水两县实现全面脱贫，充分发挥金融扶贫的先锋主力模范作用。

不胜不休　巩固拓展脱贫攻坚成果

党的十九届五中全会提出“全面实施乡村振兴战略，强化以工补农、以城带乡、推进形成工农互促、城乡互补、协调发展、共同繁荣的新型工农城乡关系，加快农业农村现代化”。农发行长顺县支行坚持把全力服务巩固拓展脱贫攻坚成果同乡村振兴有效衔接作为“十四五”时期重大政治任务，举全行之力，统筹安排、强力推动，在金融支持中继续发挥先锋主力模范作用，为接续支持脱贫地区发展和群众生活改善贡献力量。

结合长顺县地域、气候实际情况，重点突出因地制宜、分类施策的政策要求，农发行长顺县支行统筹考虑先脱贫和后脱贫、一般脱贫和乡村振兴重点帮扶对象，针对不同发展阶段、不同发展任务和不同金融需求等，量体裁衣、对症下药，全力聚焦乡村特色产业和乡村建设行动、基础设施和公共服务等重点领域，采取针对性、差异化的支持政策，在信贷规模、利率优惠、贷款期限等方面做出不同的政策安排，着力提升信贷资金支持的精准度和有效性。2021年以来，全行发放贷款4.0677亿元，其中扶贫贷款2.415亿元，占比为59.37%，持续为乡村振兴建设发力输血，为推进与乡村振兴有效衔接，继续发挥金融扶贫的先锋主力模范作用作出新的更大贡献。

翁你河畔写脱贫　苗疆腹地绘振兴

——记“贵州省脱贫攻坚先进集体”农发行台江县支行

2020年3月，贵州省人民政府发布公告，同意台江县等县退出贫困县，标志着被称为苗疆腹地“天下苗族第一县”台江县正式退出了贫困县，苗疆千年贫困的标签被去掉。

台江县地处贵州省东南部，是少数民族特别是苗族重要聚集地，民族文化丰富多彩，但是贫困问题也长期存在。在台江县城，美丽的翁你河穿越城区，农发行台江县

农发行台江县支行贷款支持的剑河县清水江防洪堤二期工程

农发行台江县支行于2012年4月挂牌成立，目前服务台江、剑河两县业务。该行成立以来，始终秉持“背靠政府、面向市场、支持‘三农’、服务苗疆”的理念，坚持稳中求进工作总基调，以助力脱贫攻坚为己任。加大信贷支持力度，截至2020年底，累计获批项目13个，金额达35.45亿元，实现贷款发放19亿元。为两县特别是台江县成功脱贫贡献了力量，多次获得省州县各级“脱贫攻坚先进集体”表彰。

支行坐落在美丽的翁你河畔。该行自2012年4月挂牌以来，一直秉持“背靠政府、面向市场、支持‘三农’、服务苗疆”的理念，坚持稳中求进工作总基调，以助力地方政府脱贫攻坚为己任。

主动作为　真抓实干致力脱贫攻坚

农发行台江县支行成立以来，特别是“十三五”以来，紧紧围绕台江、剑河脱贫攻坚“一达标、两不愁、三保障”基本要求中存在的突出问题，聚焦解决农村基础设施建设、教育和易地扶贫搬迁、改善农村人居环境等作为当前重点支持项目，着力满足脱贫攻坚打硬仗的融资需求。“十三五”期间累计发放各类贷款19亿元，其中扶贫贷款累计投放18.58亿元，占比为97.78%。发放重点建设基金2.16亿元，截至2020年末，各项贷款余额为21.52亿元，扶贫贷款余额为20.97亿元，占全部贷款余额的97.44%；重点建设基金余额为1.87亿元。

第一，为筑牢脱贫攻坚的重要根基，补齐贫困地区义务教育发展短板。累计发放教育扶贫贷款3.96亿元，让台江等县3个街道办事处19个乡镇的各中小学、幼儿园49460名在校学生受益，其中建档立卡贫困生10327人受教。第二，为完善脱贫攻坚的重要保障，助力地方服务易地扶贫搬迁和后续扶持。向两县发放易地扶贫搬迁贷款6亿元、贫困村提升工程贷款2亿元，支持建档立卡贫困人口9605人。第三，为提供脱贫攻坚的重要支撑，助力地方基础设施扶贫。支持两县省统筹易地扶贫搬迁项目6.03亿元，改善搬迁居民居住环境，提高了区域内建档立卡贫困人口的生活质量。累计发放贫困村提升、水利建设、农村土地流转和土地规模经营、旅游扶贫、农村路网设施等农业农村基础设施贷款16.54亿元，服务两县贫困人口共计10.09万人。助力台江县打造AAAAA级景区山水园林城市，促进台江县旅游业发展，直接带动区域内建档立卡贫困人口1523人脱贫。第四，心系贫困户，阳光公益暖人心。积极为群众办实事扶真贫、真扶贫。匹配扶贫捐赠资金16万元支持南宫镇大田村贫困群众的养殖种植项目；深入结对帮扶交下村、桃源村等21户贫困户家中进行帮扶，累计捐款3万余元；与农村党员一起畅谈发展大计，搭建“银村”支部共建桥梁；通过支行食堂积极向当地贫困群众采购食材，帮助购销贫困群众农产品2万余元等。

奋进担当　政策性金融护航精准扶贫

服务两县脱贫出列，农发行台江县支行坚持做好政策性金融扶贫，先锋、主力和模范作用发挥突出。“十三五”期间，积极研究探索适合本地的金融服务政策。省、州、县三级行联动，专门制订符合台江县产业扶贫金融支持方案，明确台江县贷款项目优先安排办贷、评审工作，根据项目成熟度适时组织开展现场评估，加快推动项目评审进程，对台江项目贷款发放优先配置信贷计划，确保符合贷前条件的贷款信贷计划的及时足额供应。同时，坚持减费让利，着力解决企业融资难融资贵难题。对各项贷款实行优惠利率，有效降低资金使用成本。在财务可持续、风险可控、业务合规的前提下，实行复工复产贷款和扶贫贷款“整体优惠+首年再优惠”组合优惠政策，对复工复产贷款首年优惠50个基点，发放的扶贫贷款和小微企业贷款首年优惠100个基点，切实降低了企业融资成本。近年来，累计减费让利近600万元，主动降低14个服务项目的收费标准、取消12个服务项目收费。

勇于作为　政策性金融助力疫情防控

2020年，新冠肺炎疫情暴发期间，农发行台江县支行全面发挥支持疫情防控“应急通道”和复工复产“绿色通道”作用，按照“特事特办、急事急办”的原则，简化办贷流程，提高办贷效率，全力支持台江县地方防疫紧急物资采购及粮油储备保供等融资需求，累计支持发放各类疫情防控应急贷款1544.01万元。在最短时间内实现台江县种猪场建设项目1.39亿元的上报，迅速向台江县苗疆蛋鸡生产养殖企业发放生产经营流动资金贷款200万元，有效支持台江县肉、蛋、禽等民生保障物资采购，支持民生保障物资供应，彰显农发行社会责任，为贫困地区打赢疫情防控阻击战贡献农发行力量。

不忘初心　奋力描绘乡村振兴新画卷

2020年3月，台江县顺利出列，实现脱贫摘帽。如今，台江县已经焕然一新，一条条笔直平整的柏油马路通往农民致富的方向，一排排鳞次栉比的新房赋予美丽乡村崭新的形象，一张张灿烂洋溢的笑脸折射出新时代中国特色社会主义新农村的美好与幸福。

台江、剑河两县摘帽后，农发行台江县支行再次担起服务乡村振兴的重任，加强同两县党委政府的沟通协作，不断创新方式方法。截至2021年4月末，累计发放1.4亿元贷款，分别用于台江县脱贫攻坚农村村寨整体提升工程和剑河县23个土地综合整治建设项目，在保护生态环境的前提下，把土地整治、农村危房改造、配套便民设施建设提质升级改造建设紧密结合在一起，通过民居风貌改造、慢行绿道、绿化提升等工程的实施，使台江县的山水田园风光在中华大地上“靓”起来的同时，也带领群众腰包不断“鼓起来”。

农发行台江县支行先后获得2016年总行“先进基层党组织”、台江县2018年度“脱贫攻坚突出贡献奖”“脱贫攻坚先进集体”、2019年度“黔东南州2019年脱贫攻坚先进帮扶单位”、省分行2019年度的“金农发行杯”四大工程省分行劳动竞赛模式创新奖；2021年4月，荣获省委、省政府脱贫攻坚先进集体表彰。荣誉来之不易，既是对台江县支行过去实干的肯定，也是对未来奋进的鞭策。

脱贫已胜利，乡村待振兴。“十四五”期间，农发行台江县支行将紧紧围绕巩固台江县脱贫攻坚成果与乡村振兴有效衔接相关领域的信贷需求精准发力，加快项目的营销申报及贷款投放，大力助推两县特别是台江县整体的发展，在农业现代化、新型工业化、新型城镇化、旅游产业化四轮驱动发展中发挥助推器的作用，为苗疆的乡村振兴事业着墨添彩。

脱贫攻坚结硕果　村容村貌换新颜

——记“贵州省脱贫攻坚先进集体”农发行沿河县支行

沿河土家族自治县（以下简称沿河县）位于贵州省东北角、铜仁市北部、乌江下游，素有“黔东北门户，乌江要津”之称，是全国4个单一的土家族自治县之一，也是全国334个深度贫困县之一。

作为当地金融服务脱贫攻坚主办行，农发行沿河县支行主动肩负“作示范、勇争先”的使命，充分发扬“当先锋、打头阵”的精神，扛起“支农为国、立行为民”的大旗，冲在脱贫攻坚战的一线。2015年以来，农发行沿河县支行紧紧围绕党中央决战决胜脱贫攻坚指示精神，全心全意为当地注入政策性金融活水，全力以赴服务脱贫攻坚。2016年以来，累计申报获批中长期贷款项目13个、金额35.64亿元，发放21.2亿元，截至2020年末

农发行沿河县支行员工合影

农发行沿河土家族自治县支行组建于1997年2月，现有职工16人，截至2020年末贷款规模21亿元。2016年以来，该行聚焦脱贫攻坚重点项目，累计获批中长期贷款项目13个、金额35.64亿元，发放贷款21.2亿元，惠及全县贫困人口。为当地教育、医疗、易地扶贫搬迁、土地整治、人居环境等重大民生领域投入“真金白银”，换来老百姓一次又一次的由衷点赞。

贷款余额为21亿元。为当地教育、医疗、易地扶贫搬迁、土地整治、人居环境、林业项目等重大民生领域投入沉甸甸的“真金白银”，换来老百姓一次又一次的由衷点赞。

扶贫先扶智，破局“上学难”

农发行沿河县支行发放教育扶贫贷款3.7亿元，用于沿河县官舟高级中学建设项目，为当地及周边贫困人口带来福音。该项目的建成缓解了沿河县城学子就学难的问题，直接涉及项目区及周边8个乡镇5万多户家庭子女上学难问题，每年可容纳在校高中学生3000人，在一定程度上缓解了沿河教育设施严重不足、办学条件严重落后的现状。

聚焦“三保障”，旧貌换新颜

农发行沿河县支行累计发放易地扶贫搬迁贷款2亿元，让项目区内2个安置点1262户5845人住进了新房，改善了生产生活条件。发放贫困村提升工程中长期贷款1.8亿元，用于农村人居环境综合整治建设，解决了沿河县22个乡镇202个贫困村人居环境基础设施短板问题，有效提升贫困群众的满意度和幸福感。发放贷款9500万元用于中西医结合医院建设项目，有效改善县医疗服务设施落后、医疗条件差的现状，提高了县城内易地扶贫搬迁安置点基本公共服务设施配套水平，更大力度惠及易地扶贫搬迁贫困人口。

确保可持续，创新求发展

农发行沿河县支行牢牢围绕土地做文章，累计发放土地增减挂及整治项目贷款2.58亿元，形成城乡建设用地增减挂钩结余指标793.33公顷，在一定程度上缓解了农业发展面临的耕地资源紧张的局面。获批县国家储备林建设项目贷款4.7亿元，支持建设国家储备林4013.33公顷、经济林1133.33公顷，集约了人工林栽培树种杉木、马尾松、楠木、楠竹等珍贵树种，进一步保障地区木材战略资源安全，为经济社会稳定发展提供坚实物质资源保障。

情系贫困村，爱心送温暖

农发行沿河县支行情系定点帮扶村，积极向农发行总行申请落地捐赠资金20万元，用于大吉村黄牛养殖产业发展；该行党员干部利用双休日帮助甘溪镇大吉村做好村容村貌的改善，积极参加劳动并宣传扶贫政策，协调相关部门帮助落实修建文化活动广场所需建材；该行党支部在了解到该村一户贫困户受灾后，第一时间组织员工捐款8600元，解决受灾群众的急需物资购买问题，切实体现农发行融情融智服务脱贫攻坚的社会责任和担当。

助力脱贫攻坚　我们永远站在一线

——记“贵州省脱贫攻坚先进集体”农发行黔西县支行

黔西县因地处贵州西部而得名，是古人类发祥地之一，自然资源丰富，气候适宜。作为贵州省65个贫困县之一，属于乌蒙山集中连片特殊困难片区县，2014年认定共有197个贫困村，33450户131679名建档立卡贫困人口，经过五年的脱贫攻坚，黔西县成为贵州省毕节试验区首先出列的贫困县。

农发行黔西县支行深刻理解把握打赢脱贫攻坚战的重大意义，深入学习贯彻习近平总书记关于扶贫开发战略思想，坚定不移把服务脱贫攻坚作为全行工作的重中之

农发行黔西县支行支持的彝山花园谷项目

农发行黔西县支行组建于2010年7月，截至2020年末，在职员工15人，贷款余额为34.66亿元，存款余额为9.37亿元。2015年以来，累计发放各类贷款46.29亿元、重点建设基金1.47亿元，其中，投放扶贫贷款27.86亿元，累计惠及贫困人口24.84万人。荣获贵州省委“2019年贵州省脱贫攻坚先进集体”表彰。

重，服务领域涉及黔西县和百里杜鹃管理区2个行政辖区。2015年以来，农发行黔西县支行累计投放各类贷款46.29亿元，2020年末贷款余额34.66亿元，其中，精准扶贫贷款余额20.71亿元，规模位列黔西县金融机构同业前列，充分发挥了金融扶贫先锋主力和模范作用。

强化服务机制建设 为全力支农履职提供坚强保障

农发行黔西县支行牢固树立执行国家意志、服务“三农”需求、遵循银行规律的“三位一体”办行理念，以服务脱贫攻坚统揽全行各项工作。按照上级行要求，专门成立扶贫金融事业部，明确扶贫金融事业部工作职责，为服务黔西县脱贫攻坚提供了组织保障。按照“党建统领、守正创新、管理强行、发展第一”的总体思路，该行坚持支委引领带头、党员冲锋在前，充分发挥支部的战斗堡垒作用，全力提供优质金融服务，持续加大信贷支持力度，做到让党徽在服务脱贫攻坚中闪光、让党旗在决战决胜战场上飘扬。

加大支农资金投入 充分发挥服务脱贫攻坚职能作用

2015年以来，农发行黔西县支行持续聚焦黔西县9.85万建档立卡贫困人口和脱贫摘帽任务，重点围绕易地扶贫搬迁、产业扶贫、“两不愁三保障”等脱贫重点领域，累计发放各项贷款46.29亿元，其中，生态环境与保护贷款3亿元、易地扶贫搬迁贷款0.94亿元、农村交通公路贷款1.38亿元、棚户区改造贷款27.3亿元、林业资源开发与保护贷款2亿元、水利建设贷款0.9亿元等；发放精准扶贫贷款30.10亿元，投放农发重点建设基金1.66亿元，以实际行动彰显了农发行在金融扶贫中的骨干作用。特别是2020年新冠肺炎疫情暴发后，该行迅速行动，及时启动疫情防控应急贷款绿色通道，主动对接疫情防控信贷资金需求，快速完成540万元应急储备大米收购、1200万元疫情防控应急物资采购贷款投放，助力黔西县打赢疫情防控阻击战。大力支持黔西县易地扶贫搬迁，累计发放5.5亿元支持锦绣花都等易地扶贫安置点建设，实现搬迁人口25053人；发放874.3万元贷款支持化屋村易地扶贫搬迁安置点建设，实现搬迁人口42户189人，践行了农发行“支农为国、立行为民”的使命。搬迁后的化屋村更加美丽，作为黔西县最具代表的苗族聚居村落，2021年2月化屋村安置点迎来了习近平总书记的亲临考察。

探索创新显担当。农发行黔西县支行创新推动支持地方发展贫困区域旅游项目贷款落地百里杜鹃，获批项目贷款1.95亿元支持百里杜鹃彝山花谷景区建设。2017年11月，该款贷款产品——“黔·旅游扶贫贷”，荣获贵州省金融团工委产品创新类二等奖。该笔贷款是贵州省分行投向国家级贫困县、全国“景区带村”、AAAAA级景区的首笔旅游扶贫项目贷款，为政策性金融支持地方发展区域旅游进行了有益探索。一是凸显精准带动。该行制订项目精准扶贫方案，明确收益分配方案，确保与建档立卡贫困人口精准对接，该项目惠及百里杜鹃辖内32个贫困村、4176户贫困户、14100万贫困人口。二是灵活担保方案。该笔贷款以该项目景区收费权进行质押担保，解决了企业担保不足的问题。

聚焦民生见实效。农发行黔西县支行于2016年6月28日发放9350万元支持百里杜鹃扶贫生态移民工程建设项目建设，该项目建设内容为易地扶贫搬迁1300户4252人，其中，已建档立卡贫困人口650户2193人，人数占比为51.58%。项目总用地面积619.91亩，新建移民安置点总建筑面积212023平方米，其中，庙脚村安置点19583平方米、大水村安置点125040平方米、石牛村安置点67400平方米，涵盖了人饮、电、路、学校等工程建设。项目全部竣工后可安置居民1300户4252人，良好的环境将改善搬迁户的生活质量，解决他们的后顾之忧。同时促进道路建设和其他公共设施建设项目得以顺利实施，极大地刺激了相关产业发展，快速形成居住、商业氛围，促进了搬迁户持续增收。

强化基础管理提升 确保高质量服务打赢脱贫攻坚战

农发行黔西县支行充分发挥农业政策性银行职能作用，通过项目带动，更好地服务于人民群众，实现立行为民、支农报国。该行在加大支农投入的同时，坚持“专业素养、防控风险、程序到位”原则，基础管理水平稳步提升，贷款质量持续保持零不良，减费让利工作成效明显，2020年该行中间业务收入同比降幅100%，贷款加权平均利率5.15%，低于全县金融机构同业平均水平，切实减轻了扶贫客户负担，推动更多资金投入扶贫领域，助力高质量服务打赢脱贫攻坚战。“扶上马再送一程”，该行秉承家国情怀，主动提升站位，将巩固脱贫攻坚成果与乡村振兴有效衔接作为当前和今后一个时期工作重点，继续发挥好农发行在乡村振兴中的生力军作用。

尽锐出战 助力“五乡”之县脱贫摘帽

——记“贵州省脱贫攻坚先进集体”农发行纳雍县支行

践行使命担当，做好精准服务

纳雍县地处贵州省西北部、毕节市中南部，属云贵高原向黔中平原的过渡地带，境内物产丰富、自然景观奇特、民族风情浓郁，素有“西南煤乡、高原水乡、生态茶乡、苗舞诗乡、珙桐之乡”的美誉，但因深处乌蒙山腹地，山高坡陡、切割纵深、经济发展缓慢、城乡建设滞后，一度成为国家级深度贫困县，其贫困程度深、脱贫难度大，是全国脱贫攻坚战中的“硬骨头”。

■ 农发行纳雍县支行支持的纳雍县易地扶贫搬迁项目

农发行纳雍县支行认真贯彻落实上级行党委服务脱贫攻坚部署，深耕深度贫困县，突出脱贫补短板，践行使命担当，聚力脱贫攻坚，在服务纳雍县脱贫攻坚工作中成绩显著，荣获“贵州省脱贫攻坚先进集体”称号。

发展环境在变，信贷政策在变，助力脱贫攻坚目标不变。2015年以来，金融政策不断调整，农发行信贷政策不断更新，项目融资模式不断变化。农发行纳雍县支行聚力脱贫攻坚，主动适应新变化，勇于探索新模式，努力取得新成绩。全力践行农业政策性银行使命，全面落实上级行党委工作部署，充分发挥政策性金融扶贫先锋主力模范作用，主动适应支农政策调整，用好、用足农发行总行出台的差异化信贷政策，紧密结合纳雍县情，突出补足脱贫短板，全力服务脱贫攻坚工作。2017年至2020年底，农发行纳雍县支行累计发放各类扶贫贷款25亿元，贷款涵盖医疗、教育、农村土地整治、棚户区改造、产业、救灾应急等多个领域。2020年末，该行各项扶贫贷款余额为20.62亿元，占纳雍县金融系统扶贫贷款总额的65.2%，纳雍县为贵州省9个深度贫困县中扶贫贷款最多的县。该行用扎扎实实的行动践行农发行人的使命，用实实在在的成果彰显政策性银行的担当，用行动作答，用成绩说话。

凝聚发展共识，聚力脱贫攻坚

凝聚产生力量，团结诞生希望。农发行纳雍县支行党支部聚力脱贫攻坚，努力打造一支敢担当、能作为、讲奉献、能吃苦的干部队伍。同时，更加注重年轻员工培养，充分发挥老员工优势，增强该行干部员工“想干事”的自觉，提升干事创业的“精气神”，凝聚全行服务脱贫攻坚的发展共识。始终坚持以上率下，支部书记靠前指挥，党员干部冲锋在前，干部员工团结一致，“与时间赛跑”“与贫困作战”，冲锋在金融服务脱贫攻坚战役最前线，齐心协力做好金融扶贫工作，努力将许多“不可能”变为“可能”，全面助力深度贫困县攻克贫困最后堡垒。

先行先试，率先支持贫困地区医疗卫生和教育项目。纳雍县作为一个深度贫困县，多年来存在医疗资源不足，教育基础设施落后情况。改善教育条件，让贫困地区的学生接受良好教育，用教育阻断贫困的代际递延，改善医疗条件，为贫困人口提供基本医疗保障，在纳雍县脱贫攻坚工作中尤为重要。纳雍县第六中学建设项目和纳雍县人民医院整体搬迁项目先后获批发放，有效缓解了地方政府扶贫资金不足的问题。纳雍县第六中学现已建成使用，学校行政楼、教学楼、宿舍、食堂等配套设施一应俱全，学校共有120个班，解决了6000人入学难的问题，同时可以满足易地扶贫搬迁贫困学生的入学要求。纳雍县人民医院也已经建设完成急诊、门诊、住院、医技科室、保障系统、行政管理、院内生活七大功能区用房，同时还建有地下停车场及相关非大型医疗的设备用房，医院新增床位800个，解决周边25个乡镇474个村的看病问题，项目直接惠及贫困人口6000余人。

担当作为，大力支持农村公路建设，打通脱贫的“最后一公里”。“要想富、先修路”这句俗语纳雍县体会更为深刻。因为交通不便，拥有丰富煤炭资源的纳雍，错过了能源带动发展的战略机遇期；因为交通不便，大量的剩余劳动力赋闲在家，人口数量优势未能转化为人力资源优势；因为交通不便，引进来与走出去被严重制约，经济长期低速增长。为改善地方交通环境，农发行纳雍县支行先后对纳雍县通村小康路等5个农村公路项目进行支持，投放信贷资金9亿元，修建公路超800千米，解决了23个乡镇出行难的问题，提升了全县交通运输环境。

落实“六保”“六稳”要求，聚焦民生，做好平价粮储备，快速办理救灾应急贷款。纳雍县全县地形以山地为主，以玉米为粮食主产，为大米主销区，全县大米绝大多数来自外地，因交通不便，少量运输销售，导致大米销售价格常年高于周边，影响贫困人口生活质量。为有效降低地区大米销售价格，确保县内能够购买到优质、低价、放心的大米，农发行纳雍县支行发放储备粮贷款2760万元，平价粮的销售促使大米销售价格回落到合理价位。在新冠肺炎疫情暴发期间，支持快速销售平价粮油，有效消除县域粮油市场恐慌情绪，稳定了市场。纳雍县2017年发生特大山体崩塌灾害后，该行连夜开展调查评估，在上级行指导下顺利发放救灾应急贷款3905万元，用于地质灾害救灾应急。新冠肺炎疫情暴发后，支行立即采取措施，及时开通疫情防控绿色通道，提升疫情贷款发放速度，力求在最短的时间，作出最大的努力，发挥出最大的成效。切实加强疫情防控需要和人民群众生活需求保障，发放救灾应急流动资金贷款306.51万元，支持纳雍县紧急收购菜籽油300吨，重点保障该县粮油市场安全稳定；发放流动资金贷款722万元，支持医疗物资采购、采购口罩、消杀药品等，确保企业安全复工复产、学校安全复学。

发力普惠金融，助力生猪生产。2020年面对猪肉价格持续高位运行严重影响居民生活的情况，农发行纳雍县支行积极落实总行部署，在坚守依法合规、风险可控前提下，勇于创新，积极探索支持生猪养殖办贷新思路，大胆采用活体抵押担保方式，成功发放生猪贷款1740万元，缓解深度贫困地区小微企业融资难融资贵问题，助力生猪恢复生产。

接续奋斗作为，服务乡村振兴

在所有汗水后面，是梦想的新起点。把实现第一个百年奋斗目标过程中付出的艰辛汗水擦干，吹响接续奋斗实现第二个百年奋斗目标的号角，站在新起点，迎接新挑战，创造新成绩。下一步，农发行纳雍县支行将接续奋斗作为，助力纳雍建设特色鲜明、产业兴旺的“生态茶乡”，山清水秀、生态宜居的“高原水乡”，生活多元、乡风文明的“苗舞诗乡”，资源丰富、治理有效的“西南煤乡”，环境优美、生活富裕的“珙桐之乡”，打造更加亮丽的“五乡”名片。

勇担社会责任　助推脱贫攻坚

——记“贵州省脱贫攻坚先进集体”农发行威宁县支行

2021年4月23日，贵州省脱贫攻坚表彰大会在贵阳举行，农发行威宁县支行在承担社会责任、支持脱贫攻坚、助推地方经济发展、服务乡村振兴等方面成效明显，荣获“贵州省脱贫攻坚先进集体”称号。

勇担使命　践行高质量发展理念

近年来，面对威宁、赫章两县是乌蒙山区连片特困地区县、国家扶贫开发工作重点县的县情，以及新冠肺炎疫情的严重冲击叠加，农发行威宁县支行坚持服务脱贫攻

农发行威宁县支行投入重点建设基金3.34亿元支持的威宁草海综合治理项目点

农发行威宁县支行成立于1997年5月，在职职工16人，其中党员8人，党员占比为50%。脱贫攻坚以来，累计获批项目20个，金额达78.08亿元，实现发放47.21亿元。截至2020年末，贷款余额为47.94亿元、重点建设基金余额为3.76亿元、存款余额为6.86亿元。为威宁、赫章两县如期成功脱贫贡献了积极力量，2021年荣获“贵州省脱贫攻坚先进集体”称号。

坚统揽全局方略，重点聚焦易地扶贫搬迁后续扶持、基础设施“补短板”、产业扶贫等巩固脱贫重点领域，立足威宁、赫章两县实际，找准信贷支持切入点和重点，细化金融服务措施，为2个深度贫困县做好金融服务工作，确保高质量发展的要求落地生效。一是服务国家的高质量发展，紧扣地方经济发展矛盾，服务县域经济发展规划，以支持乡村振兴战略为总抓手，找准农业农村整体发展中的突出短板和薄弱环节，发挥好政策性银行保重点、补短板、强弱项、惠民生的作用。二是融入现代金融业的高质量发展，落实好服务实体经济、防控风险的任务，坚持遵循银行规律、遵守监管规则、遵从行业秩序，顺应地区经济发展的趋势，协调好、服务好地方经济发展的融资需求。三是推进和实现自身的高质量发展，强化支农功能，增强服务意识，坚持融资、融智和融力相结合，加强政银企合作，为地方建设出谋划策，发挥政策性金融机构在支持县域经济发展中的引领作用。

脱贫攻坚，小康梦圆。2020年是不平凡的一年，是攻坚克难的一年，是砥砺前行的一年，农发行威宁县支行紧密结合深度贫困县威宁县、赫章县脱贫摘帽目标任务，结合疫情防控重点工作，按照“党政主导、市场机制”的原则，完善金融服务措施，在支部党建规范、基础设施补短板、产业扶贫促增收、业务发展创新转型等大考中，交出了一份份合格“答卷”，为威宁县、赫章县脱贫攻坚收官战贡献了农发行力量。2020年11月23日，更是一个值得230多万威宁、赫章两县人民铭记的“里程碑”式的日子，威宁、赫章两县退出了贫困县序列，彻底撕掉了千百年来的贫困标签。

迎难而上　助力打赢脱贫攻坚战

船到中流浪更急，人到半山路更陡。面对脱贫攻坚任务重、业务模式受限等困难，在上级行的坚强领导下，农发行威宁县支行本着守正创新理念，聚焦“两不愁三保障”及产业扶贫，积极开展扶贫贷款项目营销工作。

一是全力克服疫情影响。在做好自身防控的前提下，多措并举、争分夺秒，及时抢占疫情防控阻击战关键制高点，分别向威宁县、赫章县发放应急救灾贷款0.18亿元、0.20亿元，优先支持疫情防控急需的卫生防疫、医疗设备采购等融资需求。

二是产业先行带动脱贫致富。立足地方资源禀赋，积极支持特色产业发展，重点支持蔬菜、核桃、马铃薯以及中草药等相关产业。2019年以来，累计获批产业扶贫贷款4笔，金额为10.77亿元，项目惠及贫困人口1047人，支持了威宁蔬菜产业、马铃薯种子库建设、赫章半夏中药材种植、赫章核桃储备林建设等项目。特别是立足威宁县产业生产分散、生产技术落后、规模化效益低、销售渠道窄等现状，加快投放蔬菜产业易地扶贫基地（一期）项目贷款4.4亿元，实施4333.33公顷蔬菜基地建设，包括产业水、产业路、产业电及喷灌系统等，项目覆盖威宁县32个乡镇及街道办事处，把发展“三白”（白菜、白萝卜、莲花白）作为脱贫攻坚的关键举措。蔬菜产业的快速发展，带动解决了部分易地扶贫搬迁人员的劳动就业问题。一个个产业扶贫项目的建设，不仅推动了本地产业结构调整，优化种植结构，加快农产品储存、加工的发展，更有效促进了本地经济结构调整，逐步形成产业发展新的经济增长点。

三是教育扶贫点亮新希望。改善基础教育条件，让贫困地区的学生接受良好教育，是阻断贫困代际传递的重要途径，也是扶贫开发的重要任务，农发行有责任、有义务给予扶贫贷款支持。威宁县易地扶贫搬迁进城的贫困人口达6万余人、赫章县达5万余人。农发行威宁县支行本着服务“六保”“六稳”，切实发挥政策性金融“当先导、补短板、逆周期”的作用，为确保易地扶贫搬迁群众子女有学上、上好学，积极对接政府、企业，做好易地扶贫搬迁后续扶持工作。该行获批教育扶贫贷款4.7亿元，其中在威宁县发放2.3亿元，在赫章县发放2.4亿元，两县教育项目的陆续建成，将服务义务教育阶段学生13560人，包括贫困学生3905人。如今，走进威宁第六小学、十一中，功能齐全的现代化学校映入眼帘，基础建设、内外装修、附属设施、教学设备等一应俱全。

四是夯实交通路网建设。紧密结合威宁、赫章两县地处偏远、交通设施薄弱、农业生产相对落后的现状，着力破解交通瓶颈，加大基础设施建设支持力度。近年来，农发行威宁县支行仅在支持农村路网建设上投入的信贷资金就达12.76亿元，特别支持了威宁S220公路项目建设，路线全长24.15千米，由此威宁县大山营至雪山公路天堑变通途，解决农民群众出行“最后一公里”问题。

五是建设生态宜居新家园。在推动脱贫地区特色产业可持续发展、推动脱贫攻坚发展的同时，全面践行“绿水青山就是金山银山”的理念，积极推动城乡融合发展和乡村振兴的有机衔接。农发行威宁县支行向威宁县人居环境整治项目（二期）发放2.5亿元，惠及威宁县18个乡镇，服务地区总人口69万人，占全县人口的45.32%。同时在威宁县草海治理投入农发重点建设基金3.34亿元，环草海棚户区改造一期、二期、三期项目投入基金10.5亿元。如今站在草海北坡远眺，天蓝地绿、碧波荡漾，由于草海治理卓有成效，生态得到保护，游客也渐渐多了起来，周边民宿、餐饮业越来越热闹，旅游经济得到有效发展。

六是普惠金融助力小微企业摆脱困境。切实关注深度贫困县的民营小微企业发展，落实普惠金融理念。短短两年多时间，农发行威宁县支行共发放民营小微企业贷款5笔、金额1350万元，支持了花卉种植、威宁荞制品加工、生猪养殖、威宁黄梨等产业。一个个项目落地、一笔笔贷款发放，体现了农发行威宁县支行守土有责、守土负责、守土尽责的担当，更是支持地方经济发展，巩固脱贫攻坚成果，践行“支农为国、立行为民”的缩影。

进而有为　服务好乡村振兴战略

关山万千重，山高人为峰。脱贫攻坚不是终点，而是新生活、新奋斗的起点。决胜脱贫攻坚已然落幕，农发行威宁县支行将继续把事业放在心上，把责任扛在肩上，坚持为国履职、为民尽责的情怀，认真贯彻新发展理念，精准对接乡村振兴金融需求，为全力服务乡村振兴打下坚实基础。积极对接国家“十四五”巩固脱贫攻坚规划和政策，推动脱贫地区特色产业可持续发展，推动脱贫攻坚与乡村振兴有效衔接，全力以赴为支持地方经济社会持续更高质量发展作出更大贡献，在新时代服务国家区域发展战略上闯新路，在服务乡村振兴上开新局，奋力书写新时代业务高质量发展新篇章。

立足“三农”初心　砥砺奋战脱贫

——记“贵州省脱贫攻坚先进集体”农发行水城县支行

农发行水城县支行长期致力于为国家级深度贫困县水城县、省级贫困县钟山区、钟山经济开发区（现六盘水市高新技术产业开发区）打赢脱贫攻坚战提供信贷支持。近年来，该行认真落实党中央、国务院及上级行党委关于打赢脱贫攻坚战的决策部署，坚持稳中求进工作总基调，坚持精准扶贫精准脱贫基本方略，以服务脱贫攻坚统揽业务全局，以提高脱贫攻坚实效为导向，以创新引领为第一动力，瞄准“两不愁

农发行水城县支行信贷支持的易地扶贫搬迁项目水城区野玉海搬迁点，该项目入选2017年中宣部等四部门联合主办的“砥砺奋进的五年”大型成就展

农发行水城县支行于1997年1月1日成立，在职员工29人，其中党员11人，占比为37.93%。截至2020年末，贷款余额为97.9亿元。2015年以来，累计发放各类贷款137.16亿元、重点建设基金19.86亿元，其中，发放扶贫贷款125.68亿元，累计惠及贫困人口38.26万人。2021年荣获“贵州省脱贫攻坚先进集体”表彰。

三保障”，深入贫困地区攻坚，围绕产业扶贫重点发力，优化政策供给，下足绣花功夫，狠抓工作落实，加大贷款投放力度，努力提高扶贫成效。

科学谋划搭平台　全力提高脱贫攻坚服务质效

农发行水城县支行为充分履行政策性金融职能，发挥政策性金融“当先导、补短板、逆周期”的调节作用，在上级行党委的部署和带领下，支委成员多次与区县政府及重点企业进行对接，充分了解产业特色、资源优势、发展现状、项目规划等情况，切实摸清资源底数，做到心中有数，找准脱贫攻坚的痛点、难点问题，为金融扶贫、精准扶贫提供重要决策依据。在摸清情况后，该行紧紧围绕脱贫目标任务，量体裁衣制订金融服务方案，确保信贷资金流向发展的关键领域，助力政府、企业突破发展瓶颈，共创经济繁荣。在该行的协调努力下，搭建了水城县银政企服务交流平台，建立了银政企分级对接工作机制，做到分工负责、层层落实，避免了“上热中温下凉”的现象，打通了沟通经脉，提高了工作效率，为支行高效服务脱贫攻坚、有力攻克重点难点搭建了迅捷的沟通交流平台。

补齐短板强基础　全力保障“四场硬仗”金融服务

农发行水城县支行全力推进脱贫攻坚“四场硬仗”（农村基础设施、易地扶贫搬迁、产业扶贫和“三保障”领域），聚焦深度贫困地区，立足“两不愁三保障”，加大银政企之间的沟通协调，积极宣讲农发行支农惠农政策，融资融智融力，为打赢“四场硬仗”提供资金支持，有效发挥板块联动效应。着力“补短板”，助推城乡融合发展，发放城乡一体化贷款24.2亿元，支持农村土地整治和基础设施建设；着力“助搬迁”，发放易地扶贫搬迁项目贷款4.5亿元，助力贫困农户奔向幸福生活；着力“美村容”，发放改善农村人居环境项目贷款3.4亿元，改善农村村容村貌和生活环境；着力“畅物流”，发放农村流通体系建设中长期贷款1.5亿元，支持农村物流项目建设；着力“保运输”，发放农村路网及贫困地区公路建设中长期贷款3.8亿元，支持农村交通网建设；着力“稳水源”，发放水利建设中长期贷款14.85亿元，支持农村饮水和灌溉工程建设。

信贷资金的及时投入，完善了农村基础设施，有效改善了农民生产生活条件，全面提高了农民生活水平。同时，也在很大程度上提升了区域投资环境，拉动区域经济增长，增加农民就业机会，提高了农民的获得感和幸福感，为农业政策性金融助推脱贫攻坚打下了坚实基础。

壮大产业摘穷帽 全力服务地方扶贫战略行动

坚持脱贫攻坚导向，立足服务当地实际。农发行水城县支行立足“三变”（资源变资产、资金变股金、农民变股民），服务“三农”。围绕发展山地特色产业大方向，积极推动地方大生态与大扶贫、大旅游相结合，抓住农民持续稳定增收这个核心，先后推出农业综合开发、农村土地流转、林业资源开发与保护和农村流通体系建设等信贷产品，引农业政策性金融“活水”支持特色产业项目，助推当地脱贫攻坚。一是打造产业基地“致富源”。该行投入15.52亿元助力打造产业基地30986.67公顷，其中，猕猴桃基地4333公顷、茶叶基地1333.33公顷、刺梨基地6666.67公顷、核桃基地18653.33公顷，为易地搬迁后的农民建立了产业“致富源”。二是疏通致富“产业链”。该行信贷资金不断向产业链上延伸。在支持猕猴桃特色农业生产基地建设项目一期、二期建设的同时，发放1.5亿元贷款和0.47亿元基金支持六盘水市特色农产品仓储交易物流园项目建设，保障了猕猴桃的冷藏和物流运输；发放0.19亿元基金支持六盘水市猕猴桃种植及系列产品加工园项目建设，保障了猕猴桃产品的提质增效。通过对猕猴桃产业链的信贷投放，真正实现了“种植—生产—冷藏—加工”一条龙信贷服务。

通过长期探索，逐步形成具有六盘水特色的“三变+”“扶贫+”的信贷模式，农民通过土地、资金、劳动力等入股项目，成为项目股东，根据项目收益实现分红，实现持续稳定农民增收，帮助村民脱贫致富。

立足扶贫谋创新 全力激发支行扶贫内生动力

创新客户服务机制，夯实可持续发展基础。农发行水城县支行始终坚持以脱贫攻坚统揽全局，坚持以客户为中心的经营理念，强化组织领导，创新服务机制，打好发展基础。一是扎实开展“观念大转变、行业大走访、客户大营销”活动，主动向地方党政汇报，积极走访新老客户，大力宣讲农发行信贷政策，为地方脱贫攻坚和经济发展融智融资。二是主动对接地方发改、扶贫等部门，及时掌握服务区域内重点项目工程，瞄准符合农发行信贷投向、满足农发行贷款条件的项目和客户，对地方脱贫攻坚重大项目提供融资方案。

创新业务营销模式，引领业务高质量发展。水城县支行始终坚持“创新引领发展”的思想，因地制宜，创新营销模式。一是创新贷款模式。结合客户资源禀赋，创新采用“保证+农村土地流转经营权抵押”模式营销落地3.2亿元水城县国家储备林项目（一期）贷款，采用“生猪活体抵押+股权质押”模式营销落地全国性疫情重点保障企业800万元生猪养殖流动资金贷款。二是利用好政策导向。根据中央“一号文件”提出的“田园综合体”农村新型产业发展模式，结合农发行总行推出的扶贫批发贷款品种，该行率先获批全省首笔9600万元扶贫批发贷款，实现了960户建档立卡贫困户户均获农发行贷款10万元参与合作社入股经营及分红，建成了贵州省首个农旅一体化涵盖种养殖旅的田园综合体，以乡村旅游经济带动农户脱贫致富。三是创新营销模式。开展“上带下”“老带新”的组织营销模式，激发全员内生动力和营销意识。由行领导牵头挂帅，带领业务骨干开展项目前端营销培育，再由业务骨干带领新员工一起开展初步评估，以干代训、干学结合，在项目申报的同时提升员工的营销意识和业务技能。

强化纪律保障　全力开展金融扶贫领域作风建设

要打赢脱贫攻坚战，必须先打赢作风攻坚战。农发行水城县支行支委大力支持，纪检委员全力以赴，正确把脉金融服务扶贫领域腐败和作风问题的病因，对症下药，狠抓作风整治。一是党支部积极承担起全面从严治党主体责任，坚决贯彻中央和上级行关于开展扶贫领域专项整治的部署安排，下大力整治中央巡视和本行检视发现的突出问题，认真研究整改落实措施，加强整改组织领导，确保扶贫领域突出问题专项整治取得明显成效。二是纪检员认真履行监督责任，持续加大监督执纪问责力度，拓宽监督渠道、精准发现问题线索，以零容忍态度坚持靶向治理，通过扶贫信贷资金流向监督，实地抽查走访贫困户，深入了解扶贫项目资金拨付到位情况，监督扶贫领域的腐败和作风问题。三是加强警示教育，将通报的典型案例传达到全行员工，用身边事教育警醒身边人，做到知敬畏、存戒惧、守底线。同时，积极发掘和宣传扶贫领域涌现出来的先进典型、身边榜样，引导广大党员干部敢于担当、积极作为，为全面打赢脱贫攻坚战作出新贡献。

有为有位，农发行水城县支行因金融扶贫成效显著，近年来荣誉不断。2017年，获钟山区人民政府、水城县人民政府脱贫攻坚工作发文表扬，钟山经济开发区脱贫攻坚一等奖。2018年，获钟山区人民政府脱贫攻坚优秀集体，六盘水高新技术产业开发区管理委员会协助脱贫攻坚工作先进单位，水城县金融助推脱贫攻坚一等奖。2019年6月，获贵州省脱贫攻坚先进党组织荣誉称号。2021年4月，获贵州省脱贫攻坚先进集体表彰。

任重道远，农发行水城县支行在乡村振兴之路上，还将接续奋斗。该行将以巩固拓展脱贫攻坚成果同乡村振兴有效衔接统揽全局，以政策性金融大力助推地方乡村振兴为己任，主动配合服务地方政府及相关部门，不断加快农村基础设施和特色农业产业项目建设，助力服务区域乡村振兴及经济发展实现新跨越。

夯实产业发展基础
助推罗丹脱贫致富

——记“2020年贵州省脱贫攻坚优秀村第一书记”秦小军

2018年9月，带着农发行总行党委的重托，怀着激动、期待而又忐忑的心情，秦小军来到贵州省黔东南苗族侗族自治州锦屏县敦寨镇罗丹村工作……

“秦书记，村里的条件比较简陋，委屈您了。住宿在这间屋，茅舍（厕所）在田埂那边。”在罗丹村委会二楼一间墙面雨迹斑斑的小房里，村党支部副书记、村民委主任刘明祥边向秦小军介绍村里的一些情况，边指着两条田埂外的简陋厕所说道。

■ 秦小军在合作社与社员一起把水果装箱上车

秦小军，中共党员，农发行总行大客户部正处级干部。2018年9月任农发行驻贵州省锦屏县帮扶工作组组长、敦寨镇罗丹村第一书记。曾被评为锦屏县2019年“脱贫攻坚优秀党务工作者”、黔东南州2019年“脱贫攻坚优秀援黔东南干部”、黔东南州2019年“脱贫攻坚优秀党务工作者”、贵州省2019年“脱贫攻坚优秀驻村第一书记”、贵州省2020年“脱贫攻坚先进个人”，所在工作组被评为2019年“贵州省脱贫攻坚先进集体”。

晚上还要穿过田埂去上厕所，这太不方便了！他问刘主任能不能把村委会修一修，刘主任苦笑着说村里没有钱、有心无力。

刚到罗丹村时，秦小军辗转反侧，夜不能寐、食不能安。比他想象要复杂得多的罗丹村现状和各式各样的问题，让他思绪万千。他深深体会到脱贫攻坚的“硬骨头”这一说法的由来。

深入村寨寻找脱贫路径

全面了解情况是第一要务，这是秦小军到罗丹村后经过一番思考得出的结论，也是急需抓的第一项工作。脱下皮鞋，换上胶鞋，他和村委一帮人天天走村入户，爬坡过坎，全面深入细致地了解掌握罗丹村的贫困状况，寻找脱贫路径。

“我看到村里有不少梨树，今年卖梨的收入还可以吧？”在建档立卡贫困户刘坤学家中走访时他问到。刘坤学道：“果子倒是收了一些，没有外面的好吃，卖不起价钱。”众多村民也纷纷反映，种梨收入不高。

锦屏县罗丹村地处敦寨镇西南部，有村民186户786人，其中建档立卡贫困户56户223人，贫困发生率32.4%。全村水田面积仅33.33公顷，林地面积133.33多公顷，水果种植是主要产业，金秋梨为主要品种，约66.67公顷，村民从事水果种植已有二十余载。但由于当地耕作方式逐步转为机耕，牲口饲养减少，农家肥逐渐被工业化肥替代，导致土壤板结，管理粗放，植株弱化，果品品质下降，每斤只能卖5~8角钱，有时保不了采摘工钱，村民甚至放弃采摘。二组的刘坤源，家里有两个小孩和老人，不能外出务工，种了2公顷水果，挣不到钱还倒贴，日子过得十分拮据。

锦屏县罗丹村有产业但缺少带头人、缺少技术，无法给村民带来实实在在的收益，秦小军是看在眼里、急在心头。他立马召集村“两委”、驻村工作组、产业带头人等一干人员研究罗丹村水果种植问题，经过反复商讨，大家一致认为，提升果品质量、向品质要效益为主要出路。

农发行驻村“三人小组”向总行汇报了情况，行领导高度重视，安排扶贫综合业务部帮助协调，引进专职技术员到罗丹村指导果品种植工作，并捐赠资金采购60余吨多肽有机水溶肥改良土壤。对罗丹村41.2公顷金秋梨的“升级改造”工程在总行行领导、相关部门的鼎力支持下拉开了序幕，罗丹村村民的致富之门也随之逐渐开启。

“旱季供水难，也影响水果品质。”村民又提出了很迫切且现实的问题。经驻村“三人小组”商议，安排捐赠资金30万元帮助罗丹村修建了爱心水窖，村“两委”发动群众投工投劳，历时1个月，储积300立方米的水窖在罗丹村果园建成，又一个棘手问题得到有效解决。

因地制宜解决实际问题

驻村“三人小组”从罗丹村的实际出发，从村民最关注、最关心和最期盼的实际问题出发，一件接着一件抓落实，得到了村民的衷心拥护和大力支持，接下来的工作也得以有效推进。为加强党组织建设，修建了村级活动场所，进一步规范了党组织生活。同时脱贫致富的目标逐步明晰，带领村民致富的信心和决心与日俱增。指导村“两委”成立锦屏县罗丹村农发种养殖农民专业合作社，将水果种植实行集中化、规模化管理，抱团发展形成合力，提高经营能力和抗风险能力。引导罗丹村合作社与当地有关公司合作，注册了“罗丹梨不了”金秋梨品牌，自己设计简约包装盒，“线上线下”同步销售，形成种植、销售产业发展链，因地制宜为村民找到了一条稳定脱贫增收渠道。

“自然条件下金秋梨保存时间短，大量收购统一销售储存难。”新的问题又摆在面前。为解决储存和错季销售的问题，驻村“三人小组”安排捐赠资金86万元修建了罗丹村果蔬储存冷库，冷储容积700立方米，常温容积1200立方米。金秋梨采摘后统一进库，由合作社统一销售，村民种植起来更放心。罗丹村金秋梨品质提升后，糖度由原来的7~9上升到12以上，口感更好，群众交来入库的保底价每斤1.5元，较之前翻了一番多。2019年，仅水果收入一项刘坤源有8万元、刘坤学有7万余元，其他村民也像刘坤源、刘坤学一样，收入增加了不少。同时村集体经济收入也从原来的负债变为20余万元积蓄，腰包鼓起来的罗丹村村民人人笑逐颜开，2020年罗丹村贫困人口全部越过国标线，实现了脱贫。

绿水青山就是金山银山。借助罗丹村的自然资源，2020年，驻村“三人小组”就罗丹村的未来提出了循环经济、绿色发展思路。依托罗丹村的水果产业，在罗丹村援建了肉牛养殖场，设计存栏规模150头，覆盖全村建档立卡贫困人口，存栏肉牛已达70头，并发动村民种植皇竹草2.67多公顷。利用牛粪“反哺”水果产业，实现有机资源绿色循环，不断改良土壤、进一步提升果品品质，延展产业链，带动全村百余人就业。

罗丹村致富后，驻村“三人小组”由点及面推广有机绿色发展帮扶经验，还帮助锦屏县平秋镇晓岸村种植133.33多公顷吴茱萸、平略镇八洋村种植20多公顷黄精、铜鼓镇高柳村养殖20多公顷高山冷水鱼。用捐赠资金建起农产品烘干、刺绣加工等扶贫车间6个，修建果蔬保鲜冷库2座。

如今的罗丹村，村民有稳定收入来源，村委办公活动场所整洁规范，党员干部工作有思路，村民干事有激情，群众脸上有笑容。锦屏县在农发行融资、融商、融智、融情“四融一体”的帮扶工作机制下，城乡面貌焕然一新，住房、医疗、教育保障全面提升，昔日贫瘠的小村庄成了一个个“望得见山、看得见水，记得住乡愁”的美丽乡村，呈现出房新业旺、百姓乐呵、百舸争流的如诗画卷。

900多个日夜，秦小军在锦屏县付出了艰辛，战胜了艰难，收获了诸多幸福，但他对家人留下了无数遗憾和亏欠。2019年8月，正值罗丹村金秋梨实施果品提升第一个年头摘果下树、上市销售的关键时刻，父亲患癌住院，一面是骨肉亲情，另一面是放不下、离不了的脱贫攻坚重任，他强忍内心煎熬，将护理工作托付给姐姐和姐夫，自己坚守在罗丹村带领村民采摘、销售金秋梨，换来了村民的丰收喜悦。如今组织安排秦小军任罗丹村驻村第一书记期限已满，但他表示自己曾作为农发行一线扶贫“尖兵”，无怨、无悔，自信、自豪。

个人感言：一人挂职，全家锻炼。两年多时间的挂职帮扶工作，不仅锻炼成长了父母妻女这个小家，更让我在决战决胜脱贫攻坚“大战场”上，更加坚定了农发行人敢打硬仗、能打胜仗的自信，更加深刻理解了“支农为国、立行为民”的使命担当和“家国情怀、专业素养”的价值追求。

敢打脱贫攻坚硬仗的“硬核战士”

——记“贵州省脱贫攻坚先进个人”殷宇刚

2014年7月，殷宇刚被任命为农发行遵义市分行党委书记、行长时起，他就在遵义这片红色的土地上，以果敢刚毅的工作作风，忙碌在脱贫攻坚的战场上，用实际行动践行着一名共产党人的责任与使命。他政治素养、能力作风、工作实绩“三过硬”，被人们称为“硬核行长”。

殷宇刚（前排右三）在贵州省绥阳县项目建设现场开展调研

殷宇刚，中共党员。2020年7月，时任农发行遵义市分行党委书记、行长的殷宇刚荣获贵州“全省脱贫攻坚优秀共产党员”称号。2021年4月，时任农发行贵州省分行调查评估中心主任的他被授予贵州“全省脱贫攻坚先进个人”称号。

用“硬功夫”啃下“硬骨头”

遵义市是革命老区，武陵山、乌蒙山有集中连片特困地区，具有贫困面广、贫困量大、贫困程度深的特点。2014年以来，全市共有8个贫困县、871个贫困村、建档立卡贫困人口91.69万人，贫困发生率达13.56%，是全国脱贫攻坚战的重要战场。这里有很多短板需要一个接着一个补，有很多硬仗需要一场接着一场打。遵义各区县财政收入总量小，可用财力严重不足。这就更需要国家政策性银行的鼎力支持，殷宇刚牢记“支农为国、立行为民”使命，带领全行上下积极响应国家关于金融支持深度贫困地区脱贫攻坚的号召，切实发挥国家政策性银行优势，瞄准短板，使出“硬功夫”，誓要啃下深度贫困这块“硬骨头”。

2015年，根据中央部署，易地搬迁工作成为精准扶贫工作新的突破口，殷宇刚敏锐地察觉到这是打赢脱贫攻坚战的又一“法宝”，主动向遵义市扶贫办了解全市易地搬迁工作开展情况和重点难点。当掌握到全市易地扶贫搬迁工作时间紧、任务重，最缺资金支持的情况时，他说干就干，立即着手成立易地扶贫搬迁工作专班，广泛深入贫困村开展实地调查，精准掌握贫困群众搬迁数量、安置点规模、所需资金等第一手资料。夜以继日的七天奋战，换来了第一笔易地扶贫搬迁贷款5.98亿元的迅速投放。在他的带领下，农发行遵义市分行支持了全市9个县（市、区）易地扶贫搬迁项目9个，审批发放贷款33亿元，支持建设安置点52个，安置人口15.17万人，其中建档立卡贫困人口9.14万人。做到让贫困地区群众“挪穷窝，换穷貌，拔穷根”，真正摆脱了“一方水土养不起一方人”的困境。

除了解决贫困群众生存难题，如何改善贫困地区困难群众生活环境的问题，也是殷宇刚花大力气想要啃下的另一块“硬骨头”。2017年以来，他又争取审批发放全市人居环境改造项目14个，贷款37.2亿元。其中，支持审批发放湄潭县项目贷款2.3亿元，惠及群众4599人。2017年9月，全国改善农村人居环境工作会议在遵义市湄潭县召开。

在殷宇刚的带领下，农发行遵义市分行勇当金融扶贫的生力军。2014年以来，累计审批易地扶贫搬迁、生态扶贫、农村基础设施建设和产业扶贫等领域的扶贫项目145个，发放扶贫贷款283.83亿元，覆盖全市15个县（市、区），服务建档立卡贫困人口达37.58万人，投放贷款总量稳居贵州省全省农发行系统中第一位，位列遵义市国有金融机构第一位，在服务遵义市脱贫攻坚中充分发挥了主力模范作用，为革命老区脱贫攻坚提供了坚强的资金保障。

2020年3月，贵州省人民政府发布关于正安等24个县区退出贫困县序列的公告。红色革命圣地遵义至此全部脱贫，成为贵州省第一个整体脱贫、全员脱贫的地级市。遵义市委书记魏树旺如此评价道：“遵义脱贫攻坚取得了伟大胜利，农发行遵义市分行及殷宇刚同志是立了大功的。”

以“硬肩头”挑起“硬担子”

习近平总书记指出：“发展产业是实现脱贫的根本之策。”只有真正把产业发展起来了，才能确保脱贫攻坚的高质高效。

殷宇刚深知培育长效扶贫产业，不是一朝一夕就能成功的，需要因地制宜，久久为功。必须立足资源禀赋，因地施策，着力新品种、新模式、新技术、新业态，才能实现高效益。遵义有茶叶、酒用高粱、竹子等产业，有多年发展基础，只要解决了制约产业发展的桎梏，它将是助力贫困群众脱贫致富的重要支撑，农发行必须坚决扛起产业扶贫的“硬担子”，用农发行金融政策予以全力支持。

遵义仁怀因茅台酒而名扬天下，酱香白酒产业是当地核心支柱产业，其特有的红缨子高粱是最重要的原料，而突出问题是本地高粱原料生产不足，企业难以扩大产能。他多方游走，积极推行“订单收购+定向销售”模式，五年时间，累计投放红粮产业扶贫贷款24.5亿元，带动全市红粮种植面积上升到45333.33公顷以上，有效确保了优质酱香白酒的原料供给，惠及订单农户19万余人，为促进企业产业健康发展和贫困农户增收作出了贡献。

茶产业作为遵义市八大产业之一，是群众脱贫致富的重要支撑和保障，为全力支持全市茶产业做大做强，近年来，在殷宇刚的带领下，农发行遵义市分行累计发放茶产业贷款资金5.3亿元，惠及群众近10万人，直接带动了29859人稳定脱贫增收。

针对竹子产业发展中龙头企业壮大难、小微企业生存难和竹农增收难的问题，探索出“产业龙头+小微企业+竹农”利益链接机制。三年来，农发行遵义市分行累计发放竹产业贷款近10亿元，保障了竹农利益，并带动近20万竹农增收致富。

针对小微企业财务管理制度不健全，有效担保不足致使融资难融资贵的问题，殷宇刚创新提出国有企业与民营小微企业通过优势互补方式，将国有企业遵茶集团通过混改参股或签约合作小微企业，按照市场化方式得到农发行信贷资金支持。在巧妙解决民营小微企业直接融资难融资贵的同时，也促进了国有企业实体化市场化转型。

以“硬作风”打造“硬实绩”

“党建统领，守正创新，管理强行，发展第一。”这是殷宇刚一直秉承的理念。他始终认为，共产党人要坚定自己的理想信仰，必须把党员的责任和使命融入脱贫攻坚的具体实践中，做到“言必行，行必果”，带着大家一起干、一级做给一级看。

殷宇刚不但勤于工作、更勤于钻研学习。为了掌握第一手情况，一年中他有一百多天都在下基层实地调研论证，调查了解民情、掌握实情。

白天调研发现问题，晚上研究解决问题，加班已成为殷宇刚的工作常态。在他的带领下，遵义市分行办公楼常常是“白天热气腾腾，夜晚灯火通明”，而他办公室的灯总是熄得最晚，困了累了就在狭小的办公室沙发上和衣而眠……他对全市金融扶贫落实情况了如指掌，因此各县区地方党政还经常邀请他作金融扶贫讲座，场场座无虚席。

2020年春节，新冠肺炎疫情暴发，针对部分区县迫切的应急贷款需求，殷宇刚看在眼里、急在心里，迅速落实到行动上。大年初九，全市21笔应急贷款共计3.82亿元全部发放到位。收到贷款后，汇川区人民政府区长曾征在电话中感激地说道：“殷行长，你发放的不是贷款，是老百姓的救命钱啊！”

除了每天奔走于各区县调研外，殷宇刚还时常来到自己挂帮的习水县后田村。看到该村的贫困现状，个人主动捐资8000元，并发动本单位职工捐款11.5万元。通过修建村生猪养殖场，发展生猪养殖，帮助该村每年实现6万元村集体经济收入，带动了建档立卡贫困户11户共42人实现脱贫致富。

殷宇刚注重信贷支农长效机制建设，2014年以来，累计发放贷款达647.61亿元，未出现一笔不良贷款。贷款余额从2014年末的124亿元增加到2020年5月末的509.1亿元，年均增速高达27%。农发行遵义市分行先后获得全国“万企帮万村”精准扶贫行动组织工作先进集体，贵州省、农发行总行和中央金融工委颁发的五一劳动奖状，总行“2018—2019年度脱贫攻坚贡献奖先进集体”，中央金融工委、中国金融文学艺术界联合会“新时代金融职工讲习堂”等荣誉。辖内11家支行累计获得地方政府“脱贫攻坚先进”表彰达20次。

个人感言：征途漫漫，惟有奋斗。吾辈当矢志不渝，在全力服务巩固拓展脱贫攻坚成果同乡村振兴有效衔接的新征程中，接续奋斗，担当新使命，作出新贡献。

"三农"情怀践初心　四载耕耘助脱贫

——记"贵州省脱贫攻坚先进个人"徐辉

自2017年初到农发行黔西南州分行担任主要负责人以来，徐辉以高度的责任感和使命感，立足农业政策性金融职能定位，带领干部员工全力以赴服务地方脱贫攻坚摘帽，各项贷款余额从2017年初的111亿元增加到2020年末的218亿元，增幅为96.4%，其中精准扶贫贷款余额161亿元，占比为73.85%，精准扶贫贷款累放额、余额均居全州金融系统首位，充分发挥了农业政策性银行在金融扶贫中的先锋主力和模范作用，被贵州省委、省政府表彰为"脱贫攻坚先进个人"。

■徐辉（右三）率队到贫困村开展慰问

徐辉，中共党员。2017年1月至2021年1月任农发行黔西南州分行党委书记、行长，2021年4月被中共贵州省委、贵州省人民政府表彰为"贵州省脱贫攻坚先进个人"。

提高政治站位，在服务脱贫攻坚中践行使命

徐辉始终坚持以服务脱贫攻坚统揽业务发展全局，把支持全州脱贫摘帽作为最重要的一项政治任务抓好落实，采取一系列行之有效的措施，助力黔西南州脱贫攻坚顺利收官。亲自带队多次深入各县市，积极了解地方政府和客户脱贫攻坚融资需求，因地制宜制订金融服务服务方案、脱贫攻坚作战方案，与各县市签订战略合作协议，不断深化政银合作。坚持党建统领，采取“党建+”模式，把支部建在项目上，深入推进党建业务融合，采取领导班子成员分片包干制。她主动联系脱贫任务最重的联系行，抽派全行精锐力量组建攻坚队，分解细化脱贫攻坚工作目标，明确到人、到岗，压实责任、倒排工期，全力以赴助推全州如期脱贫。

勇于开拓进取，在探索模式创新中不断突破

黔西南贫困程度深、贫困人口多，脱贫难度大，是贫中之贫。用好地方有限的资源，撬动银行融资助力地方脱贫，需要积极探索创新。她创新推出“政策性金融+公司+基地+农户”模式，投放全省首笔土地流转贷款，支持被列为黔西南州国家农业科技示范园和全省重点农业示范区的安龙蔬菜生产基地项目；深耕“两不愁三保障”，推动教育扶贫贷款在全州各县市区落地生根。正是徐辉同志勤于思考，勇于开拓创新，克服了一个又一个难题。四年来，农发行黔西南州分行共获批项目81个、金额368亿元，累计发放贷款178亿元。为全州各县市脱贫攻坚注入金融活水，助力如期实现脱贫摘帽。

主动担当作为，在强化履职尽责中争做表率

自踏上黔西南这片土地，徐辉以强烈的敬业精神和求真务实的实际行动诠释了一名共产党员的职责和担当，她将身心全部投入了工作中。作为一名女同志，她无暇照顾异地的家人，肩上挑着服务深度贫困地区打赢脱贫攻坚战的重担，工作任务繁忙的时候，办公室就是她的寝室，“5+2”“白+黑”成为家常便饭。为了工作能够尽快推进、项目能够尽快获批，她经常工作到深夜。她的勤奋敬业、以身作则，学习、工作、生活的优良作风和清正廉洁的人格魅力赢得了员工的信任与尊重；她对员工的关怀和帮助，于细微处见真情，让员工真切地感受到组织的关怀和温暖。全行上下弘扬起爱岗敬业的正气，展现出积极向上、严谨高效的工作作风。

群雁高飞头雁领，服务脱贫家国情。作为政策性金融扶贫道路上的农发行人，徐辉情系"三农"，团结带领全行员工以实际行动诠释着金融扶贫的家国情怀和责任担当。她始终以满腔热情投入到工作中，埋头苦干，辛勤耕耘，为金融助推脱贫攻坚作出积极贡献。

个人感言：能成为打赢脱贫攻坚这场战役的参与者和建设者无比荣光，这份荣誉凝聚着组织和领导的信任和关爱，更加激励我在巩固脱贫攻坚成果与乡村振兴有效衔接的伟大实践中继续贡献自己的力量。

牢记初心使命　勇担扶贫先锋

——记“贵州省脱贫攻坚先进个人”罗丽芬

“有一个未来的目标，总能让我们欢欣鼓舞。就像飞向火光的灰蛾，甘愿做烈焰的俘虏，摆动着的是你不停的脚步，飞旋着的是你美丽的流苏。”汪国真这首《嫁给幸福》是罗丽芬最喜欢的诗篇，这也是她工作的最真实写照，就像一只飞向火光的飞蛾，奔赴脱贫攻坚的战场，只为履行一名农发行人的使命与担当。

2017年3月，农发行安顺市分行党委决定让罗丽芬去国家级贫困县关岭县担任支行党支部书记、行长。当时的关岭县支行员工年龄、学历结构不合理，内部管理薄

罗丽芬（右一）在贵州省关岭县土地流转项目现场查看工程进度

罗丽芬，中共党员，先后担任农发行贵州省关岭县、普定县支行党支部书记、行长，现任农发行安顺市分行人力资源部高级主管，先后被贵州省总工会授予五一劳动奖章，被表彰为“贵州省金融助推脱贫攻坚劳动竞赛先进个人”“贵州省脱贫攻坚先进个人”。

弱，业务发展乏力，这些让这位年轻的女行长压力倍增。上任短短几个月，年龄最小的她，带领平均年龄近50岁的员工队伍，凝聚内部力量、密切外部关系，形成同心协作、勠力奋进的良好氛围。这支想干事、能干事、干成事的尖兵队伍，在关岭县脱贫摘帽战场上打了一场又一场胜仗。

党建统领铸铁军

罗丽芬始终把党的建设作为引领高质量发展的基础，坚持党建业务一体融合发展。

罗丽芬把绝对忠诚体现在实践上，带领农发行关岭县支行员工深学细悟笃行习近平新时代中国特色社会主义思想，不断提高政治判断力、政治领悟力、政治执行力，确保在思想上政治上行动上同以习近平同志为核心的党中央保持高度一致。

罗丽芬把务实担当诠释在落实上，带领支部班子成员紧紧围绕地方脱贫攻坚规划，坚持把支部建在项目上，组织党员担任项目攻坚先锋，通过支部带党员、党员带群众方式，充分发挥党支部和党员在打赢脱贫攻坚战中的战斗堡垒作用和先锋模范作用。

罗丽芬把从严治党扎根在行动上，严格落实“一岗双责”，带领员工队伍始终保持严谨的工作作风和朴实的生活作风，营造风清气正的良好政治生态。在她的带领下，农发行关岭县支行信贷规模迎来了井喷式增长，贷款投放屡创新高，迅速成为关岭县金融助力脱贫攻坚的主力军。

脱贫攻坚写初心

罗丽芬在关岭县工作期间，为了宣讲政策、汇报工作，她去县领导办公室讲，在县领导下班路上堵，去财政、水利、住建、发改等党政部门谈，围绕政府关注的重点领域，主动谋划思考，提合理化建议，制订项目限时推进计划，努力为推动脱贫攻坚和县域经济社会发展建言献策。

“以前汛期来临，农田变‘湖泊’，河流两岸的万亩大坝和居民饱受洪灾之苦，损失严重，项目建成后提高了河流的防洪能力，改变了水质，改善了周边生态环境，实现了社会与经济效益双丰收。”如今，关岭县顶云新区防洪工程业主方相关负责人郭昌华提到这个项目，仍记忆犹新。

关岭县是一个功能性缺水县，顶云新区经常被洪涝侵袭。2017年罗丽芬初到关岭工作时，顶云新区防洪工程在她的努力下，5亿元项目贷款先后落地，让工期缩短了半年，顶云片区及下游关索、断桥片区98868人受益。

2017年6月，关岭县发生严重洪涝、风雹等自然灾害。罗丽芬主动出击，第一时间与当地政府对接，了解灾情，并带领团队加班拟订可行性融资方案，成功发放安顺地区首笔救灾应急贷款6000万元，惠及8个乡镇1.7万人，其中建档立卡贫困人口近5000人。“这笔贷款可谓是‘雪中送炭’，为抗洪抢险救灾提供了强大资金保障，大大缓解了受灾住房补助、受灾群众安置生活救助等财政压力。”关岭县水务局局长王德谷坦言，如果没有这笔资金，受灾安置工作要等到翻年了水利设施应急维护、县乡干道应急维护疏通、地质灾害点治理才能一并实施。为此，《贵州日报》还给予了特别报道。

治贫先治愚，扶贫先扶智。越穷的地方越难办教育，但越穷的地方越需办教育，越不办教育就越穷，从铜仁山区里走出来的罗丽芬深知教育事业是改变贫穷的基石。

2018年，罗丽芬走访了关岭县20多所中小学，当看到简陋的教室、薄弱的师资力量时，她认为解决农村中小学发展不均衡问题迫在眉睫。为此，她带队主动出击、积极对接，把教育扶贫作为支持脱贫攻坚的重中之重，成功获批2.5亿元教育扶贫贷款，用于全县20所义务教育学校建设，直接惠及建档立卡贫困学生1999人，有效地提高了关岭县义务教育办学品质。特别是支持建设的关岭县第三中学、顶云街道办第二小学，增加了1813个义务教育学位，有效解决了2016—2018年关岭县易地扶贫搬迁3个安置点建档立卡贫困学生的入学问题。

关岭县还是一个棚改项目任务特别重的区域，拆哪儿、如何拆、资金怎么支付等问题成了地方政府最关心和头疼的问题。为此，罗丽芬主动给政府部门讲政策，帮助企业想办法、出主意，最终解决了68%的棚改户、2818户房屋征收货币化安置及综合整治资金需求，金额16.08亿元，有效解决1万余人的住房困难，其中建档立卡贫困人口4000人。她的工作得到了党政认可，县长韦朝虎多次赞扬她站位高，积极主动站在脱贫攻坚立场上帮政府想办法，解决问题。支行也先后被省分行表彰为“脱贫攻坚先进集体”，被安顺市表彰为“脱贫攻坚先进单位”，分别被安顺市和关岭县表彰为“脱贫攻坚先进党组织”。

2020年初，罗丽芬告别工作三年的关岭县，到农发行普定县支行任党支部书记、行长，当时的普定县地方政府隐性债务居高不下、普定县支行业务推进缓慢。初到普定县时，她瞄准当地适合韭黄种植这一特色产业，通过几个月的艰苦奋战，2020年4月获批2.1亿元土地流转项目贷款，主要用于支持全县韭黄产业发展，这为该行巩固脱贫攻坚成果和乡村振兴有效衔接开辟了一条新路径，进一步擦亮了“农地银行”品牌形象。同时，该行也获得了地方政府的信任，成为地方政银合作的首选银行，国家储备林建设、县人民医院新综合大楼建设、热力供气、土地旱改水等一大批优质项目被地方政府优先推荐给普定县支行，短短一年间，她让这个曾经行走在悬崖边的支行重新步入了高速发展的正轨。

情融黔山秀水间

奋斗的青春不后悔，奉献的青春最美丽。岁月流转，情怀永恒，在服务“三农”事业的17年里，罗丽芬把青春与汗水书写在黔中腹地之上，把对这片土地的深情融入黔山秀水之间。在担任支行党支部书记、行长的四年时间里，她带领干部队伍获批中长期项目贷款31亿元，服务建档立卡贫困人口3万余人，有力地支持了县域教育扶贫、健康医疗扶贫、产业扶贫、水利建设、城中村改造、国家储备林项目建设等一批重点项目，实实在在体现了一名农发行人在新时代脱贫攻坚大潮中的政治担当和社会责任。

罗丽芬取得优异成绩的背后却夹杂对家人的亏欠，公婆几番病重住院，她一次也没能探望，爸妈生病做手术，她还在脱贫攻坚现场，儿子上了小学，她不知道儿子的教室在哪里，全托班的老师和家长一度以为她儿子是单亲家庭的孩子……“自己算是个不称职的妈妈，来关岭工作时正赶上儿子升小学，带孩子管孩子的任务全落在爱人身上，我连一次家长会都没参加过。爱人理解支持，儿子习惯了一句微信语音：妈妈你今天回家吗？”说到家庭时，她总是心酸中夹杂着欣慰与骄傲。

工作17年来，罗丽芬先后被市分行评为优秀共产党员、先进工作者，被省分行评为青年岗位能手，被贵州党政部门评为“金融助推脱贫攻坚劳动竞赛先进个人”“脱贫攻坚先进个人”，被授予五一劳动奖章等，她带领的团队多次获得各级表彰。成绩的背后是罗丽芬及她所带领的干部队伍牢记初心使命、勇于担当作为，挥洒的无数汗水和付出的艰辛努力。

个人感言：奋斗的青春不后悔，奉献的青春最美丽，走在新时代的乡村振兴路上，只有将汗水与热血书写在这片育我的土地上，才无愧于优秀共产党员这一光荣称号。

金融扶贫有巾帼

——记“贵州省脱贫攻坚先进个人”任晓璇

苗疆故里——贵州省紫云县，是国家级深度贫困县，也是贵州省“十三五”时期最后一批脱贫“摘帽”的深度贫困县之一，贫困程度深，贫困人口分布广，是脱贫攻坚路上最后的“堡垒”。

2019年，任晓璇不顾家里幼小待哺的两个孩子，主动提高政治站位，坚持从服务脱贫攻坚大局出发，坚决服从党组织的安排，担任农发行贵州省紫云县支行党支部书记、行长。上任后，她坚持以服务脱贫攻坚统揽业务发展全局，带领支行干部

■任晓璇（中）在紫云县“两红一芯”产业扶贫贷款项目点调研

任晓璇，中共党员，现任农发行紫云县支行党支部书记、行长，先后被表彰为“贵州省脱贫攻坚先进个人”、2020年“贵州省分行服务疫情防控和脱贫攻坚优秀党务工作者”。

员工迎难而上、真抓实干，扎实做好各项扶贫工作，全面助力紫云县打赢脱贫攻坚收官战。

党建统领守初心，凝心聚力固堡垒

作为农发行紫云县支行党支部书记、行长，任晓璇坚持以党的建设统领全行工作，深入学习贯彻习近平新时代中国特色社会主义思想，深入构建“不忘初心、牢记使命”主题教育长效机制，围绕脱贫攻坚、疫情防控、复工复产、保障粮食安全等重点工作全力做好服务工作，推动基层党建工作走深走实。

任晓璇坚持把政治建设放在首位，始终把增强“四个意识”，坚定“四个自信”，做到“两个维护”作为根本遵循，不断提高政治判断力、政治领悟力、政治执行力，旗帜鲜明讲政治，坚定不移听党话、跟党走，确保全行改革发展沿着正确政治方向前进。

任晓璇坚持抓思想建设毫不放松，把坚定理想信念作为首要任务，认真做好党支部理论学习，强化理论武装，深学细悟习近平新时代中国特色社会主义思想，并切实用这一重要思想武装头脑、指导实践、推动工作。

任晓璇坚持不懈抓党的组织建设，带领支部班子成员，深入推进党支部标准化规范化建设，全面推广运用智慧党建，创新党建实务培训。坚持党管干部原则，按规定做好干部选拔任用。坚持以提升组织力、突出政治功能为着力点，充分发挥党支部、党员在服务“三农”发展中的战斗堡垒作用和先锋模范作用，为实现各项重点工作任务的顺利完成提供坚实保障。

履职尽责担使命，业务发展谱新篇

为做好金融服务脱贫攻坚工作和实现紫云支行高质量有效发展，任晓璇大多数时间都在紫云县各地走访调研，立足于农发行政策性金融支农范围，通过到紫云县相关职能部门调查，到各乡镇实地调查，认真了解紫云县脱贫攻坚中的金融需求，坚持精准发力，制订融资服务方案，在融资项目实施过程中及时解决难点问题，积极向上级行争取扶贫优惠信贷政策，将信贷扶贫资金注入紫云县脱贫攻坚最需要的地方。

绿水青山就是金山银山。为营造生态宜居的绿色紫云，任晓璇带领全行员工深耕乡村振兴沃土，2019年申报获批城乡建设用地增减挂钩项目2亿元，并实现发放1.5亿元；项目建设为紫云县新增土地流转指标201.44公顷，为政府创收60431万元，直接带动4304名建档立卡贫困人口脱贫致富。2020年获批紫云县国家储备林建设项目3.7亿元，支持4个乡镇国有和集体林场经济林木的间伐、抚育以及林下经济品种培育，平均每年可为项目区群众提供2481.7万元收入，真正实现了从“输血式”扶贫到“造血式”扶贫。

农村产业发展是决胜脱贫攻坚基础核心。任晓璇充分调研，依靠地方资源禀赋，加大对产业扶贫支持力度，2020年申报获批“两红一芯”（红辣椒、红芯薯、菜芯）产业项目贷款2.1亿元，累计发放1亿元，项目的实施，直接带动7510户增收，户均增收近1万元。

任晓璇看到，全县要如期实现脱贫，关键必须助力贫困村出列。她带领支行从贫困源头入手，累计发放扶贫贷款1.78亿元，支持紫云县162个村（其中贫困村92个）危房改造及“三改”（改厕、改厨、改圈）工程。其中一级危房改造2972户、二级危房改造549户、三级危房改造109户；同步实施改厕3630户、改厨3630户、改圈1414户。

2019年，任晓璇通过走访调研发现，由于特殊的地理环境，紫云县不少贫困地区医疗基础设施相当薄弱，对于一些居住地比较偏远的群众，看病相当困难，一般小病都拖着不看。为此，她上下沟通，带领全行率先在全省获批了紫云县健康扶贫医疗项目建设贷款，通过项目的实施，让广大的妇女儿童出门就可以就医。如今，随着项目建设的6个乡镇卫生院和紫云县妇幼保健院的陆续完工，紫云县的医疗卫生事业上了一个台阶，极大地满足了人民群众对优质医疗资源的需求，该项目入选中国银行业协会脱贫攻坚金融扶贫项目典型案例。

持之以恒固脱贫，乡村振兴上台阶

2020年，在任晓璇的带领下，农发行紫云县支行累计发放各类贷款5.22亿元，其中精准扶贫贷款4.95亿元，有力地支持了紫云县农村饮水安全、健康医疗扶贫建设、“两红一芯产业扶贫”、国家储备林项目等一批脱贫攻坚期间最为关切的重点项目，年末贷款余额突破15亿元大关，创历史新高，扶贫贷款增幅居全县同业机构首位，在脱贫攻坚的关键之年，充分彰显了政策性银行“当先锋、补短板、逆周期”的职能作用，为紫云县打赢疫情防控阻击战和脱贫攻坚战奠定了坚实的基础。

随着紫云县如期脱贫摘帽，2019年7月农发行紫云县支行被安顺市委、市政府评为“脱贫攻坚先进集体”，2020年7月被安顺市委评为“全市脱贫攻坚先进党组织”，获得贵州省总工会2019—2020年“金融助推脱贫攻坚劳动竞赛先进集体”称号，被授予“贵州工人先锋号”。

进入新发展阶段，任晓璇带领紫云县支行全体员工，坚决贯彻落实好习近平总书记视察贵州时重要讲话精神和上级行党委的各项决策部署，把思想和行动统一到中央和总行、省市分行党委的决策部署上来，继续发挥好政策性金融导向和引领作用，用优质的金融服务助力紫云县巩固拓展脱贫攻坚成果、统筹推进乡村振兴，继续奋力谱写服务“三农”发展新篇章。

个人感言：“支农为国、立行为民”初心不改，服务“三农”任重而道远，唯有脚踏实地、履职尽责，甘洒青春与热血。

扎根基层，奉献在岗位上

——记“贵州省脱贫攻坚先进个人”顾世界

在柴静的《看见》一书中，有这么一句话：“看见世界，看见自己。”在农发行龙里县支行有一位这样的共产党员：在荣誉面前，淡泊名利，平和内敛；在成绩面前，不争功，不炫耀；在工作面前，求真务实、勤勤恳恳——他就是入党23年的农发行龙里县支行党支部书记、行长，顾世界。通过顾世界，大家看见了克己奉公的农发行工作者的缩影。生于20世纪60年代的顾世界，年纪轻轻就成为支行行长，在从业的20多年里，“感恩奋进”是他常常与员工交流的主题，也是他的人生信条。

■顾世界带领党员开展“不负春光，不误农时”劳作活动

顾世界，中共党员，现任农发行龙里县支行党支部书记、行长。2021年4月荣获“贵州省脱贫攻坚先进个人”表彰。

金融扶贫，勇于担当

初到龙里县，为了准确掌握龙里县扶贫贷款项目的第一手资料，顾世界坚持党建引领，集中优势兵力，成立农发行龙里县支行金融精准扶贫工作领导小组、组建扶贫项目党员先锋队，带队到各个客户企业和项目点进行调研走访，关注地方党委的经济规划，详细介绍农发行的信贷产品，结合当地特色产业、优化城镇布局形态等提供信贷支持，将支部建立在项目上，让党旗在乡村深处高高飘扬。每年年初，顾世界都会向当地政府汇报农发行年度工作会议精神和最新的信贷政策，围绕当地经济规划、乡村振兴和农发行职能定位，帮助政府积极谋划项目，组织制作《农发行信贷政策手册》亲自送到政府部门、客户手中。“十三五”期间，农发行龙里县支行累计发放各项支农贷款45.59亿元，其中发放扶贫贷款19.77亿元。

夯实水利基础设施，改善村民生产生活条件。累计发放2.8亿元中长期扶贫贷款支持贵定县西门河河道综合治理项目，解决了项目区域雨水内涝的问题，改善了周边的环境质量，保障了包括2800名建档立卡贫困人口在内的2.54万群众的生命财产安全。

创新改善人居环境，提升群众幸福感。发放4.19亿元贷款支持贵定县农村人居环境提质改造工程建设项目，该项目以改善农村人居环境为目标，通过民居风貌改造、慢行绿道、绿化提升等工程的实施，使贵定的山水田园风光让大地“靓”起来的同时，带领群众腰包不断“鼓起来”。

抓住产业扶贫根本，夯实脱贫致富根基。发放1亿元贷款支持龙里县油画大草原旅游区（一期）建设项目，充分利用龙里县得天独厚的区位优势，响应龙里县政府旅游发展规划，将龙里油画大草原旅游区建成一个旅游度假综合体。

助力易地扶贫搬迁，谱写脱贫攻坚篇章。累计向贵定县易地移民搬迁一期工程项目发放2.8亿元贷款，其中盘江镇的安置小区还被打造成为“金海雪山千户布依寨”景区，民族风情同“金海雪山”交相辉映，“醉美”的不仅是游客，还有依靠生态旅游实现了搬得进、稳得住、有事做、能致富的贫困户。每到春天，顾世界就会带领支行职工到金海雪山开展春耕劳作活动，与稻农一起手工插秧，拉近与农户的距离，共同体验“手把青秧插满田，低头便见水中天。六根清净方为道，退步原来是向前”的人生哲理，站在支行支持的项目点上看着一行行充满生机的秧苗，他心中感慨万千，出生于农村的他一直以来对土地有着特别的情怀，扎根泥土，初心不改，始终牢记服务“三农”的使命，奉献在岗位上，当好脱贫攻坚的“排头兵”。

2019年，在农发行龙里县支行及全县各界的共同努力下，龙里、贵定两县相继实现了脱贫摘帽，4.8万建档立卡贫困人口拔掉了穷根。

心怀感恩，心存敬畏

“其身正，不令而行；其身不正，虽令不从。”懂得上行下效的道理，才能在领导管理的工作中达到事半功倍的效果。不得不说顾世界是严厉的，这种严厉更多是对他自己约束。常常能够看到他办公室的灯总是很晚才熄灭，对于支行的各项工作他事必躬亲，支行党建文化墙的每一个字都凝聚了他的心血，逐字逐句地检查、打磨，支行业务停滞不前，也是他主动靠前，加强与政府、企业的项目营销工作。感恩与敬畏，是他常常提到的两个词，在工作岗位上实现人生价值和社会价值，唯有兢兢业业地工作才能不负党组织信任，所以要时刻保持清醒头脑，与客户保持亲清的关系。

顾世界非常重视年轻人的教育培养和关心年轻人的成长，定期听取青年员工汇报工作，赋予年轻大学生更多责任、更大使命，既交任务、压担子，又搭台子、给机会。他常常在与青年们交流时说：“当代青年有很多机会，展示自己能力的平台，但最重要的是要懂得感恩、懂得敬畏。”干净干事是一种智慧，更是理想人生的一种追求，他在与青年员工的党课学习分享会时说，要做廉洁履职的自律者就必须在“懂、知、守”三字上作出正确回答。一是懂感恩。要对党常怀感恩之心，摆正位置，上为党分忧，下为民解难；要对组织常怀感恩之心，带头执行组织决定，接受组织监管，遵守组织纪律，以十倍的努力、百倍的干劲完成组织交给的各项工作任务；秉承“在干中统一思想、在干中凝心聚力、在干中化解矛盾”的理念，坚持做到“以开放心态带队伍，以阳光心态干工作”。二是知敬畏。要树立对党纪党规、对人民群众、对权力职责的敬畏心，敬畏规章，敬畏制度，时刻保持如履薄冰、如临深渊的警醒，自觉抵制歪风，永葆政治本色。三是守底线。要始终坚持把廉洁自律作为一种思想境界来提升，作为一种职业操守来要求，作为一种工作能力来培养，以自律的态度、平静的心态、简朴的作风，提高自身的思想觉悟和道德水准。顾世界对于工作生活的思想感悟深深地影响着支行的每一个员工。

防控疫情，不辱使命

2020年初，面对突如其来的新冠肺炎疫情，顾世界提前结束假期，毅然奔赴岗位，他主动作为，坚持员工为中心落实关爱，为避免人员流动，降低传染风险，安排职工居家办公，他坚守岗位一个月直到疫情初步稳定才回家，尚处在春节假期时，便四处奔走，联系同事为支行员工购买防疫口罩。农发行龙里县支行全面复工后，为维护员工的健康安全，与当地疾控中心协调，安排该行的外省返黔员工做核酸检验，对所有安全防疫工作事必躬亲，在他的带领下支行井然有序地复工复产，业务发展也取得很大突破，不到一个月的时间，4笔应急救灾贷款审批落地，累计投放2090万元。

功崇惟志，业广惟勤。顾世界作为农发行龙里县支行的带头人和员工的贴心人，恪尽职守、锐意进取，始终致力于为广大员工服务。为金融事业奉献，回望前路，一组组数据道出顾世界带领下龙里县支行同地方金融工作休戚与共的情怀与担当，展望未来，该行将在顾世界的带领下，在高质量发展跑道上牢记嘱托、感恩奋进。

个人感言：十分感谢党组织多年来的培养、教育，让我有幸见证、亲历服务脱贫攻坚的光辉历程。我将接续努力，竭尽全力，扎根基层，用心服务，为服务巩固脱贫攻坚成果与乡村振兴有效衔接贡献农发行的智慧和力量。

勇担实责　笃定前行

——记“贵州省脱贫攻坚先进个人”冯万华

冯万华自2019年担任农发行黔东南州分行主要负责人以来，坚持以习近平新时代中国特色社会主义思想为指导，自觉提升政治站位，牢记初心使命，团结带领全行干部员工，持续攻坚克难，推动农发行各项工作部署在黔东南州落细落地，为服务全州打赢脱贫攻坚战和疫情防控阻击战作出了积极贡献。

■ 冯万华查看农发行黔东南州分行定点帮扶点剑河县磻溪社区香菇产业

冯万华，现任农发行黔东南州分行党委书记、行长。在脱贫攻坚关键时期，他以豁达开朗、吃苦耐劳、执着坚韧的性格，切实履行职责使命，带领干部员工实现了业务跨越式发展，服务地方脱贫攻坚取得显著成效，2021年4月被表彰为“贵州省脱贫攻坚先进个人”。

实干苦干，奋勇争先

冯万华始终把学习习近平新时代中国特色社会主义思想放在首位，在不断增强“四个意识”，坚定“四个自信”，做到“两个维护”中锤炼对党忠诚的政治品质。坚持以党的政治建设为统领，对脱贫攻坚重大决策部署亲自安排、重大问题亲自过问、重要工作亲自督办，切实当好服务脱贫攻坚一线“总指挥”。

黔东南州县多、县小，财力弱，产业基础和资源禀赋差，全州15个贫困县中有4个为深度贫困县，脱贫攻坚任务十分繁重。作为金融扶贫的主力军，农发行黔东南州分行同样面临巨大压力。冯万华到农发行黔东南州分行任职后，快速掌握州情行情，准确分析研判形势，加大向州委、州政府的汇报力度，逐县与地方党政领导座谈，面对面、点对点宣传农发行金融扶贫政策、推介金融扶贫产品和扶贫模式，聚焦脱贫攻坚“一达标、两不愁、三保障”和农村饮水安全等，找准农业政策性银行服务脱贫攻坚的着力点和突破口，科学、精准谋划和推进脱贫攻坚重点项目建设和重要产业发展，为全州打赢脱贫攻坚战注入强大动力。

2019年以来，在冯万华的带领下，农发行黔东南州分行累计发放贷款68.15亿元，其中发放精准扶贫贷款52.2亿元，占比为77.04%；扶贫贷款投放额、余额和增长速度均位列当地金融机构首位，充分彰显了农业政策性银行服务脱贫攻坚的先锋、主力和模范作用。特别是为全面攻克深度贫困地区脱贫攻坚最后堡垒，他组织成立4个脱贫攻坚队，集中全行信贷资源、人力资源、资金资源等，全力支持辖内4个深度贫困县脱贫“摘帽”，确保全州15个贫困县如期脱贫。全行有1人被农发行总行表彰为脱贫攻坚先进个人、1人被评为“最美农发行人”，有7个集体和15名员工在服务脱贫攻坚工作中获县级以上表彰。

不畏艰险，勇扛责任

2020年，面对新冠肺炎疫情的脱贫攻坚“加试题”，冯万华闻令而动，提前奔赴工作岗位，在全力做好干部员工疫情防控、确保零感染的同时，带头加班加点、连续作战，累计发放各类应急贷款2.88亿元，全力支持全州疫情防控物资采购、粮油肉蛋禽供应，以及疫情防控重点领域、重点企业物资采购和生产加工，彰显了农业政策性银行的责任担当，确保全州脱贫攻坚标准不降、成色不减，如期实现脱贫。

同时，冯万华还积极组织全行干部员工参加农发行总行、省分行开展的“抗击疫情　金融青年在行动”“抗击疫情·守护家园”等系列募捐活动，累计捐赠资金4.82万元，为贫困地区打赢疫情阻击战贡献了农发行力量。

心系群众，化解民忧

冯万华多次深入农发行黔东南州分行定点帮扶的剑河县盘溪社区调研，实地了解当地群众所思、所想、所盼，查看当地产业发展情况。结合帮扶工作实际，将单位有能力、有经验、有情怀，敢担当、爱“三农”的优秀干部派到定点帮扶贫困村工作，全力给予帮扶点政策、项目、资金支持，助力帮扶村如期退出贫困村序列，2020年黔东南州分行在州直单位定点扶贫工作考核中被评为“优秀”等级。

冯万华心系贫困学子，带领机关全体员工积极开展“爱心助学”活动，助力剑河县磻溪社区、黎平县高寅村的2名贫困学子完成学业、圆了“大学梦”。2020年，贵州榕江、从江等县发生严重洪涝灾害。他迅速行动，积极向上级行争取专项扶贫捐赠资金75万元，组织员工开展爱心捐款活动筹集资金8.84万元，帮助遭受洪灾的榕江等县人民群众渡过了难关。

为助力贫困户增收致富，冯万华积极倡议全体员工汇聚爱心，倾力相助，大力支持消费扶贫行动，将日常生活所需与消费扶贫结合起来，助力黔东南州高质量打赢脱贫攻坚收官战。通过联系企业帮销、职工食堂采购、工会福利采购等其他方式提升消费扶贫活动成效。2020年，农发行黔东南州分行个人消费扶贫产品1572份、金额7.9万元，企业帮销扶贫产品15767份、金额90.73万元，职工食堂采购扶贫产品3492份、金额16.22万元，工会福利采购扶贫产品2208份、金额11.43万元，消费扶贫金额共126.28万元。

农发行黔东南州分行在冯万华带领下，以新担当新作为创造出新业绩，书写了农业政策性银行推动脱贫攻坚落地开花新篇章。

个人感言：征途漫漫，惟有奋斗。脱贫攻坚让我深刻感受到中国共产党为中国人民谋幸福、为中华民族谋复兴的信心与决心。我将以志不改、道不变的坚定和打硬仗、敢作为的担当，接续奋斗，为巩固拓展脱贫攻坚成果同服务乡村振兴有效衔接作出应有贡献。

发挥金融扶贫优势
助力帮扶县脱贫攻坚

——记“2020年贵州省脱贫攻坚优秀共产党员”潘贵平

2018年12月，根据组织安排，潘贵平从贵州省黎平县驻村第一书记岗位转战到锦屏县开展帮扶工作。在农发行总行、省分行指导下，严格按融资、融商、融智、融情“四融一体”帮扶模式开展帮扶工作，不断提升帮扶工作质量，帮助锦屏县如期顺利

■ 潘贵平在锦屏县平秋镇参加支农活动

潘贵平，中共党员，现任农发行黔东南州分行纪委办公室高级副经理。2017年8月至2018年12月挂任黎平县九潮镇高寅村第一书记，2018年12月到锦屏县驻点帮扶，2019年1月起挂任锦屏县政府副县长。曾被表彰为锦屏县“2019年脱贫攻坚优秀援锦干部”、黔东南州“2019年脱贫攻坚优秀援黔东南干部”、锦屏县“2020年脱贫攻坚优秀共产党员”、黔东南州“2020年脱贫攻坚优秀共产党员”、贵州省“2020年脱贫攻坚优秀共产党员”，所在工作组被表彰为“2019年贵州省脱贫攻坚先进集体”。

实现脱贫“摘帽”，贫困人口实现“清零”。

学做融合，构建高质量帮扶格局

学习是做好工作的前提。潘贵平认真学习贯彻习近平总书记关于扶贫开发系列重要论述，认真贯彻落实党中央、国务院，省、州关于按时高质量打赢脱贫攻坚战的系列决策部署，学习农发行总行帮扶工作指导意见，在思想上政治上树牢扶贫担当意识，坚定必胜信念；在行动上真抓实干，找准方向和突破口，瞄准锦屏县脱贫攻坚“五个一批”最为迫切的产业扶贫、“两不愁三保障”等重点领域和项目，在金融扶贫上助跑锦屏县脱贫攻坚步伐。

潘贵平积极深入锦屏县各乡村、企业调研，及时了解民情，真实掌握县情，认真研究乡村、企业改革和发展对策，积极向县委、县政府建言献策，破解脱贫攻坚、融资等方面的工作难题。协助分管金融的副县长抓好县属国有企业重组工作，重新完善县属国有企业日常管理和用人管理制度，推动县属国有企业成功向市场化转型。

“在农发行帮扶工作组指导下，我县分散的国有企业完成了重组，形成了板块式的集团公司，公司力量和经营能力得到全面提升。”锦屏县财政局局长胡炳宁提及国有企业重组工作时，总是对农发行给予的帮扶工作充满感激之情。

同时，潘贵平积极参加县委、县政府组织的理论学习中心组学习研讨活动和有关会议，认真学习党的理论知识，积极参加“不忘初心、牢记使命”主题教育活动，深刻领会各级党委政府的重要会议精神，并带头抓好落实。积极参加农发行驻锦屏县扶贫攻坚“三人小组”的日常学习，领会农发行总行、省分行对定点帮扶工作的部署并坚决执行，认真完成定点帮扶各项目标任务。同时，树立主人翁意识，积极配合农发行总行、省分行、州分行到锦屏县的调研，为行领导决策提供客观真实参考依据，为锦屏县争取更多金融扶持政策。

狠抓落实，推动融资工作和资金聚焦

“国有企业可抵押资产不足，银行风险评估难通过，企业融资难啊。”潘贵平刚到锦屏县时，金森林投资有限公司董事长姚本进说到企业融资时，话语中总流露出诸多无助。

作为锦屏县协助抓金融工作的副县长，积极分析全县金融工作现状，主动建议，建立政府风险补偿“资金池”，提高抗风险能力。与农发行总行“三人小组”成员一同协调省分行成立专班，提前介入县融资项目规划、设计，加快推动油茶产业发展、高标准农田建设、贫困村提升工程和棚改等新贷款项目进程，成功协调落实锦屏县国家储备林等项目贷款申报审批工作，指导三江六岸江河治理等两个项目成功转型，累计向8个重点项目及时投放信贷资金7.18亿元，向贵州杉乡锦味旅游产品开发有限公司等12家中小企业投放流动资金贷款，为全县重点项目建设和小微企业发展注入了充足的政策性金融“活水”。

锦屏县政府副县长龙咸勇说，农发行帮扶工作组协调指导工作成效明显，有力支持了全县易地扶贫搬迁、农民集中住房、教育、水利建设、农村人居环境整治、棚户区改造以及高标准农田建设等一大批重点项目、民生工程顺利实施，加快了全县脱贫攻坚步伐。

在积极协调、帮助重点项目和民生工程解决融资难题的同时，潘贵平与帮扶工作组的同志们一起，成功为全县协调扶贫捐赠资金3542万元，主要用于全县发展种养殖产业、建设冷库、购买农产品烘干设备，补齐农村产业发展，以及教育、医疗需求短板。

抓好扶智，促进人才技术提升

“农民要致富，没有产业，无人带动，难以实现啊。参加了农发行举办的农业技术人才培训班后，我们有了方法和思路，也有了信心，并发动村民因地制宜种植了200余亩魔芋。”锦屏县河口乡九佑村党支部书记林顺忠介绍到。

针对锦屏县贫困村民缺知识、缺文化、缺种养殖技术，导致致富无门路这一实际情况，帮扶小组在敦寨镇罗丹村、龙池村、三合村、新化乡新化司村组织开展了畜禽养殖、土壤改良、水果品质提升等种植养殖技术指导和培训工作，直接受益农户375户，其中涉及建档立卡贫困户88户382人。组织全县245名脱贫攻坚干部、397名种养殖技术人员到苏州干部管理学院和锦屏县职校培训，全力为锦屏县脱贫攻坚提供人才支撑。

“农发行帮扶工作组聚焦我县人才短板这一现实问题，针对性地开展培训，有效提升了基层人才综合水平，为我县脱贫攻坚注入了强大动力。”锦屏县委组织部长刘正明带着感激之情说道。

加强对接，把“融情”传递给贫困群众

帮扶小组累计为锦屏县争取到捐赠扶贫资金3542万元，为确保这些资金使用精准，切实发挥作用，带动产业发展，协同帮扶“三人小组”成员精心拟订捐赠资金使

用方案，并与锦屏县建档立卡贫困户直接对接，形成“捐赠资金+农村合作社+扶贫产业+贫困户”扶贫利益联结模式，切实提升扶贫带贫质量和效益。

“农发行帮扶小组帮助我们实施了果品提升工程，又帮助建设了果蔬冷库，我们的果品好了，合作社经营更顺畅。”敦寨镇罗丹村村委会主任刘明祥对农发行的帮扶工作十分满意。

为了帮助村民销售水果等土特产品，帮扶小组积极对接农发行系统购买或帮助销售锦屏县农副产品220余万元，并协调省分行继续免费提供门面，为定点扶贫县农产品扩大销售创造条件。

2020年新冠肺炎疫情暴发后，帮扶小组及时协调农发行系统和爱心企业为锦屏县捐赠口罩5.5万只、护目镜700余个、心肺复苏仪4台，总价值51.5万元，在脱贫攻坚关键时期，帮助锦屏县人民安全渡“疫”，确保如期脱贫“摘帽”。

工作40余年来，潘贵平始终率先垂范，尽职尽责，不忘初心，牢记使命，全心全意为人民服务。

个人感言：时刻不忘全心全意为人民服务的宗旨，不论在哪个行业，你都能发挥优势干点事情。

脱贫路上一户都不能少

——记“贵州省脱贫攻坚先进个人”李必树

农发行黎平县支行行长、党支部书记李必树，勇挑脱贫攻坚重担，身先士卒，带领全行员工倾力帮扶口江乡德脑村、中潮镇尹所村、九潮镇高寅村的3个乡镇3个贫困村。在李必树带领的农发行团队的帮扶下，3个村均通过了国家脱贫攻坚成效考核和省级贫困县退出专项评估检查，顺利实现脱贫出列，所有贫困户全部实现脱贫。

李必树（右二）到对口帮扶村进行“爱心捐赠”

李必树，中共党员，2009年9月加入中国共产党，农发行黎平县支行党支部书记、行长。2021年4月获“贵州省脱贫攻坚先进个人”表彰。

对口帮扶是他义不容辞的责任

按照省委组织部的工作安排，1998年以来，农发行贵州省分行定点帮扶黎平，二十多年来，已累计向黎平县派驻挂职帮扶干部24人次。李必树作为农发行黎平县支行行长，带领黎平县全体干部职工，累计申报项目贷款8笔，目前获批6笔，金额12.03亿元，发放扶贫贷款4.76亿元，惠及全县建档立卡贫困人口61273人，有力助推了黎平县脱贫摘帽和全面同步小康。对农发行黎平县支行对口帮扶的高寅村、德脑村和尹所村的所有贫困户而言，农发行是坚强的“靠山”，李必树行长则是他们的主心骨。

每年9月开学季，为贯彻落实教育扶贫重要精神，帮助贫困学子实现“大学梦”，李必树秉承国家情怀，强化责任担当，在省、州农发行的大力支持下，多方寻找善款，开展捐资助学、扶贫帮困活动，捐助黎平县贫困大学生顺利前往学校就学。积极争取助力脱贫攻坚爱心捐款25万元，专项用于资助黎平县九潮镇高寅村、尚重镇育洞村、罗里乡沟溪村等13个乡镇27个村的87名贫困大学生，捐款直接汇入学生个人账户。促成农发行贵州省分行职工助力脱贫攻坚爱心捐款7.5万元，专项用于资助高寅村吴展鹏、吴银菇等35名在校大学生，黔东南州分行第二党支部全体党员捐款资助该村贫困大学生吴银菇同学每月600元，直至该生大学毕业；贵州安生药业有限公司资助高寅村5名贫困学生，其中大学生4名、初中生1名，从2019年8月起每月500元，直至大学毕业。

李必树经常在农发行黎平县支行大会上说，农发行是农业政策性银行，是政府的银行，是农民的银行，对口帮扶是农发行义不容辞的责任，是他肩上不可推卸的担子。为此，他身体力行，认真落实县委、县政府“规划到户，责任到人”的精准扶贫工作要求，切切实实地为群众排忧解难，将党和政府的关怀和温暖真正送到困难群众心坎上。为贫困户送医送药、办实事、捐资助学……事事认真，件件落实，他用自己的实际行动，带领贫困群众一步步踏实地行走在脱贫路上。在2018年度、2019年度贵州省直机关定点帮扶脱贫攻坚考核中，获得“优秀”等次。2020年10月被中共黎平县委县政府表彰为优秀帮扶干部。2021年4月获得贵州省脱贫攻坚先进个人表彰。

他是德脑村的编外村民

2018年4月，黎平县委、县政府明确口江乡德脑村为黎平县支行结对帮扶村。帮扶以来，李必树平均每季度至少到村开展帮扶走访一次，根据村上的实际情况，联系本地企业爱心捐赠现金3000元、联系东部地区企业帮扶捐赠3万元、发动全行职工捐赠11620元，在改善学生用品、村委会办公、村级垃圾焚烧池及村级合作社的产业发展等方面给予积极的帮助和支持。

2019年开展“不忘初心、牢记使命”主题教育以来，明确把德脑村作为黎平县支行党支部党建联建共建村，带领党员同志深入该村开展结对帮扶工作，到田间地头帮助贫困户村民一起干农活，为困难党员和贫困户送去生活必需品。在德脑村村民的印象中，村里随处可见可闻李必树的身影和声音，他俨然已经成为名副其实的村民。

尹所村的事就是他自己的事

2019年4月，县委、县政府根据全县脱贫攻坚部署，明确中潮镇尹所村为农发行黎平县支行“一对一”帮扶村。李必树立即组织召开支委会、行务会和职工大会，研究讨论帮扶措施和具体帮扶方案，根据黎平县支行人员情况明确分工，责任到岗到人。虽然单位的结对帮扶村和“一对一”帮扶村不是同一个村，但各项工作开展得有条不紊，得到帮扶对象的一致好评。

根据县委、县政府工作要求，组织全行参与帮扶工作，按照“一对一”帮扶原则，全行干部职工每人两户帮扶对象，每周至少两天深入尹所村走访帮扶，了解帮扶对象家庭情况，实地慰问贫困户，为帮扶对象改善生产生活条件出谋划策；按照片区指挥部和村级前沿指挥部的有关帮扶工作要求，定期参加工作安排、调度会。李必树对其所帮扶的对象，做到态度端正、耐心细致，积极解决贫困户在助学、就医和务工等方面的问题，受到帮扶对象的一致好评。

村里贫困户哪些缺劳力、缺技能、缺资金等，李必树把贫困户情况全装在心里，隔三差五到他们家里开展帮扶工作。逢年过节，他还自掏腰包购买米、油、水果、牛奶等物资，走访慰问帮扶的贫困户。李必树说：“只要能为你们排忧解难，哪怕是一丁点儿的小事，我也愿意做，因为这就是我自己的事。”如该村贫困户陈德国的儿媳妇，2020年夏天怀孕待产，她爱人外出打工，家里只有婆婆，还要带孙子，了解到她家的实际困难后，李必树主动联系住院病房，安排妥当后，还为她代缴农合（医保）。

换人不换责。李必树主动担当，在其单位副职交流调离黎平的情况下，自己主动承担两户贫困户帮扶责任。在大力帮扶下，其帮扶对象的家庭年收入均在1万元以上，尹所村顺利通过了国家脱贫攻坚成效考核和省级贫困县退出专项评估检查，为全县2020年3月顺利脱贫摘帽作出了应有的贡献。

高寅村的今天有他的心血

之后，李必树的身影又频繁出现在九潮镇高寅村。他积极争取上级行的政策支持，带领全行干部职工，加大对定点帮扶的高寅村在基础设施扶贫、党建扶贫、产业扶贫的支持帮扶力度，现金捐赠帮扶87万元，在人饮工程、基层党建、产业发展、特困户及困难党员帮扶等方面积极给予支持帮助。

李必树在了解到高寅贫困户家中有300斤的肉猪没有销路后，和同事自掏腰包6000多元购买自己食用。捐赠23万元用于安全饮水入户，有效解决了高寅村445户1999人及曰寨村的安全饮水及消防供水；捐赠17万元产业发展资金，用于发展村集体土蜂养殖（覆盖12户，其中贫困户10户、非贫困户2户）、椴木香菇种植（由生源合作社牵头实施，种植面积1000平方米，覆盖12户，其中贫困户9户、非贫困户3户）；捐赠20万元产业发展资金，发展稻田综合种养3.33公顷（覆盖76户，其中贫困户7户、30人，非贫困户13户、46人），实现每亩增收2000元以上。捐赠2万元购置党建书籍、笔记本电脑、电视机、饮水机、档案柜及电子显示屏等用于村级党组织活动阵地建设。

在农发行的帮扶下，如今的高寅村村容村貌焕然一新，各类产业红红火火，已经不复当年贫穷的模样，这一切无不凝聚李必树和全体员工的心血。

个人感言：获此殊荣，我要感谢组织和各位领导对我的关心和工作的肯定，让我们一起披上乡村振兴的战袍，弘扬愚公移山精神，以奋斗的姿态，投入新的征程。

角色多变　初心不变

——记“2020年贵州省脱贫攻坚优秀共产党员”袁华武

驻村扶贫以来，袁华武以最快速度进入角色，战斗在脱贫攻坚第一线，坚持用真情走访群众，用真心服务群众，团结村“两委”班子，从细处着眼，从小处着手，从实处落脚，通过抓班子、带队伍、兴产业、促发展，推动高寅村社会经济发展和脱贫攻坚工作取得显著成效。他踏实、勤勉的工作态度，得到了干部和群众的一致认可，先后被评为黔东南州“2019年脱贫攻坚优秀援黔东南干部”、黎平县“2019年脱贫攻坚

■ 袁华武（左一）与群众一起收割水稻

袁华武，农发行台江县支行客户部经理，于2018年12月被农发行贵州省分行选派到贵州省黎平县九潮镇高寅村担任第一书记、驻村工作组组长。驻村扶贫以来，他真抓实干、攻坚克难，战斗在脱贫攻坚一线，主动作为、勇于担当，冲锋在疫情防控一线，为高寅村社会经济发展和脱贫攻坚工作作出了积极贡献。

优秀援黎干部”、黎平县“脱贫攻坚群英谱·助黎标兵”。2020年6月被中共贵州省委员会授予“全省脱贫攻坚优秀共产党员”荣誉称号。

建强组织，夯实基础，当党建工作的带头人

俗话说：“火车跑得快，全靠车头带。”要真正带领贫困群众拔穷根，一个强有力的党组织领导是关键。袁华武坚持把建强村“两委”班子、带强村支部书记、夯实村级组织作为硬任务硬指标，抓紧、抓实、抓好，为脱贫攻坚提供坚强的政治保障、组织保障。他认真执行党内政治生活制度，坚决落实“三会一课”、民主生活会、组织生活制度，对党员进行民主评议，严格执行“四议两公开”制度；以“两学一做”学习教育活动常态化制度化、“不忘初心、牢记使命”主题教育为依托，采取农闲时集中学，农忙时个人学等方式方法，着力抓好党员干部思想政治教育；协调农发行贵州省分行捐赠资金，规范建设村委会党员活动室，制作标准化党建文化墙，大大增强了村级党组织阵地建设以及村委会文化氛围，极大地提高了村“两委”干部干事创业的积极性。

搞好调研，真抓实干，当全村发展的明白人

初到高寅村，袁华武克服种种困难，把掌握村情作为入村开展工作的第一要务，深入各村民小组调查，和群众接地气、深谈心，走访了全村所有贫困户，绘制了村里的“贫困户分布图”。经过深入走访调研，摸清吃透村情民意，掌握了该村经济社会发展整体现状及优势劣势，在对走访群众反映的情况进行认真梳理的基础上，召开村“两委”干部座谈会、村“两委”工作会议，与村“两委”干部、党员代表和群众代表共同想思路、寻路子、商讨发展，制订了符合实际、操作性强的村发展规划及产业发展计划，精心绘制了脱贫攻坚对象需求、目标时限、帮扶措施、帮扶责任、组织机构等作战图，挂图作战，对表交账，有计划、有目标地推进脱贫攻坚工作。如今，高寅村各产业规模初步形成、日渐起色，为当地群众铺就了一条富民强村的脱贫之路。

为民服务，实心实意，当农民群众的贴心人

高寅村是一个侗族聚居的传统村落，全村辖1个自然寨16个村民小组，共448户1892人。由于地处偏远山区，村里产业单一、规模小，有600多名青壮年外出务工，留守老人、儿童较多，因病、因学致贫现象严重。为帮助贫困户解决实际困难，袁华

武坚持吃住在高寅村，把贫困村当家乡，把贫困户当家人，利用周末休息时间走村入户，为民办实事。他促成农发行贵州省分行职工助力脱贫攻坚爱心捐款25万元专项资助高寅村70名在校大学生，农发行黔东南州分行第二党支部全体党员捐款资助贫困大学生吴银菇同学每月600元、贵州安生药业有限公司资助高寅村5名贫困学生每月500元直至完成学业，极大地减轻了贫困户家庭负担；邀请县医院专家到村义诊，惠及村民173人次，发放免费药品3000余元、宣传资料80余份，切实解决群众看病难的问题；争取2.58万元购置简易衣柜、碗柜等补齐“6+3”短板，省红十字会捐助过冬衣被、米油、轮椅、拐杖、文体用品等价值10.15万元；积极向同事、朋友推销黑山羊、土鸡、茶叶等农特产品，帮助销售大米5420斤、茶叶120斤、干香菇130斤，累计帮助销售额10多万元；与县文物局对接，落实了古屋修缮资金4.5万元，对古屋进行了修缮维修，老一辈的建筑工艺得到了保护；联系黎平供电局捐赠水泥50吨，实施串户路建设3000米，方便了群众出行；组织党员带头干，发动群众一起干，认真开展“清洁风暴”环境整治工作，村容寨貌焕然一新，得到了镇里颁发的流动红旗。在他的努力下，高寅村发生了翻天覆地的变化。进村公路、串户路、村级活动场所得到硬化，产业路得以建成，太阳能得到安装，饮水工程、消防工程、电改工程等相继落实，不仅方便了村民的安全出行，还使全村饮水、电网和4G网络全覆盖，带动当地社会经济进一步发展。

面对2020年初的新冠肺炎疫情，袁华武主动作为、勇于担当，牺牲与家人团聚的时间，大年初一连夜赶回村里安排部署疫情防控、入户排查和封村设卡等工作。冲在疫情防控一线宣传疫情防控知识，开展返乡人员健康检测评估，及时发布权威声音，更好地强信心、暖人心、聚民心。

拓宽渠道，发展产业，当脱贫致富的引路人

袁华武说，接到驻村工作安排后，就思考自己能为高寅村做些什么呢？当来到高寅村的时候，只见青山环绕、绿水流淌，听到琵琶低语、侗歌悠扬，他真正理解了什么是望得见山、看得见水、记得住乡愁，也找到了问题的答案，那就是和侗族同胞一起守护好这绿水青山、幸福家园。他积极争取扶贫项目资金10万元，协调农发行贵州省分行捐赠22万元、4家爱心企业捐赠12万元产业发展资金，形成了专业扶贫、行业扶贫、社会扶贫的联动格局，按照“一村一品”产业布局，落实“一村一车间”工作思路，创办了织绒玩具加工扶贫车间，实现贫困群众能在家门口就业，使“输血式”帮扶转变成“造血式”扶贫，带动困难群众一起致富。除了扶贫车间，他还坚持把产业发展作为稳定脱贫的根本之策，深入推进农村产业革命，积极发动群众开垦村集体荒

地25.33公顷，采取“村集体+合作社+贫困户”的模式大力发展林下经济，实现“因山而贫”到“凭山而富”的转变。目前，全村发展天麻种植3700平方米、椴木香菇种植1000平方米、林下养蜂150窝、林下养鸡1万羽、油茶种植120公顷、茶叶种植40公顷、优质水稻种植13.33公顷、青钱柳种植20公顷、袋菇8000棒、黄牛养殖66头、生猪养殖200头、山羊养殖120头等，覆盖全村所有贫困户，实现家家有产业，户户有增收。

曾经深度贫困的高寅村，如今产业规模大，业态丰富，村民收入门路多，村容整洁，袁华武也从银行员工变成了农技员、消防员、调解员。但他说角色再多，本色也只有一个，那就是他始终是一个为村民服务的共产党员。

个人感言：我始终是一个为村民服务的共产党员，始终牢记组织赋予的光荣使命，就是带着大家奔向生活富裕、村寨美丽的小康生活。

深耕扶贫责任田　护航苗乡新发展

——记“贵州省脱贫攻坚先进个人”杨政武

在服务脱贫攻坚的战场上，杨政武数年如一日，始终践行着“扶贫路上，不落下苗乡一户一人”的铮铮誓言，深耕扶贫责任田，以政策性金融活水浸润苗乡大地，2018年以来，松桃县支行累计投放各类贷款21.95亿元，实现全县贫困人口全覆盖，助力松桃苗族自治县76万同胞，15.78万贫困人口脱贫致富，谱写了农发行人“支农为国、立行为民”的动人赞歌。

■ 杨政武（中）春节前慰问困难群众

杨政武，中共党员，农发行松桃县支行原党支部书记、行长，现任农发行铜仁市分行政策性业务部高级主管。2020年6月、2021年4月被中共贵州省委员会分别授予“全省脱贫攻坚优秀共产党员”“全省脱贫攻坚先进个人”荣誉称号。

勇挑重担，奏响发展“最强音”

松桃苗族自治县属于国家级贫困县，是脱贫攻坚最难啃的“骨头”、最难爬的“山头”。杨政武始终把服务脱贫攻坚作为首要政治任务，把打赢脱贫攻坚战作为服务经济、服务发展、服务民生的重大使命，以高度的使命感和责任心拼搏在松桃县脱贫攻坚主战场。坚持以服务脱贫攻坚统领业务全局，紧紧围绕服务“两不愁三保障”、地方粮食安全、乡村振兴战略、产业扶贫、农业农村现代化等领域，积极巩固和发挥农发行服务脱贫攻坚的先锋主力模范银行、服务粮食安全的主办银行、服务乡村振兴的主力银行地位和作用。

2018年以来，农发行松桃县支行累计申报项目（含转型）21个、金额65.27亿元，获批18个、金额58.44亿元，累计发放贷款21.95亿元，各项贷款余额32.57亿元，日均贷款余额31.14亿元。一组组亮眼成绩的背后，是杨政武艰辛的努力与付出。

脚踏实地，打好脱贫“攻坚战”

杨政武带领支行聚焦政策落实落细，持续注入“金融活水”、精准“绣花”、“造血”帮扶，以更高的站位、更大的决心和更实的举措助力打好脱贫“攻坚战”。

精准发力，农村居住环境展新颜。住房保障和人居环境改善是脱贫攻坚的重要工作，在杨政武的积极努力下，大力支持贫困地区住房改造，帮助贫困群众“安居梦圆”。该行2018年发放贫困村提升工程贷款2.78亿元，该“四改两建”项目涉及289个贫困村，通过改厕、改电、改水、改灶、改圈、房屋前后硬化及房屋维修，极大地改善了农村和农民的生活条件。2019年，他同松桃县政府一道提出了政府出“物资”、村民出“人力”，发动群众广泛参与、整体推进的农村人居环境改善新模式，审批发放农村人居环境改善项目贷款2.45亿元，惠及贫困人口158491人。

有的放矢，城乡基础设施补短板。加大信贷支持力度助力基础民生改善。一方面，支持农村路网建设，投入信贷资金2.26亿元支持牛郎至贵阳溪公路改扩建工程、两河口至石花（两河口至长兴段）公路改扩建工程项目，惠及贫困人口12270人。另一方面，大力支持松江河流域（城区）综合治理项目，2018年以来投入信贷资金4.8亿元，完成了对平举电站的升级改造，实现了标本兼治，解决城市内涝和城区饮水安全问题，惠及贫困人口2667人。

利益联结，产业扶贫工作亮特色。立足松桃县资源禀赋和产业基础，不断加大对特色产业信贷支持，夯实产业基础“贷”动贫困人口脱贫致富。投放信贷资金4.1亿元支持经济林产业基地项目建设，通过“公司+基地+农合”生产经营模式，在发展6666.67多公顷经济林项目建设的同时带动农民增收，项目惠及贫困人口6656人。同时依托农村土地资源，积极实施“金田贷”，发放高标准农田建设项目贷款1.75亿元、土地整治项目贷款2.75亿元，共惠及贫困人口19609人，为当地贫困人口实现了优质耕地、劳务收入、农田基础设施资产、优质耕地整理后粮食的增产“四得”。

勇于担当，服务民营企业破难题。将民营小微企业发展与脱贫攻坚、疫情防控、复工复产相结合，充分利用各项纾困惠企政策服务“三农”领域小微企业，有效发挥政策性金融逆周期调节作用。根据企业需求及时给予流动资金贷款支持，向松桃德康农牧有限公司发放贷款0.5亿元，保障生猪产业恢复；向铜仁跑山牛食品有限公司发放贷款0.16亿元，用于食品加工；向松桃苗绣公司发放贷款0.05亿元，促进苗绣文化传承。

不忘初心，激活干事“动力源”

在脱贫攻坚战场上，杨政武牢记党员身份，充分发挥“领头雁”作用，引领全行职工共同奋斗、形成合力勇创佳绩。

党建统领，清正廉洁带队伍。杨政武作为支行党支部书记，坚持以习近平新时代中国特色社会主义思想为指引，坚持党建统领，始终把党建工作摆在首位，不断丰富内容、创新形式，促进与业务工作有机融合，实现了相互促进、相互发展的良好局面，同时，也淬炼了一支“忠诚、干净、担当”的干部队伍。其间，一名支行副行长走上支行行长岗位，一名中层干部走上支行副行长岗位，两名“90后”成长为支行中层干部，发展党员一名。

凝心聚力，干事创业有激情。初心呼唤奋斗，使命激发担当。全行上下围绕脱贫攻坚目标任务，激发员工强烈工作热情和奋斗精神，掀起了践行初心、勇担使命的热潮，强烈的使命感、浓浓的初心情，全行上下忘我地投入工作，面对“5+2”“白+黑”的工作常态，没有一人喊个累、叫过苦，形成了聚力同心、勇创佳绩的良好氛围。积极探索“银行+部门+企业”为小组的项目攻坚方式，各单位抽调专人集中进行脱产办公，进一步探索政银企合作模式，为更好地推动金融扶贫奠定了坚实基础。

心系群众，真情实意助帮扶。在开展帮扶工作中，杨政武以身作则，带领全行职工捐资1.5万余元帮扶贫困群众，购买2万余元贫困户生产的大米、鸡等农产品，年复一年用心帮扶困难村，用情温暖贫困户，推动精准帮扶工作取得实实在在的成效。

砥砺奋进交答卷，继往开来绘宏图。作为武陵山集中连片特困地区典型的“边、少、穷”的松桃县2020年3月已脱贫出列，心里装着民生福祉的杨政武被评为“贵州省脱贫攻坚优秀共产党员”“贵州省脱贫攻坚先进个人”，但他还像当初“不落下苗乡一户一人”时一样，接续乡村振兴的接力棒，从早到晚奔忙在服务乡村振兴的道路上。

个人感言：由衷感谢组织的褒奖，在今后工作中，我将不忘初心、牢记使命，竭诚服务巩固拓展脱贫攻坚成果与乡村振兴有效衔接工作，为“三农”工作贡献自己微薄之力。

让政策性金融扶贫事业在深度贫困县开花结果

——记“2019年贵州省脱贫攻坚优秀基层党组织书记”马骥

马骥担任农发行沿河县支行党支部书记、行长期间，坚持以习近平新时代中国特色社会主义思想为指导，紧密结合沿河县深度贫困实际，攻坚克难、开拓进取，用坚强的党性和强烈的责任心，使政策性金融扶贫事业在深度贫困县开花结果。

马骥带领全行累计获批贷款32亿元、发放扶贫资金近20亿元，惠及建档立卡贫困人口2万多人，直接带动2000多名建档立卡贫困人口脱贫。同时，沿河县支行的业务也得到高质量发展，贷款规模较2016年7月他刚担任支行行长时增长了近三倍，支行连续三年在农发

马骥，中共党员，农发行沿河县支行原党支部书记、行长，现任农发行铜仁市分行资金计划部高级主管。他用坚强的党性和强烈的责任心，实现金融脱贫和沿河县支行发展齐头并进，2018年被人民银行贵阳中心支行评为“金融助推脱贫攻坚劳动竞赛先进个人”、2019年被贵州省委评为“脱贫攻坚优秀基层党组织书记”。

行铜仁市分行年度综合考核中位居第二，连续两年被沿河县政府评为脱贫攻坚先进单位。

胸怀大局　心系扶贫

“消除贫困，实现共同富裕，这是社会主义的本质要求，是中国共产党人的使命担当。”作为党员和支部书记，马骥牢记习近平总书记的嘱托，带领全行员工深入学习贯彻习近平总书记关于扶贫工作重要论述和上级行党委的决策部署，自觉增强服务脱贫攻坚的责任感和使命感。他反复向员工讲：“机遇千载难逢。沿河县作为深度贫困县，脱贫攻坚更是等不起、拖不起。作为一名党员、一名农发行员工，助力沿河县打赢脱贫攻坚战，是义不容辞的责任，不能有半点懈怠。”

马骥说到做到，率先垂范，加班加点，带头破难题、跑项目，用点滴言行感染群众、凝聚群众、引领群众，让服务脱贫攻坚成为农发行沿河县支行最大的责任、最大的使命、最大的动力，实现了金融扶贫事业与支行发展的有机融合。工作中，他坚持以党建为引领，用服务脱贫攻坚统揽全局，组织成立了贷款项目营销党员突击队、贷后管理党员尖刀班等组织，充分发挥党员的示范引领和先锋模范作用，为更好地服务脱贫攻坚事业提供了坚强的组织保障。

精诚服务　开拓创新

脚上粘有多少泥土，心中就沉淀多少真情。马骥在职工会上反复强调：“不多去汇报，怎么让农发行的信贷扶贫产品有效落地；不多去调查，怎么能知道金融扶贫的实际效果；不多深入基层，怎么能见到那一双双期盼脱贫致富的眼神。”为更好地得到当地党政领导的理解和支持、更广泛地宣传农发行的信贷政策和产品、更好地凝聚各方力量，他不怕跑断腿、不怕磨破嘴、不怕掉脸皮，经常跑政府、到部门、下乡镇、访企业，聚焦沿河县脱贫攻坚重点建设项目，从项目规划、可研编制、资金支付等方面，全程为扶贫项目提供全方位服务，切实发挥融资融智作用，促成一批扶贫效果好、带动作用强的扶贫项目落地，得到当地政府领导和有关部门的高度认可。

面对内外部政策不断调整的实际，马骥带领全行员工潜心钻研，学以致用，抢抓机遇，结合实际，找准着力点，使农发行的最新金融扶贫产品在沿河县落地生根、开花结果。2017年，获批官舟中学建设项目贷款3.7亿元，为后续全省教育扶贫贷款申报、审批、投放积累了经验，同年获批沿河森林公园建设项目贷款4亿元，率先在全国系统内开创了林业贷款支持森林公园建设模式。2019年，利用农发行最新信贷产品，又率先在贵州全省系统内首次成功获批土地整治项目贷款2亿元。

聚焦扶贫　力求实效

作为政策性银行，必须想政府之所想、急政府之所急、做政府之所需。马骥带领干部员工，紧扣服务脱贫攻坚这一主题，切实发挥农业政策性银行职能作用，用足、用好信贷政策，找准信贷扶贫结合点和着力点。结合地方脱贫攻坚实际需求，重点在教育扶贫、易地扶贫搬迁、交通、水利、棚改、林业等领域，支持了一批民生项目成功建设，产生了良好扶贫效应。

“农发行的资金，落地能生金。”沿河县金融办主任如此评价农发行的项目效益。沿河县支行贷款1.5亿元修建的思州大道，让荒地变为宝地。现在有20多家企业入驻，土地价值翻了几番，成为沿河县经济发展、县城扩建的增长极。类似项目还有很多，在沿河县官舟镇，易地扶贫安置点一栋栋新楼拔地而起，搬迁户眉开眼笑、安居乐业；第三高级中学设施齐全，教室内3000名师生书声琅琅；和平镇陈旧破烂的棚户区已荡然无存，取而代之的是一座座摩天大楼；沙子镇，一个国家级森林公园即将开园，“空心李”已成为村民致富的“摇钱树”，远近闻名的“十二盘村”已摆脱贫困；思渠镇，黎芝峡国家级AAAA风景区已经开门营业，迎接来自全国各地的游客。

农发行沿河县支行支持的项目社会效益显著，解决了10多万农村居民“出行难”、4万多人“就医难”、近万户子女“就学难”、近万贫困人口“搬迁难”等问题。这些成效的背后，凝结着马骥及其带领的干部队伍辛勤的汗水和无私的奉献。作为交流干部的他，为了申报更多项目、争取更多资金，经常加班加点工作，放弃了多个周末与家人团聚的美好时光。对此，他没有半点怨言，也从未向组织提出回机关工作的申请。

面对沿河县脱贫攻坚任务重、财力薄弱等实际，马骥积极向上级行争取优惠政策，努力为政府、企业减负，与同域同业平均利率相比，一年可为客户减少3000多万元的融资成本。同时，他带领全行职工，积极履行扶贫社会责任，组织捐款2万余元，全面完成了沿河县政府安排的定点帮扶任务，得到了社会各界一致好评。

个人感言：不忘初心，感恩奋进。把深厚的家国情怀和强烈的责任担当化为无穷无尽的力量，默默为政策性金融扶贫事业增光添彩。取得的荣誉属于集体，一切过往，皆为序章，致敬来时路，整装再出发。

扶贫路上的责任与担当

——记“贵州省脱贫攻坚先进个人”何景飞

2015年，习近平总书记向全党、全社会发出了脱贫攻坚的动员令。沿河县和德江县作为地处武陵山集中连片特困地区的深度贫困地区，贫困人口多、贫困程度深、脱贫任务重，何景飞深知在这片脱贫攻坚战场上，注定会是一场光荣而艰巨的战争。作为一名共产党员、一名农发行人，面对党的号召和贫困户的期盼，他用自身行动践行了共产党员的责任与担当。

■ 何景飞（右一）在疫情期间调研民营小微企业

何景飞，中共党员，农发行沿河县支行原党支部委员、副行长，现任农发行德江县支行党支部书记、行长。2021年4月被贵州省委、省人民政府授予“贵州省脱贫攻坚先进个人”荣誉称号。

使命有多光荣，干劲就有多大

何景飞深知只有把准政策方向、弄懂业务要领，才能精准施策，用好用活农发行信贷资源。为了使农发行总行的信贷产品在贫困地区落地生根、开花结果，习近平总书记重要指示精神和总行的各项决策部署文件成为他桌上必不可少的“武功秘籍”，他经常拉着信贷业务部的同志一道研究新产品、新政策、新举措。因为常常拴着年轻同志搞项目、学业务，被单位老同志调侃：“景飞同志，你还让不让年轻同志去耍朋友嘛。”

早些年，由于农发行沿河县支行人员老化严重，信贷人员严重不足，何景飞常常是兼任信贷主管和信贷员。

记得有一次三峡公司前来办理业务的刘姐说：“小何，你现在变成农发行的‘三线’队员了。”

他不解地问道：“什么‘三线’队员？”

刘姐继续说道：“既是分管领域的指导员，又是信贷业务部的指战员，还是信贷冲锋员。”

为了申报更多项目、争取更多资金、按时完成工作，何景飞常常是“5+2”“白+黑”地工作。扶贫路上十多年来，不知道放弃了多少个周末，也不知熬了多少个通宵，休假更成为一种奢望。

由于长期加班负荷运转，一拖再拖的腰椎，已经到了必须治疗的程度。何景飞被妻子强行拉进了医院。住院期间，因为工作需要，加之当时信贷客户部确实没有人，在医院扎针输完液后，他又“偷偷”跑回农发行沿河县支行上班，以至于何景飞的主治医师对他产生了很大的“意见”。

2019年6月，因工作需要，何景飞被调到德江县工作，同年8月，组织安排他全面负责农发行德江县支行的工作。工作地点变了、角色变了，他深知肩上的担子也更重了、责任更大了，而此时距全国脱贫攻坚结束只有一年多时间，在脱贫攻坚战火最旺、脱贫攻坚资金需求最大的时候，何景飞心中时不我待的紧迫感油然而生，而此时他的妻子已经怀孕临近待产。

一边是脱贫攻坚，另一边是怀有身孕需要照顾的妻子。为不耽搁项目推进，又能照顾妻子，“急中生智”的他硬是把妻子拉到德江，一起奔赴火线。

时任农发行董事长解学智强调：“支持脱贫攻坚意义重大、使命光荣，是农发行的政治责任，必须全力支持脱贫攻坚。”

何景飞因为从内心深处理解了这场脱贫攻坚战的重大意义，理解共产党人肩负的使命担当，才更加激励他在脱贫攻坚的战场上舍小家、为大家。

脚上粘有多少泥土，心中就会沉淀多少真情

为了得到当地政府领导的理解和支持，更广泛地宣传农发行的信贷政策和产品优势，更好地凝聚各方力量服务脱贫攻坚，在这个过程中，由于一些领导和部门的不理解，何景飞吃了不少“闭门羹”、走了不少的弯路，但为了心中那份诚挚的支农报国情怀，哪怕是跑断腿、说破嘴、掉脸皮，他也在所不惜。

何景飞经常对信贷员说：“不去现场察看，怎能知道工程进度，怎能知道扶贫成效？”带领信贷员奔波在各项目点，察看工程进度，成为他日常工作必不可少的一部分。

沿河县的北部乡镇大多毗邻重庆酉阳、彭水，地形十分复杂，交通十分落后，从县城出发，大多都需要数小时的车程，来回少则一天，多则两天。这么远的地方，何景飞坚持每个乡镇都要走到。而一些同事不理解，觉得找个近的地方看看就得了。他说：“正是因为偏远，我们才更要去看看现场，问问当地百姓，掌握更多情况，心里才踏实。”

要不是去项目现场考察，都不敢相信还有自然条件这么恶劣的地方，还有生活如此困苦的群众。这也是当时他们要加快推进易地扶贫搬迁项目的最大动力。

浓厚的感情，强烈的使命，回应群众热切期盼的眼神，让何景飞又不得不开启了加班加点模式。一方面协助相关部门，结合农发行政策与产品特点做好项目设计；另一方面收集材料、撰写报告。短短的一个月时间，7.9亿元的易地扶贫搬迁工程项目获得农发行贵州省分行审批并实现发放。

谈到该项目时，何景飞还常说：“回想起当时贫困群众期盼脱贫致富的眼神，帮助他们‘断穷根’‘挪穷窝’后的笑容，心里依然乐滋滋的。”

何景飞第一次去原官舟中学实地调研教育扶贫项目时，老教室里70多个人挤在一起上课，有的课桌两列靠在一起，整个教室只留了两个过道，进进出出都显得非常狭窄。

看到同学们渴望求学的眼神和如此恶劣的学习环境，回到农发行沿河县支行后，何景飞下定决心要把这个项目申报下来。为使同学们的教学环境得到尽快改善，他上下沟通、内外协调，从项目的申报、审批到发放，前前后后用了差不多2个多月时间就把项目办下来。整个项目累计发放3.7亿元，解决了1000多名建档立卡贫困户入学问题、近3000名学生就学问题。看到同学们在明亮宽敞的教室里安心学习，他的

内心既感动又自豪。

贫困户的笑容有多绚丽，成绩单就有多耀眼

“政策银行真政策，扶贫攻坚真扶贫。”县扶贫办相关负责人接受《贵州日报》记者采访时曾这样说。

每听到这样的评价，何景飞胸中的自豪感、荣誉感就油然而生，地方政府的同志没有忘记农发行在脱贫攻坚战场上所作出的贡献，让他感觉到一切付出都是值得的。

何景飞经常对同事们说：“机遇千载难逢，脱贫使命在肩。我们这些国家级贫困县脱贫攻坚等不起、拖不起。作为一名党员、一名农发行职工，助力家乡打赢脱贫攻坚战，是我们义不容辞的责任。只有从灵魂上领会了农发行支持脱贫攻坚事业，才能义无反顾地回应贫困群众最热切的期盼。”

2020年临近春节的时候，何景飞陪同县领导一起到德江县楠木园小区走访慰问搬迁群众徐晓林。徐晓林家住在12楼，按照当时的政策，他家共四口人，分配的房子有100平方米，虽然谈不上豪华，但是电视、冰箱、沙发、茶几、饮水机等家具家电一应俱全。

走进徐晓林家，他的妻子指着墙上的奖状说：“两个娃娃都争气，年年得奖，墙上都贴满咯。”

说起孩子读书，徐晓林妻子又禁不住地向走访人员说起了过去。“我们读书的时候，附近没有学校，常常天还没有亮就出发赶路到乡里小学上学。结婚生子后，村里办了小学，但只上到四年级，四年级以后，还得走老远的路去乡里小学读书。由于当时条件差，我们那一代好多人读完小学就不读了。感谢党的好政策，让我们在家门口就可以挣钱，娃娃还能就近读书。”

的确，这几年在农发行同志们挑灯夜战、夜以继日的推动下，在土地复垦开发、农村公路、医疗教育、易地扶贫搬迁、人居环境改造、林业生态等领域内投入了大量信贷资金，促使60多亿元项目贷款落地、开花、结果，掀起了支持脱贫攻坚一波又一波的高潮，充分彰显了农发行“服务乡村振兴的银行”的品牌形象，得到党政部门和社会各界的肯定和赞誉。

党有所指，即有所为。面对脱贫攻坚的号角指引，地方政府的迫切需求，在上级行的指导下，2015年以来，农发行在当地评估支持的项目社会效益十分显著，解决了10多万农村居民“出行难”问题；缓解了60多万人“就医难”的问题；解决了近6万户

子女的“就学难”问题；解决了1万多人“住房难”问题；改善近万人的“居住环境”恶劣问题；支持了6万多群众“饮水难”的问题；解决了8000多扶贫搬迁群众“就业难”的问题；破解了近万贫困人口“搬迁难”问题……

个人感言：
战贫虽告捷，使命仍在肩；
乡村振兴旺，农发不可缺；
我辈生逢时，一马定争先。

执着奉献不言悔　倾心为民显作为

——记“2018年贵州省脱贫攻坚优秀村第一书记”林星亮

贵州省金沙县小里社区属省级二类贫困村，共有918户3426人，其中建档立卡贫困户202户737人。占地面积17.3平方千米，下辖24个居民组，无矿产资源，属典型的传统山地农业村。耕地面积265公顷，其中田215.53公顷、土49.47公顷。农发行实施产业扶贫前常年栽种稻谷、玉米，基本无经济作物，群众的收入来源极为有限。作为农发行一名共产党员，林星亮同志不忘初心，牢记使命，筑牢信仰不断增强

■ 林星亮（右）在田间与村民谈论庄稼长势

林星亮，中共党员，现任农发行金沙县支行高级业务经理。2014年起，蹲点金沙县五龙街道小里社区驻村扶贫，任第一书记。其间，荣获“毕节市脱贫攻坚优秀共产党员”“贵州省脱贫攻坚优秀村第一书记”等荣誉称号。

“四个意识”，坚定“四个自信”，做到“两个维护”。认真深入践行“支农为国、立行为民”使命担当，紧密结合金沙县小里社区实际以及脱贫攻坚任务，秉持家国情怀、奋斗情怀，在平凡的工作岗位上，用一桩桩平凡的事书写了不平凡的事迹，使金沙县小里社区“旧颜”换“新颜”，让党和政府脱贫攻坚的阳光照到了每一个角落、惠及了每一个家庭、温暖了每一个群众，让很多人的命运因此而改变，梦想因此而实现，幸福因此而成就！生动诠释在扶贫路上“功成不必在我，功成必定有我”的朴素情怀。

青矜之志，履践致远

产业扶贫是稳定脱贫的根本之策。习近平总书记指出：“发展产业是实现脱贫的根本之策，要因地制宜，把培育产业作为推动脱贫攻坚的根本出路。”贫困之冰非一日之寒，破冰之功非一日之暖。毕节市分行从2013年开始派林星亮对金沙县小里社区实施驻村帮扶，2016年春开始重点指导实施产业扶贫，至今，对金沙县小里社区连续实施了七年的不间断帮扶。

在具体帮扶实践中，林星亮始终坚持把产业发展放在首位，由于金沙县小里社区常年栽种稻谷、玉米，基本无经济作物，群众的收入来源极为有限。林星亮紧贴实际，结合当地气候、土地、市场等开对“药方子”，拔掉“穷根子”，积极引导实施产业发展。带领群众实施80公顷订单蔬菜种植，每公顷增收达2000元，以此助推了贫困村出列，引领群众脱贫致富奔小康！之后，2017年共发展订单蔬菜100.87公顷，确保每公顷增收超过2000元，引领群众增收在300万元以上；2018年共发展订单蔬菜150公顷，实现增收约500万元；2019年共发展订单种植197.2公顷，其中，蔬菜91.9公顷、精品水稻79.3公顷、稻田养鱼13.7公顷、有机高粱12.3公顷，实现增收约500万元；2020年，完成订单种植146.6公顷，其中，蔬菜66.6公顷、精品水稻80公顷，实现增收约500万元。

千淘万漉虽辛苦，吹尽狂沙始到金

脱贫“成绩单”的背后，是驻村干部攻坚克难的决心和夜以继日的坚守。林星亮铭记“艰难困苦，玉汝于成”的道理，克服“骄”“娇”二字，积极探索适合金沙县小里社区的发展路径。

指导社区建立扶贫平台。2014年12月，在驻村工作组的指导下，由五名社区干部牵头组建了农业专业合作社，一名干部兼任合作社理事长，其他四名干部为理事，注册登记了真正意义上的村社一体的社区集体合作经济组织——金沙县小里农业专业合作社。从贫困户中优选录用了两名合作社专职业务员从事合作社业务。重点依托省级重点龙头企业贵州金沙冠香坊调味食品有限公司实施农产品订单种植，确保产得出、销得去。努力争取各级扶贫项目资金为订单种植户滚动垫种垫肥，交售产品后从收购款中扣收。协调农业专家指导合作社进种进肥，并对种植户实施分品种的现场种植培训。协调冠香坊公司允许种植户将成熟后的订单农产品以市场价格外卖。指导合作社组织本地运输力量，实施有偿定时定点收购，以解决订单群众劳力不足、缺乏交通工具的实际困难。

凌空蹈虚，难成千秋之业；求真务实，方能善作善成。在多年驻村帮扶工作中，林星亮以求真务实的工作作风、勤勉尽责的工作态度，将自己当作脱贫攻坚工作中的一颗石子，不为钱来，不为利往，勇立时代发展"潮头"，瞄准人民群众"盼头"，凝聚党员干部"劲头"，在发展特色产业道路上，实现产业扶贫扶出新时代新农村的美好生活前景，在促进农业增效、农民增收上成效显著。

将传统种植的水稻、玉米部分改种订单蔬菜，确保了种植户亩均稳定增收在2000元以上。按老百姓的话说，"做得一般点的，是玉米两倍的收成，做得好的超过三季稻谷的收成"，解决了老百姓收入来源有限的问题。按种植户的话说，"发展订单蔬菜种植还是好，豇豆款用完了，辣椒款又来了；辣椒款用完了，大头菜款又来了；大头菜款用完了，青菜款又来了"，培养了农户的商品意识、市场观念和科技意识。正面引导老百姓逐步学会做什么更划算、怎样做才能增产增收、如何销更有利，从而为传统农业向现代农业的过渡打下基础。

谁无暴风劲雨时，守得云开见月明

通过毕节市分行七年的不间断努力，金沙县小里社区于2016年实现贫困村出列；2017年初实现软弱涣散党组织摘帽；2018年小里社区党总支获毕节市委"全市脱贫攻坚先进党组织"表彰，派驻干部也获贵州省委2018年"全省优秀村第一书记"表彰；2019年社区党总支获贵州省委"全省脱贫攻坚先进党组织"表彰，派驻干部也入选2019年"贵州脱贫攻坚群英谱"。林星亮以强烈的政治责任担当、扎扎实实的工作作风、较强的综合业务能力，累计指导金沙县小里农业专业合作社向贫困户分红60万元，惠及190户贫困户；合作社积累可滚动发展资金达100万元。全社区于2020年6月30日实现贫困人口清零！

为人民服务没有终点，只有连续不断的新起点。习近平总书记强调："脱贫摘帽不是终点，而是新生活、新奋斗的起点。"农发行毕节市分行派驻干部林星亮将在各级党组织的具体指导下，继续在巩固拓展脱贫攻坚成果与乡村振兴有效衔接的工作中发热闪光，继续为党的农业政策性金融事业添砖加瓦、奉献力量。

个人感言：在这场没有硝烟的战场上，扶贫是一种责任，更是一种情怀，一些看似不起眼的小事，但对贫困群众来说，就是最贴心、最温暖的大事。

牢记嘱托守初心　感恩逐梦铸奇迹

——记“2020年贵州省脱贫攻坚优秀共产党员”郭春

赫章，是位于乌蒙山腹地全国52个、贵州省最后9个脱贫摘帽的国家级深度贫困县之一，也是农发行在毕节市唯一的无机构县。作为农发行一名普通共产党员，郭春牢记使命、坚守初心，紧密结合赫章县疫情防控和脱贫摘帽目标任务，秉持家国情怀，牢记嘱托，感恩奋进，坚持知行合一，用心用情做事，在平凡的工作岗位上，在赫章——这一脱贫攻坚“主战场”上，甘于奉献、不计得失，敢于追梦、勇创奇迹，用一组组生动的数据、一桩桩平凡的事件书写了不平凡的事迹，为“新时代共产党员”做了生动的诠释。

2020年5月郭春深入贵州省赫章国家储备林项目现场调查

郭春，中共党员，2001年8月参加工作，2007年5月加入中国共产党。2020年6月获中共贵州省委颁发的“2020年脱贫攻坚优秀共产党员”荣誉称号，时任农发行毕节市分行驻赫章扶贫工作组组长，现任农发行毕节市分行资金计划部高级主管。

饱蘸家国情，浓墨写初心

诗人艾青说：“为什么我的眼中饱含泪水，因为我对这片土地爱得深沉。”作为一名长期在农发行一线工作的普通共产党员，父母都是赫章土生土长的普通农民，郭春深深热爱这片土地，从参加工作伊始，他就扎下了深耕“三农”的初心。2019年4月，刚任职农发行赫章扶贫工作组组长的郭春，了解到作为赫章重大扶贫基础设施补短板的项目——赫章城关至野马川城市干道项目资金紧张的情况后，加强与地方党政、企业无缝对接，积极向上级行沟通汇报，聚焦社会资本方评级、担保、还款来源的设计等项目“控制性”工程，迅速启动项目评估，于2019年8月30日发放赫章城关至野马川城市干道PPP项目8亿元（审批10亿元）。该项目是赫章县重大扶贫基础设施补短板项目，设计通车里程30千米，彻底打通了该县中南部六曲河、野马川、平山等乡镇连接县城交通瓶颈，项目惠及全县86万人口。2020年11月30日，该项目车浪段主体工程建成后，从野马川镇中心上到毕威高速野马川收费站的时间从15分钟缩减到3分钟，尤其是烧干洞“V”形高架桥，更是宛如一条巨龙横空出世、飞架南北。

2019年5月，郭春紧密结合赫章作为全国“半夏之乡”的实际，找准产业扶贫这篇文章，深入安乐溪乡等地实地调查，坚持不间断、穿透式做好贷款申报，2019年8月30日发放产业扶贫流动资金贷款8000万元，用于支持赫章县半夏中药材收购和初加工，直接惠及2000户半夏种植户，其中，425户（1005人）属于建档立卡贫困户（贫困人口），户均实现综合收入6万元，对助推赫章半夏产业发展作出了积极贡献，让“地可出黄金、土能生白玉”变为现实。

2020年初，新冠肺炎疫情开始肆虐，在市分行党委的坚强领导下，郭春坚持守土有责、守土负责、守土尽责，克服无机构县信息不对称、流程操作不便、人手奇缺，以及疫情期间交通、生活等重重困难，抢白天、抓黑夜，加强与上级行、卫计部门、医院和公司、开户行的工作无缝对接，精心测算每一个业务数据，于2020年2月20日发放救灾应急流动资金贷款2025万元，为赫章县抗击新型冠状病毒疫情医疗物资流动资金解了燃眉之急。

一枝一叶总关情。郭春认真践行普惠金融理念，大力克服民营小微企业业务推动过程中的重重困难，深入企业悉心指导。2019年11月28日晚上八点半，顶着浓浓的夜色，郭春从赫章长途奔袭、直奔省会贵阳，参加第二天早上在省分行召开的贷款评审会。11月29日早上，由于准备工作充分，评审会短时间顺利通过。他惜时如金紧盯贷款投放的每一个过程，于11月29日当日评审、审批、当日发放民营小微企业贷款230万元，用于解决企业种植培育芝樱、高原雪菊、四季海棠等特色花卉的资金需要，创造了当日评审、当日审批、当日发放的“赫章速度”。企业通过吸纳建档立卡贫困户务工、土地托管等方式可直接带动赫章县双坪、铁匠两个乡镇建档立卡贫困人口近70人增收致富，具有较好的扶贫效果。

2020年初以来，受疫情等因素交叉叠加影响，全国生猪生产供应不足，为助力赫章生猪恢复性生产，郭春抢抓机遇、充分调度各类资源加快贷款业务快速推进，2020年4月25日是休息日（贷款评审会召开的头一天），为了进一步把还款来源做实、做细，郭春不辞辛劳放弃休息时间，驱车95千米，到企业再次核实存栏生猪量，对涉及还款来源的绿化树苗、药用牡丹等进行了核查。于2020年4月30日发放农业小企业贷款400万元用于支持企业生猪生产，主要采取建档立卡贫困户务工、牲畜托管等方式进行扶贫，可带动六曲河镇河边村等周边建档立卡贫困户30户增收。

百年大计、教育为本。赫章县城3个集中安置点，安置易地扶贫搬迁人口1.9万人，配套建设一小、四小、五小3个小学，这是补短板的重中之重。在政府融资公司经营资产非常有限的情况下，郭春保持与地方党政、公司及项目主调查人、开户行的密切沟通联系，实现了贷款的快速审批2.4亿元、快速投放（累计发放0.7亿元）。2020年11月30日，在赫章易地扶贫搬迁搬迁四小点，主体教学楼拔地而起，雄姿挺拔，各项建设工作有条不紊地展开。这里的琅琅读书声，就是中国好声音。

学以精为上，行以笃为要

马克思说："任何真正的哲学都是自己时代的精神上的精华。"作为一名普通共产党员，郭春长期以来坚持党的优良学风，他始终将习近平总书记关于"四个危险"的重要论述牢记于心、外化于行，一以贯之重视新思想、新理论和业务知识学习，自觉以习近平新时代中国特色社会主义思想武装头脑，认真学习习近平扶贫思想，以及新发展理念和金融扶贫政策、理论和业务知识。他将理论知识有机融入金融扶贫业务实践，在学习中实践，在实践中学习，探索了金融扶贫业务"全生命周期"做法，有效提升了金融扶贫的综合效能。

在具体业务实践中，郭春切实践行"绿水青山就是金山银山"，努力从政策、当地资源禀赋中设计、发现项目现金流，将"土地+"的做法成功植入扶贫金融业务中，2020年1月以来，发放农村人居环境项目贷款2.4亿元（审批2.9亿元），用于支持赫章县2018年高标准农田建设项目，用于赫章县2018年高标准农田建设项目，项目惠及全县5.6万建档立卡贫困人口，对于支持赫章长江大保护、提高土地集约化使用水平，打造赫章"生态扶贫"升级版具有重要意义。

在脱贫攻坚进入百米冲刺期的关键时刻，郭春以农发行总行、省分行督战为契机，铆足干劲、加大工作统筹力度，用好用足宝贵的财政承受能力空间，大力挖掘项目使用者付费，2020年7月以来，发放赫章国家储备林核桃基地项目贷款1.4亿元，用于促进地方林业发展方式从数量规模型向质量、效益型转变，从粗放经营型向集约经营型转变，实现林产业的升级换代；优化调整森林资源结构，促进地方林业产业化发展，推进区域生态文明建设；在一定程度上改善林分结构，提高森林质量，对涵养水源、调节水量、森林保土、净化大气等具有直接的生态效益，是政策性金融在乌蒙山片区践行习近平生态文明思想的又一生动实践。

眼有星辰大海、心有繁花似锦

2019年4月以来，在农发行省分行、市分行党委的坚强领导下和县委、县政府的关心下，经过郭春的辛勤付出和卓有成效的努力，农发行在赫章累计发放各类贷款16.11亿元，截至2021年1月末，农发行赫章县支行贷款余额为26亿元，实现了该行在赫章贷款规模的翻番。贷款增幅、扶贫贷款增幅、考核目标任务完成等指标、进度等在9个深度贫困县小组考核中名列前茅，有力支持赫章脱贫攻坚、长江大保护、防控疫情、民营小微企业发展，创造了一个又一个奇迹。春华秋实，一分耕耘一分收获，郭春以强烈的政治责任担当、扎扎实实的工作作风、较强的综合业务能力、实实在在的业绩，赢得了组织、群众和同志们的高度认可，2020年6月，他荣膺中共贵州省委2020年脱贫攻坚优秀共产党员荣誉称号。

百尺竿头更进一步。郭春将牢记嘱托、感恩奋进，在农发行省分行、市分行党委的坚强领导下，深耕“三农”，守望乡村，围绕易地扶贫搬迁后续产业扶持、对接乡村振兴，焚膏继晷、枕戈待旦，奋力为党的农业政策性金融事业添砖加瓦、再立新功。

个人感言：饱蘸家国情，浓墨写初心。在这场没有硝烟的战场上，共产党员坚守“支农为国、立行为民”的崇高使命，牢记党员身份，围绕补齐民生短板、特色产业扶贫、长江大保护、普惠金融等箭靶，让农业政策性金融的活水更多润泽赫章这块热土，落地生根、开花结果。

一位女行长的坚持和守望

——记“贵州省脱贫攻坚先进个人”怀建丽

因为明白自己的初心，知道自己身上的责任，参加工作16年来，奋斗在金融信贷一线的怀建丽一刻不敢松懈、一刻不敢停歇，不敢耽误任何一次基层摸排，不敢耽误每一次民情的调查……怀建丽始终保持着“支农为国、立行为民”的初心，在金融扶贫工作中，以“共情”之心“贷”出一方民众的希望与幸福。

怀建丽（右一）实地考察贷款项目

怀建丽，中共党员，农发行兴仁市支行党支部书记、行长。2004年投身信贷工作以来，践行农发行服务地方脱贫攻坚和乡村振兴的使命。工作期间多次获“优秀共产党员”“脱贫攻坚先进个人”等荣誉称号。

隐忍和舍弃，成就的是扶贫大业和家国情怀

朋友眼中，她是巾帼不让须眉的行长；同事眼中，她是从不生病的女铁人；企业眼中，她是一方致富的希望；脱贫百姓眼中，她就是未来和幸福……

正如盛开的鲜花，你看到她的光鲜，但可曾想过光鲜的背后——

在家人眼中，怀建丽仅仅是父母的女儿，两个孩子的母亲。对于家人，怀建丽心中满是愧疚。

37岁的怀建丽有两个孩子，老大是个男孩儿，今年11岁，正上小学五年级，老二是个女孩儿，今年刚满4岁，在幼儿园小班，爱人因为工作的特殊性常年在外，家里的老人已经70多岁。

就是在这样家中老人孩子无人照顾的情况下，自贵州吹响脱贫攻坚战号角以来，怀建丽便义无反顾离开了迫切需要她照顾的家庭，从家庭所在地的贵州省兴义市来到距家50多公里外的兴仁市。

“金融扶贫是彰显社会担当、深化精准扶贫的重要体现。”怀建丽对自己的舍弃从不后悔，因为她知道自己的责任就是给贫困群众带来看得见、摸得着的实惠，做到真扶贫、扶真贫。

说到家里的孩子和老人，怀建丽总是有些哽咽：“爷爷去年脑梗，至今生活处于半自理状态，奶奶身体也不好，两个孩子，我离开时小的才刚满两岁，每天都在哭着喊妈妈，每次忙完空闲时，只要一打电话，我都会和孩子一起哭。”而对于自己的丈夫，怀建丽更多的是愧疚：“去年，爱人骨囊肿，医生说如果不及时手术，很有可能骨坏死。这样一个手术，必须有家人签字，术后因为不能行动，必须有家人陪护，但因为当时正值晴隆脱贫攻坚的关键时期，我不得已在爱人手术前一个小时赶到签了字，手术没有做完就离开了。”对于丈夫的愧疚，怀建丽只有更加努力，用扶贫工作来慰藉自己。

“我知道自己在干什么。”怀建丽说。正是因为心中有扶贫的初心和大义，到农发行兴仁市支行以来，虽然不能尽到为人子女、父母、妻子的责任，但她从不后悔，因为值得。

坚韧和辛劳，为的是金融扶贫资金的早见成效

薏仁米是兴仁市的主要经济农作物，同时也是贵州省地方特色产业和中国国家地理标志产品。

2017年以来，兴仁市政府大力发展薏仁种植，面积23333.33多公顷，约占中国薏

仁种植面积的30%。目前，兴仁市已成为中国最大、亚太地区最主要的薏仁贸易集散地。兴仁市通过发展薏仁米产业实现综合产值15亿元，为薏农带来收益近5亿元，其中助力9884户贫困户脱贫。

但2020年突发的新冠肺炎疫情，一下子将当地农民好不容易燃起来的致富希望几近扑灭，因为疫情影响，当年薏仁米的市场收购价格从2019年的4元/斤降至1.2元/斤。

突发的状况，农民慌了，政府慌了，怀建丽更是心急如焚。“当地50多万人口中有20多万人都是靠薏仁米为生，卖不出价格，这不是要了农民的命吗？”如果售卖，老百姓损失惨重，如果不卖，则会库存积压，老百姓生活将难以保障，当地政府也进退维谷。怀建丽急农民之所急，忧政府之所忧，主动做好市场调研和走访后，积极向市委、市政府沟通汇报，仅用了8个工作日就发放贷款3亿元，用于支持兴仁市薏仁米市场调控，帮助全市5万户20多万薏农走出销售困境。

2020年大年三十，怀建丽刚回到家中，就接到领导要求启动疫情防控应急预案做好信贷支持的通知，刚脱了鞋的她立即穿好鞋赶到单位，在连续两天两夜不眠不休中完成了各个县的资金需求调查，快速启动疫情防控金融服务方案，利用两天时间获批系统内全省首笔应急救灾贷款1350万元。

此时的怀建丽突然发烧生病。为了不影响工作，没有休息一天的她赶往当地医院，要求做核酸检测，当天下午拿到检测结果后，再次回到工作岗位。

“不要命了吗？”家人的抱怨，同事的劝导，都不如工作中的责任让怀建丽释怀。

用心和共情，是敬业奉献的女行长的独有特质

2020年11月23日，央视新闻频道《新闻直播间》栏目播出节目《贵州晴隆　贵州66个贫困县全部脱贫摘帽　搬出贫瘠的大山　融入城镇新生活》，以黔西南州晴隆县阿妹戚托小镇为代表，关注了贵州各族各界欢庆66个贫困县全部脱贫摘帽！这其中，就蕴含着怀建丽同志的心血和情感。

为克服无机构县困难，怀建丽牵头成立脱贫攻坚“三人小组”，驻扎晴隆开展工作。坚持每周向当地县政府主要领导汇报项目推进情况，仅2020年度就为晴隆县获批贷款11.41亿元，发放5.73亿元，支持了晴隆县城市配套基础设施建设、晴隆县三宝彝族乡产业园标准化厂房建设等项目，助力晴隆县如期脱贫摘帽。

“我要保证每一笔款都能真正用到实处，用到每个扶贫对象的身上。”晴隆县三宝彝族乡整体易地搬迁后，怀建丽格外关注教育扶贫项目。“以前孩子读书都要走上一两个钟头，很多孩子因为距离问题辍学。”搬迁后，她第一时间介入教育扶贫，发放1.7亿元支持易地扶贫搬迁安置点中、小学建设，保证孩子可以在小区内入学，同时投放

1.85亿元支持建设产业园标准化厂房项目，发放600万元支持园区内劳动密集型产业发展，带动三宝乡近万易地扶贫搬迁老百姓“在家门口就业”。

看着孩子们可以在自己住的小区读书，看着百姓可以不出家门口就业，怀建丽幸福感满满。

在怀建丽的努力下，农发行支持的晴隆县教育扶贫项目成为全省同类项目营销模板。以该项目为突破口，农发行实现支持黔西南州“六县两市一区”教育扶贫全覆盖。此外，怀建丽通过挖掘公司综合收益，对未纳入政府隐性债务的普安县2017年棚户区改造项目进行升级转型，使之成为全州首笔获批的转型项目。

牢记使命助脱贫。2020年以来，怀建丽组织累计申报项目16个，获批金额27.64亿元，发放贷款13.43亿元。

脱贫攻坚不是简简单单地进行单纯的金融补给。作为晴隆县脱贫摘帽过程中重要的输血者和参与者，怀建丽付出了常人无法想象的努力和艰辛，还有无法计量的心力和感情。16年来，金融扶贫工作中的每个贫困百姓都是她一往无前、义无反顾的动力；而今，她仍然奔走在助力乡村振兴的大道上……

个人感言：每做一件真正让百姓受益的事，我就会感到很幸福，我个人力量虽小，但我将拼尽全力，竭尽所能。

云南省

基层一线的金融扶贫标兵

——记“2020年云南省脱贫攻坚奖‘扶贫先进集体’”农发行马关县支行

根据党中央、国务院的部署，2013年以来，农发行开始对位于祖国西南边陲的马关县进行定点帮扶。马关县是典型的集“老、少、边、穷、战”为一体的深度贫困地区。多年来，农发行各级行从融智、融资、融商等全方位给予马关县倾情帮扶，为马关如期脱贫摘帽打下坚实基础。

为更好地服务马关县脱贫攻坚工作，2017年9月15日，农发行马关县支行挂牌成立。成立以来，农发行马关县支行积极在脱贫攻坚战的最前沿发挥着重要的支点作

■农发行马关县支行员工帮助农产品滞销贫困户搬运蔬菜

农发行马关县支行成立于2017年9月，现有职工16人，平均年龄29岁，支行队伍呈年轻化、专业化、高学历特点。作为总行挂钩扶贫定点县的窗口行，全体员工始终秉承锐意进取、刻苦奋斗的精神，以严谨的工作作风、饱满的工作热情，在基层一线支行努力发挥积极作用。

用。截至2021年4月末，农发行精准围绕“两不愁三保障”脱贫项目，累计向马关投放贷款及基金32.86亿元，受益贫困人口达34.78万人次，金融扶贫成效显著。2017年12月，国务院扶贫办对中央单位开展2017年度定点扶贫成效试点考核，农发行被列为“最优等”；同时，农发行马关县支行还荣获农发行总行颁发的2016—2017年度“脱贫攻坚奖”及马关县委、县政府颁发的2017年度脱贫攻坚先进单位；2019—2020年连续两个年度获云南省“脱贫攻坚奖”扶贫先进集体荣誉。

勠力同心，团结拼搏，队伍建设蒸蒸日上

农发行马关县支行承担着总行定点扶贫工作最前沿阵地的光荣使命。该行始终坚持以习近平新时代中国特色社会主义思想为指导，认真贯彻落实上级行决策部署，坚持党建引领，以党建统领全局，加强思想政治建设和组织建设，提升队伍凝聚力、战斗力、执行力。精准施策、因地制宜，强化内外部沟通和协调，紧紧围绕金融服务脱贫攻坚主线，创新工作模式，突出扶贫信贷项目营销、培育、审批和发放工作。做好各项检查督导整改工作，夯实基础管理和风险防控。全方位积极配合上级行及“三人小组”开展的定点县消费扶贫、就业培训、招商引资及捐赠管理等各项帮扶工作。

凝心聚力，融资汇智，全力助推脱贫攻坚

截至2020年末，农发行马关县支行贷款审批金额累计达44.4亿元，累计支持项目40个，投放贷款（基金）32.86亿元，各项贷款余额23.59亿元，各项存款余额2.35亿元。2020年，发放仓储设施建设项目贷款3000万元支持南山产业园区粮食物流储备库建设；发放生态环境建设与保护贷款6000万元用于集中式饮用水水源地（大丫口水库）污染防治工程建设；发放农业小企业流动资金贷款300万元用于农业企业购买农副产品；发放农业小企业流动资金贷款900万元用于农业企业购买经营所需的加工生产原料；发放地方储备粮油贷款209.41万元用于收购大米；发放地方储备粮油贷款598.50万元用于收购稻谷、玉米。通过全体员工的努力拼搏，探索出一条以信贷投放和金融服务为依托，独具农业政策性银行特色的金融扶贫之路。该行业绩斐然，成效显著，为马关县打赢脱贫攻坚战保障资金来源，输送新鲜血液。

迎难而上，临危担责，精诚团结共抗疫情

在马关县即将迎接国家第三方摘帽考核之际，突如其来的新冠肺炎疫情，极大地

影响了马关的脱贫攻坚进度。疫情暴发伊始，农发行马关县支行职工自觉提高认识，高度重视，强化管控措施，严守防控战线。在配合大局做好日常疫情防控工作的同时，该行复工后的第一项任务便是，举全行之力，全力以赴投放疫情应急救灾贷款。疫情期间，尽管出行不便、对接不便，工作开展比平时艰难数倍，但农发行马关县支行依然克服重重困难，全行职工自主加班加点，为抗疫急需的救灾应急贷款开辟“绿色通道”，支行第一笔应急贷款从调查审批到成功发放仅用了16天时间，发放农村流通体系建设贷款（流贷）260万元用于生产防疫物资口罩及防护服；发放粮油调销贷款280万元支持疫情期间粮食物资采购。积极开展消费扶贫，助力解决农特产品滞销积压难题。该行配合农发行云南省分行、“三人小组”、州分行，采取系统内单位认购和发动社会爱心人士购买的方式，助销马关农特产品合计67.13万元，帮助马关实现“疫情防控+脱贫攻坚”共战双赢。

幸福都是奋斗出来的，如今马关县已实现高质量脱贫，各项事业蓬勃发展，无论是城乡风貌，还是人的精神状态，都发生了显著变化，这其中就有金融扶贫标兵——农发行马关县支行的无私奉献。

"金融活水"润边疆

——记"云南省脱贫攻坚先进集体"农发行普洱市分行客户业务部

有这样一群身影，他们深入企业车间、田间地头，矢志不渝地为广大群众脱贫致富呕心沥血、夙兴夜寐。

有这样一种情怀，叫初心如磐、使命在肩，以拳拳赤子心和耿耿桑梓情为边疆少数民族地区经济社会发展注入汩汩金融活水。

他们，就是农发行普洱市分行客户业务部的全体员工。

作为政策性银行服务脱贫攻坚的核心"战斗队"，在决战决胜脱贫攻坚的火热实践中，农发行普洱市分行客户业务部牢记支农初心和使命，深入贯彻落实习近平总书记

■ 农发行普洱市分行与景东县人民政府签订乡村振兴业务合作协议

农发行普洱市分行客户业务部团队共有员工五名，平均年龄31岁，作为普洱市分行业务发展的前沿部队，始终努力发挥服务普洱市脱贫攻坚及乡村振兴战略的重要作用。

关于扶贫工作的重要论述和一系列重要指示批示精神，始终坚持以服务脱贫攻坚统揽业务发展全局，持续深化“党建+脱贫”工作模式，勇担政策性金融扶贫主力军重任，源源不断为地方经济社会发展注入“金融活水”，在边疆少数民族地区奏响了一曲曲脱贫攻坚的时代凯歌，走出了一条独具特色的普惠金融发展之路。

金融扶贫当先锋

普洱市地处祖国西南边陲，与缅甸、越南、老挝三国接壤，是面向南亚、东南亚的重要开放门户，也是云南省脱贫攻坚的主战场。长期以来，农发行普洱市分行客户业务部紧紧围绕总行和省、市分行高质量发展要求，全力服务农业供给侧结构性改革和乡村振兴战略，秉持脱贫攻坚“功成不必在我，功成必定有我”的历史担当和家国情怀，长期发扬“5+2”“白+黑”战斗精神，找准投向、创新模式，持续加大投放力度，发挥“补短板”的职能作用，结合贫困地区的贫情及发展需求，持续加大对贫困地区农业农村基础设施建设项目的资金投入，积极助力当地易地扶贫搬迁、棚户区改造、贫困村整体提升、人居环境整治等项目建设，不断完善贫困村基础设施和公共服务设施，着力解决“两不愁三保障”突出问题，倾情助力打好“三大攻坚战”，实现了业内“三个第一”。

俗话说，安居才能乐业。2015年，云南省吹响了“安居工程”号角，作为“支农为国、立行为民”农业政策性银行，农发行普洱市分行客户业务部果断出击“当先导”，率先打响金融支持脱贫攻坚的“第一枪”，在云南省金融系统率先融情融智融力融资“四融”发力。针对西盟佤族自治县、孟连傣族拉祜族佤族自治县两县24968户群众安居工程建设项目，农发行普洱市分行客户业务部为其“私人定制”了一套“组合拳”，并快速发放8.2548亿元贷款，助推边疆少数民族群众住房条件持续改善，有力地助推落地了一大批支农、惠农扶贫贷款项目。在该笔贷款的示范带动下，又快速对普洱市所辖九县一区的易地扶贫搬迁和农村危房改造需求发放了35.75亿元长期贷款，真真切切让贫困群众在“安居”的同时，逐步走向了“乐业”。

面对普洱市交通、水利、教育等领域的短板，农发行普洱市分行客户业务部紧紧围绕当地重点项目，急党政之所急，想百姓之所想，以“面对荆棘勇闯新路”的勇气和担当，先后投入贷款29.9亿元，支持普洱市农村交通、民生水利等基础设施建设。同时，紧密依托普洱市全域充沛的农地资源，反复研学中央关于脱贫攻坚和乡村振兴的相关政策，围绕“增减挂钩、占补平衡两类土地指标”做文章，累计报批争取到农地整治贷款37.31亿元，在支持全域农村土地综合整治的同时，极大地提升了地方财政“造血功能”，取得了“党、政、银、企、民”五方共赢共享的成效。

产业扶贫添动能

产业兴旺，激发内生动力，群众致富才有希望。普洱市属于农业大市，生态资源丰富，产业优势明显。对此，农发行普洱市分行客户业务部聚焦当地资源禀赋，积极构建“输血+造血”的长效机制，带动贫困群众参与到产业发展的各个环节，不断探索以金融扶贫赋能产业扶贫，实现由“输血式”扶贫向“造血式”帮扶转变，让发展成为消除贫困最有效的办法、创造幸福生活最稳定的途径。

为进一步巩固拓展脱贫攻坚成效，农发行普洱市分行客户业务部积极支持易地扶贫搬迁后续产业发展。2020年以来，支持澜沧拉祜族自治县中药材种植加工基地产业扶贫建设项目2400万元和宁洱·那柯里茶马古道小镇建设项目20000万元，全额完成省分行下达的投放目标任务；累计向8户生猪养殖企业发放生猪养殖产业扶贫贷款13182万元，截至2020年末，该行生猪产业贷款增幅达12142.67%。同时通过企业吸纳贫困人口就业、与贫困人口签订帮扶协议等形式累计带动贫困人数（已脱贫享受政策）47人，充分发挥了农业政策性银行当先导、补短板、逆周期的农业政策性银行作用。

为真正把实现巩固拓展脱贫攻坚成果与乡村振兴有效衔接，农发行普洱市分行客户业务部抓“大”不放“小”，紧跟当地“一县一业”的布局安排，“逆周期”托底和前瞻性支持并重，累计发放产业类贷款26.03亿元，重点支持地方粮食安全、茶林药产业、桑蚕生猪养殖等特色农副产业的发展壮大。同时，全力服务普惠小微企业，支持地方特色经济产业发展。2020年以来，通过聚焦普惠小微，将金融支持“稳企业保就业”与履行政策性支农职责相结合，累计向18户普惠小微企业发放贷款4580.95万元，用于支持地方特色花卉园艺、中草药种植、茶产业、猪牛牲畜养殖、热带坚果种植等产业发展，持续为地方“三农”发展注入源源“金融活水”，有力地支持了地方产业发展，为普洱市决战决胜脱贫攻坚注入了强劲动力。

抗疫一线显担当

疫情防控，人人有责。时间回溯到2020年2月2日，农发行普洱市分行客户业务部在分行党委的正确领导下，积极主动作为，迅速付诸行动，为普洱市打赢疫情防控阻击战贡献了农发行力量。在云南省农发行系统和普洱市金融机构中率先发放第一笔1.9亿元抗疫贷款后，共向1户全国性重点保障企业、4户省级重点保障企业、5户市级重点保障企业发放情防控应急贷款共计41340万元，专项用于疫情防控、物资采购供应。同时，为及时支持企业复工复产，农发行普洱市分行客户业务部主动加强与多家疫情防控有关企业对接，对名单内客户开展地毯式的摸底调查工作，开通疫情防控应急办贷和复工复产绿色办贷两大通道，及时对信誉良好、生产经营稳定、确因疫情影响导致阶段性生产经营困难的16户企业发放疫情防控应急贷款和复工复产贷款共计124000万元，及时帮助企业解决资金紧缺困难，恢复正常生产经营秩序，让员工有收入、企业有希望，为当地疫情防控和经济社会发展注入了新鲜活力。

星光不问赶路人，时间不负奋斗者。多年来，农发行普洱市分行客户业务部用实际行动践行着农发行“支农为国、立行为民”的神圣使命，充分体现了敢于担当的顽强精神和浓厚家国情怀，得到了上级行、地方党委、政府以及社会各界的高度赞誉。该部连续三年被农发行云南省分行综合考核为“优秀”；2020年，被农发行云南省分行考核评定为唯一的“A+”级机构，被云南省委、省政府授予“脱贫攻坚先进集体”称号，被普洱市金融工作领导小组授予“金融支持稳产就业工作先进集体”称号。同时也涌现了一大批先进个人，首席客户经理张太明同志先后被农发行总行、云南省扶贫开发领导小组表彰为“脱贫攻坚先进个人”；客户经理罗进富同志被农发行总行评为2020年“脱贫攻坚先进个人”；客户经理罗丹同志被普洱市委、市政府授予“普洱市劳动模范”称号。

扶贫路上的“孺子牛”

——记“2017年云南省脱贫攻坚奖‘扶贫先进工作者’”张西林

勇担当　善创新

随着脱贫攻坚号角的吹响，时任农发行保山市分行党委书记的张西林带领攻坚队伍，“5+2”“白+黑”，“敢于亮剑”是他的座右铭，在他的带领下，农发行保山市分行实现跨越式发展，连续七年保持不良贷款为零，累计发放贷款百亿元，为保山市脱贫攻坚及地方经济发展作出突出贡献。其中，发放了全省第一批易地扶贫搬迁贷款，

■张西林（中）调研扶贫建设项目

张西林，1996年11月加入农发行，曾任农发行保山市分行党委书记、行长，2018年11月退休。年过花甲的他，退休不退岗，仍然坚守在扶贫村一线，带领群众巩固脱贫成果。

总结、探索出易地扶贫搬迁贷款施甸模式、贷款资金监管昌宁模式，得到云南省委的认可，并在全省推广。为实现贫困人口“搬得出、稳得住、能致富”，他积极探索搬迁与就业相结合，依托当地工业园区建设，让迁出户可就近务工，并有针对性地进行技能培训，提升搬迁户自身发展能力。保山市委、市政府联合发出表扬信，充分肯定了农发行的工作。

张西林在工作中勇于担当、善于创新。为探索创新扶贫模式，打造适合龙陵产业的扶贫项目，张西林一年里跑遍了龙陵所有的乡镇、村庄，有时每天需要徒步数十千米，身体不舒服，就买点药随身带着对付一下。他结合农发行产业扶贫思路，提出从受益面广、见效快的生猪、黄山羊、胡蜂养殖，甘蔗、林下中药材种植着手，推进一批帮助群众脱贫的“民心”项目。他积极推进“万企帮万村”行动，让“大企业”参与进来，以产业扶贫带动经济和生产，通过信贷资金激发企业活力，带动贫困群众参与生产与发展。他探索出符合当地实际的政府主导加企业参与的“51+49”股权融资产业扶贫模式，推动企业带动贫困群众参与生产。现龙陵蔗糖产业原料基地精准扶贫项目带动龙陵县勐糯、木城、平达、镇安、腊勐、碧寨六个乡镇，涉及建档立卡户1992户8179人，企业流转土地3333.33公顷，新增就业岗位近百个。建立了项目与蔗区内贫困户建立利益共享联动机制，让贫困群众一份土地获得三份收入，第一份是参与甘蔗产业的贫困户每年获得土地流转收入，第二份是贫困户参与公司劳动的工资性收入和承包性收入，第三份是甘蔗销售价格与蔗糖销售价挂钩联动的利润分红收入，让建档立卡贫困户有了持续造血能力。

张西林同时注重工作创新。龙陵县没有农发行的分支机构，工作开展不便利。他通过多方努力协调，在县委党校办公楼里设立了办公室，成立了三个人的农发行驻龙陵县扶贫领导小组，派出农发行保山市分行熟悉信贷业务的李杰到龙陵县专司扶贫工作，农发行的一面旗帜扎根在龙陵县。地方政府也派出五名年轻人来农发行学习金融业务，大大提高了扶贫工作效率。他还倡议联合龙陵县红十字会成立了龙陵博爱基金，帮助当地建档立卡户和残疾人，并带头捐款一万元。

扶贫志　拔穷根

龙陵县腊勐乡长岭岗村是农发行保山市分行的扶贫挂钩点。当地的贫苦深深地触动了张西林，他下定决心要尽全力帮助长岭岗村的村民们脱贫。他给自己制订了“三个一”计划，即帮扶一家人、帮扶一个村、帮扶一个县的精准扶贫工作计划。

作为帮扶对象的郭长省是长岭岗村特困户之一，他身患重疾，妻子和孩子轻微智障无劳动能力，一家人仅一间危房。张西林自己拿出3万多元，又向自己的亲朋好友筹措资金12万余元为郭家盖了钢架结构的住房。张西林又买了4头猪仔，让郭长省养殖。郭长省有病无钱医治，久而久之病情日渐严重。张西林送他到县人民医院就医，为他缴纳医药费。2017年7月19日，张西林通过多方协调解决医疗费用，请来了上海新华医院副院长刘颖斌到龙陵县为三位胃癌患者实施胃癌根治手术，郭长省就是其中一位。手术的成功为三户不幸的家庭重新点燃希望之光。

每次进村，张西林首先要跑郭长省家，他挂念着郭长省的身体，挂念着猪仔的生长情况。躺在墙脚那只见人就咬的大黑狗现在见了他都摇起了尾巴，似乎已认可了这位“家庭成员”。如今郭长省身体有了好转，肥猪出栏了，一家人的生活得到了较大的改善。

长岭岗村民出行非常困难，需要靠脚翻山越岭一天才能走到镇上。第一次来到长岭岗村，得知张西林是来扶贫的，村民拉着他的手说：“张行长，帮我们修修路吧，一辈子就困在这山沟沟里，做梦都想有条好路走啊！”面对村民纯朴、渴望的眼神，想到这些质朴的村民生活的艰辛，他的鼻头酸了，视线模糊了。“一定要想办法改变村里的现状，改变村民的生活环境！”张西林奔走乡里、县里，争取资金230万元为村里修好了通乡公路。路通后，村支书激动地说：“我当了二三十年的村支书，这条路一直是我的心病，现在路通了，我退休也光荣，总算对得起全村的百姓了。”

由于长期外出不便，村里的男人大多留着长发，张西林觉得再穷也不能穷精气神。于是他学习理发手艺，自备工具，利用下乡扶贫的工作间隙给村里群众理发，排成长龙等行长理发是长岭岗村一道温暖的风景，掀起了一阵“行长发型”的热潮。看到村党支部党建工作薄弱，张西林带领村党支部党员，建起了村委会组织活动室、村民小组党员活动室。看到村里贫困群众没有脱贫路子，张西林多次到外县市实地调研和学习了养蜂、种植黑木耳等技术，把技术专家请进来，将产业技术以培训的方式传授给村民。他和老支书带领支部党员让全村48户建档立卡贫困户养蜂、种植黑木耳，实现了基层党组织建设与脱贫攻坚工作的双推进。这样的故事在张西林的扶贫工作中数不胜数。

永追梦　迈阔步

张西林为民解忧的强烈使命感，饱含热情的工作态度，敢为人先的创新精神，时刻鞭策着他全情致力于扶贫事业，他也多次被省分行和市分行评为优秀党务工作者、优秀共产党员、先进工作者等，2014年农发行总行授予他五一劳动奖章，2015年全国金融工委授予他五一劳动奖章；2017年荣获“银行业最美人物”提名奖、“农发行最美员工”。2017年获云南省扶贫攻坚创新奖。他虽然已退出领导岗位，卸下行长职务却不卸扶贫担子，他依旧坚定地走在这条艰难却能给贫困百姓带来希望的路上，甘为扶贫路上的孺子牛。

个人感言：在上级行党委的关心和同事们的支持帮助下，我很荣幸获得了表彰，激动之余更多想到的是党员干部肩上的责任和担当。我要更加坚定理想信念，为巩固好脱贫攻坚成果作出更大贡献。

雪山聚映千家寨　金融“活水”注万家

——记“2018年云南省脱贫攻坚奖‘扶贫先进工作者’”蒋正平

不忘初心，他是脱贫攻坚的明白人

有人说，“蒋正平的扶贫攻坚情怀，与其说是作为党员领导干部的责任，不如说是与生俱来的情怀！”20世纪70年代，蒋正平出生于云南省迪庆藏族自治州（以下简称迪庆州）维西县塔城镇其宗村的藏族贫困家庭。他从优秀学生、优秀班干部到优秀信贷员，有过艰苦求学的少年时期，有过拼搏奋进的青年时期，人到中年勇挑扶贫重任，

■ 蒋正平（左一）慰问贫困户

蒋正平，曾任农发行迪庆藏族自治州分行党委书记、行长，2020年3月，任农发行临沧市分行党委书记、行长。在脱贫攻坚关键时期，他以迪庆高原孕育出的豁达开朗、吃苦耐劳、执着坚韧的性格，以党和国家赋予的使命和责任，带领全行实现业务跨越式发展，服务地方脱贫攻坚成效显著。

吃过贫困的“苦头”，在党的阳光沐浴下成长。许是年少时的农村生活和心中的“乡村情怀”，一步步激励着他为党的事业、为农发行的发展、为家乡的脱贫攻坚无悔付出。

蒋正平扶贫“初心”不仅源自与生俱来的情怀，还有作为农发行人独有的扶贫使命。脱贫攻坚战打响之际，作为农发行迪庆州分行主要负责人，他深知助力迪庆打赢脱贫攻坚战，关乎着全国实现全面小康的重要目标，关系到各级党委、政府将党的决策部署落到实处，肩负着云南省藏区贫困群众的希望，意味着迪庆州从此将甩掉“贫困包袱”，更体现着农发行的时代责任，对于精准扶贫工作他一丝也不敢松懈。他通过党委会、行务会和职工大会等形式，组织学习文件精神，研究贯彻落实意见，制定工作规划，从班子到员工层层传达、层层落实，切实将思想和行动统一到脱贫攻坚的重大决策部署上来，将脱贫攻坚作为统揽全行工作的中心，在全行形成农发行助力迪庆州脱贫攻坚合力。

以身作则，他是金融决策的开路人

“火车跑得快，全靠车头带。”身为行长的他，时刻以党员领导干部的身份要求自己当模范、做表率，高度的政治责任感和强烈的事业心让他几乎进入了脱家、脱休的忘我工作状态。只要是党的事业、农发行的工作，他就坚持做；只要是政府关注的项目，他就积极跟进；只要是关乎迪庆州脱贫攻坚的政策，他就认真钻研，时刻铭记党员身份，不辱党员使命。蒋正平同志以身作则的工作作风在行内外树立了良好形象，也带动和影响着员工们不辞辛劳为事业努力付出。

带队伍，凝心聚力真扶贫。面对农发行迪庆州分行人力资源极度紧缺的现状，他倡导新时期迪庆农发行精神，鼓舞员工挑好担子，砥砺前行。他始终坚持从严管党治行，以党建统领业务发展，结合工作实际创新推行“党建+X”工程和党员“五个一”特色工程。致力于新时代激励干部新担当新作为，坚持靠制度管人管事，抓教育培训、抓岗位练兵、抓选拔培养、抓轮岗交流，实现了农发行迪庆州分行中层干部年轻化、知识化、专业化、革命化。在“党建+X”融合双推促发展新格局下，全行上下风清气正，人人心思干事创业，个个齐心谋发展，一支“尽职、务实、创新、自强”的政策性金融扶贫“铁军”扎根迪庆高原。

抓项目，争取政策扶真贫。蒋正平积极研究探索农发行业务品种与脱贫攻坚工程的有效切入点，储备了“十三五”时期支持迪庆州发展的100亿元以上项目库，项目涉及产业扶贫、教育扶贫、健康扶贫、农村公路、农村水利、贫困村整体提升、棚改、物流体系建设等方面，基本实现对《迪庆州深度贫困脱贫攻坚实施方案》中九项工程的全覆盖。他深刻认识到争取资源倾斜是破除迪庆州发展困境的“良方”，为此他屡次向上级汇报迪庆州贫困实际，请求给予差别化政策，在他的不懈努力下，2016年以来，农发行总行、云南省分行先后给予迪庆州诸多差异化信贷政策，2018年6月，农发行支持“三区三州”脱贫攻坚工作现场推进会议上，差异化政策措施围绕信贷政策、资源、支持模式、支撑保障等方面进一步细化和明确，为加快储备项目推进提供了更强有力的保障和支撑。他积极争取外派干部挂职政策，选派了政治素质过硬、业务能力扎实的干部到迪庆州艰苦边远的德钦县挂职副县长，首次实现了政策性金融服务向无机构地区深入，同时外派中层干部到香格里拉市扶贫公司挂职副总经理，实现了对迪庆州深度贫困县金融服务全覆盖，完善了迪庆州政策性金融扶贫业务体系，积极发挥了政策性金融融智融力作用。

不负使命，他是金融扶贫的带头人

迪庆州深度贫困、历史政治复杂、“直过民族”地区的特殊性，长期以来群众“等、靠、要”思想严重，政府机构缺乏金融专业人才，银政信息不对称，政府融资环境的变更，更为银政双方寻求新的合作方式提出了难题。“路虽远，行则将至；事虽难，做则必成。”他率先垂范，启动行长工程，以“首席客户经理”“首席营销员”的身份，仅2017年一年，先后到地方党政汇报沟通107次，做到重大项目提前介入、超前谋划、掌握主动权、全程参与，努力为政府提供有效的金融决策，直接促成农发行迪庆州分行全辖机构支持地方重大项目建成达效。

蒋正平心系农业，在不是粮食主产区、主销区的迪庆州，坚持做好做精政策性收储业务，确保迪庆州粮食安全和重要农产品的有效供给。他心系农村，率先启动支持易地扶贫搬迁工程，主动协调，参与规划，牵头调查，深入调研，助力打响农发行在迪庆州三县支持脱贫攻坚的“第一枪”；累计注入13.79亿元棚改贷款资金，使迪庆州棚户区居民从“忧居”变“宜居”；先后成功对接6.36亿元扶贫过桥贷款，有效保障迪庆州安全饮水工程、农村公路建设、水利工程建设等基础设施建设项目的顺利推进，缓解了上级拨补资金与建设项目资金需求“远水难解近渴”的尴尬；2017年汛期引发维西、德钦县域澜沧、金沙两江洪灾，他牵头开展应急救灾行动，在农发行云南省分行的支持和帮助下，48小时内完成了两县1.6亿元救灾应急贷款的调查、上报、审批、发放，为地方抗洪抢险和灾后恢复重建提供了及时、有力的资金保障。他心系农民，13年间累计发放信贷5.62亿元资金支持香格里拉酒业股份有限公司建设优质葡萄、青稞基地，以“公司+基地+农户”的形式带动农民增收，产业扶贫效益显著。面对上级领导的认可，他总是谦虚地说：“这都是上级行党委关心、地方党政和监管部门支持、全行员工团结干事的结果！”

以心换心，他是挂钩帮扶的贴心人

德钦县羊拉乡甲功村是农发行迪庆州分行挂包帮联系的贫困村，蒋正平心系边远山区贫困户，每次走访，他最挂念的是全村最困难的顶匹家。得知顶匹家搬入了新房，他高兴地组织干部员工前去走访慰问，帮助他家打扫卫生、生火做饭，向家里捐资赠物，顶匹的母亲激动地握着他的手说："谢谢共产党！谢谢农发行！你们让我家有房住、有床睡、有暖和的被子，有个像样的'家'！有你们的捐款，买得起种子，家里的地也不用闲着了，增加了收入，日子越来越好了！"顶匹家并不是他的挂钩户，却与他有着如亲人一般的感情。初次走访，得知挂钩户拉木一直患有严重的鼻窦炎而不能下地劳作，他长期托人从香格里拉带药给老人治病，资助老人的外孙益西卓玛上学，每次前去，拉木双手合十表示感谢，眼神中透着亲切和感动。

"只有把真正优秀的干部派驻到脱贫攻坚一线去，帮助贫困地区群众搞发展，才能让挂包帮工作发挥最大作用。"蒋正平选派了"懂藏语、爱群众、能干事、干实事"的当地优秀藏族干部吉称同志到"云南北极"甲功村担任驻村党总支第一书记、驻村工作队队长，与贫困户同吃同住同生活，带头深入遍访调查，帮助村民修屋建房、改善村容村貌，发展特色蜂蜜、中药材等产业；面对辖内机构人少事多、青黄不接的情况，他坚持选派两名青年员工到农发行维西县支行挂钩点拉日村轮流驻村。累计帮扶甲功村近73万元物资，建档立卡贫困户从原来的33户减少到16户；累计帮扶维西县保和镇拉日村物资共计约12万元，挂钩的主要村民小组亥本洛，从原来的20户建档立卡贫困户减为现在的1户，同时，亥本洛也是受惠于迪庆州分行信贷支持的"直过民族"通组路建设项目的众多边远高山村落之一。

个人感言：回想起走过的扶贫之路，更多的是感动、感谢、感恩、感慨，荣誉不仅仅是我个人的，更属于农发行扶贫路上的每一人。

脱贫路上的“急先锋”

——记“2020年云南省脱贫攻坚奖‘扶贫先进工作者’”张太明

两个月跑遍全市的九县一区，每天工作时间超过15个小时，全辖每个项目涉及的贫情、民情熟记在心，急群众之所急，带领团队在脱贫攻坚的道路上披荆斩棘——他就是农发行普洱市分行行长张太明，一名奔波在普洱脱贫路上的“急先锋”。

跑出脱贫实绩，帮助贫困群众安居

2017年，张太明任农发行普洱市分行“一把手”。作为基层工作多年的领导，他深

张太明（右一）察看中药加工种植产业扶贫成效

张太明，1996年12月由农行转入农发行工作，历任农发行元阳县支行行长、红河州分行副行长等职，2017年8月调入农发行普洱市分行任党委书记、行长。他勤政务实、狠抓执行，以优异的工作业绩得到了多方肯定，为普洱打赢脱贫攻坚战作出了突出贡献。

知普洱脱贫攻坚任务的艰巨。他“着急”，要“抢”时间，要把国家各项脱贫攻坚的好政策用活、用实，让普洱市15.98万贫困人口尽快走上脱贫致富的道路。怀揣着对这片红土地的深情，他在入职农发行普洱市分行伊始定下目标：三年内贷款破百亿元。

俗话说，安居才能乐业。张太明同志把第一个“目标”就定在了解决贫困群众“安居”的问题上。普洱市西盟佤族自治县，是我国“直过民族”佤族的主要聚居地，是《阿佤人民唱新歌》诞生的地方。他深知脱贫致富的路上“不能让一个民族兄弟掉队”的重要，他开始没日没夜地“跑”：到县里指导项目申报、实地查看项目落地情况、带着翻译到不会汉语的少数民族同胞家里看望慰问、了解搬迁和住房改善情况……滇西南地区山高路窄弯道多，雨季山体滑坡、道路塌方等自然灾害频发，他从不把这些“小问题”放在心上，他心里装的是怎样尽快把国家扶贫政策转化成贫困地区群众脱贫致富和真金白银的“头等大事”。

2017年底，农发行普洱市分行融情融力、融智融资，发放易地扶贫搬迁贷款2亿元、农村人居环境贷款6亿元用于西盟、孟连两县边境直过民族特困地区农村易地扶贫搬迁及农村危房改造，惠及两县13个乡镇22002户农户，其中建档立卡贫困人口4980人，助力两县率先脱贫摘帽。

真心付出换来的是地方政府的肯定、贫困群众的信任。2019年6月，一封来自西盟县的感谢信送到了张太明的办公桌上：“……脱贫攻坚鏖战急，佤山大地捷报传。4月30日，省政府批准西盟县退出贫困县，摘掉戴了33年的贫困帽子，翻开了西盟发展的新篇章……饮水思源，这些成绩的取得，凝聚着全县干部群众的共同努力，饱含着普洱市分行的艰辛，更得益于您一以贯之的关心帮扶。在此，谨代表全县9.56万各族人民向您道声：感谢脱贫路上一直有您。”

伴随着佤山同胞脱贫摘帽的喜悦，他明白，脱贫道阻且长，我辈任重道远。西盟县的脱贫仅仅是一个良好的开始，农发行作为金融扶贫的先锋主力模范，在助力普洱市脱贫攻坚事业中还有很长的路要走。

带出“狼性”团队，实现贫困群众乐业

农发行普洱市分行的员工都知道，张行长性子急，特别强调工作的执行力，对“拖拉懒散”深恶痛绝。张太明常对干部员工说：“工作要提前谋划，定下了就干，干就要干好，不练嘴皮子，咱们拿实绩说话。”他身体力行，把“不讲任何借口”作为行为准则，以他的“刚性”魅力，为全行干部员工做榜样，硬是带出了一支战斗力强的“狼性”团队，农发行普洱市分行在脱贫攻坚领域实现了业内“四个第一”：在全省范围内率先发放涉农整合资金过桥贷款1.9亿元，为贫困村整体提升提供信贷支持；首提

“农地+N”项目融资模式，发放0.75亿元贷款，用于实施农村危房改造、饮水安全巩固提升、土地整治等项目建设；发放首笔以特许经营模式获得审批的PPP项目贷款1.5亿元，用于普洱市洗马湖全民健身运动场所项目建设；发放首笔公益性项目市场化运作模式贷款4.5亿元用于宁江公路建设，有力“贷”动了沿线9394名贫困人口的脱贫。

尽显情怀担当，帮助脱贫群众致富

面对扶贫成效日益凸显、社会好评如潮涌至，张太明同志清醒地看到，脱贫攻坚在部分工作环节以及细节上依然存在着困难和问题，新冠肺炎疫情和地质灾害仍旧给普洱市脱贫攻坚带来新挑战和不利影响。他意识到，脱贫摘帽只是实现人民群众美好生活愿望的起步，农发行在推动贫困群众增产增收、巩固脱贫成果等方面还有很多工作要做。

“急先锋”张太明带领农发行普洱市分行团队提前谋划、提前介入，紧扣全面建成小康社会目标任务，围绕普洱市脱贫攻坚项目，聚焦“三保障”和饮水安全、产业扶贫等重点领域持续发力，坚决助力普洱打赢脱贫攻坚战，17亿元贷款投向城乡建设用地增减挂钩项目及耕地占补平衡项目，惠及普洱市7个县区、6万多贫困人口，为整个普洱市农村三产融合、乡村振兴提供了优质、高效的金融扶贫支持；投放6.28亿元为普洱市脱贫攻坚提供金融过桥支持，有效帮助澜沧、景东、墨江三县贫困村村民改善住房条件和道路通行条件、保障饮水安全；投放扶贫资金1.4亿元，有力改善景东县15万余贫困人口生产生活环境，有效提升贫困村自我发展能力。

在2020年脱贫攻坚决战决胜时刻，张太明身先士卒，多次深入未脱贫摘帽县督战，加快推动3.195亿元扶贫项目落地，有效促进贫困村教育条件整体提升和乡村振兴，充分发挥了农发行“当先导、补短板、逆周期”职能作用，尽显农发行人的家国情怀与使命担当。

星光不问赶路人，时间不负奋斗者。在普洱市履职近四年，张太明同志始终坚守初心，牢记使命。在他的带领下，农发行普洱市分行累计投入扶贫贷款62亿元，占比高达67%；经营绩效连续三年取得省分行小组考核第一，2020年更成为云南省农发行系统唯一的“A+”级机构，张太明先后被评为总行2018—2019年度脱贫攻坚先进个人、云南省2020年脱贫攻坚先进个人。

道出一段心曲，彰显男儿无悔本色

张太明在工作中是个严谨认真的“细心人”，但在家人眼里他却是个不近人情的

“粗线条”。2018年在收官工作的关键时期，恰逢一个重点项目申报遭遇瓶颈，他把所有的精力都投入到研究解决方案中，而此时家中要事接踵而至，远在红河县的妻子不断打电话征求这个“一家之长”的意见。为了项目能早日通过申报审批，他在没有任何解释的情况下，对妻子和儿子的电话和微信开启了“免打扰模式”，直到年终各项工作顺利收官。

工作多年，对家人的深深愧疚其实一直埋藏在张太明的心中。聊及此事，他说：“哪一个人会毫无私心？哪一个人会真正不近人情？谁又会愿意作出伤害家人情感的举动？可我是党员领导干部，作为农发行人，我做的是良心活，干的是功业事！农发行今天做的事，以后是要经得起历史考验的啊！我们肩上担负的责任远大过儿女情长，职责所在啊！”

个人感言：我是党员领导干部，作为农发行人，我做的是良心活，干的是功业事！农发行今天做的事，以后经得起历史考验！

履职担当　主动作为
在定点扶贫一线发挥先锋模范作用

——记“2020年云南省脱贫攻坚奖‘扶贫先进工作者’”敖四林

云南省马关县是农发行四个定点帮扶县之一，是集老区、少数民族、边境、山区、石漠化、前战区、连片深度贫困区于一体的国家级深度贫困县，贫困发生率高达23%，脱贫基础十分薄弱。作为农发行2018年初派驻马关县帮扶工作“三人小组”组长，敖四林牢记农发行总行党委、总行领导指示和嘱托，按照“定点扶贫要成为全行脱贫攻坚的窗口和标杆”“马关县要如期高质量脱贫摘帽”的要求，带领“三人小

敖四林（左一）给贫困户收蔬菜

敖四林，农发行总行工会团委工作部副主任级干部，于2018年4月至2021年5月挂职云南省马关县从事定点帮扶工作。他带领农发行帮扶“三人小组”用心、用力、用情，把农发行先锋主力模范的扶贫大旗牢牢插在脱贫攻坚战场一线，被当地群众和政府誉为“无畏逆行者”。

组”，积极配合农发行云南省分行，履职担当，积极作为，紧紧对标马关县“两不愁三保障”指标，以钉钉子精神，做到牢记嘱托始终如一，紧盯目标始终如一，攻坚克难始终如一，精准施策始终如一，纪律作风始终如一，把农发行扶贫先锋主力模范的大旗牢牢插在脱贫攻坚战场一线，较好地发挥了共产党员的先锋模范作用。

2018—2020年，农发行发放马关县精准扶贫贷款15亿多元；通过招商引资动员150多家龙头企业到马关县考察发展，吸引投资30多亿元，直接带动8000多户贫困户增收；通过全行员工及动员社会力量捐赠，三年共捐赠马关县4541万多元，精准落地帮扶马关县教育、产业、医疗等项目25个；组织培训扶贫干部、技术人员、致富带头人14600多人次；组织对接行内消费扶贫200多万元，动员社会组织消费扶贫4000多万元，在云南省53个定点帮扶中央单位中，各项帮扶工作均位居前列。马关县农村人均可支配收入三年连续增长10%，达到11177元。2020年上半年，马关县先后经过国家第三方考核、专项抽查和逐户普查，115个贫困村，9.9万贫困人口全部达到脱贫标准，于5月17日脱贫摘帽。“三人小组”连续三年被马关县评为脱贫攻坚先进集体，2019年被评为农发行总行脱贫攻坚先进集体，敖四林先后被评为云南省脱贫攻坚先进个人和农发行总行脱贫攻坚奉献先进个人，2020年被文山州委评定三等功一次。

坚决克服新冠肺炎影响，积极推动复工复产

积极响应中央和农发行总行党委号召，面对摘帽考核、疫情防控、“六稳六保”多场战斗，毅然放弃春节与家人团聚的机会，与县委、县政府主要领导一道坚守岗位，守土尽责，做到思想不乱、精力不散、工作不断，坚决统筹推进疫情防控、复工复产和脱贫攻坚帮扶工作，确保防疫期间脱贫攻坚不停摆，摘帽迎检不松懈，关键时刻展现了农发行人的担当和情怀。作为挂职副县长，积极作为，冲锋在前，协助地方政府全力阻击新冠肺炎疫情；作为挂钩联系最远边境乡村的县领导，以身作则，带领乡村两级干部，走村入户，设卡排查，日夜巡逻值班，配合军警全力守住祖国的边境线；作为农发行派驻定点一线帮扶工作人员，联合支行同志一起，春节期间主动走访了所有扶贫骨干企业，宣传国家和政策性银行优惠政策，快速发放抗疫贷款，助力复工复产。根据马关县疫情特点和农时季节，2020年2月上旬，“三人小组”就协助政府快速启动了第一轮培训工作，开展技术员、村干部及种植（大）户现场产业培训6000多人。为了帮助贫困户销售滞销蔬菜、鸡蛋，减轻疫情对贫困户收入的影响，3月初，“三人小组”直接协调扶贫公司上门收购贫困户的蔬菜鸡蛋，并带着12吨蔬菜鸡蛋直闯广东市场，成功销售并同珠海市达成了长期合作协议，建立了马关县产品直通粤港澳稳定销售渠道。

坚决打赢脱贫攻坚战，用心用情服务群众

捐赠马关县资金逐年创新高，农发行教育基金成了莘莘学子心中的一盏明灯。在农发行总行领导、总行机关带领下，全系统为马关县捐钱捐物十分踊跃，连续三年均创历史新高。对于各项捐赠，不分钱多钱少，“三人小组”均热情对接，指导政府规范账目，及时出具票据，制作赠送爱心牌匾。同时按农发行总行要求及时制订使用方案，严格按程序规范使用。目前马关建立农发行教育金达4300多万元，实现了资助高中、职高、大学、研究生贫困学生全覆盖，直至顺利完成学业。农发行通过员工捐赠资助马关贫困学生事迹在广大贫困群众和学生中产生了很大反响，成为农发行定点扶贫中的一张亮丽名片。

用心、用情，健康扶贫全省率先突破。由于马关各乡村道路崎岖、分散偏远，看病十分不便，有的村因病致贫、返贫率突破了五分之一以上。为了彻底解决马关因病致贫问题，“三人小组”多方联系，与云南大学、马关县卫生局合力攻关，在2019年试点12个乡村基础上，于2020年6月成功搭建了远程医疗村村通项目，标志着马关县所有山区贫困村，都能实现在家门口与县、州、省三级医疗专家直接就医问诊，在全省贫困县中第一个实现了远程医疗村村通，为马关高质量脱贫摘帽打下了扎实基础，得到了政府和老百姓的广泛赞誉。

“三千良方”稳增收，消费扶贫多点发力。为克服疫情带来的影响，按照农发行总行领导“要把消费扶贫作为复工复产、稳定贫困群众增收的重要手段”指示要求，“三人小组”急马关县之所急，帮群众所需，与云南省三级行紧密配合，积极对接农发行各方面资源，千方百计，千山万水，千线万网，用“三千”良方帮助贫困群众做“买卖”，努力解决马关县农产品滞销问题，稳定贫困群众增收渠道。走企入户，找准消费扶贫对象和产品，梳理制定消费扶贫手册；上门服务，帮助梳通产品流通堵点；发挥金融优势，建立巩固马关县消费扶贫五大基地、三大专区、三个定点（消费企业），千方百计谋寻销售良方。广泛宣传，积极协调农发行内外消费资源，农发行员工和社会各界积极采购奉献爱心，千山万水飞来“暖心”订单。千线万网搭建网上销售平台，在光大购精彩、农业银行扶贫商城、农发易购、全国总工会的“工福云工惠”、“云品荟”、马易网六大电商搭建了农发行定点帮扶马关销售专区。以农发行挂职马关县领导身份，开展了3次现场“县长直播带货”活动。互联网+助力马关扶贫产品飞进千家万户。

发挥产业落地服务员的作用，用绣花功夫助推产业扶贫。认真落实农发行总行领导“每年要引进两家以上企业”的要求，拿出寓公之志，用上绣花功夫，积极梳理系统内外资源，同时发挥个人社会关系，动员同学、朋友和各种商会，广泛招商引资，

持之以恒做好落地服务，同时联系建立扶贫车间，促进发展多种新型经营主体，持续不懈地推进产业扶贫。在全行的帮助下，马关县连续三年招商引资超过10亿元，为宣传、推荐、发展马关县创造了良好条件。

发挥一线脱贫攻坚战斗员的作用，驻乡驻村指挥参与攻坚。根据县委派单，处级干部工作重心下移，负责乡镇脱贫攻坚主体责任，驻镇驻村，带领乡村干部和突击队逐户帮扶攻坚。累计驻村时间260多天，组织乡村干部会议研究部署工作100多次，走访贫困户、农户2000多户次，排查问题短板200多条，组织协调解决问题，开展政策入户宣传，组织动态数据管理，逐户研判推进脱贫摘帽工作。他们所负责的乡镇和村各项脱贫指标走在全县前列。

坚决发挥战斗堡垒作用，做一个忠诚干净担当的人民好公仆

“三人小组”远离农发行总行，身处少数民族地区，每天与基层干部和群众打交道，“三人小组”的形象和作风就代表了农发行的形象和作风。三年来，没休过一天年假和法定节假日，周末也基本放弃了休息。作为一个有着30年党龄的共产党员，敖四林始终牢记农发行总行党委指示和要求，提高政治站位，严格执行双重管理制度，严格遵守农发行和县委各项规定。制定了“三人小组”工作职责和分工合作制度，建立工作日志、周例会、同支行的月例会、学习制度，严格请销假和八小时外生活圈，以一个党员领导干部的标准严格要求自己，自觉维护农发行人良好形象，努力为农发行扶贫先锋主力模范这面大旗添光增彩。牢固树立宗旨意识、公仆意识和服务意识，带着满腔热情和真情开展工作，把农发行的关怀和温暖及时送到贫困群众手中。

个人感言：感谢党，感谢总行党委，使自己有幸在一线参与这场伟大的脱贫攻坚战，事业伟大，使命光荣，职责神圣。感谢各级领导和全行员工的大力支持和无私帮助，在全行的关心支持下，不仅完成了任务，自身思想和能力也得到全面锻炼和提升。

四年扶贫献真情　攻坚战场写青春

——记“云南省脱贫攻坚先进个人”崔喆

彩云之南有文山，文山之南是马关，马关县是一个集边境、民族、贫困、山区、老区、原战区为一体的国家级深度贫困县。2016年11月23日，他从3000千米以外的北京来到马关，从此他的心就与这个边远的县城紧紧相连、息息相关。他用自己的真情付出、用自己的青春书写着在马关这片热土的故事。他为马关县的脱贫攻坚献策献力，他用一片热忱招商引资作宣传，他用一片爱心倾情帮扶贫困学子……他就是马关县县长助理、脱贫攻坚指挥部副指挥长、农发行下派到马关县的挂职干部崔喆。

■ 崔喆（左二）实地查看云南省马关县南捞乡红心猕猴桃种植情况

崔喆，中共党员，现任农发行总行调查评估中心二处副处长。2016年，他肩负总行党委信任与重托，来到云南省马关县开展挂职扶贫工作。2016—2021年，他先后担任马关县人民政府县长助理、马关县脱贫攻坚指挥部副指挥长。四年半的时间里，累计协助向马关县发放扶贫贷款28.17亿元，协调系统内外各类无偿捐赠资金5222.18万元。

赴远山，战扶贫

2016年，崔喆肩负农发行总行党委信任与重托，来到这个与他今后工作、生活密不可分的小县城。作为一名“85后”，从小在城市长大，读书、留学、工作，即使是出差也都是在城市，这次到马关县挂职，从北京直插最基层，对他来说既是职业生涯的一次挑战与历练，也是人生的一次考验与成长。到马关县挂职之初，崔喆把深入调研、体察民情、了解民意作为开展帮扶工作的前提与基础，工作中兢兢业业，踏实勤奋，动真情，真扶贫，扶真贫，努力寻求打赢脱贫攻坚战的途径。四年半的时间里，无论晴空万里还是刮风下雨，马关县的条条山路不知走了多少回，全县的13个乡镇和1个农场不知去了多少趟。

有一次到山乡调研的时候，恰遇泥石流，通乡、通村道路多处受损，调研受阻。道路不畅给边境群众的生产生活带来极大不便，同时也严重影响了我国边境贸易的开展。崔喆意识到通畅的道路对于当地经济发展的重大意义，回去后就积极协调各方关系，对接有关部门，经过几天的努力，编写出公路修建的融资方案，最终在云南省、市、县三级农发行的大力支持下，2.2亿元的道路硬化项目顺利审批、实施，解决了全县通乡、通村道路的硬化问题。以此为例，他还发挥在农发行总行前台业务部门项目融资工作的优势，为全县基础设施建设策划项目，争取有关金融部门的融资28.17亿元，为提升区域发展能力、改善人民生活条件、加快脱贫致富打下坚实的基础。

凝聚力，补短板

教育扶贫是重中之重。为了用好每一笔教育爱心捐赠款，发挥最大的帮扶成效，崔喆总是对接每一个捐赠个人、单位，审核捐赠流程，落实捐赠手续的合规性，每年同马关县教育局一起制订《中国农业发展银行定点挂钩帮扶马关县扶贫助学项目实施方案》，对被捐赠学生名单进行逐一核实。目前，已累计筹措教育捐赠资金3552.75万元，惠及学生3445人。当问起崔喆为什么对教育扶贫工作这么用心时，他说：“当你看到山区里的孩子冬天仍然穿着凉鞋，期待着你把捐赠的图书和文具递到他们手上时，你会被他们那对知识与外面世界渴望的既纯粹又坚定的眼神所感染、所震撼。正所谓扶贫先扶志、扶志要育人，唯有通过教育才能从根本上阻断贫困代际传递。”他还自发结对资助两名特困大学生，帮助他们更好地完成学业。

产业是精准扶贫、脱贫的关键。崔喆扶贫挂职以来到处为马关“奔走相告”。其间，多次组织参与考察团赴江苏、浙江、广东、山东、河南、吉林和福建等省开展招商引资工作。累计邀请52家企业参加马关县招商引资推介会，意向投资项目44个，投资金额为66.21亿元，招商引资工作取得了重大进展。他说：“那些日子里，带着企业以及政府招商部门在各个省份奔走推介，往往意向多，落地的少，打击很大，身心俱疲，但想到只要能多落地一个项目，就会有多少个家庭摆脱贫困，孩子上得了学，老人看得起病，顿时就有了坚持的理由。最难熬的有两次是在河南出差，其实已经路过郑州，本想顺道回家看望家人，但又担心误了行程，担心看到久别的亲人难舍难离，最后咬咬牙还是没和家里人说。"也正因为如此，却错过了和一位至亲见上最后一面的机会，成了终生遗憾。

2020年受新冠肺炎疫情影响，马关县扶贫企业农产品陷入滞销困境。崔喆没等春节过完，便赶回马关县开展东西部消费扶贫协作，推动马关扶贫企业复工复产。其间，梳理出可销售的农特产品49种，编制出马关扶贫特色农产品目录，通过微信等线上渠道在系统内广泛宣传。与此同时，号召各方力量，积极参与线上消费扶贫活动。通过撰写倡议书，号召云南省内积极支援采购马关积压扶贫农产品，稳定农民增收。在疫情特殊时期，马关县"三人小组"带领相关企业一行6人，驱车2500千米前往广东省推销马关滞销农特产品。同珠海市隆幸配餐管理服务有限公司达成购买协议，共计销售12吨鸡蛋、蔬菜和榨菜，为马关县农特产品进入粤港澳地区销售开辟了新的较为稳定的渠道。

四年行，一世情

四年来，每次领导到马关县调研都会跟崔喆开玩笑说"小崔，在马关这么久，没有考虑成个家留下来啊！"他也总是半开玩笑地说："马关不脱贫，我不敢脱单！"

三十而立，崔喆作为一名"85后"的"后浪"，选择成为一名"扶贫人"。他说："由于工作的特殊性，对家庭亏欠很多，个人也失去很多，但也正因为如此，难忘脱贫攻坚，有太多值得珍藏的地方。作为一名共产党员，担当成就事业，汗水铸就辉煌，作为打赢脱贫攻坚战、全面建成小康社会里程碑的参与者、亲历者、推动者，我无悔并为此而光荣。"

最后，崔喆说了句："马关扶贫是我青春的绽放，今后我不管走到哪里，我的心，始终与这一方山水共鸣。四年马关行，一世马关情！"

个人感言：脱贫攻坚是时代赋予我们这代人的使命，我们无理由不担当。为人民幸福而付出并服务其中，是我辈之初心、我辈之责任、我辈之荣耀。

不摘帽 誓不还

——记“云南省脱贫攻坚先进个人”袁智勇

位于中越边境的马关县，是集边境、民族、贫困、山区、老区、原战区为一体的全国扶贫开发重点县。这里曾有贫困村115个，9.9万贫困人口，贫困发生率高达21%，是云南省27个深度贫困县之一。

2016年11月，总行成立定点帮扶马关“三人小组”，袁智勇二孩刚出生一个多月，就踏上了扶贫路。“农发行定点扶贫要成为全行脱贫攻坚的窗口和标杆”是他践行的目

■袁智勇（后排左一）看望慰问贫困户

袁智勇，中共党员，2016年11月，被农发行总行外派到云南省马关县开展定点帮扶工作，挂职副县长四年半。2021年4月，被中国人民银行授予“金融单位定点扶贫先进个人”称号，被云南省委、省政府表彰授予“脱贫攻坚先进个人”称号。

标，“不摘帽不回去”是他立下的坚定誓言。

袁智勇把马关当“家乡”，把贫困群众当“亲人”，他的脚印遍布全县山山水水、村村寨寨，再忙再累，他也无怨无悔。真情投入四年半，在边疆挥洒一腔热血。

2020年5月17日，马关县获省政府批准退出贫困县序列，袁智勇也以实际行动践行铮铮誓言，把农发行主力、先锋、模范的扶贫大旗牢牢地插在定点脱贫攻坚战场一线。

系统谋划创新引领，破解金融扶贫难题

初到马关县，面对繁重的脱贫攻坚工作，袁智勇充分发挥信贷业务特长，对标“两不愁三保障”脱贫退出标准，深入各乡镇村组、田间地头、农户家中开展调查研究，与扶贫部门一道找准短板漏项，制订《马关县脱贫攻坚金融支持方案（2016—2020年）》，将全县贫困户9.9万人脱贫、115个贫困村退出补齐短板弱项所需资金项目化，按施工图明确支持顺序，按地方财力确定融资上限防风险，确保农发行信贷资金靶向精准。

袁智勇充分利用农发行总行给予定点县先行先试的优惠政策，在脱贫攻坚工作推进的每一个关键阶段，结合当地实际，发挥承上启下、沟通协调作用，狠抓落实，带领马关县支行创新融资模式，高效优质推进项目审批发放，2017年，抢抓机遇，用两个月时间组织报批了建制村通畅工程、农村危房改造、改善农村人居环境建设、义务教育均衡发展建设、民族文化旅游扶贫特色村建设、产业扶贫批发6个贷款项目，审批金额14.16亿元，实现当年5.06亿元贷款早投放，确保全县4.6万户农村危房改造、1.6万千米自然村通村道路硬化、1173件农村饮水安全工程，398所学校等建设项目的早实施、早见效。实现“三个率先”，即扶贫批发贷款率先在农发行总行五个定点扶贫县中实现审批发放；教育扶贫贷款率先在全省实现审批发放，旅游扶贫贷款率先在全省实现审批发放；为他行开办同类信贷业务积累了可复制、可推广的有效经验。2018年创新采用扶贫过桥信用贷款模式，率先在全国深度贫困地区审批发放2484万元城乡建设用地增减挂钩土地复垦项目。在地方政府开展隐性债务清理、扶贫贷款融资难的背景下，农发行实现转型发展的过程中，该模式为深困地区通过“农地+”精准扶贫项目的公司自营方式解决资金需求，提供了合规的解决方案。

针对马关县民营小微企业“小、散、弱”特点，企业因缺乏抵押担保普遍存在融资难融资贵的问题，在文山州内率先推动政府建立县级贷款风险补偿基金机制，支持小企业五户，发放贷款1640万元，有效缓解了涉农小微企业发展经营融资担保难状况。

马关县推进的每一个贷款项目，在方案策划、协调政府批文、授信报告拟写、

报批发放等每一个环节都有袁智勇的身影，农发行累计投入各类信贷资金32.66亿元（精准扶贫贷款占比为91.3%），支持医疗、教育、农村住房、道路、产业、市政建设等35个扶贫项目，助力马关县9.9万人脱贫，通过创新实践，探索出一条以金融行业优势为依托，极具政策性银行特色的扶贫之路，为马关县高质量打赢脱贫攻坚战作出了积极贡献。

由于马关县产业基础十分脆弱，没有形成具备一定规模的农业产业带动农户增收，袁智勇充分发挥银行存量客户资源、金融资源以及风险管理经验等优势，拿出了愚公之志，用上了绣花功夫，持之以恒服务推进招商引资项目落地。一是引进种植巴西菇，建成1500个大棚，成立“马关鸿达食用菌协会”。二是帮助推荐引进云南新贵农业科技有限公司落户马关发展刺梨、李子种植，为贫困户稳定脱贫提供产业支撑。该企业已经投资6500万元在马关建厂，全县115个贫困村全部参与刺梨种植3466.67公顷，李子种植4000公顷，涉及农户1.95万户，其中建档立卡贫困户0.8万户，为农户发展产业脱贫增收奠定坚实基础。

务求定点帮扶实效，为人民群众办好事

为了不让一个农村贫困家庭学生因贫失学、因学致贫、因学返贫，农发行总行党委持续动员全行5万余名员工参与捐赠，捐赠资金3551万元，成立马关县扶贫助学基金。袁智勇参与制订实施方案，按照“公开透明、量入为出、突出重点、专款专用”的实施原则，管好扶贫助学基金，在马关县构建起“到校”“到人”的教育扶贫资助制度。该基金专项用于资助马关县2017—2022年考取的4690名建档立卡贫困学生，实现建档立卡中高职、大专、本科、研究生全覆盖，资助金每人每年1000~5000元不等，直至大学毕业。农发行扶贫助学基金及时缓解贫困家庭的燃眉之急，对保障贫困家庭大学生顺利完成学业给予了极大帮助，得到省、州、县一致好评，2019年被文山州赠予“教育扶贫先进”牌匾。

为解决马关县乡镇、村级未实现远程诊疗连接，边远乡镇群众看大病、特慢病、问诊难等问题，袁智勇通过引进云南大学物理与天文学院支持，在马关县实施云南大学开发的远程互助医疗平台村村通项目，实现全县13个乡镇和112个村级卫生室远程诊疗全覆盖，在家门口就实现了省级专家看病，全县32万农村人口受益。切实解决边远贫困地区老人、儿童和特殊群体看病问诊难问题，同时也是防止因病返贫、致贫的重要途径，为高质量打赢马关县医疗扶贫攻坚战，提升基层医疗质量和群众满意度奠定了基础。该项目被国务院扶贫开发领导小组办公室评为2019年度“志愿者扶贫50佳案例”的第三名，得到国家层面的鼓励，这也是农发行创新帮扶模式的体现。

发挥战斗员作用，狠抓搬迁驻村做表率

2017年，袁智勇作为马关县副县长刚分管易地扶贫搬迁时，面对脱贫攻坚工作中最难啃的“硬骨头”，接手的第二天，他就一头扎到乡镇和农户家中了解情况，反复奔波在全县18个集中搬迁点实地调研、督促进度、解决问题。在他的努力下，马关县率先执行省政府进城入镇集中安置，建立起处级领导挂钩机制，各项补助资金到位精准，入住率从全省末位提升到全省中等偏上水平，2018年10月，全县易地扶贫搬迁三年行动计划1194户4610人按期实现搬迁入住（其中，建档立卡贫困人口613户2473人），形成规范有序的工作机制为新增规模任务的快速推进奠定了基础。2018年10月8日，省委书记陈豪亲临南山易地搬迁集中安置点调研，对马关易县地搬迁工作推进给予肯定。

按照县委安排，袁智勇作为金厂镇战区副指挥长直接负责老寨村委会脱贫攻坚各项任务。近两年，他累计驻村110多天，走访农户1600多户，带领突击队进村入户查问题补短板，走遍19个村民小组，彻底实现全村“房屋居住功能提升、村内道路硬化、入户道路硬化、庭院硬化、厕所改造、大牲畜圈舍改造”等问题全部清零，顺利通过脱贫验收。

2020年初，面对脱贫摘帽、疫情防控双重压力，袁智勇以身作则冲在前，同小组成员驱车2500公里前往广东销售马关滞留农产品，并与企业达成合作意向，开辟产品销售新渠道。疫情期间动员农发行员工直接采购马关农产品206万元，社会帮助销售2901万元。

袁智勇作为农发行派到脱贫攻坚前线的战斗员，优良的工作作风在地方党委政府中树立了良好形象和口碑，他用行动践行农发行人“支农为国、立行为民”的家国情怀和担当奉献。

个人感言：能亲历马关县参与脱贫攻坚战是我人生之大幸！全县9.9万人摆脱贫困是我最大的收获！

为佤山注入"金融活水"用实干践行初心使命

——记"云南省脱贫攻坚先进个人"李丽

"这是一份沉甸甸的责任，同时也是一种别样的幸福和自豪。"每当谈起近年来农发行服务"三农"和服务国家脱贫攻坚战略，她心中的那份自豪和喜悦总是这样溢于言表。她叫李丽，一个土生土长的佤族女干部，现任农发行沧源县支行党支部书记、行长。参加工作十余年来，她始终坚守在金融基层岗位上，用自己对"三农"的感情，用农业政策性金融的专业，用一个个不眠之夜的辛勤付出，回馈着生她养她的土

■李丽（左一）在佤寨开展易地扶贫搬迁入户动员

李丽，中共党员，现任农发行沧源佤族自治县支行党支部书记、行长，被云南省政府表彰为"省脱贫攻坚先进个人"，被农发行总行表彰为"优秀共产党员"，被农发行云南省分行表彰为"优秀共产党员""金融服务能手"。

地和乡亲。脱贫攻坚期间，作为分管信贷业务的行领导，她提高站位，不忘初心，情系佤山，始终本着担当作为、扎实稳健的工作作风，履职尽责，致力于政策性金融业务，积极结合地方实际注入“金融活水”，为佤山脱贫攻坚作出了自己应有的努力。

勤奋钻研强本领，当好金融政策“智多星”

提起李丽，身边的人和同事脱口而出的都是“勤奋好学”。作为一个在党的培养下一步步成长起来的本地干部，她亲身经历过农发行业务范围拓展后，因受客观条件限制和适应能力欠缺而使新业务发展频频受阻的困境。当迎来国家实施脱贫攻坚战略这一重大发展和挑战机遇的时候，她在过去积累的“看家本领”的基础上，更加积极地学习和钻研业务，努力成为分管领域的“行家里手”。她的心中始终有“责”，作为一名共产党员，她始终坚持自觉加强对党的理论的学习，自觉用党的新思想武装头脑，学以致用，执行党的路线方针政策一以贯之，服从服务国家战略部署毫不含糊。她的心中始终有“民”，作为一名农发行人，她始终坚持自觉加强对农业政策性金融专业的学习，积极参加业务培训，把学习作为一种责任、一种追求，不断提升自己的业务水平和履职本领，竭尽所能履行好政策性金融扶贫和支农职责。她的心中始终有“情”，作为佤乡走出的姑娘，她始终不忘支持家乡，特别是为家乡脱贫攻坚服务，让她觉得既是一份沉甸甸的责任，也是一种别样的幸福和自豪。

积极作为强履职，管好金融扶贫“责任田”

“尽职尽责”是身边人和同事对李丽的评价。脱贫攻坚战略实施期间，金融扶贫成了压在她肩上的重担。别人挑一肩，她两肩挑，虽履职副行长，还兼任信贷业务部门的主管，更是重大项目的客户经理。从对外协调到管理再到具体业务操作，她都以身作则，冲锋在前。“人民对美好生活的向往就是我们的奋斗目标”“决不让一个兄弟民族掉队”，在金融扶贫的日子里，李丽始终不忘习近平总书记的殷殷嘱托，她几乎把所有能用的时间都献给农发行，献给佤乡大地的脱贫攻坚。她心系贫困群众“安居”，在省分行、市分行的大力支持下，她全力推进沧源易地扶贫搬迁和棚户区改造项目融资，累计获批贷款13.74亿元、发放7.08亿元，为沧源县脱贫攻坚提供有力的资金保障，助力解决当地群众住房困难和出行困难等问题。她心系贫困群众“乐业”，结合地方实际和信贷政策，积极支持涉农小微企业发展，连续十多年信贷支持当地两户茶叶产业化龙头企业，积极响应国家政策信贷支持两户养殖大户发展生猪产业，促进了地方特色产业发展，也通过支持产业撬动了大扶贫。她心系地方粮食安全，不折不扣落实好地方政府和农发行保粮维稳政策，及时足额供应政策性储备粮油信贷资金，管好地方储备粮，守好国家粮仓大门。在每一个金融扶贫项目中，她都积极作为，尽心尽力，稳扎稳打，竭尽所能带领信贷业务部门全力服务好地方重大项目建设和民生工程，尽职尽责管好自己手中的“责任田”。正是由于这样的坚持和责任，国家实施脱贫攻坚战略以来，农发行沧源县支行累计获批贷款23笔、金额为154445万元，累计发放87845万元；累计获批并投放农发行重点建设基金2笔、金额为19500万元；累计管理和支付省统贷重大项目资金为27462万元，为地方脱贫攻坚工作贡献农发行力量。

尽责奉献写忠诚，树好金融干部“新榜样”

在李丽身边的人和同事看来，“牺牲奉献”在她身上是家常便饭。政治站位、大局意识、责任担当在她心中永远是摆在首位的。力推易地扶贫搬迁项目时，她同履职扶贫办的爱人每天都在“比赛熬夜”，年幼的孩子就丢给已年过七旬的婆婆照料；申报基金项目时，她几乎都在外出差，老人小孩都无暇顾及；推进棚改项目时，她怀着二胎，办公室里一坐就是一天。定点扶贫工作中，她带领职工驻村每天都一干就到半夜两三点，为了脱贫攻坚验收，大年初三就带领职工驻村一家一户核查情况，查漏补缺。只要有需要，她既是冲锋在前的“第一人”，也是坚守后盾的“最后一人”。这样的舍小家、顾大家的情景在她身上仍然屡见不鲜。由于爱人也常年驻村，老人生病得由亲戚帮忙照料，小孩上学得由亲戚帮忙接送，但她却始终毫无怨言，依然默默付出着。她总说，“支农为国、立行为民”是农发行的职责和使命，多年来的信贷工作，有得也有失，但所有的苦、所有的累都阻挡不了她对信仰的坚定和对工作的事业心和责任感。对党忠诚、积极工作既是她在党旗前的誓言，也是她永恒的追求。在未来前进的道路上，她将凭着坚定的信念和对工作的激情和热爱，继续为农发行事业和边疆金融事业奉献激情和智慧。

个人感言：我热爱农发行事业，我也热爱生我、养我的家乡，能够用事业的汗水浇灌出家乡的脱贫之花，是我最大幸福和心愿。

勇于担当挑重担 真抓实干促脱贫

——记“云南省脱贫攻坚先进个人”高国良

宁蒗彝族自治县（以下简称宁蒗县）作为国家级贫困县，是云南省27个深度贫困县之一。高国良任职期间，正是宁蒗县脱贫攻坚最关键、最紧迫的时候，他坚持以服务脱贫攻坚总揽全局，主动扎根贫困县，带领支行员工，攻坚克难，积极投身于宁蒗县金融扶贫事业，为该县如期脱贫摘帽奉献自己的智慧和力量。

扑下身子，扎根一线倾力奉献

2018年，高国良初到农发行宁蒗县支行任职时，恰逢宁蒗县脱贫攻坚进入总攻坚

■ 高国良（左一）到扶贫点走访挂钩贫困户

高国良，中共党员，现任农发行宁蒗县支行党支部书记、行长，曾多次荣获省分行、市分行“先进个人”“优秀共产党员”“金融服务能手”等荣誉称号，在年度考核中连年“优秀”。

期，脱贫攻坚工作就自然而然成为党委、政府最关心的头等事情，也成为万千群众最期盼、最亟待完成的民生大事。如何有效发挥政策性银行的职能作用、精准服务好地方脱贫攻坚也成为支行上下共同努力的方向和急需破解的难题。为此，他带领支行员工走村串户、走项目工地、跑政府部门、跑企业客户，进一步完善“以服务深度贫困县如期摘帽为目标，坚持融智、融情、融资、融力为服务手段，以着力支持重点项目为突破口，加大政策性金融支持力度，为宁蒗县如期脱贫出列发挥金融扶贫的先锋主力模范作用”的工作思路。工作中，他坚持精准扶贫要求，带领支行员工积极做好易地扶贫搬迁、棚户区改造、农村水利、公路、人居环境、农危改、生态环保等项目的后续资金使用精准管理工作。特别是针对县委、县政府制定的脱贫攻坚规划和重点项目推进安排，他带领全行员工，充分发挥“5+2”“白+黑”的精神，全力推动宁蒗棚户区改造项目、宁蒗县脱贫攻坚补短板项目、乡村振兴补短板项目、宁利水库、上库脚水库、农村人居环境建设、泸沽湖保护治理等九个贷款项目的落地，共计获批贷款金额24.1亿元，累计发放贷款7.2亿元，有力地支持了宁蒗县脱贫攻坚基础设施补短板工作。项目推进中，不论是对外协调还是具体业务开展，他总是身先士卒、冲锋在前，既是指挥员，又肩负战斗员身份。截至2021年6月末，农发行宁蒗县支行贷款余额为12.8亿元，五年内增长近27倍，且不良贷款连年保持零余额。

攻坚克难，勇担金融扶贫先锋

2020年是决战决胜脱贫攻坚收官之年，宁蒗县是全省最后九个未摘帽的贫困县之一，脱贫任务十分艰巨，助力宁蒗县如期摘掉贫困“帽子”既是农发行的应尽职责，更是一份政治担当和社会责任。高国良同志始终严格贯彻地方党政部门和农发行总行挂牌督战工作部署，坚持四级联动挂牌督战机制，重点在吃透上级行各项扶贫优惠信贷政策方面下足功夫，充分结合挂牌督战工作要求和县委、县政府确定的脱贫攻坚任务，制定路线图、作战图和时间表，全力推动挂牌督战各项任务有序开展。2020年，累计向宁蒗县发放各类扶贫贷款3.5亿元，完成农发行总行下达任务数的223%，完成农发行云南省分行下达任务数的134%，任务完成率在云南省九个未摘帽贫困县中位列第一名。

脱贫攻坚以来，农发行累计向宁蒗县脱贫攻坚领域投入扶贫信贷资金22.65亿元。其中，在支持易地扶贫搬迁、农村危房改造等方面成效显著。累计发放易地扶贫搬迁贷款7亿元，助力宁蒗县完成10400户4.2万人的易地扶贫搬迁任务，项目惠及建档立卡贫困户4797户20405人，有效解决了贫困户的住房困难问题。在农村危房改造建设方面，投入扶贫过桥信贷资金0.7亿元，助力全县全面完成了8796户存量农村危房的改造建设任务。

严以律己，强化队伍素质建设

在工作与生活中，高国良始终保持艰苦奋斗、勤俭办行、埋头苦干、勇于担当的优良品行，坚持以习近平新时代中国特色社会主义思想为指导，严格遵守各项政策法规、规章制度，不断加强政治理论、业务学习，坚持做到真学、真懂、真信、真用，为农发行宁蒗县支行全体干部职工作出好榜样。哪里有要解决的问题，哪里就有他的身影，哪里有职工群众的需求，就把温暖关爱送到哪里。在日常工作中，他始终保持清醒的政治头脑，时刻以党员的标准严以律己，充分发扬民主，善于听取意见，近年来从未出现违法违规问题，也未出现重大经营决策失误。

作为基层农发行人，高国良用实际行动诠释“攻坚克难我当先”的担当精神。为了助力脱贫攻坚，与家人聚少离多是家常便饭，可他总说“生命的意义在于点燃激情，生命的价值在于奉献激情，只要支行业务能高质量发展，只要能持续服务好宁蒗县经济社会发展，再苦再累也值得，虽然有时愧对自己的小家庭，但却无怨无悔。”正是因为他的这种舍小家、顾大家的精神，农发行宁蒗县支行的经营业绩不断创新高，为宁蒗县如期实现脱贫出列作出了突出的贡献。

个人感言：风雨不改支农心，厚积薄发看今朝。我将继续发扬脱贫攻坚精神，扛起乡村振兴的责任，践行农发行“支农为国、立行为民”的使命担当，努力为人民群众办好事、干实事，以归零的心态、奋斗的姿态，投入新的征程，谱写新的篇章。

西藏自治区

消费扶贫　你我同行

——记“2020年西藏自治区消费扶贫示范单位”农发行西藏自治区分行

习近平总书记在中央第七次西藏工作座谈会上指出：要在巩固脱贫攻坚成果方面下更大功夫、想更多办法，给予更多后续帮扶支持。消费扶贫作为助力脱贫攻坚、履行社会责任、服务贫困群众的重要途径，对于巩固脱贫攻坚成果、助力小康社会建设意义重大。2020年以来，农发行西藏自治区分行认真贯彻落实习近平总书记重要指示精神和上级部署要求，特别是结合10月消费扶贫月活动，持续加大消费扶贫力度，截至2020年9月末累计购买和帮助销售扶贫产品达到230万元，被授予“西藏自治区消费扶贫示范单位”。

■农发行西藏自治区分行消费扶贫成果展

农发行西藏自治区分行于2012年8月成立，全辖现有员工91人，其中自治区分行机关49人、林芝市分行42人（两级行人员一体化管理），全行员工平均年龄约30岁。“十三五”期间，累计在西藏发放贷款1023.19亿元，捐赠扶贫资金超过1000万元，开展消费扶贫投入资金近1000万元，吸纳西藏籍应往届大学生就业55人（在全辖员工中占比为67.07%）。截至2020年底，各项贷款余额为712.65亿元，在全区金融机构中贷款余额居第二位，对公贷款、扶贫贷款、易地扶贫搬迁贷款、产业扶贫贷款、交通贷款、粮油贷款余额稳居“六个第一”。

抓好动员部署

立足脱贫攻坚决胜之年的实际，农发行西藏自治区分行坚持早动员、早部署、早见效，在年初即印发《关于做好全年消费扶贫工作的通知》，积极协调农发行总行下发《关于开展定向消费扶贫支持西藏脱贫攻坚工作的通知》，通过农发行各级行工会、食堂、员工购买和农超对接、“农发易购”线上销售等多种形式，构建全行、全员、全面、全程参与西藏自治区消费扶贫的格局。特别是消费扶贫月活动启动以来，又及时制订活动实施方案，组织召开动员会，发出消费扶贫倡议书，农发行西藏自治区分行党委书记、行长冯学要求“上下联动，人人参与，努力让农发行系统的每一名员工喝上西藏的天然矿泉水、酸奶，吃上高原牦牛肉、青稞食品，为消费扶贫再续动力，为助推西藏打赢、打好脱贫攻坚战贡献更多的农发行力量”，吹响了消费扶贫的冲锋号，在全行上下进一步凝聚起大抓消费扶贫的强大力量。

抓好产品购销

认真落实西藏自治区“万企参与、亿人同行”消费扶贫月活动有关要求，坚持带动身边，带动行业，集中全行资源、统筹全行力量、发挥全行作用，做到消费扶贫“手段多种化、渠道多元化、产品多样化”，有效缓解扶贫农畜牧产品滞销问题。扎实开展产品展销工作，迅速组织人员前往农发行总行设置西藏扶贫农畜产品展示销售专区，开展定点、专场售卖等促销活动，总行各部门各人员纷纷前往展销区购置扶贫产品，七天累计销售扶贫产品8万余元。拓宽销售渠道，通过积极沟通协调，农发行总行机关食堂、井冈山党校、青岛党校分校、珠海IT基地等先后与西藏消费扶贫定点企业形成长期批量供货意向，有效拓宽了西藏扶贫产品长期销售渠道和稳定收入。加大自行采购力度，通过机关后勤采购、工会福利优先采购和引导员工把日常所需与消费扶贫结合起来等方式，仅9月购买消费扶贫产品超过20万元，人均近3000元。

抓好信贷支持

坚持融资、融智、融情、融力协调推进，进一步加大对从事农畜产品生产加工、仓储物流运输网络建设的信贷支持力度，已经审批发放牦牛全产业链贷款5000万元，正在对接堆龙净土公司温室大棚项目、意向融资2.4亿元，从源头保障扶贫产品“产得出、存得住、运得出、口碑好”。深入挖掘客户资源，广泛对接信贷客户需求，动员信贷客户参与扶贫产品大宗采购，建立长久稳定的购销机制，为西藏决胜脱贫攻坚全方位贡献农业政策性金融的力量。

格桑花开幸福来

——记“西藏自治区脱贫攻坚先进集体”农发行西藏自治区分行扶贫业务处

帮政府所帮，以易地扶贫搬迁为突破口，打赢脱贫攻坚“第一仗”

农发行西藏自治区分行扶贫业务处不畏艰难、勇挑重担，以必胜的决心打好易地扶贫搬迁“第一仗”。在人民银行、银保监会及农发行总行的大力支持下，克服了时间短、任务重、资金压力大等种种不利因素，加班加点，在10个工作日内审批发放易地扶贫搬迁贷款150.13亿元，占西藏自治区党委、政府核定全区易地扶贫搬迁贷款总额的

■ 农发行西藏自治区分行支持的林芝市工布江达县错高村建设

农发行西藏自治区分行扶贫业务处成立于2016年4月13日，是贯彻落实中央脱贫攻坚战略，践行农发行西藏脱贫攻坚事业的有效窗口。五年来，西藏自治区分行累计发放各类贷款1023.19亿元，其中累计发放扶贫贷款965.61亿元，截至2020年底，扶贫贷款余额为636.78亿元，扶贫贷款余额占全区金融机构扶贫贷款余额的48%、接近其他14家金融机构的总和，其中扶贫业务处创造了易地扶贫搬迁贷款、产业扶贫贷款、粮油扶贫贷款“三个第一”的好成绩，先后获得“全国工人先锋号”“全国金融先锋号”“五一劳动奖章”“脱贫攻坚贡献奖先进集体”等荣誉。

99%，惠及贫困人口26万多人，切实打赢了服务脱贫攻坚的“第一仗”。

深耕青稞、牦牛和旅游扶贫，突出助力西藏特色产业发展

一是大力支持产业扶贫，为打赢脱贫攻坚战提供根本保障。产业扶贫是解决增收致富和防止返贫的根本保障，在农发行西藏自治区分行党委的统一部署下，扶贫业务处深入全区7个市（地）、50多个县区进行实地考察，深入对接交流相关企业和贫困群众，掌握全区产业扶贫现状，累计调查产业扶贫项目100多亿元，累计发放产业扶贫贷款62亿元，有效支持西藏特色产业项目近200个，带动1.68万贫困人口增收，覆盖受益人口7万多人，为同业支持产业扶贫树立了良好的榜样。二是守住粮油银行主责主业，保障全区青稞产业平衡发展。农发行西藏自治区分行成立以来扶贫业务处累计发放粮油收储贷款3.46亿元，支持企业累计收储粮油18.4万吨，市场收购份额占一半以上，为维护西藏粮食安全作出了积极贡献。截至2020年底，青稞贷款余额为1.64亿元、青稞储备量约9万吨。三是聚焦河谷经济农牧业，创新支持牦牛育肥一体化发展。为支持西藏特色产业发展，农发行西藏自治区分行领导带领扶贫业务处团队多次对接政府部门，共谋政策性金融如何支持牦牛育肥事业，努力探索“牦牛贷”“青稞贷”特色产业金融支持模式；积极与保险公司对接，采取银保风险共担机制，创新实现了“禽畜+活体贷”，构建“政府主导、企业运营、合作社参与、保险担保、金融承贷”五位一体模式，扶贫业务处于2020年4月向西藏农投牧业发展有限公司审批发放5000万元牦牛育肥贷款，用于支持土地流转、饲草购种植、收购牦牛等流动资金周转，为牧区百姓增产增收提供了坚实保障，为西藏特色牦牛产业发展注入了源头活水，更为政策性金融支持牦牛产业发展提供了可复制可推广的成功模式。四是以旅游和经济林产业为支撑点，推动易地扶贫搬迁后续扶持工作。为确保搬迁人口“搬得出、稳得住、能致富”，本着“就近就便、就近就业”原则，优先支持安置点周边配套设施建设和产业发展项目，鼓励项目实施方和业主通过土地流转、搬迁人口就业及分红等形式带动搬迁人口持续脱贫，2020年全年，扶贫业务处牵头，累计发放全行易地扶贫搬迁后续扶持建设资金20.33亿元，支持堆龙德庆区象雄美朵文旅小镇建设、绿林城市绿化等可持续带动易地扶贫搬迁人口就业创收、租赁创收产业项目，已累计实现73745名搬迁人口人受益，带动方式包括土地流转、就业和分红等。

全力服务防疫保供和复工复产，
充分发挥“当先导、逆周期、补短板”作用

新冠肺炎疫情发生以来，扶贫业务处在农发行西藏自治区分行党委的坚强领导

下，在农发行总行疫情防控金融优惠政策的大力支持下，积极组织人员冲锋一线，发放农发行西藏自治区分行第一笔疫情防控贷款；指导农发行林芝市分行投放第一笔粮油应急物资保障贷款，促成农发行西藏自治区分行为全区金融机构防疫贷款发放效率第一的银行。西藏自治区政府主席齐扎拉同志以“看得准，投得快，效果好”，对农发行在防疫保供、复工复产方面作出的努力给予充分肯定。

扶贫业务处将在农发行西藏自治区分行党委的领导下，贯彻落实自治区政府巩固脱贫攻坚成果和乡村振兴有效衔接的指导精神和实施方案，发挥乡村振兴处的有效职能，为全行做好脱贫攻坚巩固和乡村振兴有效衔接工作继续发挥桥梁纽带作用。

情系藏区　逐梦高原

——记“西藏自治区脱贫攻坚先进个人”游国沛

深化党建筑根基

“党建工作抓不好，党员的思想和行动无法统一，各项工作就会没有人做，业务就不可能发展起来。”2018年以来，针对地方政府债务清理、业务发展转型遇到瓶颈、干部职工进取精神不足、担当作为意识弱化的问题，游国沛直面业务发展的重重困难，

游国沛（左三）赴西藏那曲市城市建设投资有限公司考察棚户区改造项目

游国沛，现任农发行西藏自治区分行乡村振兴处处长。2015年7月他从农发行贵州省分行到西藏自治区分行工作以来，始终秉承“支农为国、立行为民”的农业政策性金融担当，出色地完成各项工作任务。2016年被授予易地扶贫搬迁信贷业务工作先进个人、优秀处长等荣誉称号，2020年被授予农发行2018—2019年度脱贫攻坚贡献奖先进个人，2021年被授予西藏自治区脱贫攻坚总结表彰先进个人奖。

毫不犹豫地把抓党建作为全行工作的突破口。“要当好前台业务部门处长，首先要当好处室支部书记”，他把解决思想问题放在所有工作的第一位。利用各种机会，与处内同志们沟通交流，摸清问题所在，充分交心谈心，渐渐在全处凝聚起发展共识，将人心和思想统一到农发行西藏自治区分行党委旗帜之下，为后续发展奠定坚实基础。“支部就是战斗堡垒，支部就是突击队，党员就是排头兵”，他坚持带头学习，通过讲授党课、个别辅导、现场教学、手把手带等方式，带领全处员工学理论、学政策、学业务，切实提高了党员干部的综合素质；以身作则带领同志们抓营销作调查，激发了大家的责任心和担当精神。

“守初心、担使命，找差距、抓落实”，通过学习理论研究问题，探求推动全行高质量发展之路。“党史学习教育要与理论学习结合、与实际工作结合、与改善员工思想状态结合”，游国沛要求党史学习教育一定要聚焦矛盾问题、聚焦中心工作，将党史学习教育成效转化为做好本职工作的压力和动力。同时，针对处内新员工多，思想丰富的实际，积极培养发展入党积极分子，逐步引领青年员工向党组织靠拢。动员全处员工积极响应组织号召，到西藏民主改革第一村现场学习，听十八军女战士讲述解放西藏经历，增强对农村改革和“三农”服务意识。通过锲而不舍地强党建、聚人心、抓落实，乡村振兴处党建氛围日益浓厚，使命意识明显提升，“党建就是战斗力”初见成效。

倾力支农创辉煌

西藏地处祖国西南边陲，是中央确定的重要的国家安全屏障、重要的生态安全屏障、重要的战略资源储备基地、重要的高原特色农产品基地、重要的中华民族特色文化保护地、重要的世界旅游目的地和面向南亚开放的重要通道，更是维护党中央核心权威、维护国家领土安全的重要阵地。自入职农发行西藏自治区分行以来，面对储备项目少、贷款余额下滑、银行间竞争激烈等诸多挑战，游国沛克服高寒缺氧缺压的极端艰苦环境，主动适应西藏经济社会发展大势，顺势而为、乘势而上，坚信“发展是解决一切问题的根本途径”，他主动与当地党政部门和企业座谈沟通，积极组织营销重点项目，支持长江大保护，有效带动产业扶贫，支持乡村振兴，补齐农业农村乡村振兴短板，持续精准扶贫，推动脱贫攻坚，作出业务发展的特色和亮点。一是时刻践行“执行国家意志、服务‘三农’需求、遵循银行规律”的办行理念，累计发放农村公路贷款435亿元，支持项目2439个，改扩建公路里程21894千米，完成21个边境县104个边境乡道路建设，惠及边境40万人口。发放贷款50亿元，支持川、滇、新进藏高等级公路三条，修建里程991千米。交通贷款解决了143个乡镇10075个村道路硬化问题，助推全区提前两年完成交通运输部下达乡镇、建制村通达通畅率80%和30%的目标，构筑了一条条促进西藏农村经济腾飞的“动脉”，成为带动广大农牧民增收的“致富路”“小康路”“精品路”。二是忠实履行“家国情怀、专业素养”的职业精神，始终遵循“支农报国、立行为民”的历史使命，以打赢脱贫攻坚战和乡村振兴为己任。累计发放贷款140亿元，支持新建边境小康村农牧民住房面积48万平方米，民生饮水工程171处，解决171个村34.2万人吃住难题。支持学校、卫生、医院建设项目6个，建设面积15万平方米，解决拉萨、山南、昌都、阿里近百万人的上学难、就医难等问题。三是两年来累计营销审批水利、产业扶贫、光伏、天然气等信贷项目168亿元，储备项目178亿元，取得了良好的社会效益、生态效益和经营效益，得到地方党政领导的高度评价和赞扬。

探索创新真扶贫

西藏脱贫攻坚难度大、任务重，是全国贫困面最大的地区，是全国唯一的省级集中连片贫困区，是全国贫困人口比例最高的地区，是全国易地扶贫搬迁比例最高的地区，具有地方病高发区、深山峡谷区、灾害频发区、高寒放牧区、边境特殊贫困区、生态脆弱性等致贫多样性。乡村振兴处作为脱贫攻坚主力部门，围绕脱贫攻坚战略部署，坚持以水电开发、产业带动项目为突破口，创新信贷扶贫功能，积极营销华电集团拉哇水电项目，直接带动芒康县15名贫困学生入学，毕业后可在华电集团昌都分公司的4家子公司就业。创新营销的八宿海螺水泥有限责任公司产业扶贫专项贷款4亿元，通过产业项目利润分红，可直接带动八宿县建档立卡贫困户9000人脱贫，为八宿县如期脱贫摘帽发挥了巨大的推动作用。

求真务实强管理

作为乡村振兴部门负责人，认真履行“一岗双责”，始终坚持“把好信贷风险防控关口、服务全行业务发展大局”目标，正确处理业务发展与风险防控的关系，助推全行业务真正实现有效发展。在客户评级授信环节，按照“区别对待、分类管理”和“先报先审，急需优先，常年评审”的原则，严格客户评级授信关。在贷款调查环节上，坚持积极审慎的原则，突出调查重点，严把准入关口，坚持做到“五必查”，即必须从“公司信誉、项目收益、项目手续、贷款效益、风险措施”五个方面严格深入进行项目合规及风险调查。充分发挥贷款调查“助推器”和“防火墙”的作用。在贷后环节，根据项目点多面广、建设地分散的实际，探索出现场检查与非现场监测，金融同业与客户上层主管协同管贷的模式，解决了机构人员不足的难题。

个人感言：勇于直面发展中的各种困难和问题，兢兢业业、开拓进取，出色完成各项工作任务。

担当作为谱写扶贫成绩
忠诚热血书写扶贫故事

——记“西藏自治区脱贫攻坚先进个人”罗珍

与阿里的不解之缘

阿里地区是西藏自治区唯一的地区，位于中国西南边陲、西藏自治区西部、青藏高原北部（羌塘高原），北接新疆维吾尔自治区和田地区、巴音郭楞蒙古自治州，东临那曲市、东南依日喀则市，西南和西部与尼泊尔、印度、克什米尔为界。阿里地区平均海拔4500米，被称为“世界屋脊之屋脊”“世界第三极”“生命之禁区”，全地区辖7个县，共

■ 罗珍（右一）在西藏阿里地区驾考中心调研

罗珍，农发行西藏自治区分行乡村振兴处副处长。自2016年6月入职农发行西藏自治区分行以来，在脱贫攻坚一线岗位当标兵、作贡献，用担当作为谱写扶贫成绩，用忠诚热血书写农发行扶贫故事。2018年，被农发行西藏自治区分行授予先进个人表彰，2020年被授予农发行脱贫攻坚贡献奖先进个人表彰，2021年被授予西藏自治区脱贫攻坚总结表彰先进个人奖。

有7个镇和30个乡，11个居委会和134个村委会，常住人口10.74万人，户籍人口10.71万人。阿里地广人稀，地理位置极为重要，但却交通不便，民生工程基础极为薄弱。农发行西藏自治区分行在阿里没有设立机构，常常都是从拉萨驱车三天或者凌晨四五点起身赶上早晨7点唯一的一趟航班赴阿里开展工作，也就有了西藏人民常说的“远在阿里”之说。罗珍偏偏与阿里有着不解之缘，她跟同事们常说，“我进农发行之前，经常跑阿里，进了农发行办的第一笔业务刚好也是阿里的业务。”阿里光明城乡建设有限公司是农发行西藏自治区分行在阿里地区受理的第一个贷款客户，罗珍办理的第一笔农民集中住房贷款项目正是光明公司在农发行西藏自治区分行承贷的第一笔贷款。由于罗珍在第一笔贷款业务中提供了优质的服务，为阿里地区行署与农发行西藏自治区分行进一步深入合作奠定了良好基础，继农民集中住房贷款后，她继续为阿里地区办理了综合管廊建设、供水排水、供暖、农村饮水安全、市政道路建设项目等6笔业务，共涉及信贷资金近40亿元，助力阿里地区解决了供水排水、供暖和安全饮水方面民生保障问题，同时鼓励企业在施工期间实现建档立卡贫困人口就业，带动贫困人口劳动创收。根据统计，该6笔贷款支持的项目先后带动2.7万人次贫困人口实现就业创收。阿里地区行署高度认可农发行的金融扶贫服务工作，表示“阿里地区所有扶贫项目要优先与农发行西藏自治区分行开展合作”，农发行西藏自治区分行金融服务工作在阿里地区树立了良好口碑，这与罗珍同志辛勤的努力和付出是分不开的。

熟悉的夜色　陌生的夕阳

农发行西藏自治区分行“人少事多，一人多岗”的困境是每一届分行党委一直在努力解决但仍然存在的问题。一个人管理好几笔贷款，一个人对口2~3个条线，一个人对口联系2~3个外部单位，一个处室负责人管理部门内4~5个条线，一个分管行领导管理2~3个部门，白天开会晚上工作……这是农发行西藏自治区分行领导和所有员工的常态，罗珍也不例外，尤其是她所在的部门是全行最忙、最累的部门。“好久没有看到傍晚的太阳了，终于可以在太阳落山前回家了。”罗珍在一次下班的路上这么跟旁边的同事说。西藏自治区比起东边省城有两个小时的时差，太阳一般在7点左右落山，根据农发行西藏自治区分行办公时间安排，本可以在晚上6:30下班，但对于农发行西藏自治区分行的员工来说，准点下班是一种奢侈，特别像罗珍这样的扶贫一线员工，她们更熟悉的是深夜的月亮，对傍晚的太阳格外陌生。和她一样在农发行西藏自治区分行扶贫业务处工作的同志们经常要加班到深夜，他们既要办理具体扶贫信贷业务，还要向区扶贫办、区银保监会、人民银行拉萨中心支行等部门报送脱贫攻坚相关数据和材料，既要充当信贷业务部门的角色，又要充当综合业务部门的角色来处理行内所有相关扶贫金融的综合事务。担任扶贫业务处临时负责人的罗珍更是白天参加部门和外单位各类相关会议，晚上加班处理各项工作内容，加班已成为罗珍工作的一种常态。

她经常开玩笑地说："已经习惯加班了，准点下班有点不习惯，还有点不好意思。"

功成不必在我　功成必定有我

农发行的扶贫故事由一个个像罗珍这样的一线员工编织着，也由罗珍这样的员工谱写着。擦亮"扶贫银行"金字招牌，既要实事求是真扶贫，又要做好总结提炼、讲好扶贫故事，罗珍所在的扶贫业务处就是那个奏出扶贫音符，同时谱写扶贫曲谱的扶贫音乐家、扶贫故事作家。由她负责的扶贫业务处将农发行西藏自治区分行脱贫攻坚进行曲奏响全区，扶贫业务处既是全行扶贫信贷业务处室，也是统筹全行扶贫金融事业的执委会办公室，自脱贫攻坚工作开展以来，先后筹备开展扶贫金融事业部西藏分部执委会不下16次，筹备开展脱贫攻坚领导小组办公室会议不下20次，研究决策农发行西藏自治区分行各项金融扶贫事宜；执委会办公室严格对标对表自治区和农发行总行分配的年度脱贫攻坚任务，督办全行完成各项攻坚任务，分季度、半年度分析脱贫攻坚任务完成进度，总结全年脱贫攻坚工作，并向自治区和农发行总行交出满意的答卷。西藏自治区分行2017年、2018年连续被自治区扶贫办评为脱贫攻坚优秀单位，同时被自治区授予2018年度脱贫攻坚贡献奖先进个人奖项，2019年扶贫业务处被农发行总行授予脱贫攻坚贡献奖先进集体奖项，2020年罗珍被农发行总行授予2020年度脱贫攻坚贡献奖先进个人表彰。罗珍常说："功成不必在我，其实讲的是不要为功劳和成就而谋事，不要老想着成就小我，要成就大我；功成必定有我，其实在讲集体的成功不能少了我的努力。"也就是说在脱贫攻坚事业上，一个人要达到为事业而忘我、为"大我"弃"小我"。2016年农发行西藏自治区分行发放的全区99%的易地扶贫搬迁贷款、2020年西藏全区金融机构发放的第一笔防疫应急贷款、国务院扶贫办高度重视的《四方协议》关于牦牛产业发展建设方面发放的第一笔"牦牛贷"，每一笔浓墨重彩的扶贫业绩后面都有罗珍的辛勤付出，但她始终强调一种团队精神、"大我"精神，她追求的目标，是深耕农发行支农为国的大行形象，高举农发行脱贫攻坚鲜明旗帜，擦亮农发行"扶贫银行"的金字招牌。

个人感言：恪守"奉献不言苦，追求无止境"的人生格言，艰苦不怕吃苦、缺氧不缺精神。

陕西省

勇当农业政策性金融扶贫的探路者

——记“2020年陕西省脱贫攻坚奖创新奖”获得者李社辉

在陕西省56个国家级贫困县集中摘帽的关键时期，时任农发行陕西省分行扶贫业务处处长李社辉，以“敢为人先、不怕吃苦、勇于担当、扎实工作”的精神，带领全省扶贫团队，瞄准贫困地区脱贫攻坚资金需求，走过贫困村的沟沟坎坎，蹚过贫困县的山山水水，不断创新贷款模式、优化融资路径、健全管理制度，走出一条政策性金融支持脱贫攻坚的新路子，以勇于担当、不断创新的生动实践发挥了政策性金融助力脱贫攻坚的先锋主力模范作用。

■ 李社辉（左三）在农发行陕西省分行定点帮扶村宁陕县小川村调研消费扶贫农产品

李社辉，中共党员，1997年进入农发行工作，2018年3月至2020年12月任农发行陕西省分行扶贫业务处处长，2020年12月至今任农发行信阳市分行行长。曾获农发行2018—2019年度“脱贫攻坚贡献奖先进个人”称号、陕西省人民政府2020年度“脱贫攻坚奖创新奖”。

搭建健康扶贫新路径

2019年春天，一个高大的身躯、黝黑的脸庞像往常一样出现在农发行陕西省分行定点扶贫联系点宁陕县小川村，他就是李社辉。走访调研中，李社辉偶然得知不久前一位贫困户腿部大面积烧伤，因不能凑够县域外就医预交费用，错过了最佳治疗时间，加大了后期治疗难度。李社辉极为痛心，他深深感到：因病致贫、返贫是脱贫攻坚中最难啃的硬骨头，一人患病全家贫困的现象更普遍存在。农发行扶贫干部作为扶贫先锋，应该想贫困群众之所想，急贫困群众之所急，出现这种事情，自己应该做点什么……在随后与宁陕县政府领导座谈中，他主动宣传农发行健康扶贫相关政策。在听闻宁陕县政府也将此事作为典型，积极寻求解决措施后，李社辉立即带领相关人员与当地政府及扶贫办等相关部门连夜对接协商，摸清融资需求。在全国尚无健康扶贫贷款支持贫困户大病就医先例的情况下，李社辉带领他的团队认真研究医保及银行信贷政策，咨询省医保局专家相关医疗报销规定，精心设计资金支付使用流程，参与制定县域外大病就医应急保障金等管理办法，协助宁陕县政府建立县域外就医保障机制，探索出一条健康扶贫介入医保领域的新路径。通过“银行+国有公司+医保中心+医院+贫困患者”的模式，向国有公司投放500万元健康扶贫贷款，为宁陕县提供县域外大病就医应急保障资金，同时以贫困群众合疗报销资金作为还款来源。发挥多方协作优势，建立县医保局、县医保中心、国有公司三方资金共管机制。贷款发放破解了宁陕县贫困人口在县域外就医预交费用资金不足的难题，解决了医院“先交钱，后治病”和医保“先治病，后报销”之间的资金滞后性矛盾，为患重大疾病的贫困患者解了燃眉之急，有效化解了贫困群众因筹资困难而耽误病情的难题、补齐了县域健康扶贫大病医疗报销“最后一公里”短板。目前，宁陕县已有23名病患者受益。宁陕县县域外大病就医应急保障制度，被陕西省扶贫办和多家新闻媒体所关注。2019年10月，《中国扶贫》对宁陕健康扶贫模式进行了专题报道，2019年11月，陕西省电视台《今日点击》栏目对此做法进行了深度报道。2020年4月中旬，农发行在全系统推广该模式。

谱写产业扶贫新篇章

产业扶贫是贫困户脱贫致富的根本所在。面对基层产业扶贫推进缓慢的现状，如何打响支持产业扶贫第一枪并形成规模效益？这个问题曾无数次在李社辉的脑海中盘旋。陕西省山阳县是国家级深度贫困县，建档立卡贫困人口10.8万人。面对“八山一水一分田”的恶劣自然条件，如何培育优势产业、扭转贫困面貌，尽早实现脱贫摘帽，是山阳县党员干部群众的共同期盼。2018年5月，山阳县启动金鸡产业扶贫项目，李社辉多次主动与地方党政、政府部门和承贷公司沟通协调，策划融资方案，统筹整合涉农资金作为还款资金，开通“绿色信贷通道”，全程提供融资融智服务。在此后贷款调查过程中，他创新调查方式，从全省抽调20余名业务骨干组成两个贷款评估小组，以“岗位实战练兵、现场劳动竞赛”方式，短时间内完成了项目调查任务。2018年8月，政策性金融1.43亿元贫困村提升过桥贷款的顺利投放，促成了“政、银、企、农”四位一体扶贫产业平台的快速搭建。通过提供政策性金融过桥融资，支持建设标准化金鸡产业园区，助力地方政府引进专业养殖企业，开展全产业链租赁经营，形成了蛋鸡生态养殖及加工、清洁能源、有机肥料、饲料加工、综合物流的绿色生态循环产业链，建成了养殖规模120万只蛋鸡、产量7.2万吨有机肥、10万吨饲料、2.3万吨蛋品加工的综合产业园区，可实现年产值2亿元、利税4000万元。依托园区产业发展，通过“土地流转、入股分红、就业增收、生产创收、三产服务”等多种带贫方式，与群众建立起紧密的利益联结机制，成功带动了全县129个贫困村村集体经济、6719户贫困户2.38万贫困人口增收致富。2019年全县129个贫困村集体经济和6719户贫困户，仅通过企业分红一项，就达3000多万元。在多种带贫方式下，贫困村年收入达7万元以上，贫困户年增收8000多元。

发展集体经济新实践

“农业政策性金融因农而生，为农而兴，在‘三农’工作、服务脱贫攻坚的过程中，应该把产业兴旺和盘活集体资产、聚拢乡村人气、促进脱贫攻坚推动乡村振兴有效衔接。”这是李社辉常常挂在嘴边的话。贫穷农民家庭出身的李社辉，对农村和土地有着与生俱来的感情。面对空壳村大量存在、青壮年劳动力逐渐流出、生养他的地方逐渐失去活力的现状，他看在眼里急在心里。作为农民的儿子，他更有着沉甸甸的使命感和责任感。在研究产业扶贫项目时，李社辉始终将壮大集体经济作为评判产业带动效益的重要考量因素之一。2019年，蓝田县制定农村集体经济发展规划，以食用菌、花椒、樱桃、草莓、葡萄、民宿六大特色产业为抓手，在101个村发展相关产业。他组织力量三次与政府相关部门负责人座谈讨论，结合蓝田县产业发展现状、政府规划、合作社发展规划、农业金融政策以及农民意愿，围绕农村合作社股权、政策、资金、资产以及运营管理等，帮助政府制订了详细的融资和管理经营方案。经过多方论证，确定了“政府+公司+银行+合作社+贫困户”支持蓝田百村提升工程项目的产业扶贫模式：由政府主导产业规划、制定支持政策，农发行投入7100万元产业扶贫贷款支持六大特色产业培育，国有公司负责项目实施管理并与合作社建立经营管理关系，合作社与贫困户建立利益联结机制。国有公司以出售资产收入和部分项目经营收益作为项目还款来源，合作社在经营收益的基础上申请政府奖补资金，用于回购国有公司投资形成的产业资产。该模式有效整合了蓝田县支持农业产业发展的各项扶持政策，推动了“政策、资金、资产、资源”的优势合作，实现了国有资产的保值增值、促进了农村集体经济发展、实现了贫困户增收致富。通过市场化运作，培育了农村合作社，激发贫困农民的内生动力。项目实施后，带动101个村合作社的34272名贫困人口通过销售农产品等，每人每年增收1500元，为30名贫困人口提供就业岗位，每人每年增收5400元。蓝田模式受到西安市委、市政府领导的充分肯定和认可，也被农发行总行作为产业扶贫新模式在全辖推广。

几年来，李社辉和他的团队，带着“爱农为农、扶农惠农”的情怀，奔波于各个带贫企业、深入无数贫困家庭，统筹各方扶贫力量，汇聚各方扶贫资源，全面落实脱贫攻坚政策，倾力支持各类扶贫项目，倾心构建全行扶贫大格局，全力支持陕西省打赢打好脱贫攻坚战。在李社辉担任扶贫处处长的三年时间里，农发行陕西省分行金融扶贫工作受到陕西省委、省政府充分认可，数年里每次考评均为“好”的最好成绩；农发行陕西省分行的脱贫攻坚工作也在总行年度考核中，三年连续跨上三个新台阶。

个人感言：作为秦岭深处贫穷农民家庭的儿子，在脱贫攻坚决战决胜的光辉历程中，能为乡亲们摆脱贫困迈向小康流下汗水，付出努力，是义不容辞的责任，更是令人自豪的人生阅历。

甘肃省

金融“活水”彰显政策性银行担当

——记“2018年甘肃省脱贫攻坚先进集体”农发行甘肃省分行

金融活，经济活；金融稳，经济稳。“十三五”以来，农发行甘肃省分行把支持全省打赢脱贫攻坚战作为重大政治任务和历史使命，充分发挥农业政策性银行“当先导、补短板、逆周期”作用，聚焦重点领域和薄弱环节，切实加大信贷投放力度，为全省决战决胜脱贫攻坚提供了强劲的金融支撑。累计发放精准扶贫贷款1018.84亿元，扶贫贷款余额为654.83亿元，占各项贷款的50.57%。扶贫贷款发放额、余额、增速、

■ 农发行甘肃省分行贷款支持的甘肃农业大学应用技术学院临洮校区

农发行甘肃省分行1994年12月成立，下辖14个市（州）分行和47个县支行。“十三五”以来，累计发放精准扶贫贷款1000亿元以上，有力地支持服务了全省粮食安全、脱贫攻坚、乡村振兴等国家战略，充分发挥了农发行在“三农”金融体系中的主体和骨干作用，多次获省长金融奖、脱贫攻坚奖等表彰奖励。

让利连年居全省同业前列。先后五次荣获“省长金融奖”，多次获得“全省脱贫攻坚先进集体”荣誉称号；2020年在农发行总行脱贫攻坚年度考核中小组排名第二位，农发行甘肃省分行创新处荣获全国“万企帮万村”精准扶贫行动组织工作先进集体表彰奖励。

党建引领　激发内生动力

火车跑得快，全靠车头带。大事难事看担当，脱贫攻坚越到后头越吃紧，越是考验着各级党员领导干部的凝聚力和战斗力。农发行甘肃省分行注重发挥党组织的旗帜引领和战斗堡垒作用，让党旗始终飘扬在脱贫攻坚第一线。

农发行甘肃省分行坚持各级书记抓扶贫，“一把手”负总责发挥表率和督促作用。通过加强党的政治建设，持续跟进学习习近平总书记关于扶贫工作的最新讲话和指示精神，始终把服务脱贫攻坚作为最大的政治任务、最核心的履职要求、最紧迫的重点工作。

“农发行助力全省脱贫攻坚，落实各级责任是根本，领导带头攻坚是关键”。农发行甘肃省分行健全完善“一组两会”运行机制，召开78次脱贫攻坚工程领导小组会暨执委会和总裁办公会，部署任务、传导压力；先后多次召开全辖整改动员会、党委会及整改推进会，专题研究和推动脱贫攻坚巡视问题整改工作。

2020年3月初，在全省吹响复工复产冲锋号之际，农发行甘肃省分行班子成员率先深入临夏州调研指导农发行脱贫攻坚工作，与地方党政负责人就农村基础设施建设、特色产业发展、乡村旅游扶贫、民生项目实施等进行了深入对接。2020年以来，班子成员先后18次深入重点地区督导推进脱贫攻坚，帮助指导项目营销，协调解决难点问题。

金融活水　激发造血功能

针对全省贫困地区自然环境、产业发展和社会经济方面的差异，全面落实农发行总行59条差异化信贷政策，出台支持深度贫困地区脱贫攻坚17条规定。

“三保障”和易地搬迁后续扶持，是贫困群众脱贫致富的底线工程，容不得一丝一毫的马虎。2020年以来，累计发放22.08亿元贷款支持“三保障”和饮水安全工程，25个国家级贫困县分支机构全部实现扶贫贷款业务覆盖。发放健康扶贫贷款1.11亿元，支持3所公立医院项目建设；发放教育扶贫贷款7.4亿元，支持建设基础教育及职业教育学校7所；发放贫困村提升工程和扶贫过桥贷款13.57亿元，覆盖了590个贫困村、50.56万建档立卡贫困人口；累计发放易地扶贫搬迁后续扶持贷款29.34亿元，其中支持建设全省唯一的万人以上安置点，800人以上安置点19个。

产业扶贫是“输血”扶贫变“造血”扶贫的根本途径，是群众拔穷根奔小康的长效工程。2020年以来，农发行甘肃省分行累计投放产业扶贫贷款100.99亿元，对跨省集团客户——古浪越海公司发放贷款3亿元，支持全国唯一万人以上安置区后续产业发展；审批12亿元支持中盛农牧公司白羽肉鸡建设项目，是全省首笔超十亿元的民营项目，带动贫困人口222人，人均年均增收4万元以上。

2020年以来，积极落实小微企业融资办贷优惠政策，着力破解小微企业“融资难、融资贵”难题。累计发放普惠小微贷款68户、金额3.96亿元，余额为6.06亿元，新增“万企帮万村”贷款企业44户。

惠企便民　厚植发展潜力

全面落实支持疫情防控和复工复产各项优惠政策，相继出台多项金融服务措施，制定《防疫应急贷款业务政策与操作指引》，规范贷款适用范围、支持对象、优惠政策和审批权限等。充分利用应急和绿色通道，对疫情期间各级重点保障企业下放授信、用信审批权限，实行容缺办贷，相关贷款资料先批后补、先放后补，贷款平均办理时长2~3天，最快仅用时7个小时。

为有效降低疫情期间企业财务负担，积极用好政策性银行疫情防控专项再贷款、扶贫专项再贷款、PSL资金等优惠政策。凡涉及疫情防控的融资业务，减免人民币结算、国际结算、企业理财等五大类共46项服务收费。

2020年以来，累计发放疫情防控贷款70户、金额16.24亿元，累计投放复工复产贷款229户、金额192.54亿元，充分体现政策性银行的使命担当。新发放贷款加权平均利率同比下降74个基点，累计为企业让利2亿元；对受疫情影响的20户企业、24笔共2.8亿元贷款本金办理了延期业务；对18户企业共54.46亿元贷款的1.1亿元利息办理了临时性延期付息。

倾情帮扶　彰显爱心助力

脱贫攻坚收官之年，驻村帮扶工作怎么开展？为贫困群众帮办哪些实事？这一切都被该行党委一班人时时牵挂。2020年以来，行领导先后五次赴省分行机关帮扶村调研指导脱贫攻坚工作。主动协调为五个帮扶村修缮硬化水泥路面22.67千米，安装太阳能路灯203盏，打通了服务贫困群众的“最后一公里”，照亮了农户走出大山的“最初一公里”。

爱心捐赠见真情，阳光行动暖人心。为支持贫困地区教育事业发展，筹措138万元捐资助学：向西和县十里镇云刘小学捐款20万元，支持扩建学校基础设施，改善校园环境；向镇原县13个未脱贫贫困村和席沟圈村14名建档立卡高中生和40名建档立卡大学生每人捐助3000元；向临泾镇席沟圈明德小学捐赠3万元用于学校基础设施修缮；向方山乡贾山村小学56名小学生捐赠春秋装校服56套，捐赠资金共计20万元。疫情期间，通过临洮县红十字会向帮扶村捐款15万元。

受疫情影响，全省深度贫困地区不同程度地出现农特产品滞销问题，直接影响农民增收。农发行甘肃省分行利用系统网络资源，积极上线“甘味·农发微购”电商平台，帮助贫困村疏通产品销售渠道，实现销售额74.4万元，干部员工购买贫困地区农产品114.9万元，帮助销售贫困地区农产品405.72万元。

下一步，农发行甘肃省分行将一如既往担负起政策性金融职责使命，履行好社会责任，切实发挥好“当先导、补短板、逆周期”调解职能，全力以赴助力支持甘肃经济社会高质量发展。

聚焦主责主业　强化使命担当

——记“全国‘万企帮万村’精准扶贫行动组织工作先进集体”农发行甘肃省分行创新处

为贯彻落实习近平总书记关于“万企帮万村”精准扶贫行动指示精神，积极支持民营企业发展，助推打赢脱贫攻坚战。农发行甘肃省分行创新处全面贯彻强化农业政策性金融服务国家战略，勇于承担服务实体经济的责任，牢牢抓住“三个一批”“四个精准”行动关键，上下合力推动“万企帮万村”精准扶贫行动取得实效。截至2020年末，全行“万企帮万村”精准扶贫企业178户，贷款余额为48.4亿元，客户数量和贷款余额分别较2019年末增加44户、12.6亿元，比2018年增加92户、21.2亿元，比2017年

■ 农发行甘肃省分行支持甘肃中盛农牧集团有限公司肉羊养殖项目

农发行甘肃省分行创新处自2016年5月成立以来，累计发放农业现代化贷款194.04亿元，2020年末条线贷款余额达到122.68亿元，其中扶贫贷款为104.74亿元，占比为85.37%，在“万企帮万村”精准扶贫行动中工作成果显著，2020年获得全国“万企帮万村”精准扶贫行动组织工作先进集体奖。

分别增加150户、37.4亿元。已支持“万企帮万村”企业经营范围涉及畜牧、大麦、林果、蔬菜、中药、旅游等多个领域，带动建档立卡贫困人口85545人增收，其中，产业带贫74054人、就业带贫1340人、公益带贫7141人、培训带贫3010人，为全省脱贫攻坚行动贡献了力量。

加强组织领导，构建“万企帮万村”行动良好工作推进机制

一是坚持政府主导。紧紧依靠农发行总行及当地党委政府的统一领导，将“万企帮万村”精准扶贫行动，作为践行全省脱贫攻坚工作的重要抓手，对照全省“万企帮万村”管理台账，对辖内民营企业逐户进行摸底，筛选优质企业和优质项目，重点营销支持，制订客户群建设分步实施方案。近两年，工商联及扶贫部门先后向农发行各机构推荐企业62户、资金总需求26.32亿元，分行创新条线积极配合落实，先后累计筛选支持了40户、信贷支持16亿元。

二是搭建合作平台。积极主动对接工商联、扶贫办、光彩会协商洽谈合作事项，并建立季度联席会议机制。农发行甘肃省分行成为全国首批与省工商联、扶贫办、光彩会签订《金融支持“万企帮万村”精准扶贫行动战略合作四方协议》省级机构，同时，先后督导辖内13个二级分行与所在市（州）工商联、扶贫办等部门签订《“万企帮万村”精准扶贫行动战略合作协议》，搭建自上而下、协同推进的合作机制平台，密切与相关机构的合作。

三是明确工作职责。农发行甘肃省分行成立“万企帮万村”精准扶贫行动工作领导小组，创新处具体负责“万企帮万村”精准扶贫行动推进工作的方案审定、组织推动、协调指导、沟通督导等工作，坚持问题导向，细化工作环节，确保工作成效。同时，要求各分支行成立相应的工作机构，建立省、市、县三级联合协调推进工作机制，全方位多维度有效推动工作落实。

四是开展考核通报。农发行甘肃省分行高度重视“万企帮万村”精准扶贫行动工作，将该工作事项纳入各分支行脱贫攻坚工作考核和经营绩效考核，对工作开展好的地区和人员实施专项奖励，确保“万企帮万村”精准扶贫行动取得实效。年初细化当年目标任务及考核指标，并对任务按月监测，按季度考核通报。

创新信贷模式，丰富“万企帮万村”企业带贫方式

为推动“万企帮万村”精准扶贫行动有效实施，创新处积极推动全行上下开展学创新、思创新、敢创新的创新工程，在贷款主体、融资模式、贷款方式方面积极探

索，创新一批可复制、可推广的贷款模式，丰富了扶贫模式和带贫成效，工作得到农发行总行及地方党政的认可。

一是农业产业联合体模式。搭建“政府平台+龙头企业+合作社+贫困户”四位一体的产业联合体，打造“精准扶贫+封闭运行”的统贷共管机制，支持庆阳、白银、定西等地区肉羊、果蔬等产业扶贫项目，打开了支持贫困地区特色产业发展新局面，实现了政策性信贷资金向贫困户的精准滴灌。例如，审批庆城、环县、华池、镇原县的产业扶贫贷款8.28亿元，支持肉羊产业带动贫困人口2.25万户8.93万人，带动香菇生产合作社38家，辐射带动建档立卡贫困户1367户5717人。该创新模式被新华社、《粮油市场报》、《甘肃日报》等多家媒体先后报道，省委书记批示：“省农发行此举应予肯定。请省政府给予引导、支持并适时推广。”

二是戈壁农业“预抵押”贷款新方式。探索支持甘肃戈壁农业发展，推行了“政府风险保证金+经营主体资产抵押+设施农业资产预抵押+农业保险”的新型风险防控模式，经营者可抵押资产不足时，将抵押担保标准放宽到70%，缺口20%部分设计了预抵押担保模式，边建设边抵押边放款，有效控制贷款风险的同时切实解决设施农业贷款抵押担保不足的问题。审批贷款1.6亿元，支持企业整治利用戈壁荒漠等土地254.2公顷，提供就业岗位193个。支持的酒泉敦煌种业戈壁生态农业典型经验做法得到国务院第五次大督查的通报表扬。

三是封闭管理模式。依托政府组织优势、地域产业优势、龙头企业技术和市场优势，创新“政府主导、龙头企业承贷、物资封闭管理”的龙头企业贷款新模式，该模式通过“以销定购、以购定贷、购贷销还、封闭管理”信贷资金管理方式，解决了新建产业扶贫企业流动资金不足问题，带动了乡镇、村办合作社的有效发展，实现了贫困户的稳定脱贫，例如，投放陇南宕昌琦昆公司的6000万元中药材收购贷款，可就业带贫154人，项目达产后可带动248户1446人建档立卡贫困户增收。

四是合作社贷款模式。以合作社作为精准扶贫、稳定脱贫的有力抓手和重要支撑，创新“政府主导、产业带动、规模经营、专款专用、风险可控”的农民专业合作社贷款模式，累计向定西康荣中药材种植、五竹田园牧歌养殖等128户合作社发放贷款5.1亿元，打通了金融扶贫到村到户“最后一公里”，得到当地党政及各有关方面的广泛认可，产生了较好的示范效应。

优选支持企业，助推“万企帮万村”企业助力脱贫攻坚

为达到帮扶对象精准、帮扶内容精准、帮扶方式精准、帮扶成效精准确保扶贫工作不留空白点的目标，通过设置专门指标考核、行领导包片、挂牌督战等措施重点推

动深度扶贫地区的“万企帮万村”工作，部分企业已经成为带动地方发展、服务当地脱贫攻坚的重要力量。同时，进一步加大与对口帮扶省市农发行的沟通力度，通过东西部协作扶贫平台，支持了陇南利和萃取公司、环县黄土高坡童子羊公司等31家东西部帮扶企业，已支持贷款29.76亿元。

提升金融服务，主动为“万企帮万村”企业减费让利

在推进“万企帮万村”行动中，把解决企业融资难、融资贵、融资繁问题作为一项重点工作来抓，认真研究有关政策，贯彻落实相关规定，提高金融服务质效。

一是降低准入门槛。对扶贫成效显著、带动效应明显的“万企帮万村”示范企业，特别是对“两州一县”、深度贫困地区项目，进一步降低准入门槛，方便客户融资，着力解决企业融资难问题。主动与省金控、省农担的沟通协调，达成合作协议，破解企业担保难题。

二是实施优惠费率。在利率定价上对标同业优惠支持，为企业减本增效，支持的“万企帮万村”扶贫企业平均加权利率4.45%，低于全省平均利率约100个基点。规范涉企服务收费行为，在办贷、管贷过程中不向企业收取任何附加费用，同时，取消账户余额管理等四个收费项目，免除小微企业财务顾问费、信息咨询费和资金管理费等费用，不断为企业减费让利。

三是加快办贷进度。对“万企帮万村”入库企业，优化服务手段，主动营销培育，开辟优先受理、限时办结绿色办贷通道，实施小微企业贷款审批权限下放、深度贫困地区项目审批资料边批边办、应急救灾贷款资料容缺办贷等一系列切实有效的信贷措施，“万企帮万村”企业平均办贷时间缩短了近一半。

四是帮助企业解困。面对新冠肺炎疫情，主动履职尽责，紧急开启防疫“应急通道”和复工复产贷款绿色通道，全力保障疫情期间农产品市场供应、春耕备耕和中小微企业健康发展。对受新冠肺炎疫情影响较大的企业，在不抽贷、不断贷的前提下，主动采用延期还本付息、调整还款计划、再融资等方式，帮助企业缓释资金周转压力，并利用自建的“农发微购”电商平台帮助企业销售产品，支持企业渡过难关，彰显政策性银行的优质服务。

创新驱动引活水　金融扶贫显担当

——记“2020年甘肃省脱贫攻坚先进集体”农发行甘肃省分行扶贫业务处

围绕践行职责使命　创新扶贫工作新机制

坚持以服务脱贫攻坚统揽业务发展全局，推动形成政策性金融扶贫全方位、立体式工作体系。一是坚持政治引领。始终坚持把支持打赢脱贫攻坚战作为重大政治任务，每年召开全行脱贫攻坚工作会议和深度贫困地区工作推进会，累计召开党委会、脱贫攻坚工程领导小组会及执委会等会议78次，对服务脱贫攻坚重大问题进行深入研

■ 农发行甘肃省分行贷款支持临夏县2020年北塬移民区人居环境整体提升工程项目

农发行甘肃省分行扶贫业务处充分发挥综合、协调、沟通、督办、考核等职能，坚决扛起脱贫攻坚重任，为全行服务脱贫攻坚工作作出表率。2015年8月设立以来，累计发放扶贫贷款1018.84亿元，年均发放扶贫贷款174.4亿元；2020年末，扶贫贷款余额为654.83亿元，较2015年末增加241.62亿元，年均环比增长11.32%。多次在全省金融系统、全国农发行系统交流经验，连续两年在农发行总行脱贫攻坚年度考核中名列三甲。

究并系统解决。接连发起了“四场硬仗”“消盲清零”“冲锋行动”“百日攻坚”“服务基层”等专项行动，确保高质量完成服务脱贫攻坚各阶段任务。二是坚持规划先行。围绕拿下脱贫攻坚基本面、着力补齐脱贫短板、全面决战决胜“三个阶段”攻坚，制定支持打赢脱贫攻坚战三年行动意见、印发全面高质量打赢脱贫攻坚战工作方案，出台精准扶贫贷款办贷12条、服务民营小微企业实施意见等7个指导性文件，挂图作战、压茬推进。三是坚持精准方略。把精准要求贯穿始终，实行扶贫任务、项目和整改“三清单”管理，搭建扶贫贷款台账、统计、核算、管理、考核五大系统。出台支持脱贫攻坚工作考核办法和创新发展奖励办法，将脱贫攻坚工作纳入各级行领导班子的考核评价，激发全行上下集中精力扶真贫、真扶贫。

围绕攻克深贫堡垒　创新推出扶贫新举措

认真贯彻落实“三个新增”要求，创新推出新举措，强力推动抓落实。一是实施差异化政策。确定“三高于”“两大于”“全覆盖”目标，提出“四紧盯一优化”工作举措，用足用好农发行总行59条差异化支持政策，出台信贷支持“两州一县”等深度贫困地区若干规定、倾斜支持深度贫困地区脱贫攻坚以及产业扶贫服务方案，通过减免收费项目，精准使用专项扶贫再贷款，运用好延期业务等政策工具，集中资源支持深度贫困地区脱贫攻坚。二是加大支持力度。坚持扶贫贷款评估、调查、审查、审批、发放“五个优先”，贫困地区办贷时长缩短近30%，累计向“两州一县”和18个深度贫困地区发放扶贫贷款330.19亿元，余额为227.82亿元，“两州一县”扶贫贷款增速是全省农发行扶贫贷款增速的2.36倍。特别是“三区三州”的农发行甘南州分行、临夏州分行，扶贫贷款增速和余额均居当地金融同业首位，时任农发行甘南州分行行长、农发行临夏州分行分别被评为省脱贫攻坚帮扶先进个人、先进集体。三是强化挂牌督战。聚焦全省8个未摘帽贫困县，建立挂牌督战机制，签订挂牌督战责任书，分县编制差异化服务方案，组成8个攻坚队和2个攻坚小组尽锐出战，发放扶贫贷款26.43亿元，带动服务贫困人口21.18万人次，提前超额完成了全年目标任务。

围绕破解融资难题　创新产业扶贫新模式

坚持把产业扶贫作为服务脱贫攻坚的根本之策，加大模式创新力度，破解瓶颈。以庆阳环县为试点，采取“统贷分用、共管统还”的资金运作方式，探索创建了“统贷共管”产业联合体模式，组建“国有企业+龙头企业+合作社+村集体+贫困户”的产业联合体，先后在镇原、陇西等7个国家级贫困县落地，累计发放扶贫贷款7.55亿元，支持合作社455个，带动贫困人口3.32万人。该模式获得了农发行总行“创新模式奖”，时任省委主要领导作出了批示，并作为典型案例在国务院扶贫办官网和农发行系统推广。此外，还创新推出“戈壁农业”预抵押模式、“小杂粮产购销供应链订单”模式、“农社担贷”模式等10余个服务模式，打通支农支小“最后一公里”。2015年以来，累计发放产业扶贫贷款291.44亿元，带动贫困人口10.71万人次，平均每亿元贷款带动建档立卡贫困人口378人次。支持民营小微企业272户，贷款利率低于同业150个基点，免收费46项，直接为企业让利2.5亿元，集中打造了马铃薯、中药材、养殖、高原夏菜等一批“甘味”优势产业，使之成为贫困人口增收主渠道。

围绕服务国家战略　创新设施扶贫新路径

坚持将脱贫攻坚与疫情防控、复工复产及黄河流域生态保护等国家战略统筹推进，创新设施扶贫新途径。一是在优化服务上再发力。紧扣全省“3+1”冲刺清零行动和“5+1”专项提升行动，通过客户大普查、大走访，形成高层定期交流、纵向会商诊断、横向协同办贷、全员参与负责的办贷格局。疫情期间，快速启动应急和绿色通道，全力服务“六稳”“六保”任务，及时发放应急贷款71笔共16.84亿元，支持复工复产项目221个共188.92亿元，对33户企业共8.11亿元贷款本息办理了延期业务。二是在支持模式上求突破。围绕现金流这一主线，积极探索公益性项目市场化运作，先后创新推出“母担子贷+”模式、“央企增信+”模式、“土地+”模式、“资源收入+”模式等，全力推动易地扶贫搬迁及后扶、健康、教育、贫困村提升、扶贫过桥、光伏、旅游等扶贫产品在甘肃落地见效。特别是以资产租赁收入为现金流的“临夏扶贫”“统担分贷”模式作为服务黄河流域生态保护和高质量发展典型案例在全国农发行系统印发。三是在提质增量上见成效。严格执行人民银行扶贫贷款认定标准，2015年以来，累计发放项目扶贫贷款725.65亿元，支持搬迁项目51个、安置面积689.28万平方米，支持全省万人安置点全覆盖，800人以上安置点21个，使搬迁贫困人口“搬得出、稳得住、能致富”；支持贫困地区17所学校、医院改善了办学、就医条件，服务贫困村3767个、贫困人口137.38万人次；支持新改建农村公路7.16万千米，增加或改善灌溉面积2970公顷，修缮疏浚河道沟渠201.46千米，新增污水处理能力5.3万立方米/日，解决415万名农民饮水问题。

围绕抓党建促扶贫　创新金融扶贫新格局

坚持党建统领，建立健全工作机制，构建内外联建，合力攻坚工作格局。一是健全脱贫攻坚组织体系，率先在全系统成立扶贫工作领导小组和扶贫金融事业分部，构建完善“一组两会”和“1+4+7”的扶贫工作组织体系，在“三区三州”和定点帮扶县新设三个县级支行，在无机构县派驻扶贫工作组，实现贫困地区政策性金融服务全覆盖。实行领导包片、处室包点联系和定点帮扶制度，压紧压实脱贫攻坚责任。建立专项巡察和分片区派驻纪检组监督，以扶贫领域作风整治和巡视整改为契机，“多管齐下”改进作风，提高执行力。二是联建共建促扶贫。先后与新华社甘肃分社、省粮食局、中储粮兰州分公司建立党建共商机制，邀请政企党员代表共赴贫困村，开展主题党日活动，积极引导合作企业到贫困地区投资兴业。以开展东西部扶贫协作和“千企帮千村”专项行动为契机，与天津、青岛、福建等地区建立协同推进机制，与农发行天津市分行召开东西部协作会，累计引进招商资金1.57亿元，帮助销售贫困地区农产品142.89万千克，共计10339万元。三是融资融智做实定点扶贫。建立省分行机关党组织与村党支部党建共建机制，累计向省分行机关对口帮扶的临洮县投入信贷资金14.47亿元，向8个未摘帽县、帮扶村捐赠资金1665万元，派驻帮扶干部160余人，免费培训“两州一县”大学生村官20名，培训干部群众1350多人次。特别是在2020年新冠肺炎疫情最为吃紧的时期，向贫困地区捐款211.94万元。组织全行员工通过购买帮销、开发上线“甘味·农发微购”电商平台、设立扶贫产品专柜、青年员工直播带货等方式，累计购买和帮助销售扶贫产品超过520万元。通过精准帮扶，全行对口帮扶的49个村全部实现脱贫摘帽并顺利通过验收，两个机构、驻村帮扶队先后四次被评为先进集体。

深耕“支农”事业　践行家国情怀

——记“甘肃省脱贫攻坚先进集体”农发行临夏回族自治州分行

打赢打好脱贫攻坚战，离不开金融支持。农发行甘肃省临夏回族自治州分行（以下简称农发行临夏州分行）以服务乡村振兴为己任，主动扛起金融扶贫的大旗，当好服务临夏深度贫困地区脱贫攻坚主力军。仅2020年以来，累计在基础设施扶贫、教育扶贫、旅游扶贫等领域发放扶贫贷款23笔共35.23亿元，贷款余额达到58.89亿元，增

■临夏州分行支持的八坊十三巷综合旅游项目

农发行临夏州分行主动扛起金融扶贫的大旗，脱贫攻坚以来，紧盯临夏州重点民生工程项目，在易地扶贫搬迁、生态环境治理、基础设施扶贫等领域累计发放扶贫贷款81笔共71.82亿元。截至2021年4月底，贷款余额已达68.10亿元，其中，扶贫贷款余额为61.35亿元，占比达90.09%。该行先后被临夏州委、州政府评为2019年脱贫攻坚帮扶先进集体，被甘肃省脱贫攻坚领导办公室评为2019年甘肃省脱贫攻坚帮扶先进集体，被农发行甘肃省分行评为2019年脱贫攻坚先进集体，2020年被临夏州授予“讲奉献助力脱贫攻坚，勇担当攻坚小康社会”锦旗，2021年3月被中共甘肃省委、甘肃省人民政府评为脱贫攻坚先进集体。

长94.61%，完成净增计划的286.3%。其中，扶贫贷款余额为52.41亿元，较同期增加30.11亿元，增长135.51%，完成全年目标任务的228.45%，为全州打赢脱贫攻坚战源源不断贡献了政策性金融力量。

高举"一面旗帜"，党建统领，凝聚发展"正能量"

脱贫攻坚以来，农发行临夏州分行深入学习贯彻习近平总书记关于扶贫工作重要论述，把服务脱贫攻坚作为锤炼党员干部"四个意识"的大熔炉、检验干部能力素质的必答题、转变工作作风的突破口、推动业务发展的新机遇，并与"不忘初心、牢记使命"主题教育紧密结合，以高品质的党建引领金融扶贫高质量推进。该行主要负责人走遍全州七县一市后，提出了以支持农村基础设施为重点，特色农业产业为抓手，农村人居环境治理为突破口，创新信贷支持模式，探索信贷支农新路子。该行脱贫攻坚领导小组成立重大扶贫贷款项目工作指挥部，党委主要领导亲自调度，各部门负责人分别担任推进具体工作的"施工队长"，把各条战线"拧成一股绳"，汇聚最澎湃的脱贫攻坚合力。该行不断强化党建引领，通过开展劳动技能竞赛，引导党员干部自觉在脱贫攻坚战斗中比学赶超、创先争优，推动服务脱贫攻坚取得实实在在的成效，仅2019年以来该行就取得脱贫攻坚先进个人、脱贫攻坚帮扶先进集体等各项奖励6项，获得省级以上脱贫攻坚先进个人、创新工程先进个人等奖励12人。该行党委班子坚持带头转作风、抓落实、解难题、促发展，在项目营销、不良清收、风险化解、存款组织、问题整改等重点难点工作中，主动向临夏州以及各县党政领导干部宣讲农发行信贷政策，积极联系州县扶贫、国家发展改革委等部门对接项目，有力地推动了重点任务的落实和难点问题的解决，促成了农发行甘肃省分行与临夏州政府签订战略合作协议，将银政关系推入了"蜜月期"，据统计，近年来该行发放的贷款政府推荐的达到90%以上。

锚定"两个紧盯"，尽锐出战，啃下脱贫"硬骨头"

临夏、东乡两个县是2020年最后脱贫两个县，农发行临夏州分行紧盯两个县重点扶贫领域，持续输入"金融活水"，累计向两县发放扶贫贷款11.77亿元。该行先后三次专题召开党委会，研究制发了《支持未摘帽县打赢脱贫攻坚收官战行动方案》《支持未摘帽贫困县决胜脱贫攻坚决战工作方案》，为支持未脱贫县树信心、定任务、压担子，确保靶向定位，不打乱仗。在全行范围内抽调业务精英，组建项目营销、调查评估、资金保障、宣传报道、督促督查五个"精锐部队"集中攻坚。在项目营销的关键时期，先后12次召开项目推进碰头会、协调会，协商解决项目要件不全、还款来源不确定20多个问题。参与调查评估的近10名同志，在连续两个多月的时间里做到随叫随到。对两县重点扶贫项目，开辟办贷“快速通道”，在业务审查、审批、发放上给予优先优惠，开放“绿灯”，全力保障项目资金“最后一公里”畅通。临夏县北塬移民区人居环境整体提升工程等7个项目、20.45亿元贷款，从介入到审批投放时间均控制在一个月之内，创造了该行成立以来办贷最快速度。

用足“三大抓手”，提质增效，打好政策“组合拳”

从贷款客户、扶贫项目和创新信贷模式精准施策，打出了一套精准扶贫“组合拳”。农发行临夏州分行主要负责人带领专业营销团队主动上门对接客户，通过客户大普查、大走访、大营销，建立了目标客户资源库，把资信好、防风险能力强、扶贫带贫成效明显的地方骨干企业纳入目标客户资源库，及时跟踪辅导培育。据统计，纳入客户资源库的客户30余家，对其中8家客户进行重点跟踪培育，有22户贷款客户实现了首笔投放，后续将有近43.57亿元的贷款陆续投放。围绕“两不愁三保障”重点领域，积极对接地方发改委、财政、水利、住建、生态、文旅、扶贫等部门，建立健全项目储备库，按照项目轻重缓急逐项目落实责任人，并实行限时办理机制，在项目评估、审查、审批、发放、支付等环节提供快速通道，全力抓项目落地，在2021年发放的15个共34.42亿元扶贫项目贷款及时帮助贷款企业解决了资金短缺问题，保证全州重点扶贫项目如期实施。坚持把融资与融智结合起来，与地方党政建立常态化的汇报协调机制，在不增加地方债务负担的前提下，继续向当地党政主要领导汇报“扶贫过桥”模式贷款优惠政策，积极推广扶贫过桥贷款，目前该行60亿元贷款中扶贫过桥贷款占到88.34%。针对临夏州部分小微企业无抵押物实际，“牵线”客户与金控融资担保平台开展合作，大力推广“金控担保”模式，为客户解决无担保措施的后顾之忧。结合临夏州经济金融环境、资源禀赋和发展规划，在发现现金流、设计现金流、挖掘现金流上想办法，探索应用公司自营模式，目前，自营模式下的贷款达到了4.08亿元。

深耕“四大领域”，全面发力，交上满意的“答卷”

农发行临夏州分行聚焦四大重点扶贫领域不松劲。坚持把粮棉油储备信贷业务作为“立行之根、兴行之基”，足额供应各类储备资金，按计划进行粮食轮换，扎实开展粮食库存清查，全力保障百姓“米袋子”安全，2020年新增州、县级储备粮贷款0.86亿元，累计有2.3亿元贷款用于支持全州粮油储备。该行围绕全州重点扶贫项目，着力解决贫困地区出行、饮水、教育、医疗等问题，累计在城乡一体化、农村人居环境整治、污水处理、农村路网等领域审批发放扶贫贷款15个共47.96亿元，为临夏州基础设施扶贫持续输入金融力量。"输血的同时重在造血"，该行结合临夏资源禀赋和企业自身经营情况，通过降低准入门槛、优先受理、优先调查评估、简化评审手续等方式着力支持地方特色产业发展，累计在生猪养殖、苗木种植、油脂加工、农业小企业等领域发放产业扶贫贷款1.3亿元。围绕党建扶贫、消费扶贫和信贷扶贫持续为定点帮扶村注入动力，累计向康乐县打门村提供帮扶资金78万元，用于优化人居环境，改善村容村貌。向东乡、临夏两县贫困村捐款40万元，用于贫困村产业和教育扶贫。该行还通过"以购代捐""以买代帮"等方式积极助力消费扶贫，利用9月22日"农民丰收节"，大力推广宣介"甘味·农发微购"电商平台，累计在该平台购买农产品5.60万元，帮助销售农产品17.33万元。

据统计，农发行临夏州分行贷款支持项目全部完工后，可支持修建农村公路76.66千米，硬化通村道路1877千米，治理河道31.46千米，整治整理土地866.67公顷，改造农村危房2516户，支持修建县级人民医院1家，新扩建学校4座，改善提升14.87万农村贫困人口的人居环境，保障提升22.22万贫困人口饮水安全，帮助4.2万农村贫困人口实现增收。

带头履行政策性银行职能
全力服务甘肃脱贫攻坚

——记“2017年度甘肃省脱贫攻坚个人贡献奖”获得者刘峰林

2015年以来，农发行甘肃省分行坚决贯彻党中央、国务院脱贫攻坚决策部署，落实农发行总行政策和省委、省政府要求，发扬“三苦”精神，下足“绣花”功夫，全力服务脱贫攻坚，取得明显成效，两年多累计发放贷款703.7亿元，其中扶贫贷款528.03亿元，分别比2014年增加499.42亿元和378.25亿元，增长244%和158%。服务各类

■ 刘峰林（左三）陪同农发行总行行长助理朱远洋在酒泉调研扶贫项目车间

刘峰林，中共党员，2014年1月至2018年1月任农发行甘肃省分行行长、党委书记，2017年获甘肃省脱贫攻坚个人贡献奖。

客户582户，涉及县（市、区）83个，其中贫困县63个，贫困村4035个，分别占全省县（市区）的96.5%、贫困县的84%、贫困村的64.9%；带动农户120.26万户，其中建档立卡贫困户38.12万户，占全省的37.7%。农发行甘肃省分行先后荣获2015年、2016年“省长金融奖”，被省委、省政府授予2015年精准扶贫省外帮扶单位“民心奖”。这些数据的背后，饱含着该行“一把手”刘峰林倾心扶贫的家国情怀。2014年1月，这位在农村金融战线摸爬滚打了35个春秋的“老兵”，被组织任命为农发行甘肃省分行负责人。从那时起，他就立下了“为甘肃‘三农’发展做些实事”的夙愿。

开创金融扶贫“甘肃路子”

中央扶贫开发工作会议后，农发行确立了“扶贫银行”的办行方向。作为刚刚负责农发行甘肃省分行工作的刘峰林，深感责任重大、使命光荣。他自觉把信贷扶贫当作“头等大事”，列为“一号工程”，以舍我其谁的担当精神，组织引领全行走出一条金融扶贫的“甘肃路子”，在实践中产生好的效果。

这是一条集中攻坚的路子。为迅速打开信贷扶贫局面，形成全力服务脱贫攻坚格局，2015年，农发行甘肃省分行成立脱贫攻坚项目集中调查小组，由刘峰林带队，发扬与时间赛跑的精神，用两个月时间，转战14个市州及35个国家级贫困县，统一对接项目，统一调查评估，现场办公解决难题。营销扶贫项目89个共540亿元，审批扶贫项目58个194亿元，涉及项目之多，速度之快，效果之好，前所未有。

这是一条银政合作的路子。针对繁重的服务脱贫攻坚任务，刘峰林同志明确提出，作为基层农发行的行长，首先要成为“政治家”“外交家”，然后才是“银行家”，并把会不会与政府打交道、能不能与政府打成交道，作为衡量基层行行长是否合格的重要标准。他身先士卒，除努力与省委、省政府及省级有关部门建立常态化的汇报协调机制外，充分利用各种会议和营销项目的机会，为市州党政领导、部门和企业负责人宣传讲解农发行信贷政策及优势十余场，帮助各级政府选择与农发行合作的最佳方式。许多县区政府领导激动地说：“农发行不但把党中央、国务院扶贫惠农的‘真金白银’送上门，而且还给我们教会了使用方法，真正体现了国家政策性银行的风范和担当。”在他的全力推动下，2015年以来，农发行甘肃省分行先后与省级有关部门及14个市州达成扶贫合作意向5980亿元，促成农发行总行与甘肃省人民政府签订了战略合作框架协议，从而为全行快速推进和持续发展信贷扶贫业务提供了“双保险”。

这是一条背水一战的路子。刘峰林坚持用服务脱贫攻坚统揽全局，完善体制机制，构筑保障体系。一是建立服务体系。率先在全国农发行系统成立扶贫开发领导小组，率先在全省金融系统成立扶贫业务处，率先制定政策性金融扶贫五年规划，率先向市县延伸金融服务机构并实现贫困县全覆盖。二是建立责任体系。从省分行领导班子做起，对全省10个市州58个重点贫困县实行分片包干、挂钩考核，要求不脱贫不脱钩。三是建立考核体系。每年拿出50%的年终奖金与脱贫攻坚任务挂钩分配，设立140万元的“专项奖励基金”，专门奖励在服务脱贫攻坚中作出突出成绩的单位和个人。

跑出基础扶贫“甘肃速度”

农发行作为国有政策性银行，业务范围受严格的政策限制。如何在国家政策框架内，创造性地做好金融扶贫工作，刘峰林着力倡导并身体力行的就是一个字——“快”。

2015年8月，国务院要求农发行开办易地扶贫搬迁贷款业务。按照农发行总行要求，刘峰林第一时间向省政府领导汇报，与省发改委、财政厅、扶贫办等部门进行沟通，得到肯定与支持。在甘肃省上报的第一批专项债券基金项目中，53个重点建设基金易地扶贫搬迁项目全部由农发行办理。他亲自带队，从全行抽调项目评审骨干，赴26个重点县区，营销对接，跟进评估，采取“5+2”“白+黑”工作方式，在一个多月时间内，累计评估审批易地扶贫搬迁贷款项目36个共138.6亿元，储备项目21个共53亿元。其中，古浪县黄花滩生态移民暨扶贫开发易地搬迁项目的7.48亿元贷款，从立项调查到审批投放，用了不到一个月的时间，为全省首笔、全国农发行系统第二笔投放的易地扶贫搬迁贷款，创造了农发行甘肃省分行自成立以来办贷最快速度。截至2017年上半年，全行易地扶贫搬迁贷款余额、基金余额分别为133.72亿元和7.67亿元，均为全省同业之首。支持的易地扶贫搬迁项目覆盖31个国家扶贫开发重点县和5个插花贫困县，惠及贫困人口45.18万人，其中建档立卡贫困搬迁人口23.95万人，占全部拟搬迁人口的53.01%。全省722个安置点中绝大多数都是在农发行信贷支持下建设或建成的。

同时，充分利用PSL资金、政府购买等方式，累放发放中长期贷款431亿元，支持农业农村基础设施建设项目127个，覆盖全省84%的贫困县。其中，支持新建和改建农村道路12000千米，新增农民住房240万平方米，支持除险加固病险水库5座，修缮疏浚河道沟渠300多千米，支持新（扩）建供热、供水、污水处理、医院、学校项目19个。累计投放农发重点建设基金65.15亿元，帮助解决了全省210个扶贫项目资本金短缺的问题，促进大批扶贫项目落地开建。

打造产业扶贫“甘肃模式”

在甘肃这样一个贫困面大、贫困程度深、脱贫攻坚任务十分繁重的特殊省份，只有坚持基础扶贫与产业扶贫双管齐下，才能在标本兼治中实现稳定脱贫。刘峰林是这样认识的，也是朝着这个方向努力的。在认真总结多年信贷支农工作经验的基础上，他确定了“择优支持特优农业产业发展，带动贫困群众脱贫致富”的工作思路。采取“流通带加工、加工带基地、基地带农户”模式，积极支持马铃薯、玉米制种、中药材、果蔬、草食畜等特色优势农业产业发展，促使这些产业成为带动群众脱贫致富的主导产业。其间，累计发放产业化龙头及加工企业贷款103亿元，支持特色农业企业77户，辐射带动全省37个贫困县20432贫困户80322贫困人口。以定西市马铃薯为例，省、市两级行都把支持当地马铃薯产业发展作为信贷品牌，累计发放贷款42.5亿元，支持马铃薯企业21户，吸纳贫困人口就业726人，惠及建档立卡贫困户2.01万户，户均增收455元；间接辐射带动贫困户6万余户，占全市贫困户的57%，人均每年实现产业增收942元。2016年定西市马铃薯总产值达到148亿元，农民人均产业纯收入1422元，占人均现金收入的22%。依靠马铃薯产业，近五年累计脱贫4.1万户17.2万人。

探索特惠扶贫“甘肃实践”

刘峰林坚持把农业政策性银行办行宗旨深度融合到信贷扶贫实践中，带着真情实意开展信贷扶贫，让扶贫客户切实享受到农业政策性金融带来的实惠。

争取农发行总行支持，确保扶贫项目贷款顺利发放。刘峰林多次向农发行总行汇报情况，反复与有关部门协调，争取总行累计给甘肃省追加贷款计划244.35亿元，保证了扶贫项目的规模需求。

坚持让利于民，为扶贫贷款客户降本增效。农发行甘肃省分行投放的前六批农发重点项目建设基金，利率全部为1.2%，仅此为扶贫项目节约融资成本2.4亿元；发放的精准扶贫贷款，执行基准利率和利率下浮的占比为76%，其中利率下浮贷款年均可为扶贫贷款客户减少利息支出约1.2亿元。

延长贷款期限，减轻扶贫贷款客户还款压力。针对甘肃省各级政府财力较弱、集中还款压力较大的实际，将所有易地扶贫搬迁贷款期限确定为20年以上直至30年，将大部分水利、农村路网、县域公共基础设施建设、农业综合开发等扶贫项目贷款，期限确定在10年以上，并根据项目建设期限，设定3~5年的宽限期。

降低贷款门槛，促进扶贫贷款项目融资便利化。为解决客户“贷款难、贷款贵”问题，他争取农发行总行将甘肃的马铃薯、啤酒大麦、玉米制种纳入政策性业务范围，并大幅度下放贷款审批权，取消贫困地区地方政府财务准入限制，降低扶贫贷款抵押担保标准。

开展“双联”行动，扎实推进定点对口扶贫脱贫工作。2014年以来，他组织并带领全行员工自发为贫困村、户捐款捐物折合人民币111万元，单位筹集扶持资金32万元，单位捐赠专项帮扶资金74万元，帮助联系村协调筹措资金2918万元，落实帮扶项目79个，圆满完成帮扶任务。农发行甘肃省分行机关连续三年被省委双联办评为“优秀单位”。

个人感言：脱贫攻坚，乃是党心所向，民心所依。作为农业政策性银行一员，为贫困地区脱贫办好事、为“三农”发展做实事，是我们需要用一生而为之奋斗的事业。

金融扶贫的“女强人”

——记“2018年度甘肃省脱贫攻坚先进个人”张志云

农发行甘肃省分行的干部员工都知道，在全省14个二级分行中，工作条件最苦的莫过于甘南藏族自治州分行，工作任务最重的莫过于甘肃省分行营业部。而这两个行近年来在服务脱贫攻坚中所取得的骄人业绩，都与一个人有关，这个人就是被大家誉为金融扶贫“女强人”的张志云。

勇当金融扶贫“开路先锋”

甘南藏族自治州（以下简称甘南州）是国家确定的“三区三州”深度贫困地区。

■张志云（右三）在甘肃省兰州水墨丹霞景区项目地调研

张志云，中共党员，2017年5月至2019年12月，任农发行甘南藏族自治州分行党委书记、行长，2020年1月至今，任农发行甘肃省分行营业部党委书记、总经理，2018年获“甘肃省脱贫攻坚先进个人”荣誉称号。

这里海拔高、条件差、气候恶劣，脱贫攻坚任务十分繁重。2017年5月，时任农发行甘肃省分行投资业务处副处长的张志云到甘南州分行负责工作，对于这一决定，不少人心存疑虑。但她在宣布任职大会上的表态，让人们吃上了“定心丸”。“服务脱贫攻坚，是每一个农发行人的神圣职责。在这个重要节点上，组织安排我到这里，就是来为当地老百姓办实事的，如果做不到这一点，我将卸任请罪。”在随后的工作中，大家更是感受到了这位常年坚持跑马拉松的女行长的坚韧与执着。

在农发行甘南州分行的两年多时间里，张志云带头发扬“缺氧不缺精神，艰苦不怕吃苦，迎难创新发展”的农发行甘南州分行精神，常年奔波在党政领导工作场地、扶贫项目施工现场和草原深处牧民帐篷，把一个个不可能都变成了现实。在全省农发行系统率先促成省分行与州政府签订《服务脱贫攻坚暨乡村振兴战略合作协议》，率先实现扶贫贷款县域全覆盖，率先完成“三个高于”目标任务，率先实现扶贫过桥贷款在自然村组道路硬化项目的应用，率先运用人民银行扶贫再贷款资金支持产业扶贫。

从这一件件别人想干而没有干成的实事中，人们逐渐对这位女行长刮目相看。2018年以来，农发行甘南州分行累计获批精准扶贫贷款项目17个，金额为17.45亿元，发放贷款28笔，金额为12.42亿元。贷款余额从2018年初的20.65亿元增加到2019年末的28.27亿元，净增7.62亿元，增长36.9%，扶贫贷款余额和增量均居全州金融机构之首，2018年底农发行甘南州分行获得省分行脱贫攻坚绩效考核第一名。

构建金融扶贫“长效机制”

张志云常说：“农发行作为农业政策性银行，服务脱贫攻坚，不是一时之劳，而是一世之功，我们要逐步建立一个好的机制，让为老百姓办实事成为常态。”她是这样说的，也是朝着这个方向努力的。

成立服务脱贫攻坚领导小组，落实领导、部门包挂责任，纳入绩效考核，实行不脱贫不脱钩。

配齐、配强客户部门和县支行力量，靠实扶贫业务部责任，在无机构县派驻扶贫工作组，做到扶贫组织机构、工作任务和精准扶贫贷款全覆盖。

坚持激励与约束并重，把敢不敢扛指标、愿不愿攻难关、能不能干成事作为识别干部、评判优劣、奖惩升降的重要标准。

落实驻村帮扶责任，派驻专人担任驻村第一书记，实行中层以上干部“一对一”帮扶一名建档立卡贫困学生，组织全行干部员工定期走访帮扶村户，帮助解决实际问题。

农发行甘南州分行先后召开服务脱贫攻坚专题会议16次，研究解决服务脱贫攻坚事项15个，中层以上干部平均每年下乡25人次，在服务脱贫攻坚一线提拔使用干部12名，处罚各种不作为11人次，对帮扶贫困村户捐款捐物45万元，帮助硬化自然村组道路40千米、新建爱心桥一座，使38户贫困户提前实现脱贫。

打造金融扶贫“甘南样板”

从到农发行甘南州分行任职的第一天起，张志云就清醒地认识到，检验服务脱贫攻坚成效的唯一标准就是政策性信贷资金的发放速度和取得的效果。因此，她始终把信贷投放列为“头等大事”，牢牢抓在手上，坚持和时间赛跑。

聚焦全州农业农村基础设施建设投资少、欠账大、问题多的实际，按照“局部县域试点、重点区域突破、组建专业团队、全面复制推广”的思路，运用扶贫过桥贷款模式，获批玛曲县自然村组道路硬化项目2.48亿元，贷款从调查到投放仅用20个工作日。随后，按照这一模式和速度，先后获批合作、卓尼、舟曲、迭部、碌曲、临潭等县自然村组道路硬化及村内主巷道建设项目贷款11.17亿元，投放到位8.11亿元，项目涉及870个自然村，建设里程2362千米，服务建档立卡贫困人口85552人，占区域总人口的33.32%。

发展产业是实现稳定脱贫的治本之策。张志云在深入调研的基础上，紧贴畜牧和文化旅游“两大首位产业”，按照“围绕产业做特色、围绕客户做产品、围绕现金流做项目”的思路，大力推进担保方式和融资模式创新，在支持产业扶贫和乡村旅游扶贫项目上取得突破。2018年以来，累计向6户企业发放产业扶贫贷款8笔，金额为20412万元。重点支持当地特色牦牛产品精深加工龙头企业，延伸覆盖下游精品合作社，实现信贷支持牦牛养殖、储备、加工及销售产业链全覆盖。充分运用人民银行扶贫再贷款资金政策红利，优先支持带贫、脱贫成效显著的企业，解决企业融资难、融资贵的实际问题。累计使用扶贫再贷款资金发放贷款2笔，金额为6000万元，占全省农发行系统发放量的80%。以卓尼木耳镇至大峪沟1.95亿元景区道路建设项目为突破口，探索支持自营模式融资，全域四大景区连接路已审批发放2个、金额为3.6亿元。

一笔笔贷款，如同雪中送炭，支持启动了当地“强基础、兴产业、优环境”三大脱贫攻坚重点项目，为全州提前一年实现整体脱贫目标立了头功。

探索金融扶贫“新的起点”

随着甘南州提前一年实现整体脱贫攻坚目标，2020年1月，组织上又调张志云到农发行甘肃省分行营业部工作。面对省会城市行和全省第一业务大行的繁重任务，她认真践行习近平总书记“脱贫摘帽不是终点，而是新生活新奋斗的起点”新要求，坚持把党组织的政治优势和区域经济优势深度融合，发扬“抓重点、重点抓、抓具体”的一贯作风，团结带领全行干部员工，奋力谱写金融扶贫新篇章。2020年以来，农发行甘肃省分行营业部累计发放贷款143亿元，支持扶贫领域和乡村振兴项目34个，贷款余额由2019年末的359.45亿元增加到2021年4月末的451.48亿元，净增92.03亿元，贷款余额占到当期全省农发行的31.27%。特别在2021年全省农发行“春季行动”中，发放贷款68亿元，名列全省农发行第一，获得“突出贡献奖”。

按照“四个不减”的原则，紧扣产业和旅游扶贫两大重点，支持了兰州新区现代农业示范园、农业博览园、年出栏九万头种猪繁育标准化循环经济示范园等九个产业项目和兰州水墨丹霞景区、武威雷台景区文化旅游综合体、李家庄田园综合体三个旅游项目，走出了产业扶贫的新路子。

认真落实黄河流域生态保护和高质量发展战略，围绕黄河水源涵养、水土保持、文化传承等重点领域，积极支持兰州新区黄河上游水源涵养、白塔山段黄河河堤保护治理等六个项目建设，服务国家战略迈出新的一步。

聚焦农村基础设施薄弱环节和重点领域，先后支持兰州奥体中心、兰州新区中小微企业工业园、三维大数据物联网智能制造产业园等16个项目，特别是创新土地整治自营融资模式，成功获批兰州市安宁区沙井驿、孔家崖（城中村）街道土地整治项目贷款9.3亿元，通过对城郊存量集体土地进行整体开发，在支持乡村振兴战略上赢得先机。

个人感言：反贫困是全人类的一项永恒任务。作为农发行一员，我将坚守初心、牢记使命，为服务脱贫攻坚和乡村振兴作出不懈努力。

传承“南梁精神” 倾注脱贫攻坚

——记“2020年度甘肃省脱贫攻坚先进个人”汤晓越

脚下量出多少厚土，心中就沉淀多少真情。脱贫攻坚以来，农发行庆阳市分行党委书记、行长汤晓越团结带领全行干部员工奋进有为、凝心聚力服务革命老区脱贫攻坚。累计发放扶贫贷款52亿元，扶贫贷款余额位列全市金融系统第一。农发行庆阳市分行荣获庆阳市委、市政府2018年度“脱贫攻坚集体奖”，2019年在全省农发行服务脱贫攻坚工作考核中排名第一，被农发行甘肃省分行评为“2018—2019年度脱贫攻坚先进集体”，被农发行总行评为“2020年度脱贫攻坚先进集体”。他被农发行甘肃省分行评为“2018—2019年度脱贫攻坚贡献奖先进个人”，被甘肃省委、省政府评为“2020年度全省脱贫攻坚先进个人”。

汤晓越（左二）向时任甘肃省委副书记孙伟汇报农发行创新融资模式支持环县肉羊产业发展情况

汤晓越，中共党员，农发行庆阳市分行党委书记、行长，被农发行甘肃省分行评为“2018—2019年度脱贫攻坚贡献奖先进个人”，被甘肃省委、省政府评为“2020年度全省脱贫攻坚先进个人”。

不忘初心、牢记使命，做产业扶贫的一线实践者

庆阳革命老区属六盘山集中连片贫困区，辖内环县、镇原县为国家级深度贫困县，贫困程度深，脱贫难度大。汤晓越结合当地贫困现状和扶贫政策，紧紧围绕肉羊、肉鸡、奶山羊、苹果等特色产业，精心设计融资方案，量身定做服务计划，全面加快产业项目落地实施。

在汤晓越的带领下，全行业务创新发展，实现了“五个首次”：首次发放全省肉羊产业扶贫贷款2.67亿元，创新支持“产业联合体”发展，共建成合作社124家；首次发放全省肉羊产业扶贫过桥贷款6.44亿元，带动406个合作社发展，帮助24866户建档立卡贫困人口脱贫；首次发放与省金控合作的全省苹果产业扶贫贷款1.6亿元，实现了庆阳市分行林业资源开发与保护贷款品种的“零突破”；首次发放全省土地增减挂钩项目贷款1亿元，增加耕地894公顷，有效服务深度贫困县建档立卡贫困人口67732人稳步脱贫；首次获批全省农发行建行以来支持实体经济项目单笔最大金额贷款12亿元。

敢于创新、勇于担当，做守正创新金融扶贫模式的勇敢开拓者。“环县羊肉品质优良，也是优质牧草适生区。但受制于‘小、散、弱’传统产业发展经营模式，未做大做强。如何通过金融模式的创新，推动肉羊产业走现代农业发展的新路子？”这是他通过多次深入调研后决心要攻克的难关。

为破解支持肉羊产业发展的难题，他积极向农发行甘肃省分行和地方政府汇报协调，组建专业团队，通过多方论证、反复推演、实践摸索，创新提出“国有企业+龙头公司+合作社+村集体+农户”的新兴产业联合体，以“政府主导、市场化运作”为原则，探索“合作共赢、主体共选、机制共建、风险共担、资金共管”的“五共”产业发展模式，全力支持环县肉羊一体化全产业链融合发展。

2019年5月，农发行庆阳市分行成功发放全省首笔肉羊产业扶贫贷款2.67亿元，“统贷共管”的“产业联合体”模式打通了政策性金融扶贫资金到村、到户的“最后一公里”。以入股方式带动建档立卡贫困户10780户，每户每年享受固定分红1000元，累计分红613万元；带动村集体234个，累计分红1007.5万元。

该模式创新成功后，得到新华社、《粮油市场报》、《甘肃日报》、《甘肃经济日报》等国家级和省级媒体的关注，先后从不同角度进行了报道，国家扶贫官网对新华社的报道进行了转载。2019年6月10日，时任甘肃省委主要领导在新华社《甘肃领导专供》2019年第24期《农发行组建“农业产业化联合体”助力甘肃脱贫攻坚》上批示：“省农发行此举应予肯定。请省政府给予引导、支持并适时推广。”

按照这一模式，农发行庆阳市分行又先后发放庆阳市环县、庆城、镇原、华池四县肉羊产业贷款6.5亿元，支持建办合作社398个，带动建档立卡贫困户19259户。

在总结经验的基础上，汤晓越又创新支持环县羊乳全产业链发展，走规模化、标准化的路子，投放3亿元支持企业建设全国最大的进口奶山羊繁育养殖基地和羊乳加工生产基地。待奶山羊养殖扩繁到一定数量后，再采用"统贷共管"的"产业联合体"的模式，带动建办20个万只标准化示范合作社，做大做强优质羊乳产业。

扎根基层、倾心奉献，做金融助力脱贫攻坚的忠诚服务者

为加快推进羊产业项目落地，汤晓越先后多次到地方政府汇报宣传农发行政策。那是2018年6月初，他全程设计完成了宣讲课件。第二天清晨，还没来得及吃早饭，他就直奔庆阳市委，向市委书记汇报，现场讲解农发行信贷政策和资金运行模式。在听完讲解后，省政协副主席兼庆阳市委书记贠建民高兴地说："农发行这个信贷政策非常好，有这样的银行支持政府就放心了。"当即决定将农发行宣讲课件作为在庆阳召开的全省产业扶贫现场会宣讲内容之一，进行金融政策宣传。

记得有一天，气温高达30摄氏度，到达环县的时候已是凌晨2点多，环县县长何英禅见到汤晓越时第一句话就说："听说汤行长连夜赶来，我特地从外地回来，我是被你这种'白+黑'的敬业精神吸引来的！"在他的努力下，政银企三方共同为项目发展铺设"高速路"，仅在一个月内就完成了200个标准化湖羊养殖场、142个示范合作社的建办工作。

汤晓越积极主导农发行庆阳市分行和福建圣农集团、甘肃圣越公司签订战略合作协议，推动东西部扶贫协作。通过大力支持圣越公司新增9000万羽白羽肉鸡扩建工程项目，打通了产业发展的"堵点"，连接了产业链条的"断点"，促进上下游、产供销协同发展，实现了以工补农、工农互促。一期项目建成后将直接解决1万人就业、间接带动10万人、产值达到30亿元、实现利税3亿元。目前，已发放流动资金贷款5.65亿元。

个人感言：脱贫摘帽不是终点，乡村振兴还需发力。我将一如既往坚守"家国情怀"，脚踏实地创新，深入践行习近平新时代中国特色社会主义思想，助力巩固拓展脱贫攻坚成果与乡村振兴有效衔接，不忘初心、砥砺前行，为庆阳革命老区经济社会发展作出积极贡献。

陇中深度贫困山村的扶贫“标兵”

——记“甘肃省脱贫攻坚先进个人”高飞

扶贫路上的“追梦人”

打赢脱贫攻坚战，因村精准派人是关键。尤其是在脱贫攻坚进入决战决胜的关键时期，如何进一步选优配强驻村帮扶干部，既让优秀干部在扶贫一线磨砺成才，又为定点帮扶村注入新的活力，2019年5月，农发行甘肃省分行党委遵照习近平总书记“尽锐出战”的指示要求，考虑到高飞丰富的农村工作经历，决定增派他和其他6名业务骨干到省分行机关定点扶贫村开展驻村帮扶工作。作为农家子弟的他，能够直接为老百

■ 高飞（右一）与贫困户夏青伟一道谋划种植结构调整事宜

高飞，中共党员，农发行甘肃省分行办公室副主任。2019年5月，被省分行党委选派到临洮县太石镇下梁村担任驻村帮扶队员。其间，被临洮县委、县政府评为“2020年全县脱贫攻坚先进个人”。在甘肃省脱贫攻坚总结表彰大会上，被省委、省政府授予“全省脱贫攻坚先进个人”荣誉称号。

姓做一些力所能及的事一直是他的梦想。他克服家中困难，舍“小家”为“大家”，毅然接受组织安排，奔赴“贫瘠甲天下”的陇中高寒阴湿区，全身心投入深度贫困的临洮县太石镇下梁村脱贫攻坚事业中。

在驻村工作中，高飞白天入户走访，聊家常、讲政策、知民情，晚上跟队友们会商研究，学政策、定思路、拿措施，有时候忙起来连饭也顾不上吃。2020年5月，村上新申请的通社路硬化项目动工，为加快重点工作推进，他连续两周坚持在村工作。由于多日劳累，在周末回家途中不幸遭遇车祸，导致头部严重撞伤，现场昏迷一个多小时，被医院确诊为颅脑中度损伤。出于关心关爱，组织有意对他进行调换，他却斩钉截铁地说：“脱贫攻坚是没有硝烟的战场，作为一线‘战斗员’，战斗还没有打赢，我绝不能临阵脱逃。”住院期间，他边处理村里的工作边结合脱贫攻坚的实践，参与撰写了《贫困地区推进全面脱贫与乡村振兴有效衔接的机制路径》。这一文章获得了全国农发行学习习近平总书记扶贫工作论述征文一等奖和甘肃省金融学会重点研究课题二等奖。在治疗刚刚结束身体没有完全恢复的情况下，他再度奔赴驻村帮扶岗位，与乡亲们一起彻底甩掉了下梁村绝对贫困的帽子。尽管他平时话语少，但却用一言一行践行着对党的忠诚，用对职责的坚守诠释着新时代青年党员的政治责任和历史担当。

脱贫攻坚的“战斗员”

甘肃是全国脱贫攻坚任务最重的省份，贫困面大、贫困程度深，基础设施欠账大是突出短板。对下梁村这样的深度贫困村而言，则更是短板中的短板。驻村刚满一个月，高飞就遍访了全村所有贫困户。通过入户走访和现场调研，他深刻认识到，下梁村要打赢脱贫攻坚战，最要紧的是解决好三个难题：一是出行不畅。下梁村平均海拔2300米，山大沟深弯急，通村硬化路路基经常被暴雨掏空，通社路全是清一色的土路，田间产业路到处坑坑洼洼，致使交通不便。二是吃水不稳。尽管村上已接通了自来水，但由于水压不稳，水表爆表和管网漏水的情况时常发生，村民要去离村3千米的山泉取水。三是村容不靓。村里没有卫生厕所，柴草杂物乱堆乱放，破损房屋随处可见。村里没有路灯，群众夜里出行困难。

攻克这三个难题，既是下梁村打赢脱贫攻坚战的“必答题”，也是老百姓祖祖辈辈祈盼解决的“难心事”。尽管困难很多，但只要是老百姓的所思所盼所想，都是帮扶队义不容辞的责任和担当。俗话说得好：“困难就像弹簧，你弱它就强，你强它就弱。”针对路的问题，他们多次联系县交通局，协助完成了村里300多万元的投资报批，对全村6.13千米通社路进行了硬化，使老百姓彻底告别了“晴天一身土、雨天一身泥”的历史。帮助争取到东西部扶贫协作资金10万元，修建通村路边渠7千米，拓宽加固产业路30千米，通村路再未出现过严重水毁路段。针对水的问题，经多次汇报沟通县水务局，最终县水务局为家家户户免费更换了高压智能水表，安装了8个减压阀，组织群众抢修漏水管网和水井30余处，老百姓彻底吃上了“放心水”。针对村容村貌问题，他先后协调争取人居环境改善等项目资金26万元，为村社购买了垃圾桶，为五保户修建了卫生厕所，为贫困户修葺了外墙，拆除了20余处破损房屋，村容村貌焕然一新。同时，积极争取农发行捐赠资金6万元，为全村购置安装太阳能路灯75盏。

三个难题的解决，换来了村民们的信任，他们高兴地称赞道，“现在出门再也不用踩泥了，吃水也安全了，晚上还亮堂堂的，停电都不用怕了。这都要给农发行的帮扶干部点赞！”听到老百姓溢于言表的赞美之辞，高飞心里暖暖的，只要老百姓满意了，再苦再累都值得！

贫困群众的“服务员”

习近平总书记2019年在甘肃省考察时指出：“共产党就是为人民服务的，就是为老百姓办事的。”作为农发行派出的帮扶干部，高飞秉持家国情怀的价值追求，认为要有急群众之所急、想群众之所想、忧群众之所忧的为民情怀和俯首甘为孺子牛的奉献精神。他是这样想的，也是这样做的。下梁属于深度贫困村，2013年建档立卡时贫困发生率高达57%，村上贫困户几乎涵盖了所有贫困类型。截至2018年底，全村仍有贫困户32户129人，特别是残疾、大病等特殊群体占比高，如期打赢脱贫攻坚战时间紧、任务重、难度大。

如何提高帮扶质效，精准施策是良方。为增强帮扶工作精准性，帮扶队问诊所有未脱贫户、边缘户和特殊困难户，把准每户脱贫“脉络”，从落实普惠措施、争取专项政策、调整种养结构、动员外出务工、拓展销售渠道等方面提出个性化帮扶措施，切实把帮扶落实到群众的心坎里。

蒋俊得是一名70多岁的孤寡老人，由于供养人长期在县城生活，加之老人行动不便，连起码的吃饭都成问题。高飞得知这一情况后，与帮扶队多次向镇政府汇报沟通，在征得供养人同意后，按照国家有关政策将老人送到养老院集中供养。后来帮扶队去看望他时，老人拉着他们的手激动地说：“现在吃饭不用愁了，生病也有人照顾了。感谢共产党，感谢共产党的好干部。”

夏青福是一名40多岁的中年汉子，家中老人卧病在床，还有一个智力受限的女儿，家庭的重担全压在这个憨厚汉子身上。生活的重压使他对村里的工作存在怨气，高飞了解情况后，经常去他家拉家常、做工作、解疙瘩。同时根据他家情况办理了三类低保，还为他争取到了公益性岗位。现在的夏青福俨然成了村上的热心人，由于工作出色还担任了公益性岗位负责人，时时冲锋在全村公益性事业的最前头。每次帮扶队去他家，他都会给高飞煮一茶壶鸡蛋来“招待”，这应该是老百姓对帮扶工作的最大认可和褒奖。

群众利益无小事，一枝一叶总关情！尽管农村工作很细碎，干起来也千头万绪，但高飞经常说：“不管帮扶工作有多难，只要时时把群众挂在心上，事事从群众利益出发，设身处地帮到根子上，将心比心扶到心里头，帮扶工作最终会赢得老百姓的认可。”

个人感言：作为亲历者见证者实践者，有幸参与这场彪炳人类减贫史册的伟大事业，将是一生无上的荣光！为伟大的党、伟大的时代点赞！

青海省

缺氧不缺精神
做高原扶贫先锋主力模范

——记“2016年度青海省脱贫攻坚先进单位”农发行青海省分行

青海省是集中连片特殊困难地区和国家扶贫开发重点县全覆盖区域，平均海拔4058米，集中了西部地区、民族地区、高海拔地区和贫困地区的所有特征，脱贫攻坚省情特殊、任务艰巨。2015年，经“两线合一”精准识别，全省共有42个贫困县、1622个贫困村（占全省行政村的40%）、52万贫困人口，大多分布在生态环境脆弱、生

■ 农发行青海省分行支持牛羊肉特色产业扶贫

农发行青海省分行内设18个处室，下辖营业部、海东、海南、海西、海北、黄南、果洛、玉树八个二级分行，格尔木、大通、湟中、湟源、互助、乐都、民和、化隆、循化、门源10个县级支行，共有正式员工447人。截至2020年末，各项贷款余额为451.01亿元，存款余额为39.67亿元，全年实现账面利润1.45亿元。

存条件恶劣、自然灾害频发的地区，贫困发生率为13.2%，高于全国7.5个百分点。全省共确定深度贫困县15个、深度困难乡镇129个（其中藏区深度困难乡镇104个、东部干旱深度困难乡镇25个）；深度贫困地区共有贫困人口17.5万人；全省有特殊困难群体6.4万人。贫困程度之深，脱贫难度之大，比西部其他省份都要突出。

自脱贫攻坚战打响以来，农发行青海省分行秉承家国情怀，坚持把践行“四个意识”，尤其是政治意识放在首位。结合省情、行情，主动提升站位，举全行之力，以服务全省脱贫攻坚统揽工作和业务发展，并以此谋篇布局，砥砺履职，充分发扬“缺氧不缺精神，守初心担使命”的精气神，全力支持青海脱贫攻坚。自2016年以来，累计发放扶贫贷款274亿元，扶贫贷款增速和贷款投放居全省同业前列。仅2016年就发放扶贫贷款138.45亿元，占当年贷款发放总额的82.15%，重点支持了易地扶贫搬迁、农村交通、水利建设、棚户区改造、特色产业发展、城乡一体化等贫困地区重点领域和薄弱环节。

易地扶贫搬迁圆百姓安居梦

自开办易地扶贫搬迁业务以来，农发行青海省分行主动聚焦全省易地扶贫搬迁，充分发挥政策性金融优势和作用，相续发放了易地扶贫搬迁专项贷款、重点建设基金和配套项目贷款等信贷资金，加大金融扶贫力度。2016年，通过“省级统贷”的信贷模式，审批易地扶贫搬迁中央贴息专项贷款40.49亿元和专项建设基金5亿元，用于青海省“十三五”易地扶贫搬迁项目。同时，不断加大资金投入，优先安排实施易地搬迁安置区的配套基础设施和公共服务设施建设，审批易地扶贫搬迁配套基础设施建设项目贷款8.4亿元，实现发放1.53亿元，加大了对易地扶贫搬迁直接相关的水、电、路、气、网等配套基础设施和教育、卫生、文化等公共服务设施建设支持力度，对贫困地区贫困群众“挪穷窝、换穷貌、改穷业、拔穷根”起到了重要作用。

特色产业发展成致富“原动力”

农发行青海省分行采取“全覆盖”“渗透式”营销服务策略，积极探索并全力打造粮油全产业链信贷支持模式，量身定做信贷产品及“个性化”服务，服务粮油传统产业扶贫。2016年累计发放粮油产业扶贫贷款5.48亿元，支持粮油企业做大做强。截至2016年末，粮油产业扶贫贷款余额33.96亿元。同时，围绕全省户有产业项目、村有集体经济、县有产业园区“三位一体”的产业扶贫格局，快速对接24万人到户产业扶贫、13个县扶贫产业园等项目资金需求，推动贫困地区增强“造血”能力，通过投入到户产业过桥贷款、产业化龙头企业贷款，农村流通体系贷款等，实现贫困地区经济内生增长和自我发展。加大特色产业扶贫，以银政合作为基础，积极探索了“政府+银行+龙头企业+合作社+贫困户”五位一体的精准扶贫模式，重点以贫困户和产业化龙头企业为支持对象，积极培育新型市场主体，广泛吸纳农牧民就业，因地制宜促进贫困地区农业结构的优化升级。创新打造了“祁连亿达”“滯度水”等一批产业扶贫模式，2016年累计发放特色产业扶贫贷款26.12亿元，贷款余额达37.71亿元，有效拉动地区经济发展，3万多贫困群众通过改变生产经营方式和拓宽就业门路增加了收入。

基础设施建设筑家园惠民生

通过开办交通扶贫、水利扶贫、城乡一体化、农村人居环境建设和生态保护等扶贫贷款品种，农发行青海省分行积极支持贫困地区交通、水利、电力、能源、人居环境整治、生态环境保护建设等基础设施，大力支持贫困地区基础设施建设，着力改善贫困地区群众的生产生活条件。2016年，发放基础设施扶贫贷款99.64亿元，支持改善大通、湟中、门源26.7万农户灌溉面积26666.67公顷，使7.7万建档立卡贫困户得到直接和间接的收益；支持改善西宁、海西、大通、湟中等市（县）180.64万人的人饮水和22.08万建档立卡贫困户解决牲畜饮水问题，提高养殖率，增加养殖收入，带动建档立卡贫困户脱贫致富；支持改扩建农村公路总里程1.61万千米，项目覆盖全省42个贫困县，使23.82万建档立卡贫困人口受益，有效缓解了农牧民出行难的问题，改善了农村牧区生产及生活条件；支持安置7783户居民，改善了广大群众居住条件；支持湟中、平安区、湟源、互助县等8个国家级贫困县及集中连片特困地区改善生活居住条件，惠及建档立卡贫困人口18.59万人。

在做好信贷资金助力脱贫攻坚的同时，针对青海省地域广阔、资源丰富，发展现代农牧业、生态旅游业具有天然优势，但贫困地区急需金融持续提供支持助推脱贫的现状，农发行青海省分行不断完善政策措施、抓好制度落实、推进精准施策。该行党委班子成员分片包干负责全省42个贫困县，成立省分行扶贫业务处、辖内18个分支机构客户部门加挂扶贫事业部牌子，向省内无机构贫困县派驻25个扶贫工作组，确保了全省贫困地区农发行机构、人员、任务全覆盖。与省扶贫开发局签署了《扶贫开发合作框架协议》，立足省情，精准制定对接易地扶贫搬迁、贫困地区基础设施、特色产业发展、服务国家“一带一路”倡议以及创建省级政策性金融扶贫实验示范区等具体工作措施和方案；与省工商联、光彩会、扶贫局等部门签订《政策性金融支持“百企帮百村、百企联百户”精准扶贫行动战略合作协议》，建立了“万企帮万村”精准扶贫项目推荐机制，确保脱贫攻坚工作有目标、有抓手、有成效。坚持融资和融智相结合，协助地方政府制订融资方案、帮助搭建承贷主体，积极营销扶贫专项资金、地方债和专项建设基金份额；开展贷款营销“百日攻坚”和“进园入企，进村入户”活动，积极营销对接融资需求。在业务管理体制机制创新，夯实基础管理上，创新服务手段方式，形成多维度服务脱贫攻坚格局，整合信贷产品、信贷资源，不断建立、完善制度约束、监督制衡的内控机制，严格办贷管贷流程，全面加强风险管理。扶贫贷款做到“六快”，即快准入、快论证、快评估、快上报、快审批和快发放；实现调查审查同步，审议审批优先，实行专项申报、专项调查、专项审议和专项审批“四专”政策，保障信贷规模。针对贫困地区特殊情况，执行特惠利率、期限延长、最大限度减免融资成本、提供优质金融服务等“四个特惠”，有力地推进了全省脱贫攻坚的建设步伐。

青海省委、省政府主要领导对农发行青海省分行服务青海社会经济发展给予了充分肯定和认可。继获得2016年度青海省脱贫攻坚先进单位荣誉后，2018年荣获支持青海省会经济发展先进单位、2020年荣获青海省金融精准扶贫先进单位，2016—2020年先后有9名员工获得省部级脱贫攻坚先进个人。进入新发展阶段，农发行青海省分行将继续以实际行动全力服务巩固拓展脱贫攻坚成果同乡村振兴有效衔接，更好地发挥农业政策性金融“当先导、补短板、逆周期”的职能作用，促进农业高质高效、乡村宜居宜业、农民富足富裕，为青海省乡村振兴贡献更大的农发行力量。

植根高原热土
全力服务藏区“三农”发展

——记“全国‘万企帮万村’精准扶贫行动组织工作先进集体”农发行海南藏族自治州分行

青海省海南藏族自治州（以下简称海南州）位于青海省东部，下辖共和、贵德、贵南、同德、兴海五个县，海南州总面积4.6万平方千米，平均海拔3000米以上，总

■农发行海南州分行支持的贵德县常牧镇易地扶贫搬迁项目

农发行海南州分行组建于1996年11月，内设四个部室，共有正式员工23人。截至2020年末，该行各项贷款余额为26.75亿元，存款余额为2.23亿元，全年实现FTP利润0.13亿元。不良贷款率持续为零，业务发展取得新突破，风险整体可控。

人口44.17万人，地广人稀，自然条件差，贫困人口多。2015年底，按照精准扶贫识别标准，全州五个贫困县全部被纳入国家级贫困县范围，共识别认定贫困村173个，贫困人口17458户52995人，贫困发生率14.8%，属于国家划定的“三区三州”深度贫困地区。由于受地理、环境等因素的制约，经济社会发展始终处于全国落后水平，脱贫攻坚任务十分艰巨。

农发行海南州分行紧紧围绕党中央战略决策部署，深入贯彻落实党的路线方针政策，以服务脱贫攻坚、乡村振兴战略为主线，统筹抓好金融精准扶贫等各项工作。在农发行总行、省分行的领导下，该行立足州情、行情，着力构建以支持“三区三州”脱贫攻坚为主战场，以服务乡村振兴特色新型产业为重点的业务转型新格局，着力推动各方力量、各项行动、各种资源向深度贫困地区倾斜。截至2020年12月末，该行各项贷款余额为26.75亿元，较年初增加9.14亿元，其中，扶贫贷款余额为25.78亿元，较年初增加9.08亿元；项目扶贫贷款余额为21.9亿元，产业扶贫贷款余额为2.54亿元。不良贷款余额继续为零。各项贷款余额位居全州金融系统首位，各项工作受到海南州委、州政府的充分肯定和较高赞誉，青海省政协副主席、中共海南州委书记张文魁同志在专报中作出批示：“农发行支持全州脱贫攻坚和乡村振兴，做了大量富有成就的工作，应该充分肯定和衷心感谢！下一步工作中希望我们更加紧密合作，在推动‘三农’深化改革、绿色发展、创新特色，打造海南绿色产业新优势、生态产品新高地方面，有新境界、新特色、新贡献。”该行先后被地方政府评为服务支持地方经济发展先进单位；2020年度被中华全国工商业联合会评为全国“万企帮万村”精准扶贫行动组织工作先进集体；被农发行总行评为脱贫攻坚贡献奖先进集体；被农发行青海省分行评为脱贫攻坚贡献奖先进集体等。

支持精准扶贫和精准脱贫成效突出

农发行海南州分行秉承家国情怀，贯彻落实党中央和农发行总行、省分行党委工作部署，积极融入当地脱贫攻坚规划，主动加大易地扶贫搬迁、棚户区改造、基础设施建设、贫困村提升工程、产业扶贫，加大对惠及贫困地区和贫困人口等民生工程支持力度。累计发放易地扶贫搬迁项目贷款4亿元，用于贵德县常牧镇曲丹峪搬迁安置工程，搬迁涉及1017户3990人；累计发放棚户区改造贷款5.11亿元，涵盖海南州辖域三县，其中，贵德县纵四路和江苏大道棚户区改造及周边配套基础设施建设项目贷款总额4亿元，精准扶贫贷款服务人数为12945人；发放同德县棚户区改造贷款0.75亿元，用于新建住房144套，货币化安置住房354套，1239名贫困人口入住新居；发放贵南县棚户区改造贷款0.36亿元，拆迁安置补偿农户231户572人。聚焦基础设施和公共服务短板，发放1.1亿元城乡一体化建设项目贷款，用于贵德县医院整体搬迁改建，改善了深度贫困地区医疗卫生条件，极大地满足了群众就诊需要。全力支持贫困村提升工程，发放0.38亿元支持共和县养老养生示范基地建设，成为青海省农发行系统首笔贫困村提升工程中长期贷款，为支持完善贫困地区公共服务设施建设和养老服务保障体系探索了可行路径。

把支持产业扶贫摆在重中之重

农发行海南州分行坚决贯彻落实补齐产业扶贫短板工作要求，在对海南州产业发展情况调研的基础上，形成《中国农业发展银行海南州分行产业扶贫金融服务方案》，大力支持与带动贫困人口增收密切相关的新兴产业、新型业态。2016—2020年，累计发放产业扶贫贷款4亿元，累计帮扶贫困人口540人。在贵德县发放0.1亿元全州首笔产业扶贫贷款，解决了海南州带动建档立卡贫困户脱贫的专业合作社和农业产业化龙头企业等农村新型经营主体的生产经营性资金需求。围绕海南州创建国家可持续发展创新示范区、打造全省牦牛产业联盟示范区规划，投放全省首笔青稞收购扶贫贷款0.3亿元，支持"三区三州"深度贫困地区发展青稞产业。发放农业小企业流动资金贷款0.03亿元，支持枸杞种植、枸杞产品加工等产业快速发展，通过多种用工形式，带动贫困人口稳定脱贫。强化支持绿色新能源产业发展，截至2020年末，农发行海南州分行风电、光伏发电等项目贷款余额为12.72亿元，涉及扶贫贷款项目5个，辐射带动共和县14177名建档立卡贫困人口脱贫。其中，产业扶贫贷款两笔，累计帮扶贫困人口139人，企业累计提供帮扶资金46.05万元。

积极响应"万企帮万村"精准扶贫行动

农发行海南州分行党委坚持高质量服务乡村振兴，聚焦主责主业，创新服务方式，切实发挥政策性金融托住底、补短板、促协调、强供给、添动能的作用。一是充分认识"万企帮万村"的重要指导和实践意义，明确信贷政策导向，在全辖范围内筛选扶贫成效显著、示范带动效应明显的企业，提供政策倾斜和资金支持。明确示范企业贷款准入的首要条件为是否带动建档立卡贫困户，同时在信贷准入、信用等级评定、授权授信、利率优惠等方面明确相关政策。二是向青海可可西里实业开发集团有限公司、青海省青海湖肉业有限责任公司、青海玉龙农副产品有限公司等发展潜力巨大、带贫成效显著的产业化龙头企业累计发放近2亿元中长期贷款，企业通过与贫困户签订劳务用工合同或以高于市场价格从贫困户手中收购青稞、牛羊，带动贫困户增收脱贫。三是牢牢把握通过发展乡村旅游带动脱贫的良好契机，发放1.4亿元农村土地流转和规模经营中长期贷款用于支持贵德县“互联网+”生态智慧科技农业观光示范园项目建设，该项目实施阶段吸纳建档立卡贫困人口50人参与建设，项目建成后优先吸纳建档立卡贫困人员务工，可直接安排就业岗位150多个，在促进当地旅游业发展的同时，将为周围三个村带来固定的经济效益。同时，发放2.06亿元中国农发重点建设基金，支持贵德黄河综合生态景区建设和共和龙羊峡景区及周边旅游综合开发，推动当地经济发展和贫困人口脱贫增收。

在不断加大信贷支农力度的同时，农发行海南州分行主动向上级行争取利率优惠政策，不断加大让利地方、让利企业力度，仅2019年为企业让利约684万元，让利金额超过了全行账面利润。认真贯彻执行“三区三州”深度贫困地区脱贫攻坚差异化支持利率优惠政策，积极向上级行争取专项扶贫再贷款支持“三区三州”脱贫攻坚优惠政策，加大支农惠民力度，贷款利率最低为2.75%，优惠幅度为全州各家金融机构之首。此外，积极履行社会责任，向贵南县塔秀乡人民政府捐赠助学资金20万元，做好扶贫帮扶工作。

服务脱贫攻坚和支持地方经济发展是党中央赋予农发行的责任和使命，也是农发行着力推进高质量发展、努力建设服务乡村振兴品牌银行的必然要求，农发行海南州分行将坚定发扬艰苦奋斗、努力拼搏的干事创业精神，不断深入刻画“新青海精神”，艰苦不失党性，热血捍卫忠诚，为打造青海新藏区铸就辉煌贡献力量！

宁夏回族自治区

创新定点帮扶措施
有力推动脱贫攻坚

——记“2017年宁夏回族自治区驻村帮扶工作先进单位”农发行宁夏回族自治区分行

宁夏回族自治区隆德县陈靳乡清凉村位于隆德县城南7千米，东临六盘山原始森林林区，海拔平均2200米，气候冷凉、潮湿，夏季平均气温20摄氏度。县内有始建于北

■ 宁夏回族自治区隆德县清凉村扶贫产业培训

农发行宁夏回族自治区分行在定点帮扶实践中，摸索出了农村股份制综合改革的新路径，创新了全体村民“人人是股东、按股分红”的合作经营模式，培育和增强了全村共同发展的集体“造血”功能，通过有益的创新实践，探索出一条可持续的产业扶贫、产业富民的发展之路。

魏的“隆德八景”之一的清凉寺。2017年以前，这里还是个贫困村，究其原因：一是贫困度较深，无可持续发展产业；二是科技信息运用不力，守旧意识重，缺乏创新创业意识；三是村级集体经济空白，村内公益项目无法自主实施。

通过对隆德县清凉村生态、交通、土地、地理位置等各种资源的深入调研，农发行宁夏回族自治区分行对驻村扶贫工作提出了以产业扶贫为主体、以教育扶贫和文化扶贫为突破点的扶贫工作思路，实施“党支部+带头人+合作社+产业+农户”五位一体工作模式，积极发展村级集体经济，带动全村脱贫致富，真正实现“产业富农民、产业兴农业”的良性发展。

脱贫路上齐上阵

动员和鼓励创业致富“带头人”。2015年8月7日，由10名党员、农户（其中，建档立卡贫困户三户）带头出资10万元，入股成立隆德县首家以经营林下经济为主的农民合作社——隆德县清凉山林下产业专业合作社，以生态养殖起步，采用纯粮食喂养、生态散养的方式，试养1500只本地土鸡，得到了市场的高度认可。当年末，入股经营的农户户均增收1.08万元，为贫困村民树立了良好榜样，掀起了全县发展林下经济的热潮。2016年，村民积极要求加入合作社经营，入社社员达39户，入股资金38.8万元，对生态养殖进行适度扩大规模。

申请帮扶资金，发展和壮大村集体经济。在动员村民入股的基础上，农发行宁夏回族自治区分行向总行申请捐赠资金20万元，用于建设三座鸡舍作为村集体资产入股合作社，按股“分红”增加村集体收入，逐步用于孤寡老人救助、贫困大学生资助、村风民风建设等村级公益类项目。

动员更多的农户加入合作社大平台。在先行先试、积累经验、初有收益的基础上，继续动员更多的农户以资金、土地、劳动力折价入股等多种形式加入合作社，使大部分农户尤其是建档立卡贫困户受益，真正办成农民自己的合作社。特别是在就业方面，解决了本村剩余劳动力问题，村民真正实现了在家门口就业，有效拓宽了增收渠道。截至2017年7月，入股合作社社员已达39户，其中，建档立卡贫困户9户，占比为23%。

通过财政、社会力量为特困户募集股份。在前期稳定经营的基础上，对于个别确实无劳动力、无资金、无土地加入合作社经营的特困户，通过向社会募集股份或者申请财政类专项到户资金，签订合同直接投入合作社统一经营、按股分红，为他们在社会保障兜底的基础上增加一份收益，实现长期稳定脱贫和产业的可持续发展。2017年

7月，农发行宁夏回族自治区分行机关员工为清凉村五户、八人特困户募捐股份1650元/人，为特困户增加收入渠道。

招商引资，推动产业发展再上新台阶。在充分调动致富带头人和贫困户发展积极性的基础上，在兼顾农户、村集体各方利益的前提下，通过招商引资、参股经营等方式，积极引导区内外大型优质农业、旅游企业集团入村，进一步开发该村农业优质资源的广度、深度和知名度，让农业资源的开发利用和农户参股经营的合作之路走得更好、更远。

通过两年多的探索发展，农发行宁夏回族自治区分行驻村扶贫工作中实施的资产收益性扶贫实践逐步得到各级党委、政府及相关部门的高度肯定和大力支持，被誉为脱贫富民的“清凉模式”。建档立卡贫困户得到实实在在的收入、村集体经济得到了发展壮大，广大村民的参与度进一步提高，影响力进一步增强。

一个好班子、“两个带头人”

农村“两个带头人”是农村党组织带头人和农村致富带头人。授人以鱼不如授人以渔，农村的问题最终要由农民自己解决和完成，即“村人治村”“村民自治”。农发行宁夏回族自治区分行在驻村扶贫定点帮扶工作中取得的初步成效，源于配齐配强村级党组织，首要在“学”、关键在“做”。建立了以村级党组织成员和年轻党员为先锋、村民广泛参与为基础的党员带头创新创业机制，通过拓宽产业发展和就业渠道，风险共担、收益共享的合作创业精神，逐步提升了村级管理和集体的认同感。一些致富带头人通过产业帮扶和带动，建档立卡贫困户增加收入有一定的长效性，真正实现从“输血”式帮扶到激发“造血”功能的转变。

一个好产业、三本致富经

清凉村在产业结构调整中，能够从实际出发，依据当地优质的生态资源和区位优势，养殖生态鸡，探索发展林下经济，继而延伸扩展到休闲农业和乡村旅游的一二三产业融合发展，不断吸纳更多的本村劳动力就地就业，既照顾了家庭，又增加了收入，家庭收入结构由纯劳务型向“劳务+服务+分红”综合型转型，全村产业结构也从劳务为主向综合型转变。产业扶贫能够有效促进闲置土地和农业资源的开发再利用。清凉村的产业发展，将村民“撂荒”的18.67公顷山地进行“流转”后复垦，种植万寿菊，既增加了农村土地利用，吸收更多的村民务工增收，还增加了观光游览，带动了休闲农业和乡村旅游发展，一些土特产品、手工艺制品有了较强的市场需求。

一套好机制、四方来支援

农发行宁夏回族自治区分行在清凉村林下经济、休闲农业和乡村旅游融合发展实践中，依靠六盘山天然优质的空气、土壤和生态，打造绿色食材，营造吸氧、纳凉、养生的良好氛围，坚持粮食、中草药喂养的生态土鸡、珍珠鸡、黑山羊等除在本地热销外，还远销银川、石嘴山、兰州等地，得到了市场的高度认可和肯定，村民在发展中得到了实实在在的收入，有了实实在在的获得感，也为农业供给侧结构性改革作出了有益的尝试。首次在隆德县清凉村探索实施农村股份制综合改革，即针对农业资源分散、资金分散、农民分散等情况，通过合作社大平台，将农村原本分散的土地、资金、劳动力等生产要素以“股份”统一衡量与核算，体现了公平和效益，多劳多得、多股多得。

金融“活水”滋润产业之花 实干担当践行扶贫使命

——记“全国‘万企帮万村’精准扶贫行动组织工作先进集体”农发行同心县支行

为助力决战决胜脱贫攻坚，坚持精准方略，提高脱贫实效，自全国“万企帮万村”精准扶贫行动开展以来，农发行同心县支行充分发挥政策性银行“支农为国、立行为民”的使命，积极引导本行支持的民营小微企业参与“万企帮万村”精准扶贫行动，把“万企帮万村”作为支持产业扶贫、服务实体经济的重要抓手，为打赢脱贫攻

农发行同心县支行支持的宁夏伊兴羊绒制品有限公司车间

农发行同心县支行认真贯彻党中央、国务院坚决打赢脱贫攻坚的决策部署，坚守“支农为国、立行为民”的使命，着眼于任务目标，聚焦主责主业，积极推进“万企帮万村”精准扶贫行动，荣获2020年“全国‘万企帮万村’精准扶贫行动组织工作先进集体”荣誉称号，系农发行宁夏回族自治区分行唯一获奖单位。

坚战、全面建成小康社会贡献银企合力，全年各项工作目标任务高质量完成。

2020年末，农发行同心县支行各项贷款余额14.34亿元，累计发放贷款4.7亿元，完成率为134%；实现贷款净增2.46亿元，完成率为138%，其中，扶贫贷款发放4.35亿元，完成率为256%，全区排名第一；黄河生态保护贷款发放0.58亿元，完成率为209%；"三保障"贷款发放2258万元，完成率为125%，各项贷款余额创该行成立以来历史新高。截至2020年末，该行"以购代捐"金额（投入帮扶资金）0.16万元，自购农产品金额3.44万元，帮助贫困地区销售农产品3.1万元，是全区第一个超额完成全年任务的支行。

积极行动，搭建产业扶贫平台

为切实落实"万企帮万村"要求，农发行同心县支行将此项工作作为全行重点工作来抓，安排专人负责台账管理等相关工作。先后成立普惠金融发展工作领导小组、扶贫贷款工作领导小组等，形成"一把手"负总责、分管领导及部门负责人协抓共管的良好工作机制，领导班子成员带队，与工商联、扶贫办等积极主动对接，建立工作推进机制，搭建合作平台，精准筛选县域优质企业，建立扶贫企业项目营销库，实行动态化管理，通过实地调研、台账监测、收集资料等措施，及时了解、掌握项目库内企业扶贫质效，筛选出社会责任感强、扶贫成效良好的企业给予信贷支持，加大"万企帮万村"工作推进力度。

银企合力，产业扶贫累结硕果

切实让利实体经济，推动扶贫产业发展。农发行同心县支行认真贯彻落实总分行相关要求，采取多种措施支持相关企业战胜疫情影响，最大限度降低相关企业的融资成本，最大力度支持实体经济发展，合理满足疫情防控需要。2020年，减免小微企业各项结算手续费、抵押物评估费等费用18.61万元；发放贷款加权平均利率3.46%，全年累计让利于县域优势特色产业和重点项目530万元以上。

积极发挥引导作用，合力推进精准扶贫。自全国"万企帮万村"精准扶贫行动启动以来，农发行同心县支行第一时间动员伊兴公司参与此项行动，该公司积极响应动员，在农发行同心县支行的帮助引导下，伊兴公司投身扶贫事业的热情高涨，在当地深入开展扶贫帮扶工作，企业目前招录10名建档立卡贫困户为固定员工，人均年增收2.4万元左右。加入"万企帮万村"精准扶贫行动以来，2017年伊兴公司向同心县预旺镇青羊泉村捐助10万元，帮扶45户建档立卡贫困户发展养殖业（户均4人）；捐赠教育扶贫基金50万元；向同心县下马关镇600户农户进行对口帮扶，捐助金额120万元；2019年向同心县工商业联合会捐助扶贫款5万元；2020年新冠肺炎疫情防控期间，伊兴公司向中国红十字会捐赠140万元用于购买救护车，同时向同心县慈善总会捐赠35万元用于疫情防控。伊兴公司目前已捐献各类扶贫资金共计185万元，帮扶建档立卡贫困户45户、农户600户，取得了良好的社会扶贫效益，广受地方政府及贫困户的赞扬。

开拓扶贫工作思路，提升金融服务质效。近年来，为不断提高金融服务质量，将"万企帮万村"精准扶贫行动与服务民营小微提升工程有机结合，不断探索创新融资模式，切实提升民营小微企业服务能力，农发行同心县支行成立了金融服务营销领导小组，形成了围绕产业做亮点，助力同心县脱贫攻坚的工作思路，该行领导班子带队集中走访同心县统计局、农牧局、金融局、扶贫办、工商联、产业园区管委会等部门，对辖内80多家民营小微企业进行摸底调研。针对小微企业缺少担保抵押物的情况，该行积极推动同心县惠同融资担保有限责任公司增资，达到准入标准，及时完成准入并签订合作协议，为该行产业扶贫业务发展打下坚实基础。

帮助拓展扶贫渠道，建立扶贫长效机制。截至2020年末，农发行同心县支行累计支持民营小微企业14家，共发放贷款46998.12万元，其中扶贫贷款43498.12万元。通过给予此类民营小微企业信贷支持，积极动员企业参与"万企帮万村"精准扶贫行动，帮助引导企业全方位多渠道开展扶贫工作，在该行的积极动员下，9家企业先后加入了"万企帮万村"精准扶贫行动，通过捐款捐物、劳务用工、土地流转等方式向同心县骆驼崾岘村、李家山村、兴隆村、窖坑子村、刘家滩村、青龙山村、河渠村、青羊泉村、乡折腰村、赵家树村等十余个村庄捐助各类扶贫资金和物资200余万元，帮扶贫困人口600余人，切实为当地脱贫攻坚提供了强有力的支撑。

创新模式，量身定制融资方案

因企制宜提供服务，精准开展金融帮扶。宁夏吴忠市天启有限公司同心公司（以下简称天启同心公司）是该行支持的参与"万企帮万村"精准扶贫行动的企业之一，是自治区农业产业化重点龙头企业，该公司在同心县下马关镇窖坑子村流转土地200多公顷，企业通过土地流转，支付土地流转费的形式带动土地流转户增收致富，支付土地租赁费、劳务费等费用达400万元以上，带动农户300余人务工就业，其中建档立卡贫困户120人以上，人均增收8000元以上。农发行同心县支行为天启同心公司量身定做了信贷方案，筛选符合企业生产经营特点的营销产品，并将该公司贷款纳入扶贫条线绿色通道复工复产贷款，享受农发行总行关于复工复产的优惠信贷政策，为企业提供贷款优惠利率，执行利率2.9%，极大程度降低企业融资成本，为企业进一步投身扶贫事业提供有力保障。在该行的信贷支持下，2020年天启同心公司扩大种植规模，在同心县下马关镇刘家滩村流转82.54公顷土地，用于种植马铃薯，致力于在贫困村发展特色优势产业，壮大村集体经济，通过流转土地、雇用劳动力以及带动周边村民发展种植产业等，增强贫困地区和贫困群众自我发展能力，为加快贫困村脱贫出列进度，全面提升贫困村整体发展水平作出较大贡献。

攻坚克难，砥砺奋进，探索创新融资模式。宁夏菊花台庄园枸杞种植有限公司位于同心县北部河西镇，紧邻菊花台村和旱天岭村，两村均为人民银行公布的贫困村，也是同心县"十二五"生态移民村，共有贫困人口5917人，在菊花台公司务工，进行养殖、劳务输出是村民收入的主要来源。该公司在不断发展壮大的同时，积极履行社会责任，特别是通过在两个贫困村流转土地、提供大量就业岗位带动当地贫困人口增收创收，依托枸杞种植加快脱贫步伐。企业常年在两村招录田间作业工人300名左右，贫困人口占一半以上，平均每人每年增收2万元左右；每年枸杞采摘期，企业招录周边农户进行枸杞采摘，每天招录人数可达到4500人，其中贫困人口占一半以上，每人每年平均增收5000~6000元，在当地起到了良好的扶贫示范效应，荣获"自治区扶贫产业化龙头企业""自治区农业产业化重点龙头企业""自治区专精特新示范企业"等荣誉称号。菊花台公司由于缺乏充足有效抵押物，存在融资难、担保难、采摘期资金需求和枸杞未销售前运营资金需求难以解决等问题，农发行同心县支行通过调研了解该公司融资困难后，主动邀请农发行宁夏回族自治区分行扶贫业务处到该公司进行实地调研，根据企业融资需求与企业生产经营及库存等实际情况为企业量身设计"枸杞贷"融资模式，加班加点推动"枸杞贷"扶贫贷款尽快落地。2020年7月17日成功审批宁夏菊花台庄园枸杞种植有限公司流动资金贷款1450万元，贷款资金用于企业支付贫困户务工工资、枸杞采摘费等，切实帮助企业解决资金燃眉之急的同时更好地发挥企业就业扶贫和产业扶贫效益，帮助带动移民村贫困户脱贫致富。

生命永驻扶贫村

——追记“宁夏回族自治区脱贫攻坚先进个人”张鑫

总有一些年份
注定会在时间的坐标上镌刻下熠熠生辉的印记
总有一些人
会从容地走过
留下光辉灿烂的一笔

■张鑫（左一）在扶贫路上

张鑫，中共党员，于2009年2月进入农发行中卫市支行客户部工作。2012年1月至2016年3月任农发行吴忠市分行客户经理。2015—2016年在同心县下马关镇申家滩村扶贫，因表现出色于2017年再次被选拔到红寺堡区红寺堡镇红关村扶贫，任第一书记。2017年4月11日，张鑫在前往红关村扶贫途中遇交通事故，头部严重受创，不幸当场遇难。

2017年4月11日12时30分，农发行吴忠市分行青年员工、红寺堡区红寺堡镇红关村扶贫第一书记张鑫，在返回他时刻牵挂的扶贫村时不幸发生交通事故，永远倒在了扶贫的路上，他生命的时针恒久地定格在了31岁……

2009年，张鑫大学毕业后，怀着深深眷恋的情思，离开了那片从小养育他的故乡热土河南，以优异的成绩应聘到远在千里之外的异地他乡——宁夏工作。参加工作八年来，他始终坚守在基层一线，先后在农发行中卫市支行、吴忠市分行从事过客户经理、秘书等岗位的工作，2015年他主动请缨到农发行扶贫开发驻村点——同心县下马关镇申家滩村帮助扶贫，因表现出色，2017年又被再次选派到红寺堡区红寺堡镇红关村任扶贫第一书记。在这些平凡的工作岗位上，他勤奋工作、无私奉献，虽然没有什么豪言壮语，也没有什么惊天动地的壮举，但他却用如水的温情、如山的坚毅，留给后人一个温暖、宽厚、刚强的形象，他是丈夫、是好友，更是乡亲们的亲人，他用爱拓展出生命的宽度，润泽了人们的心田。而这种境界，来自一位共产党员对党的事业的无限忠诚，来自一位基层农发行员工舍小家为大家的宽广胸怀。

31岁，正是一个人风华正茂、干事创业的最佳年龄期。但张鑫却横遭意外，英年早逝。闻此噩耗，他的同事以及帮扶村群众无不为失去这样一个优秀的青年干部感到惋惜、悲恸。的确，有时候，生命的长度并非人能左右，但生命的宽度完全可以由自己做主，张鑫用他短暂的生命谱写了一首壮丽的青春之歌！

扶贫征途中他倾情付出

2015年第一次扶贫。张鑫被选拔到距离下马关镇近20千米的贫困村——申家滩村扶贫。尽管之前在脑海中设想了种种情形，但走进村里，眼前的景象还是让张鑫倍感吃惊：村里连一条像样的马路都没有，更谈不上有自来水和商店，甚至没有班车连出行都成问题，这样来回就要在坑坑洼洼、尘土飞扬的土路上颠簸三四个小时。村里为张鑫在远离居民点的村委会里腾出一间房作为宿舍，并用几块木板拼了一张床。宿舍没有互联网，手机信号也时断时续。眼前的这一幕幕，让长期生活在城市的张鑫，心底受到一次又一次强烈的冲击，他暗下决心，一定要干出个样子来。

开展驻村扶贫工作时，村里的不少人还有点看不上这个年轻小伙，认为张鑫自小在城里长大，肯定吃不了苦、干不了事。然而几天之后，村里的乡亲们就发现，张鑫虽然年轻，但走村串户、摸底调查，做事极为认真负责，遇到难事也从不发牢骚、从不推诿。驻村期间，他与其他村干部一起深入田间地头，全面准确地向贫困群众宣传精准扶贫的内容、目的及意义，用政策鼓励、引导贫困户增强主动脱贫致富的信心。经过走访，张鑫发现申家滩村以种植小杂粮为主，且收益相对较好，但大部分群众缺乏购买种子的资金。针对实际，张鑫及时与村书记沟通，并向帮扶本村的领导反映情况，争取到政府支持专项扶贫资金10万元，解了贫困村群众的燃眉之急。当年，申家滩村较往年多种植了66.67多公顷小杂粮，村民收入6000~10000元不等。以此为契机，他趁热打铁，鼓励农民种植油料和土豆等特色作物，并壮大养殖业，通过种养结合，较好地发挥了当地的产业优势，实现了优势互补，增加了村民收入，增强了群众的自我“造血”能力。

对于很多贫困户在思想层面上的认识问题，张鑫则利用党员生活会、村民大会等机会对村民进行思想教育和金融知识培训，使村民掌握了一定的致富金融基础知识，能够想方设法通过自己的智慧和双手来脱贫致富。2015年建党节前，张鑫积极与工作队长联手倡议吴忠银监分局、吴忠农发行青年党员、团员到同心县下马关镇申家滩村开展了“送金融知识下乡”活动，给村民讲解金融知识，给村小学学生以“知识可以改变命运”为主题授课，并筹款6000多元，给孩子们捐赠了书包、作业本、体育用品、儿童食品大礼包，并给每个同学发放了100元助学金。

为做好精准扶贫云信息采集工作，实现精准扶贫、精准管理、精准脱贫，张鑫迎难而上，放弃休息时间，有针对性地对村民的家庭情况、经济情况以及打工情况等上百项内容加以采集和录入，在近五个月的录入工作中，他经常一天连续工作十余小时，因精准扶贫云采集工作正确率高、完成速度快，成为全镇的样板，获得了镇领导和村民的一致赞誉。2015年，张鑫为申家滩村精准识别出贫困户147户，为594人建档立卡，为下马关镇脱贫攻坚打下坚实的基础。在申家滩村的两年时间里，张鑫走访农户近300户，走访建档立卡贫困户100余户，占到全村的60%以上。通过多次走访，村里与当地的一家民营康复医院达成协议，由这家医院对全村生活困难的老人进行“500元保障”兜底治疗。同时，他还积极联系农发行吴忠市分行和共建单位，2015年和2016年连续两年春节期间，他协调筹资9000元，向20户特困户和10名特困党员户送去米、面、油等生活必需品。为村里学校及新建养老院安装了价值6万余元的12盏太阳能路灯，切实为群众解决了夜间出行安全隐患。

2017年第二次扶贫，张鑫主动请缨到红寺堡区红寺堡镇红关村扶贫。由于熟悉农村工作，有扶贫工作经验，张鑫被任命为村扶贫第一书记。

到红关村扶贫后，张鑫深知肩上的责任重大。他坚持两年来养成的扶贫工作好作风，实地走访贫困家庭，和老人们聊家常，与贫困群众交朋友，并将贫困群众的所思所想及时反映给当地的镇村领导，让上级及时了解群众意愿。同时，他积极向农发行吴忠市分行党委汇报扶贫进展情况，积极邀请党委、工会、共青团等组织入村访谈，与贫困群众同呼吸共命运。经过多方主动沟通协调，2017年4月，张鑫联系投资商，拟投资约500万元在本村发展甘草种植产业，以带动全村脱贫致富，并向农发行吴忠市分行争取项目支持，更换红关村老旧办公设施，积极协调联系相关部门，争取为村里安装太阳能路灯，美化亮化村庄道路。

生活道路上他忘我奉献

作为一名青年干部，张鑫公道正派为人、事事以工作为重、处处从大局出发，无论做人还是做事，始终做到诚恳和踏实，以实际行动践行党员的理想信念。“和张鑫相处了几年时间，这个小伙子很有责任心，踏实肯干。”张鑫生前的同事眼眶湿润，百感交集地说，张鑫进入农发行工作以来，勤奋学习、热情待人，他憨厚可掬的笑容中浸透着一种刚毅，朴实无华的外表下充满着自信与坚忍。他虚心好学，总是利用业余时间学习政治理论知识，学习党和国家方针政策，学习农发行各项决策部署和规章制度，这增强了他扎根基层、服务“三农”的理想信念，和他共事过的人都会被他的热情和干劲所感染。他对领导安排的每项工作，都坚持高标准、严要求，从不计较分内分外，总是尽心尽力完成。正因为他这种干事创业的工作热情，在脱贫攻坚进入“啃硬骨头、攻城拔寨”的冲刺期的关键时刻，他被农发行吴忠市分行选拔为驻村扶贫干部。然而，扶贫事业与梦想还在向他招手，张鑫却倒在了扶贫路上。得知他突然逝去的消息，他的妻子泣不成声。为了扶贫村群众脱贫解困，张鑫废寝忘食，忘我工作，原本又高又壮的他消瘦了许多。不仅如此，他的妻子身患癌症，经治疗身体状况有所改善，但要定期到北京看病。可为了扶贫工作，张鑫无暇照顾患病的妻子，把她基本上托付给了娘家人。在申家滩村扶贫的730天里，除去公休日回家探亲外，其余时间张鑫都一心扑在了扶贫事业上。

张鑫走了，但他兢兢业业、一心为群众脱贫致富的无私奋斗精神和情怀，永远留在了贫困村群众的心间。当噩耗传到了申家滩村，乡亲们不敢相信自己的耳朵，孤寡户刘世芬老人抹着泪说：“哎吆吆，昨天不是还到我们家来看我了，还活蹦乱跳的，怎么说不见就不见了，可惜了这个憨实的小伙子了。”而他生前的领导和同事都表示要继承张鑫同志留下的宝贵精神财富，接过驻村扶贫工作的“接力棒”，继续把对党的忠诚和扶贫工作的敬业落实到实际行动中。

逝者如斯，长路如歌。张鑫用生命书写的青春和忠诚，虽已定格在扶贫路上，但巩固拓展脱贫攻坚成果，推进乡村全面振兴，农发行人永远在路上！

贴心人·领路人·策划者

——记“宁夏回族自治区脱贫攻坚先进个人”段治东

他是村民生活中的贴心人

宁夏回族自治区隆德县陈靳乡清凉村地处隆德县城南7千米，东临六盘山原始森林林区，海拔2150~2300米，全年气候冷凉潮湿，夏天平均气温20摄氏度左右。初来乍到的段治东以和村民拉家常的方式，深入农户家里走访摸底，全村不到100户村民家里的生产生活、子女教育，甚至宗亲和左邻右舍关系都被他记得清清楚楚。他一方面通过

■段治东（右一）与村民“拉家常”了解村民所需所思所想

段治东，现任农发行宁夏回族自治区分行资金计划处副处长，2014年12月，被派驻宁夏回族自治区隆德县陈靳乡清凉村担任第一书记，被隆德县授予2015年度扶贫开发优秀第一书记荣誉称号、固原市委授予“优秀共产党员”荣誉称号。2021年4月被宁夏回族自治区授予“全区脱贫攻坚先进个人”荣誉称号。

吸引社会爱心企业、爱心人士赞助的方式，为村里贫困户捐赠大米、资助学生，另一方面积极向农发行总行申请专项捐赠资金，为村里解决困难。

彼时，村里一位78岁孤寡老人成了段治东的关注对象，老人生活十分困难，所住房屋年久失修，由于户口丢失近30年，养老、医保和危房等国家政策都无法得到有效落实。这位老人的生活现状深深地触痛着他，他心里暗下决心："不解决这位老人的生活困难问题，何以面对村民？"段治东自己掏钱为老人买了生活必需品，老人的日常生活渐渐有了起色。但由于户口丢失，无法证明户口原籍，养老、医保和危房问题得不到解决。在摸清情况后，段治东起草了《关于为李玉珍老人落实户口的请示》，请全村村民签字、摁手印为老人作证。在他多次向当地民政、公安部门沟通协调后，老人的户口最终办下来了，相关问题也得到妥善解决。从此，清凉村人尤其是中老年人，都成了段治东无话不谈的好朋友。

段治东积极引入农村电商创业，为村里开办了农产品网店，开发了农土特产品牌"清凉湾"，村里的农产品、手工产品得以顺利销售。"段书记从自治区农发行到我们村挂职第一书记，不到半年就做了好几件实实在在的事，解决了一些疑难历史遗留问题，村民都觉得可靠。思路清晰、为人踏实、做事务实，能把老百姓的事情放在心上，这是我们清凉人的福气。"时任村党支部书记杨建忠曾这样评价。

他是村民致富的领路人

村民不足100户的清凉村，土地退耕还林后，剩余劳动力较多，村民只能在村附近的东毛高速公路项目部打工，75%的家庭都是一个主劳力供养4~5个家庭成员。在决战决胜脱贫攻坚的重要时期，面对基础薄弱、贫困面大、贫困程度比较深的清凉村，如何让占全村人口近50%的建档立卡贫困户长期增收，如何使国家惠民政策更多落到清凉村，是他一直思考的问题。他先是积极联系电商培训学校，争取名额，选拔眼力活、有培养潜力的年轻人参加创业培训，让他们接受新思路、新思维，激发创业热情。随后对接中组部、农业部举办的农村骨干力量培训班、电子计算机、技术手艺等培训班，培训村民超过120人次。与此同时，如何挖掘农业新功能，实施产业扶贫是他一直放在心上的事情。在启动养殖产业扶贫项目的初期，部分人存在"养两只鸡能挣几个钱""农发行能帮多少钱"等各种顾虑和阻力，段治东利用"七一"契机，为村里的党员上了一堂主题为"扶贫与发展"的党课，进一步做通党员的思想工作。通过自愿入股、抱团发展的方式，成立了县域内第一家林下产业专业合作社——清凉山林下产业专业合作社，采取生态散养、粮食喂养的方式，养殖500多只生态土鸡。年底，10户"吃螃蟹"的年轻党员人均增收1.08万元。第二年，要求加入合作社的农户已达到39

户，其中建档立卡贫困户9户，占比为23%。

清凉村的股份制综合改革，得到市县政府和相关部门的高度关注和积极支持，对农业、旅游、扶贫等产业配套资金等都给予大力支持，被隆德县确定为村集体经济发展示范村，得到财政部相关专家认可，给予200万元资金支持发展和壮大村集体经济。2016年底，合作社社员在领取2万~4.8万元务工工资的基础上，还拿到了金额不等的分红，心中喜悦之情用语言无法表达。2017年，村里成立了股份经济合作社，兼顾村集体、合作社和农户三方利益，将财政部支持的200万元专项资金量化分配给每一户农户，人均近3000元的股份，实现了全村“人人是股东”。至此，清凉村的产业从最初的生态养殖拓展为林下经济、休闲农业和乡村旅游的融合发展。

他是画家村的策划者

合作社的成立，有效解决了养殖户在生产中的难题，显露出巨大的活力和生命力。林下经济的发展，让昔日闲置的土地得以重新利用，乡村旅游如火如荼，人来人往。清凉村平均温度20℃的夏天，吸引了大量慕名而来的外地游客。一排排的窑洞宾馆，一畦畦鲜艳的万寿菊，站在清凉山上，青兰高速公路如玉带般穿清凉山而过，鸟瞰隆德县城，令人心旷神怡。段治东通过多方联系协调，邀请宁夏书画院退休画家、国家一级美术师、中国美术家协会会员梁永贵先生入驻清凉村艺术家部落，设立“梁永贵国画工作室”，举办“清凉村艺术家部落落成笔会和书画作品义卖”活动，为邻居村白血病儿童募捐治疗费近2万元，联系中非互访交流活动暨非洲画家来华书画交流和创作艺术家到清凉村采风写生，宁夏师范学院美术学院确定将清凉村作为固定写生基地，宁夏书画院、固原书画院等纷纷前来考察……昔日名不见经传的清凉村，成了游客青睐的向往之地，艺术家写生创作的部落，休闲避暑纳凉的最佳养生地。

扶贫路上的农发行人，不忘初心；清凉村的故事，还在续写……

个人感言：第一书记的经历赐予我人生的历练、精神的淬炼，由此得到的心灵给养源源不断，山高水长。

新疆维吾尔自治区

金融助脱贫　实干显担当

——记“2018年新疆维吾尔自治区脱贫攻坚组织创新奖”获奖集体农发行喀什地区分行

脱贫攻坚战打响以来，农发行喀什地区分行坚决贯彻落实习近平总书记关于脱贫攻坚的重要论述和指示精神，始终把服务脱贫攻坚作为首要政治任务，积极探索，勇于创新。累计发放扶贫贷款294.05亿元，扶贫信贷资金实现喀什地区12个贫困县市全覆盖，扶贫贷款发放额和余额连续三年位居喀什地区金融同业首位。探索创新林果托市收购模式，2019年2月荣获自治区“脱贫攻坚组织创新奖”，充分发挥了农业政策性银

■ 农发行喀什地区分行机关赴驻村点开展帮扶活动

脱贫攻坚战打响以来，农发行喀什地区分行聚焦主责主业，瞄准南疆四地州深度贫困地区“最难啃的硬骨头”，积极将金融“活水”引入扶贫主战场，聚焦粮食收购、普惠金融、易地扶贫搬迁、结对帮扶等脱贫攻坚重点领域，加大政策性金融支农扶贫信贷投入，助力喀什地区脱贫攻坚、服务经济发展取得成效，有力助推全地区脱贫摘帽，为有效接续乡村振兴作出积极贡献。

行扶贫先锋主力模范作用，有力地助推了喀什地区脱贫攻坚进程。

坚持产业引导，加力决胜脱贫攻坚

牢牢聚焦喀什地区脱贫攻坚的短板弱项，立足全地区粮棉、林果、种养殖、农产品加工等特色优势产业，克服新冠肺炎疫情影响，积极发挥政策性金融优势，着力补齐产业发展短板。

统筹疫情防控和复工复产带动攻坚。在疫情面前主动担当作为，充分发挥政策性银行“当先导、补短板、逆周期”的作用。成立专业办贷团队，开通应急和绿色两个通道，实行容缺办理，累计发放疫情应急贷款5.23亿元，全力支持防疫医药物资生产供应，保障“米袋子”“菜篮子”等重要农产品市场供给；累计发放复工复产贷款40亿元，支持企业79家，涵盖基础设施、畜牧养殖、农副产品储备、物流配送、春耕备耕、生猪产业链等行业。支持企业数量和金额均位列喀什金融同业第一位，做到“两手抓、两不误”。

全力保障粮棉收购持续攻坚。牢牢坚守粮棉信贷主场主业“看家本领”，坚守主责主业，认真执行农发行总行支持新疆棉花产业发展的22条特惠政策，累计向11家企业发放小麦收购贷款11.17亿元，同比增加3.76亿元，增长33.66%；累计收购小麦44.25万吨，同比增加16.17万吨，增长57.58%，在新疆第二次疫情反弹前基本完成夏粮收购工作，有力地保障了上百万粮农“手中有钱、家中有粮”。念好“早字诀”，较往年提前一个月部署棉花收购工作，累计向25家棉花收购企业授信84.8亿元，已发放57.48亿元，同比增加10.57亿元，支持企业收购籽棉84.21万吨，同比多收17万吨，切实维护并发挥收购资金供应主渠道作用。

支持民营小微企业发展助力攻坚。围绕林果业、畜牧业、棉花产业、服装加工等地方优势产业和产业链条，建立完善政府增信和担保制度，向30家小微企业发放贷款1.21亿元，同比增长132.69%，扶贫贷款占比100%，普惠小微企业贷款余额位列全疆农发行系统第一名，切实以“金融之水”浇灌好“实体之田”。

坚持创新引领，破解扶贫难题

始终把创新作为推进高质量发展的不竭动力，想政府之所想、急企业之所急，量身打造优质的“融资+融智”方案，着力破解扶贫难题。

创新托市收购引领攻坚。2018年，结合喀什地区林果产业实际，在全疆率先探索林果托市收购模式，并持续优化收购方案、扩大收购范围、加大支持托市收购力度，推动林果托市再“升级”。累计发放贷款19.8亿元，支持收购核桃、巴旦木、红枣、色买提杏、西梅、伽师瓜等特色林果20余万吨，直接带动1000余建档立卡贫困人员就业，就业增收5400元/人，收购辐射果农群体达到30余万户，带动农户增收300元/人，涉及建档立卡贫困人员10余万人，有效解决了长期以来困扰喀什林果产品“卖果难、果贱伤农”的难题，得到自治区政府认可并在全疆推广，2019年2月荣获自治区“脱贫攻坚组织创新奖”。

创新信贷模式靶向攻坚。充分发挥政策性银行的优势，积极为企业提供融资+融智服务，利用项目工期和资金时间错配，向新疆诚祥、新疆金正等中标企业发放流动性贷款3.1亿元，审批山东水控、新疆火炬等企业9亿元流动资金，有力保障了一批重点民生项目、重点保障类企业复工复产、加快了深度贫困县脱贫摘帽的进度。聚焦农业农村信息化，发放网络扶贫贷款0.22亿元，支持农村信息网等基础设施建设，着力打造“农发科技贷”，弥合贫困地区“数字鸿沟”。

创新管理实施挂牌督战重点攻坚。聚焦攻克深度贫困堡垒，制订脱贫攻坚挂牌督战工作方案。深入开展“大走访、大调研、大督导”活动50余次，实现12个县市全覆盖营销。按照“一正三副”的标准选拔调整10名精兵强将充实4个未脱贫摘帽县级支行班子，做到在制度上、措施上、责任上、人员上聚焦脱贫攻坚，同向发力，有效助推4个未摘帽县如期脱贫摘帽。

着力提升脱贫质效，展现家国情怀

围绕“两不愁三保障”，发放基础设施条线贷款11.93亿元，大力改善教育医疗、城乡基础设施面貌，着力巩固脱贫攻坚成果。积极对接地区“十三五”易地扶贫搬迁规划，参与规划和办法的编制，累计发放易地扶贫搬迁贷款4.56亿元，支持安置搬迁人口0.63万人，有效破解了深度贫困地区“一方水土养不起一方人”的困局。

农发行喀什地区分行始终把“访惠聚”驻村工作作为落实党中央治疆方略、落实自治区党委、喀什地委决策部署的具体实践，研究制订驻村点贫困村脱贫方案，用好捐赠款项安装120盏路灯，照亮村民脱贫致富路；组织建设便民超市，让村民享受家门口的购物体验。全辖257名员工结亲1564户、走访入户覆盖群众1576户，38名干部员工组成12个工作队，入驻14个村开展“访惠聚”工作，累计协调解决群众热难点问题468件，捐款10余万元、捐物2000余件，消费扶贫80余万元，帮助销售贫困地区农产品100余万元，充分展现了农发行人的家国情怀和责任担当。

创新金融扶贫模式
助力和田地区打赢脱贫攻坚战

——记“2020年新疆维吾尔自治区脱贫攻坚组织创新奖”获奖集体农发行和田地区分行

和田作为“三区三州”重点脱贫地区，党中央、自治区高度重视脱贫攻坚各项工作。作为国家政策性金融机构，农发行是政府的银行、是扶贫的主力银行，支持脱贫攻坚是职责所在，更是使命所然，农发行和田地区分行履职尽责、主动作为，积极探

■ 农发行和田地区分行支持的新疆美比特食品有限公司生产车间

2020年，农发行和田地区分行认真履职尽责、主动作为，围绕重点领域，通过实现扶贫信贷资金的有效撬动、精准到户的有效突破、供应链金融扶贫模式的有效复制、当地特色产业扶贫的有效突破、种养加全产业链扶贫的有效支持五种创新模式，全身心服务和田脱贫攻坚。全年累计实现扶贫贷款发放26.28亿元，在服务和田脱贫攻坚中取得显著成效，赢得地区党政的高度肯定和认可。

索业务模式创新，抓住重点领域，全身心服务和田脱贫攻坚。2020年，累计实现扶贫贷款发放26.28亿元，全行各项贷款余额48.7亿元，其中扶贫贷款余额41.36亿元，占全行贷款余额的84.93%；在服务和田脱贫攻坚中取得显著成效，赢得了地区党政的高度肯定和认可。2018年，荣获和田行署颁发的“金融支持地方经济发展考核先进单位”“支持‘三农’、小微企业发展、公共事业建设贡献奖”和“支持脱贫攻坚贡献奖”三项表彰；2019年初被和田市委授予2018年度促进脱贫攻坚先进企业；在人民银行对和田地区银行业金融机构综合考评中，再次荣获政策性银行和全国性大型银行组第一名；2020年荣获自治区脱贫攻坚组织创新奖。

积极做好疫情防控应急贷款投放工作

在“早”字上做文章，面对突如其来的新冠肺炎疫情，农发行和田地区分行积极响应地方政府防疫工作部署和要求，主动攻坚、砥砺前行，第一时间成立疫情防控领导小组和信贷疫情防控工作组，积极对接政府相关部门及企业。按照特事特办、急事急办原则，开辟办贷绿色通道，切实提高业务办理效率，提供优质高效的疫情防控综合金融服务，2020年发放应急贷款3.01亿元，保障了资金第一时间投入疫情防控物资供应，对和田地区疫情防控形成有效支撑。

实现扶贫信贷资金的有效撬动

为贯彻落实农发行总分行“政策性金融扶贫试验示范区先行先试”的要求，农发行和田地区分行结合本地实情、企业实情、项目实情，遵循“政府引导、实体承贷、市场运作、风险可控”的指导思想，积极探索信贷支持产业扶贫新途径，通过政府增信，在产业引导资金与信贷资金1∶10的有效撬动下，发放贷款14笔、11.13亿元，实现了“产业发展扶持一批”“转移就业扶持一批”的精准扶贫成效，形成“政府增信+订单融资+担保覆盖”的模式，为解决深度贫困地区产业发展提供了一条新的路径。

实现精准到户的有效突破

一直以来，农发行新疆维吾尔自治区分行党委始终把和田地区作为南疆四地州深度贫困地区脱贫攻坚的靶心，通过实地调研，密集走访地方党政，研究讨论支持和田地区脱贫攻坚方略，打造形成了“政府引导、金融助力、企业带动、农户受益”的“四位一体”扶贫格局。农发行新疆维吾尔自治区分行在和田地区召开“政策性金融脱贫攻坚座谈会”，与和田地区签订《政策性金融支持和田地区产业精准扶贫服务到户战略合作协议》，配套制订《农发行支持和田地区产业扶贫贷款服务精准到户（试点）实施方案》，因地制宜加大支持对贫困户增收带动作用明显的种、养、加等扶贫产业的力度。通过先行先试，实现支持企业4家，额度为3.3亿元；通过农户畜禽托养、产业就业精准带动贫困人口脱贫5万余人。同时，精准发放产业扶贫贷款，在支持当地畜禽产业发展的同时，为上游饲草产业、下游食品加工产业的发展起到带动作用，有效提高、拓宽了产业带贫成效，也拓宽了农发行和田地区分行在深度贫困地区支持产业扶贫的渠道，实现了精准到户产业扶贫的突破。

实现供应链金融扶贫模式的有效复制

农发行和田地区分行在落实和田地区产业扶贫风险补偿方案的同时，通过采取供应链金融的信贷支持模式，进一步降低了贷款风险，实现了产业发展和风险防控的有效融合，为深度贫困地区金融扶贫开辟了新路子。通过该模式，对有政府或市场订单的3家企业进行积极支持，贷款额度为0.73亿元，凸显“订单融资+扶贫带动”模式的扶贫成效，也降低了贷款风险，提高了用信效率。

实现当地特色产业扶贫的有效突破

为贯彻落实自治区打好脱贫攻坚战的战略部署，依托农发行新疆维吾尔自治区分行与自治区国资委签订的《支持南疆特色农业产业发展战略合作框架协议》，农发行和田地区分行切实履行政策性金融服务脱贫攻坚使命，优先选择发展潜力强、带动脱贫效应明显的优质产业化龙头企业作为支持对象。通过摸底了解，对接自治区级产业化龙头企业新疆于田瑰觅生物科技股份有限公司，提前制订融资方案，促成企业与于田县政府签订“百企助百村”责任书，构建了与当地农民的利益联结机制。发放3000万元的短期流动资金扶贫贷款，有效支持企业玫瑰花收购、生产加工、销售等一体化规模经营，拓宽了农民创收渠道，促进农民增收多元化，累计为当地村民创收1000余万元，涉及贫困户3500余户。推动和田地区发布《和田地区特色林果产品托市收购助力脱贫攻坚的工作方案》，明确农发行为托市收购信贷资金供应主体，制定《和田地区启动特色林果托市收购时间表路线图》，进一步复制推广托市收购模式，累计审批贷款3.5亿元，发放3.5亿元，支持和田红枣、核桃等特色林果产业发展，实现了特色产业发展和扶贫带动的有机结合，全面推动和田林果业提质增效、果农增收致富，助力和田深度贫困地区脱贫攻坚。

实现种养加全产业链扶贫的有效支持

根据和田地区扶贫规划内容，因地制宜统筹农牧、种养加结合，突出支持主导优势产业发展，提升产业发展水平，为贫困农牧民脱贫与持续增收提供了产业支撑。在上游种植产业支持了和田县新疆博正农业科技有限责任公司流动资金贷款3.4亿元，支持企业饲草料种植1000公顷，每年可生产牧草30万吨，实现产值13500余万元，为和田地区有效发展畜牧产业提供了饲草保障。同时推动订单融资模式的升级，进一步延伸至和田地区分行上下游贷款企业，有效降低了贷款风险。在中游养殖业的支持上，与当地政府紧密合作，深入对接，依托“四位一体”扶贫大格局，共同推动政策性金融扶贫精准到户。先后支持了新疆昆仑绿源农业科技发展（集团）有限责任公司、新疆万丰畜牧发展有限公司等14家畜禽养殖企业，贷款额度为9.88亿元，支持羊、兔、鹅、驴等多个畜禽产业发展。在下游流通加工行业，通过“政府增信+订单融资”模式，支持了皮山县方圆绿色农业科技开发有限公司、新疆绿钻农业科技有限公司、新疆新宏展服饰有限公司三家企业，支持贷款额度为0.73亿元，构筑了银行、企业和商品供应链互利共存、持续发展、良性互动的产业生态，促进了供应链上下游“产—供—销”链条流转顺畅。

农发行和田地区分行通过集中力量、上下联动、协同配合，探索出了以创新带动发展，以突破推动发展的新路径，下一步将继续发挥好农业政策性银行的先锋主力和示范作用，扎实推进巩固拓展脱贫攻坚成果与乡村振兴有效衔接。

小资金汇集脱贫攻坚大能量

——记“新疆维吾尔自治区脱贫攻坚先进集体”农发行巴音郭楞蒙古自治州分行

这是夺取脱贫攻坚的总攻号令——“到2020年现行标准下的农村贫困人口全部脱贫，是党中央向全国人民作出的郑重承诺，必须如期实现，没有任何退路和弹性。”习近平总书记的话语铿锵有力、掷地有声。

农发行巴音郭楞蒙古自治州分行支持的冠农番茄制品有限公司试加工产品

“十三五”以来，农发行巴音郭楞蒙古自治州分行把扶贫工作作为重大政治任务、重要工作职责，全力支持打赢脱贫攻坚战。累计发放扶贫贷款274.32亿元，占全行累计发放总额的60%以上，以优惠的扶贫政策累计引导65家贷款企业通过捐赠生产物资、就业帮扶、采购扶贫产品等方式承担社会扶贫责任，直接帮扶贫困人口4460人次，企业累计帮扶资金4222.9万元，扶贫贷款发放额和余额均列全州金融机构首位。

一诺千金，使命必践！

农发行巴音郭楞蒙古自治州分行（以下简称农发行巴州分行）发挥政策性银行扶贫贷款“小资金”的作用，汇集脱贫攻坚的大能量，坚决完成党中央和自治区、自治州党委、政府交给的光荣任务！

“十三五”以来，农发行巴州分行以产业扶贫的模式发放扶贫贷款274.32亿元，平均每年扶贫贷款发放额占全州金融同业的50%以上，占全行贷款发放总额的60%以上。脱贫攻坚战打响以来，农发行巴州分行累计引导65家贷款客户通过捐赠生产物资、就业帮扶、采购扶贫产品等方式承担社会扶贫责任，直接帮扶贫困人口4460人次，企业帮扶资金累计4222.9万元，平均每户企业提供帮扶资金64.96万元。

产业扶贫固根本

贫有千般，困有万种，缺资金、少劳力，没技能，林林总总。农发行巴州分行紧紧锁定脱贫目标，抓住产业扶贫这个“牛鼻子”！

在城市和乡村，龙头企业、扶贫车间全力运转，带动贫困群众稳定增收；在高山、在草原，易地扶贫搬迁工地热火朝天，一户户贫困群众住进安全房；在产业园区、在扶贫基地，一个个扶贫协作项目带来新活力……

农发行巴州分行积极支持巴州优势产业，在做大做强产业的基础上，以“银行+企业+贫困户”帮扶模式为着力点，发挥金融杠杆作用，积极支持利华棉业、中泰兴苇、中泰棉纺集团、晨曦椒业等具有良好市场前景、具有持续造血能力、能够有效带动贫困人口稳定增收的优质企业，引导企业与贫困人口签订就业帮扶协议、资金帮扶协议，解决了贫困人口就业和生产生活问题，进一步提高了贫困人口产业链发展参与度和直接受益水平。

买买提·库尔班是尉犁县墩阔坦乡的村民，一家人就靠着0.67公顷棉花地维持生计。农发行巴州分行向尉犁县利华棉业投放土地流转贷款后，买买提是第一批流转土地的村民，鉴于他家贫困情况，农发行巴州分行与尉犁县利华棉业协调沟通，接纳买买提成为利华棉业的驾驶员，每月稳定收入在4000元，全家每年土地流转和工资收入合计超过了10万元，从维持生计到稳定脱贫。跟买买提一样，农发行巴州分行通过协调企业劳动用工帮扶贫困人口达142人，年工资性收入534.66万元。

为了实现贫困人口和企业双赢，农发行巴州分行认真贯彻落实农发行总行、自治区分行各项优惠政策，对达到扶贫贷款认定标准的企业予以贷款利率优惠，平均利率低于同业150多个基点，并在门槛准入、信贷规模、办贷流程等方面予以倾斜，减免结算手续费，最大限度地让利于企业，最大力度地带动贫困人口稳定增收、脱贫致富。2020年让利各企业7000多万元，每亿元贷款带动贫困人口25人左右，帮扶成效显著提升。

同时，农发行巴州分行还加大对包联的且末县奥依亚依拉克镇布古纳村帮扶力度，累计提供帮扶资金46万元，为贫困村脱贫贡献了政策性金融力量，2020年，该行获得且末县政府颁发的"'百企帮百村'精准扶贫行动优秀企业"荣誉称号。此外，农发行巴州分行根据组织安排派出高级主管担任和田地区深度贫困村欧吐拉艾日克村第一书记，经过两年多的扶志扶智，该村贫困户通过托管养殖、种植经济作物、就业转移、从事传统铁艺业等方式，贫困户199户883人实现脱贫。

消费扶贫稳基本

面对突如其来的新冠肺炎疫情，农发行巴州分行积极实施消费扶贫举措，购买扶贫产品，坚定贫困人口信心，为他们稳定脱贫赋能。

"同志们，消费扶贫是发动社会力量参与脱贫攻坚的重要途径，也是一种造血式扶贫，2019年全行员工主动参与购买贫困地区的扶贫产品，帮助贫困户助销产品，今年年初受疫情影响，部分地区扶贫产品滞销，希望大家再贡献一份力量，在满足自身生活消费需要的同时，又能献一份爱心，帮助贫困人口增收脱贫。"2020年3月31日干部大会上，农发行巴州分行党委向全行员工发出倡议。

地处偏远的且末县，生产的有机红枣，品质好，价格也不高，是稳定脱贫的品牌产品。可是面对疫情，市场销售不畅，一时间成为农民，特别是贫困农民的"心病"！了解这一情况后，农发行巴州分行迅速行动，协调客户企业购买且末县有机红枣110万元。同时，还购买贫困户种植的库尔勒香梨48万元，收购贫困户小麦价值1308.56万元。

除了动员员工参与到消费扶贫中来，农发行巴州分行还积极动员客户购买国家级贫困县扶贫产品，帮助贫困地区人口增收脱贫，先后采购大米等扶贫产品10000千克，金额58000元。

"予人玫瑰，手有余香"，这样消费扶贫活动实现了慈善与扶贫的双赢，给员工的日常消费赋予了浓厚的道德价值。近两年来，农发行巴州分行党委动员员工、客户积极参与消费扶贫活动，累计消费23.88万元，既有新疆本土和田贫困县核桃、石榴、山药等扶贫产品，也有西藏、湖北等滞销的扶贫产品。

爱心扶贫为民本

教育、就医是民生之本，更是贫困人口的真正痛点。五年来，农发行巴州分行为贫困人口献爱心、送温暖，更为脱贫攻坚提供暖暖的底色。

2019年，农发行巴州分行党委班子成员在走访调研中了解到，不少贫困家庭孩子存在上学难的情况，该行搭建“万企帮万村”帮扶平台，以优惠的金融政策引导客户与贫困生签订助学帮扶协议，向建档立卡贫困学生、有上学困难的大中学生提供助学金，帮助他们接受公平有质量的教育，推进“银行+企业+贫困生”教育扶贫新模式落地，累计帮扶困难学生245人继续求学深造，教育扶贫爱心捐款达24万元。

库尔勒市阿瓦提乡中学二年级二班热孜亚·阿布来提患霍奇金淋巴瘤。农发行巴州分行党委立即组织全行员工开展爱心捐赠活动，全行138名员工向热孜亚·阿布来提小朋友捐款14370元。

履行社会责任既是现实使命，也是责任义务，农发行巴州分行组织员工参与公益捐赠帮扶活动，通过定点帮扶、爱心捐款、购买扶贫保险等多种方式帮助结对亲戚和有困难的群众，特别是疫情期间先后三次向湖北地区捐款助力疫情防控。近年来，该行先后累计爱心帮扶金额（含帮扶物资）近50万元。

脱贫攻坚，时不我待；不获全胜，决不收兵。决战决胜脱贫攻坚号角嘹亮，在巩固和拓展脱贫攻坚成果的基础上，农发行巴州分行将继续凝心聚力、奋勇前进，全面推进乡村振兴。

百尺竿头加把劲　脱贫攻坚再前行

——记“新疆维吾尔自治区脱贫攻坚先进集体”农发行博尔塔拉蒙古自治州分行

2020年农发行新疆区博尔塔拉蒙古自治州分行（以下简称农发行博州分行）坚持目标导向，用好用足各项信贷政策，加大各项扶贫贷款发放力度，脱贫攻坚工作取得显著成效。

一是全年发放粮食收购贷款3.94亿元。其中，发放夏粮贷款0.84亿元，发放秋粮

农发行博尔塔拉蒙古自治州分行开展扶贫日活动

为确保如期打赢脱贫攻坚战，农发行博尔塔拉蒙古自治州分行大力支持博州脱贫攻坚事业发展，取得显著成效。2020年末，博州分行各项贷款余额121.09亿元，同比增加20.71亿元，增长20.63%，全年发放各类贷款60.24亿元，同比增加18.81亿元，增长45.40%。当年发放扶贫贷款33.06亿元（产业扶贫贷款21.19亿元，项目扶贫贷款11.87亿元），年末扶贫贷款28.57亿元。通过发放产业扶贫贷款、项目扶贫贷款带动213个贫困人口年人均增收0.2万元，直接或间接帮助1033个贫困人口脱贫增收。

贷款3.1亿元，带动小麦种植贫困户55人年均增收0.1万~0.2万元。二是累计发放棉花收购扶贫贷款10.5亿元，带动种棉贫困户98人年均增收0.2万元。切实做到“钱等棉”，确保棉农“棉出手、钱到手”，保护种棉农民的切身利益。三是发挥农发行桥梁纽带作用，采取“龙头企业+合作社+基地+农户”的模式，帮助农户与合作社、公司协商沟通，支持企业利益联结到户。2020年以来，累计发放产业扶贫贷款2.8亿元，带动贫困人口10人年均增收0.6万元。打通扶贫资金精准到户的“最后一公里”，实现产销有效对接，帮助牧民做到肉牛养得好、卖得出、钱进袋，切实支持地区畜牧业发展。四是推进基础设施扶贫融资突破。累计发放基础设施扶贫贷款14.69亿元，解决好区域经济发展中的难题。其中发放农村路网建设贷款11.87亿元，用于支持博州温泉县呼场至G30线公路建设，助力沿线地区旅游业、服务业发展，为邻近区域1027户贫困人口出行提供便利；发放现代农业园区贷款2.82亿元，支持博乐边合区电子产业园建设，帮助贫困户6人再就业，实现人均年增收3万元，推进园区产业经济及脱贫攻坚事业共同发展。五是发放产业扶贫贷款0.1亿元，带动种棉贫困户5人年均增收0.26万元，同时推动了博州地区棉花春耕备耕及复工复产，产业稳定发展的强劲动力逐步形成。六是全年全行员工积极向身边人员宣传扶贫产品，并购买湖北、“三区三州”深度贫困地区和厄热哈尔根村扶贫农产品14.93万元，营造全民参与消费扶贫的良好氛围。

脱贫摘帽不是终点，而是新生活、新奋斗的起点。农发行博州分行将继续坚持以习近平新时代中国特色社会主义思想为指导，贯彻落实新时代党的治疆方略，聚焦博州社会稳定和长治久安，发扬奋斗精神、保持实干品格，站稳人民立场、树牢为民情怀、顺应人民期待，为脱贫攻坚与乡村振兴有效衔接作出更大贡献。

重点帮扶助发展　扶贫帮困扬美德

——记“新疆维吾尔自治区脱贫攻坚先进集体”农发行喀什地区分行驻喀什市浩罕乡园丁村“访惠聚”工作队

农发行喀什地区分行驻喀什市浩罕乡园丁村“访惠聚”工作队紧紧围绕扶贫总目标，驻村工作从始至今，重点围绕党中央、自治区、农发行总行扶贫工作要求，强化思想认识，落实扶贫举措，实践实事帮扶，抓牢社会稳定和长治久安的总目标，用实际成绩助力扶贫帮扶。

统筹发展抓扶贫

新疆喀什市浩罕乡园丁村，全村农村人口共计383户1665人，建档立卡贫困户92户370人。其中已脱贫户89户356人（脱贫监测户8户34人），未脱贫户3户14人（2019年新

农发行喀什分行驻喀什市浩罕乡园丁村“访惠聚”工作队队员帮助村民采摘无花果

识别），贫困发生率0.084%；边缘户15户72人；其他一般户276户1223人。面对人口基数较大、扶贫任务较重的现状，工作队成员并没有因此退缩，而是以实际行动践行工作队扶贫使命。当清晨第一缕阳光照耀在地面上，蔬菜大棚里就已经有了工作队人员忙碌的身影，开垦、栽种、浇水，每一铁铲种下的是扶贫的希望。工作队统筹安排，抓产业促就业，在解决困难群众就业问题的基础上，加大了产业的收益，以实际行动为贫困户带去了帮助。

龙头带动促扶贫

扶贫更要扶志，“访惠聚”工作队克服自然条件的劣势，强化党建引领，助力脱贫攻坚，多措并举，依托农业发展，助力扶贫成效。工作队共助力建造68座大田拱棚，共计1.5公顷，其中种植马铃薯面积约1.2公顷，每公顷收入超过1300元；豇豆0.11公顷，每公顷收入超过2000元，番茄0.21公顷，每公顷收入超过1500元，番茄种植面积约0.21公顷，每公顷收入超过1500元，小麦种植面积约为62.7公顷，保障好群众“粮食袋子”和“菜篮子”，喀什市浩罕乡园丁村以石榴和无花果为主要农产品，扶贫工作也是以此为抓手，目前虽尚未成熟，但两种农副产品的产量可以确保本村脱贫攻坚工作顺利完成。在基层，在扶贫一线，工作队队员真抓实干，力求扶贫成效，一系列成果的背后，是他们的辛勤付出，在田间，在村里，扶贫之路见证了成员的成长之路。

扶贫路上，足迹铿锵，工作队成员明白，一分耕耘一分收获，在这一路上，他们用汗水、用努力看到扶贫的收获。2020年初，一场突如其来的新冠肺炎疫情，更是给扶贫工作带来了考验，就业压力、生活压力，让扶贫举步维艰。立足实际，不断创新，农发行喀什地区分行驻喀什市浩罕乡园丁村工作队以“水滴石穿、绳锯木断”之毅力，以“逢山开路、遇水架桥”之勇气，想出新法子、蹚出新路子、拥有新点子。

情系“三农”心无悔 勇于实干敢担当

——记“新疆维吾尔自治区脱贫攻坚先进个人”刘纯琪

2016年11月，刘纯琪受命担任农发行喀什地区分行党委书记、行长。几年来，他坚持以习近平新时代中国特色社会主义思想为指导，秉承家国情怀，夙兴夜寐、忘我工作、苦干实干，带领全行员工攻坚克难，在“三区三州”脱贫攻坚主战场的喀什地区践行着政策性银行“支农为国、立行为民”的使命，用汗水为“扶贫银行”的金字招牌增光添彩。

刘纯琪参加农发行喀什地区分行举办的庆祝建党100周年演讲比赛

刘纯琪，中共党员，2016年11月，任农发行喀什地区分行党委书记、行长，他扎根“三区三州”深度贫困地区，以强烈的政治责任感和担当作为的精神，创新扶贫帮扶模式，带领喀什地区分行聚焦脱贫攻坚精准发力，得到地方党政和社会各界普遍认可，经营绩效实现大跨越，为如期打赢脱贫攻坚战作出积极贡献。

敢担当善作为，当好高质量发展的领头雁

喀什地区历来是全国反恐维稳和脱贫攻坚的主战场，稳定和贫困问题相互交织，是新疆维稳和脱贫任务最艰巨的地区。“农发行是政府的银行、是补短板的银行，哪里需要，我们就到哪里去！”在他的带领下，农发行喀什地区分行坚持新发展理念，围绕服务脱贫攻坚、支持乡村振兴战略，用“金融血脉”为当地搭起一座座通往致富路的桥梁。

坚守主责主业，全力保障粮棉安全。粮棉是喀什地区主要农作物，粮棉信贷是喀什地区分行的顶梁柱、压舱石。刘纯琪牢牢坚守粮棉信贷主场主业“看家本领”，把保障粮棉安全作为全行政治任务，认真执行农发行总行支持新疆棉花产业发展的特惠政策，年均支持企业收购粮棉数量占全社会收购量的95%、60%以上，没有发生一笔“打白条”情况，做到农发行支持收购份额不降、农民收入不减。

勇挑重担，全力化解历史遗留问题。任职以来，刘纯琪牢固树立现代银行经营管理理念，坚守风险防控底线，以强烈的事业心、高度的责任感，圆满化解三笔贷款风险。自2018年起，农发行喀什地区分行连续四年保持零不良贷款率，经营质效显著提高。

创新发展有思路，服务“三农”有力量。刘纯琪始终坚持新发展理念，善于在调查研究中总结经验，探索创新。他认真分析喀什地区资源禀赋，结合实际先后探索创新在建工程抵押、订单质押、龙头企业带动小微企业1+X等多种金融模式，有力推动了喀什地区分行业务发展。特别是针对喀什地区特色林果资源“卖难”问题，深入调研，撰写《托市收购方案》，探索特色林果产品托市收购模式，得到自治区党委高度认可并在全疆推广，荣获自治区2018年脱贫攻坚“组织创新奖”。在他任职期间，全行贷款余额由2015年末的51.7亿元增加到2020年末的183.50亿元，是支农力度最大、发挥作用最突出的时期。

在刘纯琪的领导下，农发行喀什地区分行各项业务迅速发展，2020年，累计发放各项贷款143.86亿元，贷款余额183.50亿元，贷款累计发放额、净增额、余额均位居喀什地区金融同业首位。综合绩效考评由2019年新疆农发行系统第三位跃升为2020年的第一位，创造历史最佳成绩。

践行使命，当好脱贫攻坚的先行者

倾情贫困地区，勇蹚政策性金融扶贫之路。“要啃就啃硬骨头，要打就要打胜仗。”喀什地区作为全国“三区三州”集中连片贫困地区，自然条件恶劣、基础设施

薄弱、贫困发生率高、贫困程度深。刘纯琪针对喀什地区实际情况，坚持精准扶贫方略，着力在扶持扶贫产业、改善乡村基础设施面貌上发力，不断加大政策性金融支持脱贫攻坚力度，累计发放精准扶贫贷款300多亿元，扶贫贷款实现喀什地区12个贫困县市全覆盖，扶贫贷款发放额和余额连续三年在喀什地区26家金融机构中遥遥领先；在全疆农发行系统实现了网络扶贫、教育扶贫、资产购置业务零突破；通过人民银行全国扶贫开发信息系统精准比对，仅2020年就带动16.48万贫困人口增收，三年累计带动受益贫困人口100余万人次，为喀什地区如期打赢脱贫攻坚战作出了突出贡献。

全力服务“六稳六保”，彰显政策性金融担当作为。2020年，面对喀什地区三次新冠肺炎疫情形势，刘纯琪以高度的政治责任感和大局观，封闭在行办公100余天，带领全行员工主动靠前、昼夜奋战，第一时间启动应急、绿色两大通道，累计发放疫情防控应急贷款5.23亿元，全力支持医疗物资生产供应，切实保障重要农产品市场供给；累计发放复工复产贷款47.53亿元，为81家企业按下“重启加速键”；积极落实不抽贷、不压贷纾困惠企政策，帮助五家困难企业渡过难关，为做好抗疫情、稳农业、保民生、促增长提供优质高效的金融服务，得到地方党政和企业客户的普遍认可和高度好评。

挂牌督战，助力脱贫攻坚战圆满收官。2020年，刘纯琪聚焦全面打赢脱贫攻坚战，带头开展大走访、大调研、大督导活动，对伽师县、英吉沙县、莎车县、叶城县四个未摘帽县支行挂牌督战。一年来，他先后主持召开挂牌督战调度会、政银企座谈会40余次，走访企业100余家，深入基层调研指导、高层营销超过60天，解决基层行、企业客户热难点问题50余件。截至2020年末，向四个未摘帽贫困县57家企业发放扶贫贷款52.28亿元，余额为58.70亿元，较年初增加23.90亿元，增速是全行扶贫贷款平均增速的2.68倍，提前超额完成农发行总、分行下达的目标任务。

在刘纯琪的示范带头下，农发行喀什地区分行上下齐心、攻坚克难，累计发放扶贫贷款131.92亿元，完成新疆分行下达目标任务的144.62%；扶贫贷款余额为157.03亿元，净增32亿元，扶贫贷款累计发放、净增额、余额连续三年在喀什地区同业中遥遥领先，扶贫考核居农发行新疆维吾尔自治区分行第一位，连续两年荣获新疆分行脱贫攻坚先进集体。

坚守初心，当好为民服务的带头人

“为什么我的眼里常含泪水，因为我对这土地爱得深沉。”刘纯琪到喀什地区工作以来，始终坚持新时代党中央治疆方略，围绕社会稳定和长治久安总目标，带领全行员工积极践行社会责任、央企责任、党员责任。在他的领导下，农发行喀什地区分行

38名干部员工组成12个工作队长期驻村开展“访惠聚”工作，250余名员工常年结亲1400余人。他带头结对认亲，下沉走访，把老乡当亲人，以真心换真心，以真情促真情；他把村里的亲戚接到家中吃饭、观看歌舞表演、游览旅游景点，增加他们创造美好生活的动力和信心；他坚信扶贫先扶志，积极帮助他们学汉语、讲政策、练技能、找出路，帮助15人解决就业；他关心村民们的生产生活，为帮扶村安装120盏路灯，照亮村民脱贫致富路；他关注下一代的成长，每年召开返乡大学生座谈会，坚持每个“六一”与村里的孩子一起过，捐赠课桌椅200套，捐资助学6万余元；他心系村里的百姓，帮助销售农产品200余万元，送“三新”物品100余件、“暖心煤”30余吨。老百姓都说：“农发行的刘纯琪‘卡德尔’（维吾尔语：领导）来了，村里变亮了、变美了、变富了，感谢农发行。”

正是由于刘纯琪的以身作则、苦干实干，农发行喀什地区分行近年来先后获得自治区脱贫攻坚组织创新奖、农发行新疆维吾尔自治区分行脱贫攻坚贡献奖先进集体、支持第三师图木舒克市经济社会发展先进单位、喀什地区金融服务突出贡献奖、自治区文明单位、农发行新疆维吾尔自治区分行2020年度经营管理先进单位等诸多荣誉。2021年5月，农发行喀什地区分行党委荣获自治区脱贫攻坚先进基层党组织，刘纯琪个人荣获自治区脱贫攻坚先进个人，全行两个集体、两名个人受到自治区党委表彰。荣誉是成绩的体现，是组织和社会的认可，农发行的“金字招牌”在喀什越擦越亮，社会关注度、美誉度显著提升。

个人感言：不要埋怨喀什脱贫攻坚困难太多太辛苦，应该感谢时代赋予我们这个伟大光荣的使命，能够参与其中并为之奋斗，无比自豪！

执着奉献不言悔　倾心为民显作为

——记“2020年全国金融五一劳动奖章（脱贫攻坚先进典型）”获得者孔伟

2018年根据农发行新疆维吾尔自治区分行组织安排，孔伟到和田地区和田县英阿瓦提乡欧吐拉艾日克村担任党支部第一书记。该村民情比较复杂、经济基础薄弱、发展缓慢，全村60%以上是贫困户，是典型的深度贫困村。

孔伟（左一）与村民沟通扶贫工作情况

孔伟，中共党员。受农发行新疆维吾尔自治区分行党委委派于2018—2021年任新疆和田县英阿瓦提乡欧吐拉艾日克村第一书记，统筹协调各方面力量于2019年实现村退出、户脱贫，圆满完成脱贫攻坚任务目标。先后荣获和田县驻村优秀第一书记、农发行新疆维吾尔自治区分行2018—2019年度脱贫攻坚贡献奖先进个人、农发行2018—2019年度脱贫攻坚贡献奖先进个人、2020年全国金融五一劳动奖章等荣誉称号。

凝聚脱贫共识

孔伟来到欧吐拉艾日克村后，尽管已经有了心理准备，但情况比预想的还要糟糕，村干部多数汉语水平和理解能力不高，安排工作的时候表示明白，但问落实结果的时候很茫然。时间不等人、工作任务不等人，怎么用群众工作这根扁担挑起社会稳定和脱贫攻坚这两副重担？孔伟认为首先从抓村党支部党建、抓村干部教育切入，建强村支部，夯实脱贫战斗堡垒。党员大会、党日活动、组织生活会等组织生活有条不紊地开展起来，组织全体村干部学习党章党规、习近平总书记系列重要讲话精神，以及区、地、县有关政策文件，在思想上与党中央、地区党委同频共振，在行动上逐步跟上节奏。同时，针对少数民族干部学习领悟能力薄弱的情况开展“传帮带”，按照优势互补的原则相互搭配、互帮互学，用“包谷馕”式的语言和方法教会村干部干什么、怎么干，发动大家的力量、发挥每个人的长处，村支部的工作逐渐打开了局面，有条不紊地运转起来。

规范的制度、优化的流程才能使工作事半功倍，为了解决工作制度不全、工作无序的现状，孔伟在全面摸排全村情况后，立即对各类情况进行分类，结合地区相关政策要求，逐项梳理工作机制、工作内容、工作方法等，让各项惠民富民政策扎扎实实落到实处。村支书阿里木说：“自从孔书记来了以后，村干部的精神面貌变化太大了，自己今天要干什么清清楚楚，村里的工作干起来顺利多了。”

扶贫先扶志，落后的思想观念是阻碍村民增收脱贫的深层次根源，村干部思想意识凝聚起来了，但要开展好村里工作，就要让村民的意识“走出去”。孔伟和村干部走访入户时最重要的一项工作就是组织村民学习，用村民的语言从讲述村民关心的增收方法切入，逐步到学习党中央、国务院、自治区、地区党委脱贫攻坚政策和村委会工作措施，让村里的贫困户、贫困人口都了解到党的惠民政策，筑牢脱贫致富的信心，激发对美好生活的向往。

用心真情帮扶

孔伟上任后，第一时间就走访入户了解全村人口情况、贫困人口贫困程度、村里传统产业等情况。经过了解，村里的“富户”主要收入来源是家里劳动力外出打工，转移就业是一条能快速稳定提高农户家庭收入的有效途径。

孔伟积极与地区相关部门、当地的企业汇报联系，争取疆内外劳务输出名额，同时在全村开展动员会，发动“四老人员”做村民工作，动员大家“走出去”。但受诸多因素影响，事情推起来十分困难，村民大多习惯了在附近干几天活，挣零星的钱喝茶吃馕，听到外出务工纷纷想尽办法逃避，有带着孩子来村委会哭着不走的，有半路溜掉的，有到了工作地点装病的……孔伟说，第一次外出务工送别的场面毕生难忘，用“生死离别”形容都不过分。

家庭的劳动力外出就业了，孔伟就带着村干部一起做好托老、托幼、托畜工作，让外出人员无后顾之忧。2018年到阿克苏地区参加拾花的86人返乡了，最少的挣了5000多元，最多的达到了13000元，村里的夜市像过年一样热闹了好几天……

帕提玛汗家里有幼小的孩子，没办法外出务工，孔伟介绍到附近的玻璃厂工作，一个半月的时间挣了7000多块钱，过年放假回到村里就直奔村委会，要请村干部到家里吃饭，她说长这么大从来没有见过这么多钱，这都是托了孔伟和村干部的福，一定要感谢大家。

在湖南务工的几位姑娘春节假期回乡了，孔伟担心她们返岗的问题，就约到村委会做思想工作，一见面孔伟就感觉到了明显变化，由里到外洋溢着自信和开心。谈话中了解到她们在公司有专门的宿舍和餐厅，每个月工资4500~5500元，休息的时候还会带着她们到附近散心，当孔伟委婉问家里有没有困难、能不能按时回厂时，大家异口同声地告诉孔伟，火车票都买好了，春节假期过后就走，一天假也不请……

为了持续巩固好外出务工成果，孔伟组织开展“最美劳动者”评选活动，邀请外出就业的村民讲述工作趣事、外出见闻等，以身边人身边事带动更多村民转移就业，逐步消除村民“等靠要”的思想。

办好惠民实事

“孔书记，我们家门口的这条路能不能修一修，一到下雨天，就成泥巴路，门都出不了。”开全村大会的时候，几户村民都提到了这个问题，孔伟在本子里认真地记下来。第二天，天刚蒙蒙亮，他就拿着本子出门了，把村民反映的路走了个遍，逐条记下路况以及长宽等初步数据，回了工作队就召开紧急会议，又邀请村民代表参加，一起商量解决办法。

路肯定是要修的，但这是一项大工程，就算只是作硬化处理，也需要不少资金。孔伟决定先向县里反映，向扶贫办申请项目资金。在等待批复的时候，孔伟已经带着工作队测量规划、设计方案了。

很快县里专项资金就拨付了，依据村民出行需求合理设计方案，村内巷道热火朝天地修了起来，很多村民都来帮忙。主次道路7.7千米、防渗渠4.7千米很快完工并投入使用。同时，村里富民安居房、村公路、水改造都一一落地，而且还建了村民服务中心，随着基础设施的极大改善，村民的文化生活、精神生活都逐步丰富起来了。

因人精准扶贫

产业扶贫是最重要的方式，欧吐拉艾日克村村民多数选择养殖牛羊鸡兔等来增加家庭收入。经过市场调研、多方磋商，“托管扶贫模式”终于落地，村里68户贫困户和困难群体与农业科技公司签订托管协议，托管的牛羊驴达300多头，鸽子9424羽，年收益率在7.2%~10%，实现收益35.2万元。

加玛丽家就比较特殊，她的丈夫2017年因病去世，本来已经脱贫的她失去了收入来源，家里还有四个孩子吃饭、上学，很快又返回到贫困状态。孔伟协调的工作没干多久，加玛丽不幸出了车祸，家里再一次失去了收入来源。

“孔书记帮着四个孩子办了低保，家里吃饭就不愁了。在我身体恢复后，孔书记介绍了种植大棚里的工作，现在家里一年也有三万多块钱，孔书记还经常安慰我说等孩子们长大工作了，我的日子就会更好。”现在加玛丽脸上的笑容多了起来，正如她所说的困境已经“云破日出”，未来只会越来越好。像加玛丽这样用心、精准帮扶的贫困户还有很多，每一户都有了持续稳定的收入后，孔伟才真正放下心。

“摘帽不是终点而是新的起点”，“四个不摘”“三精准”“三落实”的要求是孔伟开展各项工作的基准。为防止返贫，他带领队员一方面落实地区“双保险、双覆盖”工作措施，在实现每户至少有一人就业的基础上，想方设法提高贫困家庭就业数量及就业稳定性。同时，依托县乡产业布局，运用扶贫小额信贷，发展羊、兔、鸽子、鹅、香菇等种养殖产业，确保户户有稳定增收产业。

倾情奉献担当

孔伟患有慢性高血压，长期服药，他基本没有照顾过家人，也从没有向组织讲过困难，驻村以来就一心扑在村子里，在任何困难面前从不低头认输，与村“两委”干部奋战上千个日夜，村里贫困户基本都有了稳定的收入来源。在地方党政的大力支持下，在全体村干部和村民的共同努力下，2019年末，全村贫困户199户883人已全部脱贫。

孔伟是扶贫“红榜书记”常驻人员，2018年、2019年连获优秀驻村第一书记，获得农发行2018—2019年脱贫攻坚先进个人、2020年全国金融五一劳动奖章等多项荣誉。

个人感言：三年多的历练，让我深深体会到，深入群众、心系群众绝不是简单地入户住户和送米送面，而是要设身处地地把自己摆进去，去切身感受村民的情感，用真心解决实际困难。

情系扶贫心无悔　勇于实干敢担当

——记“新疆维吾尔自治区脱贫攻坚先进个人”尹伟

自2016年以来，尹伟一直在脱贫攻坚岗位上，恪尽职守、苦干实干，默默奉献，在这场没有硝烟的战场上，以实际行动践行着一个共产党员的承诺和坚守，认真履行着“支农为国、立行为民”的使命，用心血和汗水为“扶贫银行”的金字招牌增光添彩。

积极主动履职，做脱贫攻坚的推动者

多年来，日夜不怠，尹伟走遍了全区35个国家级、省级贫困县，以自己的辛苦指

■尹伟（右一）在和田地区开展调研

尹伟，中共党员，曾任农发行新疆维吾尔自治区分行扶贫业务处、乡村振兴处副处长，现任自治区分行办公室副主任。曾多次被农发行新疆维吾尔自治区分行评为优秀共产党员和先进工作者，2021年5月被自治区党委、自治区人民政府授予“脱贫攻坚先进个人”荣誉称号。

数换来群众的幸福指数，全行扶贫贷款余额由2016年末的190.47亿元上升到2020年末的753.82亿元，增长了295.77%。他坚持以服务脱贫攻坚统揽业务发展的工作思路，精准对接新疆脱贫攻坚资金需求，研究制定《新疆分行金融扶贫五年规划》，为扶贫攻坚提供全方位的金融支持；多次参加与自治区发改委、财政厅等部门座谈会，商谈推进自治区易地扶贫搬迁贷款相关事宜，共同制定了《新疆维吾尔自治区易地扶贫搬迁信贷资金管理办法》，进一步规范易地扶贫搬迁信贷资金管理使用。结合新疆产业援疆、"千企帮千村"等实际，制订了《农发行新疆分行支持深度贫困地区产业扶贫实施方案》《支持打赢南疆脱贫攻坚战工作方案》，得到了自治区主管领导的肯定和支持。他经常深入基层，认真开展服务脱贫攻坚、产业扶贫贷款业务、扶贫过桥贷款业务等专题调研。2020年面对新冠肺炎疫情，统筹推进疫情防控和脱贫攻坚，他在办公楼封闭办公近一个月，吃住在办公楼，每晚忙到一两点，工作不断、服务不停，认真做好应急扶贫贷款审查和发放工作，保障贫困地区疫情期间重要生活物资、医疗物资和生产销售的供应。参与全行扶贫贷款成效精准识别系统研发、测试和运行工作，有效提高了贫困人口识别效率和精准度，全面落实扶贫贷款带贫成效，助力脱贫攻坚。

坚持以干为先，做示范引领的排头兵

面对脱贫攻坚的新形势、新任务，尹伟坚持干字当头，实字托底，迎难而上，精准攻坚。多年来，他积极参与研究制定政策性金融支持脱贫攻坚相关制度办法等20多个，撰写扶贫分析调研宣传等材料90余份。把"精准"的要求贯穿服务脱贫攻坚的全过程，开展全行扶贫贷款认定工作，建立精准扶贫贷款管理台账，加强精准认定的常态化监测工作。积极开展易地扶贫搬迁、"三保障"、贫困村提升工程等领域项目调查工作，参与调查了自治区易地扶贫搬迁专项贷款项目，累计发放贷款18.73亿元，支持安置搬迁贫困人口5.35万人，新建、购置安置房面积35万平方米，新建配套道路127.63千米等，让搬迁贫困户圆了"安居梦"；调查了健康扶贫中长期贷款1.07亿元，支持新和县人民医院急诊病房综合楼及配套附属设施建设，实现了农发行新疆维吾尔自治区分行全系统健康扶贫贷款品种零的突破；调查了伽师县华兴文化旅游发展有限公司1.60亿元贫困村提升工程贷款，支持伽师县胡杨林公园、森林生态园、杏林文化主题公园项目建设，有效带动当地贫困村提升，促进当地旅游业发展，带动周边贫困户增收。

精准对接需求，做勇于探索的创新者

面对贫困地区承贷主体难找、抵押担保不足、利益联结不畅等难题，尹伟经常深入一线，分析县域脱贫攻坚形势，结合当地资源禀赋和脱贫攻坚实际，创新信贷支持模式。积极推动农发行总行与自治区人民政府签署了《共创自治区级政策性金融扶贫实验示范区合作协议》，全力创建政策性金融扶贫实验示范区，成为全国七个创建省级示范区之一；研究创新南疆林果托市收购模式，参与制定自治区《关于南疆特色林果产品托市收购助力脱贫攻坚的工作方案》，发放贷款32.98亿元，支持南疆贫困地区核桃、杏子等托市收购，破解“卖果难”问题，托起了果农增收致富的希望；深入南疆地区调研，探索创新扶贫贷款精准服务到户模式，通过“龙头企业+合作社+驻村工作队+贫困户”产业扶贫模式，建立利益联结到户机制，实现贫困户参与生产经营、受益脱贫，打通了政策性金融精准扶贫到户“最后一公里”，实现了产销的有效衔接，助推农民稳定脱贫和持续增收。

个人感言：要时刻秉承家国情怀，不忘初心使命，忠诚履职尽责，以共产党人吃苦耐劳、乐于奉献的精神，积极践行金融扶贫责任与担当，不断书写对农发行事业的无限热爱和忠诚！

北京市

携手联动同攻坚　创新转型促发展

——记“全国‘万企帮万村’精准扶贫行动组织工作先进集体”农发行北京市分行创新处

作为扶贫工作的主办处室，农发行北京市分行创新处从推进业务发展到履行社会责任，坚持在创新上下功夫，在创新上谋主动，在创新上找出路，立足主责主业，精准高效发力，主动对接行业重点龙头企业，利用总部经济优势，打破地域、路径依赖，用好用足各项信贷政策，积极探索业务发展新模式，累计发放扶贫贷款35.17亿元，累计纳入“万企帮万村”精准扶贫行动台账管理的企业9家，招商引资落地项目

■ 农发行北京市分行创新处工作人员合照

农发行北京市分行创新处聚焦贫困地区，以扎实的作风、优质的服务、细致的工作，在政策性金融服务脱贫攻坚工作的道路上不断探索创新，让金融活水精准流向扶贫前沿，推动业务发展迈上新台阶。2020年该处荣获农发行总行级脱贫攻坚先进集体奖，荣获“全国‘万企帮万村’精准扶贫行动组织工作先进集体”称号。

3个，累计金额11.43亿元。扶贫地区涵盖河北、内蒙古、新疆、广西、吉林、陕西、湖北、河南、甘肃、重庆、西藏11个省份，直接带动4200多户贫困人口增收4000多万元，充分彰显了农业政策性银行在金融扶贫中的骨干和引领作用。

聚焦重点，深化大安定点帮扶

大安市是吉林省白城市县级市，位于吉林省西北部，地处松嫩平原腹地，有着“嫩江明珠”美誉，曾经是国家扶贫重点开发县，也是农发行定点扶贫县。农发行北京市分行创新处抓住总行定点扶贫县消费扶贫现场推进会举办的契机，深入银政企合作，通过支持总部经济，精准对接贫困地区产业发展规划，累计向大安发放扶贫贷款5.95亿元，突出支持农业产业发展，积极培育能带动贫困户长期稳定增收的特色优势产业，着力推动一二三产业融合发展，激发贫困地区内生发展动力。

月亮湖水库是吉林省重要商品鱼生产基地，渔业资源非常丰富。农发行北京市分行创新处创新采用“总部融资+定向使用”异地扶贫贷款模式，审批中林森林公司大安月亮湖渔业养殖及旅游综合开发项目流动资金贷款0.3亿元，支持中林森旅控股有限公司购入价值3000万元的鱼苗约22000万尾，投入月亮湖水库进行养殖经营。同时，促使企业与当地10名贫困人口签订用工合同，人均每月可获得工资约2000元，并对这些贫困户进行技能培训，使其掌握相关养殖技术，帮助其制定职业规划，从根本上帮助他们脱贫致富。月亮湖水库渔业养殖和相关产业开发产生联动效应，间接带动当地特色食品、民俗文化、服务行业等其他相关产业的发展，对增加地区和相关企业的知名度、繁荣当地市场、促进整个地区的经济发展发挥了积极作用。

农发行北京市分行创新处还积极探索“公司+家庭农场+贫困户”产业扶贫模式，审批北京大北农科技集团股份有限公司子公司项目贷款1.5亿元，支持吉林大安大北农一场建设猪舍、办公区、配套附属用房等，总规划面积30公顷。项目建成后，可达到年出栏25万头商品猪的养殖目标。公司采用“公司+银行+家庭农场+贫困户”标准化生猪养殖模式，在延伸和完善产业的过程中，扩大生猪养殖产业规模，增加农民收入，为政府解决“三农”问题起到积极的促进作用，得到当地政府部门的大力支持。项目可每年带动当地农民增收0.5亿元，带动地方就业以及当地建筑、粮食、运输、服务业等其他相关产业增收创收约2.7亿元，为经济发展、农业增效、农民增收作出积极贡献。

携手联动，支持产业精准帮扶

“万企帮万村”精准扶贫行动是民营企业参与社会扶贫的知名品牌，对推动区域协调发展、共同发展发挥着积极的作用，是打赢脱贫攻坚、实现共同富裕的有力举措，得到中央和社会各界的高度关注和认可。农发行北京市分行创新处以“万企帮万村”精准扶贫行动为抓手，营销重点锁定在优质民营企业上，通过创新开展“五位一体”产业精准扶贫模式，助力产业龙头企业精准帮扶贫困人口实现脱贫。

河北省石家庄市行唐县曾是国家重点贫困县，下辖4个镇11个乡，共有建档立卡贫困人口15824户37950人，占全县人口的9.91%。近年来，行唐县人民政府大力推动行唐县蛋种鸡产业扶贫示范园区建设项目，与全球最大的蛋鸡种质公司——北京市华都峪口禽业有限公司签订战略合作协议，对企业实行免税政策，通过扶贫项目助推全县脱贫攻坚取得实效。在获悉项目融资需求后，农发行北京市分行创新处迅速对接，全力支持，采取“五位一体”产业精准扶贫模式，即银行、政府、农民合作社、峪口禽业、首农食品集团，联合支持行唐县蛋种鸡扶贫示范园区建设，以项目经营综合收益作为还款来源，通过土地流转、分红和务工就业等方式增加贫困户收入。2017年11月，审批发放北京市华都峪口禽业有限责任公司1亿元贷款，用于行唐县蛋种鸡产业扶贫示范园建设项目。该模式可累计向贫困人口分红600万元，惠及3329户建档立卡贫困户脱贫增收，有力促进当地产业发展与扶贫工作的良性循环，实现农业政策性金融扶贫从“输血”向“造血”转变。

北京德青源农业科技股份有限公司是农业产业化国家重点龙头企业，也是唯一在北京拥有生产基地的大型现代化蛋鸡饲养企业。2020年，农发行北京市分行审批该企业流动资金贷款2亿元，助推企业产业项目扶贫。此项目由政府提供扶贫政策和财政支持，银行提供金融支持，贫困人口提供劳动力，科研机构提供核心技术，龙头企业提供品牌和营销、加工等全产业链管理，搭建政、银、企、科、农“五位一体”扶贫产业平台，引导贫困农户以土地入股、资金入股、劳务入股等方式参与蛋鸡养殖，构建起“公司+基地+贫困户”资产性收益新型滴灌到人到户扶贫模式。该笔贷款成功发放，保障了德青源日常经营所需的流动资金需求，惠及带动79名建档立卡贫困人口、632名已脱贫享受政策人口在德青源金鸡扶贫项目就业，确保贫困户拥有长期稳定的收入来源，推动贫困户走上自主脱贫致富的可持续发展道路，同时当地政府也得到资产收益并反哺扶贫事业，扶贫成效显著。

搭建平台，倾情聚力爱心帮扶

农发行北京市分行创新处连续两年牵头在全辖组织开展“助力脱贫　与爱同行”扶贫献爱心募捐活动，动员广大干部员工共筹集善款9.81万元，用于支持贵州省锦屏晓岸小学的办学环境改善。依托创新条线丰富的客户集群，通过高层营销、政策宣讲、切实让利等方式，引导企业投身脱贫攻坚。其中，中国林产品集团有限公司、华中国际木业有限公司、北京世龙经略供应链管理有限公司等企业别向大安、马关、锦屏、隆林等地区累计投入帮扶资金87.76万元。积极开展消费扶贫月活动，鼓励企业在同等条件下，优先采购贫困县农产品，建立长期定向采购合作机制，邀请企业参加农发行举办的定点扶贫县消费扶贫现场推进会。贷款客户北京大北农科技集团股份有限公司出席会场签约仪式，认购定点贫困县扶贫产品100万元。同时，该处还向全行干部员工发起消费扶贫活动倡议，将贫困地区特色农副产品向全辖进行重点推介，为定点县贫困户搭建农副产品供应体系、合作平台，加强产品采购的沟通合作，累计购买各类扶贫产品47万元。

天津市

积极探索产业扶贫路径
凝心聚力服务脱贫攻坚

——记“2020年天津市脱贫攻坚先进集体”农发行天津市分行粮棉油处

农发行天津市分行粮棉油处深入贯彻习近平总书记关于扶贫工作的重要论述和重要指示批示精神，认真落实党中央、国务院和农发行总行、分行党委决策部署，强化

■ 农发行天津市分行向天津市对口支援的新疆和田地区于田县英巴格乡巴格恰村捐赠资金10万元

农发行天津市分行粮棉油处始终坚持立足“三农”、深耕“三农”、坚守“三农”，不断提高政治站位，全力服务脱贫攻坚。脱贫攻坚期间，农发行天津市分行累计发放扶贫贷款24亿元，2020年实现贷款发放14.4亿元，同比增长240%，年末扶贫贷款余额达21.5亿元，较年初增长210%，居天津市银行业金融机构首位，扶贫贷款余额和增加额均创历史新高，脱贫攻坚工作获得天津市委、市政府和主管部门认可表彰。

履职担当，积极主动作为，全力服务脱贫攻坚，以实际行动增强“四个意识”，坚定“四个自信”，做到“两个维护”，为决战脱贫攻坚、决胜全面小康作出积极贡献。脱贫攻坚期间，农发行天津市分行累计发放扶贫贷款24亿元，2020年实现贷款发放14.4亿元，同比增长240%，年末扶贫贷款余额达21.5亿元，较年初增长210%，居天津市银行业金融机构首位，扶贫贷款余额和增加额均创历史新高，帮扶范围辐射河北、甘肃、山东、黑龙江、吉林、内蒙古、新疆七个省份的深度贫困县。

聚力攻坚，狠抓扶贫责任落实

粮棉油处认真贯彻落实农发行天津市分行党委脱贫攻坚工作专题部署，与辖内分支行签订脱贫攻坚责任书，做到全覆盖，压实压紧主体责任。建立分支行上下联动机制，处室主要负责人带队到10家支行“点对点”进行指导，坚持问题导向、因行施策，现场研究解决路径，推动扶贫工作有效扎实开展。

在粮棉油处的推动下，农发行天津市分行制订完善脱贫攻坚工作方案，建立分行党委按周调度、粮棉油处督导推动、各行部具体实施三级联动机制，充分发挥绩效考核“指挥棒”作用，确保措施落实，推动形成合力。扎实做好中央脱贫攻坚专项巡视“回头看”整改落实，对照农发行总行整改问题清单，结合实际主动自查，梳理整改任务12项，建立整改台账，实行限时“销号制”处理，不断健全服务脱贫攻坚长效机制。

粮棉油处始终把推进东西部扶贫协作作为政治之责、分内之事，勇于担当，积极作为，扎实推进东西部扶贫协作和定点帮扶工作。为了深化区域合作，粮棉油处有力推动农发行天津市分行分别与河北省分行、甘肃省分行召开东西部扶贫协作联席会议，签署《东西部扶贫协作协议》，建立常态化沟通机制，充分发挥各自优势，形成共同行动、相互配合的强大合力，推动各项帮扶举措落地落实。处室主要负责人还到河北承德、贵州锦屏、新疆于田等贫困地区调研扶贫工作，全面落实挂牌督战任务，不断加大资金投入和帮扶力度，积极推动受帮扶地区脱贫致富。

聚焦重点，全力帮扶务求实效

一枝一叶总关情。粮棉油处通过组织无偿捐赠、开展消费扶贫、对口帮扶等形式持续发力，向贫困地区、贫困群众播撒大爱深情。在全辖发起捐款倡议，号召全体干部员工发扬崇德向善、扶贫济困的中华民族传统美德，向广西隆林各族自治县贫困中学生爱心捐款，全行303人共捐款6.8万元，帮助当地34名贫困中学生继续学业。通过组织全行开展“消费扶贫、你我同行”消费扶贫月活动，引导分支行员工通过“农发易购”等电商平台“以买代捐”，充分发挥消费扶贫机制对解决部分地区因农产品积压滞销致贫的困境，组织购买贫困地区农产品45.5万元，消费扶贫工作取得切实成效。

依托全行丰富的客户资源，通过上门营销、政策宣讲、倡议扶贫等方式，积极探索银行与企业携手合作的精准扶贫模式，激发企业社会责任感，引导企业投身决战决胜脱贫攻坚。通过“牵线搭桥”引导全行、有关企业购买贫困地区农产品335万千克，消费金额近1200万元；向企业发出“脱贫攻坚　携手前行”爱心捐助活动倡议书，号召企业与农发行天津市分行携手开展爱心帮扶活动，累计组织18户企业捐助帮扶资金46.8万元，帮助贫困地区引进企业投资50万元，积极助推广西隆林、贵州锦屏、吉林大安、云南马关、新疆于田五个国家级贫困县脱贫摘帽。

积极落实天津市政府关于东西部扶贫协作和对口支援挂牌督战工作部署，建立扶贫协作常态化三方联系机制，沟通协商签订帮扶协议，认真开展结对认亲帮扶活动，充分发挥桥梁纽带作用，携手企业开展对口帮扶捐赠活动，帮助销售特色农产品，有效助力天津市挂牌督战工作顺利开展。累计帮助新疆于田县引进企业帮扶资金10万元，鼓励企业购买天津市扶贫协作贫困地区农副产品200万余元，为打赢脱贫攻坚收官战作出积极贡献。

聚合资源，创新产业扶贫模式

产业振兴是强化脱贫攻坚成效的有力抓手。粮棉油处结合贫困地区资源禀赋特点，牢牢把握市场导向，充分发挥贫困乡村的比较优势，实施“一县一业”“一村一品”战略，创新建立“政府+帮扶企业+对口支援地区企业”扶贫模式，实现优势互补。通过该模式，累计支持蓟州绿色食品有限公司、宁河家乐超市有限公司等一批本地企业，有效带动帮扶地区特色优势产业发展，解决了产品销路问题，提高了人民收入水平。

以农发行天津市分行与政府签订扶贫合作方案为基础，粮棉油处统筹谋划，主动介入，引导帮扶企业与帮扶地区供销社签订《框架协议》，约定帮扶形式，对帮扶工作进行整体布局。同时，及时足额投入扶贫信贷资金，支持企业与西部扶贫协作地区企业对接，由承贷企业与帮扶地区供销社签订《采购合同书》，约定采购品种、付款方式等具体事项，形成以“本地企业—帮扶地区供销社”为主线、“政府—农发行—承贷企业—对口支援地区企业—帮扶地区贫困人口”为链条的帮扶模式。帮扶企业收购的农副产品主要通过地方政府出台具体方案，销售给辖内各级机关、学校、企业、医院等单位食堂、餐厅，确保销售渠道稳定。该模式通过协助双方企业建立上下游购销产业链条的方式，推动实现产业合作和产销对接，为贫困户种植的农作物打通销路，切实带动贫困地区建档立卡贫困人口实现增收。

山东省

用使命担当绘就脱贫攻坚新图卷

——记“2019年山东省脱贫攻坚先进集体”农发行山东省分行创新处

农发行山东省分行创新处在总行、省分行党委的坚强领导下，主动作为、提高站位，立足主责主业，强化责任担当，以服务脱贫攻坚为统揽，带动各项工作全面提升。尤其积极创建“全行全力全程、用情用心用力”工作格局，为“全域”战胜脱贫攻坚提供山东力量，贡献农发担当。

■ 农发行山东省分行创新处赴日照市五莲县开展党支部主题党日活动

农发行山东省分行创新处以决胜姿态投入脱贫攻坚战役。2015—2020年，全行扶贫贷款总额连续六年高居全省金融机构首位，五项扶贫业务在系统内率先破题，四次荣获东部九省脱贫攻坚考核第一名，三项金融扶贫产品获评“山东省新旧动能转换优秀金融产品”，处内两名同志获得省级以上脱贫攻坚先进个人称号。

创新模式　开拓路径

创新“X+扶贫”支持模式，走出自身造血脱贫致富新路径。首先，“以红带绿”进行文旅与扶贫紧密结合。2016年，发放系统首笔旅游扶贫贷款3亿元，支持沂蒙红嫂旅游开发项目，变红色资源为致富优势，通过景区收益分配、安置岗位就业、延伸产业链条、发展文旅项目带动近3000名周边贫困人口致富增收。其次，“新旧互动”实现业态与项目深入融合。2018年，发放系统首笔现代农业园区项目贷款4亿元，用于全国首批、山东首个集循环农业、创意农业、农事体验于一体的朱家林田园综合体项目建设，为220余个贫困户获得土地租金、企业薪金和收益股金等长久受益，为长效脱贫夯实根基。最后，“以光增益”确保光伏与收入长效共赢。2016年，为沂南县光伏扶贫一期工程发放系统首笔光伏扶贫贷款1亿元，为解决群众收入问题探索路径。农发行山东省分行将这一项目作为蓝本，面向全省复制推广，得到群众广泛认可。截至2020年，全省新建村级光伏电站252个，覆盖573个行政村，实现综合收益过亿元。

借力发力、汇智赋能。通过对以上项目的探索，不仅改变了长期以来以资金物资简单输血、临时救助的传统扶贫方式，而且开辟了产城融合、农工兼和、城乡互动的新发展路径，充分发挥了“金融活水”赋能增效的作用。

发行全国首单“扶贫社会效应债券”，拓宽资金来源新渠道。2016年，积极推动国内首笔5亿元扶贫社会效应债券发行，作为主要投资人，农发行山东省分行认购4.6亿元，资金成本比普通债券优惠50%以上，全部投向沂南县脱贫攻坚“六个一”工程项目，让125个重点贫困村的2.21万名贫困群众长期受益、稳定脱贫。此举从供需两侧协同发力，改变以往单纯依靠信贷资金进行扶贫的传统路径。一方面，通过有效供给拓宽扶贫资金来源渠道；另一方面，精准输出呈现扶贫项目立体支撑，对解决扶贫融资难融资贵问题作出有益探索。

创新“1234”精准产业扶贫模式，开辟东部地区扶贫新路径。立足东部特色优势产业，探索创新“1234”精准产业扶贫模式，推进特色产业在齐鲁大地落地生根。“1”为切入一个当地特色产业，如潍坊蔬菜、沂蒙旅游、五莲苗木等。“2”为运用两种资金，充分发挥扶贫类资金和政策性金融资金的联动作用支持脱贫攻坚。“3”为采取三种帮扶方式，对既无劳动能力也无经营能力的贫困户，通过分红等形式兜底保障；对于有劳动能力无经营能力的贫困户参与劳动，提供就业岗位；对于有劳动能力、有经营能力的贫困户参与产业运营获得收入。“4”为实现四个目标，分别为贫困户稳定脱贫有保障、产业发展有活力、政策性金融有作为、乡村振兴有基础。该模式将扶贫的经济、社会、金融效益有效统筹，以百脉汇流之势为乡村振兴提供强大动力。

靶向聚焦 精准发力

压实责任，主动对接，落实定点帮扶任务。农发行山东省分行创新处历来高度重视定点扶贫相关工作，引导辖内资源靶向聚焦，向定点深度贫困县倾斜。并每年组织召开全省决战决胜脱贫攻坚工作会议，统筹谋划对定点扶贫工作的工作部署。与各市分行签订服务脱贫攻坚责任书，层层压实责任，确保落地入心。各市分行积极响应，深入企业宣传相关扶贫政策，介绍农发行扶贫贷款利率优惠、办贷优先等优势，激发企业参与定点扶贫的社会责任。自开展定点扶贫工作以来，共引导孚日集团股份有限公司、山东玉柴机器有限公司、山东京博物流股份有限公司等近300家优质客户向吉林大安、云南马关、贵州锦屏、广西隆林投入帮扶资金1500余万元，实现对总行四个定点扶贫县的帮扶全覆盖。

融情、融智，聚心、聚力，积极促销农副产品。充分发挥辖内各分支机构食堂采买优势，将日常所需与扶贫采购有效融合，积极与湖北疫区、西藏、“三区三州”等贫困地区对接。发挥团组织号召力、引领力，组织全辖开展“带货”大赛活动。要求各级行工会在组织开展活动，向会员发放节日福利、慰问品时优先采购贫困地区农产品。利用“农发易购”“扶贫832”等电商平台，动员全辖员工，根据自身需要，主动购买西部地区农产品，以自身举措助力贫困地区农产品滞销“卖难”问题。全行员工纷纷投入到自觉购买扶贫产品的行动中，使得“以购买扶贫产品为荣”氛围越发浓郁。

加强调研、深入实地，准确找到产业底图。积极对接辖内贷款客户及其上中下游企业，摸清其生产经营范围，了解其所需生产资料，搭建货主与买主之间的“连心桥”，让供需双方各取所需、实现共赢。自开展定点扶贫工作以来，累计购买贫困地区农产品2100余万元，协调香驰健源有限公司、庆云丰裕粮食收储有限公司等贷款企业从重庆巫山、广西隆林等地购买原材料超亿元。

强化考核，优惠让利，激发各方工作动力。定点扶贫工作须凝聚社会各方力量才能事半功倍。每年农发行总行脱贫攻坚考核方案下发后，农发行山东省分行创新处认真研究学习，结合实际制定脱贫攻坚实施细则，对定点扶贫工作进行重点考核，加大其在全行绩效考核中的占比，推动基层行积极主动营销定点帮扶客户。同时，充分利用农发行总行扶贫贷款差异化支持政策，在政策允许范围内，给予企业合理的优惠让利，既减轻企业融资压力助其发展壮大，又提高企业开展定点帮扶积极性，使其成为推动定点扶贫最稳定的生力军。

合作共赢 实现发展

将支持“万企帮万村”作为服务脱贫攻坚的重头戏，认真贯彻落实《政策性金融支持“万企帮万村”精准扶贫行动战略合作协议》精神，开辟绿色通道，创新支持模式，改进金融服务，增强企业获得感，2016—2020年，累计推荐306户企业纳入工商联“万企帮万村”台账，累计发放各类贷款213亿元，取得良好效果。

搭建合作平台，完善工作机制。协同省工商联、扶贫办、光彩会等部门，成为山东省“万企帮万村”工作领导小组成员单位，多次在省工商联组织召开的会议上作扶贫工作经验交流。联合签署四方战略合作协议，通过联席会议、联合调研及培训等形式，推动协议落实，共同促进民营企业为精准扶贫作出贡献。

创新支持形式，激发带动作用。积极创新扶贫信贷产品，充分发挥齐鲁银粮、银棉、银牧“三大合作会”作用，支持一批优质企业积极参与“万企帮万村”精准扶贫行动。其中，所支持的滨州中裕食品有限公司、济南圣泉集团股份有限公司、太阳纸业股份有限公司、翔宇实业集团有限公司四家企业，先后被全国工商联、国务院扶贫办联合表彰为全国“万企帮万村”精准扶贫行动先进民营企业。

搭建对接桥梁，实现多方共赢。要求各级行主动与相关部门对接沟通，及时了解贫困地区现状和金融精准扶贫需求，结合贫困村和贫困户“缺什么”“要什么”，帮扶企业“帮什么”“盼什么”，积极搭建贫困地区与信贷客户之间的桥梁，营造扶贫济困、守望相助、决战攻坚的浓厚氛围。通过搭建扶贫对接平台，动员区域内企业在产业精准扶贫、公益扶贫贡献力量，实现树立良好形象、贫困户增收的双赢局面。

为了百姓的幸福与希望

——记“2017年山东省脱贫攻坚先进集体”农发行威海市分行

近年来，农发行威海市分行以服务脱贫攻坚统揽全局，紧紧围绕脱贫攻坚任务和重点，精准有力施策，沉稳务实担当，汇成兑现庄严承诺的坚实步履，结出了来之不易的沉甸甸的果实，在决胜脱贫攻坚战中贡献出了农发行力量。

截至2020年10月末，农发行威海市分行扶贫贷款余额为18.11亿元，其中，产业精准扶贫贷款2.99亿元，项目扶贫贷款15.12亿元，带动贫困人口1100余人脱贫。

■ 农发行威海市分行在定点扶贫村开展党建共建活动，走访慰问困难群众

农发行威海市分行立足威海当地资源禀赋特点，突出服务乡村振兴和经略海洋战略，各项业务发展迅速。截至2021年4月末，全行各项贷款余额为285.54亿元，较年初增加39.49亿元，2021年1月至4月，累计发放各类贷款46.75亿元，贷款余额和增加额分别居全省系统内第四位和第二位。2021年4月末，各项人民币存款余额为69.31亿元，在全省系统内居第四位。

尽锐出战 “帅旗”直插扶贫一线

“贫困”是老百姓心头上的大山。面对脱贫攻坚这场“硬仗”，农发行威海市分行主动提高政治站位，开始了一场“超规格”的“参战”。

规格有多高？一个细节可以佐证：农发行威海市分行成立脱贫攻坚工程领导小组，由行长任组长，作为全行扶贫开发工作的“总指挥”。细数近年来“一把手”部署的工作安排，扶贫开发是出现频率比较高的一个关键词。行长不仅亲自谋划、亲自部署，制定《威海市分行支持脱贫攻坚工作实施意见》，还多次深入贫困地区，和当地百姓一起谋点子、找路子，“帅旗”始终插在脱贫攻坚一线。

有强将，也有精兵。

在“向我看齐”的硬作风下，全行上下尽锐出战，层层签订责任状，压实责任，一起拼、一起冲、一起赢，战贫斗困，不胜不还。

此诺既出，万难无阻!

全行上下精准“掐住”支持脱贫的切入点，健全扶贫工作机制，积极配合市扶贫办、金融办、人民银行等部门的工作部署，探索和组织开展各项扶贫工作，及时向相关部门汇报脱贫攻坚工作进展及扶贫成效，畅通脱贫攻坚联络机制，为扶贫工作找准政策，为政策落地夯实基础。

不仅健全机制，还明确具体“靶心”。全行上下梳理扶贫重点任务后，一系列举措密集而丰富：坚守主责主业，扩大收购资金扶贫成效；树立“大扶贫”理念，强化贫困地区农业基础设施建设；利用银政企扶贫平台，开辟扶贫新路径；积极实施“万企帮万村”计划，引导贷款企业参与到扶贫当中来；组织党员干部深入帮扶村，更多地了解农村、接受教育，激发支农报国热情；发挥党支部的战斗堡垒和党员的模范带头作用，切实管理好项目，形成实实在在的扶贫效果，让贫困地区和贫困人口长期受益。

最强的力量就是说到做到。当一锤紧跟一锤敲后，捷报频频传来：贵州省锦屏县作为定点帮扶县，已经实现脱贫摘帽；粮食收购期间，市县储备粮贷款及时发放，确保农民粮出手钱到手；2017年度农发行威海市分行被山东省扶贫开发领导小组授予“全省脱贫攻坚先进集体”荣誉称号。

用心用情 精准施策拔“穷根”

“嘀嘀嘀！”

汽笛清脆，响彻荣成市斥山街道北庙山村。

2019年五一小长假，一辆又一辆汽车缓缓驶入村中。普通的村道，普通的汽车，但百姓们知道，七年前，这样的事情还只能是“奢望”。

那时候，村里的路能跑汽车的只有一条，剩下的路不仅狭窄，而且坑坑洼洼。村里不是没想过修路，但是修路要用钱，组织施工人员还得要用钱，一个“钱”字，对于贫困村来讲，简直就是“天下第一难事”，所以也就耽搁了。

变化，发生在农发行威海市分行结对帮扶以后。2015年10月，农发行威海市分行人员进驻北庙山村后，挨家挨户“串门”摸底，决定先从百姓最迫切的愿望入手，结合村子实际情况及总体发展规划，对村西头第二条路面进行硬化。一个月时间，一条长213米、宽6米的道路硬化完毕，投入资金12万元。

畅通的不仅有村路，还有“心路”。为提升帮扶实效，农发行威海市分行用心用情，对村五保户、低保户开展“结穷亲”的“一对一”结对帮扶活动，一时间，全行上下“认穷亲、结对子”，成为常态。

随后，更多的“大招”接连不断。2015年提供资金5万元，2016年提供资金5万元，2017年提供资金4万元，2018年提供资金4万元……一笔笔涓涓细流，汇聚成海，为百姓脱贫攻坚打下了坚实基础。

幸运的不只是北庙山村。乳山市大孤山镇山西头村也在农发行威海市分行的帮扶下，实现了“蝶变”。

走进山西头村，一排排太阳能光伏板整齐排列，在阳光的照耀下熠熠生辉，很是壮观。如今，村里的百姓靠着光伏发电项目当上了“甩手掌柜”。一问，大伙儿的回答出奇地一致：这都是农发行威海市分行给办的大好事。

这份“功劳”背后，是农发行威海市分行又一次对口帮扶的生动实践。贫困户大多一没技术二没劳动能力，如何让他们实现更低门槛的致富？该行着实费了不少心思，最后拍板确定了光伏项目，因为这个项目属于“零劳动力投入”，还可以与投资返利相结合。

2019年第三季度，该行帮扶贫困村款项7.5万元，用于支持光伏发电建设项目，成为老百姓致富的“铁杆庄稼”，实现由“输血式”扶贫向“造血式”帮扶的转变。

同时，农发行威海市分行还帮扶贫困户6家，捐助现金5000元。在“微心愿”扶贫直通车活动中，全行108名员工全部参与扶助活动，共完成捐助“微心愿”户数55家，金额总计4万元，达到“扶贫直通车”活动要求。

立足主业　探索更多“农发战法”

提笔、落款……随着双方姓名的写下，威海市两家企业与吉林省大安市建档立卡贫困人口一对一扶贫关系就此确定。这是农发行威海市分行更好地发挥政策性金融支持脱贫攻坚职能作用、积极参加东西部扶贫协作的一次行动。

作为政策性银行，如何将自身职能和脱贫攻坚实现无缝衔接？农发行威海市分行给出的答案是：立足主业，精准运用差异化政策，将政策性银行的撬动能力发挥到极限。

坚守主责主业，扩大收购资金扶贫成效。农发行威海市分行充分发挥支持政策性粮油收购储备资金供应主渠道的作用，2019年夏粮收购期间，共发放市县储备粮贷款3710.82万元，发放中央储备粮贷款5929.18万元，发放粮食收购贷款2000万元，收购粮食8508万千克，确保全市农民销售小麦有资金保障。

兵马未动，粮草先行。随着扶贫投入连年递增，农发行威海市分行对农村水利建设、农村公路、棚户区改造、生态环保、海洋经济和环境保护等项目，加大贷款审批和投放力度，为脱贫攻坚提供源源不断的“粮草军需”。其中，2016年，农发行文登区支行发放水利建设贷款15.12亿元，用于米山水库流域综合治理工程项目建设，经过当地扶贫办和上级行的认定，该项目惠及省级贫困人口1110人，有效改善了周边贫困村村民的生产生活条件，起到较好的扶贫效果。

有些探索还拓展到更多领域。比如，在特色产业、光伏扶贫、旅游扶贫、教育扶贫等多渠道扶贫模式上实现突破，带动贫困人口增收和就业，助力扶贫任务如期完成；通过到贫困地区招工、邀请贫困地区干部到本地交流学习、捐资为贫困地区建设小学和养老院等方式，对贫困地区开展帮扶，对签约单位给予信贷规模和利率等多方面的支持，发挥政策性银行优势，增强地方助推脱贫攻坚的持续动力。

……

这场战役难吗？当然难。

这场胜利精彩吗？很精彩。

在脱贫攻坚这场“大战”面前，农发行威海市分行用实际行动跨越了一道道关口，蹚出了一条条威海路径，也作出了当之无愧的响亮回答！

扶贫新模式创造发展新动能

——记“山东省脱贫攻坚先进集体”农发行滨州市分行

“知足，很知足，你总不能啥也叫国家养着你吧？”聊起现在的生活，阳信县翟王镇的苏德常透着一股子要强上进的精气神，但几年前他还是村里的建档立卡贫困户。2016年，在农发行滨州市分行的支持下，阳信县探索建立“养牛贷+扶贫”模式，成立肉牛养殖合作社，吸纳村民进场养牛，统一购牛、统一销售给龙头企业，实现“抱

■ 农发行滨州市分行支持的中裕食品有限公司小麦繁育基地

农发行滨州市分行成立于1996年11月，有职工178人。该行坚持党建统领，全力服务粮食安全、脱贫攻坚和乡村振兴，持续抓好风险防控和基础管理。截至2021年5月末，贷款余额为255.05亿元，较年初增加21.84亿元，增长9.36%。2021年1月至5月，累计发放贷款44.52亿元。该行先后荣获山东省“脱贫攻坚先进集体”称号、滨州市五一劳动奖状。

团”发展，实现贫困村整体增收脱贫。阳信县有7万余人和苏德常一样，通过从事畜牧业脱贫获利，过上了幸福的生活。

脱贫攻坚工作开展以来，农发行滨州市分行自觉提升站位，强化政治担当，坚持以服务脱贫攻坚统揽业务全局，积极探索“全产业链+扶贫”“养牛贷+扶贫”“美丽乡村+扶贫”“对接帮扶+扶贫”等模式，创建一批特色产业生产基地和加工基地，促进产业融合，延长产业链条，强化市场营销，拓展产业动能，确保贫困人口受益。截至2020年末，累计发放扶贫贷款151.39亿元，扶贫贷款余额为52.84亿元。

创新形式　用“绣花”功夫打造脱贫新路子

打赢脱贫攻坚战，产业是关键。走进山东博兴吕艺镇博华高效生态农业园花卉温室大棚，浓郁的花香扑面而来，大棚内园艺工人正在修剪花型、喷水施肥，一片忙碌而又温暖的景象。山东博兴吕艺农创小镇特色优质苗木产业孵化基地建设项目，是产业助力扶贫环节“核心中的核心”。然而几年前却因为资金缺口太大，迟迟不能全面开工。

“当时孵化项目规划的总投资高达4.3亿元，面临一共3亿元的资金缺口，整个项目几乎无法推进。”农发行滨州市分行扶贫业务部负责人介绍，“了解情况后我们主动同博兴县相关部门对接。通过政银企农协商，确立了‘公司+合作社+政府+银行+农户’为扶贫框架。”为加快审批效率，贷款小组主动上门办公，以“5+2”“白+黑”的工作方式推进办贷，在各方的努力下，从项目调查到项目审批仅用时三个月。

“得益于农发行发放的扶贫项目贷款，支持我们在乡村振兴中大展拳脚。现在项目依靠相对优惠的政策倾斜，以点带面，流转土地2000多公顷，为农户提供稳定的收入来源。”山东博华高效生态农业科技有限公司负责人说：“我们与博兴县吕艺镇等9个乡镇的475名贫困人口签订协议自愿帮扶，帮助贫困人口年人均增收3000元。”

农发行滨州市分行发挥域内粮食产业化发展程度高的优势，打造“全产业链+扶贫”模式。自2016年起，为中裕食品有限公司“量身定制”全产业链信贷服务方案，发放土地流转贷款8000万元、粮食收购贷款2.9亿元、农发重点建设基金0.4亿元，累计带动3700人脱贫。通过支持企业流转土地3200公顷，吸纳贫困户到种植、加工、餐饮等产业链条就业，月工资收入3500元以上，实现了长期脱贫。支持企业采取“免费供种、免费播种、免费收割、加价收购”的合作模式向贫困户订单收购小麦，带动域内25万农户年增收1亿元以上。

中裕食品有限公司面条车间工人张新果就是其中的受益者。“由于我对象生病，家庭比较困难。中裕流转了我家1.33多公顷土地以后，一年收入一万多块钱。中裕又招我们来打工，一个月3500多块钱。日子比以前好多了。”她说道。

精准识别 “造血式”扶贫提高自我发展能力

东方泛起鱼肚白，贵州省锦屏县固本乡的贫困户张连好这天依旧起了个早，7点不到，她就出发到大棚上班去了。

经过10分钟左右的路程，张连好开始了在大棚里一天的工作。每天工作8小时，每个月她可以稳定获得工资3000~4000元，实现在家门口就业的同时也方便照顾家中老少。

然而，在几年前，张连好和工友们如果想要通过就业实现脱贫，就只能到离家稍远的工厂去打工。“开车也要大半个小时。”张连好说。

2019年3月，农发行滨州市分行牵头联系滨州中裕食品有限公司与贵州省锦屏县固本乡扶贫工作站签订产业扶贫合作协议，通过入股集体经济方式，帮助当地268户共1310贫困人口取得稳定收益。

大棚建起来了，在张连好和工友的精心耕作下，各式各样的蔬菜绿叶舒展，长势繁茂。张连好脱贫奔小康的信心也强了起来。2020年上半年，她因为工作优秀被评为生产小组长，每年可以拿到3600元的管理岗位奖金。“待遇高了，自己的责任也大了，更要做好带头作用。”张连好说。

据了解，2017年以来，农发行滨州市分行大力支持东西部扶贫协作行动。通过贷款利率优惠、办贷绿色通道等扶贫让利措施，引导和支持企业通过带动就业、协议帮扶、收购农产品等方式，参与东西部扶贫行动。截至2020年，已有13家民营企业通过参与脱贫攻坚将贷款品种调整为扶贫贷款，先后组织10家龙头企业赴青海、云南、贵州等地对接，捐助资金200万元。

凝聚合力 构建贫困户和企业双赢扶贫格局

曾经的贵州省毕节市赫章县古达乡石营村，道路泥泞，村中工业无项目，农业无特色，贫困人口众多。村民们想要通过就业实现脱贫，只能到离家稍远的工厂去打工。

2017年以来，帮扶单位农发行滨州市分行积极开展金融扶贫，结合行业优势，引导魏桥纺织股份有限公司、山东西王食品有限公司、山东西王糖业有限公司等龙头企业，投资打造多个村集体发展产业帮扶项目，古达乡结合乡情，利用新建的猪舍、大棚，发展养殖产业，积极推进乡村产业振兴，为全乡脱贫攻坚注入新活力。

“一直在外面打工，离家远不方便。如今我家附近新建了鸡舍、猪舍，几个在外打工的村民都返回村子去忙活，每年多收入2500元左右，现在既能在家挣钱，又能照顾老人和孩子，挣钱和照顾家庭两不误。”贫困户刘言跃说。

在农发行滨州市分行的积极推动下，当地龙头企业魏桥纺织、西王糖业和西王食品三家公司共投资30万元用于贫困村集体发展产业，带动贫困人口211人，切实践行了“扶智、扶志、扶产业”理念，实现了东西部扶贫协作和对口支援由“输血式”向“造血式”转变。

2016年5月，“万企帮万村”精准扶贫行动在山东省启动开展以来，农发行滨州市分行充分发挥政策性银行“当先导、补短板、逆周期”的作用，引导支持广大民营企业积极参与。2020年，参与东西部扶贫协作企业9家，“万企帮万村”行动项目库入库企业40余家。2020年，辖内邹平市支行荣获全国“万企帮万村”精准扶贫行动组织工作先进集体称号。

在农发行滨州市分行的引导支持下，参加“万企帮万村”精准扶贫行动的民营企业以产业帮扶和爱心捐助为主，促进了受帮扶村的产业发展，带动了贫困户增收，实现了贫困户脱贫和帮扶企业发展的双赢目标。

摘帽不摘政策，脱贫不脱帮扶。农发行滨州市分行将保持扶贫政策不变、支持力度不降、帮扶措施不减，继续全力以赴做好乡村振兴工作，推动滨州市乡村振兴有效衔接，实现城乡融合发展，巩固脱贫攻坚成果，让金融活水洒在滨州的每一寸土地上。

扶贫帮困春常在　真情化雨润乡村

——记“全国‘万企帮万村’精准扶贫行动组织工作先进集体”农发行邹平市支行

2016年5月“万企帮万村”精准扶贫行动在山东省开展以来，农发行邹平市支行充分发挥政策性银行“当先导、补短板、逆周期”作用，引导支持广大民营企业积极参与，在参与覆盖面、贫困户脱贫致富等方面成效显著。截至2021年4月，该行扶贫贷款余额为32.13亿元，累计带动贫困人口470人，“万企帮万村”行动项目库入库企业五

■ 农发行邹平市支行组织扶贫贷款企业对贵州毕节聚民之思种植专业合作社进行产业帮扶，图为合作社开展账务结算

农发行邹平市支行成立于1996年，现有员工27人。近年来，该行始终坚持以党建为统领，立足邹平市域内经济环境，齐心协力谋求高质量发展。截至2021年4月末，全行各项贷款余额为62.27亿元，各项人民币存款余额为10.03亿元。2021年1月至4月，累计发放各类贷款6.99亿元，日均存款余额为7.1亿元。

家。2020年，农发行邹平市支行荣获全国“万企帮万村”精准扶贫行动组织工作先进集体，是农发行山东省分行唯一获奖单位。

在农发行邹平市支行的引导支持下，参加“万企帮万村”精准扶贫行动的民营企业以产业帮扶和爱心捐助为主，促进了受帮扶村的产业发展，带动了贫困户增收，实现了贫困户脱贫和帮扶企业发展的双赢目标。

产业扶贫　一方水土富一方百姓

“金条银条不如柳条，闯东北下江南不如在家编花篮。”这是临沂市郯城县庙山镇薛庄村的宣传语。薛庄东村隶属薛庄社区，是“中国柳编工艺品之乡”，柳编工艺有1000多年历史，是省级非物质文化遗产。长期以来，由于村级组织涣散，村干部没有发展思路，村集体无产业收入，村民贫富不均，成为省级贫困村。

2017年8月，邹平三星油脂工业有限公司着眼柳编产业文化浓郁等独特优势，响应国家“万企帮万村”精准扶贫号召，把爱心扶贫与企业发展相结合，与郯城县扶贫开发领导小组签订协议，通过建设扶贫车间、帮助贫困户开设网店、培训贫困户等方式助力当地农户发展柳编产业。向薛庄西村10位建档立卡贫困人口一次性捐助6万元，每人每年3000元，捐助帮扶两年。有的薛庄村村民学会了在淘宝上销售水果篮、收纳筐、婴儿篮、宠物窝等柳编用品，一年可赚七八万元。

曾经的贵州省毕节市赫章县古达乡石营村，道路泥泞，村中工业无项目，农业无特色，贫困人口众多。村民们想要通过就业实现脱贫，只能到离家稍远的工厂去打工。“开车也要大半个小时。”贫困户刘言跃说。在古达乡石营村的猪舍内，七八名当地贫困户正忙于收拾猪舍、填喂饲料。

“一直在外面打工，离家远不方便。如今我家附近新建了鸡舍、猪舍，几个在外打工的村民都返回村子去忙活，每年多收入2500元左右，现在既能在家挣钱，又能照顾老人和孩子，挣钱和照顾家庭两不误。”贫困户刘言跃说着。

2017年以来，帮扶单位农发行邹平市支行积极开展金融扶贫，引导魏桥纺织股份有限公司、山东西王食品有限公司、山东西王糖业有限公司等龙头企业，投资打造多个村集体发展产业帮扶项目，利用新建的猪舍、大棚，发展养殖产业，积极推进乡村产业改革，为全乡脱贫攻坚注入新活力。

在农发行邹平市支行的积极推动下，2020年，邹平市当地龙头企业魏桥纺织、西王糖业和西王食品三家公司共投资30万元于贫困村集体发展产业，资金具体用途为建设大棚、鸡舍和天麻种植等，带动贫困人口211人。切实践行了“扶智、扶志、扶产业”理念，实现了东西部扶贫协作和对口支援由“输血”式向“造血”式转变。

农发行邹平市支行引导当地企业参与产业扶贫，突出龙头企业带动作用，不但实现了企业发展，还壮大了受帮扶村的村集体经济。同时，还有一大批民营企业从城市走向山区，开展深层次的产业帮扶工作，取得双赢效果。

扶贫扶教　知识浸润心田

2019年，农发行邹平市支行继续发挥扶贫工作的桥梁作用，再次推动多家企业参与扶贫工作，促成了多家企业与云南省马关县政府、马关县教育局和马关县扶贫开发办共同签订《情系马关爱心帮扶协议》，帮扶云南省马关县的贫困小学建设校舍。马关县学校过去是土操场、小平房、泥土路，条件简陋不说，下雨天，因为山路陡峭，道远路滑，学生基本就都请假了。通过教育精准扶贫和企业的资金支持，现在的校园环境大变样，宽敞明亮的教室和操场，走进学校，学生们的心情都不一样了。基础设施的改善，让云南省马关县坡脚镇的几所学校焕然一新。

除了学校的基础设施建设外，教育扶贫政策和企业资金支持为学校全面发展提供了有力保障。2018年，邹平三星油脂工业有限公司、魏桥纺织股份有限公司、山东西王糖业有限公司各出资10万元助推马关县打赢教育脱贫攻坚战，资金专项用于马关县39名贫困人口教育帮扶，为帮扶人员学习知识技能提供了资金帮助，帮扶时间为三年。学校扩建以后，全校共有200多名建档立卡贫困户学生，解决了镇上600多名学生就学难问题。

陆春英是毕节医学高等专科学校的大二学生，也是农发行邹平市支行组织当地企业资金专项支持的困难学生。2020年，在农发行邹平市支行的组织协调下，魏桥纺织、西王糖业和西王食品三家公司分别与赫章县教育科技局、赫章县扶贫开发办公室签订《情系赫章爱心帮扶协议》，通过教育帮扶方式捐赠24万元，带动贫困人口170人。

“父母连续遭遇重病，家里经济状况很不好，高考后我以为自己没有机会出来学习。非常感谢爱心企业对我的资助，在医专学习两年了，我对未来又有了新的想法。学到一技之长后，不仅能解决就业，还能为家乡建设作贡献。”这是陆春英的肺腑之言。

治贫先治愚，扶贫先扶教。斩断贫困的代际传递，任重道远。探索贫困地区教育精准扶贫的新路子，带动困难群众拔掉“穷根”，农发行邹平市支行一直在探索和努力。

减费让利　撑起扶贫企业发展坚强后盾

山东西王食品有限公司是一家位于邹平市的食品产业的龙头企业。作为滨州市民营企业“万企帮万村”精准扶贫行动村企结对单位，它有了一个新任务——帮助贵州省赫章县农民脱贫致富。

“为充分发挥农业政策性金融优势，进一步减轻扶贫企业负担，我行竭尽全力提供最优质的金融服务。”农发行邹平市支行负责人介绍称，“开通产业扶贫贷款审批‘绿色通道’，加快办贷流程，及时批复贷款。”同时，农发行邹平市支行积极为山东西王食品有限公司融资提供融智服务，主动落实扶贫导向，促成该公司与扶贫对象签订《金融扶贫协议》。

有了银行和政府的帮助，该公司按照户均2000元标准，对结对帮扶的贵州省赫章县教育进行精准扶贫，惠及建档立卡家庭经济困难学生200人。

2020年，农发行邹平市支行组织山东西王食品有限公司等企业前往赫章县，倡导消费扶贫，做好农特产品产销对接；积极开展“消费扶贫月”活动，充分利用农发易购平台，积极推广应用产销对接模式，助力解决52个未脱贫摘帽县的农产品销售难问题。

农发行邹平市支行在力促企业积极参与“万企帮万村”等脱贫攻坚行动的同时，还大力加强对扶贫企业的支持，2017年以来，该行累计向四家参与扶贫的企业发放扶贫贷款80.2亿元。

农发行邹平市支行相关负责人介绍说：“我们积极落实‘万企帮万村’精准扶贫行动部署，推动‘万企帮万村’精准扶贫行动尽快落地，立足邹平特色优势产业，引导扶持了一批辐射带动能力强、市场发展前景好的‘名、优、特’产业化龙头企业，通过为企业提供融资融智服务，落实精准扶贫导向，并通过引导政府为民营企业增信，银政企合力推动‘万企帮万村’精准扶贫行动有效开展。”农发行邹平市支行对各项扶贫贷款和中小微企业利率均执行优惠政策，新发放扶贫贷款和中小微企业贷款利率均在原执行利率基础上至少优惠100个基点，预计降低企业融资成本近5000余万元。

精准扶贫当先锋　锐意创新贯长虹

——记“2018年度山东省扶贫开发工作先进个人”李长红

脱贫攻坚战打响以来，李长红坚持以习近平新时代中国特色社会主义思想为指导，认真学习贯彻习近平总书记关于扶贫工作的重要论述和对山东工作的重要指示精神，攻坚克难、开拓创新，探索打造的“现代农业园区”贷款产品、“农地振兴贷”产品、“1234”精准产业扶贫模式先后被山东省政府评为新旧动能转换优秀金融产品奖，打造的“一村一品+农业园区”模式被农发行总行评为2018年度优秀创新成果

■李长红（前左一）调研山东省日照五莲白鹭湾旅游扶贫项目

李长红，现任农发行总行产业客户部产业衔接处处长。在农发行山东省分行工作期间，探索打造的“现代农业园区”贷款产品、“农地振兴贷”产品、“1234”精准产业扶贫模式先后被山东省政府评为新旧动能转换优秀金融产品奖，打造的“一村一品+农业园区”模式被农发行总行评为2018年度优秀创新成果奖。

奖。创新处被山东省委、省政府评为2019年度"勇于创新奖"，被山东省扶贫开发领导小组评为2019年度脱贫攻坚先进集体，该同志被山东省扶贫开发领导小组评为脱贫攻坚先进个人。

升级"造血功能"　提出"1234"精准产业扶贫工作法

习近平总书记指出，"发展产业是实现脱贫的根本之策。要因地制宜，把培育产业作为推动脱贫攻坚的根本出路。"李长红同志立足山东农业产业优势，结合省内贫困人口插花式分布特点，以支持产业扶贫作为重要抓手，创造性地提出了"1234"精准产业扶贫工作法："1"为切入一个当地优势特色产业。"2"为运用两种资金，即财政扶贫类资金和政策性金融资金。"3"为采取三种帮扶方式，一是既无劳动能力也无经营能力的贫困户，通过分红等方式帮扶；二是有劳动能力无经营能力的贫困户参与劳动，提供就业岗位；三是有劳动能力、有经营能力的贫困户参与产业运营，获得收入。"4"为实现四个目标，即贫困户稳定脱贫有保障、产业发展有活力、政策性金融有作为和乡村振兴有基础。

以新业态为突破点，拓宽扶贫领域。"三区""三园"等农业现代化新载体特色优势明显、产业基础好、带动能力强，为回乡、返乡、下乡创业人才提供了良好平台。李长红多次深入"三区""三园"现场，与地方扶贫办等部门共同研究政策，成功运用了"1234"精准产业扶贫工作法。截至2020年12月末，累计支持园区类项目21个、金额为121亿元，包括寿光蔬菜、烟台苹果、潍县萝卜、昌邑大姜、寒亭西瓜等优势特色产业。其中，贷款8亿元支持的潍坊寒亭区国家现代农业产业园项目，涉及50余个村庄4000余农户，帮扶建档立卡贫困户61人。

以传统产业为根基，夯实扶贫质效。山东省是农业大省，脱贫攻坚离不开传统的种养业。阳信作为全国畜牧百强县，肉牛养殖和屠宰是当地的传统产业，如何实现"畜牧产业+扶贫"，支持当地养牛企业发展，带动农民脱贫致富，成为李长红关注的重点。他多次与县扶贫办、财政局共同研究，积极推动建立扶贫贷款贴息和风险补偿机制，推动养牛企业采取赊牛养殖、保底回收、买牛托管、进厂务工和土地流转等多种方式帮助贫困户脱贫。截至2020年12月末，已发放贷款3.35亿元，支持阳信县7家企业全部成为当地产业扶贫的主力军。

以扶贫项目为抓手，打造金融扶贫新平台。自《中央财政专项扶贫资金管理办法》发布以后，李长红多次到财政和扶贫部门了解专项扶贫资金投向，以专项扶贫项目对标农业政策性资金支持方向。2018年，在得知五莲县整合扶贫资金7000万元后，他抓住各种融智时机，设计金融扶贫产品，贷款4.8亿元投入扶贫项目，带动了村集体和贫困户增收，有5个村集体收入首次突破5万元。2019年，滨州鑫嘉源绿色产业开发有限公司承接了2000万元的专项扶贫资金，他主动对接，为其量身定制了8000万元信贷产品，支持企业发展大田种植、造林育苗、养殖种猪等。同时，该企业安置有劳动能力的贫困人口到种植基地从事短期农田活动，帮扶贫困人口900多人，人均增收2000多元。

聚焦“科技先行” 支持省内首笔网络扶贫项目

习近平总书记强调，可以发挥互联网在助推脱贫攻坚中的作用，推进精准扶贫、精准脱贫，让更多困难群众用上互联网，让农产品通过互联网走出乡村，让山沟里的孩子也能接受优质教育。在财政部、商务部、国务院扶贫办联合部署电子商务进农村综合事务后，李长红立即奔赴省内示范点五莲县进行深入调研，与当地扶贫、财政、商务等部门对接，精心设计网络扶贫金融产品，并于2019年5月在系统内率先发放首笔网络扶贫贷款3000万元，成功探索出金融扶贫扶智的网络扶贫新模式。该项目通过建设电商运营、线上线下销售、培训孵化、仓储物流、小型农贸市场于一体的电商平台，在全县范围内建设445个村级电商服务站，覆盖超过80%的行政村，有效解决3000多人的社会就业问题，带动贫困村及周边区域2604名建档立卡贫困人口实现稳定增收、长效脱贫。新华网和省扶贫办对该笔网络扶贫项目进行了宣传报道，国务院扶贫办也以案例的形式刊登在官网上。

践行“两山理论” 推动生态扶贫实现重大突破

“绿水青山就是金山银山。”将生态建设和脱贫攻坚有机结合，既能发挥贫困户在生态建设中的作用，又能在保护生态中帮助贫困户脱贫增收。自国务院扶贫办等六部门联合下发生态扶贫工作方案后，李长红主动聚焦聚力生态扶贫，探索研究贫困地区生态扶贫新路径。泰山区域山水林田湖草生态保护修复工程纳入国家第二批试点后，他立即赴东平县进行调研，结合当地地貌特点，探索出“农地+生态+文化+扶贫”的模式，设计了农发行系统第一个山水林田湖草金融扶贫产品。2018年，贷款8亿元支持生态治理5056.33公顷，项目实施完成后新增草地22.4公顷、林地18.6公顷、耕地770.46公顷，通过就业、土地入股、分红等形式带动周边8个乡镇的20330名贫困人口增收。日照“林水大会战”打响后，李长红多次赴五莲县进行调研，与当地扶贫办和金融办的同志多次探讨林果产业升级助推脱贫攻坚的可行性。经过反复研究，精心设计产品，积极支持贫困村、贫困户发展林业产业。截至2020年，该项目带动发展产业基地

4333.33公顷，直接帮扶建档立卡贫困人口240人，间接带动两个省级贫困乡镇率先完成集体经济空壳村收入去零任务，实现区域内贫困人口稳定脱贫。

演绎“山海情深”　助力东西部扶贫协作结硕果

习近平总书记在东西部扶贫协作座谈会上指出，东西部协作和对口支援，是推动区域协调发展、协同发展、共同发展的大战略，是加强区域合作、优化产业布局、拓展对内对外开放新空间的大布局，是实现先富帮后富，最终实现共同富裕目标的大举措，必须长期坚持下去。按照省政府相关部门及农发行总行、省分行党委要求，李长红与发改委相关人员一道前往重庆开展东西部扶贫协作，协调孚日集团、愉悦家纺等五家大型企业，赴青海果洛州和海北州开展东西部扶贫协作。在多次赴深度贫困地区后，探索出“农发行+扶贫办+村集体+贫困户”的模式，2018年以来，协调魏桥纺织、中裕食品等10家企业对云南马关、广西隆林、贵州锦屏等深度贫困区的村集体经济进行股权投资，村集体收入以分红的方式支付给贫困户，在东西部之间建立了长效扶贫机制。同时，积极与省扶贫办、工商联等部门密切沟通，签署四方战略合作协议，支持一批优质企业积极参与“万企帮万村”精准扶贫行动，取得良好效果。其中，支持的临沂翔宇集团、济南圣泉集团股份有限公司、山东太阳控股集团先后被国务院扶贫办、工商联联合表彰为全国“万企帮万村”精准扶贫行动先进民营企业。

个人感言：脱贫摘帽不是终点，而是新生活、新奋斗的起点。我将一如既往，发挥优势、承担责任、开拓创新，以更强的责任感、使命感为实施乡村振兴战略贡献自己的力量。

让"七彩"光芒在兰陵大地深情绽放

——记"山东省脱贫攻坚先进个人"倪纪福

作为土生土长的沂蒙人，大学毕业后，倪纪福选择回到家乡，从"建设新农村"到"服务乡村振兴"，二十年如一日，兢兢业业、辛勤耕耘，以铁肩担当起"支农为国、立行为民"的光荣使命，用脚步丈量绿水青山、美丽乡村的寸金寸土。

2017年末到任农发行兰陵县支行以来，倪纪福带领全行干部员工勇于担当、攻坚克难，为全面打赢脱贫攻坚战贡献农发行力量。2021年5月末，该行各项贷款余额为44.2

■倪纪福（左一）在山东省兰陵县窦村走访慰问困难群众

倪纪福，现任农发行兰陵县支行党支部书记、行长。他积极践行农业政策性银行责任与担当，为推动贫困地区精准脱贫作出积极贡献。先后获得"山东省脱贫攻坚先进个人""山东省新旧动能转换先进个人""农发行山东省分行先进工作者""十佳支行行长""践行沂蒙精神好干部""最美兰陵人"等荣誉称号。

亿元，较年初增加9.5亿元，增量居全市县支行第一位，2021年1月至5月日均存款余额15.3亿元，分别较2017年末增长153%、159%。该行先后获得农发行山东省分行“先进单位”“银牌行”“金牌行”“业务发展突出贡献奖”“先进基层党组织”，农发行临沂市分行“先进单位”“先进基层党组织”“客户工程模式创新奖”，临沂市“脱贫攻坚先进单位”“支持兰陵县经济发展先进单位”等诸多奖项和荣誉称号。倪纪福先后获农发行山东省分行“先进工作者”“优秀党务工作者”“十佳支行行长”和农发行临沂市分行“金牌客户经理”等荣誉称号，被兰陵县委、县政府评为“践行沂蒙精神好干部”和“最美兰陵人”。

创“七彩支部” 筑坚强堡垒

倪纪福始终坚信，“上下同心、尽锐出战”的队伍才能无往而不胜。他带头认真学习贯彻习近平新时代中国特色社会主义思想，深刻领会习近平总书记关于脱贫攻坚重要论述的精神实质和指导意义，增强“四个意识”，坚定“四个自信”，做到“两个维护”。强化党建统领，带头坚决贯彻执行党的路线方针政策和上级行党委指示要求，当好“引领者”“组织者”“参与者”。深入开展党建品牌创建工作，紧扣“七一”党的生日这一主题，借用毛主席“赤橙黄绿青蓝紫，谁持彩练当空舞”这首词，围绕业务抓党建，抓好党建促发展，将全行党工团妇和存款贷款国际业务等各项工作全部纳入“赤橙黄绿青蓝紫”七彩特色支部创建中，努力实现“一个支部一个品牌”，充分发挥支部战斗堡垒作用和党员先锋模范作用。赤色代表理想和信仰，守初心，担使命；橙色代表温暖和和谐，打造和谐稳定向上的发展环境；金色象征希望和收获；绿色象征生态和发展，打造金融服务“乡村振兴”齐鲁样板；青色象征学习和成长，建立学习型党组织，关心青年成长；蓝色代表合规和安全；紫色代表质量和创新，擦亮农发行“服务乡村振兴的银行”金字招牌。高效率高标准建成“新时代党员活动中心”，被农发行临沂市分行确定为“入党积极分子教育基地”“行史展览基地”，被兰陵县委组织部确立为“党员学习教育基地”，被兰陵县农业农村局确立为“乡村振兴教育基地”。

倪纪福坚持每天利用“学习强国”“智慧党建”“e学院”等平台进行“加油”“充电”，坚持每天记笔记，当好“首席宣讲员”。2021年以来，带领农发行兰陵县支行深入开展党史学习教育，将党史学习教育与履职发展、风险防控、强化管理等各项工作统筹安排，先后组织开展“传承红色基因、奋进支农报国”主题研讨会、“学党史 悟思想 办实事 开新局”主题党日活动、“学党史、强信念、听党话、跟党走”主题团日活动、党史学习教育主题演讲比赛、“踏寻红色足迹 追忆峥嵘岁月”主题实践、“我看建党百年新成就”座谈会等一系列主题鲜明的教育活动，并与县机关党委、财政局、国有资产等五家单位开展常态化“党建联盟”建设，提高党性修养，增强干事动能，为支行高质量发展凝心聚力。

引“金融活水” 进贫困山村

倪纪福用责任和担当诠释何谓“攻坚克难、不负人民”。临沂是革命老区，勤劳勇敢的沂蒙人民有情怀、敢担当、善攻坚。在这片红色热土上，自小被沂蒙精神激励成长的倪纪福，不畏困难，甘于奉献，带领全行员工啃得硬中之硬、攻下坚中之坚，在大战大考、大风大浪中经受考验、向阳而生。

在倪纪福的扶贫故事里，压油沟绝对属于浓墨重彩的一笔。曾经那个鸟不飞、狗不理的穷山沟，正是得益于2018年农发行兰陵县支行3亿元信贷资金支持的生态旅游扶贫项目，“摇身一变”成了集湖光山色、农事体验、特色美食、手工作坊、红色教育、主题民宿、休闲养生等于一体的乡村旅游综合景区。让各地游客望得见山、看得见水、记得住乡愁的压油沟，如今已是兰陵县脱贫攻坚的一张亮丽名片。

自2017年7月以来，该项目已建设安置楼房80套，对压油沟村76户群众进行搬迁安置；吸纳周边400多名村民到景区务工就业（其中，建档立卡贫困人口232人），保障群众就业增收；景区每年拿出固定收益作为建档立卡贫困户的现金收入，既发挥了扶贫资金的聚集优势，也保证了扶贫资产的长期收益。2020年，压油沟村金融扶贫和产业项目收益达3313万元，贫困人口人均收入2万元以上，带动了周围13个村的贫困人口脱贫致富，其文旅扶贫实践成功入选“2020世界旅游联盟减贫案例”。

助力压油沟村“华丽转身”只是农发行兰陵县支行金融扶贫的一个缩影。三年来，倪纪福带领农发行兰陵县支行全体员工创新方式方法，用足用活农业政策性银行优惠政策，打出一组漂亮的脱贫攻坚组合拳。2018—2020年，累计发放扶贫类贷款26亿元，精准扶贫贷款余额为8.9亿元，惠及全县120余万农村人口，是全县发放精准扶贫贷款最多的银行。

深知贫困之苦，常怀感恩之心。倪纪福说：“我从贫困中走出来，我要再回到贫困群众中间，帮他们摆脱贫困，走向希望的未来。”他深入贫困农村，走进贫穷家庭实地了解情况，帮助他们分析致贫原因，寻找致富之路。临走时他总是慷慨解囊，给贫困家庭留下改善生活的钱。他积极争取资金10万元、引导企业捐赠10万元，为对口帮扶村修路、通水、改厕，使村容、村貌焕然一新；千方百计地为该村引进优质项目和投资人，支持村集体发展产业，助力村民增收致富。他带领全行党员干部捐款捐物，资助贫困失学学生，与贫困户结对帮扶，为贫困村民发放生活和防疫物资。2018年以来，累计走访贫困户30余次，走访贫困群众400余人。

以“愚公之志” 开发展新局

倪纪福始终保持“精准务实、开拓创新”的奋进姿态，带领农发行兰陵县支行在全市乃至全省农发行系统中走在前列、扛旗前行，取得多项历史性突破，擦亮“服务乡村振兴的银行”金字招牌。

倪纪福带领农发行兰陵县支行走出不良贷款低谷、跨过办公楼置换的曲折，在业务发展中逆势而上、激流勇进。2019年以来，该行项目贷款实现4个全省首笔：2020年首笔“建设—租赁—移交”方式办理中医院搬迁项目贷款5亿元，2019年首笔使用PSL农业科技中长期贷款2亿元，2019年首笔PPP农村公路贷款7亿元，2020年农发行山东省分行与省水发集团签订协议后首笔合作项目贷款5.7亿元；并在全市率先办理农民工工资保证金1000万元。2021年以来，该行累计发放贷款10.4亿元，居全市县支行首位，有力推动兰陵县中医院、农村路网、农村饮水安全等重点民生项目建设。

在上级行的支持帮助下，完成农发行系统首笔以色列政府贷款代理招标程序，首开先河，对拓展中间业务，丰富支农手段，推动农业政策性银行多元化、国际化发展具有重要意义，获农发行总行行领导批示表扬。2021年2月，发放1.6亿元支持该笔转贷款配套项目新格林高效现代农业园建设。

由于营销任务重、工作压力大，倪纪福早出晚归、加班加点已是“家常便饭”。他坚持“为人大度一些，工作多干一些，做事带头一些”，用实际行动诠释“奉献”和“担当”。在他的引领带动下，农发行兰陵县支行形成了“年轻同志谦虚好学、勤奋进取，年长同志当好榜样、做好传帮带，全员和谐奋进、屡创佳绩”的新局面，成为党建与业务融合发展的标杆行，努力在支持巩固拓展脱贫攻坚成果同乡村振兴有效衔接中发挥骨干和主力作用。

个人感言：立足于本职、扎根于沂蒙，把职业当成事业，把事业做成情怀，尽心竭力服务沂蒙革命老区乡村振兴！